中国科学院战略性先导科技专项（A类）项目
"黑土地保护长效机制"（XDA 28060300）成果

特殊类型区域研究系列

河流流域高质量发展的理论与实践

王成金/著

Theory and Practice about High-quality
Development of River Basins

科学出版社
北京

内 容 简 介

流域是相对独立的自然地理单元，其发展既要遵循自然规律，也要遵循经济社会规律。本书面向流域地理单元，面向主体功能区建设、空间规划、流域/区域政策制定实施的理论与实践需求，以生态保护与高质量发展为主题，对流域发展的基础理论、国际经验、中国战略格局和松花江流域的实践路径进行了深入剖析和设计。本书全面介绍了流域发展的理论基础，阐释了流域发展的基础概念、主要理论与基本模式，总结了国际流域开发治理的主要路径与基本经验，总结了中国流域开发与保护的总体格局与战略部署；系统刻画了松花江流域的水系组成与主要特征，考察了资源环境基础与主要自然灾害；阐释了松花江流域的开发历史过程，剖析了流域开发治理形势；全面分析了流域发展现状与基础，剖析了其存在的问题；思辩流域发展的主要优势、发展机遇，并反思其突出矛盾和需要协调的重大关系。基于此，本书从生态保护与水资源利用、黑土保护与粮食生产基地、产业体系与产业平台、宜居建设与美丽城乡、梯级开发与对外开放等领域，提出松花江流域高质量发展的战略路径。以此，科学分析和探讨了新时代下流域高质量发展的理论基础与实践路径，为中国加快推动流域生态保护与河流可持续发展提供科学指导。

本书可供从事国土开发、流域保护的学者、规划工作者及政府管理决策者参考与借鉴。

图书在版编目（CIP）数据

河流流域高质量发展的理论与实践 / 王成金著. —北京：科学出版社，2024.1

（特殊类型区域研究系列）

ISBN 978-7-03-076205-4

Ⅰ.①河… Ⅱ.①王… Ⅲ.①流域经济–区域经济发展–研究–中国 Ⅳ.①F127

中国国家版本馆CIP数据核字（2023）第156830号

责任编辑：刘　超／责任校对：杨聪敏

责任印制：徐晓晨／封面设计：无极书装

科学出版社 出版

北京东黄城根北街16号

邮政编码：100717

http://www.sciencep.com

北京建宏印刷有限公司 印刷

科学出版社发行　各地新华书店经销

*

2024年1月第 一 版　开本：787×1092　1/16
2024年1月第一次印刷　印张：22 1/2　插页：2
字数：534 000

定价：235.00元

（如有印装质量问题，我社负责调换）

王成金　山东省沂水人，中国科学院地理科学与资源研究所研究员，博士生导师。2002年获人文地理学硕士学位，2005年获人文地理学博士学位，2005~2008年做博士后工作，2008年至今在中国科学院地理科学与资源研究所任职。长期以来，主要从事经济地理学与区域发展的研究工作，尤其是在工业地理与区域规划等方面有浓厚的研究兴趣。曾主持国家自然科学基金委员会、中国科学院、国家发展和改革委员会、地方政府等资助的多项课题项目，在 Journal of Transport Geography、Social and Economic Geography、《地理学报》和《自然资源学报》等杂志上发表学术论文100多篇，独立出版著作6部：《集装箱港口网络形成演化与发展机制》《物流企业的空间网络模式与组织机理》《老工业城市调整改造的理论与实践》《港口运输与腹地产业发展》《东北地区全面振兴的重大问题研究》《东北地区高质量发展的战略路径》，参编著作20多部。

Chengjin Wang is a professor in the Institute of Geographical Sciences and Natural Resources Research, the Chinese Academy of Sciences. His research focuses on industrial geography and region development, especially the development of the old industrial city. His research has been funded by many projects from the National Natural Science Foundation of China, Chinese Academy of Sciences, National Development and Reform Commission, China Development Bank and many local governments. He has published over 100 papers. In addition to this book, he is also the author of the book *Evolution and Development of Container Ports Network and Dynamic Mechanism*, the book *Spatial Network Mode of Logistics Company and Organization Mechanism*, the book *Port Transportation and the Heavy Industries Development in Hinterland*, the book *Theory and Practice about Transformation of the Old Industrial City*, the book *Strategic Issues of Comprehensive Revitalization in Northeast China*, and the book *Strategic Path of High-quality Development in Northeast China*.

前　言

一、研究背景

　　河流是一种自然地物和水体形态，是所在流域内自然地理环境的产物。每条河流和每个水系均需要从一定的陆地面积上获得补给，由此形成了河流流域。流域是一个重要的自然地理单元，是一个以河流自然规律尤其是水文规律为界定标准的空间单位和特殊区域。流域也是一个由水资源要素、各类自然要素、经济要素和社会要素共同形成的空间载体，是一个自然-经济-社会地域综合体。水资源、自然地理、经济、社会等各类属性要素的复合作用与相互制约，塑造了流域形态、功能结构、等级结构及作用秩序。河流流域不仅是水资源系统和山水林田湖草沙冰等自然生态系统，而且是农业化、工业化与城镇化建设的承载空间。流域是自然过程的产物，同时也是人类活动的物质基础，对人类社会生存环境起基础性作用，其发展不仅要考虑水规律和自然规律，而且要充分考虑经济规律与社会规律。

　　河流开发利用与人类进步、社会经济发展之间有密切的关系，大河流域始终是人类文明发育发展的摇篮。人类通过利用河流、改造河流、开发水源、防治洪灾，大大促进工业、农业、交通、城镇的发展和社会文明的进步，大河流域成为人类文明的发源地，集聚了主要的人口和城镇及人类所创造的各类财富资源（张文合，1993）。古埃及、古巴比伦、古印度和中国均是在适合农业耕作的大河流域诞生的，均是依赖于农业经济，创造出灿烂辉煌的大河文明。中华文明是"河的赐予"，发源于江河流域的河谷地带和冲积平原，黄河、长江、淮河和珠江对中华文明的诞生具有重大作用，对中国国土开发结构与人口城镇、产业分布格局具有基础性的塑造作用。在工业化、城镇化与信息化快速发展的当前阶段，因覆盖国土面积大、空间跨度广、资源富集和人口城镇稠密，大江大河流域仍是各国或各区域社会经济发展的主战场。

　　长期以来，人类以水资源开发利用为中心，合理布局生产力与城镇居民点，将河流打造成为国家国土发展轴线。流域尤其是大河流域成为国家国土开发的重要部分甚至是核心内容，在国土发展战略与区域发展战略的总体框架中占有重要地位。流域发展影响着国土开发的战略思想、战略目标、战略重点、战略阶段及战略对策，而且在历史长河内持续发挥影响和作用。许多大河流域已经或正在成为世界上社会经济发达的地带，流域经济尤其是大河流域经济成为国家甚至国际区域的命脉。各国在流域开发整治的实践过程中探索出许多有益经验与成功模式，也遭遇了一些失败与教训。流域发展虽然独特性显著，但呈现出一些共同的特征与规律，推动人类对流域和自然界的认识认知水平和利用能力逐步提高。中国河流湖泊众多，有许多源远流长的大江大河。中华人民共和国成立以来高度重视河流流域的开发保护；近些年来，中国积极实施区域协调发展战略，构建了以主体功能区为核心的国土开发体系，更加重视国土开发的空间公平，长江、黄河、西江、粤港澳大湾区等重大河流流域的综合开发与保护上升到国家战略，汉江、淮河等重要河流成为区域战略，从传统的水资源利用演进为综合性的区域发展。

河流流域与人类的关系不仅是狭义的人水关系，更是综合复杂的人地关系。不同国情和时代背景造成了各案例的独特性，但大江大河流域开发与治理仍呈现出一些共同的特征、模式与规律，形成人类利用河流的普遍性认知。随着流域社会经济的快速发展，流域功能的基本结构与性质地位逐步发生变化，人水关系与人地关系呈现出螺旋式的上升演进。在不同的历史时期，流域、水资源与人类的适宜性关系是不同的，人类对流域的主动行为的基础内容与主要方式存在很大差异。在原始社会、农耕社会、工业社会、生态文明社会等发展阶段，人水关系的内涵与特征均存在显著差异，形成从原始和谐转变为不和谐、最终走向和谐的历史过程。这反映了水规律、自然规律、经济规律与社会规律的主导地位差异与作用途径。综合来看，流域发展往往涉及"开发"、"治理"和"保护"等关键词，不同术语反映了其主要的内容与方式方法差异。"开发"、"治理"和"保护"的侧重关系，反映了流域发展的导向性，进而反映了国家对流域的战略需求及阶段性差异，也透视出未来人地关系和人水关系的演变趋势。21世纪以来，中国进入了以高质量发展为基本导向的阶段，流域发展更加重视"保护"、"治理"与"开发"的并重，更加重视生态化、农业化、工业化与城镇化等主要发展过程的空间平衡与协同，重视水规律、自然规律、经济规律与社会规律的共同遵循与平衡。这需要加强新时代下流域发展的基本理念、基础理论与实践应用研究。

二、项目资助

本书在研究和撰写过程中，得到了中国科学院、国家发展和改革委员会、国家开发银行的长期资助，属于系列课题的成果产出，也是作者学术研究的长期积累。

本著作是"黑土地保护国际经验与长效机制"的核心研究成果。2020年，中国科学院正式启动了战略性先导科技专项"黑土地保育与智能感知科技创新工程（黑土粮仓）"（编号为XDA28000000），作者参与了其中的课题"黑土地保护长效机制（XDA28060300）"，承担了子课题"黑土地保护国际经验与长效机制（XDA28060305）"，重点开展黑土地保护与利用的国际经验总结、黑土地保护的多方主体参与机制、黑土地保护利用的制度设置机制等研究。在东北地区，黑土地主要集中分布在松花江流域，两者在空间分布上有着较高的叠合性。黑土地的保护不是土壤本身的事情，而是发生在土地上的各类社会经济行为。在该子课题的资助下，作者聚焦黑土地保护与利用的制度体系及综合性机制，围绕农业生产、产业布局、城镇化、生态保护、水资源综合利用等各类社会经济活动，开展了系统化的研究。

2019年，作者承担了国家发改委的委托项目"'十四五'时期东北振兴高质量发展基本思路"的研究，科学评估东北地区高质量发展水平及差异，揭示其发展短板与关键矛盾，提出"十四五"期间东北振兴发展的总体思路，制定加快东北地区高质量发展的推动路径。在该研究中，作者关注到辽河流域、松花江流域对东北地区高质量发展的战略意义；对国土开发与流域发展的国家战略部署的分析也表明，东北河流流域在全国战略格局中需要被关注、其地位需要被提升。2021年，受国家开发银行和国家发展和改革委员会的委托，启动了"松花江流域生态保护与高质量发展规划的前期研究",剖析了松花江流域的发展基础与存在的问题,提出中远期生态保护与高质量发展的总体思路、空间格局和建设任务。

在上述课题任务中,作者将流域开发整治、黑土地保护、松花江流域等研究主题相集成,立足地理学,以河流流域为对象,遵循"理论思辨→实践应用",聚焦"生态保护"和"高质量发展",思辨流域发展的基础理论与科学模式,并以松花江流域为案例进行实证分析和实践应用。

三、研究内容与关系

本书按照"理论基础→总体格局→历史过程→战略路径"的主线,全面剖析了河流流域发展的基础理论,总结了国内外流域发展的基本经验,刻画了中国流域发展的战略格局,系统梳理了松花江流域的开发历史,全面总结了松花江流域的水系构成与资源环境要素基础,剖析了当前的发展现状与基本特征及存在的问题,审视了松花江流域发展的重大矛盾,提出了高质量发展的总体思路,考察了生态保护与水资源利用、黑土保护与粮食基地、产业体系与产业平台、城镇建设与美丽乡村、航运通道与对外开放等发展路径。

本书共分为十五章,核心内容形成上篇、中篇和下篇三部分。

第一章至第五章,为上篇,为流域发展的基础理论与经验总结。本部分主要是分析河流流域发展的基础理论,考察国内外流域发展的基本经验,刻画中国流域开发保护的战略格局。第一章为"河流流域基础概念与特征",阐释了自然地理与河流流域的基本概念,提出了流域自然-经济-社会地域综合体的概念,分析了流域的基本特点与基本结构,剖析了流域的流段性与水情特征。第二章为"流域发展的基础理论体系",重点阐释了河流人水关系理论、流域空间功能理论、水资源-产业-城镇耦合理论及各类主题理论。第三章为"河流流域发展理念与模式",分析了流域发展的基本理念、基本模式与重大工程。第四章为"流域发展的国际案例与经验",梳理了世界重要流域的保护与开发路径,介绍了高纬度流域的特殊发展路径,总结了流域发展的主要模式与成功经验。第五章为"高质量发展与中国流域开发战略",系统刻画了中国与东北地区的水系分布与构成,阐释了流域发展的功能定位与重大流域发展战略。

第六章至第九章,为中篇,为松花江流域的资源环境与发展特征。本部分主要是分析松花江流域发展的自然地理本底条件,梳理其开发和治理的历史过程与主要工程,剖析了当前的主要发展基础与存在的问题。第六章为"松花江流域水系结构与特征",主要从黑龙江流域、松花江流域、松花江干流、嫩江、西流松花江和湖泊湿地等角度阐释了流域水系的基本构成与特征。第七章为"松花江流域的资源环境基础",重点刻画了流域的地形地貌、气候降水、资源禀赋、植被土壤、土地利用、地理区位和社会文化等基本特征,考察了洪涝、凌汛、干旱等自然灾害特征。第八章为"松花江流域开发历史与远东背景",重点考察了清朝末年之前、民国与日伪时期、20世纪50~80年代、20世纪80年代~21世纪、21世纪以来的开发过程与基本特征,剖析了远东国际发展形势与战略重点。第九章为"松花江流域发展基础与主要特征",重点从经济产业、防洪能力、航运通道、基础设施、城镇分布与生态环境等角度总结了流域发展基础,从路径依赖、资源枯竭、人口外流、洪涝灾害等角度考察了流域发展存在的突出问题。

第十章至第十五章，为下篇，为松花江流域高质量发展思路与路径。本部分主要是分析松花江流域保护与开发的重大矛盾与关系，提出高质量发展的总体思路与空间结构，从各领域设计高质量发展的战略任务与基本路径。第十章为"松花江流域重大矛盾与战略功能定位"，分析了松花江流域的主要优势与发展机遇，阐释了未来发展面临的突出矛盾与需要协调的重大关系，提出了松花江流域高质量发展的基本原则与战略定位，设计了其主体功能分区与空间结构。第十一章为"松花江流域生态保护与水资源利用"，立足生态安全与水安全，从生态安全屏障、水生态与水环境、碳汇功能与污染治理、综合防洪、农田水利等视角考察了生态保护与水资源利用的具体路径。第十二章为"松花江流域黑土保护与粮食基地"，立足粮食安全，从黑土保护、高标准粮田、农业生产格局、种植结构、种业与轮作、仓储物流、品牌质量、科技与机械化等角度提出了具体建设任务。第十三章为"松花江流域产业体系与产业平台"，从高端装备制造、传统优势产业、战略性新兴产业、本土特色产业、生产性服务业等角度分析了流域产业体系的升级路径，考察了重要的产业平台与自主创新建设任务。第十四章为"松花江流域宜居建设与美丽城乡"，提出了流域城镇化推进路径，重点设计了城市群、都市圈、地区中心城市、县城、特色小镇和乡村等发展路径与重点任务。第十五章为"松花江流域梯级开发与对外开放"，提出了流域梯级开发与重大水利枢纽布局方案，设计了松花江黄金水道布局体系，考察了交通、能源等基础设施建设任务，剖析了区际交流与对外开放路径。

四、主要观点与结论

本书的主要观点摘要如下。

（1）河流流域不仅是一种典型的自然地理单元，而且是一个自然-经济-社会单元，成为区域经济、社会活动进行空间组织的重要地域单元。流域具有区域的一般属性，同时具有整体性和关联性、区段性和差异性、层次性和网络性、开放性和耗散性等特性。河流往往形成干流与支流的分异，形成河源、上游、中游、下游和河口等流段。河流具有流向差异，对长距离河流的水文特征有较大影响。河流具有丰水期、枯水期，洪水是关键水文现象和自然灾害。冰期成为高纬度地区河流的重要水文现象，并形成凌汛等自然灾害。

（2）自然、人文与社会在流域上的耦合形成广泛适用的地理规律。流域发展的基础理论是人水关系，形成原始社会、农耕社会、工业社会、生态文明社会等发展阶段，形成从原始和谐演进为不和谐、最终走向和谐的历史过程。流域空间功能理论覆盖了流域功能统筹、主体功能区、水资源-产业-城镇化耦合规律、流域功能分区等理论。流域发展往往涉及流域生态系统、流域防洪体系、水资源利用与"三水"空间、航运黄金水道等主题理论。这些理论为流域发展奠定了理论逻辑关系，提供了科学指导。

（3）流域遵循区域发展的基本理念、一般性原则与空间模式，遵循国土开发的一般性方法论。流域发展要坚持统一规划管理、因地制宜、综合效益等基本原则，坚持非均衡开发、差异化发展、立体网络开发等理念，形成单目标、多目标与综合性等流域发展类型。流域发展的基本模式是梯级开发，流域空间组织模式包括交通经济带、核心-边缘、点轴与梯度发展等模式。流域发展的前提是建立有效的流域管理机制与制定流域综合规划，关键措施是建设重大水利工程。

（4）各国在流域开发治理的实践中积累了不少有益经验与成功模式。流域发展形成了开发性模式、治理性模式；在发展重点上，形成了灌溉农业、流域防洪、梯级开发、资源开发、保护治理和综合型开发等导向的若干模式。各国流域开发和治理均强化政府的主导作用，制定实施流域综合性发展规划及专项规划；实施梯级开发，推动水资源综合利用，建设大容量的航运通道；完善流域性管理体制机制，成立统一的流域管理机构；注重培育国土开发轴线，打造沿江产业带、城镇带；加强生态环境保护，注重污染治理。

（5）流域开发利用与社会进步、经济发展有密切关系。中国河流湖泊众多，长江、黄河、黑龙江、珠江、辽河、海河、淮河为主要河流，覆盖国土和空间跨度大，有着丰富的资源、密集的人口和城镇，是重要的粮食生产基地和工业基地，是各区域社会经济发展的主战场。近些年来，长江、黄河、西江、粤港澳大湾区等重大河流流域的综合开发与保护上升为国家战略，汉江、淮河等重要河流的综合开发与保护成为区域战略，从传统的水资源利用演进为综合性的区域发展，海河和辽河等其他河流流域仍遵循水资源综合利用的传统发展路径。东北地区形成了东部绿色发展带、中部城镇建设带和西部生态保护带三大板块，建设哈长城市群。

（6）河流自然属性对流域的发展方向、基本内容与战略路径产生了较大的影响和烙印。松花江是黑龙江-阿穆尔河在中国境内的最大支流，水系发育，水量丰沛，是中国防汛抗洪的重点水系。松花江流域面积广，支流众多，水能资源丰富，以西流松花江干流、嫩江、牡丹江较为集中，可季节性通航。松花江水系主要由松花江干流、嫩江、西流松花江组成。松花江干流以雨水补给为主，嫩江是松花江的最大支流和北源，冰期较长，可通航；西流松花江发源于长白山，植被覆盖好，水能资源丰富，下游可通航。

（7）自然本底始终是流域发展的基础。松花江流域以山地和平原为主，地势三边高、中间低；为北温带季风气候，水资源丰沛，有丰富的自然资源、能源和矿产资源，植被以森林和草原为主，分布有高纬度多年冻土。土壤肥沃，是黑土集中分布区，耕地和林地是最重要的资源优势。自然灾害多，主要有洪涝、干旱、火灾等；大部分地区属于季节性稳定积雪区，干支流均有结冰现象，涝区主要分布在松嫩平原、三江平原。

（8）流域的开发与建设是一个漫长的历史过程与长期的积淀，流域发展既是当前的，也是历史的。历史上，松花江流域人口稀少，开发较晚。清朝中期开始，流域人口、耕地逐步增多，农业开始发展；民国时期，开始进行小规模的开发，人口与耕地大幅增长，灌溉农业、航运、水电快速发展，江河堤防开始建设。20世纪50~80年代，流域开发治理加快了步伐，进行了大规模的防洪、灌溉、发电等水利建设；20世纪80年代至21世纪，综合开发大幅加强；21世纪以来，流域进入系统化发展阶段，并向高质量发展阶段迈进。

（9）松花江流域形成较好的发展基础，经济总量不断扩大，粮食生产地位突出，工业基础较好，初步形成防洪工程体系、航运网络、水资源供应能力，对外开放合作逐步拓展；有着相对密集的人口分布，形成数量众多的城镇。但流域经济在全国的地位不断弱化，产业结构偏重化型，部分资源型产业持续衰退；人口总量逐步减少且人口结构日益老龄化；洪涝干旱灾害频发，防洪能力相对薄弱，航运能力较低；黑土地力不断衰弱，基础设施陈旧，创新成果就地转化率较低。

（10）松花江流域有着独特的黑土、生态、产业、矿产和冰雪等资源优势，是中国重要的农业生产基地和木材战略储备基地，是东北亚的重要生态安全屏障和能源基地，但面临高纬度气候与水资源利用、流域发展收缩与人口外流、流域空间结构重构等突出矛盾。松花江流域要打造为中国粮食安全"压舱石"的核心区域、中国"五大安全"建设的重要支撑区域，构建"七区三轴两圈多节点"的战略格局，"七区"指哈长城市群、松嫩平原和三江平原两大农业主产区，以及大小安岭、长白山、三江平原、科尔沁草原四大生态功能区；"三轴"指哈长佳主轴和哈大齐、白长吉两条辅轴；"两圈"指哈尔滨和长春两大都市圈。

（11）水生态、水环境、水资源、水安全是流域生态环境治理与资源综合利用的重要内容。松花江流域要构建以"一廊两山两平原一草"为主体的生态安全战略格局，"一廊"为松花江生态廊道，"两山"为大小兴安岭和长白山森林生态功能区，"一草"为科尔沁草原生态功能区，"两平原"为松嫩平原农业生态功能区和三江平原农业湿地生态功能区。加强生物多样性保护，推动森林、湖泊湿地和草原等生态系统保护。全力保护水资源，修复河湖水生态系统，加强重点流域水污染防治，推动大气污染、工矿废地、农村环境治理。完善流域综合防洪体系，提高城镇防洪排涝能力。优化水资源配置，建设跨区域调配水工程与灌区水利设施。

（12）耕地和粮食生产是流域的战略性功能，也是流域发展的重要方向。加强黑土地保护，实施分区治理，稳步提升基础地力与耕地质量；建设高标准粮田，严格划定粮食生产功能区和重要农产品生产保护区；实施耕地休耕制度，推广科学轮作，完善耕地保护的法律法规。发展生态农业和特色农业，打造"两区两基地一片"的发展格局。粮食综合生产能力稳定在1亿吨以上，优化种植结构，积极发展种业，加强种源保护。提高农业发展综合保障能力，完善农产品物流网络，培养农业经营主体，完善农业补贴制度。

（13）松花江流域要振兴支柱产业，改造提升传统优势产业，实施"五头五尾"建设，培育新兴产业，确保产业安全、能源安全。突出发展高端装备制造与传统优势产业，重点发展航空航天装备、智能装备、交通设备、能源装备等制造业，促进矿产资源采选、资源精深加工、农产品加工等传统产业升级。壮大新材料、新能源、生物医药等新兴产业，培育冰雪经济、林下经济、矿泉水等特色产业。加快发展生态休闲旅游、商贸物流、电子商务等生产性服务业。

（14）特殊的地理环境、丰富的水资源、肥沃的土壤决定了流域是人类居住的理想地域。松花江流域要构建"一群两圈四支点多节点"的城市化格局，重点发展"一主一辅"城市群，"一主"为哈长城市群，重点发展长春和哈尔滨两大都市圈，打造为远东地区的主要增长区域，"一辅"为黑龙江东部城市群。做大吉林、松原、齐齐哈尔、佳木斯和同江等流域性中心城市。加强重点镇和特大镇建设，壮大特色小镇，建立美丽宜居乡村。促进人口合理增长，积极应对人口老龄化。

（15）梯级开发与航运利用是水资源兴利建设的重要方面。要推进松花江干流、西流松花江上游、嫩江上游的梯级开发，实现干流梯级渠化，建设21个梯级水电站，形成松花江-阿穆尔河航运大通道，建设以哈尔滨、佳木斯、同江等港口为主的港口体系，发展松花江航线、通边航线、江海联运航线和松辽航线，实现连边通海。加强与长江三角洲、珠江三角洲的多领域合作，深化吉浙、黑粤对口合作；构建中蒙俄综合运输大通道，积极参与蒙俄资源开发。

目 录

前言

上篇 流域发展的基础理论与经验总结

第一章 流域基础概念与特征 ... 3
　第一节 流域基本概念 ... 3
　第二节 流域基本特征 ... 13
第二章 流域发展的基础理论体系 ... 24
　第一节 流域人水关系理论 ... 24
　第二节 流域空间功能理论 ... 36
　第三节 流域主题理论 ... 48
第三章 流域发展理念与模式 ... 66
　第一节 基本理念 ... 66
　第二节 基本模式 ... 72
　第三节 重大工程 ... 85
第四章 流域发展的国际案例与经验 ... 95
　第一节 主要河流流域保护与开发路径 ... 95
　第二节 高纬度河流流域保护开发路径 ... 109
　第三节 主要模式与经验总结 ... 116
第五章 高质量发展与中国流域发展战略 ... 124
　第一节 高质量发展与国土开发 ... 125
　第二节 中国国土与流域发展格局 ... 131
　第三节 东北地区与流域开发格局 ... 144

中篇 松花江流域资源环境与发展特征

第六章 松花江流域水系结构与特征 ... 153
　第一节 总体流域与主要支流 ... 153
　第二节 松花江水系构成 ... 157
第七章 松花江流域的资源环境基础 ... 166
　第一节 自然地理与资源环境 ... 166
　第二节 自然资源与土地资源 ... 172
　第三节 降雪结冰与自然灾害 ... 182
第八章 松花江流域开发历史与远东背景 ... 190
　第一节 松花江流域开发历史 ... 190
　第二节 流域远东开发形势 ... 199

第九章　松花江流域发展基础与主要特征 ······ 206
第一节　发展现状基础 ······ 207
第二节　突出存在问题 ······ 229

下篇　松花江流域高质量发展思路与路径

第十章　松花江流域重大矛盾与战略功能定位 ······ 247
第一节　矛盾关系 ······ 247
第二节　总体思路 ······ 255

第十一章　松花江流域生态保护与水资源利用 ······ 259
第一节　山水林田湖草与生态安全屏障 ······ 260
第二节　水生态与水资源环境 ······ 266
第三节　污染治理与碳汇功能 ······ 270
第四节　流域综合防洪体系 ······ 273
第五节　水资源配置与农田水利保障 ······ 278

第十二章　松花江流域黑土保护与粮食基地 ······ 285
第一节　黑土地保护与高标准粮田 ······ 285
第二节　农业结构调整与粮食基地 ······ 293
第三节　农业发展综合保障能力 ······ 298

第十三章　松花江流域产业体系与产业平台 ······ 301
第一节　高端装备制造与传统优势产业 ······ 301
第二节　战略新兴产业与本土特色产业 ······ 308
第三节　休闲旅游与现代商贸物流 ······ 312

第十四章　松花江流域宜居建设与美丽城乡 ······ 318
第一节　区域中心城市 ······ 319
第二节　宜居中小城市 ······ 321
第三节　美丽宜居乡村 ······ 324

第十五章　松花江流域梯级开发与对外开放 ······ 327
第一节　梯级开发与水利枢纽布局 ······ 327
第二节　现代港口体系与航运网络 ······ 333
第三节　交通基础设施网络 ······ 335
第四节　区域合作交流与对外开放 ······ 338

参考文献 ······ 342

上 篇

流域发展的基础理论与经验总结

第一章 流域基础概念与特征

河流是一种重要的地理要素，是人类社会生存与发展的必要条件，在人类历史过程中起到了重要作用。流域是一种典型的自然地理单元，形成相对独立的地域系统。同时，流域是一个水资源要素、各类自然要素、经济要素和社会要素所形成的地域综合体，是人类刻画自然地理环境和开展人类社会经济活动的重要地域单元。基础概念与基本特征是对事物客观属性的基本反映，包括内涵和外延。基本概念和基本特征是研究地理要素或地域系统的基本前提，是对流域进行空间认知的基础。这些概念和特征包括河流和流域本身的，也涉及外延和拓展的。

本章主要阐释河流流域的基础概念与基本特征。从自然地理、河流流域和综合系统三个方面阐述流域发展的基础概念。自然地理方面，重点论述地理环境、地理系统、地理单元和人类圈；河流流域方面，重点分析河流、外流与内流水系、水系形态和流域；综合系统方面，界定流域自然–经济–社会综合体系。流域不仅是一个自然地理单元，而且是一个自然–经济–社会的基本空间单元，是区域经济、社会活动进行空间组织的重要地域单元，也是实施国土规划的重要空间单元。流域具有区域的一般属性，同时具有整体性和关联性、区段性和差异性、层次性和网络性、开放性和耗散性。河流往往形成干流与支流的分异，干流是最重要的部分；河流形成河源、上游、中游、下游和河口等流段，分别具有不同的地质地貌、地理环境、水文和社会经济分布特征。河流具有流向差异，对河流尤其是长距离河流的水文特征有较大影响。河流具有丰水期、枯水期的水文特征。洪水是流域的关键水文现象和自然灾害。冰期是高纬度地区河流的重要水文现象，并形成凌汛自然灾害。

第一节 流域基本概念

一、自然地理单元

1. 地理环境与地理系统

地理环境（geographic environment）与地理系统（geographic system）是两个类似的地理概念，均用来刻画和描述地球表层。

地理环境是人类社会生存与发展的必要条件，是指一定社会所处地理位置以及与此相联系的各种条件的总和，包括气候、土地、河流、湖泊、山脉、矿藏及动植物资源、人口、城镇、耕地等。地理环境位于地球表层，是岩石圈、水圈、土壤圈、大气圈、生物圈相互作用的交错带（钟林生和马向远，2014）。地理环境是影响人类活动的主要因素，对人类文明的形成及传承均具有关键性的作用。

各地理要素不是孤立存在和发展的，而是作为整体的一部分在发展变化。地理系统又称为地理综合体，是指地球表层具有一定结构和功能的物质和能量流、物质动态组合、生物与人类等要素的整体，是地理要素在特定地理边界约束下，通过能量流、物质流和信息流的交换和传输，形成具有一定有序结构、在空间分布上相互联系、可完成一定功能互补的多等级动态开放系统（朱其山，2011）。组成地理系统的各要素之间存在相互作用和相互影响。遵循地理学基本规律，地理系统作为一个整体与邻近的地理系统以及地球的外层空间不断地进行相互作用，包括物质、能量和信息的交换和传输，以"流"的形式（如物质流、能量流、信息流、人口流、货币流、经济流等）贯穿其间（魏朔南和陈振峰，2004）。

地理系统可分为不同层次或组织水平。地理系统具有显著的自组织特征，在其动态发展过程中可划分为若干圈层状结构的子系统，包括大气、水、生物、土壤、岩石和人类等诸子系统。一个完整的地理系统是"自然-经济-社会"的复合体系，形成自然子系统、经济子系统、社会子系统之间的联系与耦合，共同构成复杂的巨系统。任何一个地理系统均从属于更高级的地理系统，本身又包含若干低级的地理系统。地理系统各部分之间的特殊网络关系，促使其形成地理结构。这些特征均需要通过地理系统内部物质、能量和信息的运动而实现。地理系统是一个远离平衡态的开放系统，地理要素之间存在着非线性关系，通过与外界不断进行物质和能量交换而形成新的稳定的有序结构。

2. 地理单元

地球是由不同的单元组成，地球表层形成大小不一的地理系统，其刻画的重要标尺是地理单元。单元是样本中自为一体或自成系统的独立成分，不可再分，否则就改变了事物的性质。

基本地理单元（geographical unit）是地理环境条件基本一致的空间单元，其内部地理要素分布的一致性显著，与相邻单元的地理特征差异明显。地理单元是地理因子在一定层次上组合所形成的地理结构单元，部分学者将其界定为按一定尺度和性质将地理要素组合在一起而形成的空间单位。地理单元介于地理基质（最小低层次的独立成分）和地理系统之间，有时称为地理子系统或地理亚系统。各地理单元是相对独立的地理综合体，具有稳定性。但任何地理单元又是更高层级地理单元的组成部分。任何一个地理要素和部分的发展变化，都要受到整体的制约。

采用不同的划分标准，地理环境则形成不同的地理单元。地理单元划分的基本依据是自然属性和人文社会属性的差异性。部分学者认为地理单元包括行政区划单元、自然地理单元两种基本属性类型。地理单元具有尺度性，行政区划单元包括国家行政区、省级行政区、市级行政区、县级行政区（县级市、特区）、乡（镇、街道）范围、建制村（社区）范围等。自然地理单元是指各类自然地形地貌单元及各类自然保护地，包括河流、山脉、高原、丘陵、平原、盆地、沙漠、冰川等。

地域是地理学中经常用到的核心概念，通常是指一定的地域空间，是自然要素与人文因素作用所形成的综合体。地域具有一定的空间界限，具有一定的优势、特色或功能；内部表现出相对明显的相似性和连续性，地域之间则表现出明显的差异性但相互联系。许多学者认为地域是自然要素与人文要素的有机融合，一般有区域性、人文性和系统性三个特征。地区通常指较大的地理空间范围，包括地理空间和行政地理空间两个范畴。区域（region）是一个非常广泛的概念，不同的学科，因其研究对象不同，对"区域"的概念有不同的界定。区域具体是指一定的空间地域，包括自然、人文和经济区域，具有一定的界线；区域具有层次性、差异性、整体性、可变性和开放性等基本特征。人类的任何生产与生活活动离不开一定的区域，区域是人类活动的载体和人类聚居的场所。

3. 人类圈

现代地球系统由岩石圈、大气圈、水圈、生物圈和人类圈五个地球圈层组成。前四个圈层是人类圈的环境与条件。生物、土壤和以人类活动为特征的人类圈是地理系统发展到高级阶段的产物。人类圈与生物圈是两个完全不同的子系统，人类圈比生物圈大。

生物圈是地球上凡是出现并感受到生命活动影响的地区，是地表有机体包括微生物及自下而上环境的总称，是地球上所有生物与其环境的总和，是地球上最大的生态系统。生物圈的范围是大气圈的底部、水圈大部分、岩石圈表面，为海平面上下垂直约 10 公里。生物圈是人类诞生和生存的空间，是所有生态系统的统合整体，其形成是生物界与水圈、大气圈及岩石圈长期相互作用的结果。地球上有生命的地方均属于生物圈。生物圈为生物的生存提供了基本条件：营养物质、阳光、空气和水、适宜的温度和一定的生存空间，食物链是传统能源的主要途径。部分生物集中在地表以上 100 米到水下 100 米的大气圈、水圈、岩石圈、土壤圈等圈层的交界处，这里是生物圈的核心。人是生物圈中占统治地位的生物，能大规模地改变生物圈，使其为人类服务，但人类对生物圈的改造应有一定限度，超过限度就会破坏生物圈的动态平衡。

人类圈是地球分化的产物，是以人类为自然实体，组成的可自控、非全闭合的生产和消费循环系统，是最新地球圈层。人类圈的范围与生物圈、水圈、大气圈和岩石圈的范围重叠或部分重叠，基本组成是地球上的人类及人造自然物，包括人造工具、各种建筑物、加工食品和其他人工产品等作为其脑活动产物的文化或信息库、同人地关系密切相关的人与人之间的关系等。由于人类具有主观能动性，能在认识自然的基础上，通过社会性的物质生产和消费过程，显著地改造自然，影响其进化方向、强度和速度，人类活动已成为地球系统变化的驱动力。由于人类活动范围内至地表以下 12.5 公里的岩石圈深部，外至太阳系空间，所以人类圈比生物圈大。人类圈最基本的状态变量是人口数量，其生产和消费需要消耗大量的地球资源，又要向生态环境系统排放大量的废物（陈之荣，1997）。

二、河流流域

1. 河流

1）河流概念

河流是一种自然地物和水体形式，是所在流域内自然地理环境的产物，是地球上水文循环的重要路径和汇集地面径流而形成的天然水道，是指降水或由地下涌出地表的水汇集在地面低洼处，在重力作用下经常地或周期地沿着狭长凹地流动的水流。河流的形成演变一方面受流水运动规律的控制，另一方面受地质构造的影响；降雨沿沟谷及河道流动形成暂时性线状流水，对沟谷产生强烈冲刷作用而形成冲沟；如果沟底下切到潜水面以下，则沟谷水流得到地下水的不断补给，由暂时性流水转变为经常性流水，冲沟就演变为河谷；当流水深切沟底且达地下水面，则得到地下水源源不断补充，就形成河流（翟军，2013）。河流一般是在高山地区形成源头，然后沿地势向下流，一直流入湖泊或海洋。中国对河流的称谓很多，较大的河流常称为江、河、水，较小的河流常称为溪或川。河流是泥沙、盐类和化学元素等进入湖泊、海洋的通道。不同的河流，有着不同的地形地貌、水源、气候、水量水情等。

2）河流补给

河流补给是河流的重要水文特征，它决定了河流水量的多寡和年内分配情势。河流补给有大气降水（雨水）补给、永久性冰雪融水补给、季节性积雪融水补给、湖泊补给、沼泽水补给和地下水补给等多种形式，具体如表1-1和图1-1所示。

表1-1 河流的主要补给类型

类型	补给季节	补给特点	主要影响因素	代表地区
大气降水	一般夏秋两季为主	时间集中；不连续；水量变化大	降水量多少；降水季节分配；年际变化	普遍，以东部季风区最典型
季节性积雪融水	春季	时间性；连续性；水量稳定	气温高低；积雪量多少；地形状况	东北地区
永久性冰雪融水	夏季为主	时间性；明显季节变化；水量稳定	太阳辐射；气温变化；积雪冰川储量	西北和青藏地区
湖泊水	全年	较稳定；对径流有调节作用	取决于湖泊与河流的位置和水位；湖泊水量大小	普遍
地下水	全年	稳定；一般与河流有互补作用	补给区降水量；地下水位与河流水位关系	普遍

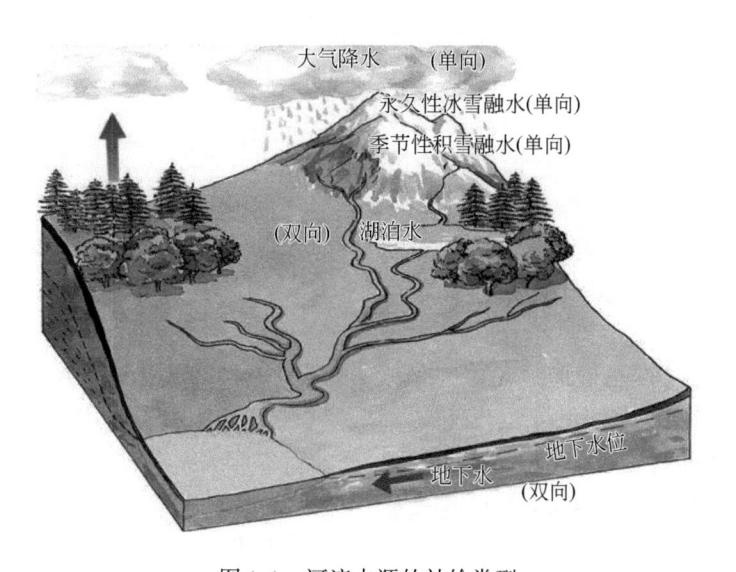

图 1-1　河流水源的补给类型

资料来源：https://bbs.zhulong.com/102030_group_200708/detail42582652/.

（1）大气降水补给。大气降水补给以发生在夏秋两季为主，个别地区发生在冬季，是多数河流的主要补给源和最重要的补给类型，尤其是热带、亚热带和温带的河流多由雨水补给。大气降水补给具有不连续性和集中性，造成径流年内分配不均，年际变化大。河水涨落与流域内流量大小和分布密切相关，雨季来临，河流进入汛期，旱季则出现枯水期。中国河流年径流量中，大气降水补给约占70%。

（2）冰雪融水补给。冰雪融水补给分为季节性积雪融水补给和永久性冰川融水补给两种类型，取决于流域冰川、积雪储量及分布、气温变化。季节性积雪融水补给发生在春季，具有连续性和时间性，补给水量平缓。高山冰川融水补给发生在夏季，主要是高山地区永久积雪或冰川的融水补给，具有明显的径流日变化和径流年内变化，径流高峰出现在夏季，冬季因冰川融化量少，河流流量小甚至断流，在中国的青藏高原和西北地区的高山较为常见。中国东北地区有的河流冰雪融水补给占全年水量的20%，松花江、辽河、黄河的冰雪融水补给会形成春汛。

（3）湖泊沼泽补给。有些河流发源于湖泊和沼泽，此类河流的水量变化缓慢、变化幅度较小。高山丘陵地区的湖泊常成为河流的源头。湖泊对河流径流起调节作用，在河流源头，湖泊可以调节河流水量；在中下游，湖泊在洪水期可削减河流洪峰，在枯水期可补给河流。沼泽水补给对河流水量的调节作用与补给的水量都比较小。

（4）地下水补给。地下水补给为河流补给的普遍形式，也是河流水量可靠、经常的水源。地下水对河流补给量的大小，取决于流域的水文地质条件和河流下切的深度。河流下切越深，切穿含水层越多，地下水补给量就越大。以地下水补给为主的河流，流量变化较为平缓，径流年内分配均匀，年际变化小。地下水与河水互补，地下水位高于河水位，前者补给后者，反之后者反补给前者。

各地区的河流从各种水源中得到的水量不同；即使同一条河流，不同季节的补给形式也不一样。这种差别主要是由流域的气候条件所决定的，但最终的来源是降水。多数河流不是由单一形式进行补给，而是多种形式共同补给或某种补给类型占优势的混合补给，但多数河流是以大气降水和地下水补给为主。河流水、湖泊水、地下水之间具有水源相互补给的关系。

3）河流表征指标

在不同地区，影响河流特征的各种条件差别很大，河流水文要素的变化规律不同（黄昌硕等，2014）。描绘或刻画河流的关键指标有比降、水位、流速、流量等。

比降是任意两点间的高程差与两点间水平距离的比值。河源的地形地貌决定了其比降的大小，比降值反映了流域形状的特征，比降值越大，流域越狭长。河流的比降分为床面比降和水面比降，前者反映河床纵断面地形的变化，后者为河流中任意两端点间的瞬时水面高程差与其相应水平距离之比。河流水面比降一般是上游较大，中、下游较小，大致从上游向下游递减；山区河流比降大，平原河流比降小。河源和河口的高度差为河流的总落差，落差大小决定了河流的水能蕴藏潜力。

水位是反映水体水情最直观的指标，是河流中某一标准面或观测站基面上的水面高度，为相对高度。径流补给是影响流量、水位变化的主要因素。表达水位的基面通常有两种：绝对基面和测站基面，基面与基准水位由国家制定，中国主要采用黄海基面，以黄海某海滨地点的特征海水面为零点。水面离河底的距离为水深，为绝对高度；一般情况下，水深越深，河流的生物多样性越复杂。

流速是指在某特定方向上水流在某点的运动速率，即水质点在单位时间内移动的距离。河流中的流速分布是不一致的，靠近河底、河边处的流速较小；河中心近水面处的流速最大。影响河流流速的主要因素有地形地势、河流宽度和水流含沙量。通常，以横断面平均流速表示河流水流的速度，表征单位为米/秒。

流量是单位时间内某断面的水量或水体体积，径流量是指在一特定时段内流过河流测流断面的总水量，一般用年径流量表示，表征单位为立方米/秒。一般，越往下游，河流流量越大。河流流量大小取决于降水量或冰雪融化量及流域面积。以大气降水补给为主的河流径流量一般较大，以冰雪融水补给为主的河流径流量一般较小。以大气降水补给为主（夏雨型、冬雨型）和以高山冰川融水补给为主的河流径流量季节变化大，以地下水补给为主的河流径流量季节变化小。以高山冰川融水补给为主的河流汛期在夏季，以季节性积雪融水补给为主的河流汛期多在春季，以大气降水补给为主的河流汛期在雨季。以大气降水、地下水补给为主的河流不会出现断流[①]。

2. 外流与内流水系

河流作为地理要素的一种特殊类型，有着复杂的干支流网络系统。河流沿途接纳众多支流，干流和支流以及湖泊、沼泽、地下暗沟彼此连接而组成的水网系统，称作水系（river system）。按照河川径流的最终归宿和循环形式，水系分为外流水系和内流水系。

水流最终流入海洋的河流，称为外流河。外流河多为常流河，支流众多，往往形成庞大的水系，河流水量大，其水流在海陆间进行水循环，把陆地上大量的径流输送到海洋。世界外流流域范围较大，占世界陆地总面积的78%以上，中国的外流流域占

---

① 引自：https://wenku.baidu.com/view/39399fb4bdd126fff705cc1755270722182e591d.html.

全国总面积的 2/3；大河多为外流河，如长江、密西西比河、刚果河、亚马孙河等。

水流不能流入海洋，而最终流入内陆湖泊或消失于荒漠之中的河流，称为内流河。内流河所在的区域为内流区，多气候干燥、蒸发强烈。内流河多分布在降水稀少的半干旱区、干旱区，发育在封闭的山间高原、盆地和低地内，支流少而短小，缺乏统一的水系，水量贫乏，多为季节性的间歇河。内流河水量在内陆之间实现水循环。世界内流流域面积约 3020 万平方公里，占流域总面积的 20%；中国内流区面积约占全国陆地总面积的 36%，主要集中在西北地区和青藏高原中北部干旱气候区，著名的内流河有塔里木河。

外流流域与内流流域往往有一定的分界线。在中国，以北起满洲里北部的中俄边境，沿东北至西南方向，由大兴安岭西麓南下，经内蒙古高原南缘、阴山、贺兰山、托赖山、大通山、日月山、积石山、巴颜喀拉山、念青唐古拉山和冈底斯山，直至西部国境一线为界，西北除新疆北部额尔齐斯河流域一角外，均属内流流域，东南部除局部地区外均属外流流域。但外流流域也会存在面积较小的内流流域，多出现在一些封闭盆地或封闭洼地；中国外流流域中主要存在三处内流流域，包括鄂尔多斯地区、黑龙江乌裕尔河内流区和白城内流区。

3. 水系形态

水系的形态主要受地形的影响。流域的地形地貌多样，地质构造复杂，促使水系的干支流形成不同的排列，存在各种各样的空间形态，不同的形态可产生不同的水情。按照干支流相互配置的关系或所构成的几何形态，水系可以分为树枝状、扇形、羽状等若干类型[①]。

树枝状水系。树枝状水系是发育最普遍的一种水系，是支流较多，干流、支流以及支流与支流间呈锐角相交，排列如树枝状的水系。多见于微斜平原或地壳较为稳定、岩性比较均一、抗侵蚀性相对一致的缓倾斜岩层分布地区，包括沉积岩或变质岩地区。世界多数的水系，如中国的长江、珠江和辽河，北美的密西西比河、南美的亚马孙河等，均是树枝状水系。

扇形水系。扇形水系是指支流从不同方向汇入干流，形成以主干和支流组成的扇骨状水系。该类型水系的流域汇流时间集中，容易造成暴雨洪涝灾害。海河水系、叶尔羌河水系均属于该类型。扇形水系还广泛发育在许多山前洪积扇及三角洲平原上，但多是辐散型的，上游似扇柄，下游分支很多，好似扇面结构。

羽状水系。干流两侧的支流分布比较均匀，近似羽毛状排列；流域汇流时间长，暴雨过后的洪水过程缓慢。中国西南纵谷地区河流的干流粗壮、支流短小且对称分布在干流两侧，是羽状水系的典型代表。

平行状水系。平行状水系也称为梳状水系，是支流近似平行排列而汇入干流的水系，支流集中在干流一侧，另一侧支流数量较少。当暴雨中心由上游向下游移动时，极易发生洪水。例如，淮河蚌埠以上的水系。

其他形态水系。格子状水系由干支流沿着两组垂直相交的构造线发育而成，如闽

---

① 引自：https://baike.baidu.com/item/%E6%B0%B4%E7%B3%BB.

江水系；放射状水系往往分布在火山口四周；向心状水系往往分布在盆地中。

水系的发展受气候、地形、地质和植被等自然因素的影响，随着自然因素的变化，水系的发展方向和排列形式会产生一定的改变。尤其是同流域内各条河流发展不平衡则产生袭夺或相邻两个流域的河道发生袭夺，这些都可能改变原来水系的形状，组成新的水系。通常大河由两种或两种以上水系组成。水系的特征可用河网密度/流域面积、河流长度/流向、河系发育系数、河系不均匀系数、湖泊率和沼泽率等不同指标进行表征。

4. 流域

每条河流和每个水系均需要从一定的陆地面积上获得补给，这就形成了河流流域。流域是一个重要的自然地理单元，是一个相对封闭、以地表水系为基础的地理单元，是指由地表水及地下水分水线所包围的河流集水区域或受水面积，也是水系干流和支流所流经的地区，是河流地表水和地下水的补给区域（孙鼐等，1983）。孙九林等（1992）则认为流域就是河流的汇水区域，包括地表水汇入区域和地下水汇入区域。流域大致分为地面集水区和地下集水区两类。如果地面集水区和地下集水区相重合，则称为闭合流域；如果不重合，则称为非闭合流域。多数研究所采用的流域指地面集水区。流域面积的确定，可根据地形图勾出流域分水线，然后求出分水线所包围的面积。流域是自然过程的产物，是人类活动的物质基础，对人类社会生存环境起作用（王禹浪，2003）。

每条河流都有自己的流域，并在内部形成流域的细化分级。一个大流域可以按照水系等级分成若干个小流域，小流域又可以分成更小的流域；还可以截取河道的一段，单独划分为一个流域。一般是流域面积越大的地区，流域的地形地貌越多样化，水系结构与空间形态越复杂，水量也越丰富。流域之间的分水地带称为分水岭，分水岭上最高点的连线为分水线，即集水区的边界线；处于分水岭最高处的大气降水，以分水线为界，按照地势高低，分别流向相邻的河系或水系（王禹浪，2003）。中国河流流域面积的大小如表1-2所示。

表1-2　中国直接入海及出境河流概况

流域面积/万平方公里	直接入海河流/条	出境河流/条	合计/条
>50	3	1	4
20～50	1	1	2
10～20	2	2	4
8～10	2	1	3
5～8	2	3	5
3～5	7	2	9
1～3	8	11	19
0.5～1	14	5	19
0.3～0.5	12	5	17
0.1～0.3	25	13	38
总计	76	44	120

流域等级要体现流域的规模及其在国土治理与国家发展中的重要性。根据流域的重要性程度差异，江河流域划分为五个等级，一、二级为大江大河流域，三、四级为中等河流流域，五级为小河流的流域；一级流域对国民经济和社会发展有举足轻重的作用，五级流域多由地、县管辖。根据水行政管理体制、所跨区域及重要程度，流域分为四类：第一类是指国家确定的特别重要的江河，包括长江、黄河、珠江、淮河、海河、松花江、辽河及太湖流域，即七大江河及太湖；第二类是涉及国际水事问题的河流，包括国际边界或出境河流在中国境内的江河流域；第三类是指除第一类以外的跨省或省边界河流；第四类是省区和直辖市管辖的河流（曾肇京和王俊英，1996）。

如表1-3所示，根据1994年水利部发布的《河道等级划分办法》，中国河道分级要在流域面积的基础上，充分考虑流域内社会经济活动，重点包括耕地面积、居住人口数量、城镇分布与规模、工矿企业以及可能开发的水能资源，进行分级。

表 1-3　中国河道分级指标

级别	流域面积/万平方公里	影响范围				可能开发的水利资源/万千瓦
		耕地/万亩	人口/万人	城市	交通及工矿企业	
一	>5.0	>500	>500	特大	特别重要	>500
二	1.0~5.0	100~500	100~500	大	重要	100~500
三	0.1~1.0	30~100	30~100	中等	中等	10~100
四	0.01~0.1	<30	<30	小	一般	<10
五	<0.01					

资料来源：1994年水利部发布的《河道等级划分办法》。

注：1. 影响范围中耕地及人口，指事实上标准洪水可能淹没范围；城市、交通及工矿企业指洪水淹没严重或供水中断对生活、生产产生严重影响的。2. 特大城市指市区非农业人口大于100万；大城市指市区非农业人口为50万~100万；中等城市指市区非农业人口为20万~50万；小城镇指城区非农业人口10万~20万。特别重要的交通及工矿企业是指国家的主要交通枢纽和国民经济关系重大的工矿企业

三、流域自然-经济-社会综合体

流域是一个地理单元，是一个以河流自然规律为界定标准的空间单位和特殊区域，是一个水资源要素、各类自然要素、经济要素和社会要素所形成的地域综合体（伍新木和李雪松，2002）。流域在其边界范围内由于水的自然流动性形成了重要而复杂的自然-经济-社会复合系统（王如松和马世骏，1985）。

1. 水资源系统

流域是自然地理历史过程的产物，是以汇水区为主要要素划分的空间单元和天然的集水区域，是一个从源头到河口、自成体系的水文单元。流域最主要的要素是水，水流动塑造了流域内地理上的关联性及资源环境的联动性，成为流域复合系统的基础（陈晓景，2006）。流域系统是最能体现水资源综合特性和功能的独立单元，上中下游、左右岸、干支流、河水和河道、水质与水量、地表水与地下水等，是流域不可分割的

组成部分，具有自然整体性（雷玉桃，2004；黄军和张玲，2012）。其他自然地理要素和社会经济要素的形成、分布及相互作用在一定程度上遵循了水的基本规律，包括水文规律、水资源规律、水生态规律及水环境规律。水是流域经济中最基本、最有决定性的资源，其他资源的开发利用往往以水资源的利用为前提，水资源综合开发利用往往是流域开发整治的核心和主脉。

2. 山水林田湖草沙冰有机生命体

流域的最主要要素是河流，水体及其运动规律是塑造流域自然地理系统的关键动力。流域包括河流流经的土地及植被、森林和矿产资源、水中及水所流经的生物等（陈晓景，2006）。水体、丘陵山地、平原、土壤、植被、气候、动物、农作物、湖泊湿地等各类自然要素以水体为媒介，形成了紧密相关的流域整体。各类自然要素在整个流域形成复合自然系统，同时形成相对独立的要素系统，又形成干支流、上下游和左右岸、不同地貌单元（山区丘陵、平原、湖泊湿地等）等不同的地域要素系统。自然要素及自然系统具有不可逆性，任何功能的失调或破坏，都可能破坏流域生态演化顺序，原来自然地理与生态面貌很难自行恢复，造成流域的整体退化。以保护为基本导向，守好"绿水青山"是流域开发整治的核心思想。

3. 人口产业与人类文明发源地

流域是人类文明的重要起源和主要发生地。流域不仅是一个从源头到河口的完整、独立、自成系统的水文单元，而且是经济、社会、文化等人类活动的重要承载场所（陈晓景，2006）。企业、矿区、农业、商业、旅游业、园区、村落、乡镇、城市、基础设施、居民、文化景观是流域的重要物质要素，同时还有文化教育、价值观、道德风尚、宗教信仰、风俗习惯等非物质要素。这些要素的产生、发展及相互联系与相互作用在遵循经济规律和社会规律的基础上，均与"水"有着紧密的关联，遵循着水规律与自然规律。许多城镇依河而建，因河而兴，其他社会经济要素多以河流为纽带进行布局和发展。水系网络和基础设施网络（包括道路网、农田水利设施网、能源设施网、通信信息网络、城市市政设施网等）是促使流域各要素之间进行交流和联系的空间载体（王曦和胡苑，2004）。

4. 复合地域功能系统

流域各种自然要素之间、自然要素与经济要素和社会要素之间、流域上下游之间、干支流之间均不断进行物质、能量、信息的交换及资金、人员的交流，将水、自然、经济、社会等融为一体，形成相互联系、相互制约及相互嵌套的有序结构，塑造了流域形态、功能结构、等级结构及作用秩序（陈晓景，2006）。这种有序结构的重要载体就是水系。这促使流域形成完整的"水-自然-经济-社会"复合系统，成为地区经济和社会活动进行空间组织的重要地域单元，也是实施国土开发的重要空间单元。这要求在全流域范围内实施可持续发展，以水规律为基础，遵循自然规律，以水资源综合开发利用为主要内容，加强经济建设与社会进步，取得最大的生态效益、经济效益、社会效益（伍新木和李雪松，2002）。须关注的是，流域发展是一项综合性、系统性工程，涉及各部门、各地区、各层级政府之间的合作，需要构建高效的协调管理机制。

第二节 流域基本特征

一、流域基本特征

流域既是由分水岭所包围的区域，又是组织管理国民经济、进行以水资源开发为中心的综合开发的空间地域。人类的各种活动总是在一定的地域内开展和进行，流域是重要的承载空间类型。按考察对象的特征，区域可分为自然区域、行政区域和经济区域。流域属于典型的自然区域，是以河流为中心，被分水岭所包围的空间地域，有明确的地理边界线和空间范围（杨丽花，2013）。流域具有区域的客观性、地域性、综合性、可度量性、系统性等一般属性，同时具有流域的特质。流域具有以下四个主要特点（张文合，1994a）。

1. 整体性和关联性

流域不是一般的区域，而是一个关联度极高、整体性较强的区域（张文合，1994b）。流域是一个天然的集水区域，是一个从源头到河口、自成体系的水文地理单元，是一个以水流为基础、以河流为主线、以分水岭为边界的特殊区域（雷玉桃，2004）。流域是自然整体性极强、关联度很高的区域。流域最主要的地理因子是水，水流动导致了流域内地理要素间的关联性及流域资源环境的联动性，决定了流域是统一完整的系统。流域内不仅各自然要素之间联系极为密切，而且上中下游、干支流、左右岸、河道阶地等各地域间的相互制约、相互影响也较为显著。流域内部的任何局部开发都必须考虑流域整体系统与综合效益，考虑给流域带来的综合影响和整体后果，流域生态系统具有不可逆性（钱乐祥等，2000；陈湘满，2002）。

2. 区段性和差异性

河流流域特别是大河流域，往往地域跨度大，构成较大的横向纬度带或纵向经度带，在区域或国家中占有重要地位。上中下游和干支流在自然条件、自然资源、农业耕地、人口城镇、经济基础和地域文化等方面均有显著的差异，表现出流域的区段性、差异性和复杂性。从上游到下游，资源拥有量越来越少，社会经济发展水平越来越高，形成资源分布中心、生产能力和经济要素分布中心的"双重错位"，从支流到干流也呈现类似的逆向差异（钱乐祥等，2000；陈湘满，2002）。

3. 层次性和网络性

流域是一个多层次的网络系统，由多级干支流组成。一个流域可能划分为许多小流域，小流域还可以划分成更小的流域，由此形成小流域生态经济系统、各支流生态经济系统、上中下游生态经济系统、全流域生态经济系统等类型。流域生态经济系统可分为工业、农业、交通运输、城镇、航运等子系统，农业系统又分为种植业、养殖业等子系统。流域经济网络的层次性要求流域开发也应有一定的先后次序和层次（钱乐祥等，2000；陈湘满，2002）。

4. 开放性和耗散性

流域是一种开放型的耗散结构系统，内部子系统间协同配合，同时系统内外进行大量的人、财、物、信息交换，具有较大的协同力和促协力，形成一个"活"的、有生命的、越来越高级、越来越发达的耗散型结构社会经济系统。流域内各地区既要有专业化的职能分工和紧密的协作，对外又要加强区际、国内、国际分工协作和社会经济交流，通过发挥港口或内陆口岸的对外"窗口"作用，不断吸引国外的资本、技术、人才和先进的管理经验，发展外向型经济，这是推动流域发展的巨大动力。流域既是一个复杂的大系统，又是一个从属于国民经济巨型系统的子系统，要把流域开发、保护与治理视为全国社会经济体系的组成部分，流域发展要符合全国国土综合开发和整治的总体要求和宏观布署，这是协调流域内部、流域与流域、流域与国家关系的关键（钱乐祥等，2000；陈湘满，2002）。

二、河流纵横剖面

1. 河流剖面

河流剖面是指河流的结构剖面，分为横向剖面与纵向剖面，了解河流剖面对考察流域社会经济发展、空间功能分区具有重要作用。

横向剖面。横向剖面是指与河流流向垂直的剖面，如图1-2所示。在河流的横向剖面上，多数河流包含三个主要部分：河槽、洪泛区、高地过渡带。河槽又称为河道，是大部分时间水流流淌和占据的谷地部分；随着时间流逝，经过人为改造、风化、流水、地震等作用，河槽位置、宽度、长度都会发生变化。洪泛区是河槽一侧或两侧时或被洪水淹没的较高地带，广义上是指江河两岸或湖泊易受洪水淹没的区域，冲积平原多形成于洪泛区。世界各大江河中下游一般都有宽广的洪泛区，耕地面积大、土壤肥沃，有着众多的人口分布、发达的经济产业和密集的城镇分布。中国、日本的洪泛平原约占各国土地面积的10%，居住人口占各国半数以上。匈牙利的洪泛区占全国面积的25%，集中了80%的村镇、城市；美国的洪泛区约占全国面积的7%（段弯弯，2014）。洪泛区的特性决定了需要划分禁止开发区、限制开发区和允许开发区等不同空间地域；其中，禁止开发区是5年一遇洪水位以下的地区，禁止各类社会经济活动开发与长久建设；限制开发区是5～20年一遇洪水位的地区，允许某些必要的发展；允许开发区是50年一遇洪水位以上的地区，该类地区允许开发和建设，但对洪水灾害要有防御措施。高地过渡带是河漫滩一侧或两侧与周围地形相过渡的部分高地。

纵向剖面。纵向剖面是指沿着河流的走向，从上游源头到下游河流侵蚀基准面的高度转变，是从河源到河口，河床最低点与水面最高点之间，沿主流线所作剖面，表示河流沿水流方向的几何形态。河流纵剖面的几何形态与河道比降密切相关，按照几何形态，可以分为上凸型、直线型、下凹型和阶梯型，以下凹型纵剖面为多，中国长江、黄河、永定河和渭河的纵剖面基本上呈下凹型和阶梯型（王婷婷等，2014）。小河流的纵向剖面结构比较简单，大河比较复杂。受纵向地形变化的影响，多数河流在纵

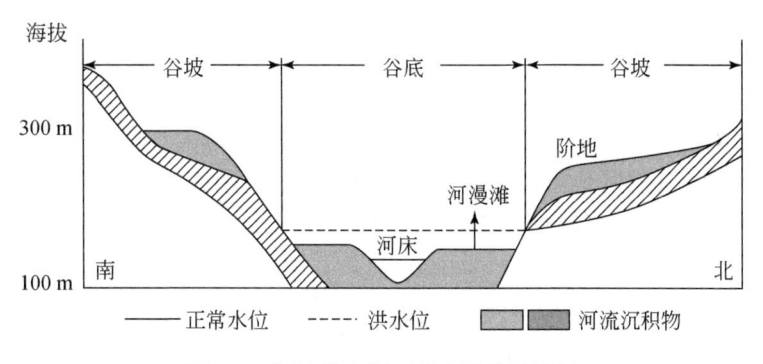

图 1-2 河流横向剖面基本结构示意图

向上可概括成三个分带：源头区、输送区和沉积区。河流纵向剖面反映出河床纵坡的变化，上游河段纵坡较陡，河谷狭窄，多瀑布；中游河谷较宽，发育河漫滩和阶地；下游河床坡度较小，河谷宽浅，多形成曲流和汊河，河口段形成三角洲和三角湾。每个一级阶域内又包含若干次级阶梯。流域纵向剖面反映了河流流经地区的大地构造和地形地貌的明显差异，对航运、防洪、城镇建设有着重要意义。

2. 河谷类型

河谷是河流地质作用的产物，是河水所流经的线状延伸的槽型地带，由河水侵蚀冲刷而成，是河流在自身流动过程中在地面塑造而形成的长条 U 形凹地。这是由河流流水的冲积、搬运、沉积等作用形成的。河谷主要包括谷坡和谷底两部分。谷坡是河谷两侧的斜坡，常有河流阶地发育。谷底比较平坦，由河床和河漫滩组成。谷坡与谷底的交界处称为坡麓，谷坡上缘与高地面交界处称为谷肩或谷缘。

按照形态，河谷大致分为隘谷、峡谷和宽底河谷。

隘谷。隘谷主要是指河床切入地面很深的年青河谷，是由河流沿坚硬岩层的节理、裂隙强烈下蚀而形成的。该类河谷有近于垂直谷底或十分陡峭的谷坡，谷地宽度上下几近一致，谷底几乎全部为河床所占据。该类河谷一般分布在河流源头地区。

峡谷。峡谷主要是指谷底很深、谷坡较陡、谷底初具滩槽雏形的河谷，横剖面呈 V 形，深度大于宽度。峡谷由嶂谷发展而成，广泛分布于山区河段，是修建水库大坝的理想坝址区位。三峡是著名的大峡谷，黄河上也形成刘家峡、青铜峡等峡谷。该类河谷一般分布在河流上游地区。

宽底河谷。宽底河谷简称宽谷，主要是指横向剖面宽阔的河谷。该类河谷具有宽广而平坦的谷底，河床只占有谷底的一小部分，横向剖面呈浅 U 形或槽形。谷底有河漫滩发育，谷坡上发育多级阶地。宽谷由峡谷发展而成，主要是河流的旁蚀作用造成的。河流流经平原地区，流水沉积作用明显，会形成宽谷和冲积平原。该类河谷主要分布在河流中上游地区。

复式河谷。复式河谷是具有复杂结构的河谷，有阶地存在，横向剖面呈阶梯状，又称成形河谷，是宽谷的进一步发展。

三、流域基本结构

流域是指由河口往上游的全部集水范围，流域中的地表水最终皆会通过河口向外排出。流域包括干流的谷地及其周围坡地，四周以分水岭作为与相邻流域区隔的界线。流域分水岭能连成一条闭合曲线，如图1-3所示。

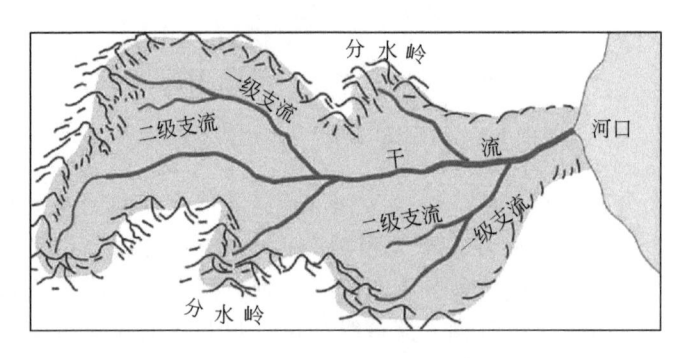

图1-3 河流流域的基本结构

1. 分水岭

分水岭是指分隔相邻两个流域的山岭或高地，多是山脊或地势较高的地带。分水岭的脊线称为分水线，是相邻流域的分界线，一般为分水岭最高点的连线。分水岭的基本作用是分水，分开降水的流向，降落在分水线两侧的降水沿着两侧斜坡注入不同的水系或河流。由于分水岭对气流的阻隔作用，一般情况下，海拔比较高的分水岭两侧的降水量存在一定的差异。按形态，分水岭分为对称和不对称流域分水岭。分水线随时间发生移动的分水岭，称为不稳定分水岭；分水线在相当长时期内不因河流侵蚀而发生移动的分水岭，称为稳定分水岭。

在自然界中，不同河流的分水岭主要是山岭和高原，也可能是微缓起伏的平原或湖泊。山区或丘陵地区的分水岭比较明显，平原地区分水岭不显著。分水岭具有变动性，因两侧侵蚀能力不同而发生迁移。巴颜喀拉山和秦岭是长江和黄河的分水岭，秦岭以北的降水流向黄河，秦岭以南的降水流向长江。太行山是黄河水系和海河水系的分水岭。大别山是长江水系与淮河水系的分水岭，南岭是长江水系与珠江水系的分水岭。武夷山是长江流域与东南沿海诸河流域的分水岭。

2. 干流

流域内的水系由大小河流按一定的汇流规律相连而成，由此形成河流的主次之分与等级结构。干支流是指主干河流与其沿途接纳的各级支流所共同形成的复杂的脉络相通的干支流水网系统。每条河流都有自己的干流和支流，干支流共同组成河流的水系。

干流亦称"主流"，是水系中主要的或最大的、汇集全流域径流，直接注入另一水体（海洋、内陆湖泊或其他河流），或消失在荒漠的水道，是河道体系中级别最高的河流。是由两条以上大小不等的河流以不同形式汇合，构成一个河道体系。一般，干流能够从河口一直向上延伸到河源。干流一般流程较长，流量较大，沿途接纳河流较多。多数情况下，流域的干流是唯一的，干流沿线有多条支流汇入（张迪，2021）。

确定一条河流干流的基本标准包括如下方面。①以最长的一条河流为干流。例如黄河干流全长5464公里，长江干流全长6300余公里。②以集水面积最大的一条河流为干流。③各支流的长度、面积接近时，以水量明显很大的一条河流为干流。④各支流的长度、面积、水量均接近时，取河道宽广、河谷平缓顺直、上下段自然延伸的一条河流为干流（马永来等，2011）。

3. 支流

支流是指直接或间接流入干流而不直接入海、入湖的河流。支流是干流水量的主要补给来源。两条河或多条河交汇之处称为汇流或合流处。沿河水的流动方向，可称为左侧支流和右侧支流。支流沿着河水流动方向而变化，是干流的一部分。

支流有着较为严格的等级划分。较大的水系中，支流通常分为一级、二级、三级等不同等级。直接流入干流的河流叫作一级支流，直接流入一级支流的河流叫作二级支流，其余依此类推。河道的次序级别是将在水系网中位于顶端、上游无进一步分支的河道称为一级河道，两条一级河道汇合后的河道称为二级河道，依此类推，一段河段的支流级别越高，其河道级别越低。支流的流量一般较小，其等级越低，其流量往往越小。各支流之间的流程长短、水量、流域面积均存在较大的差异①。

长江流域的支流数量众多，流域面积1万平方公里以上的支流有46条，主要有岷江、嘉陵江、乌江、汉江、湘江、沅江、赣江和清江等；流程超过1000公里的支流有汉江、嘉陵江、雅砻江、沅江和乌江。黄河从青海发源地到山东入海口沿途流经九省（自治区），先后有15条主要支流汇入主河道，包括湟水、白河、黑河、洮河、清水河、大黑河、窟野河、汾河、无定河、泾河、渭河、洛河、沁河、金堤河、大汶河等。淮河支流众多，流域面积大于1万平方公里的一级支流有4条，大于2000平方公里的一级支流有16条，右岸较大支流有史灌河、浉河、东淝河、池河等；左岸较大支流有洪汝河、沙颍河、西淝河、涡河、浍河、漴潼河、新汴河、奎濉河等。

四、流域流段性

每个流域代表了一个自然区域，流域的上、中、下游均有差异显著的地形、水文特征。一条河流按地理地质和水文特征，包括河谷和河床特点、河床比降、冲淤程度、流速与流量、泥沙含量、水补给等特点，从上到下一般分为河源、上游、中游、下游及河口五段。但实际上由于学者们对地貌、水文或其他特征的注重程度有所不同，一条河流上下游的划分常常不一致。从上游到下游，流水随着流速的变化，有时会表现出侵蚀性，有时会表现出沉积性，塑造出不同的地形和地貌，对沿线地区的人口分布、经济结构和城镇布局有着深远影响。每个河段分别有着明显不同的特点。

---

① 引自：https://baike.baidu.com/item/%E6%94%AF%E6%B5%81/5419973.

1. 河源

河源，指河流发源或源头的部分，具体是指河流最初具有地表水流形态的河段，指河流干流（或其支流）距离河口处流程最远的、常年有地表流水的地域。该河段往往是全流域海拔最高的地方，通常分布在有山地冰川、高原湖泊、沼泽和涌泉的地区，少数河流的源头分布在平原，部分学者将河源称为"水塔"。在河源地区，河流的流量较小、水质清，人口分布比较稀疏，人类活动少，城镇数量较少，多为牧区或林区，但各河流和同一河流不同支流的河源的地形地貌差异较大。河源的确定通常是根据"河源唯远""水量最丰""与主流方向一致"的原则，但更强调"河源唯远"。河源是河流的起点，是确定河流长度的重要参考点之一。河源的生态、环境的变迁对整个流域的影响举足轻重，在生态平衡、环境等问题上会有牵一发而动全身的效应，保护河源的生态环境成为流域发展的重点，也往往成为流域生态保护的核心内容。该地区因水源涵养作用和生态功能重要，往往分布有许多的自然保护区与生态功能区，生态红线较多。

2. 上游

上游是指直接与河源相接、奔流于山谷的河流上段地区，多为高山丘陵地区。上游的一般特征包括：比降陡而落差大，流速大、水流急，但水量小。河流侵蚀作用强烈，冲蚀力强，河道下切作用强烈。河谷一般比较狭窄，两岸陡峭多高山，河谷地形多呈现 V 形断面，甚至形成峡谷和宽谷相间分布，呈现阶梯状。该河段多急滩、瀑布，洪水猛涨猛落、变化剧烈。支流开始增多，落差大、水流急促使该河段水能丰富，适宜于开发水电资源；有着丰富的农林牧资源，尤其是森林与草地覆盖率较高，生物多样性显著增强，往往有着较多的自然保护区与生态功能区。上游河段沿线地区开始有着比较发达的农业生产，尤其是特色山地农业、优质畜牧业和林下产业发达，人口分布逐步增多，城镇逐步增多且规模逐步增大。上游地区的整体社会经济基础比较薄弱，技术条件相对落后，资金资本缺乏。

3. 中游

中游是指河流上游以下、下游以上的河段。中游地区一般流经低山丘陵地区，与上游的分界点多是山区进入丘陵地带的地方。随着支流的不断汇入，河流水量逐渐增加，河床比降较和缓，河流流速明显下降，水深相对稳定且较深，水流下切作用弱。两侧侵蚀使河面逐渐加宽，河床位置比较稳定。冲刷侵蚀和淤积作用比较显著但大致平衡，河床中出现浅滩或沙洲。许多河流的中游河段具备通航功能，往往有着规模较大的港口。河流中游地区往往有着肥沃的土壤和大面积的冲积平原或谷地平原，耕地资源丰富，高标准良田多，是重要的农业生产地区，有着较为密集的人口分布，孕育了规模比较大的城市，尤其是干支流交汇区位往往发育了中心城市、都市圈甚至城镇密集区。

4. 下游

下游是指介于河流中游和河口之间的一段河段。与中游及河口并无严格的分界。

下游河段的特点是河谷和水面宽广，底坡小，河床比降平缓。河曲发育，河道多蜿蜒曲折，多汊流，断面复杂。河流水深且流量稳定，航道等级较高，通航功能明显增强，有着繁忙的航运运输。河水流速缓慢而流量大，泥沙沉积淤积作用显著，河槽中多浅滩和沙洲。下游汇入的支流逐渐减少。下游河床多分布在冲积平原上，世界上许多著名的大江大河下游都分布有广阔的平原，地势低平，土层深厚，土壤肥沃，水源充足，成为人类生产生活的理想区域。下游肥沃的土壤与冲积平原养育了大量的人口，有着发达的农业经济，往往成为人口和产业的密集地区，也往往成为整个流域最富裕、最发达的地区。

5. 河口

河口段位于河流的终端，是河流与受水盆水体相互作用的结合河段。河口是河流入海、入湖（或沼泽）或汇入更高级河流处，可分为入海河口、入湖河口、入库河口、支流河口。河口由于断面突然变大，水流速度骤降，经常有泥沙堆积，分汊现象显著，形成多条河流入海、入湖、入河的情景，并形成三角洲或沙洲。河口口门处往往发生泥沙堆积并形成浅滩，横阻河口，成为拦口沙，成为河口区航运的主要障碍。入海河口是一个半封闭的海岸水体，与海洋自由沟通，海水和河水交汇，兼有海洋水文特征和河流水文特征。未流入湖泊的内流河称为无尾河，可以没有河口，但部分内流河在末尾段的洼地形成尾闾湖。

三角洲又称为河口平原，属于河口冲积平原，是一种常见的地貌类型，形成于河流的入海口或入湖口。三角洲是由河流补给的泥沙沉积体系，是"动力–沉积–地貌"等因素相互作用的产物。因河口处断面扩大，水流速度骤减，大量泥沙沉积而形成三角形沙洲。三角洲的平面形态多呈三角形，顶部指向河流上游，外缘面向大海，是三角形的"底边"。三角洲形成的基本条件取决于河口地区水流变化的基本规律，河流、海洋构造、气候和流域自然地理等因素不同程度上影响三角洲的沉积特征和形态类型。根据其地貌部位的不同，自大陆向海，一般将三角洲分为顶积层、前积层和底积层，也称为三角洲平原、三角洲前缘和前三角洲。内流河三角洲是内流河冲积形成的三角洲，一般有三种：一种是内流河注入湖泊时冲积形成的三角洲，另一种是河流的支流与主干交汇时冲积形成的三角洲，还有一种是直接在陆地上冲积形成的三角洲，又叫内陆三角洲。普通入海河流的三角洲海拔一般只有几米，内流河三角洲的海拔从海拔几公里到海平面以下400多米都有。内流河三角洲多是在淡水河流或湖泊中形成的。但部分河流的入海处未能形成三角洲，如钱塘江，这主要是因为河流含沙量较低。

世界各大河流的入海处，大都有三角洲，世界上著名的三角洲有长江三角洲、珠江三角洲、尼罗河三角洲、密西西比河三角洲、湄公河三角洲和恒河三角洲等。其中，长江三角洲面积为5万平方公里，湄公河三角洲面积为4.4万平方公里，尼日尔河三角洲面积为3.6万平方公里，伊洛瓦底江三角洲、勒拿河三角洲面积均达到3万平方公里，密西西比河三角洲和奥里诺科河三角洲面积均为2.6万平方公里，尼罗河三角洲面积达2.4万平方公里，伏尔加河三角洲面积为1.9万平方公里。三角洲一般面积较大，地势低平，土层深厚，表面平坦，土壤肥沃，水网密布，易有洪涝。三角洲多为良好的农耕地区，为农业高产区，往往有着密集的人口分布，有着规模较大、数量较多、密度较高的城镇分布，是一个国家或地区的重要开发开放地区。三角洲为石油和天然气的形成提供了良好条件，世界上许多著名油气田分布在三角洲地区。需要指出的是，泥沙含量较高的大型河流河口地区往往形成"生长速度"较快的三角洲，这些三角洲人口分布较少，以未利用土地为主。

抚远三角洲为黑龙江与其最大支流乌苏里江交汇时由乌苏里江冲积而形成的三角洲，又名黑瞎子岛、熊瞎子岛。西面为抚远水道，北面和东南面与俄罗斯隔江相望，故称抚远三角洲，是一个三面环水的封闭岛屿。全岛包括黑瞎子岛、银龙岛、明月岛、小河岛、枫岛、菊花岛、东家岛、旗岛、久良岛等岛屿，其中黑瞎子岛最大，故抚远三角洲又称黑瞎子岛。抚远三角洲东西长约58.85公里，南北宽约14.01公里。全岛面积，在旱季水小时为350平方公里，在汛期水大时为327平方公里，海拔约39米[①]。全岛地势低平，江汊纵横，分布有大量沼泽、湿地。土质肥沃，草地广阔，部分已垦殖，产小麦、马铃薯，饲养奶牛。周围的黑龙江和乌苏里江水域，盛产大马哈鱼和鳇鱼、鲟鱼等冷水鱼类。

五、流域水情特征

流域水体不仅在物质和能量的迁移上具有方向性，而且上中下游、干支流、左右岸之间相互制约、相互影响。

1. 流域方向

河流是有方向的，这种流向往往是自然形成的，尤其是与地形地貌有着直接关联。其主导方向以干流流向为主进行识别，河流总是从高海拔地区流向低海拔地区、从地势高的地区流向地势低的地区。这种方向性对河流尤其是长距离河流的水文条件有较大的影响。特别是河流处于低纬度向高纬度流向时，这种影响对冰雪消融时间有一定的影响。如果河流从低纬度流向高纬度，则可能有结冰现象，容易形成凌汛。

凌汛的前提是河流存在结冰期，冬天要结冰。秦岭—淮河以北的华北地区和东北地区的河流都有结冰期，纬度越高结冰期越长。河流的位置是在中纬度和高纬度，而且河流由中纬度向高纬度流。在中国，这类河流包括额尔齐斯河、黑河、松花江、乌苏里江及黄河部分河段，形成自南向北流。中纬度地区春季来得比高纬度地区要早，中纬度地区河段的冰先融化而高纬度地区河段的冰后融化，大量冰水涌入下游河道，抬高水位，冰凌堵塞河道，形成凌汛。这主要发生在东北地区及黄河的宁夏—内蒙古段。勒拿河、叶尼塞河和鄂毕河均有凌汛发生。凌汛如果得不到及时处理，就有可能发生严重灾害，所以经常通过人为炸开河道坚冰的方式进行人工开河。

2. 河流汛期

1）丰水期与枯水期

一年之内，随着气候气温的周期性变化，河流补给状况、水位、流量等相应发生变化。根据一年内河流水情的变化，可以分为若干个水情特征时期，包括汛期、平水

---

① 引自：https://baike.baidu.com/item/%E9%BB%91%E9%BE%99%E6%B1%9F/1046993.

期、枯水期或冰冻期（宋小燕，2010）。河流形成丰水期和枯水期的更替与变化，这也促使河流具有资源性和灾害性。

枯水期。枯水期也称为枯水季，是指河流一年内地表水流枯竭并主要依靠地下水补给的时期，主要是发生在少雨或无雨季节。部分学者认为当月平均径流量占全年径流量的比例小于5%时，河流进入了枯水期。中国多数河流的枯水径流从秋季开始，延续到次年春季，出现在10月至次年3~4月的冬季。枯水期历时长短随流域自然地理及气象条件而异，南方较短，北方较长。

平水期。平水期也称为中水期，是河流处于中常水位的时期。中国河流的平水期多在秋季，时间不长。

丰水期。丰水期指江河水流主要依靠降雨或融雪补给的时期。一般是在雨季或春季气温持续升高的时期，河流水量丰富，延续时间长。丰水期包括汛期，但丰水期持续时间长于汛期。长江丰水期为5~10月，而汛期为梅雨季节（6月中旬至7月中旬）。

2）汛期

汛期是河流的典型水文特征，虽不等于洪涝灾害，但洪涝灾害一般发生在汛期。汛期是指河流或湖泊等水域处于高水位的时期，是一年中河水有规律显著上涨的时期，典型影响是产生洪涝灾害。由于各河流所处的地理位置和涨水季节不同，汛期的长短和时序也不相同，如表1-4所示。中国河流汛期主要是夏季暴雨和秋季连绵阴雨造成的。根据洪水发生的季节和成因不同，汛期分为春汛、夏汛、秋汛和冬汛，其中夏汛是最为常见的。

表1-4　中国主要河流的汛期

河流名称	汛期时段	主汛期时段
江南河流	4~9月	5~6月
珠江	4月中旬至9月	5~6月
长江	5月至10月中旬	7~8月
淮河	6~9月	7~8月
黄河	7~10月	7~8月
海河	7~8月	7月下旬至8月上旬
松花江	7~9月	8月下旬至9月上旬

春汛期。春汛期主要是指春季北方河流以河源冰山或上游封冻冰盖融化为主产生的涨水期以及南方春夏之交进入雨季产生的涨水期，又称为"桃花汛"。春汛水量比夏汛小，历时也短，发生在每年的3月下旬或4月上旬。中国松花江和西部内流河，俄罗斯境内的鄂毕河、叶尼塞河、勒拿河、伏尔加河，以及北美的密西西比河等河流，会发生春汛。尤其是俄罗斯远东河流和中国部分西部内流河的主汛期是春汛，水量超过夏汛。在中国北方地区，春汛是灌溉农田的宝贵水源。

夏汛期。以夏季暴雨为主产生的涨水期称为夏汛期，主要发生在以雨水补给为主的河流。各河流的夏汛期长短不一，南方河流因雨季早且持续时间长，夏汛期较长，多发生在每年的7~9月。夏汛容易造成洪涝灾害。

秋汛期。主要是指秋季暴雨或强连阴雨为主产生的涨水期，主要发生在立秋至霜降的时间段内。秋汛的洪峰流量不大，但持续时间长，对堤防的危害大。

春汛和夏汛反映了河流补给方式的差异，以雨水补给为主和冰川融水补给的河流有夏汛；有春汛的河流一般纬度较高，有季节性冰雪融水补给。北方地区一般会有春汛和夏汛两个汛期。中国各地汛期开始时间随雨带的变化自南向北逐步推迟，而汛期的长度则自南向北逐渐缩短；珠江、钱塘江、瓯江和黄河、汉江、嘉陵江等有明显的双汛期，形成前汛期和后汛期，后者分夏汛期和秋汛期①。

3. 流域洪水

洪水是一种自然现象，是暴雨、急剧融冰化雪、风暴潮、冰凌、溃坝等自然因素引起的江河湖泊水量迅速增加，或水位迅猛上涨的一种自然现象，致使沿岸城市、村庄、建筑物、农田受到威胁，是自然灾害。连续的强烈降水是造成洪水的主要原因，积雪融化也可以造成洪水。超过年最大洪峰流量多年平均值的洪水称为"大洪水"。每年的7~8月是中国洪水出现频率最高的时间。洪水按成因和地理位置的不同，又分为暴雨洪水、融雪洪水、冰凌洪水、山洪及溃坝洪水等。根据2009年1月1日开始实施的国家标准《水文情报预报规范》（GB/T 22482—2008），按洪水要素重现期小于5年、5~20年、20~50年、大于50年，将洪水分为小洪水、中洪水、大洪水、特大洪水四个等级。

20世纪以来，中国发生过多次特大洪水，如1932年、1998年松花江、嫩江大洪水，1951年、1960年、1995年辽河大水，1939年、1963年海河大水，1931年、1935年、1954年、1981年、1998年长江大水，1933年、1958年黄河大水，1931年、1954年、1975年淮河大水，1915年、1949年、1968年、1994年、1998年西江和北江大水。

4. 河流冰期

各纬度地区的河流存在明显不同的水文现象，结冰期成为高纬度地区河流的重要水文现象。判断河流有无结冰期，主要是看纬度位置和盛行风向。中国以秦岭—淮河一线来划分0℃分界线，该线以北地区1月气温低于0℃，多数河流有结冰期；该线以南地区1月气温高于0℃，河流不结冰。结冰期有长有短，温度回升快的地区，结冰期短。黑龙江流域的结冰期最长，封冻期近半年，上游每年10月上旬出现初冰，中游每年10月下旬始见初冰，至翌年4月中下旬先中游后上游解冻；上游的结冰期达到160天以上，中游的结冰期介于140~160天；冰层较厚，上游平均最大冰厚为1.25~1.50米，中游平均最大冰厚介于1.00~1.25米（柳恒等，2010）。

河流冰情是指河水因热量变化所产生的结冰、封冻和解冻现象。结冰期主要是指当河水温度降至0℃并略呈过冷却时，河水表面和水内迅即出现冰象，经过淌凌，达到全河封冻。河流冻结过程包括薄冰、岸冰、水内冰和流冰等过程，是从气温降到0℃以下河水中开始结冰到气温转正，流冰全部消失的冰凌发生、变化和运动过程的统称（陈宇，2016）。河道封冻，航运中断；河道冰花含量增多，会堵塞水库引水口拦污栅；冰层的膨胀常导致建筑物和护坡的破坏；冰塞和冰坝常酿成严重水灾（王昕，2007）。

---

① 引自：http://www.dzwww.com/2016/sdaq/wxhd/yjzj/zrzh/201602/t20160226_13892385.htm.

影响河流冰情的因素很多（图1-4）。主要因素包括纬度与海拔、气温与水温、水深、盐度、径流的补给来源、河流形态与流速、温泉（地热）、离陆地远近等。它们都直接影响河流冰情生消的全过程，以及一些特殊冰情的发生。

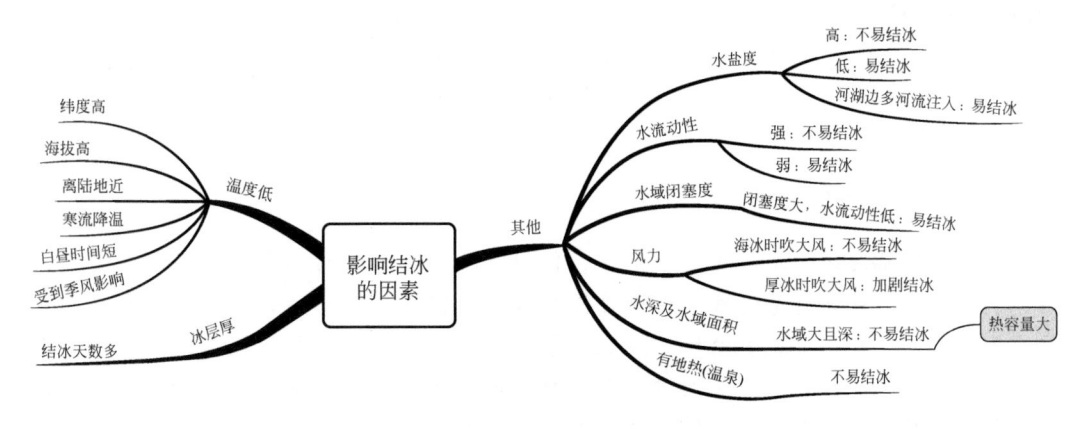

图 1-4　河流结冰期的一般性影响因素

凌汛是寒冷地区河流普遍存在的一种自然现象。凌汛俗称"冰排"，主要是指冰凌堵塞河道，对水流产生阻力而引起的江河水位明显上涨的水文现象，水表面有冰层且破裂成块状，冰下有水流并带动冰块向下游运动，当河堤狭窄时冰层不断堆积，导致对堤坝的压力过大。水面结冰的河道，上游河冰先融化，下游河道尚未解冻，容易出现凌汛。河流从中纬度流向高纬度并且河道形态呈上宽下窄，河道弯曲回环的地方出现严重凌汛的概率较大。冰凌有时可以聚集成冰塞或冰坝，造成水位大幅度抬高，最终漫滩或决堤，称为凌洪。凌洪可能导致堤防溃决，洪水泛滥成灾。中国北方的河流，如黄河、黑龙江、松花江在冬季的封河期和春季的开河期都有可能发生凌汛。黄河凌汛洪水在发生频次和规模上远较其他地区高（滕翔和何秉顺，2010）。凌汛期一般需要采取破冰措施。

第二章 流域发展的基础理论体系

任何区域都是独一无二的地理空间，任何流域都具有独特的自然属性与社会人文特征，但自然规律具有普适性，经济规律与社会规律也具有普适性，自然、人文与社会在空间上的耦合也形成了较为广泛适用的地理规律。理论是指研究系统的一般性模式、结构和规律的学问，是人们对自然、社会现象按照已知的知识或认知进行符合逻辑的推论性总结。规律是客观的，理论是对规律的知识阐述与系统总结，力图构建自然界和社会诸现象之间必然、本质、稳定和反复出现的关系，揭示事物之间的内在的必然联系、事物发展过程中的本质联系，具有普遍性的形式。长期以来，学术界对国土、区域和流域已经形成了大量的空间认知，凝练总结出许多反映一般性地理规律的理论与结论，是人类对空间认知的基本知识与原理。这些地理理论既是一种知识规律，同时是一种地理研究范式。立足流域的空间单元，统筹考虑水资源、生态、社会与经济等各方面与领域，系统阐述既有的理论体系与知识要点，可以为流域高质量发展提供最基础的规律支撑。

本章主要是分析流域发展的基础理论体系。流域发展的最基础理论是人水关系，在原始社会、农耕社会、工业社会、生态文明社会等发展阶段，人水关系的内涵与特征均显著差异，形成从原始和谐转变为不和谐、最终走向和谐的历史过程。随着流域内各种要素的融合与相互作用，流域发展理论逐步拓展到更广阔的范围内与内涵中。流域空间功能理论覆盖了流域功能统筹、流域空间划分与主体功能区、流域经济布局与集散机制、水资源-产业-城镇化耦合规律、资源环境承载力与流域功能分区。从具体的领域来看，流域发展又往往涉及流域生态系统与生态功能区、流域防洪体系、水资源综合利用与三水空间、航运黄金水道与港航建设、岸线开发与保护等主题理论。这些理论都为流域的发展，以及流域的保护、开发和治理奠定了理论逻辑关系，提供了科学指导。

第一节 流域人水关系理论

人水关系（human-water relationship）是指"人"（人文系统）与"水"（水系统）之间复杂的相互作用关系，人水关系是人类与自然界关系中最早出现、最为重要的关系之一，是人地关系的重要组成部分（左其亭，2021）。

一、人水关系理论

1. 人水关系系统

水和人类都是生态系统的组成部分。水是生态之基，对生态系统起到核心和基础作用，是人类赖以生存和发展的基础性和战略性自然资源（邓建明和周萍，2013）。人类是生态系统的高端消费者，是社会、经济活动的主体，依赖于生态系统的各种服务和产品以生存和发展。如图2-1所示，人文系统、水系统本身都是复杂的巨系统，二者耦合形成的人水系统（human-water system）更是一个复杂的超巨系统，人水关系存在着作用与反作用的辩证关系，存在着密不可分的关系（左其亭，2021）。

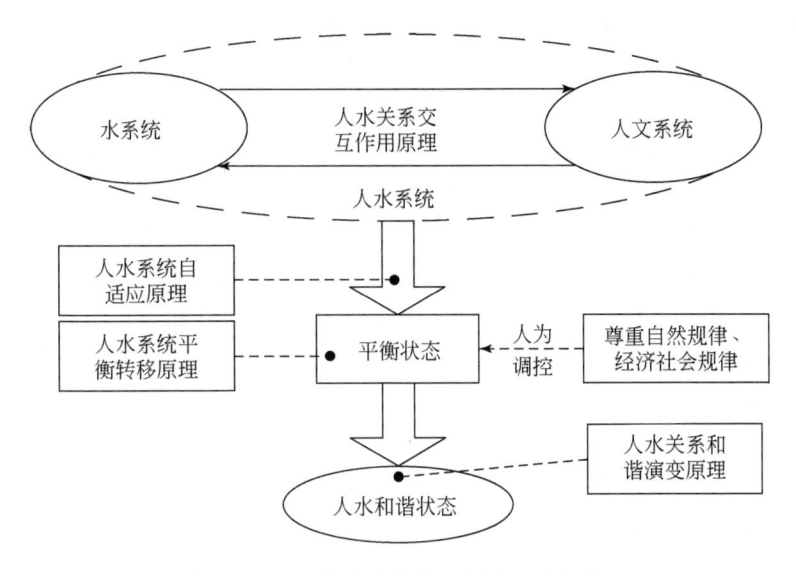

图2-1 人水关系学的基本原理示意图

（1）水是生命之源，水在自然界尤其是人类发展历程中的作用是其他资源所不可替代的。水资源是复杂大系统运转的基本支撑条件，为人类生存和经济发展提供必不可少的原料。水系统是人文系统产生、构成和发展的基础，制约着人文系统的具体结构和发展状况。人类发展必须有必要的资源、环境作为支撑系统，以提供人类生存的必要条件（沈金阳，2018）。

（2）在人水系统中，人文系统是主导系统，处于主导地位。水系统是条件系统，处于被动地位。

（3）水资源承载力是有限的。人文系统的过多掠夺或开发利用方式的不妥当，可能超过水资源承载力，导致水系统遭受损坏。

（4）人文系统反作用于水系统，人文系统不同发展模式可使水系统朝着良性或恶性等不同状态和方向发展。人类采取不同方式开发水资源，通过实践活动或多或少干预或影响了水系统原有状态与结构（沈金阳，2018）。不和谐的人水关系，往往对水系统造成干扰和破坏，损害水资源系统和生态系统的健康，反过来削弱人文系统的健康和可持续发展能力（邓建明和周萍，2013）。

2. 人水关系演变

人水和谐是人类文明进步与社会和谐发展的基础，水孕育了人类社会文明。人类经历了原始文明、农耕文明和工业文明的演进，正向生态文明转型。水一直是人类生存和进步的物质基础（王淑军，2014）。人水关系作为人与自然关系的重要一环，在人类社会发展的不同阶段，先后经历了依附、开发、掠夺和和谐的不同阶段，表现出了不同的特点（左其亭和赵春霞，2009）。

原始人水关系。在原始文明时期，人类由于生产力水平低下，只能顺从自然，被动地适应水的空间分布和动态变化，依附于水及其创造的适宜生境，逐水草而居。人类多在取用水方便的沿河地区居住生活，人水关系大体和谐，这是一种原始的和谐状态。该时期，人类对洪水的规律尚未有深刻认识，洪水肆虐人类，人类束手无策，只好避之。该时期，人水关系的核心特征是依赖、依附与顺从。

农耕人水关系。进入农耕文明时期后，人类开始利用其逐步丰富的知识和技术开发利用水资源，人类主动治水活动出现，诞生了许多大型而著名的水利工程，在水资源利用方面取得了巨大的成绩。人类对水资源实施有限利用，引水灌溉农业，开发水运和利用水能；与自然界的水资源总量相比，受人口规模和耕地数量的限制，人类取用水量很少，仅是单纯的引水灌溉、人畜饮水和船舶运输，取用水最终进入自然水循环。人类对水资源的利用量小，用水方式单一，人水关系的特点是依赖和有限利用，人类已不再完全被动地依附于水之利害，开始创造性地追利除害，农业文明与大河文明开始协同发展（姜守明和贾雯，2011）。农业文明源于大河之水，文明的衰亡则源于水的不合理利用。

人水紧张关系。水推动了工业文明的发展，人类通过机械力大幅提升了对水资源的掌控能力，开始掠夺式开发利用水资源，让水在更广阔空间、更深层领域为人类服务，人水关系以全面开发利用甚至过度无序利用为主要特点（郑肇经，1984）。工业革命以来，人类社会生产力水平迅速提高，人类改造自然的能力不断增强。人类加大水资源开发利用的力度，全面开发利用水资源，建设大量水资源开发利用工程，同时开采利用地下水资源。"高峡出平湖"、跨流域远距离调水、高扬程提水、深层地下水利用成为现实，人类控制水害的能力也大幅提升（邓建明和周萍，2013）。现代工业促使水资源利用方式多样化，水成为工业生产过程中不可缺少的资源、能源和原料，水资源利用量呈现指数式增长。但由于人类对自然界的肆意污染和破坏，水的环境功能、生态功能被忽略并严重削弱，超过了水资源的承载能力。这引发了各种水问题，人水矛盾与冲突日益尖锐，水资源短缺、水污染严重、地下水超采等逐渐成为限制人类经济社会发展的重要瓶颈。

生态人水关系。面对水资源开发利用带来的各类危机，人类社会开始反思发展历程和不合理行为，重新审视水资源的价值和属性，重新认识人水关系。强调水资源的可持续利用，强调人水和谐相处，水生态文明成为新时期人水关系的发展方向。因水制宜、以水定需、量水而行，根据水资源禀赋、水环境条件，合理开发，使经济社会发展方式与水资源、水生态承载力相匹配；追求人水和谐，统筹考虑水的资源功能、环境功能、生态功能，合理安排生活、生产和生态用水，协调好上下游、左右岸、干支流、地表水和地下水关系；根据水资源条件调整产业结构和优化布局，转变发展方式。以保护优先、节约优先、自然恢复优先为原则,通过优化水源配置、加强水资源节约保护、实施水生态综合治理、完善制度建设等措施,把生态文明理念融入水资源开发、利用、治理、配置、保护的各方面和水利规划、建设、管理的各环节,实现水资源可持续利用(王淑军,2014)。

3. 主要理论及要点

人水关系理论是一个综合性的理论体系,不同学科有着差异较大的科学认知,有着各自的侧重点(左其亭,2021)。

人水系统论。人水系统是一个超巨系统,许多问题的解决需要采用系统论方法。该理论把系统论理论方法应用于人水系统中,解决人水系统中广泛存在的各类问题(Choi et al., 2017)。该理论兴起于20世纪80年代,主要是重视水资源系统分析、水资源系统优化配置、水库群优化调度、河湖水系连通方案优化、地表水地下水联合调度、水-能源-粮食耦合分析、水系统模型参数优化、水资源开发利用综合评价等。

人水控制论。20世纪30~40年代建立的控制论,是研究各类系统中共同的控制规律的一门科学。人水控制论是控制论在人水系统中的应用,大致兴起于20世纪90年代,关注多水源联合调度、调水工程自动控制系统、闸坝调度、多级水力发电站联合调度等。

人水和谐论。该理论强调人文系统与水系统相互协调的良性循环状态,在不断改善水系统自我维持和更新能力的前提下,使水资源为人类生存和经济社会的可持续发展提供久远的支撑和保障。人水和谐论具有广泛的应用,包括区域/流域和谐水平评价、水资源规划、水战略制定、跨界河流分水、河湖水系连通布局、调水工程运行管理、水旱灾害应对、经济与生态用水协调、经济社会供需水平衡分析、水资源开发与保护协调等(左其亭和毛翠翠,2012)。

人水博弈论。博弈论是20世纪20年代创立的现代数学分支,在水资源、土地资源、工程建设等领域有广泛应用。人水博弈论是博弈论在人水系统中的应用,兴起于20世纪90年代,重点应用于跨界河流分水、水资源分配、水权分配、水市场构建、生态补偿价格制定、调水工程水源区与受水区利益分析、水-风-火电收益分配、水战略制定、水资源规划、水旱灾害应对、水资源开发策略、工程项目监管、水污染治理、水资源冲突与合作等。

人水协同论。人水协同论是协同论在人水系统中的应用,大致兴起于20世纪90年代。该理论强调水资源协同配置,重视水资源协同发展模式,要求水环境多部门协调治理,水污染治理要推行协同立法、协同治理、协同保护,要加强人水系统协同演化与调控,注重水-能源-粮食协同安全,重视用水过程协同优化调控(王浩等,2021)。

人水持续发展论。可持续发展思想是流域发展的基本指导思想,在水资源规划与管理、水污染治理、水旱灾害防治等工作中发挥重要作用。该理论可用来研究人水关系问题,重点关注水资源可持续利用评价、规划、管理、对策,水资源承载力与水资源配置,水污染治理、水旱灾害防治,水资源利用、保护、开发方略制定,河湖水系连通规划,水生态文明建设,以及最严格水资源管理、河长制实施等(张盛文,2012)。

二、水资源–产业–城镇化耦合规律

1. 水资源–产业耦合规律

1)产业分类

水资源是区域发展的重要保障资源,会作用于区域经济增长与生态环境。人口数量增长、经济总量增加、产业结构演进、生态环境良性发展等都需足够的水资源作为保障。水资源是农业生产和能源化工企业生产过程中不可缺少的投入要素(文琦和丁金梅,2011)。根据各行业用水不同,参照《全国水资源综合规划需水预测技术细则》,可对国民经济和生产用水行业进行分类,如表2-1所示。

表2-1 国民经济和生产用水行业分类表

产业	产业大类	用水行业
第一产业	农业(农林牧渔业)	种植业、林牧渔业
第二产业	高用水工业	纺织工业、造纸工业、石化工业、化学工业、冶金工业、食品工业
	一般工业	采掘业、制造业、其他工业
	火(核)电工业	火(核)电工业
	建筑业	建筑业
第三产业	第三产业	商业餐饮业、其他服务业

第一产业:农作物的生产和农业的发展均离不开水的滋润。农业用水包括农田灌溉用水及林牧渔用水。农业灌溉用水是人类利用水资源的主要方面,往往有着较大的规模,在流域或区域水消耗量结构中往往占主导地位。

第二产业:水参与工矿企业生产过程,在制造、加工、冷却、净化、空调、洗涤等方面发挥重要作用(鲍超和方创琳,2010)。工业用水大致分为冷却用水、动力用水、生产技术用水、空调用水、产品用水及其他用水。各行业用水差异较大,火电是工业用水的最大用户。火力发电用水来制作蒸汽和冷却设备;冶金、机械等部门利用水的流体特性和传热特性对设备和产品进行冷却;煤炭、石油工业需要消耗一定数量的水;化学、造纸、纺织等工业部门的原料溶解、产品洗涤等均消耗大量的水;对于食品和酿酒等工业部门,水是重要的原料。如表2-2所示,对于一些用水量特别大的工业企业,水源成为其区位选择的基础条件。高耗水工业包括黑色金属冶炼及压延加工业、有色金属冶炼及压延加工业、非金属矿物制品业、石油加工及炼焦业、化学原料及制品制造业、纺织业、化学纤维制品业、食品加工和制造及饮料制造业、造纸及纸制品业等。根据对水资源需求的差异,工业部门可分为五种类型:紧靠大型水源的工业部门;接近丰富或优质水源的工业部门;接近有保证水源的工业部门;有一定水源的工业部门;与水源无重大关系的工业部门。随着工业化的发展,工业用水以惊人的速度增长。

表 2-2　不同工业的布局对水资源的要求

级别	要求	工业企业
Ⅰ级	紧靠大型水源	电力、钢铁、有机化工、原子能、石油化工、氮肥、基本化工
Ⅱ级	接近丰富或优质水源	造纸、人造纤维、感光胶片、制糖、印染、制药、有色冶金
Ⅲ级	接近有保证水源	木材化学、纺织、食品加工、选矿、选煤、重型机械
Ⅳ级	有一定水源	皮革、橡胶、玻璃、水泥、陶瓷、卷烟、制砖、针织、采掘、机械
Ⅴ级	与水源无重大关系	日用品轻工业、文教艺术用品、仪器、缝纫、制鞋、印刷等

资料来源：魏心镇，1982

第三产业：第三产业用水在总用水量中所占比例较小，但第三产业用水紧张所造成的社会影响却很大，涉及千家万户，与城乡居民的生活密切相关。

2）水资源与产业结构演变

对于流域，产业发展必须考虑水资源条件的制约，量水定发展、以水定规模，根据水资源承载力来布局产业、确定规模及选择技术。产业结构反映了区域经济增长的基本态势及途径。产业结构、社会经济发展与水资源之间存在着内在的耦合规律，这是各方面相互作用、相互影响和相互适应的结果。水资源是产业发展的基本支撑条件，而有限的水资源承载力又制约产业发展的类型与规模及布局；产业结构演进改变水在各生产部门之间的分配比例，进而影响用水量、用水结构及用水效率。水资源分配不合理就会产生工农业争水、城乡争水和地区间争水，以及超采地下水和挤占生态用水（蒋桂芹等，2013）。

前工业化时期：经济发展水平和居民生活水平较低，以自然资源密集型产业为主，农业占主导地位，尤其是雨养农业占比较高，人类对水资源的利用主要是饮用、灌溉和水运，水资源作为一种自然资源发挥直接作用。水资源与产业结构形成一种低级均衡状态，用水总量较小且较为稳定，用水量最高的行业为灌溉农业，占比达90%以上，水资源利用效率和效益很低。

工业化初期：以农业为基础的纺织、食品等劳动密集型产业成为主导产业，水资源作为工业生产原料直接进入产品，同时以间接方式发挥作用，如洗涤、冷却等。城镇生活用水产生，水资源的经济属性和社会属性显现。水利化程度有所提高，用水量最高的行业仍为农业灌溉且用水量和比例均呈现增加态势，工业用水、城镇生活用水开始产生但增长缓慢，用水效率和效益提高，水资源与产业结构的关系进入协调阶段。

工业化中期：以煤炭、电力、钢铁等原材料及加工组装型产业占主导，水资源利用主要为冷却、工艺用水，以经济资源形式间接发挥作用，工业用水快速增加。农业灌溉用水量达到峰值。城镇化速度加快推进，城镇居民数量增多，城镇生活用水增多。工业用水和城镇生活用水逐步增长并达到较高规模，工业用水效率得到较大提高，但农业灌溉用水仍占主导地位。

工业化后期和后工业化时期：产业结构发展到高级阶段，以技术和知识密集型产业占主导，第三产业发达，城镇化水平大大提高。高耗水工业逐步减少，工业用水规模不断减少。水资源更多是作为一种环境资源发挥作用。用水总量逐步减少，城乡生活用水量显著增多，成为主要用水部门，用水结构重心转向工业部门和生活部门，用水效率和效益大幅提高，水资源与产业结构之间形成一种高级均衡状态（李芳，

2012)。

根据人类社会尤其是工业化社会的水资源利用,可总结出如下规律。①水资源消耗量从用水效率较低部门向用水效率较高部门转移,农业用水会向工业和服务业用水转移,农业内部种植结构会向低耗水作物转移,工业内部从用水效率较低的火电、冶金、化工等部门向用水效率较高的机械、电子等加工型工业转移。随着产业结构的演进,水资源与主导产业的密切程度逐渐减弱。②随着产业结构演进,水资源消耗量呈现"小而稳定→缓慢增长→快速增长→趋于稳定→负增长"的变化过程。③用水结构重心出现由农业用水向工业和生活用水转移的趋势,水资源利用效率和效益不断提高。④随着产业结构演进,水资源与产业结构关系不断变化,从低级均衡向高级均衡发展(王福林和吴丹,2009;许卫和何静,2016)。

2. 水资源-城镇化耦合规律

水资源作为不可替代的自然资源,是推动城镇化发展的重要因素。城镇的形成、发展与兴衰的历史证明,水资源环境是城镇形成和发展的重要前提或基础条件。水资源环境提供城镇发展的自然基础,影响城镇选址、空间布局、功能结构和发展规模等。城镇化影响水资源环境,包括降水、径流量、用水总量、水空间结构与分布、水污染等(高明娟等,2011)。

在城镇化进程的各个阶段,城镇化率与水资源的消耗量、需求量及水质存在一定的规律关系。

(1) 城镇产生:城镇发展对水资源形成依赖与适应关系。最早的城镇受自然界水资源的制约,发源于大河流域,城镇文明是以农耕文明为基础,大河流域最适合农业和畜牧业发展。农业文明促使固定的村庄诞生,而村庄进一步发展则促进城镇的产生。早期城镇一般布局建设在水边,包括河流、湖泊,以解决灌溉、饮用和排污问题,自然界水资源可以满足城镇现有规模的用水需求。

(2) 城镇化初期:城镇化率一般在10%以下,以农业为主要经济发展形式。城镇数量较少,城镇规模较小,城镇人口较少,城镇经济活动较为简单,饮用、灌溉和水运是水资源利用的基本形式。水资源主要作为一种自然资源而发挥直接作用,用水效率较低,城镇生产生活用水总量增长缓慢且规模较低。

(3) 城镇化中前期:城镇化率介于30%~50%,城镇用水量增多,城镇规模扩大,城镇人口迅速增加,生产生活活动对水的需求量增加。天然条件下的水资源(地表水或泉水)远不能满足城镇发展需求,人类开始采取拦阻地表水、异地调水、开采地下水等措施。水资源作为经济资源开始发挥重要作用,但水量减少且水质变差,用水效率较高但外部性很大。水生态系统开始受城镇活动的胁迫,两者不和谐、不协调的关系显著。

(4) 城镇化中后期:城镇化率介于50%~70%,城镇化进程呈现放缓态势但达到较高水平,节水技术增强,城镇用水需求减少,用水量转变为缓慢增长。但城镇化发展产生的水环境污染日益严重,对水生态系统干扰过大。此阶段,持续强烈地对自然界水资源进行索取,取水量超过自然界水系统正常的水循环所能维持的供水功能,可能会产生河道断流、地下水超采、水质污染等生态环境问题,甚至带来自然界的报复。

(5) 城镇化后期:社会生产力高度发达,城镇化率达70%以上,城镇人口数量达到高峰，城镇体系发展均衡，城镇化进入高级阶段，供水设施与供水网络已成为城镇发展的背景条件，节水技术更为发达，水资源循环利用水平提高，用水需求不断减少甚至呈现负增长，水资源供给达到高级均衡状态。多数城镇发展为资源集约型城镇和节水型城镇（高明娟等，2011），城镇化发展与水系统呈现和谐、协调的关系（高云福，1998）。

三、四水四定

1. 水资源分布

水是生命之源，水资源支撑着人类的生产生活和经济社会的可持续发展。水资源是指可资利用或有可能被利用的水源，这个水源应具有足够的数量和合适的质量，并满足某一地方在一段时间内具体利用的需求。天然水资源包括河川径流、地下水、积雪和冰川、湖泊水、沼泽水、海水（杨超，2018）。

由于气候条件变化，各种水资源的时空分布不均，天然水资源量不等于可利用水量。任何地区的可供使用的水量是必须考量的。水循环系统是一个庞大的自然水资源系统，能够处在不断地开采、补给和消耗、恢复的循环之中。实际上，淡水资源的蓄存量是十分有限的。淡水资源仅占全球总水量的2.5%，且多储存在极地冰帽和冰川中，能够被人类直接利用的淡水资源仅占全球总水量的0.8%。某一期间的水资源消耗量需要接近于补给量，否则就会破坏水平衡，造成环境问题。因此，水循环过程是无限的，水资源蓄存量是有限的（杨超，2018）。

水资源具有一定的时间和空间分布差异，时空分布不均匀是水资源的基本特性。中国水资源在区域上分布不均匀，东南多、西北少，沿海多、内陆少，山区多、平原少；在同一地区中，不同时段的水资源分布差异性很大，一般夏多冬少。北方省（自治区）人均水资源不足500立方米，尤其是随着城镇化与工业化的推进，水资源供需矛盾更加突出。全国600多座城市中，已有400多个城市存在供水不足问题，其中比较严重的缺水城市达110个。地表水资源的缺乏带来超量开采地下水，中国27座主要城市中有24座城市出现了地下水降落漏斗。

2. 四水四定原则

在人类社会发展的不同阶段，人、水、城、地、产的关系经历着不断的变化（左其亭和赵春霞，2009）。水资源是人类在生产和生活活动中广泛利用的资源，不仅广泛应用于农业、工业和生活，还用于发电、水运、水产、旅游和环境改善等，而且各行业对水质的要求各不相同。在水资源的利用结构中，农业灌溉用水、工业生产用水和城乡生活用水是主体，水资源是社会经济发展的重要支撑资源和制约资源。这需要把水资源作为前置刚性约束条件，调整发展规则和人类生产生活所需的水资源，形成"以水而定，量水而行"。水资源刚性约束制度建设就是围绕强化水资源刚性约束作用而建立的水资源刚性约束指标、法律法规、管理制度、配套政策、标准规范等制度体系（陈思，2021）。

基于此，形成"四水四定"的人水关系发展原则与内容，树立起底线思维。2014

年，中国就国家水安全问题提出了"以水定城，以水定地，以水定人，以水定产"的总思路。2019年，中国再次强调该观点，合理规划人口、城市和产业发展，保持资源配置的合理性，通过水资源确定人口、建设用地、经济发展规模及城镇布局优化等，从人水互斥、人水相争走向人水共处、人水和谐。要把"定"字，落实在制度、技术、管理上，不仅利用水约束水，也要善待水珍惜水，更要节约水保护水，构建新型人水关系。

（1）"以水定地"。把水资源作为前置刚性约束条件，根据水资源情况对土地用途进行严格管制，确保耕地和建设用地的承载规模。选择农业生产布局结构，考虑什么样的土地种植什么样的农作物。通过优化农作物布局结构，实现农业节约用水和可持续发展。

（2）"以水定城"。主要是针对流域城市和城镇群无序扩张而言，把水资源作为前置刚性约束条件，调整发展规则，重视水资源、水生态、水环境承载力，控制城市发展规模，确定空间布局，调整产业结构，防止城市"摊大饼"式无序扩张，实现城市的良性运行和可持续发展。

（3）"以水定人"。强调人口规模和人口城镇化问题，根据水资源可供用量确定城镇各阶段的人口规模。

（4）"以水定产"。强调区域发展产业规模和产业结构调整要适应水资源的刚性约束，既包括产业布局，也包括产业结构和规模。加快淘汰"三高"企业，提高企业和产业用水效率，走绿色发展产业转型之路。

虽然流域的最大优势是水资源，但核心资源往往也是主要瓶颈资源。这需要对可开发利用的水资源进行科学核算，精心管控、细致管理、算好配置，"精打细算"用好水资源，从严从细管好水资源，严格控制水资源开发，全面提升水资源利用效率，最终实现人水和谐。

"四水四定"既相互区别，又相互联系，既可有重点地单独推进，又需要协同推进。可根据当地水资源禀赋条件，结合当地实际情况因地制宜，对"四水四定"有重点地单独推进，在城水矛盾突出的地区重点抓"以水定城"，在水土矛盾突出的地区重点抓"以水定地"，在人水矛盾突出的地区重点抓"以水定人"，在产业高度聚集、水资源供需矛盾突出的地区重点抓"以水定产"（陈思，2021）。在水资源分配和确权方面制定和落实江河水量分配方案。

四、流域水量分配

1. 流域分水原则

河流水资源是流动的，促使流域各地区间公平分配河流水权极其复杂、困难。分水制度形成于传统的灌溉农业时期。清末及民国时期，随着流域人口的增长，灌溉农业迅速发展，但流域内水资源有限，由此造成上下游、左右岸争水、抢水现象时有发生，旱季及灌溉期尤为明显。水量分配是一项复杂的工作，水量分配的目的是解决水资源的稀缺性和利用的竞争性。不同地区不同类型的河流水资源开发利用差异很大，区域经济社会发展和生态环境保护对水资源需求的不同，不同河流水量分配需要考虑的因素、解决的问题和矛盾焦点不同。

江河水量分配原则体现了流域水量分配的思路，决定着水量分配的格局。在全国格局中，江河水量分配要因地制宜、因河施策。流域分水应坚持"节水优先、保护生态，公平公正、科学合理，优化配置、持续利用，因地制宜、统筹兼顾"的总体理念，遵循下述原则。

(1) 尊重历史和现状原则。水量分配方案是历史演进的产物和利益各方博弈的结果，具有一定的稳定性和科学性。用水时间主要是指历史上用水的先后关系，有水权者（即获得取水许可者）优先，产水地或本流域用水优先。流域水量分配方案的调整在尊重现状用水、尽量维持现有分配格局的同时，兼顾未来经济社会发展用水需求。

(2) 公平性原则。流域所有地区拥有同等的用水权，每个居民和地区都拥有用水的权利，这种权利应基于"人人平等"和各地区"基本平等"。充分考虑各地区的水资源条件、人口分布、自然条件、生产力布局与区域经济发展等因素，充分考虑用水需求，力求做到分水公平合理。

(3) 效益比较原则。水量分配应考虑水资源的经济效益、社会效益及生态效益最大化。尤其是实行生活和生态基本用水优先保障的原则，在优先满足生活和生态基本需水的前提下，兼顾生产用水。人畜用水要优先，其次是生活用水。

(4) 高效用水原则。在定额内用水要保障公平，在定额外用水强调效益，注重用水效益高的用水户、部门和地区优先。

(5) 可持续性原则。尊重自然规律，水资源开发利用不能超过资源环境的承载力，必须合理预留水量。在江河水量分配中，必须预留生态用水量和有效回水量，保障河流生态流量，协调好人类用水与生态环境用水的关系。同时，分水注重代际的可持续关系，给后代留下一定的经济发展水量，平衡当代与后代用水的关系。这是水量分配方案制定的基础。

(6) 总量控制原则。全流域统一分配水资源，可分配水量不得超过水资源环境承载力，不得超过中国政府批复的水资源综合规划和流域综合规划确定的水资源可利用量，不超过最严格水资源管理制度确定的区域用水总量控制指标。区域用水总量控制指标服从全流域控制指标，下一级水系指标服从上一级水系指标。

(7) 利益补偿原则。鼓励上游地区从整个流域的利益出发，实施有利于下游地区的项目和工程，下游地区对径流的调节利用需要上游地区配合。这需要在上下游地区建立利益补偿机制，实现利益共享。

2. 流量分水内容

水量分配方案以流域为单元，明确不同来水条件下流域相关地区的水量分配份额，确定了重要控制断面及下泄水量等控制指标。分配方式一般分为政府行政方式、市场方式和用水协会民主协商方式等，中国主要采用从上到下的政府行政方式，一般分到县级以上行政区，向用水户分配主要是通过取水许可审批取用水权。根据《水量分配暂行办法》（水利部令2007年第32号），可以总结出流量分水的主要内容。

(1) 水量分配是以流域为单元，以各级行政区为对象，对水资源可利用总量或可分配的水量向行政区域进行逐级分配，确定行政区域生活、生产可消耗的水量份额或者取用水水量份额。整个分配实现从流域到省市县行政区，再到用水户。跨省区水量分配以流域为单元,其他跨行政区以地市为单元向下一级行政区进行水量分配。最终,水量实现流域、省区、地市和县区四级分解方案,部分地区要细化到灌区、企业用水大户。

(2)水量分配最难确定的是水资源可利用量。水资源可利用总量包括地表水资源可利用量和地下水资源可开采量。可分配的水量是指在水资源开发利用程度已经很高或水资源丰富的流域和行政区域或水流条件复杂的河网地区以及其他不适合以水资源可利用总量进行水量分配的流域和行政区域,统筹考虑生活、生产和生态与环境用水,合理确定可分配的水量。

(3)水量分配方案包括以下主要内容:实现水质和水量共同分配;建立流域用水总量控制制度;确定各行政区域的水量份额及相应的河段、水库、湖泊和地下水开采区域;提出不同来水频率或保证率的各行政区域年度用水量的调整和相应调度原则;明确预留的水量份额及其相应的河段、水库、湖泊和地下水开采区域;制定跨行政区域河流、湖泊的边界断面流量、径流量、湖泊水位、水质,以及跨行政区域地下水水源地地下水水位和水质等控制指标。

(4)实施水约束的社会经济发展。将水量分配方案的实施纳入地方经济社会发展规划和国土空间规划,坚持"以水定城、以水定地、以水定人、以水定产",引领和约束社会经济发展与布局。

(5)建立流域生态补偿机制,重点是通过市场化和行政化手段,在上游地区和下游地区构建生态补偿机制。完善相关的法制体系。

3. 分水河流

随着经济社会发展,水资源开发利用规模不断提高,部分河流过度开发造成生态损害问题日趋严重,流域上下游、左右岸及供水、生态等用水矛盾日趋突出。水量分配是水资源管理的一项重要基础工作,是合理分水、管住用水的关键一环,也是推动区域经济发展布局与水资源条件相适应的主要措施。通过制定水量分配方案,实施水量分配,有效规范用水秩序,优化调整人类活动行为,遏制水资源过度开发利用,确保流域安全。

截至2022年,全国计划开展水量分配的94条跨省重要江河,覆盖中国各江河流域。目前,中国政府已累计批复74条,如表2-3所示。这些河流涉及长江流域的湘江、赣江、信江、资水,淮河流域的池河、白塔河及高邮湖,以及松辽流域的霍林河等。这些河流明确了流域及相关省(自治区、直辖市)地表水开发利用相关控制指标,统筹配置了流域生活、生产和生态用水,兼顾供水、灌溉、发电、航运等用水需求,实施省界断面出境水量管理,保障流域基本生态用水需求,确保流域主要控制面下泄水量,并将水量分配方案实施纳入各地区经济社会发展规划和水资源管理制度考核范围。此外,水利部还指导督促各省(自治区、直辖市)累计批复346条跨地市江河流域水量分配方案。

表2-3 部分中国流域水量分配的跨省江河清单

流域	水量分配的跨省江河名录
长江流域	长江干流、綦江、富水、御临河、信江、滁河、澧水、赣江、饶河、清弋江、水阳江、湘江、资水、洞庭湖环湖区、沅江、金沙江、乌江、牛栏江

续表

流域	水量分配的跨省江河名录
黄河流域	黄河干流、窟野河
淮河流域	南四湖、高邮湖（含白塔河）、池河、浉河、竹竿河、包浍河、新汴河、奎濉河、沙颍河、涡河、洪汝河、史灌河
海河流域	清漳河
珠江流域	西江、黄华河、九洲江、罗江、谷拉河、六硐河（含曹渡河）、柳江
松辽流域	辽河干流、霍林河、浑江、阿伦河、音河、西辽河、拉林河、柳河
太湖流域	建溪、交溪
钱塘江流域	新安江

4. 黄河"八七"分水方案

黄河流域面临着水资源总量不足、时空分布不均、水资源禀赋与经济社会发展格局不匹配、经济社会缺水与生态用水不足并存等问题，是中国水资源问题较为突出的流域之一。中华人民共和国成立初期，沿黄各省区每年引用黄河水量约70亿立方米；20世纪80年代初，增加到270亿立方米左右，同时还有82亿立方米地下水开采量，随着人口增长和经济发展，黄河流域的用水量持续增加，用水矛盾凸显。从20世纪70年代开始，黄河出现断流，有10年发生断流。为缓解流域无序用水现象，1987年中国颁布了《黄河可供水量分配方案》（简称"八七"分水方案）。黄河"八七"分水方案是中国首次开展全流域的水资源分配工作，是中国水权分配的丰碑。

该方案以1919~1975年黄河年均天然径流量580亿立方米为分配基数，以1980年的实际用水量为基础，将南水北调工程生效之前的总可供水量370亿立方米分配给流域九省（自治区、直辖市）及流域外缺水的河北、天津。该方案考虑黄河流域最大可供水量，对不同频率的来水年份遵循"丰增枯减"的分水原则，预留了生态和冲沙用水210亿立方米。根据"八七"分水方案，青海和四川的分水量分别为14.1亿立方米和0.4亿立方米，甘肃和内蒙古分别为30.4亿立方米和58.6亿立方米，陕西和山西分别为38.0亿立方米和43.1亿立方米，河南和山东分别为55.4亿立方米和70亿立方米，河北和天津共获得分水量20亿立方米。"八七"分水方案出台后，在1998年以前没有得到完全执行，但对黄河水资源开发还是起到了工程控制指标的作用，如宁夏"1236"工程、青海"引大济湟"工程，均因黄水分水指标限制而有所调整。1997年黄河发生长达226天、断流700多公里的重大事件后，"八七"分水方案的重要意义凸显，成为黄河水量统一调度的法律基础。"八七"分水方案是数十年来黄河流域水资源节约保护与利用的重要依据，对黄河流域经济社会可持续发展、生态环境保护和用水总量控制起到了巨大的保障作用，实现了黄河干流20多年不断流。

"八七"分水方案提出以来，黄河流域下垫面条件、水沙形势、流域用水结构和供水格局均发生了显著变化。黄河流域天然径流量显著减少，来沙量显著减少，农业用水量和用水比例不断下降，而工业、生活、生态用水量和用水比例不断增加。在省（自治区、直辖市）间，山东、内蒙古、宁夏和甘肃等省（自治区）经常性超指标用水，山西、陕西等省一直未达到分水指标。此外，南水北调工程通水后，较大限度地改变了河南、河北、天津及山东等地区的用水条件和供水结构。该分水方案仅分配了黄河流域的地表水，并未考虑地下水，促使黄河流域水资源形成新的难题，部分地区对地下水过度开采。该分水方案确定的各省（自治区、直辖市）分水比例的适用性不断下降。2021年国家发展和改革委员会、水利部等五部委联合发布《关于印发黄河流域水资源节约集约利用实施方案的通知》，提出基于"大稳定、小调整"思路对"八七"分水方案进行适当调整。

第二节　流域空间功能理论

一、流域功能统筹

1. 功能类型

河流是地球演化过程中的产物，也是地球演化过程中的一个活跃因素（刘楠楠，2012）。河流功能是指河流系统与外界环境相互作用产生的功效、能力，是河流自然、生态和社会属性的效用体现。河流流域是一个完整统一的地域系统，是人类经济社会活动的载体，为人类提供多种多样的自然资源和物质服务。河流的功能属性可分为自然功能、生态功能、社会功能三个方面（文伏波，1993）。这些功能属性相互联系、相互影响、相互制约，如图2-2所示。

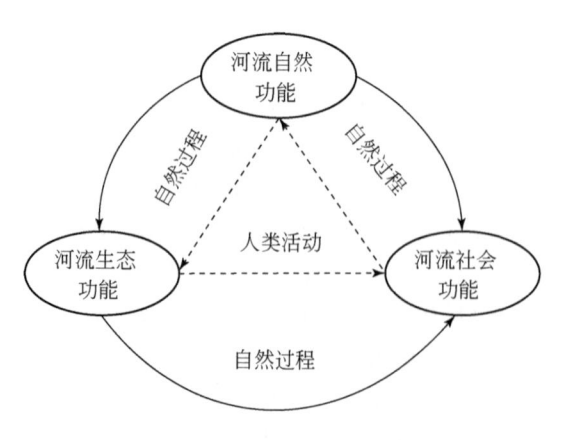

图2-2　河流主要功能属性

1）自然功能属性

水是一种动态性资源，是地球上最活跃的循环物质之一，通过蒸发、降水、下渗、径流等形式连接大气圈、岩石圈和生物圈，处于不断消耗和补充的过程中。而地表水系则以下渗、径流的形式参与全球水循环，通过侵蚀和冲刷作用雕琢地貌，形成河流的自然功能（赵银军等，2013）。河流的自然功能是地球环境系统不可缺少的，主要包括水文功能、地质功能（王延贵和史红玲，2007）。河流自然功能属性根据河流自然过程不同可分为水文功能和地质功能。

2）生态功能属性

河流是多种生态系统生存和演化的基本保障条件与控制性要素。流域有复杂的干支流水系和不同特征的地形地貌，是水分、能量、物质和生物流动的通路，在维护自然生态平衡方面具有极为巨大的作用。河流不仅为地球生物的正常生长、发育、繁殖及生命延续提供必需的环境和条件，还为许多动植物提供赖以生存的栖息地，是地球上许多生态系统的重要支撑系统（郭爽，2013）。根据河流自然过程产生的生态效益类型不同，可分为栖息地功能、廊道功能和水质净化功能（赵银军等，2013）。

3）社会功能属性

水资源是人类社会最宝贵的资源，是人类社会发展的生命源。河流系统为人类提供丰富的物质资源和生活服务，满足人类对生活环境、生活质量日益提高的需求（郭爽，2013）。尤其是大中河流流域具有较高的社会功能。社会功能实际上就是服务和造福人类的功能。根据人类需求的不同，河流服务功能包括灌溉、航运、水力发电、水源供给、防洪、水产品养殖、休闲旅游等功能。但同时水资源对人类社会具有破坏性，典型的是洪涝灾害。

2. 功能解构

河流有防洪、灌溉、发电、供水、航运、养殖、生态景观和旅游、纳污等多种功能，如图2-3所示。

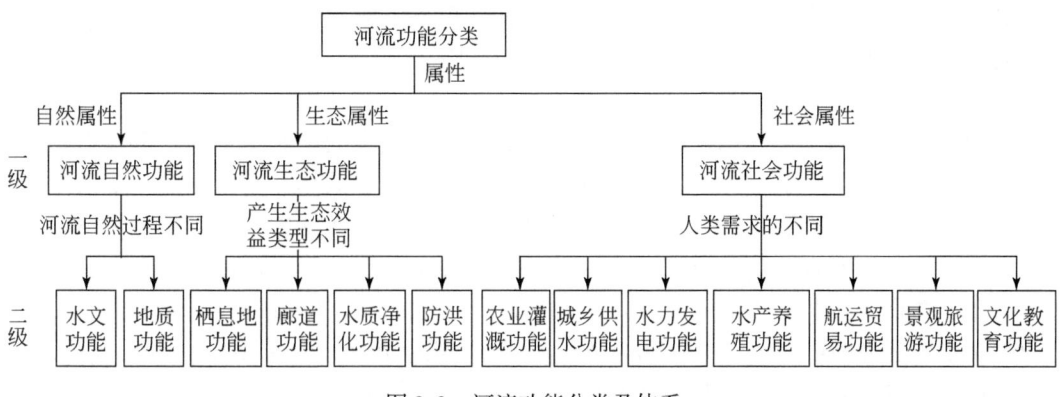

图 2-3 河流功能分类及体系

1）水文功能与地质功能

（1）河流水文功能。水文功能主要是指河流参加区域或全球水文循环过程。河流在运动过程中上承大气水，下接地下水，最后汇入大海，构成全球水文循环的重要过程。

（2）地质功能。河流是塑造全球地形地貌的重要因素，具备地质功能。地质功能主要是指河流切割地表岩石层，搬移风化物，通过河水的冲刷、挟带和沉积作用，形成并不断扩大流域内的沟壑水系和干支河道，造就各种规模的冲积平原，并填海成陆。水流和泥沙构成了河流系统的动力因子，主要采用河道挟沙能力和河道横断面面积来表征（赵银军等，2013；王延贵和史红玲，2007）。

2）生态功能与防洪功能

（1）栖息地功能。栖息地功能主要指为河流生命体提供栖息地。流域形成了独特的河流生境，尤其是河流形态的多样性造就了河流生境的多样性，为水生生物提供丰富多样的栖息地，为河流生命体提供生活、生长、繁殖、觅食等生命赖以生存的生境。河流湿地、河漫滩和沼泽地具有水陆双重属性，是连通河流生态系统和陆地生态系统的桥梁和纽带，具有很高的生境异质性（赵银军等，2013）。河流生物栖息地一般分为功能性栖息地和物理性栖息地。

（2）廊道功能。廊道功能主要是指提供物质、能量和信息循环的通道及载体，具有过滤和屏障作用。河流以水为载体，连接陆相与海相、高山与河谷及平原，沿河道收集和运送泥沙、有机质、各类营养盐，参与全球氮、磷、硫、碳等元素的循环。河流在物质、能量和信息循环过程中起通道和载体作用，为生物提供迁徙和洄游通道。河道边缘、河岸湿地、河漫滩、洪泛平原、堤坝和部分高地构成河流廊道，廊道越宽越好，廊道连接度高，则物种迁徙、觅食较容易，物种丰度较大（赵银军等，2013）。

（3）水质净化功能。水质净化功能主要是指河流具有容纳和降解污染物的功能。河流向下游流动过程中，在水体纳污能力范围内，通过水体的物理、化学和生物作用，使排入河流的污染物质浓度随时间不断降低，由此形成河流的水质净化功能或自净能力。水体自净能力是对外界胁迫的一种自我调控和自我修复（赵银军等，2013）。

（4）防洪功能。洪水是一种自然现象。河流与其沿岸的河漫滩容纳和运输来自陆域的短期积水，为洪水提供出路，延缓洪水对陆域的侵犯。根据河流流域的洪水自然规律和洪灾特点，结合流域农田农业、经济、工矿企业、人口与城镇布局，加强堤防、水利枢纽、水库、蓄滞洪区等防洪设施建设，实现上下游、干支流洪水统一调度，提高防洪防凌和灾后重建能力，以防治或减轻洪水灾害。

3）养殖功能与灌溉功能

（1）水产养殖功能。水体既是一种资源，也是一种空间。利用河流、滩涂或沿线湖泊等适宜水域，从事水生经济植物和动物采集、栽培、捕捞、养殖，生产加工水产品，包括鱼类、虾蟹类、贝类及藻类、芡莲藕等。利用河流养殖，是人类最早的活动之一，可提高人类的物质水平。水产养殖对水质的要求较高，通常通过水利工程建设扩大水域面积，为水产养殖创造更好的条件。养殖业的出现与发展，标志着人类影响及控制水域能力的增强。不能忽视的是，水利工程的建设可能妨碍洄游性鱼类的繁殖。

（2）农业灌溉功能。水利事业与农业生产、经济发展和治国强国之间存在密切的关系，也是各国高度重视的工作。水和光、热、空气、养分一样，是农作物生长的必需要素，农业发展在很大程度上取决于农作物所需水的供应。农业生产是流域的重要功能，以水浇田是重要的农业生产模式。为了保障农作物生产和获取高产稳产，利用引水灌溉设施，从河流湖泊引水灌溉沿线地区的农田，这是实现农业现代化的基本生产条件。灌溉是最大的耗水，季节性强，年内及年际变化大，与防洪、发电、航运、供水等水资源综合利用的其他部门间的矛盾比较突出。灌溉是所有河流的重要功能，世界大江大河都发展了灌溉农业。

4）景观旅游功能与文化教育功能

（1）景观旅游功能。流域具有显著的景观特异性和多样性，往往给人以审美欢愉。河湖水系和上游丘陵山地是流域和沿线城镇的重要旅游资源，是开展生态休闲、旅游活动的重要载体。水资源开发利用可以美化地理环境，主要是利用河流水体和沿线景观，建设码头、配置游船，开展水上观光、休闲娱乐、森林旅游、滨水旅游、度假养生等旅游活动，尤其是城镇河段均成为城镇功能体系的重要部分与居民亲水功能区。此外，人工兴建的水库湖泊成为特殊的旅游资源，发展旅游业具有巨大的潜力；20世纪80年代，日本已有156座水库建成为旅游区；美国在田纳西河干流上修建了35座水库，沿岸水库开辟了110多个公园、310多处商业性休养区和数以万计的旅游宿营地和娱乐场所及300多处旅游码头。城市内河旅游、流域湖泊风光旅游和森林景区旅游，是当前各沿河城镇积极发展的旅游活动。

（2）文化教育功能。河流作为文明、文化诞生的摇篮，随着历史发展，既记录了人类对河流的开发利用和治理过程，又记载了人类文明的进展，是人类宝贵的文化遗产，为科学研究、自然教育等提供素材、场所和实验场地（赵银军等，2013）。

5）发电航运功能与供水功能

（1）水力发电功能。水力发电是典型的兴利事业，也是河流梯级开发的主要目标。河流水体的高程落差蕴藏了丰富的水能资源，水能是一种可再生的清洁能源。为了有效利用天然水能，建设大坝、引水管涵和配置各类发电设施，将河流天然水能转换为电能，为沿线城镇和工矿企业提供电力。水力发电是多数河流综合开发利用的主流方向，尤其是在碳减排和生态文明建设的背景下，开发水电成为能源利用结构优化的重要途径。水电的开发也可以带动工农业等其他经济部门的发展。

（2）航运贸易功能。航运贸易功能主要是指使用船舶利用江湖河川等天然形成或人工建设的航道，运送货物和旅客，保障流域经济发展与交流。航运是河流水资源综合利用的重要方向，是开发利用水的浮载能力，要求水道必须保持一定的水深，并在高程落差较大的河段修建水利枢纽，配置过船设施。航运是大型江河的重要功能，也是河流服务于流域经济发展的重要功能，不仅可促进上下游的物资流通与贸易交换，而且是许多工业企业的区位选择条件。但许多河流的梯级开发尤其是上游水库建设容易忽视航运功能。

（3）城乡供水功能。城乡供水功能主要是通过水泵和管道等设施，从河流、湖泊和运河等水体中，向沿线城市、村落、产业园区、社区及工矿企业提供水资源，服务于沿线地区的生产生活。随着城镇化的推进与人口在城市的集聚，河流供水功能成为城市尤其是城市群、都市圈战略保障体系的基本组成部分。城乡供水对水质、用水时间、用水量的要求较高，尤其是居民生活用水不允许出现较长时间的中断。工业用水往往产生污水的外部效应，而且随着经济增长，其需水规模往往增长较快。

3. 功能关系

水资源综合利用各部门之间是一个相互联系、相互制约的整体，对水资源的开发利用既有共同的要求和一致的利益，又存在错综复杂的矛盾。兴利除害是水资源综合利用的基本方面。除害主要包括防洪、排涝和环境保护等方面。兴利则主要包括水力发电、农业灌溉、航运、水产养殖、城乡及工业用水等方面。

根据河流属性不同，河流功能可分为河流自然功能、河流生态功能和河流社会功能。三种基本功能相互依存和相互制约（赵银军等，2013）。

（1）河流自然功能是河流最基本的功能，决定了河流生态功能和河流社会功能。河流社会功能是人类赋予的，是人类对河流自然功能的一种索求，依据人类的价值取向开发和利用河流。河流生态功能则是河流自然功能所形成的生态效应。

（2）在自然过程的作用下，河流自然功能演化形成河流生态功能和河流社会功能，河流生态功能继续演化形成河流社会功能，最终通过河流社会功能为人类提供各类服务。

（3）人类活动使河流自然功能受损时，河流生态功能会相应减弱，进而影响河流社会功能。想充分发挥河流社会功能，就必须要保证河流自然功能的完整性，同时兼顾河流生态功能，实现三者统一协调。

（4）河流的各个二级功能是相互关联、相互影响的，在使用某一功能的时候有可能会损害其他功能。河流二级功能之间的关系分为三种类型：完全兼容、条件兼容和不兼容。完全兼容是指两个功能可同时使用；条件兼容是指一个功能须在正常范围内使用，确保其他功能正常工作；不兼容是指两种功能互相冲突。具体如表2-4所示。

表2-4 河流功能之间的兼容关系

河流功能		河流自然功能		河流生态功能			河流社会功能						
		水文功能	地质功能	栖息地功能	廊道功能	水质净化功能	防洪功能	水源供给功能	水力发电功能	水产品生产功能	内河运输功能	景观娱乐功能	文化教育功能
河流自然功能	水文功能		√	√	√	√	×	√	√	√	√	√	√
	地质功能			√	√	#	#	#	#	#	#	#	√
河流生态功能	栖息地功能				√	√	#	×	×	#	√	√	
	廊道功能					√	√	#	√	√	√	√	
	水质净化功能						#	#	#	×	#	#	
河流社会功能	防洪功能							√	√	#	#	×	√
	水源供给功能								#	×	×	×	√
	水力发电功能									√	#	√	
	水产品生产功能										#	#	
	内河运输功能											√	
	景观娱乐功能											√	
	文化教育功能												

注：√完全兼容；×不兼容；#条件兼容

二、流域空间划分

1. 水系、城镇与流域空间结构

流域属于一种特殊的自然区域，是以河流为中心，由分水线包围的区域，是一个水文单元，同时又是组织和管理经济社会的综合性空间系统（俞勇军，2004；周二黑，2007）。这种特性促使各自然要素互相关联且极为密切，上下游地区、干支流之间的相互关系密不可分。流域空间结构是在水系结构、地形地貌、交通网络、城镇体系等空间要素综合作用下形成的。

流域城镇体系是水系的控制结果。人类生产、生活及城镇分布的亲水性，以及流域不同等级河道的依次通航，决定了城镇体系的发生与水系相关（俞勇军，2004）。水系受许多自然因素的影响，特别是受地质、地形、地貌条件的影响大，具有高度的自组织性。按平面形状，水系可分为树枝状、平行状、格子状、长方形、放射状、环形、分散汪状、扭曲状等不同形态。其中，树枝状水系最常见，流域空间结构以树枝状水系为基本类型。

通航及航道等级是影响城镇演化的重要动力。流域开发之初，由于通航水平的限制，干流不能通航，各小流域内的城镇自行演化且受腹地大小的影响较重。随着通航能力的开发，通航船舶等级与中转集散功能促使城镇发展产生分异；通航等级越高，货物运输越繁荣，人口和贸易越集聚，城镇规模越大。

腹地大小是影响城镇发展演化的动力之一。依据中心地学说，居中性是推动城镇发展的重要力量；城镇的居中性越好，其腹地越大。水系连通性则修正了居中性的规则，干支流交汇区位成为新的居中区位。

（1）杜能农业区位论是在《孤立国同农业和国民经济的关系》第一卷中所提出来的。该理论认为农业生产形成以城市为中心的同心圆结构，由里向外依次为自由式农业圈、林业圈、轮作式农业圈、谷草式农业圈、三圃式农业圈、畜牧业圈。孤立国条件下的杜能圈是一种完全均质条件下的理论模式（王筱春和张娜，2013）。现实中，河流与农业生产有着天然的联系，对农业生产的区位选择和布局有着重大影响。后来，杜能农业区位论增加了水运等条件的修正，形成了学术界采用更普遍的空间模式图。通航河流的存在形成农业灌溉用水的便利性与农产品运输的通达性，将同心圆模式修正为沿河流伸展的狭长形空间模式。

（2）中心地理论是基于均质平原假设而提出的理想城镇体系模式。由于区域往往受河流、山体的影响，城镇分布呈多种形态。河流、湖泊对城镇的作用表现在它使城镇形成向水临近的趋势，形成亲水性或临水性。中心地理论在构建过程中考虑了河流因素所导致的变形图式（俞勇军，2004）。王心源等（2001）发现大部分地区由于河流的影响而出现五边形和四边形城镇网络，受两条平行河流控制，六边形中心地向四边形（矩形、梯形）演化；淮河冲积平原上城镇体系空间结构的四边形样式最为典型；在均质平原上，当有一条河流穿越城镇区域，原均质面被打破，城镇布局向河边靠近，城镇体系空间结构由原六边形演化为五边形。

2. 核心-边缘空间结构

流域作为完整的地域单元，呈现明显的"核心-边缘"空间结构特征。施坚雅（G. W. Skinner）在中国晚清城市体系研究过程中发现，中国城镇出现了几个区域性的空间体系，每个空间体系都是在某个自然地理区域中发展的，与自然地理划分基本一致，流域是其中最为重要的自然地理区域。每个流域分化成为两大部分，一是以流域盆地为核心的区域性高级别城市，一是流域外围低级别城镇，构成"核心-边缘"结构（李平华，2005）。核心区多位于流域的河谷或地形较低的地带，土壤肥沃，交通便利，人口集中，在资源、交通、市场等方面比边缘区有优势。城镇最早在此产生，城镇密度较高，城镇体系发育较好。中心城市一般发源于流域的核心区—河谷地带或冲积洪积平原某个关键区位。流域中心城市往往位于干流与主要支流的交汇处，具有水陆交界、水水中转的双重边缘效应，塑造形成突出的区位优势。"边缘地带"多处于流域内的高地、沼泽或绵亘的山区及支流地区。自然地理条件的不同，促成了核心区与边缘区的种种差异（王义民等，2013）。人口、资金等各类资源要素集中在中心区，愈靠近区域边缘，资源要素分布愈贫乏。中心区多处于河谷低地，有明显的交通优势。各区域的运输网集中在低地中心区，构成交通枢纽。主要城市兴起于中心区或通向它们的主要运输线上。只有水源充足的地区才能形成城镇，上游地区因水源相对不足、海拔高、落差大，城镇密度低，处在城市空间演化的最初阶段——一般城市。中下游地区自然条件相对较好，城镇比较发育，尤其是下游城镇发育又好于中游地区。施坚雅的观点阐释了流域核心区与边缘区的功能联系（俞勇军，2004），但其"核心-边缘"结构是从城镇体系的角度提出，与弗里德曼解释区域经济空间结构演变模式而提出的"核心-边缘"理论有本质差别。

3. 双核空间结构模式

双核空间结构模式是刻画某一流域内，由港口城市、区域中心城市及其连线所组成的双核型的空间结构（陆玉麒，2002；陆玉麒和俞勇军，2003）。流域是双核空间结构的基本背景与理想空间，双核空间结构实现了区域中心城市趋中性与港口城市边缘性的有机结合，实现区位上和功能上的互补，成为流域常见的空间结构。该类空间结构又分为内源型和外生型两种类型。内源型主要是流域自身发展演化而形成的空间模式，主要发生在流域的支流内。外生型主要是流域对外交流与流域自身发展共同作用而产生的空间模式，主要发生在连通海洋的干流流域内。

在河流流域内，双核空间结构的核心构成要素是流域中心城市、流域门户城市和干流主通道，前两者是流域经济和产业及人口的主要集聚节点，追求规模经济与集聚效益；干流主通道是全流域的主要交流路径，具有较低的物质能量输送成本。

1）流域中心城市

作为流域内政治、经济、文化三位一体的中心城市，其本身就是港口城市。在独立流域内，该城市往往分布在干流与重大支流的交汇处。流域管理与社会经济交流的功能分工，要求城市布局趋于流域中心区位，形成趋中性或居中性。理论上，中心城市要求位居流域的几何中心，现实中多位居经济重心或人口重心地区，尤其是位居河流中游且干支流交汇的节点。这类城市具有流域管理成本最低与水陆交界、水水中转的区位优势。中心城市是流域发展的增长极，通过与干流流域腹地的互动作用，实现各种要素与资源的最优配置。流域中心城市的地位、规模往往与流域的空间范围及层级相关联，超大流域的中心城市往往是国家中心城市，而小流域的中心城市往往是地级城市甚至是县城，但对整个流域的管理职能和综合性服务功能是不变的。值得关注的是，流域中心可能不限于某个城市节点，可能是都市区甚至是中心城市与周边中小城镇共同形成的都市圈与城镇密集区。

2）流域门户城市

流域门户城市是一个地区出入与内外交往的城市。门户城市往往具有良好的自然条件和区位条件，地理位置上多是某一较大区域内的综合交通枢纽。门户城市对外能够产生极大的吸引力和辐射力，对内腹地具有很强的促进、牵引、引领作用，并可能成为整个流域的首位城市。流域门户城市是流域注入海洋或注入更高一级干流的港口城市，行使本流域与其他流域或海外地区进行各类交流的门户功能，具有较强的包容性和开放性。流域对外交流门户的功能定位促使城市布局趋于流域的边界区位。典型的流域门户城市如天津（海河流域）、上海（长江流域）、武汉（汉江流域）、广州（西江流域）、福州（闽江流域）。

3）沿河发展轴线

沿河发展轴线是联结流域中心城市与流域门户城市的发展轴线。该轴线的空间基础是河流尤其是具备大通航能力的干流航道，历史上往往被称为"水轴"。发展轴线的基础设施不限于河流航道，而是以航道为基础的、若干平行基础设施集中布局的综合性束状交通走廊，是承担流域主要空间相互作用的廊道状地域空间系统，具有通达性的先天优势。以干流航道为基础，以流域中心城市和流域门户城市为两端关键节点，沿线集聚布局城镇和人口，是重大生产力布局的主要集聚地带；沿着流域中心城市向上游进行辐射扩散，通过流域门户城市向海外国家或其他流域进行连通和交流。这类发展轴线往往成为全流域甚至更大范围内的经济地理轴线，是全流域经济运行的主通道。

三、流域经济布局

1. 流域经济概念

流域经济是一种特殊类型的区域经济，或是亚区域经济或是跨区域经济，这取决于流域范围的大小。流域经济具体是指遵循自然规律，以水系为基础，以干流为纽带和中轴，以自然水域为边界，以水资源综合开发利用为核心，以沿岸沿线城市为支撑点和引领，以沿岸水陆交通体系为基础和纽带，推动沿岸沿线经济综合发展，形成经济地域系统。流域经济既具有区域经济的一般属性，如地域性、综合性、系统性，又具有水资源特点的特殊属性，形成其特有的功能与作用。流域经济发端于河流两岸，成长于流域，发达于流域。流域经济是一个复杂的大系统，是从属于国民经济巨系统的子系统（张文合，1991a）。干支交汇的水体是连接整个流域和促进流域经济系统形成的自然地理基础。

从各国开发的实践看，重点开发区一般选择在沿江河地区或沿海地区，因为这些地区的开发建设能获得较好的投资效益和高速度的经济增长。流域经济特别是大流域经济已成为发达国家和部分发展中国家经济的重要部分（张文合，1991b）。例如，长江经济带和沿海经济带就成为中国经济发展的主系统。

2. 流域经济分异

地域分异规律是指地理环境各组成成分在地表按一定层次发生分化并按确定的方向发生有规律分布的空间现象。自然地理环境是人类一切社会活动的基础，在很大程度上影响社会经济发展的方向和特征及空间布局，是流域经济分异的第一动力。自然地理环境的地域分异，导致人类的社会经济活动具有与其相应的空间分布规律性，并且不同尺度的地域分异奠定了不同层次的社会经济分布特征（周二黑，2007）。

流域是一个特殊的区域，首先是一个自然单元，其次是一个人类经济活动的空间。

流域经济的发展始终受到各种自然地理环境因素的影响和制约，自然条件和自然资源的分布是流域经济发展格局的重要决定因素。流域尤其是大河流域，跨越较多的自然单元，地形地貌、气温、降水、土壤、矿产资源各不相同，流域开发利用的方式和历史也不同，加之各种社会经济因素的影响，形成流域经济的空间异特性（周二黑，2007）。流域经济空间分异既是一种状态，也是一个不断演化的过程，从最初均质状态经过不断聚集、扩散、演变，逐渐形成空间分异。

流域经济的分异规律主要表现如下。

（1）流域综合经济形成河段差异性，从下游地区向上游地区呈现依次衰减的格局，形成梯级分布，先后形成发达地区、相对发达地区和欠发达地区。这种不平衡是开发历史、自然地理和政策技术等各方面因素的综合作用结果。

（2）流域经济具有干支流的分异性，形成干流经济往往比支流经济发达的空间现象。

（3）流域下游地区的人口往往较为密集、城镇较为密集且规模较大，形成城镇密集区；中游地区往往在干支流交汇地区形成规模较大的城市或都市圈，上游地区的人口分布相对较少，城镇数量较少且规模较小（张文合，1991a）。

（4）流域产业技术形成下游高于上游的差异，由下游地区逐步向中游及上游地区进行扩散传播，依次实现产业结构的高度化。

（5）流域经济具有中心集聚的特性，形成于干支流交汇点和入海门户的集聚点，或形成于干流与陆向交通干线的交汇点。这些区位往往成为全流域的中心城市甚至都市圈或城市群。

（6）流域经济外向性形成由下游向上游、由干流向支流依次衰减的空间分异，这是由河流通航能力与外向经济发展水平所决定的。

（7）流域经济发展重点形成差异。上游河段多以开发水能、林业、特色农业、资源开采为主，是重要的水电基地与特色农业基地。中游河段多以农业种植业、资源加工和制造业为主，多是重要的粮食基地与工业基地。下游河段以发展外向经济和对外贸易为主，综合性服务业较为发达。

3. 流域经济布局模式

流域的地理背景条件决定了河流的利用方式和流域的开发方向。流域开发应是极点增长、轴线扩散、圈状辐射、点轴圈相结合的布局系统：点-轴-圈发展模式。具体是指流域开发与对外开放应以大中城市为依托，形成极点；沿经济发达、集聚效益明显的河流主航道、陆路平行通道，形成发展轴线；以主要城镇群为中心地区辐射引领各支流或流段，形成经济圈；由下游及上游的梯度渐进开发布局，形成面状推进。

（1）点（增长极）：流域经济要发挥中心城市的辐射带动作用。以沿河重点城市尤其是港口城市为核心，加快干支流主要城镇布局与经济发展，推动各类资源要素高效集聚，提高发展效率，打造成为干流、各支流及各流段的增长极、辐射引领中心。下游中心城市要打造成为流域门户城市，形成同其他流域或国外地区经济往来和文化交流的桥头堡。

（2）轴（增长轴线）：差异性和互补性客观存在，为流域各地区开展经济联合、分工协作、优势互补、形成整体优势提供了基础。下游产业、技术、人才、资金向中上游的转移，上游能源、资源、农产品和劳动力向中下游的调拨输送，均需要通过河流航道或平行陆路通道。沟通上中下游的内河航道和陆路通道就形成了流域主要发展轴线，吸引产业和人口向主轴地区及沿线地区进行集聚和分布。

（3）圈（城镇密集区）：在流域下游冲积平原或入海口地区，或干支流交汇地区，围绕中心城市，联动周边中小城镇，形成城镇密集区，建设经济圈，辐射引领各支流或各流段的发展。

4. 集聚与扩散机制

点–轴–圈发展模式源于流域社会经济要素的集聚与扩散机制。规模经济与规模不经济是集聚与扩散两种空间机制的经济学机理。集聚与扩散既是区域空间要素的两种运动形式，本质上是两种力量的作用与两种运动倾向；同时也是区域发展的两个阶段，两种运动形态决定了两种区域空间结构。集聚与扩散往往同时发生，但某个阶段往往是某一机制发挥主导作用。

集聚是一种空间现象，是社会经济活动在某些节点或某些区域的空间集中分布及相互关联的空间现象，也称为"极化"。经济活动的集聚使各种产业活动之间的协作配合及产业规模的扩大成为可能，从而带来了各种费用的节约，产生集聚效益和规模效益，大大增强极核的竞争力（刘国斌和汤日鹏，2010）。空间集聚存在规模和尺度，培育形成了各种增长极，尤其是宏观上推动城市甚至城镇群的形成与不断扩大。集聚的空间效应是形成较高的发展速度，但中心地区与腹地地区的差距日趋扩大，区域发展不平衡加剧。

扩散是与集聚相对应的一种空间现象，因节点集聚所带来的规模不经济促使各类社会经济要素从集聚节点向周边地区沿着关键通道进行扩散、辐射。在此机制下，腹地地区不断从中心城市获得资本、技术、产业、人才等资源，并促进落后地区的发展，逐步缩小与中心城市的差距。

5. 流域发展重点

流域是一个十分复杂的地域系统，上中下游和干支流在资源优势、经济技术基础和生态环境等方面都有其自身的特殊性，这导致各地区的综合开发和生态保护治理不可能形成统一的模式。一般情况下，上游水能、矿产、森林等资源丰富，中游农业资源丰富，下游资源虽然较为贫乏但外向经济发达；从经济技术发展上看，可明显区分为下游经济较成熟地区、中游经济成长型地区和上游经济待开发地区；从生态环境的现实状况看，上游地区森林破坏严重，水土流失日益加剧，中游地区洪涝灾害严重，下游地区环境污染较为突出。

（1）上游地区：重点采用以生态保护与资源开发为主的生态经济模式。以水能开发为先导，以水土保持与生态系统保护为重点，开发利用矿产资源和生物资源的同时，加强保护和生态修复，维护和保持本区域及全流域生态经济的良性循环。

（2）中游地区：重点采用以防洪排涝与资源利用为主的生态经济模式。中游地区的重点在于防洪排涝，发展农业种植业，打造粮食生产基地，积极发展绿色工业与制造业。

（3）下游地区：重点采用以技术开发与治理污染为主的生态经济模式。下游地区大中城市密集，企业数量多，制造业与服务业发达。重点发展出口加工制造业和外向型经济，发展现代服务业，注重水环境污染治理与河口疏浚，加强防洪建设。

四、流域功能分异

1. 资源环境承载力分异

资源环境是流域发展的基础。目前，人类所依存的系统有两个，一个是资源系统，另一个是生态环境系统。资源环境承载力是一个包含资源、生态、环境要素的综合承载力概念，具体是指在一定的时期和一定的区域范围内，在维持区域资源结构、符合可持续发展需要、区域环境功能仍具有维持其稳态效应能力的条件下，区域资源环境系统所能承受人类各种社会经济活动的能力与限度（王如心，2016）。资源环境承载力是衡量发展与各类资源环境要素是否协调的重要指标，是进行城镇与工业布局、主体功能区划的重要依据，是确定各功能区社会经济发展模式的重要基础。

资源环境承载力评价指标覆盖社会、经济、资源和环境等各领域各方面，以自然地理、生态环境属性功能为主，社会服务属性功能为辅。资源环境承载力是流域功能区划分、重大建设项目布局的主要参考依据。

（1）区域环境承载力：是指在一定时期和一定区域内，在维持区域环境系统结构不发生质的改变、区域环境功能不朝恶性方向转变的要求下，区域环境系统所能承受的人类各种社会经济活动的能力。其主要表征指标有大气环境承载力、水环境承载力、土壤环境承载力。

（2）资源环境综合承载力：由一系列相互制约又相互促进的发展变量和制约变量构成，包括水资源、土地资源、矿产资源、生物资源、能源等资源变量的种类、数量和开发量。

2. 流域功能分区

流域功能区是流域各种自然环境要素与社会、经济、文化要素共同作用所形成的空间区域划分，不同区域具有差异显著的主体功能。流域作为复杂的地域系统，具有多种功能属性且相互联系、相互影响。随着流域社会经济的快速发展，流域功能发生变化，由单一的自然资源功能演变为具有自然资源、生态环境、社会经济等多方面的综合功能属性。流域上中下游、干支流和各地区在开发条件、经济技术基础等方面往往存在较大差异，其发展方向、开发目标、战略重点和管治措施不同（钱乐祥等，2000）。这要求流域发展要因地制宜，充分考虑各流段、干支流和各地区的资源环境承载力、现有开发密度和发展潜力，统筹考虑未来人口分布、经济产业布局、国土利用和城镇化格局，实行分区发展，充分利用各地区的优势资源、优势条件，构建类型不同、各具特色、功能互补的流域功能区格局。各类功能区要妥善处理开发利用、保护与治理的关系，根据不同的功能类型，实施差异化的发展策略与分类管理，强调对流域发展的强制性、约束性和实用性。

1）开发利用区域

开发利用区域主要是指人口分布密集，具备较好的开发条件和较高的开发潜力，现状开发利用的强度尚处于资源环境承载力范围之内，是当前及未来集中城镇化、工业化开发建设的地域。该区域的主导功能是促进经济发展和社会进步，进行有序合理的开发，人类活动规模较高、强度较大。

（1）优先发展区：是指资源环境承载力较强，集聚经济和人口的条件较好，能够承载大规模开发的功能区。该区域重点是促进充分开发，加强国际贸易与对外交流，建设成为引领、辐射和带动全流域发展的核心区域。优先发展区一般分布在下游地区，尤其是河口三角洲地区，如长江三角洲、珠江三角洲、尼罗河三角洲。需要指出的是，泥沙含量较高、淤积严重、不能通航、城镇和人口分布稀疏的河流入河口地区往往是以生态保护为主的地区，如辽河三角洲、黄河三角洲。

（2）重点开发区：是指资源环境承载力较强、经济和人口集聚条件较好的区域，通常是自然、区位、交通条件相对较好的地区。该区域重点是完善基础设施网络，促进人口集聚，改善投资创业环境，促进产业集群发展，壮大经济规模，加快发展工业化和城镇化，打造为经济发展和人口集聚的重要载体。该类功能区往往分布在河流下游地区和干支流交汇地区。

2）限制开发区域

限制开发区域是指资源环境承载力较弱，大规模集聚经济和人口条件不够好并关系到较大范围生态安全，限制大规模高强度工业化、城镇化开发的地区。限制开发区域主要有农产品主产区和特色功能区，尤其是以前者为主。

（1）农业生产区：主要分布在干支流上游的盆地和河谷、中游的河谷平原和下游的冲积平原，地形平坦，土壤肥沃，优质农田较多，农业发展条件较好。该类功能区的分布范围较广，重点从事农业种植，以提供农产品为主体功能，为流域的粮食生产与安全保障基地。

（2）特色功能区：主要是沿河提供取水口、排洪排涝、水电开发等特殊功能的区域。特色功能区重点包括蓄滞洪区、水能利用区。

3）优先保护区域

优先保护区域是指具有代表性的自然生态系统、生物多样性区域、具有战略意义的生态功能区域、生态脆弱区、珍稀濒危野生动植物物种的天然集中分布地了有特殊保护价值的自然遗迹所在地和文化遗址，是需要进行优先保护的区域。该类功能区坚持"保护"理念，以维护和保护自然功能和生态环境功能为主，严格保护，禁止开发，维持原始状态。

（1）生态功能区：指生态系统脆弱或生态功能重要，资源环境承载力较低，不具备大规模高强度工业化、城镇化开发条件，必须把生态产品生产能力作为首要任务的区域。该类功能区主要分布在河流源头和支流上游地区，重点承担水源涵养、水土保持、生物多样性、珍稀濒危物种保护等重要生态功能，是生态红线的集中分布地区，关系整个流域的生态安全。对生态环境脆弱地区，核心任务是加强治理修复，恢复生态系统。

（2）禁止开发区：依法设立的各类各级自然文化资源保护区域，包括世界级自然遗产、文化遗产，国家级、省级自然保护区、风景名胜区、森林公园、地质公园。禁止开发区对维护河流生态环境系统、珍稀濒危物种及自然文化遗产具有特殊的重要意义，实施严格保护，禁止开展不符合功能定位的各类开发活动。

（3）战略预留区：指具有一定资源条件和开发潜力，但因河流保护、生态保护等特殊需求，在发展期内尚无开发需求或存在无法克服的难题或制约因素而不适合开发利用，作为一种资源进行战略储备和预留的区域。该类功能区禁止规划与开展各类开发利用活动，对必需的开发利用活动实行专项专批。

第三节　流域主题理论

一、流域生态系统

1. 流域生态系统分异

生态系统是指在自然界的一定的空间内，由生物群落及其生存环境共同组成的统一整体，生物与环境之间相互影响、相互制约，并在一定时期内处于相对稳定的动态平衡状态。生态系统的范围可大可小，空间尺度大小不一，多种多样，相互交错（陈沙沙，2016）。不同生态系统的各种物理和生物要素相互联系和相互作用，构成了具有一定的组织和功能的有机整体。人类社会的正常运转需要以生态系统的正常运转为前提。流域生态系统是以流域为承载空间的生态系统，通过水体流动在干支流和上中下游之间进行物质循环、能量流动、信息传递，具有不可替代性、脆弱性、服务性和地域性等基本生态属性。流域生态问题的核心是人、水、生态三者的适宜关系与平衡。在世界大江大河基本经历了"先污染后治理"发展路径的背景下，更应考察流域的自然属性与自然规律，将生态属性和生态规律纳入流域"开发"的理论框架。

流域生态系统类型众多，可从不同角度分成若干类型。按形成的原动力和影响力，生态系统一般分为自然生态系统和人工生态系统。根据环境性质和形态特征，自然生态系统进一步分为水域生态系统和陆地生态系统，为流域内人们的生产、生活提供空间、资源、能量和环境容量，是流域生态系统运行的基础。凡是未受人类干预和扶持，在一定空间和时间范围内，依靠生物和环境本身的自我调节能力来维持相对稳定的生态系统，均属自然生态系统。自然生态系统为人类提供了食物、木材、燃料及药物等社会经济发展的重要资源。人工生态系统分为农田、城市等生态系统，是按人类的需求建立起来并受人类活动的强烈干预和改造，决定于人类活动、自然生态和社会经济条件的良性循环；鲜明特点是野生动植物种类少，人类的作用显著，对自然生态系统存在依赖和干扰。具体来看，流域生态系统有森林、草原、海洋、淡水（河流、湖泊）、农田、冻原、荒漠、湿地、城镇等各种类型。最为复杂的生态系统是热带雨林生态系统，人类主要生活在以城市和农田为主的人工生态系统中。人类对于自然生态的作用，主要表现为对自然的开发、改造（陈沙沙，2016）。

2. 生态功能区划原则

生态功能指生态系统各组分（如物质库）的大小及其过程（如物质循环、能量流动）的速率，包括初级生产力、碳固持、水源涵养、防风固沙、生物多样性维持等，其核心内涵是生态系统的支持服务和调节服务。生态功能区一般指生态功能保护区，是指在涵养水源、保持水土、调蓄洪水、防风固沙、维系生物多样性等方面具有重要作用的生态功能区，能在较大范围内关系生态安全。

生态功能区划是依据生态系统特征、受胁迫过程与效应、生态服务功能重要性及生态环境敏感性等分异规律而进行的地理空间分区，是实施区域生态环境分区管理的基础和前提。生态功能区的建立有利于管理和保护流域生态环境，保护区域重要生态功能，维护流域生态系统的稳定性，防治和减轻自然灾害，以及协调流域及区域生态保护与经济社会发展。生态功能区划以自然-经济-社会复合系统理论为指导，依据差异性与相似性原则，遵循生态系统整体性与完整性、空间连续性，根据生态要素与生态功能的主导性，结合社会经济系统进行划分。

3. 主要生态功能区

流域内部的生态要素差异，促使生态功能区大致分为水源涵养生态功能区、水生态功能区、农业生态功能区和城镇生态功能区。针对不同的生态功能区，实施不同的生态建设方略，采取不同的措施与管理政策。

1）水源涵养生态功能区

水源涵养生态功能区是以水源涵养为主要功能的地区，生态系统通过其特有的结构与水相互作用，对降水进行截留、渗透、蓄积，并通过蒸发实现对水流、水循环的调控（吕彦莹等，2022）。水源涵养能力与植被类型、盖度、土层厚度、土壤物理性质等因素有密切关系。此类区域多分布在干流源头地区和支流流域，多是丘陵山地，植被以草原、森林为主，尤其是森林资源较多。发展方向是保护珍稀动物，保护天然水源涵养林与草原植被，减少人类活动强度与覆盖范围。该区域多以国省级自然保护区为主。

（1）高山寒漠固定水源保持区：主要是高原、高山等有积雪冰川的地区，多在某一海拔之上，多指高山草甸上界以上的非冰川区，为生态环境脆弱地区。该类地区海拔高，气候寒冷，降水为流域高值区但多为固态降水，以裸露基岩、冰渍沉积为主，有零星分布的低等冷生植被。融雪径流在冰缘沉积和多年冻土活动层等中的迁移转化，产生汇流并成为河流源头。该功能区的重点是保持自然环境的原始性。

（2）草原生态功能区：是以各种草本植物为主体的生态功能区，承担着保持水土、涵养水源、防风固沙、净化空气、固碳释氧、维护生物多样性等重要生态功能。草原包括高原草原或高山草甸、高山灌丛、荒漠草原，主要分布在北方河流的上游地区或南方河流的源头高山地区；所处地区的气候有较强的大陆性或垂直性，降水较少，年降水量一般在250~450毫米，蒸发量往往超过降水量。草原一般形成草本层、地面层和根层，各层的结构比较简单，物种和生境相对简单，生态系统脆弱。草原包括天然草原和人工草地，天然草原包括草地、草山和草坡，人工草地包括改良草地和退耕还草地（董世魁，2022）。草原退化、碱化和沙化及鼠害是该类功能区面临的重要生态问题。草原生态功能区要实施合理轮牧制度，以草定畜，实施退耕还草，加强草地草场资源保护。

（3）森林生态功能区：是以乔木为主要植被的生态功能区，包括常绿阔叶林、落叶阔叶林、针叶林、针阔混交林及热带雨林，主要功能是涵养水源、保持水土、防风固沙、调节气候、消除污染,称为"绿色水库"。该生态功能区主要分布在降水量较多、气候湿润或较湿润的山地丘陵地区,多分布在河流源头地区。该生态功能区的动植物种类繁多,以乔木为主,有少量灌木和草本植物,生物生产力高,有着最复杂的生态系统,生态效应强。森林分为防护林、用材林、经济林、薪炭林、特种用途林等类型。实施封山育林,保护天然林,积极营造人工林和水源涵养林,保护好天然野生动植物资源,建立繁育基地。在流域内,森林生态功能区的范围仅小于农业生态功能区。

生态系统的退化促使形成以不同生态治理为主题的类型区。河流流域重点包括退化土地治理生态功能区和水土流失治理生态功能区。

(1) 退化土地治理生态功能区:主要分布在北方降水量较少的河流上游地区或易涝地区,包括沙漠、戈壁、沙地、盐碱地等地区。原以草原或森林为主,因气候变化或人类开发导致植被减少、土地退化。该类功能区又可以区分为沙化草原、沙化土地、盐碱地等类型区,分别针对各类型区退化特点实施治理。

(2) 水土流失治理生态功能区:水土流失是指由于自然或人为因素的影响、雨水不能就地消纳、顺势下流、冲刷土壤,造成水分和土壤同时流失的现象。水土流失治理生态功能区主要是丘陵山地地区,土壤侵蚀较为严重,土质疏松,主要由植被遭受破坏、耕作技术不合理、滥伐森林、过度放牧等人为原因造成(鲁尚斌,2018)。该类功能区重点是治理水土流失,扩大林草种植面积,营造水土保持林,提高保水蓄水能力,压缩农业用地。

2) 水生态功能区

水生态系统是水生生物群落与水环境相互作用、相互制约,通过物质循环和能量流动,共同构成的具有一定结构和功能的动态平衡系统(陶昌弟和占炜,2021)。水生生物依其环境和生活方式,分为浮游生物、游泳生物、底栖生物、周丛生物、漂浮生物5个生态类群,植物主要分布在浅水区和水的上层。水生态系统分为流水生态系统和静水生态系统,前者包括江河、溪流和水渠等,后者包括湖泊、池塘和水库等(曹喆等,2008)。水生态功能区主要是以水为基础所形成的生态系统。水生态功能区的范围可大可小,每个池塘、湖泊、水库、河流等都是一个水生态功能区。该类功能区需要维持水生态系统健康,强制性保护珍稀濒危物种。

(1) 河流生态廊道:河流生态廊道是以河流水道为主体并向两侧伸展一定距离范围之内植被、水体等生态要素组成的生态系统,覆盖河道水域、河漫滩、漫流高地、岸边水利设施及护坡护岸、河岸绿化等地域范围,河流生态系统包括陆地河岸生态系统、水生态系统、湿地及沼泽生态系统。河流生态廊道具有栖息地功能、过滤和阻隔功能、通道功能、源头和沉降功能、动态平衡功能等基础功能,同时具备防洪排水、水利水电、灌溉、饮用水等涉及居民生命、健康、生活的功能。栖息地功能是指河流为植物和动物提供生活、成长、繁殖以及其他生命周期的空间场所,并连通很多小型栖息地。过滤和阻隔功能是指河流廊道生物对污染物的吸附降解以及减缓泥沙传输,有效过滤和阻隔污染物。通道功能是指河流为能量和物质提供传输的路径。源头和沉降功能是地表水、地下水和能量通过河流廊道沉降与储存下来,洪水期间河漫滩的植被可调节或滞留部分洪水量,拦阻沉积物。动态平衡功能是指河流廊道的架构、形态随着周边自然条件的改变而发生变化。

（2）湖泊湿地生态功能区：主要是指以湖泊、沼泽等湿地为主的生态功能区。该类地区具有较高的生态多样性、物种多样性和生物生产力，具有多种生态功能，在气候调节、保持生物多样性、调蓄洪水、调节径流与地下水、优化自然环境、消纳降解环境污染、城乡供水、农业灌溉及发展经济社会中有不可替代的重要作用。但该类功能区的生态脆弱性较强，尤其是围垦导致其大面积缩减。

（3）河口生态功能区：河口是河流与受水体的结合地段，受水体可能是海洋、湖泊甚至更大的河流，许多河口因水流速减缓、泥沙沉积而形成冲积三角洲或沙洲。该类地区又称为河口平原。由于特殊的位置，河口生态功能区具有环境复杂多变、生物多样性较高、生产力较高、人类扰动程度较高等特点，往往分布有较多的珍稀物种资源，水道密集且分汊严重，地势平坦，土层深厚，土质肥沃，易有洪涝，新生陆地较多。人类在河口区开展的交通、贸易和养殖等高密度活动均会影响河口生态系统，河口区往往汇集了各类陆源污染物，影响着河口生物的生存和繁殖。

3）农业生态功能区

农田生态系统是指人类在以农作物为中心的农田中，利用生物和非生物环境之间以及生物种群之间的相互关系，通过合理的生态结构和高效生态机能，进行能量转化和物质循环，并按人类社会需要进行物质生产的综合体。农田生态系统是一种被人类驯化了的生态系统，包括稻田、麦田、果园、菜园、茶园等农田生态系统。农田生态系统不仅受自然规律的制约与支配，还受人类活动的影响和社会经济规律的支配。水源、肥沃的土壤和农作物构成农业生态功能区的主体。农业生态功能区主要是指受人为的支配和干预、具备较好的农业生产条件、以农业种植为主的地区，主要植物是农作物。农业生态功能区因季节变化、地域气候不同而种植不同农作物，形成时间结构、地域特色。农业生态功能区具有改善生态环境、提供粮食等功能，构成人类社会存在和发展的基础。农业生态功能区与其他自然生态功能区存在竞争关系，扩大农业生态功能区范围就需要缩减其他生态功能区的范围。该类功能区的突出问题是过度垦殖、面源污染严重。

（1）灌溉农业功能区：以需要人工引水灌溉的旱耕地为主，降水资源相对较少。该类功能区主要是种植小麦、大豆、玉米等农作物，重点分布在北方地区；主要通过灌溉措施，满足植物对水分的需要，调节土地的温度和土壤的养分，提高土地生产率（黄坤和程翠青，2012）。灌溉农业主要围绕水源地或河流两侧进行布局。

（2）水田农业功能区：主要分布在南方亚热带和热带地区，降水资源比较丰富，重点种植水稻等水田农作物。该类农业地区集中在平原、盆地地区，地形平坦，土层深厚，土壤肥沃；以水作为主，种植水生生物。

4）城镇生态功能区

城镇是人口和产业集聚地区。城镇生态系统是城镇居民与其环境相互作用而形成的统一整体，是人类对自然环境进行适应、加工、改造而建设起来的特殊人工生态系统，不仅有生物组成要素，还包括人类和社会经济要素，是自然-经济-社会复合生态系统。城镇生态功能区多分布在干支流交汇区位、中游和下游平原地区。在城镇生态功能区，人类发挥重要的支配作用与主体作用，它所需求的大部分能量和物质从其他生态系统输入，其生产活动和生活产生大量废物并输送到其他生态系统。城镇生态系统具有城市热岛、小气候等特殊现象，是一个开放系统，但需要依赖于人为干预维持系统平衡。加强城乡环境综合整治，大规模实施绿化建设，建立美丽城市，开展人居环境建设。

二、流域防洪安全

1. 流域防洪体系

流域是由人类系统、环境系统和水系统组成的，具有一定层次结构和整体功能的复合系统。洪涝灾害是指因大雨、暴雨或持续降雨使低洼地区淹没、渍水的现象，主要包括洪水灾害和雨涝灾害（张翠娥，2012）。洪水灾害是由于强降雨、冰雪融化、冰凌、风暴潮等原因，江、河、湖、库水位猛涨，堤坝漫溢或溃决泛滥或山洪暴发，水流入境而造成的灾害。雨涝灾害主要是因大雨、暴雨或长期降水量过于集中而产生大量的积水和径流，排水不及时，致使土地、房屋等渍水、受淹而造成的灾害。由于洪水灾害和雨涝灾害往往同时或连续发生在同一地区，难以准确界定与区分，故统称为洪涝灾害。洪涝灾害的影响是综合性的，对农业造成重大损害，造成工业甚至生命财产的损失，是威胁人类生存和发展的重大灾害类型。

洪涝灾害的防治方向主要包括：减少洪涝灾害发生的可能性；尽可能使已发生的洪涝灾害的损失降到最低。流域防洪就是根据洪水与洪水灾害特点，采取各种措施，防治或减轻洪水灾害。如图2-4所示，一般而言，流域防洪体系是由防洪工程体系和防洪非工程体系两部分组成的有机整体，以实现保障生命财产安全、减少灾害损失、促进社会稳定持续发展的目标。

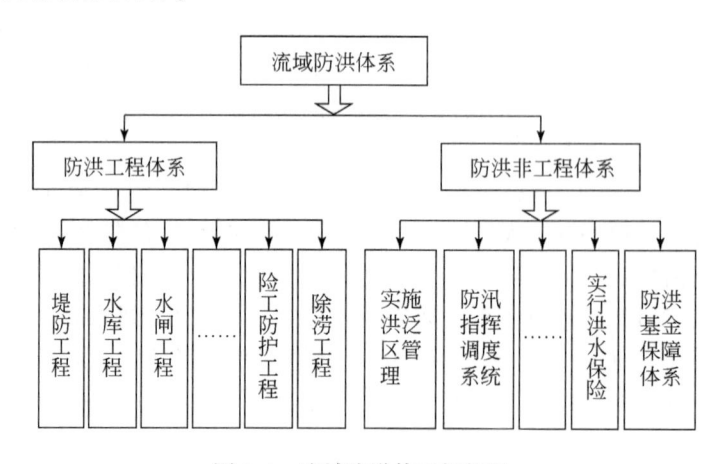

图2-4 流域防洪体系框架图

（1）加强堤防建设、河道整治及水库工程建设是避免洪涝灾害的直接措施，长期持久推行水土保持可以从根本上降低洪涝的发生概率；做好洪水、天气的科学预报与蓄滞洪区的合理规划，可以减轻洪涝灾害的损失；建立防汛抢险的应急体系，是减轻灾害损失的最后措施。

（2）上游地区多修建水库，加大森林与植被建设，提高调洪蓄洪和水土涵养能力。中游地区多设置滞洪区和建设分洪工程，滞缓洪水，减轻下游洪水压力。下游地区多修筑和加固堤坝，疏浚河道，增加分洪渠道，提高入海泄洪能力。

（3）流域防洪体系的服务功能是指流域防洪体系在社会、经济、环境等方面具有的作用和价值，大致分为除害和兴利两大功能。除害功能主要包括防洪、排涝、水土保持等，兴利则包括农业灌溉、城镇供水、水力发电、休闲娱乐等功能。各功能之间往往是相互冲突、相互竞争的。

2. 主要防洪功能要素

从空间角度来看，流域防洪体系主要由防洪区、堤防、防洪枢纽、行洪水道等功能要素组成。

1）防洪区

防洪区是指洪水泛滥可能淹及的地区。防洪区由防洪保护区、蓄滞洪区和洪泛区及其他地区组成。

防洪保护区：主要是指在防洪标准内受防洪工程设施保护的地区。防洪保护区是一个由堤坝、水工建筑物、自然山丘或填高陆地围合而成的封闭区域。

蓄滞洪区：主要是指河堤外洪水临时贮存的低洼地区及湖泊等。蓄滞洪区包括行洪区、分洪区、蓄洪区和滞洪区。行洪区是指天然河道及两侧或河岸大堤之间，在大洪水时用以宣泄洪水的区域。分洪区是利用平原地区的湖泊、洼地、淀泊修筑围堤，或利用原有低洼圩垸分泄河段超额洪水的区域。蓄洪区是用于暂时蓄存河段分泄的超额洪水，待防洪情况许可时，再向区外排泄的区域。滞洪区是起调洪性能的区域，具有"上吞下吐"的能力，其容量只能对河段分泄的洪水起削减洪峰或短期阻滞洪水的作用（黄志凌，2018）。

洪泛区：主要是指尚无工程设施保护的洪水泛滥所及的地区，主要是江河两岸、湖滨易受洪水淹没的区域。洪泛区主要集中在江河下游地区，往往有着较为密集的人口和城镇，有着发达的农业和经济产业。一般根据地形地貌、洪水频率、淹没水深、流速及可能造成危害的程度划分洪泛区，主要分为禁止开发、限制开发、允许开发区，分别对应5年一遇洪水位以下地区、5~20年一遇洪水位地区、50年一遇洪水位以上地区。部分学者将洪泛区分为行洪区、滩区、稀遇洪水或特大洪水行洪区。

2）堤防

堤防主要是指沿江河、渠、湖、海岸边或行洪区、分洪区、围垦区边缘修筑的挡水建筑物。筑堤是最早广为采用的防洪工程措施，可抵御洪水泛滥，保护堤内居民和工农业生产的安全；约束河道水流，控制流势，加大流速，便于泄洪排沙；缩减分洪区、蓄洪区、行洪区的淹没范围；为围垦洪泛区提供安全保障，增加土地开发利用面积。按照堤的位置可分为河（江）堤、湖堤、渠堤和围堤。在河流水系较多地区，沿干流修建的堤称为干堤，沿支流两岸修建的堤称为支堤，形成围垸的堤称垸堤、圩堤或围堤。堤防防洪标准应按照现行《防洪标准》（GB 50201—2014）来确定，分为1~4级，其中1~2级为骨干堤防。

干堤：具有重要的防洪、防潮作用，实地堤顶宽度大于5米或基底宽度大于10米或高度大于3米的人工修建的挡水建筑物。1级堤防关系到主要城市的防洪安全及保护重要工矿企业，防洪标准高于100年一遇洪水；2级堤防是干流堤防及支流上的县级城镇堤防，防洪标准为50~100年一遇洪水。

支堤：主要分布在支流沿岸。3级堤防的防洪标准为30~50年一遇洪水；4级堤防的防洪标准为20~30年一遇洪水，5级堤防的防洪标准为10~20年一遇洪水。

3）防洪枢纽

防洪枢纽是为了防治或减轻可能的洪水灾害而兴建的水利枢纽，主要包括水库和航电综合枢纽。一般是在河流中上游山区、丘陵区选择有利位置修建拦河坝以形成能拦蓄洪峰的水库，同时修建溢洪道等泄水建筑物，以便在洪峰进库后，基于下游防洪安全而容许流量泄放至预定低水位，腾出库容迎接下次洪峰，保护拦河坝不致漫顶冲毁。

合理选定防洪枢纽的设计防洪标准，不仅是安全技术问题，也是社会经济问题甚至是政治问题。平原、滨海地区和山区、丘陵区的地形地貌条件、洪水特性和工程特点不同，防洪枢纽的防洪标准不同，如表2-5所示。平原河流通常缓涨缓落，易于进行水文预报，泄洪条件相对优越，同一等级的平原水库的防洪标准往往比山地丘陵地区水库要低一些。平原区水库与山地丘陵地区水库的防洪标准如表2-5所示。

表2-5 平原区水库与山地丘陵地区水库防洪标准对照表

建筑物级别	正常运用防洪标准/[重现期（年）]			
	山地丘陵地区水库	平原区水库	山地丘陵地区水库	平原区水库
1	500~2 000	100~300	10 000	1 000~2 000
2	100~500	50~100	2 000	300~1 000
3	50~100	20~50	100	100~300
4	30~50	10~20	500	50~100
5	20~30	10	300	20~50

4）行洪河道

行洪是让洪水流过入海，行洪河道是洪水行走的水道，即河流水道。行洪区是指主河槽与两岸主要堤防之间的洼地，遇到较大洪水时，必须按规定的地点和宽度开口门或按规定漫堤作为泄洪通道。行洪能力是指保证水位时，河道宣泄洪水流量的能力。整治河道是确保行洪能力的重要途径，也是各流域防洪安全建设的重要内容。

三、水资源综合利用

1. 水资源与水安全

自然资源是自然界中人类可以直接获得用于生产生活的物质。其中，生物、水和土地是可更新的资源，能够在较短时间内再生产出来或循环再现。水资源是重要的自然资源，是自然界的重要组成物质，是环境中最活跃的要素，具体是指可被直接利用或有可能间接被利用的水源。部分学者认为水资源是指地球上具有一定数量和可用质量，能从自然界获得补充并可资利用的水。水资源包括河川径流、地下水、积雪和冰川、湖泊水、沼泽水、海水。全球的淡水资源仅占全球总水量的2.5%，且大部分储存在极地冰帽和冰川中，真正能够被人类直接利用的淡水资源仅占全球总水量的0.8%。

由于气候条件变化，各种水资源的时空分布不均，天然水资源量不等于可利用水量，往往采用修筑水库和地下水库来调蓄水源，或采用回收和处理的办法利用工业和生活污水，扩大水资源的利用空间（刘喆，2011）。水资源是可再生的资源，存在年内和年际量变化，具有一定的周期和规律，储存形式和运动过程受自然地理因素和人类活动影响。水资源质、量适宜，且时空分布均匀，可为区域发展、自然环境的良性循环和人类社会进步做出巨大贡献。

水安全属于非传统安全的范围，是人类和社会经济可持续发展的一种环境和条件。水安全主要是指在一定流域或区域内，以可预见的技术、经济和社会发展水平为依据，以可持续发展为原则，水资源、洪水和水环境能够持续支撑经济社会发展规模、能够维护生态系统良性发展的状态（王连龙，2012）。水资源、洪水和水环境有机形成水安全体系，三者相互联系、相互作用。水安全的对立面是水风险、水破坏和水灾害，是相对人类社会生存环境和经济发展过程中发生的与水有关的危害问题，例如洪涝、溃坝、水量短缺、水质污染等，并由此给人类社会造成损害，例如人类财产损失、人口死亡、健康状况恶化、生存环境的舒适度降低、经济发展受到严重制约等。提高水安全水平是使人类摆脱贫困、保持社会安定、提高社会生产力的关键手段，是实现经济社会可持续发展的重要环节。水安全的内涵包括三个方面：一是水安全的自然属性，产生水安全问题的直接因子是自然界水的质、量和时空分布特性；二是水安全的社会经济属性，水安全的承受体是人类及活动所在的社会与各种资源的集合；三是水安全的人文属性，安全载体对安全因子的感受，就是人群在安全因子作用到安全载体时的安全感。水安全和水资源系统的丰枯等属性有关，和人类社会的脆弱性有关，和人群心理上对水安全保障的期望水平、对所处环境的水资源特性认识及自身的承载能力等有关（王志敏，2006）。人类活动的规模、强度及分布要同所在区域的水承载能力相适宜。水危机是指自然灾害和社会经济异常或突发事件发生时，对正常的水供给或水灾害防御秩序造成威胁的一种情形。一个国家用水超过其水资源可利用量的20%时，就很有可能发生水危机（唐立新，2013）。水危机往往触发地区和国家纷争甚至发生战争。全球约有11亿人无法获得安全的饮用水。

2. 水资源-水生态-水环境

流域发展必须关注水生态、水环境与水资源的关系，推动统筹发展与协同治理，实现流域高质量发展。水环境、水资源与水生态，是一个有机联系的整体，也是流域的三位一体水内涵。

水资源。水资源是自然资源的重要组成部分，是地球上可以利用或有可能被利用的各种形态的水源，具有足够的数量和合适的质量，是可再生的资源。天然水资源包括河川径流、地下水、积雪和冰川、湖泊水、沼泽水和海水，具有一定的周期性和自然规律。不同的水资源利用方式会影响水资源系统内各类水源的构成比例、地域分布和转化特性。根据水资源形成和转化的规律，水资源系统可包含一个或若干个流域、水系、河流或河段，具有明显的层次结构。水资源系统不仅为人类的生存生活和发展所必需，而且一定质与量的供水，是国民经济发展的重要物质基础。

水环境。水环境是环境的基本要素，是人类社会赖以生存和发展的重要条件，具体是指自然界中水的形成、分布和转化所处空间的环境，是围绕人群空间及可直接或间接影响人类生活和发展的水体,以及各种自然因素和有关社会因素的总体。水环境又可以分为海洋环境、湖泊环境、河流环境及地下水环境。目前,水环境是受人类干扰和破坏最严重的领域。如图 2-5 所示,2020 年全国地表水监测的 1937 个水质断面中,Ⅰ~Ⅲ类水质断面占 83.4%,主要污染指标是化学需氧量、总磷和高锰酸钾指数;全国各流域监测的 1614 个水质断面中,Ⅰ~Ⅲ类水质断面占 87.4%,劣Ⅴ类占 0.2%,西北诸河、浙闽河流、长江流域、西南诸河和珠江流域的水质为优,黄河流域、松花江流域和淮河流域的水质整体良好,辽河和海河流域为轻度污染。

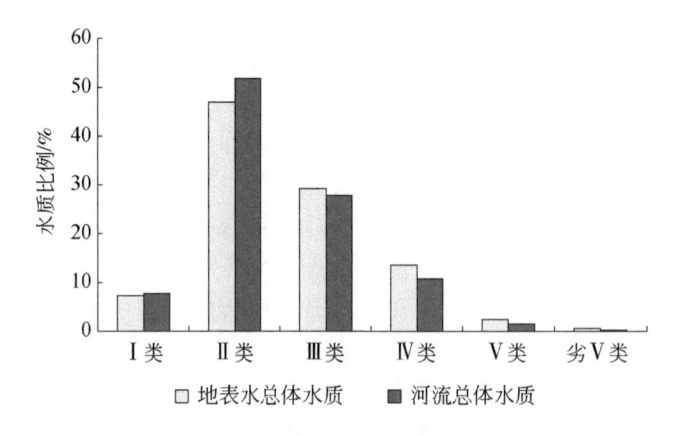

图 2-5 2020 年中国地表水和河流监测断面水质结构

水生态。水是地球上的主要生态因子,水生态系统是人类生存生活生产环境系统的重要部分,具体是指人或动物、植物所生存的环境条件,是环境水因子对生物的影响和生物对各种水分条件的适应。水生态系统在维持全球物质循环和水循环中具有重要作用,承担着水源地、动力源、交通运输、污染净化场所等功能。流域水生态可以分为流水生态系统与静水水域生态系统。水体为水生生物的繁衍生息提供了基本的空间场所,各种生物通过物质流和能量流相互联系并维持生命,形成了水生生态系统。目前,江河湖泊的水生态破坏现象比较普遍,有的地方相当突出。

水环境、水资源与水生态,三者既有区别又有联系。水资源量少,会对水环境和水生态构成影响,影响动植物与人类生存条件,水资源供给要把生态用水保障放在基础地理和突出位置,实现"有河有水"。水环境质量与水资源量密切相关,在相同的污染物条件下,水资源量越大则污染浓度越低,水环境承载能力越高。水环境变差,水生态就趋于恶化,水环境的"质"和"量"影响了水生物的分布、物种的组成和数量及生存生活方式,要深化污染减排,治理环境污染,实现"水清岸绿"。水生态是核心和基础,是水资源供应量和水环境质量的基础,要注重流域的重要生态空间、河湖生态缓冲带、流域水源涵养区、生物多样性区域洄游通道的生态保护与环境建设,构建水生态的基础,实现"有鱼有草"。

3. 生态生活生产用水

水资源是流域发展的基础资源,对流域自然地理环境和人类生产生活有重要作用。水资源在实际利用过程中形成了不同的用途类型,大致可以分为生活用水、生产用水、生态用水,构成"三生"用水结构。

（1）生态用水。也称为生态需水、生态环境用水，是指在特定的时空范围内，以生态保护为目的，为生态环境修复与建设或维持现状生态系统正常发育与相对稳定、环境质量不至于下降所必需的水量。生态用水包括维持水热平衡（即降水与地表水蒸发、植被蒸腾之间的平衡）、生物平衡（维持水生生物生长及水体自然净化）、水沙平衡（清除河道淤积、水库淤积）和水盐平衡（防止海水入侵、保持淡水性状）所需的水量。水既是人类生存和发展的重要物质基础，也是动植物生长的基本要素，同时又是环境的重要组成部分。流域地区的生态用水要强调河流生态基流量的重要性。在部分地区，生态用水主要表现为城镇环境和河湖湿地等人工生态补水。

（2）生活用水。生活用水是指城乡居民日常生活所需用的水资源，主要体现了水资源的社会效益。包括城镇生活用水和农村生活用水。城镇生活用水由居民用水和公共用水组成，其中公共用水包括服务业、餐饮业、货运邮电业及建筑业等用水；农村生活用水除居民生活用水外，还包括牲畜用水在内。生活用水的比例相对较小，但随着城镇化的推进，其规模增长较快，节约用水成为城乡居民生活的重要理念。

（3）生产用水。生产用水是指生产过程所需用的水，主要体现了水资源的经济效益。水既是人类生存和发展的重要物质基础，也是生产过程中的重要物质，为生产过程提供动力。根据产业性质，生产用水主要分为农业用水与工业用水，其中农业用水量在水资源消耗量中往往占据主导地位。工业用水主要是指工业生产过程中使用的生产用水，包括原料用水、产品处理用水、锅炉用水、冷却用水，冷却用水在工业用水中一般占60%~70%；工业用水量虽然较大，但实际消耗量并不多，90%以上的水量使用后再经适当处理后仍可重复使用，加强工业用水的重复利用与提高利用效率是工业发展的重要理念。农业用水是指用于农田灌溉和农村牲畜的用水。

随着经济的发展，人口不断增长，城市日渐增多和扩张，各地用水量不断增多，2020年中国用水总量达5813亿立方米。如图2-6所示，中国生产用水量为4642.8亿立方米，所占比例为79.9%；其中，农业用水总量为3612.4亿立方米，所占比例为62.14%；工业用水总量为1030.4亿立方米，所占比例为17.7%。生活用水总量为863.1亿立方米，占比为14.8%；生态用水总量为307亿立方米，所占比例为5.3%。

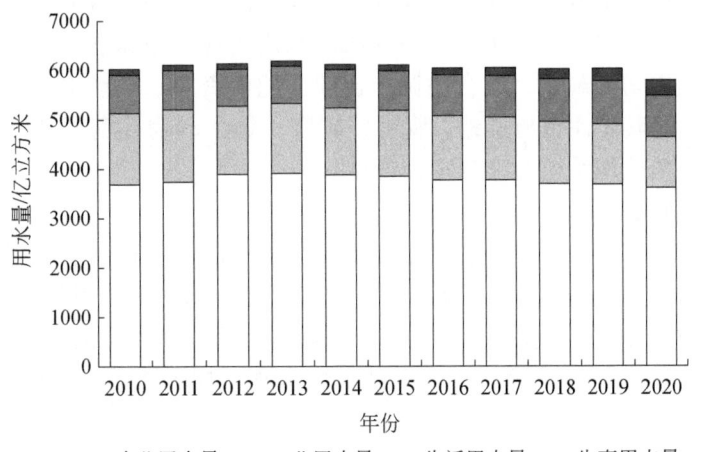

图2-6 2010~2020年中国农业、工业、生活及生态用水量统计

4. 水资源利用要点

流域开发是一种以水资源综合开发利用为主题的资源开发过程。"综合利用"和"如何利用"成为水资源开发利用的突出问题，促进综合开发、利用与保护水资源成为各国普遍重视的问题。水资源综合利用是通过各种措施对水资源进行综合治理、开发利用、保护和管理，以实现多目标和取得综合性效益。在水资源供需矛盾日趋尖锐的背景下，水资源综合开发利用就显得更加迫切。

1）综合效益开发

人类开发利用水资源可分为两个阶段：单一目标开发和多目标开发。单一目标开发，以需定供的自取阶段，满足特定的发展目标，例如发电。多目标开发是以供定需、综合利用、强化管理的阶段。水资源综合开发利用，要立足多目标开发，满足经济发展、社会进步和生态文明的各类需要。

水资源进行多功能的综合利用，强调多效益的统一，广泛应用于农业、工业和生活，兼顾防洪、除涝、供水、灌溉、发电、航运、竹木流放、养殖、休闲娱乐、生态环境、景观美化等各方面的需要，取得社会、经济和生态环境的综合效益。这是水资源一水多用、充分发挥其综合效益。

水资源具有既可造福人类、又可危害人类生存的两重性，水资源利用要坚持兴利与除害并重。兴利方面主要有水力发电、农业灌溉、供水、航运、植树、漂木、水产养殖、旅游和环保等。除害方面主要有防洪、排涝、防凌等。

2）因地制宜利用

因质因量而用。不同开发目标对水资源质量和规模的需求不同，各用途之间也形成战略地位或优先次序的差异。生活用水优先于其他一切目的的用水，更加重视水资源的质量，确保社会稳定。水质较好的地下水、地表水优先用于饮用水。注重生态用水的基础地位，坚守水生态系统稳定的底线。合理安排工业用水，安排必要的农业用水，以适应经济稳步增长。

3）协同协调利用

水资源利用要注重流域内部不同地区之间或不同流域的水资源供需关系，推动区内区际水资源优化配置，实现更大范围的协同利用与综合效益。要兼顾上下游、不同地区和不同部门之间的利益，综合协调，合理分配水资源。推动水资源和其他自然资源的协同利用，尤其是注重与土地、森林、矿产、野生动物等资源开发与保护间的关系，实现整个自然地理系统的综合发展效益。

4）用节治协同推进

坚持用水、节水和治水统一。科学利用水资源，注重各种需求的用水平衡，珍惜水资源。有效保护和节约使用水资源，厉行计划用水，通过综合科学技术、经济政策、行政立法、组织管理等措施实行节约用水。正确判别开发水资源的正面效益与外部性，尽量降低甚至消除污染等外部效应。积极兴修水利，加强法治建设，实施依法治水，控制污染。

四、航运黄金水道

1. 内河运输

水运是利用船舶、排筏和其他浮运工具，通过各种水道运送旅客和货物的一种运输方式。按航行区域，水运可分为内河运输与海洋运输。内河运输简称河运，是水路运输的一种类型，具体是指使用船舶通过江湖河川等天然河道或水库、运河等人工水道运送货物和旅客的运输方式。内河运输是最经济的运输方式，在综合运输体系中占有重要地位；港口是其起点和终点，需要与铁路、公路和管道运输相配合，以实现多式联运和完成终端运输。内河运输往往成为流域发展的重要引擎。值得关注的是，不是所有河流湖泊都可以发展航运，多数河流仅能航行中小型船舶，通航吨位较高的船舶需要疏浚航道，窄的河道要加宽，浅的要挖深，有时需要开挖沟通河流与河流之间的运河。

相比其他运输方式，内河运输有着独特的优势（达莉娅，2016），具体如下。

(1) 运能大，运量大，能够运输数量巨大的货物。

(2) 通用性较强，客货两宜。

(3) 运输成本低，能以最低的单位运输成本提供最大的货运量，尤其在运输大宗货物或散装货物时，采用专用的船舶运输，可以取得更好的技术、经济效果。

(4) 运行持续性强，平均运输距离长。

(5) 投资少，建设与维护费用较低，只要建设一些停泊码头和装卸设备即可通航。

(6) 所利用的河流是自然资源，少占或不占农田，是绿色低碳运输方式，污染小，耗能低。

但受各种因素的影响，内河运输也具有一系列的缺陷与不足，具体如下。

(1) 受自然气象条件因素的影响大，受季节制约的程度大，一年中中断运输的时间较长，尤其是高纬度的河流因存在冰期而在冬季无法通航。

(2) 主要利用江、河、湖泊和海洋的"天然航道"来进行，营运范围受到限制，没有天然航道则无法运输，航线无法在陆地上任意延伸，灵活性较差。

(3) 航行风险大，安全性略低。

(4) 运送速度较低，时效性和准时性差。

(5) 需要其他运输方式进行集散或接运客货，搬运成本与装卸费用高，运能大导致装卸作业量大。

鉴于上述优势与不足，内河运输有着不同的适用范围，具体如下。

(1) 承担大批量货物，特别是煤炭、建筑材料、粮食、木材等大宗货物的运输任务。

(2) 承担原料半成品等实效性较低的货物运输。

(3) 承担远距离、运量大的客货运输。

2. 航道类型

航道有狭义和广义的概念区别；广义上是指船舶、排筏可以通航、通达的水域，是水道或河道整体；狭义上，是指在江、河、湖、海等水域中，为船舶航行所规定或设置的船舶航行通道，等同于"航槽"（郑晓燕，2019）。航道是内河航运的主要基础设施，包括通航水域、助航设施和水域。林业部门习惯上把通行排筏的水道也称为航道。除了运河、通航渠道和某些水网地区的航道以外，航道宽度总是小于河槽的宽度；在天然河流、湖泊、水库内，航道的设定范围总是只占水面宽度的一部分而不是全部，并且是用航标标示出的可供船舶航行利用的水域（汪国喜和吴丽珍，2013）。内河航道具有狭窄、弯曲、水流湍急、风浪小的特点，部分航段设有船闸、桥梁等碍航设施，洪枯水期水位差大，不同航段的水深、宽窄、曲率半径、流速均不相同。内河航道里程较长的国家有俄罗斯、中国、巴西、美国。美国已形成以密西西比河为主干的航道网，西欧已形成以莱茵河为主干的航道网，俄罗斯欧洲部分已形成以伏尔加河为主干的航道网。航道网的建设大大促进了当地运输和生产的发展[①]。

按使用条件，航道可分为山区航道、平原航道、渠化航道、进港航道、经济航道等。

（1）山区航道：槽窄、弯急、滩多，航道尺度不足，存在急流滩和险滩，船舶上行困难、下行危险，难以航行。

（2）平原航道：河流纵坡平缓，河床宽深比大，部分河段存在水深不足的浅滩，但航道因河床、汊道等变化而存在变动性。

内河航道可以分为天然航道和人工航道两类。

（1）天然航道：是指自然形成的江、河、湖、海等水域中的航道，包括水网地区在原有较小通道上拓宽加深的航道，是利用天然水域提供的航道尺度行驶相应尺度的船舶。如广东的东平水道、小榄水道等。天然航道多属于非限制性航道。如果局部河段尺度不足，可通过整治与疏浚使之达到航运要求。

（2）人工航道：是指在陆上人工开发的航道，包括渠化河流航道、人工开辟或开凿的运河和其他通航渠道，以及可供船舶航行的排、灌渠道或其他输水渠道等。渠化河流是在天然河流上分段筑坝，壅高水位，以提高航道水深，并在坝址处兴建过船建筑物。人工开辟或开凿运河如平原地区开挖的运河，山区、丘陵地区开凿的沟通水系的越岭运河。人工航道多属于限制性航道。

根据通航时间长短，航道可以分为常年通航航道和季节通航航道。

（1）常年通航航道：指可供船舶全年通航的航道，又可称为常年航道。该航道多分布在热带、亚热带或暖温带等地区，而且河流径流量的年内变化较小。

（2）季节通航航道：即只能在一定季节（如非封冻季节）或水位期（如中洪水期或中枯水期）内通航的航道，又称为季节性航道。

航道深度是内河航运体系的关键性表征指标，具体是指河道航线中所具有的最小通航保证深度。航道深度取决于关键性区段和浅滩上的水深。航道深浅是船舶吃水量和载重量的主要因素。航道深度增加，可以通航吃水深、载重量大的船舶，但航道深度必然会使整治和维护航道的费用增高（汪国喜和吴丽珍，2013）。多数航道是双线航行，运输繁忙的航道实现多线航线，单线航线的航道较少。由于航道只是水域的一部

[①] 引自：https://baike.baidu.com/item/%E8%88%AA%E9%81%93.

分，为了保证船舶安全方便地沿着航道行驶，需用航标标示出航道的位置和范围。

3. 航道等级

世界多数国家为了便于对内河航道进行管理和维护，制定了航道（或通航）标准，对航道进行等级划分，统一航道尺度，使航道与船型、船队、通航建筑物和跨河建筑物等在尺度上、位置上协调一致。根据航道尺度，航道可分为不同的等级。航道尺度包括航道水深、宽度、弯曲半径、断面系数及在水面以上的净空（净高和净跨）、船闸尺度。国际上划分航道等级的技术指标有两种：一种是以航道水深作为分级指标，结合选定相应的船型；另一种是以标准驳船的吨位及船型作为分级指标。1952年，苏联规定内河航道分成7个标准，1960年欧洲列出了6个等级的航道，美国陆军工程师团对密西西比河和五大湖水系等也规定了相应的水深和船闸等标准，印度中央水利电力委员会也曾规定天然河流和运河的航道分级尺度标准。

1963年中国颁布《全国天然、渠化河流及人工运河通航试行标准》，20世纪80年代曾进行过修订。根据《内河通航标准》（GB 50139—2014），航道以通行50吨级船舶的航道尺度为起点，分为七个级别，如表2-6所示。其中，Ⅰ级航道通行3000吨级船舶，Ⅱ级航道通行2000吨级船舶，Ⅲ级航道通行1000吨级船舶，Ⅲ级及以上航道为高等级航道；Ⅳ级航道可通航500吨级船舶，Ⅴ级航道通航300吨级船舶，Ⅵ级航道航行100吨级船舶，最低为Ⅶ级航道，可通行50吨级船舶。

表2-6　天然和渠化河流航道尺度

航道等级			船闸级别		过河建筑物通航净空尺度/米	防洪标准
航道等级	船舶吨级/吨	航道水深/米	级别	船舶吨级/吨		
Ⅰ	3000	3.5~4.0	Ⅰ	3000	18~24	20年一遇
Ⅱ	2000	2.6~3.0	Ⅱ	2000	10~18	
Ⅲ	1000	2.0~2.4	Ⅲ	1000	10.0	
Ⅳ	500	1.6~1.9	Ⅳ	500	8.0	10年一遇
Ⅴ	300	1.3~1.6	Ⅴ	300	5.0~8.0	
Ⅵ	100	1.0~1.2	Ⅵ	100	4.5~6.0	5年一遇
Ⅶ	50	0.7~0.9	Ⅶ	50	3.5~4.5	

航道建设包括如下内容。航道疏浚；航道整治，如山区航道整治、平原航道整治、河口航道整治；渠化工程及其他通航建筑物；径流调节，利用在浅滩上游建造的水库调节流量，以满足水库下游航道水深的要求；绞滩；开挖运河。流域兴建航道工程应统筹兼顾航运与防洪、灌溉、水力发电等各方面的利益，进行综合治理与开发。航道建设需要构建航运网络，延长航道里程，将各水系连接成四通八达的航道网[1]。

4. 河运组织方式

内河运输的主要运输方式有顶推运输、拖带运输和简易货船（机动驳）运输。顶

---

[1] 引自：https://baike.baidu.com/item/%E8%88%AA%E9%81%93.

推（拖带）船队运输是将驳船编队运行，根据内河航线沿线港点多和货源分散的特点沿途编解，有利于组织货物直达运输，减少换装；货物装卸也可分散到各码头进行，减少船舶装卸作业停泊时间；既具有大吨位船的经济性，又拥有小吨位船的灵活性。船队的规模和编队的驳船数取决于货物批量、港口条件和航道的宽度、弯曲半径、气象等航行条件以及船队的运行方式。

（1）拖带运输：拖带运输是最早采用的运输方式，是由拖带船队进行的船队运输，是一船为他船提供动力以及助其推进或加快其移动。提供动力的船舶为拖船，利用拖船动力的船舶为被拖船。拖船又分为拖轮和推轮两类。该运输方式适合较小水深的航道和港口以及曲率半径小的航道。

（2）顶推运输：是由推船和一艘或多艘驳船组成顶推船队进行的货物运输方式，推船为船队的动力船，驳船用以装载货物，被称为"水上列车"。顶推运输19世纪出现在美国密西西比河上，第二次世界大战结束后，得到发展。推船在驳船之后，处于驳船的伴流中，推船船体的阻力较小。分节驳顶推运输技术出现后，顶推运输就成为内河航运的主要运输方式，货物载运量大，运输效益高，装卸作业分散，并朝着系列化、大型化和现代化发展。部分国家的顶推船队的总载重量达到8万吨。但顶推运输队驳船对船体强度要求较高，船队的系结、编队不如拖带运输方便；抗风浪能力较弱，在狭窄、弯曲及浅水急流的航段上操作性能、过滩能力及适航能力不如拖带运输方式。

5. 水运主通道

水运主通道是国家级航道的主干线和全国水运网的主骨架。水运主通道是高等级的航运基础设施、先进的运输工具、完善的安全保障及后勤服务系统的综合体，是综合运输大通道的重要组成部分，同时是水运客货流的密集带。水运主通道对合理开发资源、改善工业布局、建设经济开发区等国土开发具有战略意义，能促进水资源综合开发和利用，具有巨大的经济效益和社会效益。

中国对内河水运主通道有一定的认定条件和标准。

（1）通航1000吨级以上船舶的Ⅲ级航道和部分运输需求迫切、运量大、跨省通航500吨级船舶的Ⅳ级航道。

（2）以承担跨省运输为主、年运量1000万吨以上的航道。

（3）对流域或区域经济开发、重要矿产资源开发及水资源综合开发利用等有重要促进作用的航道。

中国水运主通道采用"四纵四横"的总体布局方案，内河水运主通道由1000吨级驳船组成的船队的Ⅲ级航道和部分通航500吨级船舶组成的船队的Ⅳ级航道组成，共20条河流（河段），总长2.5万公里。其中，"四纵"包括京杭运河、江淮干线、浙赣粤、汉湘桂四条跨流域纵向水运通道；"四横"包括长江干线及其主要支流、西江干线及其主要支流、淮河干线及其主要支流、黑龙江及其主要支流四条跨区域横向水运通道。

黄金水道是指内河运输量较高、在全国或某个区域具有战略意义的水道，是最为繁荣、最为繁忙的内河运输通道。莱茵河是欧洲的黄金水道，密西西比河是美国的黄金水道，长江是中国的黄金水道。黄金水道的典型特征包括如下方面。

（1）具有通航条件较好、航道等级较高的运输主轴。

（2）与海洋或更高一级的内河通道相连，能够实现江海联运或干支互通，能够开展国际贸易运输。

（3）拥有广阔的腹地，内河主轴与两岸深远腹地形成便捷的集疏运联系。

（4）沿河流主轴形成了系列化的港口码头布局，沿线地区围绕港口形成了大量的产业园区。

（5）沿线形成了较为密集的城镇分布，有着较多的人口分布。

五、岸线开发与保护

1. 岸线资源特征

岸线资源是指占用一定范围水域和陆域空间的国土资源，是水土结合的特殊资源，分为海岸线资源和内河岸线资源（朱红云，2007）。岸线是从最低水位到最高水位水陆域分界线之间的空间，是由与其密切相关的水陆域的水文、泥沙、地貌等自然要素组成的自然综合体（刘跃生，1988）。内河岸线是江河、湖泊的带状滨水地带，岸线与临水边线之间的带状区域为岸线空间；不仅是防洪取水及港口码头与道路桥梁建设的重要依托，而且具有重要的景观旅游、生态保护、水源涵养等功能。内河岸线资源是国家重要的国土资源。

岸线是连接水域和陆地的纽带，既受到自然地河水涨落的影响，也受到人类活动的干预，这将岸线的自然属性与经济属性、社会属性相融合。岸线在开发利用和管理上呈现出某些特性。

（1）岸线变动性。岸线随着自然来水来沙的变化及人类活动的干预，表现出多变的特征。两岸淤退甚至是河道改向、河流自身的水沙及地理边界条件等导致岸线发生变化。人为围滩或裁弯取直等工程也导致岸线发生变动。

（2）岸线多宜性。不同部门、不同领域均对河流岸线存在利用的需求，岸线资源利用方式以城市景观、生活、码头、工业岸线为主，还有桥梁建设、生产生活取排水、村庄、农业等利用岸线。多样性与多元化的利用方式，促使岸线资源形成多适宜性的空间特性。

（3）岸线综合性。岸线空间依托着水域和陆域交互作用、人类活动与自然环境共同影响，这使其具有开发、利用、管理的综合性（楼东等，2012）。岸线资源是有限的，合理的开发和保护才能使岸线资源的内在价值得到提升。岸线管理是多部门的综合管理，国土、环境、航道、水利、旅游等部门均参与其中。

岸线资源有着战略性的地位和作用（段学军等，2019）。①岸线资源是大河流域经济带发展的核心要素，沿岸城镇、港口、工业、基础设施、过江通道、旅游等开发建设均涉及岸线资源的分配和利用。②岸线空间是大河流域工业企业布局的重要载体，吸引了大量基础性工业集聚，是发展临港工业的物质基础。③岸线资源的科学利用是流域生态保护的关键。基于岸线资源在大河流域水陆协调、生境保护、绿色生态廊道构建上的重要意义，岸线资源被列入重要的资源管控要素和生态空间，成为"三线一单"划定的重要内容。④岸线资源是大河流域空间管控和整治的重点与焦点，可促进沿岸港口、产业、城镇布局与岸线资源环境承载力相适应（段学军等，2020）。

2. 岸线资源利用原则

内河岸线资源具有独特的自然地理属性与社会经济价值属性，其开发利用须坚持如下原则（曹卫东等，2006；段学军等，2006）。

（1）综合开发与功能配置相结合。立足流域岸线资源的整体性，从地区经济发展的要求出发，综合开发岸线资源，加强功能区规划，兼顾各类岸线的公平利用，合理分配岸线规模与区位，充分发挥资源的经济、社会、生态综合效益。岸线利用从较原始的或较单一的方式向综合、多目标的利用方式转变。

（2）深水深用和浅水浅用相结合。深水岸线优先保证大型公用港口码头和运输量大、比较效益高的基础产业布局需要。水深条件要求不高的需求优先安排到浅水区，浅水岸线利用与城镇生活、生态保护相结合。严格控制尚未占用的深水岸线，作为备用岸线。

（3）集中布局与纵深发展相结合。集约开发港口、工业、仓储等生产性岸线，同种类型及配套产业集中布局，避免企业沿江贴岸布局、平行布局，鼓励和引导产业向陆域纵深发展，延伸岸线开发价值。严格限制运输量小、投资强度和效益低的企业占用岸线，提高岸线使用效率。

（4）近期和长远相结合。岸线是不可再生的宝贵资源，一旦占用很难调整，岸线开发要充分考虑工业化与城镇化的未来情景与空间布局，既要满足近期加快发展的要求，又要为未来发展留足空间，确保岸线资源持续供给。

（5）开发与治理保护相结合。注意岸线自然原始风貌的保护、利用，增强岸线的自然特色、地方特色。在保护的前提下，推动岸线合理开发利用。要保障防洪安全、航运通畅、生境优良，促进河势稳定，加强河势演变监控、洪水防治、航道疏浚，加强河道整治，形成新的深水岸线。

（6）上下游和左右岸相协调。统筹考虑上下游的河势稳定和生态安全，协调上游利用可能对下游河势的影响；对不宜开发和应保护的岸线，严格控制其开发方式和强度，对控制河势起重要作用的河段岸线资源，要坚持保护和禁止开发利用。协调污染严重的生产性岸线和取水口、城镇等生活岸线占用，污染严重的企业不能布局在取水口或城镇生活岸线附近。

3. 岸线资源利用类型

由于各部门、各行业对岸线使用要求存在较大差异，开发利用形式也存在很大差异。按照功能性质，可分为生产性岸线、生活性岸线、跨河设施岸线、闸航管理设施岸线、生态性岸线（张凌等，2013）。其中，生产性岸线包括港口岸线、临港工业岸线、跨河设施岸线、闸航管理设施岸线，生活性岸线包括城市生活岸线、景观岸线。

（1）港口岸线。港口岸线是指用于从事交通服务的各类公共码头、货主码头占用岸线。港口是最主要的中转、换装港，运输量大，对岸线的水深条件、岸线稳定性、岸线水陆域尺度等要求较为严格。渡口包括汽渡、铁渡、人渡等，也需要占用岸线，但面积占用较少。

（2）临港工业岸线。工业岸线是指沿江河分布的一些耗水、耗能及利用岸线区位条件和便利水运进出口原材料、产品的大运量工业的占用岸线。仓储岸线包括石油天然气、粮油及其他仓储业码头占用岸线。临港工业主要是原材料工业（包括钢铁、石油化工、农产品加工等工业）和能源工业（重点是燃煤火电、核电工业），还有船舶制造业。

（3）跨河设施岸线。跨河设施岸线包括沟通江河两岸的桥梁、跨河（江）隧道、跨河（江）电缆、管线等基础设施工程所占用的岸线资源。这类岸线对地质条件和岸线稳定性的要求较高。

（4）生活岸线。生活岸线主要包括城镇居民饮水，排污的取、排水口，以及垃圾堆放场地、城镇滨水广场、居民亲水等城乡生活所占用的岸线资源。这类岸线对水域的水质、岸线稳定性有比较高的要求。

（5）休闲旅游岸线。休闲旅游岸线主要指用于各类旅游、娱乐、休闲活动的岸线，包括各类风景旅游区、游乐场、水上运动场及辅助设施等开发功能用途所占用的岸线。

（6）生态岸线。生态岸线是生态红线范围内和未利用的岸线资源，是干湿交替、水缓水急、水深水浅的重要缓冲过渡地带，具有保护堤岸防洪安全、水土保持、滞洪补枯、减缓近岸流速、消浪、维持生物多样性、净化水体、保护亲水安全、自然景观等各种生态功能。

4. 城镇滨水区

滨水区是城镇中的特定空间地段，是城镇中陆域与水域相连的一定空间的总称，是指与河流、湖泊、海洋毗邻的土地或建筑，亦即城镇邻近水体的部分。滨水区一般由水域、水际线、陆域三部分组成。部分学者认为滨水区的空间范围包括200~300米的水域空间及1~2公里的紧邻陆域空间。从历史的角度来看，城镇滨水区的主导功能形成"能源供给→农业运输→工业生产→休闲游憩"的演变路径，表现为人类活动"生活→生产→生活"的一种变迁。目前，滨水区有着各种类型的亲水功能，包括自然风景、商务、文化、休闲、住宅。城镇滨水区开发的主要目的是通过滨水环境的改善，吸引休闲、旅游、商务、办公和居住等业态集聚，成为融休闲、旅游、居住、商业、博览等多种功能为一体的开放空间，以最大限度地保障多数居民公平公正地享用滨水品质与公共福祉（张环宙等，2011）。由此，城镇滨水区成为城镇的灵魂，承载着城镇的历史文化，展示着城镇的商业繁华。

20世纪50年代末至60年代初，为了推动城镇经济的发展和振兴，焕发城镇中心的活力，北美率先发起了城镇滨水地区重建和再开发运动，并逐渐蔓延到欧洲。20世纪80年代以来，滨水区的发展成为欧洲各大城市的关注重点，英国兴起滨水区更新建设的热潮，利物浦、伦敦等城市先后改造了城市滨水区。经典的城市滨水区有伦敦东岸、上海西岸、悉尼达令港。许多大城市滨水空间由传统的工业、仓储等废弃地向更高效、混合、高品质城市综合区域进行转型。随着城镇规模的扩大与功能的完善，滨水区也呈现出多功能化的发展趋势，但更强调可持续发展，更加重视滨水区的休闲、景观、旅游功能，注重滨水区对城镇形象的塑造功能，强调滨水区开发对城镇社会经济发展的带动作用。

第三章 流域发展理念与模式

区域发展或国土开发的研究已有很长的过程，形成了丰富的理论体系与实践经验。河流流域是一种以自然地理属性为主进行界定的地理单元，虽然与其他属性的区域存在一定的差异，但遵循区域发展的基本理念、一般性原则与空间模式，遵循国土开发与整治的一般性方法论。基本理念是流域发展的基础思维与思想，发展原则是流域发展所依据的准则，是经过长期经验总结所得出的合理化现象。发展模式是流域保护、开发和治理等主体行为活动的一般性方式或标准样式，既包括综合性的模式，也涉及专业化或主题性的模式。流域发展活动落地的重要方式是实施重大建设工程，其成为人类对流域施加主动影响的主要载体，对流域发展具有牵引作用。

本章主要是分析河流流域发展的理念与模式。特殊的自然地理环境、社会经济规律决定了流域发展必须遵循一定的理念和原则，遵循一定的发展模式。流域发展要坚持统一规划管理、因地制宜、注重综合效益、立足长远、开发保护并重等基本原则，坚持非均衡开发、差异化发展、功能分区发展、立体网络开发等基本理念，形成单目标、多目标与综合性等流域发展类型。流域发展的基本模式是梯级开发，充分利用河流的高程落差与水能资源；流域空间组织模式包括交通经济带、核心-边缘、点轴模式与梯度发展等模式。流域发展的前提是建立有效的流域管理机制，包括流域管理机构、流域法律、权利结构等，流域水利委员会是中国采用的一种流域管理模式。流域规划则成为流域发展的总体纲领，制定流域发展的基本方向与战略路径。流域发展的关键措施是建设重大水利工程，并服务于不同的主导目标。这些重大工程包括农田水利设施、农田灌溉系统、水库、跨流域调水工程、航电枢纽工程、水电站等。

第一节 基本理念

人类为了生存，须开发利用流域的各种自然资源，包括水、土地、矿藏、植被、动物等。流域经济政策、经济发展状况很大程度上影响流域生态环境，人口城镇、社会结构、文化风俗等流域社会状况也对流域发展有重要影响。科学的发展模式、合理的空间结构是流域高质量发展、人水关系和谐的基础（张雷等，2011；张文合，1994a）。

一、流域发展概念

1. 基本概念界定

关于流域,需要阐释和界定几个术语。这些术语包括"发展"、"开发"、"保护"和"治理",各术语有着不同的概念内涵(张彤,2006)。

(1)发展。发展是指事物不断前进的过程,是由小到大、由简到繁、由低级到高级的不断更新变化的过程,是前进的、上升的运动。发展的实质是新事物的产生和旧事物的灭亡,是新状态的形成和原状态的消弱,强调渐进和提高过程,是连续的过程。流域发展是指改善流域生态环境、社会条件和经济条件的一系列行为,是发生在流域内、推动流域由低级状态向高级状态的演化过程。这种发展涉及了规模、质量、布局和状态等各方面,强调综合效益。与发展相对应的概念是衰败、衰落等术语。

(2)开发。开发是指通过研究或努力,开拓、发现、利用新的资源或新的领域,是人类实施的主动行为。流域开发是以自然、经济技术、文化社会等各种资源为对象进行开采、垦殖、工程建设等各种劳动,以达到利用资源、促进社会经济发展的目的。开发是人类主体的生产力在流域内的拓展作用过程,具体是指进行大规模的农业化、工业化和城镇化活动,核心是流域经济、社会、文化结构与功能转变,是由一种状态、阶段到另一种状态、阶段的过渡,强调"促进、突变",具有断面特征。空间开发的无序即盲目的城镇化和区域开发的无序。流域开发的目标和任务随着流域发展阶段的变化而有所不同,强调经济效益和社会效益。

(3)保护。本义是指护卫、爱护而使其免受可能遇到的伤害、破坏或有害的影响。流域保护是指限制或禁止工业化与城镇化活动,为区域内相关要素系统维持原有属性与功能而开展的保护活动,有效减轻人类活动所带来的压力,维持或稳定流域要素系统的原有格局与功能属性,重点是保护生态系统、环境系统、自然地理格局。现实中,流域保护的概念主要是针对生态系统和文化系统而言。流域生态保护强调因地制宜,重点是保护好森林、草地等生态系统,丘陵、山地、冰川等自然地貌,动植物等生物多样性,维持和优化生态功能,强调生态效益和环境效益。重要实现形式是建设自然保护区和生态功能区。

(4)治理。类似的概念还有整治。治理主要是指顺应事物天然具备的规律,按照计划要求,采用工程措施和非工程措施,对已受到破坏的地理要素或功能系统进行恢复性建设,力图达到或接近原有的状态与功能。流域治理是一个过程,重点包括退化土地治理、环境污染治理、自然灾害治理等各方面,强调生态环境效益和农业效益。典型的生态治理工程有退耕还林、三北防护林建设、荒漠化防治、石漠化治理、水土流失、小流域治理等重大工程,重大环境治理工程有大气、水和土壤等污染治理行动。

2. 主要发展过程

综合来看,流域发展可以形成几个空间过程,主要包括工业化、城镇化、农业化和生态化等发展过程。

1）农业化

农业化是农耕文明产生和发展的基础，主要是将土地经过开垦变为耕地种植各种农作物，或将土地上的植被进行经济化或作为原料发展其他产业的经济过程。该过程也称为垦殖化。农业化是一种大规模改造和利用自然环境的人类活动过程，核心是将荒芜的土地开垦为粮田，利用动植物的发育生长规律，通过人工培育动植物生产食品及工业原料，是经济再生产与自然再生产的融合过程。农耕生产与土地、自然地理环境紧密相关。农业化大规模地改变了地球表面的原始景观与自然环境，包括平原土地、河流水系、地下水及丘陵山地、草原，同时对土地产生灌溉回水、化肥等外部效应。农业化不仅指发展种植业，而且包括林业、畜牧业和渔业等，不同的农作物所形成的农业景观也存在较大差异。农业化强调的是"开发"和"保护"，但更强调前者。

2）工业化

工业化是指一个国家或地区经济中，工业生产活动取得主导地位的发展过程，为工业（制造业）或第二产业产值在GDP（或国民收入）中比例不断上升的过程，以及工业就业人数在总就业人数中比例上升的过程。部分学者认为，工业化就是传统的农业社会向现代化工业社会转变的过程。工业化的核心要点是人类利用技术对自然资源的开采、采集和对各种原材料进行加工或装配的经济过程，该过程需要从自然界获取原料、燃料和辅料等基础投入，是需要改变甚至影响自然地理环境和生态环境系统的重要方面。工业发展是工业化的主要内容，是流域经济发展的核心内容。工业有很多种类型，各部门工业对原料、燃料和辅料的要求类型差异很大，对自然环境的外部效应也存在显著差异，即对自然界的影响不同。工业化对水资源供应、运输、区位、劳动力等条件的要求比较高。但任何区域或流域的工业化过程不是孤立或独立成体系的，是在全国范围内参与工业分工的。

3）城镇化

城镇化是经济社会发展的必然过程，主要是指由以农业为主的乡村社会向以工业和服务业等非农产业为主的城市社会转变的过程；典型特征是城镇化数量增多、城市规模扩大、城镇人口占总人口的比例上升及城镇功能转变。一般而言，城镇化是工业化的结果，城镇化是工业化的载体。城镇化的发展需要占用大量的耕地，有力地吸引了生产要素向城镇集聚，改造了人类聚落在空间上的形态、人们的生产生活方式及价值观。尤其是城镇群的发展对区域或流域的空间结构重塑和优化具有重大影响。城镇化发展有助于普及基本公共服务，但需要建设大量的基础设施，集中消耗大量的资源。

4）生态化

生态化主要是指根据生态学原理，运用符合生态规律的方法、手段及技术，保护、修复治理生态退化和环境污染，提高防洪防旱能力，增强流域安全，改善现有生态系统并力图恢复或维护原有生态系统状态的人类活动过程。生态化的目的是增强生态功能与安全，促进生态系统健康和可持续发展，为人类生产生活提供理想的外部环境。重要的内容是植树造林、退耕还林还湿还草、水系连通、防治自然灾害、建设农田水利基础设施，提高森林植被覆盖率，增强生物多样性。该人类活动过程主要强调"保护"与"治理"。

二、流域发展原则

河流流域的共性和特殊性决定了其开发利用和生态保护必须充分考虑国情、区情和河情的综合影响，立足流域自然背景，遵循共同的规律，坚持如下原则（张文合，1991a）。

（1）统一规划，统一管理。流域不同于一般的国土空间，具有自然统一性，其整体性极强，关联度极高。这表现为流域各部门、各行业、上中下游、干支流、左右岸和各地区是流域不可分割的组成部分。建立一种着眼于全流域的一体化管理体制，对流域实行统一规划布局与建设时序安排。设立组织统一的流域管理机构，对全流域实行统一管理，包括各类功能、各流段、干支流及左右岸。

（2）因地制宜，尊重规律。河流流域有着复杂的地理环境和社会经济发展条件，内部有着复杂的差异性，流域发展须因地制宜、因时制宜，综合考虑各类属性及差异，顺应自然规律和地理规律，尊重水规律、经济规律与社会规律，发挥优势，推动流域合理发展，科学构建流域空间结构与布局重大生产力，实施相应的措施，实现人水和谐。

（3）开发与保护并重。正确认识开发、保护和治理的关系是流域发展的基础和前提。遵循自然规律、经济规律及社会规律，妥善处理人与自然、人与水的关系，坚持保护优先，科学推进工业化与城镇化，合理控制流域开发的深度、广度及密度，重视生态保护，治理环境污染，在开发中保护，在保护中开发，规避"先开发，后治理""只开发，不治理"，促进人与自然、人与水的协调发展。

（4）注重流域综合效益。流域是由各种资源要素组成的多样化的地域综合体，既要考虑经济效益、社会效益，也要考虑生态效益、环境效益，实现水、生态、经济、社会的可持续发展。立足综合效益，充分发挥河流在防洪、灌溉、发电、航运、供水、养殖、旅游、生态等方面的多种功能，重视生态化、工业化、城镇化和农业化的协同发展，实现多目标的综合发展。

（5）统筹兼顾，协调关系。着眼于全流域的系统性开发与保护，统筹生产生活生态，优先保障生态空间，合理发展生产空间和生活空间。统筹上中下游和干支流差异，协同河流左右岸布局，协调各关联部门利益，局部发展服从全流域发展，兼顾各类需求。合理安排各类需求，合理分配水资源。

（6）立足长远，远近结合。全面考察流域内外发展阶段与突出矛盾，坚持远近结合，充分考虑长远发展情景和当前迫切需求，统筹兼顾，全面平衡，加强顶层设计，搞好流域发展综合规划，科学谋划布局，循序渐进，有序建设，合理保护，落实好时限、项目、工程与责任。既解决流域当前的突出矛盾，又为流域长远发展奠定坚实基础。

三、流域发展理念

非均衡化开发。流域是典型的非均衡化空间，覆盖自然地理环境、河流水文和社会经济等若干方面（张文合，1991a）。从上游到下游，跨越的横向和纵向范围较广，从源头至河口、从河谷向两翼的海拔、地形地貌特征和资源条件均不同，各河段的资源基础有较大差异，呈现显著的空间非均衡化。按照河段、干支流的资源优势、地理位置和社会经济基础的不同，选择重点方向与主导目标，确定重点产业、重点区域、重点轴线，实施倾斜性或重点发展（张彤，2006）。

实施差异发展。要突出流域各类自然要素的属性差异，关注上中下游的自然经济基础差异，实施差异化的发展战略。上游地区要突出生态保护，限制开发，合理发展水运、水电及旅游业，加强生态保护。中下游地区重视开发与治理，突出粮食基地、产业基地与城镇密集区建设，加强灌溉与水电建设，强化产业布局，推动城镇建设。

功能分区发展。流域上中下游、干支流和各地区在发展条件、经济技术基础等方面往往存在较大的差异，有着不同的资源环境承载力，其发展的方向、重点、目标和措施不尽相同。流域发展要充分考虑不同流段、干支流和地区的特色，坚持因地制宜，实行分区发展，合理配置主体功能，充分利用各地区的优势资源、优势条件，建立起类型不同、各具特色、互相补充的流域主体功能格局（张彤，2006）。

坚守水资源核心。这是流域发展区别于一般区域发展与国土开发的重要差异。流域是以河流为纽带、通过干支流网络连接起来的面状区域，水资源是流域的核心资源。水资源的开发利用与流域各部门发展有着密切的关系。流域发展是以河流水系为基础，以流域水资源综合利用为核心和主体的资源开发。流域各地区的联系会因水资源利用而不断加深和嵌套，实现水电、水利、水运、水产和水土保持等多目标，形成流域一体化的发展格局。

立体网络开发。由于水资源的流动性和干支流的沟通性，流域发展实施"点-线-面"的立体网络化模式（张彤，2006）。流域发展总是先集中于若干生长点——大中城市或重点城镇群，然后向周边及沿线中小城镇、广大乡村扩散辐射。城镇之间形成中心城市和城镇密集区的点状集聚，中心城市及中小城镇的沿河布局则形成轴状集聚，辐射广大的干流流域腹地与支流流域。由此，流域发展实现联"点"成"带"结"面"，形成极点增长、轴线延伸和扇面扩散、点轴面相结合的立体网络发展格局。

考虑承载容量。流域发展必然会冲击流域生态系统的内部结构和生态关系，如果冲击超过一定限度，流域系统必然走向恶化。流域发展须注重资源开发与生态环境的协调，考虑整个流域和上中下游的环境容量，各类社会经济活动限定在资源环境承载力范围之内。须慎重决定开发项目、开发规模和开发速度，特别是对流域生态环境影响较大的资源性开发项目，使资源开发为生态环境所允许、开发强度不超过资源环境负荷能力。

注重与时俱进。流域发展必须坚持因时制宜，符合时代发展的变化与最新需要。流域面临的核心问题与战略需求具有阶段性和规律性。随着流域发展的逐步深入和拓展，各领域根据发展绩效、发展条件与背景变化，结合最新的国家需求与国内外形势，针对不断出现的新问题与新需求，及时修正流域发展的基本方针与方向，调整主导任务和重点政策，完善流域发展模式。

四、发展目标导向

每条河流流域均有着其独特的自然地理环境、资源禀赋与社会经济基础，其发展形成单目标、多目标和综合性等若干基本类型。同条河流在不同阶段或不同背景下采取的目标导向均有所不同。

1. 单目标模式

在初期阶段或某些特定支流，流域发展往往采用单目标模式。这表现为开发流域的土地资源和水利资源，首先，开发土地资源以发展农业，创造适于人类生存的空间环境，吸引投资和居民；其次，开发利用水利资源，以获得电能来发展工业（胡碧玉，2004）。比较代表性的目标模式有灌溉农业模式、水电开发模式、资源开发导向模式等类型（张庆宁，1993）。

（1）灌溉农业模式：利用河流自然落差所产生的势能与两岸土地资源，人工开沟，开建各类农田灌区，引水灌溉发展农业生产，种植粮食及其他各类农作物。江河流域发展的初期阶段或农业社会时期，多以这种模式为主。同时，农业发达的平原地区往往也采用这种模式。

（2）水电开发模式：进入工业革命以来，水电资源成为流域开发的重点内容。许多国家在河流的水能资源富集河段修建大坝，配置发电设施，生产水电资源并输出到邻近的产业、人口和城镇密集地区。这类模式往往集中在干流上游地区或支流地区，而且在工业化初期阶段采用较多。

（3）资源开发导向模式：自然资源利用是流域发展的基本点和核心内容。以流域蕴藏的各种自然资源开采及初级加工为战略方向，该模式与流域的水资源利用可能形成较为松散的关系，或并不依赖于河流水资源。流域可利用的自然资源种类比较多，但能形成规模利用和产业化的资源主要包括矿产资源（主要指煤炭、金属矿石资源及非金属矿石资源）、森林资源、生物资源、矿泉水资源等。

2. 多目标模式

经历了单目标模式后，随着经济发展和人口的迅速增加，出现对水量和水质的多种用途需求及竞争，为协调各方利益矛盾和满足多方需求，流域进入多目标发展阶段。多目标发展不是单纯的水资源利用，而是一个多种资源包括农业资源、矿产资源、土地资源和其他资源相互匹配、多目标经济效益反复权衡的发展过程（胡碧玉，2004）。美国田纳西河流域、欧洲莱茵河流域是典型案例。

梯级开发模式是常用的多目标模式。为了充分发挥水能资源优势，在河流上沿河选定若干适宜的坝址，修建一系列的水利枢纽，把河流分为若干段，逐段地利用河流水利资源。梯级开发可实现发电、灌溉、养殖、航运、旅游等若干目标，有着较高的综合效益。

3. 综合性模式

流域是整体性极强、关联度极高的空间地域。流域发展的中后期和干流流域，往往采用整体性或综合性模式（陈丽晖和何大明，1999）。流域是一个由河流水系和自然、经济、社会组成的地域系统。该模式逐步改进流域发展的理论依据，而将流域作为完整的地理空间和生态社会经济系统，充分考虑自然条件、生态环境、自然资源、社会系统和经济产业是相互作用、相互依存和相互制约统一体的客观事实，实施系性、综合性发展。该模式将流域发展从单纯的水利资源利用向流域资源综合利用的方向进行拓展，从单纯的开发工程向整个流域的不同部门不同地区等进行延伸和综合考虑，从单纯的"开发"向"开发"、"保护"和"治理"并重转变。流域发展面向中远期，立足人地和谐和人水和谐，统筹考虑上中下游和干支流，合理布局生态空间、生产空间和生活空间，全面考虑生态系统、经济开发、居民点布局、农业生产等功能，统筹推进各类资源开发、工农业发展、城乡居民点布局、重大基础设施建设、生态保护与环境建设。

流域综合性发展可使各河段、各地区和干支流形成优势互补、互惠互利的地域系统，有利于流域生产布局和资源配置，有着较高的经济效益、社会效益和生态效益。该模式涉及的各领域、各部门较多，需协调处理的关系和矛盾较多且复杂，见效期需要的时间较长。

第二节 基本模式

一、河流梯级开发

1. 流域梯级开发

梯级产生的前提是河流存在高程落差，任两段河床之间存在海拔差。这种适用于重力作用的河流落差大小会影响水流的快慢、冲积侵蚀等效应，促使水能产生。开发水电必须要考虑河流的落差。世界部分河流天然落差及开发利用情况如表3-1所示。

表3-1 世界部分河流天然落差及开发利用情况

河流名称	天然落差/米	开发利用落差/米	开发利用率/%
第聂伯河干流	253	190.87	75.4
叶塞尼河支流安加拉河	381	342	89.8
哥伦比亚河干流	808	733	90.7
多瑙河上游	334	308.1	92.2
拉格兰德河	360	365.6	101.6
罗讷河干流	348	359.6	103.3

梯级开发是河流水利资源的一种常见开发方式，如图3-1所示。流域梯级开发重点根据国民经济的需要和自然条件，充分利用河流落差和渠化河道，开发中大型河流的水电资源。梯级开发是从河流的上游到下游，在不同河段上依次布局修建一系列的、阶梯式的水利枢纽，把河流分为若干段，逐段地利用河流水利资源。由于水利枢纽自上游至下游呈现阶梯式排列，故称梯级开发。主要方式是分段修建水库和船闸，使各段水位保持相对平稳。河流梯级开发中的每一座水电站，称为梯级水电站或梯级工程。各水利枢纽的海拔逐渐降低，一个水电站接着一个水电站的开发，尤其是落差大的峡

谷地段成为梯级建设的有利区位；合理安排库容，上游的梯级尽量安排较大的兴利库容，以提高下游各枢纽的调节流量；靠近防洪保护区上游的梯级尽可能安排较大的防洪库容，以有效控制洪水。河流梯级开发是一个有机整体，各梯级工程间存在相互依存、相互制约的关系。

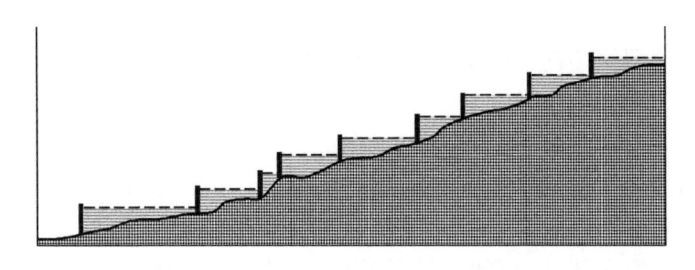

图 3-1　河流梯级开发的一般模式图解

2. 梯级开发原则

综合分析各国河流流域梯级开发的实践活动，尽管各国国情不尽一致，河流特征千差万别，但开发原则呈现出一些共同特征（郭涛，2003）。

注意综合利用，突出主要目标。综合利用几乎成为任何国家进行河流开发和治理的根本指导原则。突出河流的主要开发目标，不同的河流，由于自身流域特征和自然条件的特殊性，以及社会经济发展要求的特殊性，常常突出一项或两项主要开发目标。随着流域水资源的逐步开发利用和流域发展要求的变化，主要开发目标也会变化或调整。

根据自然特征，灵活选择开发方式。许多国家注意因地制宜、因河制宜，尊重流域的自然规律，立足流域发展的需求，灵活选择适宜的开发方式。尤其是注重河流落差水平和主要功能需求，选择合理的工程布局方案和建设模式。一般在干流上游和支流建设高坝大库，而在干流下游建设低坝和径流电站。

组建流域开发机构，统一管理开发。按流域或河段组建开发机构，统一负责该流域或该河段的规划与开发建设甚至运行管理。大型河流由于跨地域大，不一定有全河的统一开发管理机构，但规划由一两个单位统一负责，某河段或某支流的开发建设由一个机构统一负责。有的大型河流虽没有明确的统一开发管理机构，但常常由一个单位对全河或一个河段的各梯级开发负责。开发管理机构的统一有利于实现对流域或河段的科学规划、合理开发、经济建设。部分河流的开发管理机构如表 3-2 所示。

表 3-2　国外典型流域水电开发机构

河流名称	流域开发机构	开发机构性质
田纳西河	田纳西河流域管理局	直属总统和联邦议会的政企业合一机构
罗讷河	罗讷河国有公司	国家所有，政府管辖，独立经营
多瑙河（奥地利段）	多瑙河电力公司	国家所有，政府管辖，独立经营
拉格兰德河	詹姆斯湾能源开发公司	省政府与私人水电公司联合组成，独立经营

数据引自：郭涛，2003

实行全河开发，梯级连续施工。水能资源开发较快的国家多是实行全河或河段开发,各梯级连续施工。一个河段上几座水电站相继开工,平行作业,合理使用施工队伍,充分利用机械设备,使梯级开发速度加快,成本降低。伏尔加河、叶尼塞河、巴拉那河、拉格朗德河均是典型案例。

重视径流调节,龙头电站优先。国外河流梯级开发,比较重视径流调节。凡是有条件的地方,都尽可能建设大型水库,特别是在干流上游和支流上建设水库。著名河流如田纳西河、科罗拉多河、叶尼塞河、拉格朗德河等的梯级水库的调节性能都非常好,有的甚至超过年径流总量。

充分利用落差,梯级首尾相连。国家在进行河流梯级开发时,注意充分利用水能资源,对河流落差的开发利用率很高。几乎都是上一级尾水位紧接着下一级的上游水位,原则上宜尽量使各梯级的正常蓄水位与上一梯级的正常尾水位互相衔接,形成梯级之间首尾相连的完全开发。有些河流梯级,上一站的尾水直接进入下一站的水轮机进水管。哥伦比亚河、叶尼塞河、伏尔加河、多瑙河水能资源开发充分,落差利用率很高。

规划统一,开发授权。多数国家对河流水资源的开发注意统一规划,相关建设单位和工程须遵循统一的规划进行开发建设。河流开发规划具有法律效力。规划单位是国家立法机构授权的,或规划本身是立法机构讨论批准的。河流开发建设的机构须经过立法机构或政府主管部门批准。

强调环境保护,重视水源涵养。河流梯级开发将生态保护和环境建设放在重要的位置,规划方案与建设工程注重对生态环境影响的评价,把生态环境目标列为重要内容。

3. 梯级开发优缺点

流域梯级开发既有很大的优势,也存在不少问题。

流域梯级开发可以实现水力发电、航运、防洪、养殖、灌溉和旅游等综合功能,在流域甚至国家经济发展和社会进步中发挥巨大作用(表3-3)。①分段修建水库和船闸,促使河流各段水位保持平稳,有利于通航。②水库建成后可蓄水,有序调节河流径流,实现防洪。③水库蓄水后可利用落差发电,为沿线地区提供能源。④水库蓄水形成了大面积水域,充足水源、大面积水域可调节小气候。⑤利用河流水体和沿线景观资源,发展生态旅游业和休闲产业。⑥水库蓄水可解决农业灌溉所需,对农业生产有利;水库可养殖水产品,发展特色渔业。由于梯级开发的综合效益显著,各国普遍给予高度重视。中国的黄河上游、猫跳河、以礼河,美国的哥伦比亚河,法国的罗讷河,以及其他许多河流都先后进行了梯级开发,取得较大的综合效益(范继辉,2007)。中国还对部分河流有计划地实施梯级开发,包括松花江、鸭绿江、红水河、龙溪河、西洱河等。

表3-3 世界典型河流主要开发目标及综合目标

河流名称	初期主要开发目标		后期主要开发目标		综合目标
	第一	第二	第一	第二	
哥伦比亚河	发电	防洪	发电	防洪	发电、防洪、灌溉、航运、养殖、过木
田纳西河	航运	防洪	发电	航运	发电、航运、防洪、农业、渔业、旅游

续表

河流名称	初期主要开发目标		后期主要开发目标		综合目标
	第一	第二	第一	第二	
科罗拉多河	灌溉	供水	灌溉	发电	灌溉、发电、供水、防洪
伏尔加河	航运	灌溉	发电	航运	航运、发电、灌溉、旅游
叶尼塞河	发电	航运	发电	航运	发电、航运
拉格朗德河	发电		发电		发电
巴拉那河	发电	防洪	发电	防洪	发电、防洪、航运
多瑙河	航运	发电	航运	发电	航运、发电、防洪、灌溉
罗讷河	发电	航运	发电	航运	发电、航运、灌溉、旅游
利根川	防洪	发电	防洪	发电	防洪、发电、灌溉

流域梯级开发也形成了一些弊端与问题。①促使河流生态环境剧烈变化，对系统生物产生影响，适生环境遭到严重破坏。不利于河流鱼类生物回溯产卵，物种多样性遭到破坏。②梯级水库建设的淹没损失较大，回水淹没农田及历史文化遗迹。多数梯级开发工程需要搬迁移民，社会成本较高，而且历史遗留问题较多。③梯级建设施工会破坏地表和水体的生态环境，甚至导致河流渠道变化，改变河流的水动力条件，造成流量减少、流速减缓、泥沙沉积增加。④梯级建设促使河道水流减缓，不利于污染物的扩散，河流水的自净能力下降。⑤河流下游淤积来源减少，物质和能量的再分配过程受到削弱。⑥流域梯级开发工程浩大，人力物力投入巨大。流域开发与治理过程中需要注意上述问题并努力克服或规避。

二、流域空间组织模式

流域的自然地理完整性与内部发展条件的差异性促使流域开发遵循不同的空间模式。以下从交通经济带、核心-边缘模式、点轴模式、梯度发展模式等不同视角，讨论流域可能遵循的开发治理模式。总体来看，非均衡的发展模式更适于流域开发利用和综合治理。

1. 交通经济带

经济要素在空间上有不同的分布形态。经济带是一种典型的地域经济形态，是经济集聚在带状地域内的空间现象，是依托一定的交通干线、地理位置、自然环境等并以其为发展轴，以轴上一个和几个大城市为核心，发挥经济集聚和辐射功能，联结带动周围不同等级、不同规模城镇的发展，由此形成点状密集、线状延伸的带状经济地域。经济带布局主要受集聚经济性和交通通达性的影响。20世纪80年代以来，许多学者在区域开发研究中运用产业带、产业密集带、经济带或经济走廊等概念。

交通基础设施与运输组织是各类社会经济要素实现空间流动的主要承载体，具有集聚和扩散各类资源要素的特性。运输通道又称运输走廊，是在一定区域内，连接主要交通流发源地，有共同流向且客货流密集，由几种平行的运输方式干线组成的宽阔地带。需要指出的是，运输通道可以是单一的运输干线。运输通道的形成取决于一个国家或地区的自然地理、资源分布、生产力布局及经济发展水平、人口分布及政治军事等多种因素。运输通道有不同的层次和等级。

交通经济带是一个复杂而特殊的带状地域经济系统，是以交通干线或综合运输通道作为发展主轴，以轴上或其吸引范围内的大中城市为依托，以发达的产业特别是第二、第三产业为主体的发达带状经济区域。交通经济带是一个由产业、人口、资源、信息、城镇、客货流量等集聚而形成的带状空间经济组织系统；在沿线各区段间和各经济部门之间建立了紧密的技术经济联系和生产协作。交通基础设施是交通经济带形成发育的前提条件；产业特别是工业是交通经济带的主要构成内容；大中城市是交通经济带发展的依托和关键节点；区位是交通经济带及其经济中心形成的关键因素。交通经济带是由企业、产业、人口、城镇、区域、各种基础设施等要素构成的开放系统，不断同外部环境或其他系统进行物质、能量和信息的交换。交通经济带往往是由若干个亚经济带或点轴系统或城市群组成；而在一定条件下它又可能成为更大的超级交通经济带的组成部分。交通经济带是一个发育成熟的社会经济有机体，随着工业化和运输化的逐步发展而相应演化（杨明华等，2004）。

按照交通轴性质或交通基础设施技术经济属性的不同，交通经济带分为沿海型、江河型、陆路交通型和综合型等基本类型。江河型交通经济带是由沿江河干流和主要支流的城市辐射构成的经济带，部分学者将其称为"水轴"。河流型经济带以大江大河主航道两岸为生长轴线，以大中型港口城市或沿河城市群或水陆交接枢纽为生长点，通过廉价而强大的内河水运实现经济带内部和对外交流，沿线布局临水工业，通过支流航道及陆路集疏运线路实现与广阔腹地的紧密联系。典型实例是莱茵河经济带、长江经济带，密西西比河也被称为"钢铁走廊""化工走廊"。部分学者提出了流域工业走廊、流域产业密集带的概念（张文合，1991a）。该经济带的概念是以水资源开发利用为核心，以航运功能开发为重点，充分利用河流的水电资源、生产供水、城乡供水及河运功能。沿河工业走廊、沿河城镇带是该类经济带的基本框架，支流流域是该类经济带的腹地。该类经济带萌芽最早、发展最悠久。

2. 核心-边缘模式

核心-边缘模式是解释区域空间结构演变模式的理论，是增长中心理论的一个组成部分，由弗里德曼于1966年提出。该模式认为，任何区域都是由一个或若干个核心区和边缘区组成的完整空间系统。核心区由一个城市或城市群及其周围地区所组成，居于支配地位，工业发达，技术水平较高，资本集中，人口密集，经济增长速度快。边缘区域是经济较为落后的地区，处于依附地位，其界限由核心与外围的关系来确定。核心区与边缘区的关系是一种控制和依赖的关系，两者间有前向联系和后向联系，核心区向更高层次核心区进行联系并从边缘区得到原料，核心区向边缘区提供商品、信息、技术等，以此实现发展核心区、带动边缘区（孙学文，2021；唐利文，2010）。

核心-边缘模式认为区域发展一般经历以下四个阶段。

（1）工业化前阶段。生产力水平低下，经济不发达，经济结构以农业为主，各地区基本自给自足，相互间发展差异较小，互不关联，彼此孤立。

（2）工业化初期阶段。区域出现核心区与边缘区的分化，两类区域的经济增长速度差异扩大。随着社会分工的深化、生产的发展、商品交换的日益频繁，位置优越、资源丰富或交通便利的地点发展成为核心区即城市。对于核心区，其他地区是边缘区。边缘区的资源、人力、资金等向核心区流动，核心区不断向边缘区扩展，这就是城镇化的过程。

（3）工业化成熟阶段。核心区发展很快，与边缘区之间存在不平衡的关系；核心区是经济、政治、文化的权力区域，资金、人口、科技等各类资源要素流向核心区，核心区对边缘区发挥支配和控制的作用。核心区的资源要素开始回流到边缘区，促使边缘区产生规模较小的核心区，形成分化。

（4）大量消费阶段。资金、技术、信息等资源要素从核心区向边缘区的流动加强，边缘区的次中心逐步发展，最终发展到与原来的中心相似的规模，达到相互平衡。整个区域变成一个功能上相互依赖的空间体系（孙学文，2021）。

3. 点轴模式

非均衡发展模式的代表是增长极模式与点轴模式。增长极的概念最初由法国经济学家佩鲁于1955年提出，1966年布德维尔把该概念转化为地理概念，此后该概念被广泛应用于区域研究和规划政策制定（黄馨，2011）。增长极理论试图解释地区的发展过程，地理空间的经济增长不是均匀发生的，而是以不同强度呈点状分布的，形成经济增长中心，通过各种渠道影响区域经济的增长（唐利文，2010）。

点轴系统理论是1984年由陆大道提出的。点轴开发模式是若干"点"与"轴"在一定区域内的有机组合。"点"是指一定地域的各级居民点和中心城市，宏观尺度上是指城市群或经济区，是"增长极"。"轴"是指由交通、通信干线和能源、水源通道连接起来的"基础设施束"，宏观上为呈现线状形态的地域。经济中心首先集中在少数条件较好的区位，呈斑点状分布；随着持续发展，经济中心逐渐增加，由于生产要素交换，经济中心之间建设交通线路、动力供应线、水源供应线等线状设施，由此相互连接而形成轴线。"点"和"轴"对附近区域有很强的吸引力和凝聚力，促进人口、产业及各类资源要素向经济中心和轴线地带进行集聚而追求规模经济。"点"和"轴"所集中的产品、信息、技术、人员、金融等资源要素通过各类设施对附近区域形成扩散辐射作用，促进沿线地区和腹地发展。点轴理论将区域发展的重点由"点"转向"轴线"。该理论符合生产力空间运动的客观规律，符合区域发展不平衡的客观事实。在点轴模式中，沿海岸线地区、沿江沿河地区、沿交通线地区成为重要的发展"轴线"。

在流域开发过程中，可运用点轴模式。在发展轴上选择若干中心城市作为优先开发建设的"点"，规定其发展方向、服务和吸引区域。这些城市往往是河流不同流段的中心城市或干支流交汇的优势城市，向周边地区和广大农村进行扩散辐射。将河流作为发展轴线，或将中心城市之间的交通线作为轴线，配置各类资源要素，塑造较好的生产条件、资源条件、开发潜力。

4. 梯度发展模式

20世纪60~70年代，在赫希曼（1958年）、威廉姆森（1965年）的不平衡发展理论和费农（1966年）等学者的工业生产生命循环阶段论发展的基础上，Krumme 和

Hayor（1975年）等创立了区域发展梯度理论。梯度是指不同区域之间存在社会经济发展水平与综合实力的差距，从高到低的分布格局显著，呈现出与地形等高线分布近似的空间现象。梯度存在是一种客观现实，表现为自然、经济、社会、技术、人力、生态、制度等各类梯度。梯度推移是指经济发展由高水平地区向低水平地区进行扩散转移、由低水平地区向高水平地区过渡的空间变化过程。

梯度推进模式是基于梯度扩散原理而实现全面发展的区域布局模式，属于渐进式扩散类型的区域发展模式，适用于发达区域与不发达区域之间（唐利文，2010）。该模式认为，区域发展是不平衡的，已形成了发达区和落后区，客观上形成一种发展梯度；有条件的高梯度地区引进掌握先进技术，然后依次向第二梯度、第三梯度的地区进行推移、辐射和扩散。处于不同阶段的区域应发展不同产业部门、采取不同的布局模式。梯度转移有利于逐步缩小地区间的发展差距，实现相对均衡发展与区际分工协同。流域内部不同地区自然地理环境、发展条件及发展基础的差异决定了梯度转移理论的适用性。流域各河段、干支流及各地区要明确自身在整个流域发展中所处的地位和梯度高低，利用自身的比较优势，因地制宜地发展。

三、流域管理模式

1. 流域管理机构

流域管理是以流域为基本单元，把流域内的生态环境、自然资源和社会经济视为相互作用、相互依存和相互制约的统一完整的生态社会经济系统，以维持江河健康生命为总目标，以水资源管理为核心，以生态环境保护为主导，全面考虑与水有关的自然、人文、生态的水资源管理。具体以可持续发展统领流域各项管理工作，采取行政、法律、经济、科技等综合手段，统筹协调社会、经济、环境和生产、生活、生态用水等各方面的关系，使流域社会经济发展与水资源环境的承载能力相适应，以供定需，以水定发展，在保护中开发，在开发中保护，规范人类各项活动，综合开发、利用和保护水、土、生物等资源，充分发挥流域的各项功能，最大限度地适应自然经济规律，确保流域防洪安全、水资源安全、生态环境安全、饮水安全、粮食安全。流域综合管理包括流域环境管理、资源管理、生态管理及流域经济和社会活动管理等一切涉水事务的统一管理（冉新庆，2007；祁永新，2009）。

流域界线与行政管理范围往往不一致，这使流域管理的统一性存在矛盾（何大伟和陈静生，2000）。流域整体性特征促使流域设置专门的、统一的流域开发管理机构，赋予其管理协调功能和建设实体性功能，以及法律地位（王树义，2000）。国内外实践表明，流域管理的参与者有专属流域管理机构、流域内各行政区政府及在流域内拥有工业财产所有权的集体和居民。专属流域管理机构偏重从流域角度从事各种活动，而各地方政府、集体或居民注重自己利益得失。专属流域管理机构可分为两种类型，一种偏重流域学术性调查研究，给生产计划部门提供科学建议与咨询；另一种是既具有管理协调性又具有建设实体性的机构。中国流域管理机构多属于后者（陈湘满，2003）。

中国流域水资源管理体制的特点是多部门、多层次、多元化，是以条为主、条块分割的管理体制。现行流域管理机构主要有两类：一类是水利部直属流域管理机构，为水利部的派出机构，代表水利部行使所在流域的水行政主管职能；另一类是由国家环境保护总局和水利部共同管理的流域水资源保护机构，管理范围与上述水利部直属流域管理机构相同（宋栋，2000）。中国现行流域管理体制是一种"统一管理与分级、分部门管理相结合"的管理体制，是一种"统一管理与分散管理相结合"或"流域管理与部门管理和行政区域管理相结合"的管理体制（汤尚颖和宋胜帮，2009）。按照这种管理体制，应以流域统一管理为主、部门管理和行政区域管理为辅（王宏巍和王树义，2011）。但实践中却形成国家与地方条块分割，以河流流经的各行政区域管理为主，各有关管理部门各自为政"多龙管水、多龙治水"的分割管理状态（陈湘满，2003）。

2. 流域管理特点

流域管理不同于行政管理，呈现出自然区域、行政区域和经济区域三者融合的特点（谢刚，2006）。

立法是流域综合管理的基础。立法确立了流域管理的目标、原则、体制和运行机制，对流域管理机构进行授权。《南非共和国水法》通过水所有权国有化与重新分配水使用权，确保水生态系统的需水量，将决策权分散到尽可能低的层次，建立新的行政管理机构。《欧盟水框架指令》规定整个欧洲采用统一的水质标准（王瑞，2009）。

建立有效的流域管理机构。各国流域管理机构均根据相关立法、协议或政府授权而建。莱茵河流域的管理机构就通过国际协议建立了莱茵河航运中央委员会、莱茵河国际保护委员会和莱茵河国际水文委员会。墨累-达令河流域通过联邦政府与州政府的《墨累-达令河流域动议》建立墨累-达令流域部级理事会、墨累-达令流域委员会和社区咨询委员会。美国根据流域法律成立了田纳西河流域管理局，通过联邦政府与州政府的协议建立了特拉华河流域委员会。但流域管理机构的权威性是各种利益平衡的结果与反映，不同流域管理机构在授权与管理方式上有较大的差别，其权限范围随流域问题演变而有所调整（谢刚，2006）。

流域管理的合理权利结构。在流域综合管理的框架下，对支流与地方的适当分权是流域管理落到实处的重要保障。莱茵河流域管理机构建立了统一的标准和强化机制，但责任分摊；墨累-达令河流域有18个非营利机构的支流委员会，负责所在流域生态恢复计划的制定与项目设计；南非成立了19个流域管理区，每个流域管理区由9~18位利益相关方与专家组成流域管理机构，根据各自需要提出流域管理策略，负责具体执行与实施（谢刚，2006）。鼓励所有利益相关方的积极参与，实现信息互通、规划和决策过程透明。

编制全流域保护开发规划。编制流域综合规划是流域管理机构进行流域综合管理的重要手段，流域管理机构均将编制流域综合规划作为最重要和最核心的工作，通过流域综合规划对支流和地方的流域管理进行指导，规划目标和指标具有法律效力。1996年洪水之后，莱茵河流域编制了《莱茵河洪水防御计划》等规划；欧盟国家的流域（管理）区必须每六年制定一次流域管理规划与行动计划。

引入经济手段与完善投融资机制。流域管理的经济手段是多种多样的。澳大利亚通过联邦政府的经济补贴推进各州的流域综合管理工作，莱茵河流域管理机构与欧盟采用补贴原则对各国进行奖励惩罚;南非将流域保护、恢复行动与扶贫有机结合,每年投入1.7亿美元雇用弱势群体来进行流域保护。融资手段多种多样,政府投入、项目投入与流域机构服务收费是主要融资渠道。

坚实的信息和科技支撑与宣传教育。流域综合管理需要坚实的信息与科学基础,科学认识流域各类问题,完善的流域监测网络和现代信息技术应用对流域自然、社会、经济的综合决策与管理至关重要。流域管理机构均通过各种方式提高其科技支撑能力。流域科学知识传播同等重要,应开展宣传教育,提高公众意识(钟玉秀等,2009)。

3. 流域委员会

水资源管理是一个复杂的命题,既要尊重水的自然属性,又要符合国家的政治体制。按照资源管理和开发利用管理分开的原则,《中华人民共和国水法》规定中国对水资源实行流域管理与行政区域管理相结合的管理体制,流域管理主要从水资源的自然属性出发,由水利部派出的七大流域委员会执行(钟玉秀等,2009)。如表3-4所示,水利委员会也称为流域委员会,是中国重大河流流域的管理结构,是水利部按照河流或湖泊的流域范围设置和派出的流域管理、水行政管理机构。该机构按照法律法规和水利部的授权,在各流域内代表水利部行使水行政管理职责,包括综合规划、协调开发、统一调度、工程管理与监督执法等。行政区域管理主要从水资源的社会属性出发,由省政府管辖的省级水利厅以及下属的水利部门执行。省水利厅是省(自治区、直辖市)所属的水行政主管部门。流域委员会与省水利厅无直接隶属关系,但有业务往来。

表3-4 中国七大流域委员会介绍

机构名称	驻地	管理范围	成立时间
长江水利委员会	武汉	长江流域和澜沧江以西(含澜沧江)河流	1950年
黄河水利委员会	郑州	黄河流域和新疆、青海、甘肃、内蒙古内流河区域	1946年
珠江水利委员会	广州	珠江流域、韩江流域、澜沧江以东国际河流(不含澜沧江)、粤桂沿海诸河和海南区域	1979年
淮河水利委员会	蚌埠	淮河流域和山东半岛	1929年
松辽水利委员会	长春	松花江、辽河流域和东北地区国际界河(湖)及独流入海河区域	1982年
海河水利委员会	天津	海河流域、滦河流域和鲁北地区河流	1980年
太湖流域管理局	上海	太湖流域、钱塘江流域和浙江、福建河流(韩江流域除外)	1963年

(1)长江水利委员会:简称长委,1921年成立扬子江水道讨论会,1928年改组为扬子江水道整理委员会,1935年扬子江水道整理委员会、太湖流域水利委员会、湘鄂湖江水文站整合为扬子江水利委员会,1947年改名为长江水利工程总局,1950年长江水利委员会成立,设立在武汉,主要管理长江流域和澜沧江以西河流,包括澜沧江。1988年,国家授权长委在长江流域内行使水行政管理职能;1994年水行政管理范围拓展到西南诸河。

(2)黄河水利委员会:简称黄委,设立在郑州。1946年2月,晋冀鲁豫边区政府所在地菏泽成立冀鲁豫黄河故道管理委员会,5月改称为冀鲁豫区黄河水利委员会;1949年解放区成立黄河水利委员会,负责管理黄河流域和新疆、青海、甘肃、内蒙古内流河区域。

（3）珠江水利委员会：简称珠委，1937年成立珠江水利局，1947年改称为珠江水利工程总局，为珠江流域性机构，1956年成立广州水利勘测设计院和珠江流域规划办公室；1979年成立珠江水利委员会，驻地在广州，负责管理珠江流域、韩江流域、澜沧江以东国际河流（不含澜沧江）、粤桂沿海诸河和海南区域。

（4）淮河水利委员会：简称淮委，设立在蚌埠。1867年清政府设置导淮局并一直维持到1929年，1929年国民政府成立导淮委员会；1947年改名为淮河水利工程总局，1950年成立治淮委员会，1953年沂沭泗各运河的治理开发工作划归治淮委员会统一管理；1969年成立治淮规划小组，1977年改称为水利电力治淮委员会，1990年更名为水利部淮河水利委员会。淮委主要负责管理淮河流域和山东半岛河流。

（5）松辽水利委员会：简称松辽委，成立于1982年，设立在长春，负责管理松花江、辽河流域和东北地区国际界河（湖）及独流入海河流区域。

（6）海河水利委员会：简称海委，成立于1980年，驻地天津，负责管理海河流域、滦河流域和鲁北地区河流，主要业务范围为河北、山西、内蒙古和山东等地区。

（7）太湖流域管理局：简称太湖局，成立于1963年，设立在上海，负责管理太湖流域、钱塘江流域和浙江、福建河流（韩江流域除外）。

根据国家有关法律、法规，各流域水利委员会作为水利部的派出机构，在各流域依法行使水行政主管职责，具体包括如下方面（刘世庆等，2019）。

（1）负责保障流域水资源的合理开发利用。组织编制流域或流域内跨省（自治区、直辖市）的江河湖泊的流域综合规划及专业或专项规划并监督实施；拟订流域性的水利政策法规。组织开展流域控制性水利项目、跨省（自治区、直辖市）重要水利项目与中央水利项目的前期工作。对地方大中型水利项目进行技术审核。提出流域内中央水利项目、水利前期工作、直属基础设施项目的年度投资计划并组织实施。组织、指导流域内有关水利规划和建设项目的后评估工作。

（2）负责流域水资源的管理和监督，统筹协调流域生活、生产和生态用水。负责水量调度条例的实施并监督检查。组织开展流域水资源调查评价工作，按规定开展流域水能资源调查评价工作。组织拟订流域内省际水量分配方案和流域年度水资源调度计划及旱情紧急情况下的水量调度预案并组织实施，组织开展流域取水许可总量控制工作，组织实施流域取水许可和水资源论证等制度，按规定组织开展流域和流域重要水工程的水资源调度工作。

（3）负责流域水资源保护工作。组织编制流域水资源保护规划，组织拟订跨省（自治区、直辖市）江河湖泊的水功能区划并监督实施，核定水域纳污能力，提出限制排污总量意见，负责授权范围内入河排污口设置的审查许可；负责省界水体、重要水功能区和重要入河排污口的水质状况监测；指导协调流域饮用水水源保护、地下水开发利用和保护工作；指导流域内地方节约用水和节水型社会建设工作。

（4）负责防治流域内水旱灾害，承担流域防汛抗旱总指挥部的具体工作。组织、协调、监督、指导流域防汛抗旱工作，按照规定和授权对重要的水利工程实施防汛抗旱调度和应急水量调度。组织实施流域防洪论证制度。组织制定流域防御洪水方案并监督实施。指导、监督流域内蓄滞洪区的管理和运用补偿工作。按规定组织、协调水利突发公共事件的应急管理工作。

（5）指导流域内水文工作。负责流域水文水资源监测和水文站网的建设和管理工作。负责流域重要水域、直管江河湖库及跨流域调水的水量水质监测工作，组织协调流域地下水监测工作。发布流域水文水资源信息、情报预报、流域水资源公报和流域泥沙公报。

（6）指导流域内河流、湖泊及河口、海岸滩涂的治理和开发；按照规定权限，负责流域内水利设施、水域及其岸线的管理与保护以及重要水利工程的建设与运行管理。指导流域内所属水利工程移民管理有关工作。负责授权范围内河道建设项目的审查许可及监督管理。负责直管河段及授权河段河道采砂管理，指导、监督流域内河道采砂管理工作。指导流域内水利建设市场监督管理工作。

（7）指导、协调流域内水土流失防治工作。组织有关重点防治区水土流失预防、监督与管理。负责有关水土保持中央投资建设项目的实施，指导并监督流域内国家重点水土保持建设项目的实施。组织编制流域水土保持规划并监督实施，承担国家立项审批的大中型生产建设项目水土保持方案实施的监督检查。组织开展流域水土流失监测、预报和公告。

（8）负责职权范围内水政监察和水行政执法工作，查处水事违法行为；负责省际水事纠纷的调处工作。指导流域内水利安全生产工作，负责流域管理机构内安全生产工作及其直接管理的水利工程质量和安全监督；根据授权，组织、指导流域内水库、水电站大坝等水工程的安全监管。开展流域内中央投资的水利工程建设项目稽查。

（9）按规定指导流域内农村水利及农村水能资源开发有关工作，负责开展水利科技、外事和质量技术监督工作；承担有关水利统计工作。

（10）负责流域控制性水利工程、跨省（自治区、直辖市）水利工程等中央水利工程的国有资产的运营或监督管理，研究提出直管工程和流域内跨省（自治区、直辖市）水利工程供水价格及直管工程上网电价核定与调整的建议。

四、流域综合规划

1. 流域规划体系

综合性规划是一个区域发展的总体纲领。区域规划是在一个特定的地区以生态-经济-社会建设为主要内容的总体战略部署，其实质是地区合理布局社会生产力与功能空间、构建有序开发保护的空间秩序。中心任务是工业、农业、交通运输和城镇居民点的合理规划布局，其他内容围绕这些中心任务展开。流域是区域的一种类型，流域规划本质上是一种区域规划，是一项内容更为复杂的综合性规划，具有突出的战略性和政策性。

流域规划的研究与编制始于19世纪，1879年美国成立密西西比河委员会，进行流域内的测量调查、防洪和改善航道等工作，1928年提出以防洪为主的全面治理方案。此后，许多国家编制各种形式的流域发展规划。美国的田纳西河、哥伦比亚河、密苏里河、俄亥俄河，澳大利亚的墨累-达令河，俄罗斯的伏尔加河，欧洲的莱茵河，英国的泰晤士河，法国的罗讷河，印度的达莫德尔河，南美的科罗拉多河等河流，均开展过流域综合性规划编制，取得了河流多目标开发的综合效益。目前，发达国家已形成比较成熟的流域规划体系。20世纪30年代，国民政府在黄河、长江、珠江等流域设置水利委员会等流域管理机构，制定组织条例和法律保障，但此阶段并未编制流域规划。1949年初期，设置水利部和长江、黄河、珠江、淮河等流域管理机构（水利委员会），开始江河流域规划研制和治理工作。1955年，中国批准了第一部江河综合治理与开发规划——《关于根治黄河水害和开发黄河水利的综合规划的决议》。1949~1978年，流域规划的主要内容是水利开发活动，旨在解决洪水隐患、改善农业生产等居民生存问题。1978~1990年，流域规划从治理开发向加强流域工程管理转变；1990~2000年，由工程规划为主向资源统筹规划方向转变，强调水利工程建设与水资源管理利用并重。2000年至今，流域规划更多地考虑经济社会发展与自然环境、生态系统的协调，突出人水和谐。需要指出的是，至2014年左右，中国多数流域规划是由水利部门主导的、以水资源综合利用为核心内容的专业性规划，而非以流域综合发展为内容的空间规划（王小兵，2021）。

（1）流域规划分为综合性规划和专业化规划两类。狭义的流域综合性规划是指统筹考虑两个以上任务的规划，包括防洪、除涝、灌溉、发电、航运等，核心是水资源利用。狭义的流域专业化规划是指着重考虑某项任务的规划，如防洪规划、引水灌溉规划、航运规划、水电规划等，规划内容更具体，专业化规划要服从流域综合性规划的发展方针、方向与任务。广义的流域综合性规划是一种综合性空间规划，以某流域为研究对象，以流域自然资源、社会资源和经济技术为依据，考虑资源优势与发展潜力，确定流域发展方向与模式，合理配置产业和城镇居民点，统一安排基础设施和优化水资源配置。

（2）按照流域的层次性，流域规划分为干流流域规划、重要支流流域规划和中小支流流域规划。其中，干流流域规划为后两类规划指明了方向，而后两类规划又是干流流域规划的基础（张文合，1994b；张思平，1987）。干流流域规划最为重要，决定着流域水资源开发利用及河流治理的基本方向，重点解决流域水资源开发利用及流域发展的重大战略问题。重要支流流域规划要立足特殊问题与需求，规划重点任务，泥沙多的支流重视水土保持与生态保护；处于深山峡谷的重要支流强调水力资源开发；工农业发达的支流重视农业灌溉、工业布局与生产供水及污水治理。从不同方面、不同层次、不同角度所编制的各种规划，相互补充，形成一个流域规划体系。

开发方针决定了流域规划的基本属性。每条河流甚至同一河流不同河段的自然条件、幅员大小和特点均有所不同，各地区、各部门对水资源的要求也不同，这决定了每条河流甚至不同河段的开发方针也不尽相同。根据流域的自然、经济、社会的特点和各部门、各地区的要求，确定流域开发保护的方向、战略、重点任务。根据重点内容的不同，流域规划大致分为三个类型。

类型Ⅰ：流域治理型。江河既是资源，同时也是灾害的集聚发生地，兴利除害是流域规划的重要方向。以江河治理为主，重视生态保护与流域安全，偏重流域防洪、生态保护、国土整治、干支流梯级和水库群布置及发电、农业灌溉、航运等枢纽建筑物配置、城镇防洪等。该类规划主要由水利水电、生态环保等职能部门主导编制。

类型Ⅱ：水资源利用型。流域的核心优势是水资源，明确和合理安排水资源开发利用的各项任务是流域综合开发利用原则具体化的第一步。以水资源优化配置和综合利用为核心，以水利开发为目标，制定河流水资源开发的总体战略部署、基本方向与建设任务，设计水资源利用、水土资源平衡、水安全、水生态系统、水环境治理及农林和水土保持等措施，实现流域水资源综合利用和科学管理。该类规划主要由水利部门主导编制。

类型Ⅲ：综合发展型。立足流域综合开发与保护，对流域经济社会进行总体战略部署，追求生态–经济–社会综合发展效益。该类规划主要由综合性部门即发展和改革委员会主导编制。

2. 流域规划内容

流域综合规划是以江河流域为地域范围，以水资源合理开发和综合利用为中心，打破行政区划，进行综合性的长远规划，统筹上下游、左右岸和干支流，发挥各自优势，统筹推进重大基础设施、生产力布局和生态环境建设，合理安排重大工程项目布局与建设时序。流域综合规划是流域中远期可持续发展与建设的纲领。

流域综合规划关注的重点问题主要包括如下方面。

（1）流域开发模式与强度如何选择与控制，是以开发为主，还是以治理保护为主？要切实根据流域资源环境承载力与社会经济发展基础，共抓大保护，协同推进大治理、不搞大开发，选择合理的开发模式，实施有序的国土开发强度管治。

（2）如何有序推进工业化、城镇化、农业化与生态化，实现"四化"协同发展，合理安排生态空间、生活空间、生产空间，如何优化配置生态用水、农业灌溉用水、工业生产用水和城乡生活用水。

（3）如何协调重大关系，重点协调流域上下游关系、干支流关系和左右岸关系、协调近期与远期、除害与兴利的关系，如何加强全流域的协调与梯度布局，构筑合理的地域分工。

（4）提出综合效益显著的水资源开发体系，分清主次，合理配置防洪、灌溉、发电、航运、生态等主要功能，实现流域安全，构筑航运水道，加强灌溉供水、水生态系统。如何维系流域生态功能与巩固"水塔"功能，划定生态保护红线。

（5）流域综合开发治理的战略重点包括战略定位、战略措施、重点轴线、重点区域与重点产业等"重点"，要明确这些"重点"的基本内容。

流域综合规划要坚持保护与开发的基本理念，重点开展如下研究与规划工作，如图3-2所示。

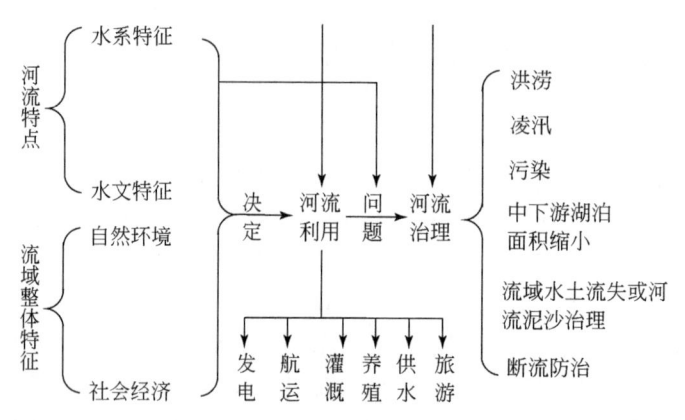

图3-2 流域规划的基础分析范围

（1）基础条件：开展科学全面的流域分析，查明流域自然特性，包括地形地貌、水系水文、气候降水、生态系统、土壤植被等，掌握经济社会发展的基础与存在问题，考察下一步发展的竞争优势、资源环境承载力与突出矛盾，揭示流域发展的一般性规律与特殊机制。

（2）总体思路：确定流域经济社会发展的基本方针与基本方向，提出基本原则与开发保护模式，制定流域的功能定位与发展战略，明确发展的战略重点与基本规模。

（3）功能区划：科学布局生产、生活与生态功能区，统筹上中下游的功能分工，提出流域发展的科学模式，设计主要的发展轴线布局方案，提出城镇密集区与中心城市等重点开发区域的布局方案与功能定位。

（4）流域安全与水资源综合开发：流域安全与防洪始终是流域规划的重要内容，提出流域防洪的基本方针与方案，设计综合防洪体系建设方案，制定各水系各河段、重大粮食基地与工矿基地、重要城镇的防洪标准，提出防洪能力建设的有效措施与主要途径。围绕水资源，统筹防洪、灌溉、航运、发电等各类功能与发展需求，制定水资源综合利用的基础方案，提出主要的建设任务。

（5）城乡优化布局：拟定人口和城镇居民点体系的发展规划，建立完善的城乡居民生活、生产网络，提出重点城镇密集区与中心城市的布局方案与建设路径，加强美丽乡村的发展方案。

（6）产业布局：搞好流域工农业生产的合理布局，提出粮食主产区与基本农田的布局方案与建设任务，制定生态工业的发展方向与布局方案，设计生态旅游、航运物流等生产性服务业的发展方案与关键节点。

（7）基础设施网络：以提高流域发展的支撑保障能力为目标，提出河流航运通道、航电枢纽、港口码头的建设方案，设计铁路、公路、航空等交通网络建设方案，统筹设计水利、能源、通信网络、环保、城镇市政等基础设施建设路径。

（8）生态环境保护：划定生态环境功能区域与生态保护红线，提出生态保护与水源涵养方案，设计大气、水和土壤、农村等环境污染治理路径，制定资源集约节约利用方案，设计防灾减灾能力提升方案。

（9）流域管治与政策：明确流域上中下游、干支流与左右岸的协调及内部不同层次区域的协调，提出流域发展的扶持政策与重点措施。

（10）重大工程布局：聚焦近期，立足长期，围绕基础设施、重大梯级枢纽、水资源利用、重点产业、矿产资源、农业生产等领域，设计全流域的建设项目库，提出近期的重大建设项目与工程布局。

第三节　重　大　工　程

水利工程是人类为了治理洪水和综合利用水资源而建设的大型基础设施，具体是指防洪、排涝、灌溉、水力发电、引（供）水、滩涂治理、水土保持、水资源保护等各类工程及其配套和附属工程。水利工程一般规模较大，建设复杂，工期较长；综合性强，影响大，淹没土地、破坏植被，对生态环境有很大影响，会改变水文条件。水利工程能控制水流，防治洪涝灾害，进行水量调节和分配，改善水资源时空分布不均，促进航运、旅游业发展,解决能源问题,改善生存环境,带来广泛的综合效益,促进人类发展。

一、农田水利工程

1. 农田水利设施

水资源是农业生产的基础条件,需要建设大量的农田基础设施。其中,农田水利设施是农业的命脉。农田水利建设主要是指运用水利、农业、林业、科技等措施对农田进行综合治理,包括平整耕地、改良土壤、灌溉、排水、排涝、防治水土流失与盐渍灾害。兴修农田水利,改善农业生产条件,提高农业抗御自然灾害的能力,自古以来就是关系国计民生、社会稳定的大事,是国家粮食安全的重要保障(魏丽辉,2013)。公元前3400年左右,埃及孟菲斯城附近就修建了截引尼罗河洪水淤灌工程;公元前2200年,巴比伦就在底格里斯河和幼发拉底河河谷建造了奈赫赖万灌溉渠道。公元前1600,中国就开始实行井田制度,划分田块,利用沟渠灌溉排水;春秋战国时期,就修建了多处大型自流灌溉工程,著名的有都江堰、郑国渠等。

基础设施是指为社会生产和居民生活提供公共服务的物质工程设施,是用于保证国家或地区社会经济活动正常进行的公共服务系统(马广仁,2012)。农田水利设施是以农业增产为目的的水利工程措施,包括灌溉、排涝、抗旱、防洪和护坡等设施。具体包括田间灌排工程、小型灌区、灌区抗旱水源工程、小型水库、塘坝、蓄水池、水窖、水井、涵洞、斗门、提水站、节制闸、进水闸、泄洪闸、渠道、U渠、排涝站、倒虹吸、跌水、下田涵、窖井、谷坊、输水管道、农桥小型土坝、混凝土坝等。尤其是,灌溉系统和排水系统是农田水利的基础。

2. 灌溉系统

灌溉是水资源利用最传统的方式,具体是指用人工设施将水输送到农业土地上以补充土壤水分、改善作物生长发育条件。灌溉系统是实现灌溉的基础设施,包括水源及渠道建筑物、输水系统和田间临时性渠道,实现针对农田灌区的引水、输水和配水。其中,水源工程围绕河流、湖泊、水库和井泉等灌溉水源修建相应的水源工程,一般由灌溉渠首工程、渠道或输水管道、渠系建筑物和灌溉泵站组成(夏六五,2012)。渠系建筑物有配水建筑物和渡槽、涵洞、倒虹吸管、跌水、陡坡、量水建筑物以及沉沙池等。

灌溉渠道是连接灌溉水源和灌溉土地的水道。按照控制面积的大小,灌溉渠道可以分为干渠、支渠、斗渠、农渠和毛渠5个级别。干渠是灌溉系统中的主水渠;支渠是由干渠分流出去的灌溉沟渠,是干渠下一级的渠道。斗渠是由支渠引水到毛渠或灌区的渠道。农渠是从斗渠中引水到各个田块的沟渠。毛渠是各个田块中灌溉或洗盐用水的渠道。干、支渠主要起输水作用,称为输水渠道;斗、农渠主要起配水作用,称为配水渠道。

灌区是指有可靠水源和引、输、配水渠道系统及相应排水沟道的灌溉区域,是由水库、渠道、田地和农作物组成的综合体,是一个半人工的、具有很强社会性质的开放式生态系统。根据中国水利行业的标准，控制面积在 30 万亩以上的灌区为大型灌区，控制面积在 1 万~30 万亩的灌区为中型灌区，控制面积在 1 万亩以下的灌区为小型灌区。目前，我国有大型灌区 434 处、中型灌区 5200 多处、小型灌区 1000 多万处。

3. 水库

水库是重要的基础设施，是调蓄洪水的主要工程措施。水库是指拦洪蓄水和调节水流的水利工程建筑物，是在山沟或河流的狭口处、低洼地及下透水层建造拦河坝或堤堰、隔水墙而形成的蓄集水的人工湖泊。水库建成后可起防洪、灌溉、供水、发电、养鱼、蓄能等作用（吴健，2013）。有时天然湖泊也称为水库。水库一般由挡水建筑物、泄水建筑物、输水建筑物三部分组成。水库通常按库容大小，分为小型水库、中型水库、大型水库等；按所在位置和形成条件，分为山谷水库、平原水库和地下水库。

水库建设要合理确定各种库容和库水位，不同特征水位和库容有其各自特定的任务和作用，反映了水库利用和正常工作的各种特定要求。为完成不同任务和各种水文情况，需控制达到或允许消落的各种库水位称为特征水位。如图 3-3 所示，水库特征水位有正常蓄水位、死水位、防洪限制水位、防洪高水位、设计洪水位、校核洪水位等。库容是表征水库的关键量化指标，有死库容、兴利库容（调节库容）、防洪库容、调洪库容、总库容等（杨春育，2011）。

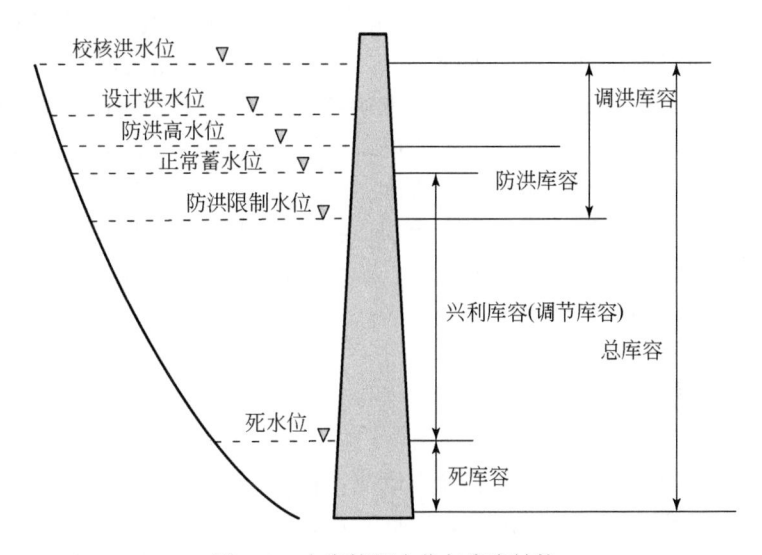

图 3-3 水库特征水位与库容结构

（1）总库容：总库容是指校核洪水位以下的水库容积，是表示水库工程规模的代表性指标。

（2）防洪高水位与防洪库容：防洪高水位是指水库遇到下游防护对象的设计标准洪水时，在坝前达到的最高水位。防洪库容是指防洪高水位至防洪限制水位之间的水库容积，用以控制洪水。

（3）设计洪水位与拦洪库容：设计洪水位是指水库遇到大坝设计洪水时，在坝前达到的最高水位，是水库在正常运用情况下允许达到的最高洪水位。设计洪水位至防洪限制水位之间的水库容积为拦洪库容。

（4）校核洪水位与调洪库容：校核洪水位是指遇到大坝的校核洪水时，经水库调洪后，在坝前达到的最高水位，是水库在非常运用情况下允许临时达到的最高洪水位。校核洪水位至防洪限制水位之间的水库容积称为调洪库容，用以拦蓄洪水。

（5）正常蓄水位与兴利库容（调节库容）：正常蓄水位是指水库在正常运用情况下，为满足兴利要求在供水期开始时应蓄到的水位，又称正常高水位、兴利水位，或设计蓄水位。它决定水库的规模、效益和调节方式，是水库最重要的特征水位。正常蓄水位至死水位之间的水库容积称为兴利库容（调节库容），用以调节径流，提供水库的供水量。

（6）防洪限制水位与重叠库容：防洪限制水位是指水库在汛期允许兴利蓄水的上限水位，也是水库在汛期防洪运用时的起调水位。该水位关系防洪和兴利的结合。正常蓄水位至防洪限制水位之间的水库库容为重叠库容，也称为共用库容。此库容在汛期腾空，作为防洪库容或调洪库容的一部分。

（7）死水位与死库容：死水位又称为设计水位，是指水库在正常运用情况下允许消落到的最低水位。死库容是指死水位以下的库容，也称为垫底库容，一般不直接用于调节径流。

病险水库是当前已建成、存在安全问题带病运行、存在危险因素的水库，主要是因原设计防洪标准不够、施工质量差及管理薄弱等问题而造成的。中国的水库、大坝多建于20世纪50~70年代，普遍存在标准偏低、水库设施老化、工程不配套等问题，坝体渗水、坝身薄弱等现象严重，重建轻养。病险水库及水库大坝安全鉴定或安全评估分为三类。①一类坝：实际抗御洪水标准达到防洪标准规定；水库大坝工作状态正常；工程无重大质量问题，按照设计标准正常运行的坝。②二类坝：实际抗御洪水标准不低于洪水标准，但达不到防洪标准规定，水库大坝工作状态基本正常；在一定控制运用条件下能安全运行的大坝。③三类坝：实际抗御洪水标准达不到洪水标准，或工程存在较严重的渗流破坏、结构不稳定、施工缺陷等质量隐患问题，影响水库大坝安全，不能正常运行的坝。

二、跨流域调水工程

水资源在时间和空间分布上的差异，造成不同流域间的水量丰沛与短缺，形成水资源供需矛盾，而缺水流域的经济社会发展与居民生活深受水资源制约。跨流域调水是合理开发利用水资源、实现水资源优化配置的有效手段。为解决缺水地区水资源需求，通过修建跨越两个或两个以上流域的引调水工程，从丰水流域调入部分水量，以调节满足缺水流域的用水。与其他工程项目相比，跨流域调水更具有公益性、基础性和战略性。许多国家如美国、苏联、加拿大、法国、澳大利亚、巴基斯坦、印度等，都曾进行过尝试，有些调水工程取得了巨大的效益（王忠静和王学凤，2004）。国外跨流域调水工程通常发生在水文特征存在显著差异的两个地区之间。跨流域调水的总体思路是政府主导、财政资金保证、准市场运作和公司化经营。

调水工程属于广义上的供水工程中的特殊类型，其特殊性在于"跨流域跨区域"与"水资源优化配置"，而且所跨的流域应该达到一定级别。跨流域调水也称为远距离调水，指为了满足供水、灌溉、生态需水要求，通过大规模的人工方法，从一个流域往另一个流域调水的水资源配置工程,其根本目的是重新分配水资源,缓和甚至解决部分地区的水资源短缺问题。历史上,跨流域调水主要有改变河流的流向和修建能输送大量水的运河渠道。目前,调水工程可能是蓄水工程、引水工程、提水工程和井水工程中的任一类,但本质上是流域连通工程、人造流域工程。调水工程是一项涉及面广、影响因素多、工程结构复杂、规模庞大的复杂系统工程(常玉苗,2007);一般工程规模大、投资大、回收期长、工程路线长、水工建筑物种类较多,技术管理复杂,工程保护、安全管理及水权关系、水事纠纷处理复杂;利害双重性,工程受益范围较大,但对调出区及输水线路区均有一定的负面影响。骨干输配水设施重点包括渠道、管道、隧洞等。其中,输水干线长度与受水区范围大小关系密切。

(1)按照调水工程的供水对象重要性、引水流量、年引水量、灌溉面积等,可以确定调水工程规模,并分为四类,分别为特大型、大型、中型、小型。以城市供水为主的调水工程,应按供水对象重要性、引水流量和年引水量3个指标拟定工程级别,确定工程级别时至少应有两项指标符合要求。以农业灌溉为主的调水工程,应按灌溉面积指标确定工程级别。

(2)根据输水干线距离,调水工程可以分为短距离、中距离、长距离和超长距离等类型;输水干线小于50公里,为短距离类;输水干线长度介于50~200公里为中距离类;输水干线长度介于200~800公里为长距离类;输水干线长度高于800公里为超长距离类。在全国137项调水工程中,短距离类有50项,中距离类有59项,长距离类有21项,超长距离类有7项。

(3)按照供水量最大的单个供水对象为工程主要对象的原则,将调水工程分为以城市供水为主、以灌溉供水为主、以生态供水为主3类。现有调水工程以城市供水为主,占比达到79%;以灌溉供水为主的调水工程占15%,以生态供水为主的调水工程占6%。

据统计,目前世界有40个国家已建、在建和拟建的大型跨流域调水工程有350多项,遍布世界各地区(汪达,1990),在建调水工程年调水量约为5000亿立方米。美国的中央河谷、加州调水、科罗拉多水道和洛杉矶水道等远距离调水工程,加拿大的詹姆斯湾格兰德调水工程,德国的巴伐利亚州调水工程,南非的莱索托高原调水工程,苏联的中亚细亚调水工程,澳大利亚的雪山工程,巴基斯坦的西水东调工程等,均具有代表性。1949~2019年我国已建、在建、拟建不同规模的调水工程共计400余项,其中已建工程约占一半、在建工程占30%、拟建工程占20%;南水北调、引滦入津、引滦入唐、引黄济青、东深供水等工程是中国当前建设的典型跨流域调水工程。在实际发展中,跨流域调水往往拓展升级为跨流域开发治理,是调水工程途经区域或不同流域的统一开发与保护治理。

跨流域调水系统一般包括水量调出区、水量调入区和水量通过区。水量调出区是水量丰富、可供外部其他流域调用的富水流域,也称为水源区。水量调入区是水量严重短缺、急需从外部其他流域调水补给的干旱流域和地区,也称为供水区。沟通上述两者的地区为水量通过区。跨流域调水会大大缓解水量调入区的水资源矛盾,但会引起水量调出区的水资源减少甚至引发生态环境问题。调水工程要对水量调出区、水量通过区、水量调入区进行可接受程度的评估。

大型跨流域调水工程通常是发电、供水、航运、灌溉、防洪、旅游、养殖及改善生态环境等目标和用途的集合体。跨流域调水工程按功能划分，主要有以下类型。①以航运为主体的跨流域调水工程，如中国古代的京杭大运河、灵渠等。②以灌溉为主的跨流域灌溉工程，如甘肃的引大入秦工程等。③以供水为主的跨流域供水工程，如山东的引黄济青工程、广东的东深供水工程等。④以水电开发为主的跨流域水电开发工程，如澳大利亚的雪山工程、中国云南的以礼河梯级水电站开发工程等。⑤跨流域综合开发利用工程，如中国的南水北调工程和美国的中央河谷工程等。⑥以除害为主要目的（如防洪）的跨流域分洪工程，如江苏、山东两省的沂沭泗河洪水东调南下工程等（常玉苗和王慧敏，2007）。历史上的调水工程多以军事和漕运为主，中华人民共和国成立以来的调水工程多以灌溉为主，改革开放以来的调水工程开始重视城市生活和工业供水。近些年来，多数调水工程开始从单目标向多目标发展，但也出现了调水与发电、航运、生态用水间的矛盾。

三、水利枢纽工程

水利枢纽是河流上的重要大型水工建筑物综合体，是人类对水资源综合开发利用、治理的重要物质手段。具体而言，水利枢纽工程是在河流或渠道的适宜地段，为共同完成防治水灾、开发利用水资源等目标而修筑的不同类型水工建筑物的综合体。水利枢纽是水利工程体系中最重要的组成部分，是指水利枢纽建筑物（含引水工程中的水源工程）和其他大型独立建筑物，一般由挡水建筑物（壅水）、泄水建筑物、进水建筑物及必要的水电站厂房、船闸、升船机、鱼道、筏道等专门性的水工建筑物组成。水利枢纽工程的位置须充分考虑地形地貌、地质条件，使各水工建筑物都能布置在安全可靠的地基上，并能满足建筑物的尺度和布置要求及施工的必需条件。枢纽布置须使不同功能的建筑物在位置上各得其所，在运用中相互协调；各水工建筑物单独使用或联合使用时水流条件良好，上下游的水流和冲淤变化不影响或少影响枢纽的正常运行，技术要安全可靠；力求建筑物布置紧凑，一个建筑物能发挥多种作用，减少工程量和土地占用。水利枢纽常以其形成的水库或主体工程——坝、水电站的名称来命名，如三峡大坝、密云水库、罗贡坝、新安江水电站等，也有直接称水利枢纽的，如葛洲坝水利枢纽。

水利枢纽常按其规模、效益和对经济、社会影响的大小进行等级划分，并将枢纽中的建筑物按其重要性进行分级。中国水利水电枢纽工程分等指标及水工建筑物的级别划分见表3-5。

表3-5 中国水利水电枢纽工程分等指标

工程等别	工程规模	水库总库容/亿立方米	防洪 保护城镇及工矿企业重要性	防洪 保护农田面积/万亩	治涝 治涝面积/万亩	灌溉 灌溉面积/万亩	供水 供水对象重要性	水电站 装机容量/千瓦
I	大（1）型	>10	特别重要	>500	>200	>150	特别重要	>1200
II	大（2）型	1.0~10	重要	100~500	60~200	50~150	重要	1200~300
III	中型	0.1~1.0	中等	30~100	15~60	5~50	中等	300~50
IV	小（1）型	0.01~0.1	一般	5~30	3~15	0.5~5	一般	50~10
V	小（2）型	0.001~0.01		<5	<3	<0.5		<10

水利枢纽按承担任务或主导功能的差异，可分为防洪枢纽、灌溉（或供水）枢纽、水力发电枢纽和航运枢纽等。多数水利枢纽承担多项任务，称为综合性水利枢纽。水利枢纽又分为蓄水枢纽和引水枢纽两种类型。

（1）蓄水枢纽：多修建在河流上游山区的高山峡谷河流上，形成具有一定调节能力的水库，蓄积河流丰水时期多余水量，以满足枯水时期工农业用水的要求。蓄水枢纽必须具有三个基本建筑物，包括挡水建筑物、泄水建筑物（溢洪道及泄水隧洞）和引水建筑物（水电站进水口或输水隧洞），此外还有一些附属水工建筑物。

（2）引水枢纽：多建于平原河流上，一般位于河床坡度平缓、河谷宽阔的河段上。该枢纽有较低的壅水坝或水闸、电站厂房、通航和引水渠、泄水建筑物等建筑物，核心建筑物是拦河闸（坝）。引水枢纽的水头差一般比较小。

四、水电站工程

水体不仅可以被人类直接利用，还是能量的载体。河川径流的水体蕴藏着一定的水能资源或水力资源，具有位能、压力能和动能三种机械能。水能是一种可再生的一次性常规清洁能源，主要是指水体位能的利用。本研究主要是指河流的水能资源。构成水能资源的基本条件是水流和落差，流量越大，落差越大，蕴藏的水能资源越丰富。人类利用水能的历史悠久，但早期仅将水能转化为机械能，直到高压输电技术发展、水力交流发电机发明后，水能才被大规模地开发利用（周芹，2010）。随着矿物燃料的减少，水能成为重要且前景广阔的替代能源。开发水能对江河治理和综合利用具有积极作用，各国都把开发水能放在能源发展战略的优先地位。全世界江河的理论水能资源为48.2万亿千瓦时/年，技术上可开发的水能资源为19.3万亿千瓦时。中国江河水能资源量大，占世界首位，单河理论水能资源蕴藏量在0.876亿千瓦时/年以上的河流3019条，理论水能资源蕴藏量为6.91亿千瓦，其中可开发的水能资源约3.82亿千瓦，单站装机500千瓦及以上的可开发水电站共11 000余座，装机容量3.9亿千瓦。但中国水能资源分布不均匀，西多东少，大部分集中在西南地区，其次在中南地区，东部沿海地区较少，东部的华东、东北、华北三大区仅占6.8%，中南地区占15.5%，西北地区占9.9%，西南地区占67.8%，其中四川、云南、贵州三省就占全国的50.7%（毛广志，2009）。

水能主要用于水力发电。水的落差在重力作用下形成动能，利用水的压力或流速冲击水轮机旋转，将水能转化为机械能，由水轮机带动发电机旋转，切割磁力线产生交流电，由此将水的势能和动能转换成电能。水力发电的闸站称为水电站，是水、机、电的综合体，是将水能转化为电能的综合工程设施，一般由挡水建筑物（坝）、泄洪建筑物、引水建筑物及电站厂房四大部分组成，包括水工建筑物、水力机械设备、发电设备、变电设备、配电设备、输电设备和控制及辅助设备。

布局水电站的前提是上下游形成一定的落差，构成发电水头。中国称水头70米以上的电站为高水头电站，水头70~30米的电站为中水头电站，水头30米以下的电站为低水头电站。按照集中水头的方式不同，水电站分为坝式、引水式和混合式三种方式。

（1）坝式水电站：是在河流峡谷处拦河筑坝，坝前壅水，在坝址处形成集中落差。

该类水电站引用流量大，电站规模大，水能利用充分，可调节流量；综合效益高，可同时满足防洪、发电、供水等兴利要求，但投资大，工程规模大，周期长，水库淹没范围大，迁移人口多。目前，世界上装机容量超过2000兆瓦的水电站多是该类型。

（2）引水式水电站：在坡降较陡的河段上建设低坝取水，通过人工修建的渠道引水到河段下游，集中落差，再经压力管道引水到水轮机进行发电。该类型水电站引用水量小，基本无水库淹没损失，工程量较小，单位造价较低，适合河道坡降较陡、流量较小的山区性河段，但电站库容小，水量利用率较低，综合效益较低。

（3）混合式水电站：在河段上同时采用高坝和有压引水道共同集中落差的水电开发方式，具体是通过坝集中一部分落差后，再通过有压引水道集中坝后河段上的另一部分落差，形成电站的总水头。该类型适用于上游有优良坝址，而适宜建库且紧接水库以下河道突然变陡或河流有较大转弯的河段。在实践中，该类型水电站较少。

根据水源的性质，按照对天然水流的利用方式和调节能力，水能开发方式分为径流式和蓄水式两种，水电站分为常规水电站和抽水蓄能电站。常规水电站是利用天然河流、湖泊等水源发电；抽水蓄能电站是利用电网负荷低谷时多余的电力，将低处下水库的水抽到高处存蓄，待电网负荷高峰时放水发电，尾水收集于下水库。按装机容量，水电站分为大型水电站、中型水电站和小型水电站，中国规定装机容量大于25万千瓦为大型水电站，2.5万～25万千瓦为中型水电站，小于2.5万千瓦为小型水电站，具体如表3-6所示。但目前水电站的发展趋势是机组单机容量向巨型化发展。

表3-6 中国水电站等级类型划分指标　　　　　　（单位：万千瓦）

类型	等级	装机容量
大型水电站		>25
	大Ⅰ型	>75
	中大Ⅱ型	25～75
中型水电站		2.5～25
小型水电站		<2.5
	小Ⅰ型	0.05～2.5
	小Ⅱ型	<0.05

资料来源：《水利水电枢纽工程等级划分及设计标准》规定

2012年中国水电装机规模达到2.49亿千瓦，占全国电力装机容量的21.7%；大型水电站比例大，单站规模大于200万千瓦的水电站资源量占50%，且分布集中，各省（自治区）单站装机1万千瓦以上的大型水电站有203座，70%以上的大型水电站集中分布在西南四省（自治区）。如图3-4所示，2015～2020年中国水力发电量逐年递增，2020年达到最高1.21万亿千瓦时；其中，西南地区占58.6%，华中地区占18.5%，西北地区为10.9%，华南和华东地区分别为5.9%和4.2%，而东北和华北地区仅分别占1.1%和0.9%。

水力发电的优点是成本低、可连续再生、无污染，但受水文、气候、地貌等自然条件的限制大，容易受地形、气候等多方面因素影响，存在淹没土地、移民搬迁、破坏生物多样性等问题。水力发电往往是水资源综合开发利用系统的重要组成部分，水电站一般兼有防洪、灌溉、供水、航运、养殖、旅游等综合效益，控制洪水泛滥，提

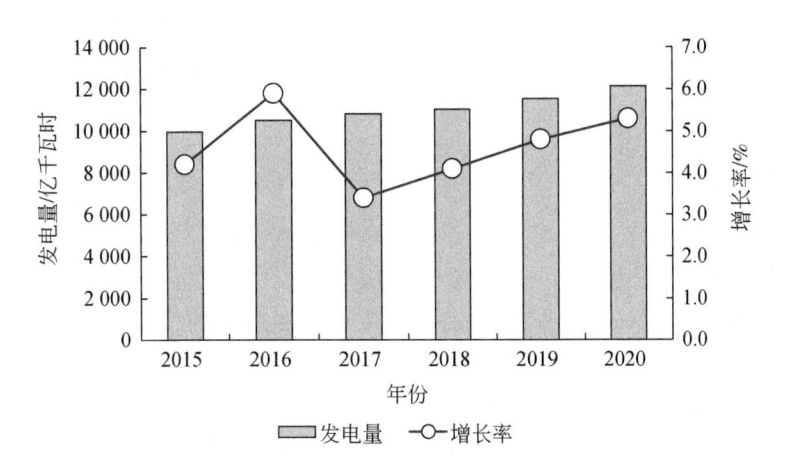

图 3-4　近年来中国水力发电量及变化率

供灌溉用水，改善河流航运，发展旅游业和水产养殖，改善区域交通、电力供应和经济结构，由此形成水资源综合利用体系，实现发展效益的最大化与综合化（何祚庥，2011）。水电开发能把地方资源优势转变为产业优势甚至经济优势，带动其他产业形成集群式发展，促使流域整体发展甚至崛起。

五、通航设施

天然河流由于调节流量、渠化通航以及因地形条件、水面坡度的限制，必须具有阶梯形的纵断面形成集中水面落差，所以河流通航必须借助专门的通航建筑物使船舶直接通过落差。这些专门的通航建筑物为过船设施，又称为通航设施。通航设施形式要根据过坝运输量、船型、船队、上下游水位差及变动幅度、水文地形地质条件和枢纽建筑物的形式及布局进行选择，主要有船闸与升船机两种基本类型。

1. 船闸

船闸，也称为厢船闸，是一种应用最多的现代通航建筑物，建于内河航道的水利枢纽中。船闸是一厢形构筑物，是利用向两端有闸门控制的航道内灌、泄水，以升降水位，使船舶能克服航道上的集中水位落差的厢形通航建筑物。船闸一般由上、下游引航道与上、下游闸首连闸室组成，具体包括闸室、闸首、闸门、引航道、输水系统、阀门及相应设备，其中闸室是最重要的建筑物。船闸以水力浮运船舶过坝。船闸利用厢形闸室水位变化以升降船舶，用于克服航道中的集中水位落差，将船舶自一水位河段提升或下降至另一水位河段。船闸通过能力大，应用较为广泛。

船闸的种类很多，具体与各地的自然条件和经济、级数条件有关。根据在轴线上布置闸室的数量，船闸分为单级船闸、双级船闸和多级船闸，又称为单室船闸、双室船闸和多室船闸，其中单级船闸使用最广。船闸级数取决于水头大小即上下游水位差。根据同一枢纽中并行轴线布置的船闸数量，可分为单线船闸、双线船闸和多线船闸；船闸线数取决于客货量大小及货种多少，通常情况下一个枢纽一般只布置一个船闸，当闸运量较大时，可布置双线船闸或多线船闸。船闸的基本运行原理是连通器的原理。

中国是建造船闸最早的国家。公元前214年，灵渠就设置了斗门即闸门。三峡船闸是世界最大的船闸，为双线5级船闸，总长6442米，上游引航道2113米，下游引航道2708米，船闸主体段1621米；可通过万吨级船队，设计单向年通过能力5000万吨。

2. 升船机

升船机，也称为举船机，是一种升降船舶的机械设施，是为船舶通过航道上集中水位落差而设置的通航建筑物，其功能是克服航道上集中水位落差。具体是将船开进承船厢，利用水力或机械运送承船厢过坝。按承船厢运行的线路，升船机分为垂直式和斜面式两类，前者指承船厢沿垂直方向升降的升船机，后者指承船厢沿斜坡轨道上下的升船机。升船机由上闸首和下闸首、承船厢（或承船架、承船车）、支承导向结构、驱动装置、连接建筑物等组成。通过升船机，船舶可以实现上下游航道的进出。

船舶在升降过程中的支承方式有干运和湿运两类。干运是船舶停放在不盛水的承船架或承船车上，湿运是船舶载于盛水的承船厢内。升船机比船闸节省水或几乎不耗水，在水量相对较少的河流或人工运河上，升船机的优势就更加突出。

世界最早的机械化升船机是1788年英国开特里建造的斜面干运升船机。现代化的大型升船机出现在20世纪。中国现有升船机60多座，多数为提升50吨级以下船舶的小型斜面升船机。2016年，三峡升船机投入运行，成为世界最大的升船电梯，可载3000吨级船舶，最大爬升吨位高达1.55万吨，最大爬升高度113米。

第四章
流域发展的国际案例与经验

　　流域是一个综合性的自然地理单元，"保护"、"开发"和"治理"的内涵丰富，涉及和覆盖各领域、各尺度。水资源的独特属性促使流域成为人类居住和开展社会经济活动的最早且最适宜的区域，人类经济活动的开发往往发轫于大江大河，人类社会文明起源于河流文化，人类社会发展积淀于河流文化。长期以来，人类以水利资源开发利用为中心，合理布局生产力与城镇居民点，打造国家发展轴线。许多大河流域已经或正在成为世界社会经济发达的地带，流域经济尤其是大河流域经济成为国家甚至国际区域的经济命脉。各国在流域开发治理的实践过程中积累形成了不少的有益经验与成功模式，同时也遭遇了一些失败与教训。分析这些经验和模式，有助于总结和探索流域开发、治理与保护的客观规律，为松花江流域的高质量发展提供指导与借鉴。

　　本章主要分析流域发展的国际案例与经验。从主要河流流域与高纬度河流流域两个方面，系统梳理了流域发展的基本情况，考察了开发、治理与保护的具体路径，总结了流域发展的基本模式与主要经验。主要河流流域包括莱茵河、多瑙河、田纳西河、密西西比河、亚马孙河、墨累–达令河、科罗拉多河等，高纬度河流流域包括伏尔加河、勒拿河、阿姆河、叶尼塞河、锡尔河、鄂毕河等。流域发展虽然独特性显著，但呈现出一些共同的特征与规律。总体上，流域发展形成了开发性模式与治理性模式，反映了不同国家与流域发展阶段及各流域在所在国家的战略功能定位的差异；在发展重点上，流域发展形成了灌溉农业、流域防洪、梯级开发、资源开发、保护治理和综合型开发等导向的若干模式。各国流域的开发和治理大致形成了一些有益的经验：强化政府的主导作用，制定实施流域综合性发展规划及各类专项规划，作为全流域或干支流及流段开发治理的纲领，实现有序推进；实施梯级开发，推动水资源综合开发利用，加强各类功能的协调；重视建设大容量的航运通道，开挖人工运河，优化航运组织；完善流域性管理体制机制，成立统一的流域管理机构，健全流域管理的法律法规；注重培育国土开发轴线，打造沿江产业带、城市带，形成"点–轴–面"的空间发展模式；突出加强生态环境保护，注重环境污染治理，实施绿色发展，推动跨国跨区域协同治理。这些经验表明人类对流域发展规律的认识、利用在逐步深入。

第一节　主要河流流域保护与开发路径

　　莱茵河、多瑙河、田纳西河、密西西比河、亚马孙河等河流流域发展形成了较好的经验与模式。下文对这些河流流域的开发治理路径进行简单论述和总结。

一、莱茵河流域

1. 流域基本概况

莱茵河是欧洲西部最大的河流，发源于阿尔卑斯山北麓，流经瑞士、列支敦士登、奥地利、德国、法国和荷兰，流入北海，属于国际性河流。莱茵河全长 1360 公里，流域面积达 25.2 万平方公里。莱茵河流域属北温带大西洋气候，温和湿润，是欧洲水量最丰富的河流之一，流域地势自南向北倾斜。

莱茵河流域是产业、人口和城市分布较为集中的带状区域。集聚了近 1 亿人口，沿岸平原的农业发达，有许多世界著名城市和重要产业部门。中下游地区地势平坦，是欧洲重要的工业中心，能源、化工、机械、电子和汽车等产业比较发达，化工产品占全世界总量的 20% 以上。莱茵河流域形成部分人口集聚区，尤其是以鲁尔工业集聚区为代表，主要分布在干流或干流与运河连接的地区。莱茵河流域常年自由航行里程达 869 公里，约 800 公里可行驶万吨海轮，是世界最繁忙的航道之一。莱茵河流域约 1/3 被森林覆盖。洪水是莱茵河的重要灾害。

2. 开发治理路径

莱茵河流域在近两个世纪的开发建设中取得了举世瞩目的综合效益，成为世界江河开发的成功典范，积累了许多宝贵经验。莱茵河是典型的发达国家流域开发模式，特点是环境保护和经济开发并重，绿色城市化和科技创新共同促进流域发展（刘健，1998；黄燕芬等，2020）。莱茵河的开发治理主要分为以下阶段。其间，重要时间点如图 4-1 所示。

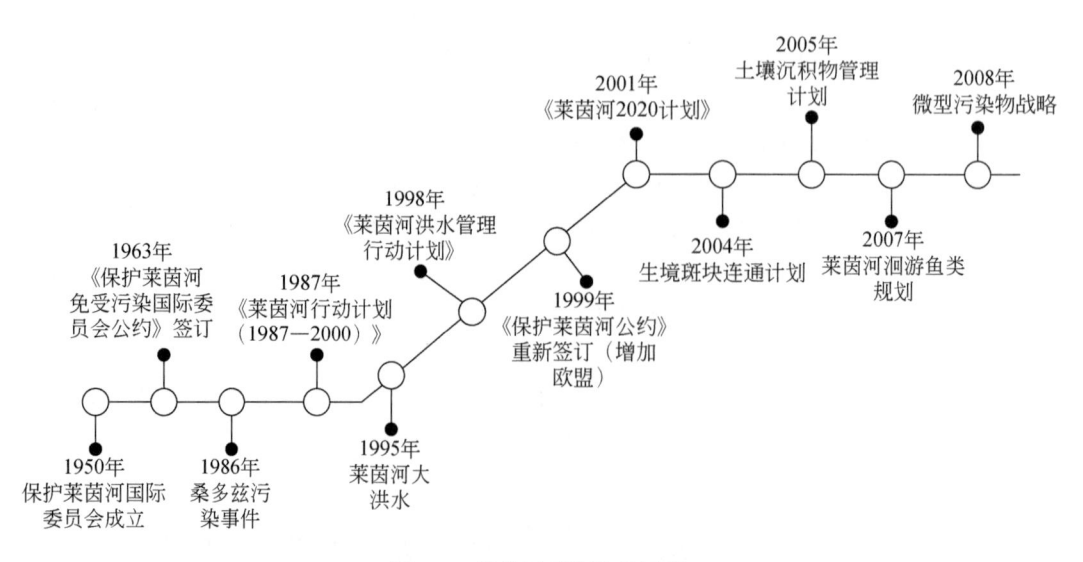

图 4-1 莱茵河开发治理历程

（1）自由航运阶段。自莱茵河流域并入罗马帝国以来，莱茵河就是欧洲最大的运输线路；罗马人曾建有一支莱茵河运输船队。随着中世纪贸易的兴起，莱茵河的重要性迅速提高。现代航运的发展始于19世纪，1815年莱茵河被定位于国际商用航道，同年莱茵河委员会成立，开始疏浚航道、修建码头、发展航运，1830~1832年在宾根炸出2条航道；1817~1874年在上游进行了运河化。1815年维也纳会议就莱茵河自由航运和取消征收通行费达成原则协议，采用不收费、不收税的自由航行政策。1831年《美因兹公约》具体付诸实施，并成立了莱茵河航运中央委员会（Central Commission for Navigation on the Rhine，CCR），由沿线国家、州、地方等代表组成，各国负责本国河段的养护和疏浚，推动莱茵河渠道化（张莉，2015）。

（2）工业化发展阶段。莱茵河腹地开始河网化。1850年后，沿岸人口增长和工业化持续加速。良好的通航条件为流域各国尤其是德国的工业化提供了重要保障，19世纪40年代起，流域各国先后开始了工业化进程，70年代相继完成工业化。莱茵河开始利用拖船牵引驳船，1868年修订《曼海姆公约》，对船型、船龄、航道规划和技术条件等方面提出规范，1918年将一切特权给予所有国家而不限于河岸各国。1899年鲁尔大坝协会成立，协调修坝建库。沿岸各国进行了大规模开发，采取筑坝、河道疏浚及裁弯取直、截断小支流等工程措施修建大坝、船闸和水电站，对莱茵河进行渠化。莱茵河地区成为重工业和化学工业基地，工业化进程催生了许多著名城市，如康斯坦茨、美因茨、巴塞尔、波恩、法兰克福、诺伊斯、鹿特丹、科布伦茨、科隆等（张攀春，2019），但造成莱茵河污染严重，其一度被称为"欧洲下水道"和"欧洲公共厕所"。渔业资源急剧减少，1885年鲑鱼捕捞量为22.5万条，20世纪50年代捕捞量降为零。

（3）梯级开发阶段。20世纪上半叶，开始进行梯级开发，改善航运和开发水电。第二次世界大战后，随着工业复苏和城市重建，莱茵河流域工业化再度加速，两岸土地被大规模开垦。重视梯级开发，加强中上游的水电建设，在干流上兴建几十座水电站，实现供电网的成龙配套（张莉，2015）。干流水电装机容量超过200万千瓦。各国在电站开工前签订双边或多边的建设协议，按投入比例合理分配电能。继续修筑运河，改善通航条件，加强内河航运标准化建设，主要支流及干流上游基本实现梯级渠化，连通边缘地区及联结上游地区，扩大通航范围。7000吨级船舶直达德国科隆港，5000吨级船舶直达法国斯特拉斯堡，1500吨级船舶直达瑞士巴塞尔，摩泽尔河、内卡河、美因河等主要支流可行驶1500吨级船舶，采用顶推船运输方式。重视铁路、公路、油气管道等基础设施建设，形成整体衔接贯通的综合物流网络。莱茵河周边建起密集的工业区，以化学工业和冶金工业为主。以港兴城、以城托港，形成沿江城市与港口带，仅干流就建成了50座中等规模以上的城市。塑造了主导职能及特色职能，有20余座经济中心城市、20余座科教文化中心城市和近10座金融城市（马静和邓宏兵，2016）。

（4）绿色化发展阶段。20世纪50年代开始，相关国家启动了莱茵河流域治理。1950年，瑞士、法国、卢森堡、德国和荷兰联合成立了保护莱茵河国际委员会，1963年签订《保护莱茵河免受污染国际委员会公约》，之后签订补充协议，目的是解决莱茵河环境污染。20世纪80年代以来，保护莱茵河国际委员会在国际合作框架下，签署了一系列莱茵河流域治理的协议，签约国家共同采取行动，对莱茵河环境改善和流域管理起到了巨大作用。1987年，各国联手实施《莱茵河行动计划（1987—2000）》，采取了积极措施防治水质恶化；制订严格的排污标准及环保法案并加强执法力度，建设河流水质监测站网。20世纪80年代中期，化工、核电等产业治污技术取得重大突破，90

年代高污染的制造业外迁，大力发展第三产业。1998年，实施了《莱茵河洪水管理行动计划》，1000平方公里洪泛区、100条人工运河和1.1万公里的河岸恢复或加固，沿河建立技术性滞水设施，复原河道和洪泛区，建立小规模技术性滞洪设施。1999年重新签订了《保护莱茵河公约》。但治理效果并不明显，污染事件仍不断发生。2001年计划措施完成，达到水位降低5厘米的目标。

（5）高质量发展阶段。2000年欧盟颁布《水框架指令》，对莱茵河的治理提出更多、更高的强制要求。2001年实施了《莱茵河2020计划》，详细制定了莱茵河流域防洪保障、地下水保护、水质和生态改善等方面的治理目标。随后制订了生境斑块连通计划、莱茵河洄游鱼类规划、土壤沉积物管理计划、微型污染物战略等一系列计划。2000年后，当初迫在眉睫的挑战转向更高质量环境的创建和生态系统服务功能的开发。防洪区建设、航道整治等工程均将生态环境保护作为基本目标列入工程规划和建设。2018年，荷兰莱茵河段的"还地于河"工程完工，极限洪水位降低了30厘米。莱茵河沿岸修建了大量污水处理厂、垃圾处理厂，安装了SO_2和NO_x的处理装置。注重沿江产业的选择与培育，集聚化工、钢铁、机械制造、旅游、金融、保险等产业；促进产业布局优化，上游大力开发水能资源，中游布局先进无污染产业，下游推进绿色航运贸易。莱茵河沿岸各国将科技进步作为收缩、改造和提升传统产业、促进结构调整和产业升级的动力。莱茵河流域集聚了近1亿人口，成为最密集的城市群和产业带之一。

经过一个多世纪的规划、开发和治理，莱茵河流域发展已进入成熟阶段，城镇体系完整，空间形态相对稳定，产业层次较高（张攀春，2019）。全流域已建成74座港口、50余个中等规模以上的城市。

二、多瑙河流域

1. 流域基本概况

多瑙河位于中欧东南部，是流经国家最多的国际河流。多瑙河全长2857公里，流域面积81.7万平方公里。多瑙河流域水资源丰富，多年平均径流量达2030亿立方米。生物多样性、湿地资源丰富，特别是多瑙河三角洲是欧洲最大的湿地生态系统，被誉为"欧洲的地质、生物实验室"（胡文俊等，2010）。

多瑙河干流流经10个国家，支流覆盖9个国家，是欧洲重要的经济、环境、运输廊道，对流域生产生活用水、发电、航运、娱乐、渔业、灌溉、污水处理等具有战略价值。航运业发达，沿岸有100多个港口，是沿岸各国的运输大动脉。流域人口约8300万。多瑙河流域既有德国、奥地利等发达国家，又有摩尔多瓦、乌克兰等发展中的国家，经济发展水平极不平衡，社会制度、文化等也存在较大差异。由于流经国家众多，多瑙河流域的水资源最优利用是相当困难的。

2. 开发治理路径

多瑙河模式属于多中心开发模式（胡文俊等，2010；陈明忠和孙烨，1991）。国际合作一直是多瑙河流域发展的主旋律，在双边跨界河流、多边子流域及流域层次开展合作，在国际航运、水污染防治、洪水管理及流域综合管理等方面成功开展了一系列的国际合作实践。

多瑙河国际合作大体经历了以航运为主到以水能资源开发利用为主，再到以水资源保护为主和全面执行欧盟《水框架指令》等若干发展阶段（胡文俊等，2010）。

(1) 以航运为主的合作阶段。航运是沿岸国家最早开展的合作内容。1815年以前，沿岸国家多次签订条约，规定商业贸易可自由通航。1815~1856年航行向国际化过渡，俄国分别与奥地利帝国、奥斯曼帝国签订条约，规定多瑙河向一切沿岸国和非沿岸国的商船开放，但出海口掌握在俄国手中，未能完全实现航行自由。1856~1919年实施自由航行，1856年《巴黎和约》规定多瑙河及其出海口向一切国家开放，成立了多瑙河欧洲委员会及多瑙河沿岸国委员会，分别负责对多瑙河罗马尼亚铁门峡以下到入海口段、德国乌尔姆到铁门峡段的协调管理。1919~1948年确定航行制度，1921年沿岸国家和英国、法国、意大利等国家签订了《制定多瑙河确定规章的公约》，确定了自由航行规则。1948年以后实行新航行制，以苏联为主导的多瑙河沿岸社会主义国家于1948年签订了《多瑙河航行制度公约》，规定多瑙河对各国国民、商船和货物自由开放，但要受沿岸国管辖。1949年成立统一的多瑙河委员会。第二次世界大战后，河流经过疏浚，修建了许多运河，运量大增。1992年莱茵河-美因河-多瑙河运河实现了从黑海通过多瑙河一直到北海的国际航运，成为贯穿欧洲的水上交通大动脉。沿岸港口有乌克兰的伊兹梅尔、罗马尼亚的加拉茨和布勒伊拉、保加利亚的鲁塞、塞尔维亚的贝尔格莱德、匈牙利的布达佩斯、斯洛伐克的布拉迪斯拉发、奥地利的维也纳、德国的雷根斯堡。

(2) 以水能资源开发利用为主的合作阶段。始于20世纪初，各国对水能资源进行了充分利用。1948年《多瑙河航行制度公约》签订后到80年代，沿岸国家开始全河的渠化建设，在边界附近或界河段进行水电开发的双边合作，两个邻国共同规划设计且均分投资及效益。1950~1980年多瑙河兴建了69座水电站，库容超过73亿立方米。干流水能资源开发利用率达65%，从德国源头到匈牙利加布奇科沃1000公里河段上建有59座大坝，大部分集中在上游的德国和奥地利。1952年，奥地利与德国签订《关于多瑙河水力发电和联营公司的协定》，联合建成约翰斯坦水电站。1963年，南斯拉夫与罗马尼亚签订《关于多瑙河铁门水电站及航运枢纽建设和运行的协定》，在界河两侧各建一座容量相同的水电站；1984年又联合建设铁门二级水电站。

(3) 以水资源保护为主的合作阶段。1958年，罗马尼亚、保加利亚、南斯拉夫和苏联签订了《关于多瑙河水域内捕鱼公约》。1985年，8个沿岸国家通过了《多瑙河国家关于多瑙河水管理问题合作的宣言》，达成防治多瑙河水污染并在国界断面进行水质监测的协议，要求建立一个强有力的跨国监测网络。沿岸国和联合国开发计划署、全球环境基金等国际组织共同参与多瑙河流域环境发展计划。1994年，11个沿岸国及欧盟签署《多瑙河保护与可持续利用合作公约》，成立多瑙河保护国际委员会（International Commission for the Protection of the Danube River，ICPDR），在水污染防治、防洪减灾等方面开展了大量工作，协调各国建立污染监测系统，制定多瑙河流域减污行动计划、防洪行动计划等。1997年建立了多瑙河突发事件预警系统，目前已有14个国际预警中心。

(4) 全面执行欧盟《水框架指令》的合作阶段。《水框架指令》是欧盟在水政策领域制定的统一行动框架，2000年发布生效。2000年《多瑙河保护公约》缔约方承诺执行《水框架指令》，同意讨论水资源跨境管理问题，制定多瑙河流域管理规划。

多瑙河流域有多种形式的合作机制，包括双边合作、子流域多边合作和流域层次的合作、地区及国际层次的合作等。目前双边合作是以《多瑙河保护公约》《水框架指令》和双边或多边的协定为法律依据，强调计划与行动的相互协调。子流域多边合作往往成立子流域委员会或论坛，协调利益和共同行动。流域层次的合作有政府间合作机制、学术和专业研究机构及国际组织建立的合作网络。地区及国际层次的合作有多瑙河保护国际委员会与黑海保护委员会的合作等。不同机制的合作内容各有侧重，多瑙河委员会负责航运合作，多瑙河保护国际委员会负责流域水资源保护与利用方面合作，萨瓦河国际委员会负责萨瓦河的航运、水管理和水资源保护等方面合作。

各类管理机构发挥了巨大的组织、协调、监督等作用。早在19世纪后期，奥地利就建立了国家机构——帝国航行管理局，主管河道整治计划和执行情况。1856年《巴黎和约》决定设立多瑙河沿岸国委员会和多瑙河欧洲委员会，前者由欧洲委员会行使管理监督权并从临时机构变成常设机构。《制定多瑙河确定规章的公约》规定，欧洲委员会暂由法国、英国、意大利和罗马尼亚组成，保持第一次世界大战前的所有权力，管辖范围为多瑙河的沿海部分。新设立国际委员会，管辖可通航的河道部分。贝尔格莱德通过新的航行制度公约规定设立"多瑙河委员会"，监督公约各项规定的实施，编制改进航行的工程计划，建立统一航行制度和河流监督规则，协调水利、气象工作等。为合理开发利用多瑙河公共段，成立了公共政府委员会。沿岸各国通过签订技术协定而成立各种混合委员会。

三、田纳西河流域

1. 流域基本概况

田纳西河分布在美国东南部，是美国第八大河，是俄亥俄河第一大支流，流经7个州。田纳西河发源于阿巴拉契亚高地西坡，由霍尔斯顿河和弗伦奇布罗德河汇合而成。田纳西河全长为1043公里，流域面积为10.6万平方公里。上中游河谷狭窄，比降较大，多急流，水力资源丰富；下游为冲积平原，河谷开阔，帕迪尤卡至弗洛伦斯450公里河道通航便利。水系发达，支流众多。以亚热带季风性湿润气候为主，温暖湿润，降水丰沛，水位季节变化较大，冬末春初多暴雨，容易造成洪水泛滥。水电资源丰富，可开发水能达414万千瓦；矿产资源丰富，尤其是煤、磷、锌、铁、铜等资源丰富，分布有一定储量的石油、天然气资源。田纳西河流域管理局负责对流域进行综合治理，使其成为具有防洪、航运、发电、供水、养鱼、旅游等综合效益的水利网。

2. 开发治理路径

田纳西河流域属于圈层开发模式（谢世清，2013；郑重阳，2011）。20世纪30年代，罗斯福为摆脱经济危机的困境，决定实施"新政"，政策之一就是推动流域开发；其中，田纳西河流域被当作一个试点，对自然资源进行综合开发，达到振兴区域发展的目标。田纳西河流域的综合治理，从流域防洪入手，综合开发利用水资源，推动工业化与农业发展。具体经历了五个阶段。

（1）1836年开始，实施初期开发治理。美国在田纳西河流域兴建通航工程，1925年建成威尔逊大坝，以提高马瑟滩上的通航水深。1922~1925年，美国陆军工程兵团提出田纳西河的综合开发报告，虽经批准，但并未实行（李旺生，2008）。

（2）1933~1950年，为传统意义的开发治理。1933年，美国成立田纳西河流域管理局，开始有计划的流域综合治理和开发。从防洪和航运出发，结合开发水电，在干支流上修建了一批水利枢纽，该阶段共建成大坝水电站30多座，装机容量达609万千瓦，完成了干流的水电开发，控制了洪水，渠化了干流航道。干流建成9个梯级13座船闸后，使河口至诺克斯维尔的1050公里的航道实现渠化，支流有400公里的水道通航。建设了百个示范农场和良种场，发展高产农田。

（3）1950~1960年，主要建设火电厂，以满足不断增长的负荷需要。开始实施洪泛区管理计划。利用能源和航运，加快发展工业，大力发展高耗能产业。通过低廉电价吸引化学工业、原子能工业和电解铝等高耗能企业布局。

（4）1960~1970年，控制火电厂建设，进行核能研究和发展，继续兴建支流水库。结合流域资源特点，经营其他多种产业。开始重视环境问题，加强自然资源管理和保护。控制大规模火电建设，加强环境污染治理；工业发展重心转向橡胶、纺织、金属加工等，产业类型更加多元化。

（5）1970年以后，继续发展核电站；建成腊孔山大型抽水蓄能水电站，并完成了支流的水电开发，全流域建成大中型水电站34座，装机容量达517万千瓦，水力资源蕴藏量开发率达87%。20世纪80年代后期开始，对老水电站进行改造，按新设计洪水标准加固大坝，共建成54座水库，总库容达290亿立方米。流域集中了运输设备、金属加工、机械、电器、橡胶、造纸、服装、纺织、食品等产业，形成了田纳西河工业走廊。90年代，实施"净水计划"，为社区和水生生物提供洁净的水，开展生态保护和休闲旅游。

1933年以前，田纳西河流域水土流失严重，洪水为患，经济发展落后，以农牧业为主，从业人员占62%左右，航道能力较低，农村基础设施落后，仅有4.2%的农村通电，3%的农庄有自来水，是美国最贫穷落后的地区之一，年人均收入仅100多美元，约为全国平均值的45%（李旺生，2008）。田纳西河流域经过多年的综合开发与治理，常年航行船只达3.4万艘，生态环境和交通得到改善，形成田纳西河工业区，农业比例大幅下降。1984年，农业就业人数仅占5%，服务业和商业已高达45%，制造业升至27%，形成了田纳西河工业走廊，由落后地区变成沃野千里、航运通达、环境优美、工业较为发达的美国中等发达地区，被誉为"田纳西奇迹"。

四、密西西比河流域

1. 流域基本概况

密西西比河位于北美洲中南部，是北美流程最长、流域面积最广、水量最大的河流。通常以发源于美国西部落基山脉的密苏里河支流红石溪为河源，全长为6021公里，居世界河流的第4位；流域面积为322万平方公里，占美国本土面积的41%，覆盖东部和中部地区。支流很多，比较重要的有54条，主要支流有俄亥俄河、密苏里河、阿肯色河、雷德河和田纳西河等。流域广阔，各地气候条件不一，由于地形地貌等自然地理条件的不同，东西两侧支流、河流各段的水文特征截然不同。中游河段河面宽阔，下游河道迂曲，水势平稳；三角洲地势低平，河堤两岸多沼泽、洼地，河口分成6个汊流向外伸展，有"鸟足三角洲"之称。密西西比河水系分布在80°W～118°W和29°N～49°N，是中部平原地带，属于世界三大黑土区之一。密西西比河流域有着丰富多样的矿产资源，中上游的肯塔基、西弗吉尼亚、伊利诺伊、密苏里、印第安纳等州具有丰富的煤炭资源，有高品位的铁矿石。密西西比河已成为世界最繁忙的商业水道之一。密西西比河及其洪泛平原共哺育着400多种不同的野生动物资源，北美地区40%的水禽沿着密西西比河进行迁徙。

2. 开发治理路径

密西西比河流域的开发治理的历程是：避洪和防洪→治洪和简单开发→综合开发和治理→全面整治与开发→重视治理中的环境和生态问题、融入当代流域治理理念，经历了不同阶段。密西西比模式是典型的点轴开发模式（后立胜和许学工，2001；夏骥和肖永芹，2006）。

（1）以防洪为主的治理阶段。流域开发始于18世纪中期的"西进运动"。最初的移民沿着密西西比河摸清了河流的特性，整治游荡性河道，挖除沙洲，扩大河流运输能力（刘艳茹，2003）。密西西比河下游的航运始于1705年。1717年，密西西比河上修建了第一条堤防。1717～1812年，新奥尔良已修建了160公里防洪堤，至1855年下密西西比河已修建1600公里防洪堤。19世纪中叶，居民将单独的大堤连接，形成很长的防洪大堤。1824年美国陆军工程兵团成为流域治理机构，对天然河道制定统一规划，推行"堤防万能"的防洪政策，采取修筑闸坝、渠化河道及疏浚炸礁、人工裁弯等工程措施，改善通航条件（常航，2004）。南北战争（1879年）后，实行只建堤防的防洪政策。沿河开发始于农业和畜牧业，俄亥俄河和密苏里河以北成为"小麦王国"，下游以亚拉巴马州为中心形成"棉花王国"，密西西比河以西是美国"畜牧王国"，三大农业区确立了美国现代农业发展的基本格局（祖强和薛莉，2003）。19世纪末，下密西西比河修建了主要堤防系统。1824年美国出台了《改善俄亥俄河和密西西比河航道条件法》，授权美国陆军工程兵团疏浚密西西比河及支流俄亥俄河。1849年和1850年立法授权州政府可以出售洪水期常遭淹没的低洼滩地，利用这些资金进行沼泽地排水和修筑防洪工程。1837年开始，进行河口治理，虽经多种方法治理但均未成功，1875年采用了双导堤束水增加流速与适当疏浚。

（2）防洪与航运并重时期。1879年美国国会成立了密西西比河委员会，提出了密西西比河长期治理规划，对干流下游、上密西西比河及俄亥俄河下游的航道进行整治。1860～1890年，陆续出台《鼓励西部植树法》《沙漠土地法》等法律，规定要获得开发土地的权利，必须在那里植树种草、修建灌溉渠道并达到一定规模。1886年美国国会规定从凯罗到河口的航道最小水深为2.74米。密西西比河的疏浚始于1895年，上中下游都进行过疏浚，一批港口城市兴起。农产品加工开始发展，明尼阿波利斯拥有世界最大的现金谷物交易市场和世界最大的4个面粉加工企业，堪萨斯城不仅是世界最大的谷物和商品贸易市场之一，还是美国重要的牲畜屠宰、肉类加工和面粉工业中心。利用矿产资源发展工业，尤其是钢铁工业，匹兹堡被称为"钢都"，重型机械制造、化学、电气器材、金属加工、运输机械、石化等产业开始发展，成为美国重要的工业中心。随着农产品资源、水电的开发，"钢铁走廊"等沿河产业密集带开始形成（夏骥和肖永芹，2006）。1879~1927年，密西西比河的治理进入了防洪与航运并重时期；修筑堤防，初步建立了下游大型堤防系统。1917年制定了《防洪法》，形成各种措施相结合、以"控制洪水"为目标的综合性工程防洪策略。1928年，美国政府启动了"密西西比河及其支流工程计划"，开展大规模综合治理与开发，修建通航闸坝，渠化航道，形成密西西比纵贯美国南北，而联运铁路、高速公路连通美国东西的综合交通网。干支流两岸设立了一批对外贸易区和自由贸易港，仅密西西比河干支流就有53处。1928年实行下游防洪和航运管理等综合治理，开辟分洪河道和分流水道，裁直弯道，加固大堤，逐渐建成完整的堤防体系。1930~1940年，密西西比河修建了一系列梯级闸坝。20世纪30年代主要完成上游千余公里河道及支流俄亥俄河的渠化。田纳西河渠化由田纳西河流域管理局自20世纪40年代开始实施，60年代完成。阿肯色河17个梯级渠化工程于20世纪60年代开始，到70年代完成（张莉，2015；常航，2004）。

（3）以梯级开发为主的综合治理时期。1936年，美国发生大洪水后，密西西比河流域开展了大规模的防洪建设，普遍加高了堤顶高程，有堤防3540公里，其中干堤长2590公里，平均高7.5米，个别堤段达12米；俄亥俄河及密苏里河流域修建了250多座多目标或单目标的大坝，上游流域的部分地方修筑了大堤和城市的防洪石堤。建立河道畅通、标准统一的航运网，共建成船闸100多座，1929~1942年在孟菲斯至巴吞鲁日之间共裁弯16处，缩短航道里程274公里。1944年规定把凯罗到巴吞鲁日的航道水深提高到3.66米，从巴吞鲁日到墨西哥湾的航道水深提高到9.14~11.89米（李旺生，2008）。1972年特大洪水之后，国会授权密西西比河委员会全面负责下游的防洪工作。

（4）综合化发展时期。到1970年，密西西比河已是一条受到约束限制的河流。最近30年，密西西比河委员会及美国陆军工程兵团紧密配合各州和联邦的自然资源机构，改善下游情况。推进河流整治的同时，保护河流的自然价值。采取恢复和维护行动，建立湿地和野生生物区。如表4-1所示，通过100多年的整治，密西西比河成为美国最大的内河航道系统，通航里程约3766公里，水深在2.74米以上的航道约占2/3；凯罗到巴吞鲁日的枯水期航道水深为3.66米，巴吞鲁日到墨西哥湾的航道最小水深为9.14~13.72米。下游多通航由15~25艘千吨级驳船组成的顶推船队，最大可通航4.5万吨级船队；上游和主要支流多通航由8~15艘千吨级驳船组成的顶推船队。密西西比河成为美国内河航运的大动脉，年货运量稳定在5亿~6亿吨，占美国内河航运的60%。工业链不断纵深延伸，密西西比河流域发展为农业、石油、钢铁及食品加工、橡胶、纺织、汽车等产业的聚集带，形成了匹兹堡、圣路易斯和新奥尔良等工业和港口城市。美国人口超过10万的150座城市中，有131座位于大江大河边，大部分分布在密西西比河流域（常航，2004）。

表4-1 密西西比河水系主要通航河流航道里程　　　　（单位：公里）

河流名称	通航里程	2.74米以上的通航里程
密西西比河干流	3766	2940

续表

河流名称	通航里程	2.74米以上的通航里程
伊利诺伊水道	526	526
俄亥俄河	1903	1695
密苏里河	1178	589
田纳西河	1050	1050
阿肯色河	2333	2333
田纳西-汤比格比运河	407	407

但开发策略存在缺陷，美国将重点放在航运业和防洪，对河流深度、流动、洪泛平原区和野生动植物资源等方面造成改变甚至破坏。流域洪泛平原的一半以上地区被防洪堤切断；千百万英亩的湿地资源和大量边缘渠道、沙洲遭到破坏；位于河流食物链底部的湿地植物大幅减少；沉沙和侵蚀现象不断增加，鱼类和蚌类生物的生活习性遭到了破坏。

五、亚马孙河流域

1. 流域基本概况

亚马孙河发源于南美洲的安第斯山脉，流经热带雨林地区，是世界流域最大、流量最高、支流最多的河流。亚马孙河长为6400公里，年均径流量为6.93万亿立方米，入海流量占全球入海河水总流量的20%；流域面积达691.5万平方公里，占南美洲总面积的40%；支流超过1.5万条，没有明显的汛期，全年降水丰富，含沙量小。亚马孙河流域西高东低、南高北低，平原河流弯曲，湖沼众多，大部分海拔在150米以下；河口宽240公里，受大西洋潮汐影响的河段长达966公里。

亚马孙河流经巴西、秘鲁和哥伦比亚等南美8个国家，主体在巴西，流域面积占87%。水能资源丰富，总蕴藏量为2.79亿千瓦，居世界第二位，全流域按支流情况可分为13个小流域，水能资源超过1000万千瓦的流域有3个。但水能资源尚未充分开发，现有开发集中在埃内河、瓦亚加河、欣古河。河源至河口的高程差距较小，河床深宽且平坦，流速缓慢，适宜航运，干支流直接通航，形成庞大便利的航运网。3000吨级海轮自河口上溯3700公里航行至秘鲁的伊基托斯，万吨巨轮可达中游的马瑙斯；全水系可供通航的河道达3万公里。亚马孙河流域蕴藏着丰富多样的生物资源，鱼类2500余种，鸟类有1600多种，植物约25 000种，全球1/4的药品原料来自该流域，其被誉为"地球的生命王国"（张攀春，2019）。亚马孙河孕育了广阔的平原与世界最大的热带雨林，但城市较少。

2. 开发治理路径

亚马孙河流域属于增长极开发模式（黄德春和陈思萌，2007），通过建立自由贸易区和实施对外开放，以促进流域发展。亚马孙河流域大致形成了如下开发时期和路径。

（1）初期开发阶段。近代以来，人类活动对亚马孙河流域的影响开始增强。1500年西班牙探险者发现亚马孙河流域，自此亚马孙河流域成为欧洲殖民者的原料来源。这引发了第一波移民潮，此后100年间人类活动不断深入亚马孙原始森林。16世纪开始对亚马孙河流域进行勘测，但1963年以前只是收集了少量水资源资料。1616年葡萄牙人建立了贝伦城，这成为探索亚马孙河的开始，橡胶业、蔗糖业逐渐发展。马瑙斯从17世纪的一个要塞发展成为巴西亚马孙地区的重要城市，成为世界最大的橡胶供应地。贝伦和马瑙斯城市人口暴增。1940年，"大亚马孙"演讲提出了"西进运动"，要在亚马孙河流域发展农垦业，为移居农民分配土地。1950年之前，该流域仅有少量的橡胶林和坚果种植。1953年成立了"亚马孙经济刺激计划委员会"，加快公路建设，对亚马孙河流域进行有计划的开发。1957年巴西建立了马瑙斯自由贸易区。1963年巴西大学、巴西海军和美国地质调查局科学家小组联合开展了亚马孙河流域的勘测（周玲妮，2020）。

（2）大规模开发阶段。20世纪60年代开始，亚马孙河流域作为新兴开发区受到重视。1966年军政府发起亚马孙行动，倡议增加亚马孙地区的人口，新建公路，设立亚马孙开发的新机构、亚马孙银行，对亚马孙河流域的投资实行免税。尤其是20世纪70年代，巴西为了解决农村失业问题，把希望寄托在亚马孙河流域的开发上，在土地出让、税收、信贷等方面实施优惠。流域各国纷纷以军事行动的方式，对亚马孙河流域进行大规模开发，1971年巴西把亚马孙纳入一体化的"全国发展计划"，拨款200亿美元资金。鼓励东北部干旱区的农民在亚马孙河流域开荒定居，大量破产农民迁移到林区，亚马孙河流域变成移民区，移民"抢滩圈地"，大量森林转变为农业用地。开发矿产资源，成立了大量木材加工企业，规划在亚马孙河流域兴建11个工业中心（王永嘉，1984）。加大了基础设施建设，修建了亚马孙横贯公路，开发了大量支路，1960~1976年公路里程增长了5倍多，公路网密度从每万平方公里34.6公里增至214.6公里（耿言虎，2016）。兴建水电站，疏浚河道，完善航运网络，共建成水电站17座、水利枢纽工程3个，发展水电和农业灌溉。以畜牧业为依托，带动农业产业化经营和现代化发展，建设了世界上最大的养牛牧场。发展铁、铝土和其他有色金属的开采及冶炼加工制造业。在重要港口城市建立自由贸易区，颁布法令建立马瑙斯自由贸易区，提供以税收为主的系列优惠。1974年以来，亚马孙河流域相继形成了17个规模不等的增长极；1976年选择马瑙斯作为新的"增长中心"，带动周围地域乃至亚马孙河流域开发。巴西亚马孙河流域人口迅速增长，1970年为1113.2万人，1980年达到1624.5万人；牲畜养殖从1970年的646.1万只迅速扩张至1995年的3604.5万只，兴建了大量大型养殖场。

（3）开发收缩阶段。20世纪80年代以来，大片森林被砍伐，改成农田和牧场。流域人口继续增长，目前达3.4亿人，多集中在沿河及主要支流的城市地区。移民来源如表4-2所示。土地过度开发，对河流系统和生态环境产生了重要影响。1988~1998年，平均每年森林破坏面积达1.5万平方公里，截至2002年，亚马孙热带雨林已有57万平方公里被砍伐。1978年南美8个国家签署了《亚马孙合作条约》，加速开发亚马孙河流域。20世纪80年代末期，巴西微调亚马孙政策，接受国际社会的部分意见。1979年，巴西制定了一项法律，严禁乱砍滥采，规定流域开发须考虑保护生态平衡，鼓励企业保护环境。巴西在1988年颁布的宪法中加入"环境"一章，规定亚马孙地区是国家遗产，此后又颁布《气候变化和环境法》和《亚马孙地区生态保护法》。国家林业发展局制定法律法规，严厉惩罚毁林烧荒。建成了208万平方公里的自然保护区，要求中小地主把5%的农田休耕撂荒。1994年，巴西建立了"亚马孙保护系统规则"和"亚马孙监视系统规则"。1998年通过条约修正案建立亚马孙合作条约组织，1999年颁布法令无限期停止亚马孙森林开发的申请，停止砍伐森林。但开发建设仍然继续，森林砍伐监督不到位，如图4-2所示。巴西亚马孙地区的林木采伐量从1975年的700万米^3/年迅速增加到1995年的5200万米^3/年。1996~1997年，巴西亚马孙地区2533家伐木场处理的林木面积就有1.0万~1.5万平方公里，以出口资源和原材料为主（耿言虎，2016；周玲妮，2020）。

表4-2　1991年巴西亚马孙河流域移民的来源分布结构　　（单位：%）

目的地	移民人口中各来源地所占比例			
	北部	东北部	东南部、南方或中西部	其他地区
阿克里河	73	5	13	9
阿马帕河	70	10	4	16
亚马孙河	67	11	8	14
托坎廷斯河	49	17	24	10
马拉尼昂河	7	81	5	6
马托格罗索河	5	5	83	7
帕拉河	62	21	8	8
朗多尼亚河	38	8	45	9
罗赖马河	38	40	9	13

资料来源：耿言虎，2016

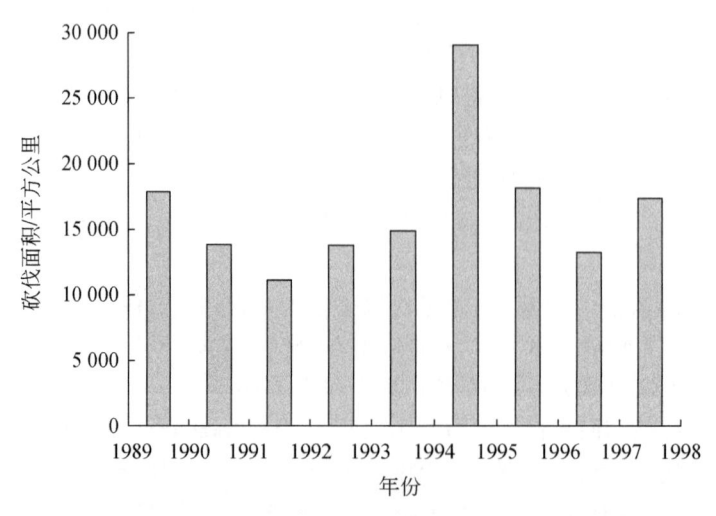

图4-2　1989~1998年巴西亚马孙地区的森林砍伐面积变化

（4）加大保护阶段。从流域开发转向流域保护，2004~2014年，森林退化率达80%。2003年巴西政府部门联合成立工作组，打击亚马孙河流域非法森林砍伐。巴西环境部颁布了第303号法令，规定亚马孙农村地区实施森林砍伐许可环境证书。2006年巴西颁布了《亚马孙地区生态保护法》，联邦政府对热带雨林进行全国统一管理。2005~2012年，亚马孙河流域毁林率较2004年下降65%。2004年，巴西制定了《亚马孙森林砍伐预防和控制联邦行动计划》。2008年巴西设立了亚马孙基金会，保护亚马孙雨林和生态环境，监控打击非法砍伐活动。2015年，巴西国家自主贡献报告特别提到，2030年要杜绝亚马孙河流域非法森林砍伐（周玲妮，2020）。

六、其他河流流域

1. 墨累-达令河流域

墨累-达令河是澳大利亚的主要河流，发源于澳大利亚东南部，流入印度洋。全长为3719公里，流域面积为100万平方公里。墨累-达令河由数十条大小支流组成，主要支流有达令河、马兰比吉河等。河流发源于湿润多雨的东部山地，流向西部半湿润地区，再经半干旱的内陆平原南部，奔流入海，年径流量227亿立方米。河流流量不大，年径流量变化大，季节涨落变化较大；河流流经降水稀少、蒸发旺盛的平原地带，多数支流的中下游常有断流现象，除上游水流较大外，其余河段流量较小；冬季涨水，从河口上溯300公里河段可航行小船；干季水浅，河口沙洲阻碍航行。流域大部分地区地势平坦，海拔200米以上，属于典型的平原地区。

墨累-达令河谷是重要的经济区，横跨小麦带和牧羊带，饲养牛、羊等牲畜，生产粮食和酒。①1914年，澳大利亚联邦政府和新南威尔士州、维多利亚州及南澳大利亚州签署了《墨累河水协定》，成立由三州和联邦政府组成的墨累河委员会，开发利用河流。1987年，缔结《墨累-达令河流域协定》，澳大利亚设立墨累-达令流域部级理事会、墨累-达令流域委员会和社区咨询委员会。墨累-达令部级理事会的任务是为流域内的自然资源管理制定政策和方针，是流域管理的最高决策机构。社区咨询委员会的主要任务是为墨累-达令部级理事会和墨累-达令流域委员会提供咨询及反映社区的意见。墨累-达令河流域委员会是独立机构，是墨累-达令部级理事会的执行机构。②水资源开发的主要目的是灌溉和供水，为当地提供电力。墨累河及支流建立了许多水库，主要有休姆、维多利亚湖、梅宁等水库。1974年建设了雪河-墨累河跨流域调水工程，包括北部的雪河-蒂默特河（马兰比吉河支流）调水工程和南部的雪河-墨累河调水工程，最大效益是发电和灌溉，调水量为23.6亿立方米，有效库容为70亿立方米，建设了7座水电站，装机容量达374万千瓦。③通过监测和治理相结合的方法治理河流水污染，在干支流上建立了58个水质监测站，治理水质含盐量高的问题。④建设了奥尔伯里、伊丘卡、斯旺希尔、伦马克和默里布里奇等河谷城市（席西民等，2009）。

2. 科罗拉多河流域

科罗拉多河是美国西南方、墨西哥西北方的河流，发源于美国西部科罗拉多州中北部落基山脉，由大面积积雪融化提供水源，有一部分在落基山脉区域西边消失。科罗拉多河系大部分流入加利福尼亚湾，是美国加利福尼亚州淡水的主要来源，其他水量往南流向墨西哥，但没有出海。科罗拉多河长为2333公里，流域地势西高东低、北高南低，面积达63.7万平方公里，覆盖美国7个州及墨西哥2个州。科罗拉多河90%的径流量来自高山融雪，主要支流有比尔斯河、佩德纳莱斯河。上游水资源极为丰富，支流较多；中下游流经干旱、半干旱地区，水量渐少，支流不多；水位季节变化大，4～5月洪水期与冬季枯水期流量相差近30倍，多年平均径流量达185亿立方米。干支流多峡谷，河床比降大，水力资源丰富，适宜筑高坝建大容量水电站，但泥沙含量高。

科罗拉多河是美国进行水资源开发与综合利用的第一个流域，是美国水资源开发最充分但争议最多的流域。科罗拉多河是美国西部的生命之河，支撑了西部城市以及灌溉和发电等事业的发展，服务人口3000万。1848年美墨战争结束，美国开始"西进运动"，采矿业和小型灌溉农业在科罗拉多河流域兴起，修建了小型灌溉设施。1902年美国成立农垦局，负责建设水利工程；1914年，建立加利福尼亚州水权委员会，负责发放水权许可证。1922年流域七州订立《科罗拉多河契约》，分配用水权。1935年胡佛大坝竣工，1941年全美渠灌区建成，将21%的科罗拉多河径流调往南加利福尼亚州灌区。1964年葛兰峡谷大坝竣工，蓄水导致河口三角洲断流达15年。1963年，美国联邦法庭赋予内政部初始水权分配职能，协调矛盾。1967年加利福尼亚州水权委员会和水质调控委员会合并，成立水资源调控委员会，率先实施水权和水质的一体化管理。1986年三角洲水资源案判决加利福尼亚州水资源调控委员会可时刻监控水质变化，可对水权做出调整。1996年水资源管理的新工具"水银行"在亚利桑那州成立，1999年州际水银行制度开始实施（陈蕴真等，2021）。

该流域的开发治理模式是以水资源合理分配为主要内容。①科罗拉多河流域较早应用立法开发和管理水资源。1922年，流域7个州签订了第一份水资源分配协议；将各种用途的水资源纳入分水决议，经济性用途用水实施收费。在科罗拉多河的下游地区建立水银行。②1928年通过了兴建鲍尔德峡（胡佛坝）工程的法令，1936年建成，其是一座具有防洪、灌溉、发电及城乡供水等综合效益的水利工程，标志着河流开始大规模开发。科罗拉多河流域兴建了一系列水利工程，干流上已建的水库有11座，支流修建水库95座，总库容约为900亿立方米，总装机容量超过524万千瓦。水能资源开发利用集中在各支流，干流开发较少。③科罗拉多河流域的大部分水量用于农业灌溉，比例高达80%。干支流上兴建了许多大型引水工程，上游有弗赖因潘河-阿肯色河引水工程、圣胡安河-查马工程、纳瓦霍灌溉工程、科罗拉多河-大汤普森河调水工程；下游有南达科他工程、科罗拉多河引水工程、中央亚利桑那工程、索尔特河工程和希拉河工程。1959年修筑了科罗拉多河-大汤普森河调水工程，年可调水3.8亿立方米，其中城市用水8000万立方米，灌溉农田28万公顷；建有水库10座，库容达12.25亿立方米，发电站7座，装机容量达18.4万千瓦。④通过多年的开发和综合治理，基本上控制住了洪水和泥沙，也控制住了水污染与土地盐碱化。1974年开始实施"科罗拉多河盐碱控制计划"，主要是衬砌渠道、发展滴灌和喷灌、淡化处理并输送盐度过高的水。⑤利用河谷景观，积极发展休闲旅游。但该流域自分水协议签订以来，河川径流一直在减少，年均径流量只有160亿立方米。

第二节 高纬度河流流域保护开发路径

河流流域所处的地理纬度不同，其水文特征与资源禀赋往往有着较大的差异，流域开发治理的模式与重点任务等均存在较大的差异。高纬度寒区河流有着显著不同的水文特征与人类开发强度。纬度在 40°N 以上且流域面积大于 80 万平方公里的大型河流主要有亚洲的黑龙江-阿穆尔河、叶尼塞河、额尔齐斯河-鄂毕河、勒拿河，北美洲的马更些河、育空河，以及欧洲的伏尔加河，如表 4-3 所示。分析这些高纬度寒区河流的开发治理路径与经验，可以为松花江流域的生态保护与高质量发展提供有益借鉴。

表 4-3 世界高纬度寒区大河流域特征

河流名称	河段长度/公里	流域面积/万平方公里	河口多年平均流量/(立方米/秒)	流域纬度	流向	入海海域
黑龙江-阿穆尔河	5 498	184.3	12 500	42°N~55°N	自西向东	太平洋鄂霍次克海
叶尼塞河	5 539	258	19 600	45°N~72°N	自南向北	北冰洋喀拉海
额尔齐斯河-鄂毕河	5 410	299	12 600	47°N~68°N	自南向北	北冰洋鄂毕湾
勒拿河	4 320	249	16 400	53°N~73°N	自南向北	北冰洋拉普捷夫海
马更些河	4 240	180	10 800	52°N~69°N	自南向北	北冰洋波弗特海
育空河	3 158	85	6 430	59°N~69°N	自东向西	太平洋白令海
伏尔加河	3 690	138	2 540	45°N~61°N	自北向南	里海

一、伏尔加河流域

1. 流域基本概况

伏尔加河位于俄罗斯的西南部高加索地区，也是欧洲最长的河流。伏尔加河发源于莫斯科西北面的瓦尔代丘陵，自北向南流入里海。河网密布，有 200 余条支流，主要支流有奥卡河、卡马河等。伏尔加河全长 3690 公里，流域面积达 138 万平方公里，干流总落差达 256 米，年径流量为 2540 亿立方米。流域自西向南倾斜，北部和西部略微隆起；流域大部为大陆性气候，上中游和下游右岸属于森林气候，下游左岸属于草原气候和半荒漠气候，里海低地属于荒漠气候。河流流速缓慢，河道弯曲，多沙洲和浅滩，两岸多牛轭湖和废河道，三角洲分成 80 条汊河注入里海，是典型的平原河流。在伏尔加格勒以下，由于流经半荒漠和荒漠地区，水分被蒸发，没有支流汇入，流量降低，三角洲面积达到 1.9 万平方公里。结冰期为 11 月末至次年 4 月，上、中游一般始于 11 月底，下游始于 12 月间；解冻时间在各地并不相同，在阿斯特拉罕为 3 月中旬，在卡梅申为 4 月初，而其他地区为 4 月中旬；无冰期约为 200 天，阿斯特拉罕附近较长，约为 260 天；通航期长 7~9 个月，春汛高。伏尔加河上游为发源地到与奥卡河汇合处，中游为与奥卡河汇合处到与卡马河汇合处，下游为与卡马河汇合处到伏尔加河口。径流补给来自融雪、地下水和雨水，占比分别为60%、30%和10%。伏尔加河在俄罗斯具有重要作用，被称为"母亲河"。流域拥有丰富的自然资源，上游有森林，中游有石油和天然气资源，下游有名贵鱼类和食盐，还有钾盐、磷矿等。水利资源丰富，农牧业发达。伏尔加盆地占俄罗斯欧洲部分的2/5。全流域有6450万人，约占俄罗斯人口的43%。沿岸城镇有伏尔加格勒，其是俄罗斯重要工业城市之一。

2. 开发治理路径

俄罗斯欧洲地区的社会经济发展与伏尔加河流域的开发有密切关系。伏尔加河流域的开发治理路径大致如下。

（1）早期流域开发侧重航运与供水，20世纪30年代起逐步兴建水库，调节径流，发展水电。十月革命前，伏尔加河基本处于天然状态，水能利用限于水磨和水车，农业灌溉也比较落后，但航运意义巨大，1913年伏尔加河-卡马河航区的货运量就达2347万吨。十月革命后，苏联高度重视伏尔加河流域的综合开发，制定了全面规划，成立了管理机构（现为伏尔加河委员会）。1918年，在伏尔加河和斯维尔河上兴建了水电站，筹建伏尔加-顿河运河和其他水利工程；20世纪30年代开始，上游兴建了伊万科夫、乌格利奇等水利枢纽及莫斯科运河。第二次世界大战前，上游开发以兴建中小型水利工程为主，提供发电、航运功能兼顾供水。第二次世界大战后，水利工程规模庞大，集中在中下游及支流，建成了伏尔加河-顿河运河，注重综合利用。60~80年代，在支流卡马河上兴建了部分工程，继续开发水力资源。

（2）航运业发达，伏尔加河及支流是俄罗斯最重要的内河航道。除干流外，最重要的航线是谢克斯纳伏河、奥卡河、莫斯科河、卡马河、别拉雅河和乌法河，干支流通航里程达3256公里，通过伏尔加河-波罗的海运河连接波罗的海，通过北德维纳河连接白海，通过伏尔加河-顿河运河与亚速海、黑海沟通，美誉"五海通航"。主要货物为石油、木材、粮食、机械产品等。重要港口有特维尔、雅罗斯拉夫尔、喀山、萨马拉等。

（3）干流修建了八级枢纽。全流域可开发的水能资源约1200万千瓦，目前利用率已达87%。干流及卡马河的11座梯级水电站的装机容量就达1129.5万千瓦，建成了伊万科夫、乌格利奇、雷宾斯克、高尔基、切博克萨雷、古比雪夫、萨拉托夫和伏尔加格勒8座渠化枢纽。干支流修建水库807座，总库容达1900亿立方米。

（4）流域工农业发达，是俄罗斯最重要的工农业基地，是俄罗斯的政治、经济和文化发达地区。工业基础雄厚，主要有机器制造、石油开采与加工、电力、建筑材料和食品加工等产业。有莫斯科、高尔基、古比雪夫和伏尔加格勒等主要城市。中下游是苏联欧洲地区粮食和牲畜的主要产区，1965年灌溉面积仅17.4万公顷，目前已达166.7万公顷。流域拥有丰富的水库旅游资源，沿着伏尔加河及支流卡马河等，有浮动的休养所和船上疗养所。伏尔加河渔业在俄罗斯占有重要地位。

（5）流域开发产生了一些问题。水利工程建设影响了渔业生产。下游未修建大型水库，春季河水泛滥，水旱灾害频发。河流污染问题突出，支流成为工业、畜牧业和其他企业的排污沟，小机动船油污污染严重。

二、勒拿河流域

1. 流域基本概况

勒拿河属于北冰洋水系，是俄罗斯第二大河。勒拿河发源于贝加尔湖西岸的大山，全长为4400公里，流域面积为249万平方公里。主要支流有基廉加河、维季姆河、大波托姆河、奥廖克马河、阿尔丹河、钮亚河、维柳伊河等，年径流量达到5400亿立方米。从源头至支流维季姆河为上游，上游流经山地高原，谷深岸陡，高出河面达300米；从维季姆河至阿尔丹河口为中游，河床宽深；从阿尔丹河口至拉普捷夫海为下游。三角洲面积达3.2万平方公里，庞大的河系分成150多条水道，主要为湿地。该流域属于温带大陆性气候和亚寒带针叶林气候，河流结冰期较长，长达8个月（9月末至次年6月初）。勒拿河95%以上的径流来自融雪和降雨，其余径流量多来自地下水。春汛水位较高，流冰常阻塞河床，使水位上升而造成灾害；夏季多洪水。流域森林覆盖率较高，达到84%。全流域人口稀少，人口密度不足1人/平方公里。

2. 开发治理路径

勒拿河是西伯利亚大河中开发程度最低的河流，开发治理路径大致如下。

（1）勒拿河航运价值大，通航期为120～160天，可航行与可流筏的河段超过2.3万公里。勒拿河卡丘格以下河段可通航小船，乌斯季库特以下可通航大船。奥谢特罗沃是重要港口。可通航的支流有左岸的基廉加河、维柳伊河和右岸的维季姆河、奥尔约克马河及阿尔丹河。主要货物有林产品、皮毛、黄金、云母、工业产品和食品。

（2）加强生态保护。三角洲的一部分已作保护用途，1985年三角洲的广阔地域被列为乌斯基自然保护区，面积达1.4万平方公里，保护29种哺乳动物、95种鸟类、723种植物。

（3）勒拿河及支流水能资源较为丰富，总装机容量在6000万千瓦以上，开发潜力大，但开发利用尚不充分，仅建有马马卡斯克水电站和维柳伊斯克水电站。

（4）矿产资源非常丰富，主要有煤炭、石油、铁、铅、锌等。黄金已开采多年。雅库特低地种植大麦、燕麦、小麦、马铃薯、黄瓜等农作物。大草地和牧场用于畜牧，下游渔业发达。开发建设有许多工业和文化中心、集体农场和国有农场，主要经济中心有基廉斯克、奥廖克明斯克、雅库茨克、桑加尔等。

三、阿姆河流域

1. 流域基本概况

阿姆河是中亚流量最大的河流，是咸海的两大水源之一，发源于帕米尔高原。阿姆河流经阿富汗、塔吉克斯坦、土库曼斯坦、乌兹别克斯坦等国家。干流长为2540公里，主要支流有孔杜兹河、卡菲尔尼干河、苏尔汉河、舍拉巴德河等，多分布在上游，中下游的支流较少。流域面积达到46.6万平方公里，其中48.7%位于帕米尔高原的山地，年径流量达430亿立方米。阿姆河流域属于强烈的大陆性气候，靠高山冰川和融雪补给，每年有春、夏两次汛期。阿姆河支流较多，多分布在上游180公里范围内；进入平原后因穿行沙漠，无支流汇入；中下游河段的河水一部分用于灌溉，一部分被蒸发，水量损失25%；河流穿过卡拉库姆沙漠和克孜勒库姆沙漠，最终汇入咸海。阿姆河含沙量多，三角洲是汊流纵横交错的缓斜平原。下游有3个月的冰期。

2. 开发治理路径

阿姆河流域的开发治理路径大致如下。

（1）水力资源丰富，有灌溉之利。梯级开发始于20世纪50年代，兴建了6座水电站及2座渠道水电站。50年代末和60年代初，苏联建设了大量的水利工程，主要是通航和灌溉工程。下游已修筑堤坝，建有多处水电站和水库，可防洪和引水灌溉。50~70年代，苏联在阿姆河流域建成了大规模的运河和引水灌溉工程，1956年开始修建卡拉库姆运河，1962年修建阿姆-布哈拉运河，1974年修建卡尔希运河，部分支流修建了一系列的季节性调节水库。20世纪50年代初，83%的取水集中在下游；70年代初，下游取水比例降为55%，中游和上游的取水比例由13%和4%升至16%和29%。

（2）阿姆河流域修建了许多水渠，将丰水区的水资源调到缺水区。20世纪60~70年代，苏联建成一些技术装备较好的新灌溉系统，对老设备进行了改造，建立了大型水库、引水渠等防洪灌溉设施。大型水渠有罗哈京斯基干渠、加夫库什渠、下科克塔什渠、大吉萨尔渠、霍萨雷渠等。阿姆河沿岸平原广布绿洲，耕地面积大幅增长，形成发达的灌溉农业区，如表4-4所示。灌区集中在阿姆河三角洲及扎拉夫尚河、卡拉库姆运河等地区，阿姆河灌区人口密度大，农业发达。

表4-4 1970年和2010年阿姆河中下游部分土地利用类型及比例

流段	土地利用类型	1970年 面积/平方公里	比例/%	2010年 面积/平方公里	比例/%
中游	耕地	3 132.7	3.82	5 978.3	7.28
	林地	2 924.0	3.57	4 890.2	5.96
	牧草地	39 177	47.72	18 283.7	22.27
	城镇用地	674.1	0.82	2 022.1	2.46
	水域	1 269.7	1.55	1 822.3	2.22
	未利用地	34 912.6	42.52	49 093.5	59.8
下游	耕地	3 132.7	3.82	5 978.3	7.28
	林地	4 543.7	4.29	4 516.1	4.26
	牧草地	37 533.3	35.46	30 666.1	28.96
	城镇用地	1 610.0	1.52	2 196.6	2.07
	水域	1 269.7	1.55	1 822.3	2.22
	未利用地	50 402.8	47.61	52 747.7	49.82

资料来源：热依莎·吉力力，2019

（3）河流通航里程长，是中亚重要的水运航道。自查尔米以下600公里全年可通大船，铁尔梅兹附近的喷赤河以下1000公里，丰水期内也可通汽船，但由于沙洲浅滩较多，货运量不大。重视下游河道整治，保证引水河段的河道稳定和引水建筑物安全可靠运行。

（4）苏联从20世纪50年代开始将大量的水资源从河流中分流出来，灌溉下游棉花和其他作物。阿姆河过度开发导致入咸海的水越来越少，1971~1975年为每年212亿立方米，1976~1980年降为每年110亿立方米，1987年基本不再为咸海输水。咸海自20世纪60年代起就开始干涸，盐度提高，破坏了周边生态，引起大量原生动植物消失。

（5）人类活动对中下游的影响不断加剧，出现了人口负荷和用水保障的不平衡。水源区和下游地区之间的水资源不平等分配，加剧了水资源短缺的严重后果。农业灌溉的水质较差。上游大坝和水库建设影响了下游水流体系。干旱、洪水等自然灾害频发。

四、叶尼塞河流域

1. 流域基本概况

叶尼塞河是俄罗斯水量最大的河流，是西西伯利亚平原与中西伯利亚高原的分界，干流自南向北流入北冰洋。叶尼塞河发源于蒙古国，全长为5539公里，流域面积达258万平方公里，以亚寒带气候为主。沿途接纳支流2000多条，主要支流有安加拉河、下通古斯卡河等，全程落差达1578米，河口多年平均径流量为6255亿立方米。上游湍急，多急流、洪水、人口稀少；中下游因地形平坦，冻土广布，多沼泽湿地。上、中游河段有明显的山区河流特性，下游为典型的平原河流。该河流从低纬度流向高纬度，有凌汛。叶尼塞河的水量、水能资源均居俄罗斯首位。叶尼塞河约一半的水源补给来自雪水，略超过1/3的水来自雨水，其余来自地下水，春汛显著，夏秋季有洪水。该河流有较长时间的结冰期，下游10月初开始结冰，到11月中旬影响全河；上游解冻出现在次年4月底，中游在次年5月，下游在次年5月到6月中旬。该流域富集森林、煤炭、铁及水产资源。

2. 开发治理路径

叶尼塞河流域在开发治理过程中主要形成了如下路径。

（1）水力资源丰富，干支流梯级开发方案和时序与苏联实施东西伯利亚经济区的自然资源开发总体规划有关。20世纪50年代以来，干流上建有伊尔库茨克、布拉茨克、乌斯季伊利姆斯克、克拉斯诺亚尔斯克、萨彦等8座水电站，装机容量超过2700万千瓦，占干支流水能资源的36.5%。克拉斯诺亚尔斯克是最大的水电站，装机容量为600万千瓦。根据规划，拟在干支流修建76座水电站。

（2）叶尼塞河是重要的水运干线，海轮可上溯至伊加尔卡，萨彦诺戈尔斯克以下定期通航。安加拉–叶尼塞河上已建成了多座水电站，使某些河段渠化成为深水航道，但这些航道只能分段营运。干流通航里程3460公里，大支流2000多公里，小支流在1500公里以上。主要港口有阿巴坎、叶尼塞斯克、伊加尔卡、杜金卡等。

（3）形成了部分产业。北部以渔猎、驯鹿和毛皮加工为主，诺里尔斯克以水电站为支柱建立了生产地域综合体，发展了石墨、煤炭、有色金属（铜镍）等采矿业；南部有加工业，主要中心为克拉斯诺亚尔斯克、伊尔库茨克和布拉茨克。夏季旅游航线可达迪克森。

（4）叶尼塞河流域已开垦的农田约占东西伯利亚土地面积的5%，大部分分布在叶尼塞–安加拉河地区，如米努辛斯克盆地、伊尔库茨克—克列姆霍夫斯克平原、伊尔库茨克市郊及支流沿岸的河谷地，主要种植粮食和饲料作物。

（5）叶尼塞河有春洪，安加拉–叶尼塞河特别是克拉斯诺亚尔斯克至叶尼塞斯克段是洪灾多发地区。自梯级水库群建立以来，春季洪泛或冬季凌汛水患已基本根除。安加拉河和叶尼塞河干流建有多年调节水库，防洪库容超过1000亿立方米。

（6）梯级水库建设淹没了林木，约有1.65亿立方米，树木腐烂造成水质污染，散漂树木破坏库岸，影响航运。贝加尔湖湖水污染较为严重。1971年苏联实施了《关于保证合理利用和保护贝加尔湖流域自然资源的补充措施》，贝加尔湖水质有所改善。1987年，苏联实施了《关于1987–1995年保护与合理利用贝加尔湖流域自然资源措施》。

五、锡尔河流域

1. 流域基本概况

锡尔河是亚洲中部的内流河，发源于天山山脉，流经图兰低地注入咸海。锡尔河流经乌兹别克斯坦、塔吉克斯坦和哈萨克斯坦三个国家，全长2212公里，为中亚最长的河流。河水补给主要来自融雪，其次是冰川，流域面积达21.9万平方公里，年均径流量达336亿立方米，12月到次年3月为下游封冻期。部分河段可通航。主要支流有阿汉加兰河、奇尔奇克河、克列斯河和阿雷西河等。上游山区属于吉尔吉斯斯坦；中下游水道迂迤曲折，经常改道，一些水道在干旱季节消失在沙漠中，沿线地区以游牧业为主，大部分属于乌兹别克斯坦。下游河段及流入咸海的河口段基本上是沙漠与草原，属于哈萨克斯坦。苏联时期，锡尔河流域集中了三国46.7%的人口和50%的工业产量、42%的农业产量、40%的棉花产量。人口集中在中游平原及中上游山间河谷盆地，该区域分布有规模较大的城市，是苏联的主要棉花生产基地。

2. 开发治理路径

锡尔河和阿姆河共同滋养了辉煌灿烂的中亚文明。锡尔河流域的开发治理路径主要如下。

（1）苏联重视锡尔河流域的农业水利建设。1918年，列宁签署了《关于拨款5000万卢布用于在苏联中亚地区修建灌溉水利工程及其有关组织问题的法令》。1931~1941年，锡尔河以空前规模和全民参与方式高速发展灌区水利，修建了大量干渠、引水枢纽和水利枢纽。第二次世界大战后，锡尔河流域继续加强水利设施与水电枢纽建设，开发了许多大型灌区。1970~1980年为农业大开发阶段，苏联进行了大规模开垦，种植高耗水的棉花，并主要采用漫灌方式，修建了大型水库和干渠等灌溉工程，渗漏严重；在干支流上继续建设了一批超大型梯级水电站。1980~1991年为水土开发达到峰值且相对稳定阶段，农业规模达到顶峰，上游发电需求缺口靠下游免费的化石能源进行补偿。1991~2005年为经济发展滞缓阶段，中亚国家政局不稳，农用地萎缩，粮食种植面积占比增加；下游不再免费向上游补给能源，上游吉尔吉斯斯坦产生能源危机。吉尔吉斯斯坦为了在冬季生产更多电力，增加了夏季上游水库蓄水，并在冬季下泄发电，但给下游地区带来夏季农业用水短缺与冬季洪涝风险。2005~2015年为经济复苏阶段，下游农民生产积极性提高，哈萨克斯坦在锡尔河中游修建大型水库用以防洪、调节灌溉；吉尔吉斯斯坦与中下游的乌兹别克斯坦在人口增加与气候变化的压力下，用水矛盾趋于升级。

（2）流域开发以农业灌溉为主。锡尔河及支流灌溉的土地超过200万公顷，中游以棉花种植为主，下游盛产稻米。下游及以上部分河段可通航。水力资源丰富，有水电站多座，托克托吉尔、法尔哈德、凯拉库姆、恰尔达拉等水电站的规模较大，托克托吉尔水电站库容为19.5亿立方米。

（3）为了开发新垦区种植棉花、稻谷、蔬菜，苏联加强对锡尔河水资源的综合利用。1937年，兴建了长220公里的大费加拉运河，用来灌溉棉花田；1954年，建设了卡拉库姆调水工程，将阿姆河和锡尔河天然水道改道，引入土库曼斯坦东部和乌兹别克斯坦中部，以扩大水浇地面积。20世纪60年代，大量移民来到阿姆河、锡尔河及新运河流域，开垦和灌溉了660万公顷的水田和棉田，使该流域成为新的粮棉生产基地。

（4）苏联解体后，各国在水量分配、水电开发、生态保护等问题上产生了难以调和的矛盾，陷入"水资源困局"。哈萨克斯坦、吉尔吉斯斯坦、乌兹别克斯坦三国副总理签署了调节锡尔河流域水资源政府间议定书，哈萨克斯坦和乌兹别克斯坦从吉尔吉斯斯坦购买11亿千瓦·时的电能用于补充缺水期对托克托古尔斯克水库造成的发电量损失。

（5）1971~1975年，锡尔河入咸海水量为53亿米^3/年，1976~1980年降为10亿立方米/年，1981~1990年入咸海水量仅为70亿立方米。1987年，锡尔河已基本上不能再为咸海输水。目前，该流域因灌溉过多，而盐渍化严重，肥力下降，并且下游水质恶化。

（6）水权纠纷增多。1992年中亚五国成立跨国水资源合作委员会，但经过20年的复杂谈判也未能解决上下游水资源分配问题。上游国家提出"水电兴国"的思路，将水库功能进行调整，将主要用于蓄水改为主要用于发电，特别是在用电需求急剧增加的冬季，但发电排水导致下游被淹。夏季由于上游国家需要储存冬季发电用水，下游灌溉用水大量减少、耕地面积减少、农作物产量下降（徐晓天，2010；施海洋等，2020）。

六、鄂毕河流域

1. 流域基本概况

鄂毕河是俄罗斯第三大河，属于北冰洋水系。发源于阿尔泰山的比亚河和卡通河在比斯克西南汇流形成鄂毕河，注入鄂毕湾。以额尔齐斯河为源头计算，全长5410公里，流域面积为299万平方公里，跨越数个自然带，夏季短促而温暖，冬季漫长而寒冷。流域河网密布，有大小支流15万条以上，主要支流有卡通河、比亚河、大尤甘河、额尔齐斯河、托木河、丘雷姆河等，水量丰富，年径流量达3850亿立方米。额尔齐斯河发源于中国，为跨境河流。上游春汛始于4月初平原雪融之时，4月中旬开始出现持续的春夏高水位期；4月末，平原融雪形成汛期；5月末至6月中旬，高山积雪融化而形成汛期；7月初起，进入雨洪汛期。10月底开始出现浮冰，11月下旬全河封冻；上游封冻约150天，下游封冻约220天。下游春季流冰时容易发生冰塞。河谷地区的人口分布比其他地区要稠密。

2. 开发治理路径

鄂毕河是西西伯利亚的主要运输通道，可航行河段近1.5万公里。最大的港口是额尔齐斯河上的鄂木斯克，与西伯利亚大铁路相连；有运河与叶尼塞河相连。每年上游可通航190天，下游可通航150天，许多货物沿穿越北冰洋的北部海路进出，船只可从鄂毕河入海口驶向卡通河与比亚河的汇合处。水能资源丰富，蕴藏量达2500亿千瓦，已开发利用的水能资源不超过10%，建有新西伯利亚水电站、布赫塔尔马水电站和乌斯季卡缅诺戈尔水电站，具备发电和防洪功能。流域工农业均已取得了较大的发展，鄂木斯克、新西伯利亚、巴尔瑙尔和卡拉干达等成为主要的工业和制造业城市；南部干草原是俄罗斯春小麦的主要产地。中下游泰加林带和苔原带的西西伯利亚油气田极为重要，约生产俄罗斯2/3的原油和天然气。

第三节　主要模式与经验总结

不同国情和时代背景造成了各案例的独特性，但大江大河流域开发与治理仍呈现出一些共同的特征与规律。结合上述案例，从各角度总结水资源利用、产业发展、生态环境保护、发展轴线与流域管理等方面的经验（刘航等，2021）。以此，为中国河流尤其是松花江流域生态保护与高质量发展提供借鉴和启示。

一、流域发展模式

1. 发展导向

流域开发与治理是一项复杂而庞大的系统工程。各流域有着不同的自然地理环境，政治文化背景、经济基础与产业结构也有很大的差异，河情、区情、国情显著不同。纵观世界江河流域开发治理的实际及发展趋势，各流域形成了不同的发展导向，或以开发为主，或以治理或保护为主，"开发"与"保护"形成流域发展模式的基本差异。

（1）开发性模式。该模式多应用于流域发展的初期历史阶段或当前尚未进行大规模发展的河流。该时期或阶段的流域自然性特征较为显著，农业生产活动为主甚至较少，工业化与城镇化建设比较落后，人口相对稀疏。重点实施"开发"，重视经济发展与人口增长。主要是开发和利用流域内的各类自然资源，将资源优势转变为经济优势，促进流域财富的增长与积累。重点是围绕水资源综合利用，积极发展灌溉农业，开发水电资源，开辟航运通道，推动矿产资源开发，加快工业化与城镇化建设，培育流域社会经济发展的基础。该模式一般发生在发展中国家或欠发达地区。典型流域包括密西西比河、亚马孙河、田纳西河、尼罗河、扎伊尔河等。这种模式推动流域经济的快速发展与人口的迅速增长，但往往对流域生态环境产生较为严重的破坏，促生了以"保护治理"为主导内容的流域发展模式。

（2）治理性模式。流域发展具有悠久的历史，农业垦殖、工业化与城镇化较早，有着较好的发展基础，有着相对密集的人口分布。但流域生态破坏与环境污染尤其是水污染较为严重，生物多样性遭到破坏，流域可持续发展的自然基础遭到损坏。部分流域在不同流段或所流经的不同国家之间形成水资源利用的巨大利益矛盾与冲突，需要上下游加强协调。该模式重视生态保护，加强水土流失治理，保护森林草地资源，治理环境污染尤其是水污染；推动产业结构优化升级，淘汰高污染产业，积极发展绿色产业，控制人口增长与城镇大规模拓展。该模式主要发生在发达国家或地区。典型的流域是莱茵河、多瑙河、伏尔加河、泰晤士河、第聂伯河等。该模式形成"先建设后治理"的过程，属于该过程的"后期"阶段。

上述两种模式反映了不同国家或流域发展阶段的差异，也反映了各流域对所在国家的战略功能定位的差异。同时，上述分类也反映了同一流域在不同历史阶段的差异。

2. 发展重点

国内外大江大河发展实践表明，根据国情、区情、河情，针对突出的问题与近期远期发展关系，因地制宜选择流域发展的主导目标，形成不同的发展重点，综合利用水资源，形成各具特色的发展模式。

（1）灌溉农业导向模式。充分利用流域丰富的耕地资源与肥沃的土壤，在干支流两岸实施人工开沟挖渠甚至建设大型引调水工程、运河，完善农田水利基础设施，引水进行灌溉，积极发展农业种植与农业生产。这种模式具有较强的空间约束性，适用于低于河床的两岸平原地带，尤其是集中在干流中下游地区、干流中上游或支流河谷地带，是水资源开发利用的初级形态与主要途径。这种方式多用于江河流域"开发"的初期阶段，或发展综合性农业或建设专业化农业生产基地。该模式为单目标发展模式。

（2）流域防洪导向模式。河流安全始终是流域可持续发展的核心目标，而洪涝一直是影响流域安全的主要自然灾害。该模式重点加强河流的防洪设施、防洪水库及蓄滞洪区等建设，提高河流的防洪减灾能力，确保流域城乡居民、重要城镇、农业基地、工矿基地及重要自然体的安全，是对河流自然属性的一种响应。该模式一般适用于河流开发治理的初期阶段，也是流域"治理"的主要内容。该模式为单目标发展模式。

（3）梯级开发导向模式。对河流自然体进行大规模建设或人工干扰的重要表现形式是梯级开发。河流产生的自然地理基础决定了各河段海拔存在差异，由此蕴藏着丰富的水力资源。许多河流在适当河段水头修建水库大坝，基于水能资源基础，统筹开发发电、农业灌溉、养殖等各类功能，实现初步的综合性效益发展。流域梯级开发的主要承载体是系列化的水利枢纽，通过水利工程对河流资源利用潜力进行深度挖掘。

（4）资源开发导向模式。许多河流流域蕴藏着丰富的矿产资源、能源及生物资源，是发展某些特定工业或构建某产业链的源头资源。该模式立足河流水体本身利用与流域资源利用两个方面，对各种自然资源进行开采及初级加工，布局各类工业企业，同时利用河流航运或水电开发提供运输与能源保障。该模式是响应国家发展战略的一种模式，典型形式是工业化建设，尤其是大型工业地域综合体或工矿基地的布局与建设。

（5）保护治理导向模式。河流流域是典型的自然地理单元，自然地理属性显著，且干支流、上中下游有着显著的生态功能差异。同时，河流经过一定时间的开发后，其外部效应尤其是生态破坏与环境污染深刻影响了流域的可持续发展。该模式主要是强调生态保护，加强各类生态功能区建设，维护或修复各类生态系统，重视环境污染治理尤其是推动水污染治理。该模式重视流域产业结构尤其是工业结构调整与开发强度的控制，注重流域自然属性与自然规律的维护与修复。

（6）综合性开发模式。河流流域是一个自然-经济-社会综合地域系统，其发展要充分考虑自然规律、经济规律与社会规律。该模式实施综合性多目标发展，提高流域开发和利用的水平和层次，重视"保护"、"开发"与"治理"等基本发展要点，综合开发利用水资源，推动生态保护，治理环境污染，优化产业结构，合理推动城镇化、工业化与绿色化。典型流域有多瑙河、莱茵河等，往往是发展基础较好的流域。

从各领域的开发和治理模式及路径可看出，随着社会发展和人类文明的进步，人类对流域和自然的认识、利用程度逐渐深入。各流域不断调整开发利用方式，先后经历了从洪涝灾害防治、农业灌溉等初级利用，到航运通道、水电资源开发，再到工业化与城镇化建设，继而注重水污染治理、水生态保护修复，最终实现流域综合开发保护的历史过程。

二、主要经验

综合前文各流域开发与治理的发展路径与基本做法，可大致总结出如下成功经验（马静和邓宏兵，2016；刘航等，2021）。

1. 制定实施流域综合性规划

各国家各流域注重规划先行，始终抓住规划的"引领"和"调控"功能，加强科学研究论证，制定综合性规划与各类专项规划，作为全流域或干支流及流段开发治理的纲领与指导，实现有序推进。

（1）强化政府的主导作用。政府的主导力度决定了流域开发治理的程度和效果。政府从方针、政策、基础设施、利益协调等方面入手，发动企业、民众参与，实现流域综合开发与治理。密西西比河、莱茵河、亚马孙河、多瑙河、伏尔加河等流域的开发治理均是在政府的主导下完成的。对于国际流域，政府的主导作用更加重要，如尼罗河、湄公河、多瑙河等流域涉及多个国家的利益。

（2）实施综合性规划。立足长期性与整体性，实行全流域统一规划，系统考虑水资源、水安全、水环境、水生态和流域综合开发等问题，形成中长期的开发治理蓝图与时序安排，确保流域开发治理的持续性、完整性与系统性。统筹各方利益，尤其是统筹沿岸各国、上下游、干支流之间的利益关系。注重规划的多方案科学论证，突出重点，又兼顾统筹，确保开发治理决策正确、措施得当。1999年制定实施的《密西西比河上游综合发展计划》，促使该流域治理进入长期动态优化阶段。2000年初，英国制定了《泰晤士河口2100年规划》。针对特殊综合性问题，实施短期的行动计划，如《莱茵河行动计划（1987–2000）》《莱茵河2020计划》。

（3）加强专项规划的制定与实施，解决各领域或各部门的专业化问题与突出问题。1999年密西西比河制定了《水资源开发法案》，2000年实施《水产资源管理计划》。英国很早就出台了《1879年大都市管理（泰晤士河防洪）修正法案》，确立防洪设施标准。1928年，密西西比河制定了《防洪法案》和《干支流工程计划》。莱茵河沿岸9国实施了《鲑鱼2000计划》。

2. 推动水资源综合开发利用

水资源是流域的核心资源，如何推动水资源的综合利用和最佳利用是流域开发治理的核心问题。沿江沿河开发治理紧紧围绕水资源，加强各类功能协调，实现流域开发与治理的综合效益。

（1）统筹协调各类功能。将流域水资源利用与流域发展深度融合，将河流水体保护与沿线农业化、工业化、城镇化及绿色化相融合，积极开发水资源的各类效益潜力，为工业发展和企业布局、村落与城镇发展、植被湿地提供水源和能源，积极发展休闲旅游业。以此，将水资源优势转化为经济优势与人居环境优势。

（2）推动水资源综合利用。水资源利用不是某一目标的开发，而是多种目标的综合开发，最大限度地利用水资源。各流域依托丰富的水资源，积极发展农业灌溉、防洪、发电、航运、城镇供水、水产品养殖等多种用途。但不同河段或不同支流，水资源开发的重点与主要用途有所差异。

（3）积极实施梯级开发。河流形成的自然地理机制与流域地理环境决定高程落差是基本特点，这促使梯级开发成为流域开发治理的最佳方式。各流域根据地形高程，实施多级梯级开发，优化开发水能、水利、水力、水运等各类形式的资源。20世纪30年代以来，密西西比河、伏尔加河和莱茵河的干流进行了梯级开发。莱茵河干流兴建了几十座梯级水电站，全流域兴建了近百座水电站，基本实现成龙配套。田纳西河流域实施多目标梯级开发，兴建了多梯级水电站。

3. 重视建设大容量航运通道

许多河流流域具有很好的通航能力，密西西比河、莱茵河、伏尔加河等河流航运业发达。多数河流的自然通航条件较差，仅能通航低吨级船舶或河段性通航。但流域开发与治理均高度重视河道疏浚和港口码头建设，注重航运组织，打造航运通道，深入开发河流航运能力，为流域社会经济发展提供廉价运输。

（1）采取整治和疏浚相结合的办法，建立河道畅通、标准统一的航道体系。沿河各国把航运作为开发的首要目标，从干流深入支流，实施梯级渠化建设。提升干流上游航道等级，疏浚下游航道，减少泥沙淤积，提高干线航道通航能力，形成"黄金水道"。连通海洋，积极发展对外贸易。提高支流航道等级，提升航道水深，形成与干线有机衔接的支线网络。以此改善流域通航条件，形成通畅的航道体系。

（2）优化内河航运组织。重点组建船队，积极发展顶推船运输，实现船舶船队尺度标准统一、性能优良。莱茵河近年来使用双体顶推进式平底货船，一组顶推船队最大运量可达1.5万吨，顶推船与驳船灵活编组，航运效率高。密西西比河的顶推船运输开发较早，五大湖、俄亥俄河、密西西比河遍布顶推船，成为美国内河水运的主力军。发展大吨位货船，提高航运效率，1350吨"欧洲标准型"机动驳船畅通莱茵河，大型货船从海上直接驶进莱茵河干支流，不需要多次装卸。跨国流域实行自由航运，不收费、不收税。莱茵河的年货运量达3亿吨。

（3）根据大区域的水系格局，合理开挖人工运河，连通其他水域或海洋湖泊，形成更广阔的航运网络。1992年，莱茵河-美因河-多瑙河运河实现了从黑海通过多瑙河一直到北海的国际航运，成为贯穿欧洲的水上交通大动脉。伏尔加河通过伏尔加河-波罗的海运河连接波罗的海，通过北德维纳河连接白海，通过伏尔加河-顿河运河与亚速海、黑海沟通，实现"五海通航"。

（4）完善互联互通的综合交通网。协调发展水、陆、空运输方式，构建"水、铁、公、空、管"立体交通运输网络。美国、德国、法国、英国等发达国家组织流域开发治理时，往往树立"大交通"理念，水路开发和陆路建设一起抓，投资兴建铁路、公路，将内陆运输与水上运输有机结合，形成以江河为干、陆路为支的立体综合交通体系，提高河流对流域及深远腹地的辐射能力，方便流域同外界的社会经济交往。莱茵河、密西西比河等流域拥有发达的陆上交通系统，修建了高速公路、铁路连接各港口、机场，形成水、陆、空立体化交通体系。

以此，借助江河干支线航道体系和综合交通网络，保障甚至带动整个流域发展。河流通航能力越强，流域经济越发达，纵深辐射能力越强。

4. 完善流域性管理体制机制

开发治理路径表明各流域有着统一的流域开发管理机构，有着连续的政策，有着健全且付诸实施的法律法规。这对流域经济社会的发展与进步具有重大意义。

（1）成立统一的流域管理机构。流域往往涉及不同的行政区甚至不同的国家。建立跨国和跨地区的实体性的流域管理机构，对流域水资源的治理、开发和利用进行统一管理，包括制定规划、颁布管理条例或法令、制定优惠政策、依法执政等，成为流域开发治理的重要基础。美国开发密西西比河的工作就由美国陆军工程兵团统一管理，下设流域管理局、河流流域委员会等机构，其后又成立水资源委员会。田纳西河流域管理局是由美国国会立法建立的独立机构，经济上完全自主，行政上不受执政更迭的干扰，其主要职能是围绕防洪、航运、发电、供水、环境保护、娱乐等方面对田纳西河流域资源进行统一管理。1950年，瑞士、法国、卢森堡、德国、荷兰等国家成立"保护莱茵河国际委员会"；1994年美国成立由12个州自然资源和环境保护机构联合组成的密西西比河下游保护委员会；巴西成立了巴西亚马孙流域管理局。英国、法国、澳大利亚等国家也建立了水管理局、流域委员会等机构，对流域实行统一管理。墨累-达令河流域主要管理机构有三个：墨累-达令河流域部级理事会、社区咨询委员会、墨累-达令河流域委员会。

（2）健全流域管理的法律法规。流域开发治理涉及不同的部门，条块分割难免，核心解决途径是立法。典型流域均制定了专门的流域法律和法规条例，签订了各类协议和公约，形成完备的法律和标准体系，对流域开发治理的总方向、目标和各项措施及流域管理机构的权力、责任、义务等进行规定和约束，内容全面，涵盖了流域防洪、工业布局、农业发展、城镇建设、环境保护等各方面,成为流域开展各种活动及处理各种问题、利益和矛盾的法律依据。例如,泰晤士河《水资源开发法案》、田纳西河《田纳西流域管理局法》、莱茵河《防止化学物质污染莱茵河协定》和墨累-达令河《墨累-达令流域协定》等。1933年美国国会通过《田纳西河流域法案》《田纳西流域管理局法》,田纳西河流域开发之所以成功首先在于立法给予长久、稳定的保证。巴西也在亚马孙河流域开发治理过程中颁布了一系列的法规和政策,如移民法、税收法等,有效促进其开发治理进程。

(3) 建立行之有效的管理机制。建立多层次的流域协调机制,田纳西地区资源管理理事会由州长代表、受益方代表及地方社区代表组成;墨累-达令河流域委员会由流域州政府官员担任,每州两名,主席由部级理事会指派。加强与企业、经营实体的合作,法国成立罗讷河公司,形成"官督商办,公私合作",吸引官方、企业和民间资本。田纳西河流域管理由具有政府权力的机构——田纳西河流域管理局董事会和具有咨询性质的机构——地区资源管理理事会负责实行,两个机构相互配合、各司其职。加强与科研机构的合作,保障开发决策正确科学。在伏尔加河流域开发治理中,先后有280个科研单位参与了研究决策;在密西西比河开发过程中,美国陆军工程兵团建有自己的科研机构,还与高校、科研单位广泛合作,并建有世界最大的内河模型——密西西比河水系整体模型。国际河流注重加强跨国协调,如1963年签署《保护莱茵河伯尔尼公约》。注重用基金会对流域进行管理,是20世纪80年代后出现的国际流域管理新方式。完善流域上下游生态补偿机制,协调上下游的利益关系,美国和澳大利亚均建立了较为完善的水权交易制度,阿姆河和锡尔河也在中亚国家形成了一定的补偿机制。

5. 注重培育国土开发轴线

产业发展和城镇建设始终是流域开发的核心内容。各流域均重视农业灌溉与粮食基地建设,重视以港兴产、产城融合和港城联动发展,加快资源开发与工业发展,推动人口集聚和建设大中小城镇,促进工业化与城镇化互动发展,实现资源要素沿线集聚,打造国家或区域发展轴线。

(1) 各流域水力资源丰富,有灌溉之利。各流域均建设了大量的农业水利工程,修建了大量干渠、引调水工程和水利枢纽,提高了农田灌溉能力。各流域均开发了许多大型灌区,建设综合性农业基地和专业化农业基地。密西西比河开发始于农业和畜牧业,俄亥俄河和密苏里河以北发展成为"小麦王国",密西西比河下游以亚拉巴马为中心形成了"棉花王国",密西西比河以西是美国的"畜牧王国",确立了美国现代农业发展的基本格局。

(2) 利用水资源、岸线资源及其他自然资源促进沿江沿河产业带的形成。根据各流域的自然资源与矿产资源,积极发展特色产业,推动工业化建设。尤其是干支流港口群发展促进沿线地区的工业化建设与产业体系构建。通过四通八达的水陆干线将经济发展的效益辐射扩散到流域广阔腹地,腹地开始发展配套产业。各流域均积极发展沿河产业带,莱茵河流域发展遵循经济空间结构的演变规律,优先发展港口城市以打造增长核心,莱茵河中下游形成一条"链状密集产业带",沿线集聚钢铁、机械、轻工、能源等优势产业,干流分布多个工业基地,如鲁尔工业区。密西西比河流域依靠港口城市形成"钢铁走廊"等沿河产业密集带。

（3）以港兴城、以城托港，形成沿江城市带。干支流沿线的产业兴旺、经济繁荣推动了城镇发展，带来城镇人口的集聚与增长，城镇数量不断增多，城镇规模不断扩大。在流域下游地区培育形成了一批城镇密集区，在干支流交汇处培育发展了规模较大的中心城市。美国10万人口以上的150座城市中有131座建在密西西比河水系上。莱茵河流域以欧洲第一大港——鹿特丹及法兰克福等四大城市为依托，中心城市与周边90多个中小城市共同组成城市圈，干支流建成了近50座中等规模以上的城市。莱茵河重视主导及特色职能和定位，有20余座经济中心城市、20余座科教文化中心城市和近10座金融城市。

（4）干支流通道的交汇与城镇密集区及各类城镇的叠加，促使流域形成"点-轴-面"的空间发展模式。以中心城市、都市圈和城镇密集区为依托，以河流干流为轴线，以大小支流流域为腹地，形成上下游、干支流协同推进的全流域发展模式，带动全流域崛起。莱茵河成为世界上最密集的城市群和产业带之一。

6. 加强生态环境保护

深入审视河流的自然属性与人类活动的外部性，加强生态建设，保护环境，推动流域跨国跨区域协同治理，倡导流域生态文明建设，实现流域的可持续发展。

（1）加强生态环境保护。优先修复流域水生态环境系统，强化生物尤其是水生生物多样性保护，推动流域森林保护。莱茵河长期致力于生物多样性保护，19世纪末就加强对大马哈鱼种群的特别保护，21世纪以来加强对鲑鱼的保护；20世纪80年代开始实施生物多样性恢复工程；2001年，莱茵河流域国家部长级会议通过了《莱茵河2020计划》，确立莱茵河生态系统可持续发展的目标、标准及措施。俄罗斯建立了伏尔加河全流域性的自然保护检察院，下辖跨区、市级自然保护检察院，保护流域自然生态。1988年，美国成立密西西比河流域休闲区，明尼苏达州72英里[①]的河段及周边土地被纳入国家公园体系。荷兰在莱茵河三角洲开辟自然保护区。多瑙河为满足鱼类洄游，多数电站采用低坝径流式，留有专门的船闸和过鱼通道。

（2）注重环境污染治理。启动较早的流域开发基本是以牺牲环境为代价的，莱茵河、多瑙河、泰晤士河等流域的开发均出现过严重的污染问题，形成"先污染、后治理"的路径。20世纪80年代开始，莱茵河流域国家兴建了大量的污水处理厂，实行更加严格的排污标准和环保法案；70年代开始，德国耗费数百亿美元实施莱茵河水返清工程。密西西比河水系不仅驻有美国环保署相应机构，美国陆军工程兵团也有专门负责环保的部门，在各种工程的实施过程中细致考虑环境保护和生态平衡。

（3）实施绿色发展。促进产业转型升级，积极向高端化发展；鲁尔地区大力发展生物医药、电子信息等高新技术产业和文化产业。促进工业清洁化发展，减少污染物排放。发展服务业，重点发展休闲旅游业，1988年美国成立了密西西比河流域休闲区，促使流域旅游和生态功能明显上升。

（4）推动跨国跨区域协同治理。国际河流或跨国流域积极加强各沿岸国家的协同

---

① 1英里=1.609 344公里。

治理与共同保护，多瑙河流域水污染防治、水生态及湿地生态系统的保护成为流域各国家开展合作的重要内容。1886年，德国、卢森堡、荷兰和瑞士共同签署了《莱茵河流域捕捞大马哈鱼的管理条约》；1963年，莱茵河沿岸国家签订了《莱茵河保护公约》，先后达成6项与水污染防治相关的公约；1987年，沿岸国家批准了《莱茵河2000年行动计划》，1999年签署了《保护莱茵河公约》。1994年，多瑙河流域11个国家签订了《多瑙河保护公约》。

第五章
高质量发展与中国流域发展战略

流域开发利用与人类进步、社会经济发展之间有密切的关系。大河流域始终是人类文明发育的摇篮，为人类生存和发展提供了理想的空间。人类通过利用河流、改造河流、开发水源、防治洪涝，促进农业开发、工业发展与城镇建设，创造了大河文明，对人类进步有着重大影响。国土开发战略是最高层次的空间战略，是为落实国土开发总目标而制定的总体性战略概括与总方略。流域尤其是大河流域成为国土开发的重要部分甚至是核心内容，在国家发展战略与区域协调发展战略的总体框架中占有重要地位。流域发展影响着国土开发的战略思想、战略目标、战略重点、战略阶段及战略对策，而且在长时间序列内发挥影响和作用。这需要梳理和阐述中国当前的国土开发战略格局与未来战略部署安排，探析大江大河发展的战略功能及其在全国国土开发、主体功能区体系、区域重大战略中的地位，思辨松花江流域在全国战略格局中的角色。

本章主要是分析中国河流流域发展的战略格局。中国河流湖泊众多，有许多源远流长的大江大河；长江、黄河、黑龙江、珠江、辽河、海河、淮河是中国主要的河流。东北地区是相对独立的地理单元，河流纵横，水资源丰富，形成了黑龙江、松花江、乌苏里江、辽河、图们江、鸭绿江、大小凌河、海河和绥芬河等水系，夏季以降水补给为主，春季以冰雪融水补给为主，形成夏汛和春汛两个汛期，存在封冻期。流域发展对中华文明的发育成长做出了巨大贡献。大河流域覆盖国土面积和跨度大，有着丰富的自然资源和矿产资源、密集的人口和城镇，是重要的粮食基地和工业基地，是中国或各区域社会经济发展的"主战场"。但大河流域往往有着重要的生态地位，自然灾害较多，国土综合整治任务艰巨。中华人民共和国成立以来，高度重视河流流域的开发保护；近些年来，长江、黄河、西江、粤港澳大湾区等重大河流流域的综合开发与保护开始上升到国家战略，汉江、淮河等重要流域的发展成为重要区域战略，从传统的水资源综合利用演进为综合性的区域发展，海河和辽河等其他河流流域仍遵循传统的水资源综合利用的发展路径。长期以来，东北地区形成了东部绿色发展带、中部城镇建设带和西部生态保护带三大板块，中国鼓励东北地区建设哈长城市群，辽宁省重点建设沈阳经济区和沿海经济带，吉林省实施"一主六双"战略，建设长吉图开发开放先导区，黑龙江省重点建设哈尔滨都市圈和东部城镇密集区。

第一节 高质量发展与国土开发

一、高质量发展

1. 人类文明形态演进

人类文明是人类改造世界物质和精神成果的总和，是人类社会进步的标志。流域在人类文明的产生、发展及演进中具有重要作用与影响。文明出现的判断标准是道德礼仪的出现、文字的产生、国家公平规则制度的建立。人类文明既包括物质文明，也包括精神文明。人类文明是人类在生存竞争、自身发展中逐渐积累而形成的，先后经历了原始文明、农耕文明、工业文明和生态文明的演进过程。

（1）原始文明：是人类文明的第一阶段，物质生产活动主要是简单的采集与渔猎行为，是直接利用自然物作为人的生活资料，人类生活要依赖于大自然的赐予，人类对自然的开发和支配能力极其有限。原始文明是顺应自然规律的一种文明形态。该文明阶段持续了上百万年。

（2）农耕文明：是人类在长期农业生产过程中形成的一种适应农业生产、生活需要的文明集合，主要的经济形态是农业生产，通过创造适当的条件使人类所需要的物种得到生长和繁衍，不再依赖自然界提供的现成食物，实施聚族而居、精耕细作。农耕生产与自然地理环境息息相关，农耕文明是一种尊重自然规律但适度改造自然环境、利用自然规律的文明形态。该文明阶段持续了一万年。

（3）工业文明：18世纪，英国工业革命开启了工业文明，机械化大生产开始占主导地位。工业文明的典型特征是工业化、城市化、法治化与民主化。工业文明的优势是规模化生产促使商品迅速丰富、生产力大幅提升，但需要从自然界中获取原材料、燃料及各种辅料，同时向自然界排放废水、废气、废渣等各种污染物，对生态环境产生巨大的破坏，带来生态环境的恶化，如沙漠化、水土流失、耕地退化、生物灭绝等。该文明阶段持续了三百年。工业文明以人类征服自然为主要特征，一系列生态危机表明自然环境已没有能力支持工业文明的继续发展。

（4）生态文明：是人类文明发展的新阶段和历史趋势，是以人与自然、人与人、人与社会和谐共生、良性循环、全面发展、持续繁荣为宗旨的文明形态，尊重和维护生态环境，实施可持续发展的循环经济、生态经济，形成节约能源资源和保护生态环境的产业结构、增长方式、消费模式，把人类活动限制在生态环境能够承受的限度和范围之内，对各类生态要素进行一体化保护和系统治理，促进人与自然和谐共处。生态文明是人类对传统文明形态特别是工业文明进行深刻反思的成果。生态文明建设的重要途径是绿色发展、循环发展与低碳发展。

2. 高质量发展概念

高质量发展是新时代中国经济思想的重要内容。2017年，中国政府首次提出了高质量发展的表述，提出中国经济已由高速增长阶段转向高质量发展阶段，正处在转变发展方式、优化经济结构、转换增长动力的攻关期。2017年12月，中国政府指出高质量发展就是能够很好满足人民日益增长的美好生活需要的发展，就是创新成为第一动力、协调成为内生特点、绿色成为普遍形态、开放成为必由之路、共享成为根本目的的发展。推动高质量发展是中国当前和今后一个时期确定发展思路、制定经济政策、实施宏观调控的根本要求。

高质量发展主要表现为如下方面：①经济运行平稳健康，国民经济重大比例关系不断协调，重大生产力布局基本合理，生产、流通、分配、消费各环节循环畅通，经济增长稳定在合理区间。②产业结构实现了合理化与高级化，从"规模扩张"转为"结构优化"，提升产业价值和产品附加值，产业向中高端水平发展，产业体系竞争力不断提高。③投入产出效率不断提高，存量持续做优，增量加速做大，优质高效供给不断扩大，劳动、资本、土地、资源、环境等要素的投入产出效率和微观主体的经济效益不断提高。④创新成为经济发展的主要驱动力，从"要素驱动"转向"创新驱动"，依靠科技创新和人力资本投资，经济的创新力和竞争力不断增强。⑤商品和服务质量普遍持续提高，从"数量追赶"转向"质量追赶"，中国制造和服务成为高质量的标志，经济的质量优势显著增强。⑥绿色可持续成为普遍形态，自然资源得到集约节约利用，绿色低碳循环发展的经济体系基本形成，节能环保、清洁生产、清洁能源等绿色产业持续发展。⑦城乡区域协调发展，城市群建设质量不断提高，大中小城市形成网络化布局与发展，乡村发展加速振兴，城乡融合发展体制机制不断健全。⑧居民对美好生活的需求不断满足，民生现实问题得到了有效解决，公共服务的均等化水平不断提高，人的全面发展、社会全面进步加速实现。⑨国际竞争力显著提升，开放交流的范围和层次不断拓展，完善开放结构布局，发展新空间持续释放。

二、重大发展理念

1. 新发展理念

发展理念是发展行动的先导，是管全局、管根本、管方向、管长远的导向，具有战略性、纲领性、引领性，是发展思路、发展方向、发展着力点的集中体现。2015年，中国提出了创新、协调、绿色、开放、共享的新发展理念，开启更高质量、更有效率、更加公平、更可持续的发展之路。该理念是针对中国发展中的突出矛盾和问题提出来的，具有鲜明的问题导向和问题意识。

（1）创新发展。注重解决发展动力问题。创新是历史进步的动力、引领发展的第一动力。要实施创新驱动战略，为发展提供持续的内生动力。创新不仅包括科技产业与产业技术研发，而且包括制度创新、文化创新。创新决定了发展的速度、规模、结构、质量和效益。依靠创新培育发展高端产业，构建经济发展新优势。

（2）协调发展。注重解决发展不平衡问题。实施区域协调发展战略，加大欠发达地区与特殊类型地区的振兴发展，建立更加有效的区域协调发展机制。注意调整关系，注重发展的整体效能。协调发展是奠定共同富裕的基础，能促进经济社会均衡发展，促进区域、城乡共同富裕。

（3）绿色发展。注重解决人与自然和谐相处问题。发展要建立在资源环境承载力的基础上，提倡以效率、和谐、持续为目标的经济增长和社会发展方式。提倡绿色发展方式和生活方式，发展生态产业，建立绿色低碳循环发展产业体系，实施绿色清洁生产。建立和完善绿色发展的体制机制与绿色技术创新体系。严守生态红线，保护生态系统，降低资源能源消耗和碳排放水平，减少环境污染，提供更多优质生态产品，维系生态平衡与人地和谐。

（4）开放发展。注重解决发展内外联动问题。坚持引进来和走出去并重，遵循共商共建共享原则，实施主动的开放战略，完善开放型经济体系，加强创新能力开放合作，培育带动区域发展的开放高地，加强互联互通，推动对外贸易平衡发展，加强国际产能合作，形成陆海内外联动、东西双向互济的开放格局，培育竞争新优势。

（5）共享发展。注重解决社会公平正义问题，强调中国当代及未来发展的价值取向与价值基因，是当代中国发展的根本出发点与落脚点。以推进扶贫脱贫、缩小收入差距为抓手，增加基本公共服务供给，保障基本民生，增进居民福祉，走向共同富裕。

2. 五化过程同步

"五化同步"是指新型工业化、信息化、新型城镇化、农业现代化、绿色生态化，推动信息化和工业化深度融合、工业化和城镇化良性互动、城镇化和农业现代化相互协调，促进五化同步发展。"五化同步"是一个整体系统，工业化创造供给，城镇化创造需求，工业化、城镇化带动和装备农业现代化，农业现代化和绿色化为工业化、城镇化提供支撑和保障，信息化推进其他四化进程。

（1）新型工业化。新型工业化是指知识经济形态下的工业化，是科技含量高、经济效益低、资源消耗低、环境污染少、人力资源优势得到充分发挥的工业化。新型工业化要推进产业结构优化升级，淘汰低效产能与落后产能，利用现代信息智能与数字技术改造传统优势产业，延伸产业链，提高产品附加值，促进资源与能源集约利用；大力发展战略性新兴产业，培育新的经济增长点，促进产业结构不断更新升级。

（2）信息化。信息化是指培育、发展以智能化工具为代表的新的生产力，包括互联网、大数据、物联网、人工智能等，并使之造福于社会的过程。信息化充分利用信息智能技术，促进企业管理、产品生产、产业装备、社会治理、居民生活等不同方面不同层次的信息化、智能化与数字化。信息化促进信息化与工业化的融合发展，促进产业结构与生活方式的升级。

（3）新型城镇化。新型城镇化是以城乡统筹、城乡一体、产城互动、节约集约、生态宜居、和谐发展为基本特征的城镇化，是大中小城市、小城镇、新型农村社区协调发展、互促共进的城镇化。坚持生态文明理念，合理调节各类城镇人口规模，提高中小城市对人口的吸引能力，走集约、智能、绿色、低碳的发展道路。核心是人的城镇化，推进农业转移人口的市民化进程，提升城、镇及村的公共设施和服务能力，提高城镇化质量。新型城镇化不以牺牲农业和粮食、生态和环境为代价，要促进城镇和乡村良性互动、共同发展。

（4）农业现代化。农业现代化指农业、农村和农民的现代化，是用现代工业装备农业、用现代技术改造农业、用现代管理方法管理农业、用现代科学文化知识提高农民素质的过程。农业现代化包括农业生产手段的现代化、农业生产技术的科学化、农业经营方式的产业化、农业服务的社会化、农业产业布局的区域化、农业基础设施的现代化、农业生态环境的现代化、农业劳动者的现代化、农民生活的现代化。农业从以直观经验和手工工具为基础的传统农业转变为以现代科学技术、生产数据和经营管理方法为基础的农业的过程，是从自给自足农业向商品农业转变和商品农业大发展的过程，是农业生产效率不断提高和农业市场不断发展的过程。

（5）绿色生态化。绿色生态化是一种生产生活生态方式和价值取向。绿色生态化要求遵循生态规律，保护生态资源与生态系统，发展绿色产业，促进资源能源循环利用与集约节约利用，建设生态文明，为居民提供更多的生态产品。绿色生态化的目的是向生态文明建设的总体目标进发，改变传统发展方式，推动经济社会实现生态化、绿色化、循环化、清洁化发展。

3. 规律共遵

规律亦称为法则，是自然界和社会诸现象之间必然、本质、稳定和反复出现的关系，是指事物本身所固有的、深藏于现象背后并决定或支配现象的方面，具有普遍性的形式，决定着事物发展的必然趋向。规律是客观的，通过现象来表现。世界上的事物、现象千差万别，有各自的互不相同的规律，根据其根本内容可分为自然规律、社会规律、经济规律和思维规律。人类认识或发现客观规律，并用这种认识预见事物发展的趋势和方向，指导实践活动，应用客观规律来改造自然、改造社会，为人类谋福利。区域或流域发展要深刻认识经济社会与自然的关系，更加重视和遵循自然规律，探索可持续发展的规律、方式与制度建设。

（1）水规律：河流是地球系统的组成要素，同时是人类社会经济发展的支撑条件，这决定了河流具备适用水流、地质、地貌、人类发展等方面的综合性规律。水规律是河流与流域产生、发展及与周边区域相互作用的客观规律，主要是反映河流的水文特征、地质作用（侵蚀、搬运和沉积作用）、资源特性、自净作用、社会经济功能等方面的基本规律。典型的水规律包括汛期、径流变化、水能、灌溉等方面的规律。

（2）自然规律：是存在于自然界的客观事物内部的规律，是在自然界各种不自觉的、盲目的动力相互作用中表现出来的。自然规律可以离开人类实践活动而发生作用，发挥作用的有效时间比较长。

（3）经济规律：经济现象错综复杂，反映本质联系的经济规律也多种多样。经济规律主要包括生产力与生产关系规律、价值规律、市场规律、利润规律等。经济规律从属于自然规律，是自然规律在经济领域的一种表现方式，受自然规律统摄和制约。人类经济活动只有符合自然规律才能持续进行，随着经济条件的消失而消失。

（4）社会规律：社会规律反映了社会发展的必然方向，是推动社会向前发展进步的动力。社会规律具有阶级性，通过人类有目的的、有意识的活动表现出来，一般发挥作用的有效时间比较短。

三、国土开发框架

1. 国土空间开发战略

战略泛指重大的、带全局性的，或决定全局的谋划，"国家规定的、一定历史时期内的全局性方针任务"。国家开发战略是基于国家的现存条件和发展规律，全面考量经济、社会、资源、环境等各方面的长远发展而进行全局性的、根本性的筹划和决策，核心是确定国家在一定时期的基本目标和实现途径。国土开发战略涉及国土空间的开发、保护、整治等各类活动。当前，国家开发战略主要通过《全国主体功能区规划》和《全国国土开发规划》进行体现和表述。

通过总述上述两个规划，可总结出中国当前的国土开发战略主要表现以下要点。

1）基本思想

坚持人口资源环境相均衡、经济社会生态效益相统一，转变国土开发利用方式，提高国土开发质量和效率，推进国土集聚开发、分类保护和综合整治，加强国土空间用途管制，优化生产、生活、生态空间，建立国土空间开发保护制度，提升国土空间治理能力，进一步优化开发格局、提升开发质量、规范开发秩序。

2）战略格局

（1）总体格局。构建"两横三纵"为主体的城市化战略格局，构建"七区二十三带"为主体的农业战略格局，构建"两屏三带"为主体的生态安全战略格局。"两横三纵"包括陆桥通道、沿长江通道两条横轴，沿海、京哈京广、包昆通道三条纵轴。

（2）国土空间按开发内容，分为城镇化地区、农业地区和生态地区。同时，按开发方式，国土空间分为优化开发区域、重点开发区域、限制开发区域和禁止开发区域，限制开发区域又分为农产品主产区和重点生态功能区。

（3）优化开发区域包括环渤海地区、长江三角洲、珠江三角洲三个区域。

（4）重点开发区域包括冀中南地区、太原城市群、呼包鄂榆地区、哈长地区、东陇海地区、江淮地区、海峡西岸经济区、中原经济区、长江中游地区、北部湾地区、成渝地区、黔中地区、滇中地区、藏中南地区、关中—天水地区、兰州—西宁地区、宁夏沿黄经济区和天山北坡地区18个区域。

（5）农产品主产区主要包括东北平原主产区、黄淮海平原主产区、长江流域主产区、汾渭平原主产区、河套灌区主产区、华南主产区和甘肃新疆主产区七大优势农产品主产区，以及西南和东北的小麦产业带，西南和东南的玉米产业带，南方的高蛋白及菜用大豆产业带，北方的油菜产业带，东北、华北、西北、西南和南方的马铃薯产业带，广西、云南、广东、海南的甘蔗产业带，海南、云南和广东的天然橡胶产业带，海南的热带农产品产业带，沿海的生猪产业带，西北的肉牛、肉羊产业带，京津沪郊区和西北的奶牛产业带，黄渤海的水产品产业带等23个产业带。

（6）重点生态功能区包括大小兴安岭森林生态功能区、长白山森林生态功能区、阿尔泰山地森林草原生态功能区、三江源草原草甸湿地生态功能区、若尔盖草原湿地生态功能区、甘南黄河重要水源补给生态功能区、祁连山冰川与水源涵养生态功能区、南岭山地森林及生物多样性生态功能区、黄土高原丘陵沟壑水土保持生态功能区、大别山水土保持生态功能区、桂黔滇喀斯特石漠化防治生态功能区、三峡库区水土保持生态功能区、塔里木河荒漠化防治生态功能区、阿尔金草原荒漠化防治生态功能区、呼伦贝尔草原草甸生态功能区、科尔沁草原生态功能区、浑善达克沙漠化防治生态功能区、阴山北麓草原生态功能区、川滇森林及生物多样性生态功能区、秦巴生物多样性生态功能区、藏东南高原边缘森林生态功能区、藏西北羌塘高原荒漠生态功能区、三江平原湿地生态功能区、武陵山区生物多样性及水土保持生态功能区、海南岛中部山区热带雨林生态功能区 25 个国家级重点生态功能区。

（7）禁止开发区域：包括中国政府批准的国家级自然保护区、世界文化自然遗产、国家级风景名胜区、国家森林公园和国家地质公园。

2. 区域协调发展战略

1）公平与效率

公平与效率是区域战略追求的两大目标，也是处理地区关系的逻辑基点，形成均衡发展、非均衡发展、协调发展三种区域战略，分别强调公平发展、效率发展、效率和公平兼顾。发达国家在经历了工业化历程很长时期后才更加注重区域公平，2000 年《里斯本战略》把增强区域竞争力、注重效率与追求公平并重。

（1）均衡发展战略：强调公平优先，在地区间均衡布局生产力，增强经济发展活力。该战略模式，要求区域具备强大的经济实力作后盾，而且适用于经济成长到一定水平的地域。该模式以降低全国发展速度、牺牲效率为代价。

（2）非均衡发展战略：强调效率优先，在重点地区集中资源、优先发展，再起带动作用。该模式有利于提高整体实力，但忽视了协调发展与区际公平，拉大了区域间差距。

（3）非均衡协调发展战略：该战略是重点论和协同论相结合，先进地区带动落后地区，在非均衡发展中谋求协调发展。

2）区域协调发展战略与区域政策演变

区域协调发展战略侧重从公平角度，发挥区域比较优势，控制区域差距扩大，促进区域间公共服务均等化。20 世纪 50 年代至 70 年代末，中国将全国划分为沿海和内地，在"公平优先"的目标下，中国实施向内陆倾斜的区域均衡战略，建设资金投入内地，建立区域相对独立的工业体系；1964～1978 年，中国将全国分为一二三线，重点建设"三线"地区，促进工业从"一线"地区向"三线"地区转移。20 世纪 80～90 年代，中国将全国分为沿海与内地，沿海地区成为战略重点；采取"效率优先"非均衡战略，以发挥优势、加快全国整体增长为目标，优先发展东部，带动中西部；部分基础设施和产业的发展重点转移到中部，西部处于准备开发状态。1992 年中国开始考虑"地区协调发展战略"。世纪之交，中国实施公平与效率并重，提出西部大开发、促进中部崛起、振兴东北、东部加快发展；1999 年实施"西部大开发"，2003 年实施"东北振兴"，2004 年实施"中部崛起"，构成了区域发展战略的全部。2017 年，中国提出实施区域协调发展战略，支持革命老区、民族地区、边疆地区、贫困地区加快发展，强化举措推进西部大开发形成新格局，深化改革加快东北等老工业基地振兴，发挥优势推动中部地区崛起，创新引领率先实现东部地区优化发展，建立更加有效的区域协调发展新机制。

3. 重大区域发展战略

重大区域战略侧重于从效率角度，以重点区域率先发展来辐射引领全国区域发展，是提升国家新型工业化和城镇化、引领全面建设现代化国家的重要支撑。21 世纪以来，随着资源环境压力加大、经济增速下降、国际环境与地缘环境日渐复杂化，中国形成双向开放，以流域、都市圈、海湾区为中心的重大区域发展战略，主要包括京津冀协同发展、长江经济带建设、粤港澳大湾区发展、黄河流域生态保护和高质量发展等。通过一系列重大区域战略的实施，中国逐步形成全方位、多层次、多形式的区域协调发展格局。

（1）京津冀协同发展。以疏解北京非首都核心功能、解决北京"大城市病"为出发点，优化城市布局和空间结构，通过交通一体化、生态环境、产业发展、市场一体化、公共服务共建共享带动协同发展，推动河北雄安新区和北京城市副中心建设。随着超大城市、特大城市等巨型城市载体的发展壮大，中心城市与周边地区的协同发展将成为未来中国城市化区域的重要趋势。

（2）长江经济带建设。2014年，中国印发了《关于依托黄金水道推动长江经济带发展的指导意见》；2016年，《长江经济带发展规划纲要》正式印发。该战略以共抓大保护、不搞大开发为导向，以生态优先、绿色发展为引领，推动综合立体交通走廊建设、沿江产业转移和优化升级、长江生态保护，实现东中西互动合作、沿海沿江沿边对内对外开放。

（3）粤港澳大湾区发展。该地区是中国开放程度最高、经济活力最强的区域之一。2019年，中国印发了《粤港澳大湾区发展规划纲要》。粤港澳大湾区要推进基础设施互联互通，提升市场一体化水平，打造国际科技创新中心，构建协同发展现代产业体系，打造成宜居宜业宜游的优质生活圈，培育国际合作新优势，建成充满活力的世界级城市群、内地与港澳深度合作示范区。

（4）黄河流域生态保护和高质量发展。黄河流域是中国重要的生态安全屏障和经济区。2019年，中国提出了黄河流域生态保护和高质量发展战略，坚持以水而定、量水而行、因地制宜、分类施策，统筹谋划上下游、干支流、左右岸发展，加强生态环境保护，保障黄河长治久安，推进水资源节约集约利用，保护、传承和弘扬黄河文化。

（5）长江三角洲区域一体化发展。长江三角洲是中国经济发展最活跃、开放程度最高、创新能力最强的区域之一。2019年，中国印发了《长江三角洲区域一体化发展规划纲要》。该战略的目的是形成区域协调发展新格局，加强协同创新产业体系建设，提升基础设施互联互通水平，强化生态环境共保联治，提升配置全球资源能力。

（6）海南全面深化改革开放。2018年，中国印发了《中共中央 国务院关于支持海南全面深化改革开放的指导意见》。该战略的目的是推动海南形成全面开放新格局，在海南全境建设自由贸易试验区，探索实行符合海南发展定位的自由贸易港政策，建设现代化经济体系，实施创新驱动发展，推进经济体制改革，建设成为国际旅游消费中心和国家重大战略服务保障区。

第二节　中国国土与流域发展格局

一、流域战略定位

1. 大河文明

河流开发利用与人类进步、社会经济发展之间有密切的关系，大河流域始终是人类文明发育的摇篮。人类通过利用河流、改造河流、开发水源、防治洪灾，大大促进了工业、农业、交通、城市的发展和社会文明的进步。河流流域的水资源充足，中下游地势平坦，土地相对肥沃，气候温和，利于农作物培植和生长，农业生产往往很发达，适宜人类生存与发展。古代北非和亚洲的大河流域，沃野千里，灌溉便利，独特的农耕环境为人类的生存创造了良好的条件。古代居民很早便在这些地区建库蓄水、挖沟修渠，灌溉排涝，生产劳动，生息繁衍，促使这些大河流域人口众多、城镇密集，成为人类文明的发源地。大河流域以农业文明为特征，以农耕经济为基本形态，对自然环境的依赖性较强。农业是最主要的生产部门，也是国家形成和发展的物质基础和经济基础。古埃及、古巴比伦、古印度和中国均是在适合农业耕作的大河流域诞生的，均是依赖于农业经济而创造出灿烂辉煌的大河文明。

中华文明是"河的赐予"，发源于江河流域的河谷地带和冲积平原。中国拥有流域面积大于100平方公里的河流近5万条，分属于长江、黄河、珠江、淮河、海河、松辽、东南诸河、西南诸河、西北诸河等流域水系。这些水系的开发对中华文明漫长的发育成长做出了巨大贡献。黄河沿岸早期文明有甘青文明、中原文明等，长江沿岸早期文明有成都平原文明、江汉文明、太湖文明等，另外早期文明还遍布在其他流域，如乌苏里江沿岸、江淮流域、珠江三角洲流域。与黄河流域的农耕文明发育相对应，公元前8000~6000年，长江流域中下游成为世界第一个稻作文化区。黄河和长江两大流域被称为中华农耕文明发育的初始摇篮。在相当长的历史时期内，黄河和长江流域的农耕文明在一定程度上保持着各自相对独立的发展。周朝时期（公元前1046~公元前256年），两大流域人口占全国的比例超过60%，其中黄河流域超过50%，长江流域占比（大部分居住在长江以北）约在10%。直到西晋（公元265~317年）之前，黄河流域干流的统治地位维持了1500年；其后，中国农耕社会的中心转向长江流域干流地区，黄河流域的农耕人口迁往长江流域，这促进了长江流域的农业开发。唐朝中期（618~907年），长江流域干流最终取代黄河流域成为国家发展的第一引擎，在清朝中期（1644~1911年）达到顶峰。现代工业文明发育之初，长江与黄河两大流域的开发在中国社会经济中占有重要地位，人口占全国总量的53%，GDP占全国的57.6%。20世纪60~70年代，随着国家工业化的全面推进特别是东北工业基地的建设，长江与黄河两大流域在全国的地位有所下降，但仍在中国发展格局中具有不可替代的地位和作用。

2. 战略地位

中国地域辽阔，河流众多，有不少大河，如长江、黄河、淮河、珠江等。大河流域发展对全国及各区域发展具有重要影响，成为中国和各区域社会经济建设的主战场（张文合，1994b）。

（1）主要江河跨度大，各流域干流横贯东西，支流连接南北，甚至地跨东中西三大地带，在全国社会经济发展格局与国土开发治理体系中举足轻重。

（2）各流域有着丰富的自然资源，充足的水资源，肥沃的土壤和大面积的耕地农田，密集的人口、城镇分布，以及巨大的发展潜力，尤其是长江、黄河、珠江、淮河、海河、辽河和松花江为中国七大江河，流域面积占全国土地面积的45.5%，人口占全国总量的78.4%，耕地面积和粮食产量分别占全国总量的82.2%和80%，成为中国重要的粮食生产基地。各流域的重要指标如表 5-1 所示。

表 5-1 中国七大江河流域基本数据

指标	松花江	辽河	海河	黄河	淮河	长江	珠江
流域面积/万平方公里	56.12	16.41	26.46	75.24	18.57	180.72	45.26
人口/亿人	0.47	0.28	0.92	0.81	1.26	0.34	0.7
耕地/亿亩	1.57	0.70	1.70	1.91	2.00	3.68	0.72
地表水资源/亿立方米	780	160	280	560	650	9600	3500
水能蕴藏量/万千瓦	660	95	294	4055	115	26800	3348
通航里程/万公里	0.10	-	-	-	0.50	7.00	1.20

资料来源：刘善建，1985

（3）各江河流域有着丰富的能源和矿产资源，不仅种类齐全、储量丰富，而且分布集中。大河流域往往有着发达的航运网络，尤其是长江、西江干流航运等级较高，被称为"黄金水道"。这决定了其开展工业化建设的交通基础较好。

（4）各流域已具备了相当的经济实力和产业基础，基本形成了门类齐全的经济体系，国土开发程度较高。长江、黄河、珠江等大河流域均形成了各自的内河经济带，以长江经济带最具代表。

（5）自然灾害比较严重，国土综合治理任务艰巨。江河流域是生态问题较严重、自然灾害比较频繁的地区，水土流失恶化了生态环境，加剧了洪涝灾害。江河中下游冲积平原多低洼易涝，洪涝灾害威胁大，江河防洪标准偏低。盐碱地、红壤土和沼泽地等低产田在耕地中占有较大比例。

（6）各流域的生态地位尤其重要。多数流域的中上游尤其上游地区，是重要的生态功能区。多以丘陵山地为主，水源涵养功能突出，是各地区的"水塔"，有着丰富的生物资源和植被资源，林草覆盖率高。上游生态功能对中下游的生态约束作用显著。

（7）中国及区域对河流流域的开发利用进程一直在加快，已由单目标、小地域进入综合性、全流域、多目标开发时期。流域经济特别是大流域经济成为各地区发展的重点。

上述特点决定了以流域为单元，以资源开发为中心，进行综合开发治理，合理布局生产力，是实现国土开发整治的重要内容，也是缩小区域差距、协调区际关系的有效途径。

二、中国水系分布

1. 总体分布

中国河流湖泊众多，是世界河流最多的国家之一，有许多源远流长的大江大河，是中国地理环境的重要组成部分。流域面积在 100 平方公里以上的河流近 5 万条，流域面积超过 1000 平方公里的河流有 120 多条。中国第一大河是长江，全长约 6300 公里，仅次于尼罗河和亚马孙河，为世界第三大河。黄河为中国第二长河，全长 5464 公里。珠江是中国南方最大的河流，全长 2210 公里。中国有著名的京杭运河，沟通海河、黄河、淮河、长江、钱塘江五大水系，全长1801公里。

中国内外流区域兼备，外流区与内流区的界线大致是：北段大体沿大兴安岭–阴山–贺兰山–祁连山（东部）一线，南段接近于200毫米的年等降水量线（巴颜喀拉山–冈底斯山）。这条线的东南部是外流区，覆盖中国2/3的国土面积，河流水量占全国的95%以上，内流区虽占国土面积的1/3，但水量不足全国的5%。多数河流分布在中国东部和南部，以属于太平洋流域的河流为最多、最大，长江、黄河、黑龙江、珠江、辽河、海河、淮河等河流向东流入太平洋；属于印度洋流域的河流较少，有雅鲁藏布江；属于北冰洋水系的河流最少，有额尔齐斯河。此外，还有一个广阔的内流区，流域面积占国土面积的36.4%，而径流量仅占4.39%，塔里木河是中国最长的内流河。秦岭–淮河以北的河流，处于暖温带和中温带，冬季寒冷，有结冰现象；除黑龙江及其支流松花江、乌苏里江等河流以外，其他河流多流经半湿润、半干旱地区，水量不大，汛期较短。秦岭–淮河以南的河流，流经湿润地区，水量丰富，汛期较长。中国主要河流水系如表5-2所示。

表5-2 中国主要河流水系

水系	河流名称	长度/公里	流域面积/万平方公里	年平均流量/（立方米/秒）	水系	河流名称	长度/公里	流域面积/万平方公里	年平均流量/（立方米/秒）
太平洋水系	黑龙江	3 420	162.02	8 600	太平洋水系	嘉陵江	1 119	15.97	2 165
	松花江	1 927	54.50	2 530		乌江	1 018	8.68	1 650
	嫩江	1 089	28.30	824		珠江	2 210	45.26	11 070
	乌苏里江	890	18.70	2 000		柳江	730	5.42	1 521
	鸭绿江	795	6.38	1 005		郁江	1 162	9.07	1 700
	辽河	1 430	16.41	302		元江	640	3.98	634
	滦河	877	4.50	149		澜沧江	2 153	16.14	2 354
	海河	1 090	26.46	717		沅江	1 060	8.88	2 158
	黄河	5 464	75.24	1 820		湘江	817	9.67	2 288
	洮河	669	3.14	172		汉江	1 532	15.07	1 792
	汾河	695	3.94	53		赣江	744	8.21	2 054
	渭河	818	10.73	292	印度洋水系	怒江	2 013	12.48	2 000
	淮河	1 000	18.57	1 110		雅鲁藏布江	2 057	24.05	4 425
	长江	6 300	180.72	31 060	内流河	乌伦古河	715	2.20	35.6
	雅砻江	1 500	13.00	1 800		塔里木河	2 137	19.80	
	大渡河	1 070	9.07	2 033		叶尔羌河	1 037	4.81	203
	岷江	735	13.58	2 752		和田河	1 090	2.82	142

注：表格中仅列出长度超过600公里的河流

按流域面积大小，中国境内河流排名依次为长江（180.72万平方公里）、黑龙江（162.02万平方公里）、黄河（75.24万平方公里）、松花江（54.50平方公里）、珠江（45.26万平方公里）、海河（31.8万平方公里）、雅鲁藏布江（24.6万平方公里）、辽河（21.9万平方公里）、塔里木河（19.80平方公里）、淮河（18.7万平方公里）、澜沧江（16.5万平方公里）。按照河道长度，中国境内河流排名依次为长江（6300公里）、黄河（5464公里）、黑龙江（3420公里）、珠江（2210公里）、澜沧江（2153公里）、塔里木河（2137公里）、雅鲁藏布江（2057公里）、怒江（2013公里）、辽河（1430公里）、嘉陵江（1119公里）。

2. 主要河流

中国十大河流分别是长江、黄河、黑龙江、松花江、珠江、雅鲁藏布江、澜沧江、怒江、汉江、辽河。以下主要论述华北、华中、西南等地区的河流水系，东北水系在后文进行分析。

1）长江

长江发源于唐古拉山脉各拉丹冬峰西南侧，干流流经青海、四川、西藏、云南、重庆、湖北、湖南、江西、安徽、江苏、上海11个省（自治区、直辖市），注入东海。干流自西而东横贯中国中部，全长约6300公里，是中国第一大河、世界第三大河。数百条支流辐辏南北，流域面积180多万平方公里，位于90°33′E~122°25′E、24°30′N~35°45′N。长江流域气候温暖，雨量丰沛，是中国水量最丰富的河流，水资源总量为9616亿立方米，约占全国河流径流总量的36%，为黄河的20倍；年入海水量约1万亿立方米，占全国河流总入海水量的1/3以上。由源头至河口，整个流域地势西高东低，形成三级阶梯，地貌类型众多，有山地、丘陵、盆地、高原和平原。洪涝灾害较为严重。长江航运发达，是著名的"黄金水道"。长江流域生物资源丰富，建有国家级自然保护区19处、国家水产种质资源保护区217处。全流域有人口约4亿人，占全国人口总量的1/3。

2）黄河

黄河为中国北方大河和世界长河。发源于青海中部，流经青海、四川、甘肃、宁夏、内蒙古、山西、陕西、河南及山东9个省（自治区），注入渤海，全长5464公里，是中国第二大河、世界第五长河。流域面积75万多平方公里，平均年径流量为580亿立方米，主要由大气降水补给。流域冬长夏短，冬夏温差悬殊，季节性气温变化分明。流域降水量小，以旱地农业为主，冬干春旱，降水集中在夏秋7~8月，容易泛滥成灾。黄河流域蒸发能力强，年蒸发量达1100毫米。地势西高东低，高低悬殊，形成自西而东、由高及低三级阶梯。干流多弯曲，素有"九曲黄河"之称。黄河中上游以山地为主，中下游以平原、丘陵为主。河流夹带大量的泥沙，为世界含沙量最多的河流，增加了水资源开发利用的难度。许多河段在冬季要结冰封河，石嘴山至河口镇和下游花园口至黄河入海口两个河段容易形成冰凌洪水。黄河流域是我国开发最早的地区。黄河流域水能资源理论蕴藏量为4054.8万千瓦，73.3%分布在黄河干流上；全流域可能开发的装机容量大于1万千瓦以上的水电站共100座，总装机容量为2727.7万千瓦。继长江"共抓大保护，不搞大开发"之后，黄河流域的生态保护和高质量发展在2019年也被提上日程，并成为重大国家战略。

3）珠江

珠江有西江、北江、东江三大支流水系，其中西江最长，通常被称为珠江的主干。珠江流经云南、贵州、广西、广东、江西、湖南6个省（自治区），部分支流流经越南，最终流入南海。珠江全长2210公里，流域面积为45.26万平方公里，中国境内流域面积为44.21万平方公里，年均径流量为5797亿立方米，其中西江为2380亿立方米，北江为1394亿立方米，东江为1238亿立方米，三角洲达到785亿立方米。珠江流域地势西北高、东南低，地处亚热带，气候温和多雨，水资源丰富，人均水资源量为4700立方米，相当于全国平均水平的1.7倍；水力资源丰富，全流域可开发的水电装机容量约为2512万千瓦，红水河落差集中，流量大，开发条件优越。珠江流域枯水期一般为11月至次年3月，属少沙河流，其中西江河道稳定，具有良好的航运条件，通航里程为14156公里，约占全国通航里程的13%，年货运量仅次于长江而居第二位。

4）淮河

淮河发源于河南桐柏山区。干支流流经河南、湖北、安徽、江苏四省，其中干流长约1000公里，在江苏扬州三江营注入长江。流域面积达到18.57万平方公里，多年平均径流量为621亿立方米。淮河流域介于长江和黄河两流域之间，位于111°55′E~121°25′E，30°55′N~36°36′N。全流域西北部高、东南部低，地形地貌相对简单，山丘区面积约占1/3，平原面积约占2/3，总落差达到200米。淮河流域地处中国南北气候过渡带，淮河以北属于暖温带半湿润区，淮河以南属于北亚热带湿润区，气候温和，暴雨洪水集中在汛期6~9月，年平均地表水资源为621亿立方米。上游两岸山丘起伏，水系发育，支流众多；中游地势平缓，多湖泊洼地；下游地势低洼，湖泊星罗棋布，水网交错，渠道纵横。主要支流有史灌河、淠河、池河、洪汝河、沙颍河、西淝河、涡河、新汴河等。全流域水能蕴藏量为151万千瓦，可开发的装机容量约90万千瓦，已开发近30万千瓦，分布在上游各支流。淮河下游主要有入江水道、入海水道、苏北灌溉总渠和分淮入沂四条出路。洪涝灾害严重，形成"三年两淹，两年一旱"，不少年份洪涝旱灾并存。淮河流域矿产资源以煤炭资源最多，覆盖人口1.6亿人，是中国人口密集地区。全流域灌溉耕地达到780万公顷。

5）海河

海河是华北地区的最大水系，一般包括海河、滦河和徒骇马颊河三水系。流域总面积为26.46万平方公里，占国土面积的3.3%。海河水系由海河干流和北运河、潮白河、蓟运河、永定河、大清河、子牙河、漳卫河组成。海河以卫河为源，发源于山西陵川县，全长1090公里；以漳河为源，发源于山西长治，全长1031公里。海河流经山西、河北、北京、天津、山东、河南，在天津大沽口入海。流域处于暖温带大陆性季风区，冬季寒冷干燥，夏季炎热多雨，降水多以暴雨形式降落，全年降水量往往是几次暴雨的结果，年径流量为228亿立方米，主要依赖降雨补给，占比约为80%以上。各支流冬季一般结冰，平均封冻天数为50~80天。海河为洪、涝、旱、碱频发的地区。从20世纪50年代开始，中国就加强海河流域的综合治理，已建成水库1900多座，总库容约300亿立方米，其中大型水库30座。蓄洪区有30处，总蓄水量为191.5亿立方米，面积为8788平方公里。

6）雅鲁藏布江

雅鲁藏布江发源于喜马拉雅山北麓，进入印度后称布拉马普特拉河，注入孟加拉湾。河流全长2840公里，流域面积达到93.5万平方公里；中国河段长2057公里，流域面积为24.05万平方公里。上游河水补给以融雪为主，中下游雨水较多，特别是下游地区。流出国境处的年径流量为1400亿立方米；全流域高程落差较大，达到5475米，水能资源蕴藏量丰富，达1.13亿千瓦。支流众多，其中集水面积大于2000平方公里的有14条，大于1万平方公里的有5条，即多雄藏布、年楚河、拉萨河、尼洋河、帕隆藏布。1990年后，对雅鲁藏布江、拉萨河、年楚河进行治理，修建了冲巴湖、满拉等水库和众多小水电站，整修防洪堤防，兴建引水渠道，发展灌溉，改善了农牧业生产条件。

7）澜沧江

澜沧江在东南亚叫湄公河，发源于青海唐古拉山东北部，流经西藏、云南两省（自治区），纵贯横断山脉，是典型的南北走向河流。流经中国、缅甸、老挝、泰国、柬埔寨和越南，注入南海，是世界第七大河。澜沧江-湄公河全长4880公里，流域面积为81万平方公里；流域主要属于亚热带和热带季风气候，水资源丰沛，年径流总量达到4750亿立方米；中国段长2153公里，国境处年水量约640亿立方米。上游以地下水和冰雪融水补给为主，中游以雨水和地下水混合补给为主，下游以雨水补给为主。流域地貌类型复杂多样，自北向南呈阶梯状下降，高山峡谷相间，中国境内水能资源可开发量约为3000万千瓦。该流域为少数民族集聚地区，其习俗风情、生活方式和宗教信仰各具特色。

8）怒江

怒江是中国西南地区重要的南北向河流。发源于唐古拉山南麓，流入缅甸后称萨尔温江，注入孟加拉湾。全长3240公里，中国部分为2013公里；总流域面积32.5万平方公里，中国部分为12.48万平方公里。径流总量约700亿立方米，上游以地下水补给为主，中游段雨水补给占重要地位，下游雨水补给占60%左右。干流年径流量丰沛，落差大，河道平均比降为2.4‰，水力资源较丰，水能资源蕴藏量为4600万千瓦，干流约为3550万千瓦。流域矿产资源有铜、铁、铅、锡及煤、汞、水晶、硫磺、石墨、云母等。怒江是中国唯一一条没有建造水电站的大河，水资源开发利用程度低。

9）汉江

汉江又称为汉水、汉江河，在历史上占有重要地位，与长江、淮河和黄河并列称为"江淮河汉"。汉江是长江的最大支流，发源于陕西米仓山，流经陕西和湖北两省，在武汉入长江。汉江全长1532公里，流域面积达15.07万平方公里。汉江流域多是山地，占流域总面积的70%，丘陵占13%，平原仅为16%，湖泊为1%；平原面积很小，主要有汉中平原、襄阳-宜城平原、唐白河平原和汉江下游平原。流域高程低于1000米的面积占比为70%。汉江流域位于30°8′N~34°11′N，106°12′E~114°14′E，属于亚热带季风气候，降水丰富，径流量大。流域总落差达到1964米，多滩险峡谷，水力资源丰富。山地河流发育，支流众多，水系分布为不对称树枝状，北岸支流比南岸多而长，河网密度也比南岸大；长度在50公里以上的河流有68条，在100公里以上的有18条。航运条件好，95%的干流河道均可通航，但比降大且滩险多。洪灾严重，暴雨为造成洪水的基本原因。

三、重大流域开发治理

中国高度重视河流流域的开发保护工作，中华人民共和国成立以来先后开展了三轮流域综合规划，对七大流域治理、开发与保护的指导思想、基本原则、总体目标、控制指标、工程布局、主要任务等进行了系统安排（刘航等，2021）。20世纪50年代初期，针对中国水旱灾害严重、水利基础设施薄弱的突出问题，中国组织了第一轮重要江河流域综合规划编制工作。现有的大江大河流域综合规划，就是在50年代编制的规划基础上，分别于80年代末、90年代初编制完成的（丁海容等，2007）。各地方也重视流域综合规划编制工作。据统计，中华人民共和国成立以来，全国编制完成的各类流域规划有1000多部，在指导流域综合治理、水资源开发利用、水土保持与生态建设、水污染防治等方面发挥了重要作用。2007年，中国启动了全国流域综合规划修编工作，制定了流域防洪、水资源利用和保护、节水、灌溉、水能开发、河流生态、水土保持、航运等规划，对2020年和2030年工作做出了总体部署。2013年，七大流域综合规划全部得到国务院的批复（矫勇，2013）。

21世纪以来，流域经济社会发展新格局逐步形成，城镇化、工业化、农业现代化深入推进，水资源情势发生了明显变化，水资源时空分布不均的特点更为突出，洪涝、干旱等极端事件频发，流域治理与保护形势仍然严峻。以国务院批复《全国主体功能区规划》为标志，国家相继出台了一系列区域发展战略举措，批复了若干流域发展规划和政策意见，对流域保护、治理与开发提出了新的要求。中国先后出台了《长江经济带发展规划纲要》《黄河流域生态保护和高质量发展规划纲要》等综合性流域发展规划，长江、黄河等流域的生态保护和高质量发展上升为国家战略（矫勇，2013）。

1. 长江流域

长江是中国第一大河流和世界第三河流，干流流经11个省级行政区。全流域西高东低，形成三级阶梯，地貌类型众多；气候温暖，水资源、生物资源丰富。航运条件优良，是著名的"黄金水道"。流域人口众多，分布有4亿人，下游是中国发达的长江三角洲，中游分布有武汉都市圈、长株潭城市群和环鄱阳湖城市群，上游分布有成渝城市群。有着发达的农业生产和工业经济，是中国主要的产业基地和粮食基地。

长江流域的综合治理与开发建设一直是中国高度关注的事情。20世纪50年代进入局部抢险治理的阶段，重视"防洪、排水、灌溉、放淤"等工作，要"保证遇1949年同样洪水不发生溃口"。1950年，长江水利委员会成立，开展堵口复堤和堤防的整修加固工作，提出"以荆江分洪建闸工程为中心，结合洞庭湖治理，荆江河床治导及中下游沿江全部湖泊控制的整体规划"，形成了《关于治理长江计划基本方案的报告》，1951~1953年先后提出和完善了治江三阶段的计划，开展了长江堤防堵口复堤、荆江分洪工程等蓄洪垦殖工程建设，实施大规模干支流堤防修复。1955年提出《长江中游平原区防洪排渍方案》，1955~1959年编制《长江流域综合利用规划要点报告》，安排江河治理和水资源综合利用、水土保持等工程。该时期对长江干流重点防洪河段实施护岸工程，对荆江大堤险工进行抛石加固，对铜陵河段无为大堤安定街、南京下关浦口、长江口北支青龙港实施了沉排护岸；对江苏澄通河段南通、长江口北支的海门与启东兴建了丁坝群（胡春燕等，2022）。20世纪60~70年代，进行护岸和河势控制；1960年提出《长江中下游平流河道整治规划要点报告》，尤其是围绕荆江段实施了一系列裁弯工程，河势得到控制。"大跃进"和"农业学大寨"期间，开工兴建了大量灌溉、供水为主的水库和灌区配套工程，建成了丹江口、鸭河口、白莲河、柘溪、漳河、陆水等一批大型水利水电工程，实施了下荆江裁弯工程。20世纪70年代是长江中下游护岸工程大发展的时期，沿江普遍开展护岸工程建设。

20世纪80年代，开展了重点河段的系统化治理。1980年提出了《长江流域综合利用规划要点报告》、《长江中游平原区规划要点报告》和《长江中游平原区近期防洪规划方案》，加强了荆江大堤、南线大堤、武汉市堤、无为大堤及洞庭湖、鄱阳湖重点堤垸等重要堤防建设，建成了五强溪、隔河岩、凤滩等水利水电工程，开展了中下游干流河道治理。1990年，国务院批准《长江流域综合利用规划简要报告》。1998年大洪水后，投巨资建设防洪工程，完成中下游干流堤防及汉江遥堤、赣抚大堤的全线达标建设，开展了中下游干流河道整治、城陵矶附近分洪100亿立方米蓄滞洪区、洞庭湖和鄱阳湖治理、重要支流堤防、平垸行洪退田还湖等建设，实施了病险水库除险加固、中小河流治理、山洪灾害防治，防洪能力显著提高。1994年三峡工程开工建设。1999~2003年，实施了长江重要堤防工程建设，对湖北、湖南、安徽实施荆南长江干堤加固、洪湖监利长江干堤加固、铜陵河段崩岸整治等25项工程，江西、江苏也进行了护岸建设。2003年三峡水库蓄水后，再次实施了中下游干流河道治理。2008年国务院批复了《长江口综合整治开发规划》，实施了徐六泾节点及白茆沙河段整治、南北港分流口整治、长江口深水航道治理、部分岸线调整及滩涂圈围等工程。一批骨干工程加快建设，二滩、瀑布沟等水利枢纽建成，开展了中下游航道建设和长江口深水航道治理；实施了三峡库区及上游水污染防治、天然林资源保护、退耕还林还草等措施，建立了多个自然保护区。截至2020年，长江流域防洪减灾体系基本建立，干支流已建成水库5.2万座，总库容约为4140亿立方米，堤防长约为6.4万公里；形成以大中型骨干水库、引水、提水、调水工程为主体的水资源配置体系，2020年全流域共用水约1950亿立方米，水电装机容量约为23.7万兆瓦，通航里程约为9.65万公里（胡春燕等，2022）。

近些年来，长江流域的开发与保护从河道治理向综合发展转变。2016年，中国提出"共抓大保护、不搞大开发"，走"生态优先、绿色发展"之路；随后中国公布《长江经济带发展规划纲要》，确立了"一轴、两翼、三极、多点"的发展新格局。溪洛渡、向家坝、亭子口等骨干水利水电工程投入运行，开展了中下游干流河道治理、洞庭湖鄱阳湖综合治理、蓄滞洪区、重点易涝区治理等防洪薄弱环节建设；引汉济渭、滇中引水、引江济淮等一批节水供水重大工程开工建设，开展了大中型灌区续建配套与节水改造；完成了长江口深水航道治理三期工程，12.5米深水航道上延至南京；全面建立河湖长制，开展了河湖清四乱等系列专项行动；实施三峡库区、丹江口水库等重点区域水污染防治和天然林保护，加强主要城镇集中供水水源地的保护与建设，实施了禁渔制度，上中游水库群联合调度已增至107座水库。2020年，中国制定了《中华人民共和国长江保护法》。长江流域的生态保护与发展成为国家重大战略。

2. 黄河流域

黄河是中华文明最主要的发源地，中国称其为"母亲河"。黄河水少沙多、水沙异源、水旱灾害频繁、复杂难治。黄河流域经过干旱和半干旱地区，降水量小，多年平均径流量约为580亿立方米，仅占全国总量的2%，水资源相对不足，对于西北、华北缺水地区，黄河水资源尤其宝贵。黄河流域地貌类型多样，中上游以山地为主，中下游以平原、丘陵为主。黄河流域是中国开发最早的地区，目前农牧业基础较好，能源资源富集，文化根基深厚，是重要的粮棉生产基地和工业基地。长期以来，黄河存在着洪水威胁、水土流失和泥沙淤积等严重问题。黄河的治理与开发，是关系中国经济社会持续发展的大事。

1949年之前，为以防洪为主、聚焦下游的传统治水时期，从大禹治水到明代潘季驯"束水攻沙"，从汉武帝"瓠子堵口"到康熙帝把"河务、漕运"刻在宫廷的柱子上，黄河治理浓缩了中华民族的治国史。1949~1999年，进入除害兼顾兴利的现代治黄时期。1952年，毛泽东嘱托黄河水利委员会"要把黄河的事情办好"。1954年初，中国组建黄河规划委员会，着手编制黄河治理开发规划；10月底，《黄河综合利用规划技术经济报告》经第一届全国人民代表大会审议通过。1955年，中国公布了《关于根治黄河水害和开发黄河水利的综合规划的决议》，统筹考虑流域治理与开发，突出综合利用的原则，水和沙都要加以控制和利用。在治黄过程中，根据经济和社会发展的要求，对黄河治理开发规划和建设安排进行了一些重大调整。1984年，国家计划委员会下达了《关于黄河治理开发规划修订任务书》。1996年完成了《黄河治理开发规划纲要》。截至1999年，黄河流域修建了三门峡、小浪底、刘家峡、龙羊峡等水利枢纽和一批平原蓄滞洪工程，建成大中型水库154座，洪水得到了有效控制，黄河流域及下游引黄灌区的灌溉面积由1950年的1200万亩发展到1995年的1.07亿亩。1999~2019年，进入多目标综合治理时期。2008年，中国批准《黄河流域防洪规划》，2013年公布《黄河流域综合规划（2012~2030年）》。截至2019年，黄河流域灌区面积增长到1.26亿亩，干流已建和在建的水电站增长到30座，总装机容量达2200万千瓦（王亚华等，2020）。

近些年来，黄河流域进入生态保护和高质量发展的新时代。2019年，中国提出"让黄河成为造福人民的幸福河"，治理黄河重在保护、要在治理。2021年，中国印发《黄河流域生态保护和高质量发展规划纲要》，提出"坚持生态优先、绿色发展""坚持量水而行、节水优先""构建黄河流域生态保护"一带五区多点"空间布局"，将黄河流域打造成为"大江大河治理的重要标杆""国家生态安全的重要屏障""高质量发展的重要实验区""中华文化保护传承弘扬的重要承载区"。黄河流域生态保护和高质量发展成为国家重大发展战略，关注重点从传统的防洪、治沙等内容拓展到经济社会发展全领域。

3. 珠江流域

珠江是中国第二大河流，由西江、北江、东江、珠江三角洲诸河组成。珠江流域地处亚热带，气候温和多雨，水资源丰富。全流域自然条件优越，资源丰富，上游是云贵高原和南岭地区，下游是发达的珠江三角洲，有密集的城镇和人口分布。西江河道稳定，具有良好的航运条件。珠江三角洲毗邻香港和澳门，是中国对外开放的前沿。

中国历来重视珠江流域发展，先后于20世纪50年代末和80年代初，两次编制流域综合利用规划。1957年，中国批准《珠江流域规划任务书》。1961年，珠江流域规划办公室刊印《珠江流域综合利用规划报告》第一篇——《珠江流域开发与治理方案》；1977年，《珠江三角洲整治规划报告》编成（杨明海等，2009）。1981年，国务院批复《关于红水河综合利用规划审查会议的报告》。1986年，《珠江流域综合利用规划》编制完成，1993年中国批准该规划。2007年，国务院批复《珠江流域防洪规划》，坚持"堤库结合、以泄为主、泄蓄兼施"的治理方针。2010年，国务院批复《珠江河口综合治理规划》《珠江流域水资源综合规划》。2012年，水利部珠江水利委员会印发

《绿色珠江建设战略规划》。2013年，国务院批复《珠江流域综合规划（2012—2030年）》，提出了未来20年珠江流域的综合治理、开发与保护的总体布局，践行水生态文明建设、维护河流健康、建设绿色珠江的理念。2017年，水利部先后批复了北盘江、南盘江、贺江等流域的综合规划。2019年，水利部印发了《珠江—西江经济带岸线保护与利用规划》，2020年和2021年先后批复了郁江、韩江等流域的综合规划。上述规划支撑了流域经济社会的快速发展。需要指出的是，上述规划主要是由水利部门主导并负责推动实施，侧重水资源综合利用。

长期以来，中国重视珠江三角洲的综合发展与生态保护，实施了若干发展战略与规划，尤其是近些年来珠江三角洲与珠江流域的综合发展引起了高度关注。2014年，国务院批复《珠江—西江经济带发展规划》，以珠江—西江流域为依托的流域发展与生态保护上升为国家战略，提出"一轴，两核，四组团，延伸区"的空间布局，畅通综合交通大通道，建设珠江—西江生态廊道，打造绿色经济带。珠江流域下游即珠江三角洲的发展与建设一直是焦点。2008年，中国批准了《珠江三角洲地区改革发展规划纲要（2008-2020）》，印发了《珠江三角洲城乡规划一体化规划（2009-2020年）》。2019年，中国印发了《粤港澳大湾区发展规划纲要》，从战略定位、空间布局等方面作出了总体规划，在科技创新、基础设施等多个方面进行了设计，提升粤港澳大湾区在国家发展和对外开放中的引领作用，建成国际一流湾区和世界级城市群、具有全球影响力的国际科技创新中心。粤港澳大湾区发展成为国家重大战略。

4. 淮河流域

淮河流域地处东中部，发源于桐柏山，自西向东流经河南、湖北、安徽、江苏四省，干流在扬州入长江。淮河流域以废黄河为界分为淮河和沂沭泗河两大水系。该流域西部、南部和东北部为山丘区，约占流域面积的1/3，其余为平原（含湖泊和洼地），是黄淮海平原的重要部分。该流域地处南北气候过渡带，降水量年际变化大，洪涝灾害严重。淮河流域人口密集，土地肥沃；2018年常住人口约1.64亿人，城镇化率为54.2%；耕地约2.21亿亩，约占全国总量的11%，粮食产量占全国的1/6；矿产资源丰富，煤炭探明储量达到700亿吨。

淮河是中国江河治理的重点，是中国从水利工程上进行全面治理的第一条河流，形成从"导淮"向"治淮"的转变。1855年黄河改由大清河入海，结束了黄河夺淮的历史，导淮思想与各种方案随之出现。20世纪初期开始，中国就进行淮河流域的治理，研究各种导淮方案。1949年后，成立流域管理机构。1949年中华人民共和国成立后，高度重视淮河流域的综合治理，开始由"导淮"向"治淮"转变。1950年，毛泽东作了根治淮河的四次批示，政务院作出了《关于治理淮河的决定》，提出"蓄泄兼筹"的治淮方针。1951年治淮委员会提出了以防洪为主的《关于治淮方略的初步报告》。1951年5月，毛泽东题词："一定要把淮河修好"。1952年提出《关于进一步解决流域内涝问题的初步意见》，1954年提出了沂沭泗洪水处理意见，1957年提出了《淮河流域规划提要》和《沂沭泗流域规划报告（初稿）》。1977年提出了一份治淮情况报告及《治淮战略性骨干工程说明》，把骨干工程归纳为"蓄山水""给出路""引外水"三大部分。20世纪80年代和90年代初又进行了大量的规划工作，1981年《国务院治淮会议纪要》制定了治淮十年规划，重视水土保持、农业灌溉和水污染治理，关注蓄洪区居民的生产生活与流域统一管理。1991年国务院发布《关于进一步治理淮河和太湖的决定》，将生态环境保护提升到新高度，认为是治淮的重要保障。1992年提出《淮河流域综合规划纲要》。2003年水利部印发《加快治淮工程建设规划（2003~2007年）》，强调"以人为本""人与自然和谐相处"，治淮重点工程全面提速。2009年，骨干工程全面完成，并在2020年抗击淮河水灾中发挥了重要作用。2013年，国务院批复《淮河流域综合规划（2012—2030年）》，以完善防洪排涝减灾、水资源综合利用、水资源与水生态环境保护、流域综合管理为目标，处理好上下游、左右岸、洪涝旱治理、水资源开发与保护等关系。该工作仍是由水利部门主导并推动的，重点是水资源、水生态与水环境（汪洋，2012）。

近些年来，淮河流域生态保护与综合开发引起关注。2018年11月，国务院印发了《淮河生态经济带发展规划》，推动全流域综合治理。该规划力图构建"一带、三区、四轴、多点"的总体格局，打造绿色生态廊道，完善基础设施网络，推进产业转型升级，统筹城乡发展，打造水清地绿天蓝的生态经济带、特色产业创新发展带、新型城镇化示范带。该规划将淮河综合治理提升到生态文明建设的新高度，从中华人民共和国成立初期致力于根治淮河水患，到20世纪90年代以来强调人水和谐共处，再到流域生态文明建设，治淮实践不断推进。

5. 汉江流域

汉江又称汉水，为长江的支流。汉江流域地势西北高、东南低，水力资源丰富，航运条件好。流域地处中部腹地，涉及陕西、湖北、河南、重庆、四川、甘肃6个省（直辖市）的80个县（市、区），常住人口达2419.4万人。该流域自然资源丰富，经济基础雄厚，生态条件优越，是中国重要的粮食主产区、重要生态功能区。丹江口库区是南水北调中线工程的源头。

中华人民共和国成立以来，水利部长江水利委员会及有关部门为汉江治理开发做了大量的勘测规划及研究工作。1956年长江委提出了《汉江流域规划要点报告》，1958年完成《汉江流域规划报告节要》，明确了汉江流域的水利建设任务为防洪、灌溉、发电、航运，远景考虑引汉济黄济淮等跨流域调水工程建设，推荐丹江口水利枢纽为汉江综合利用第一期工程。1966年水利部长江水利委员会提出了《汉江流域规划上游干流河段开发方案报告》，20世纪70年代以来有关部门不断对白河以下干流河段的开发进行研究。1988年《汉江上游干流梯级开发规划报告》提出黄金峡、石泉、喜河、安康、旬阳、蜀河、白河（夹河）七级梯级开发方案。1993年，水利部长江水利委员会完成了《汉江白河以下干流河段综合利用规划报告》；2009年，水利部长江水利委员会编制了《汉江干流综合规划报告》，提出石泉、兴隆等十五级开发方案。1995年，南水北调工程开始全面论证；2002年中国批准了《南水北调工程总体规划》。2002年，南水北调中线一期工程开工建设，汉江中下游引江济汉工程开展前期工作，远景从三峡引水补给汉江。陕西研究引汉济渭工程及从嘉陵江上游（又称西汉水）调水方案。2012年丹江口库区移民搬迁全面完成，2013年南水北调工程通水。上述规划与工程主要由水利部门主导。

21世纪以来，湖北一直重视汉江流域综合开发。近十年来，由综合部门主导的综合性流域保护与开发治理开始启动。2012年，印发《湖北省汉江流域综合开发总体规划（2011—2020年）》，"美丽汉江"成为流域发展情景。2013年，编制《湖北省汉江流域综合交通规划》，提出"1641"的布局方案，完善一条低碳运输通道，形成六条快速运输通道，打造四大综合交通枢纽，组建一个交通支持系统，实现"畅通汉江"。2013年10月，湖北省委提出要继续实施"两圈一带"区域发展战略，汉江生态经济带上升为省级战略。2014年，湖北批准了"一总四专"的规划体系，"一总"即《湖北汉江生态经济带开放开发总体规划》，"四专"为湖北汉江生态经济带开放开发生态环保规划、生态水利规划、生态农业规划和生态文化旅游规划四个专项规划。2018年，国务院批复了《汉江生态经济带发展规划》，以生态文明建设为主线，以综合开发为主题，以"绿色、民生、经济"三位一体为导向，发展生态产业，打造生态廊道，将汉江生态经济带建设成为全国水源保护示范区、全国生态文明建设先行区。

6. 海河流域

海河流域一般包括海河和滦河两个水系，20世纪末引滦入津工程将滦河水系和海河水系相连通，海河水系成为华北地区流入渤海诸河的总称，亦称海滦河水系。海河水系支流众多，各支流的河床上宽下窄，进入平原后，河道间形成封闭型的河间洼地，河北平原成为洪涝旱碱频发的地区。海河流域的年降水量在东部各流域中是最少的，干支流的含沙量较高，冬季一般结冰。该流域的山区盆地、下游中部和滨海平原排水条件较差，土壤多呈碱性，盐碱问题较为突出。该流域是中国重要的粮棉产地，矿产资源丰富，煤、石油、铁的蕴藏量在中国均有重要地位。

1918年，顺直水利委员会成立，1928年改组为华北水利委员会，开展防洪、灌溉、航运、水力及水利工程建设，附设测候所。抗日战争爆发前，开展了水文测验、地形测量等基础工作，编制了《顺直河道治本计划报告书》和海河流域首个河系规划《永定河治本计划》，在天津建成了中国首个水工试验所和第一个水工试验室；整治了海河水系各河，完成了天津南大堤修筑、天津三岔口裁弯取直、新开河整治、北运河回归故道、青龙湾减河整治、海河放淤等工程。

中华人民共和国成立后，国家开始了有计划的治理。全流域进行过多次全面的综合规划研制工作，整修加固了各河堤防，修建了山谷水库和分洪道。1957年11月编制了《海河流域规划（草案）》，提出以防洪除涝为主，发展灌溉、供水、航运、发电等综合利用。1963年大水后，编制了《海河流域防洪规划报告》，重新安排了各河的防治措施，侧重中下游河道的治理；1965年恢复和扩大引黄灌区，兴建了引滦入津、入唐的跨流域调水工程。1966年编制了《海河流域防洪规划（草案）》，提出"上蓄、中疏、下排、适当地滞"的方针，以排为主，洪涝兼治。1988年编制《海河流域综合规划纲要》，继续贯彻"上蓄、中疏、下排、适当地滞"的方针，但强调统筹兼顾、综合利用、讲究效益。1993年国务院批复《海河流域综合规划》，把治理重点放在现有水利工程的除险、加固、恢复、配套和经营管理上，发挥综合效益。2008年，国务院批复了《海河流域防洪规划》，提出构建"分区防守、分流入海"和"沟通河系、相机调度"的防洪格局，正确处理防洪减灾与水资源开发利用的关系。2013年，国务院批复《海河流域综合规划（2012—2030年）》，以完善流域防洪减灾、水资源综合利用、水资源与水生态环境保护、流域综合管理体系为目标，将河流功能分为行洪、排涝、供水、灌溉、生态、发电、岸线利用等，完善水资源高效利用体系，构建水资源保护和河湖健康保障体系，完善防洪抗旱减灾体系。该规划是由水利部门牵头编制并实施的，核心是水资源综合利用与流域安全，重点是防洪、水资源配置、农田灌溉等。

截至目前，我国尚未形成以海河流域为地域范围进行编制和实施的国家级开发保护战略，但值得关注的是在海河流域的核心地区——京津冀都市圈，形成了国家重大发展战略：京津冀协同发展。该战略的核心是疏解非首都核心功能，优化城市空间结构，构建现代化交通网络，扩大环境容量和生态空间，打造现代化新型首都圈。该战略的目的是以城市群为载体，探索超大城市、特大城市等人口产业密集地区有序疏解功能、有效治理"大城市病"的优化发展模式，并不是围绕河流流域的保护开发而开展的国家战略。

第三节 东北地区与流域开发格局

一、东北地区

由于各种空间要素与活动存在不同的技术经济属性及区位选择法则，区域呈现出不同的空间结构与空间形态，并存在不同的开发模式。这是由各区域的自然地理要素与社会经济活动属性及发展战略所共同决定的。采用合理的空间开发模式、构筑有序的开发秩序、构建合理的地域分工是东北地区振兴发展的重要内容，并随着发展阶段与环境背景条件的变化而有所调整与优化。

1. 三大板块

根据自然地理基础、人文社会环境、经济发展基础和发展战略的差异，以及这些方面与因素的综合作用与相互影响，可将东北地区划分为东部绿色发展带、中部城镇建设带和西部生态保护带。三大板块之间既存在差异，也存在有机联系，形成功能互补与错位发展，共同组成了东北地区国土优化发展的空间体系。

1）东部绿色发展带

东部绿色发展带共覆盖14个市州，包括辽宁省丹东市、本溪市、大连市；吉林省通化市、白山市、延边朝鲜族自治州（简称延边州）、吉林市；黑龙江省牡丹江市、双鸭山市、七台河市、鹤岗市、佳木斯市、鸡西市、伊春市。发挥绿色生态优势，突出"绿色发展，生态保护"，围绕基础设施、生态保育、绿色产业发展、沿边开放与国际合作等领域，实施错位竞争，加快协同发展，打造为东北亚国际合作核心区、东部绿色生态安全屏障、东向出海物流大通道，实现绿色转型发展。

2）中部城镇建设带

中部城镇建设带主要是指以哈大铁路为轴线的沿线地区，是东北地区的核心地带。该区域覆盖13个地市，包括辽宁省的大连市、营口市、盘锦市、鞍山市、辽阳市、葫芦岛市、锦州市、抚顺市、沈阳市、铁岭市，吉林省的四平市、长春市、辽源市、吉林市，黑龙江省的哈尔滨市、绥化市。要突出人口和产业集聚优势，推动综合性发展，强化体制机制改革，促进创新成果转化，推动产业转型升级，建设高品质城市群，扩大对外开放，打造为东北全面振兴发展的示范区和引领区。

3）西部生态保护带

涉及14个地盟市，包括内蒙古的呼伦贝尔市、兴安盟、通辽市、赤峰市、锡林郭勒盟，黑龙江省的齐齐哈尔市、大庆市、大兴安岭地区、黑河市，吉林省的松原市与白城市，辽宁省的朝阳市、阜新市。该区域为农牧交错地带，人口分布较少。坚持"保护优先"，加强生态建设与环境污染治理，打造大兴安岭森林、呼伦贝尔草原、科尔沁草原、锡林郭勒草原等生态功能区，创建绿色宜居家园，积极发展生态产业，打造全国重要的生态功能区、中蒙俄开放合作先行区、东北地区绿色生态安全屏障。

2. 重点开发轴线

发展轴线始终是东北地区开发的重要依托。依托铁路和高速铁路、高速公路和国省道公路等交通干线，以中心城市、城镇和产业园区为支撑点，合理引导各类要素集聚，强化经济联系，扩大沿线腹地范围，打造若干发展轴线。

1）纵向发展轴线

纵向发展轴线重点包括西翼草原发展轴、京通白齐发展轴、哈长沈大发展轴、东翼沿边开发轴。西翼草原发展轴主要依托沿线铁路和高速公路形成，建设为以草原生态保护为主、牧业经济与资源经济协同发展的资源型经济带。京通白齐发展轴主要依托京通线、通让线、平齐线、齐北线等铁路及大广高速公路、国道G111线而形成，形成南通京津冀都市圈、北连俄罗斯的发展轴。哈长沈大发展轴为一级国土开发轴线，是东北地区的发展主轴，重点依托哈大线、京沈线、京大高铁等铁路及沈海高速公路、京哈高速公路而形成，连通辽中南城市群、长吉图城市群、哈大齐城市群，是东北地区人口和产业最集中的地区。东翼沿边开发轴以鹤岗线、图佳线、珲白线、新通化线等铁路及鹤大高速公路（G11线）为基础而形成，丹东港为出海港口，呈现门户港-内陆腹地的空间结构。

2）横向发展轴线

横向发展轴线包括北部沿边开放轴、哈大齐牡发展轴、图敦白阿发展轴、丹本通霍发展轴、锦朝赤林发展轴、南部沿海发展轴。北部沿边开放轴主要依托沿边公路、沿边铁路、黑龙江航道及港口而形成，与俄罗斯西伯利亚大铁路相连，连通鄂霍次克海，是外向型的经济产业带。哈大齐牡发展轴为一级国土发展轴，主要依托滨绥线、滨洲线、哈齐高铁、哈牡高铁等铁路和绥满高速公路、国道及边境口岸而形成，从东西两个方向连通俄罗斯。图敦白阿发展轴主要依托白阿、长白、长图等铁路干线，G302国道等干线公路和边境口岸，西连蒙古国，东接朝鲜和俄罗斯。丹本通霍发展轴依托通霍线、大郑线、沈丹线等铁路和国道G304线、丹锡高速公路而形成，连通辽宁中部城市群和东部沿边地带、西部草原地区，形成东北南部国际化经济轴带。锦朝赤林发展轴主要依托赤大白铁路、锦赤铁路、锡锦赤高速公路及沿线公路、港口和口岸而形成，是门户港口-内陆腹地的空间组织区域。南部沿海发展轴依托辽宁沿海港口、铁路、公路及临港产业园区而形成，为东北出海门户地区，是东北发展条件最好的地区。

3. 主体功能区

根据各县（市、区）的自然生态状况、水土资源承载能力、区位特征、环境容量、现有开发密度、经济结构特征、人口集聚状况等多种因素，东北地区形成禁止开发区域、重点生态功能区、重点开发区域、优化开发区域、农产品主产区等主体功能区的发展格局。主体功能不同，区域任务与发展定位则不同。

（1）优化开发区域：主要分布在辽中南，包括沈阳、大连、鞍山、抚顺、本溪、营口、辽阳、盘锦8市的36个辖区，占东北地区县（市、区）总量的10.53%。该类型区是城市化地区，以提供工业品和服务产品为主体功能。要打造成为东北地区对外开放的重要门户和陆海交通走廊、全国先进装备制造业和新型原材料基地、重要的创新基地，成为辐射带动东北地区发展的龙头。核心任务是促进信息化和工业化深度融合、工业化和城镇化良性互动、城镇化和农业现代化相互协调，转变经济发展方式，优化调整经济结构。

（2）重点开发区域：主要包括哈大齐、长吉图、延吉-牡丹江、辽中南、锡林浩特-赤峰、海拉尔-乌兰浩特、黑龙江东部城镇密集区，涉及县（市、区）有119个，占东北县（市、区）数量的34.8%。该类型区是城市化地区，以提供工业品和服务产品为主体功能。推动城镇化与工业化建设，加快人口集聚，扩大城市规模，壮大经济实力，保护生态环境，扩大对外开放交流，打造成为引领东北地区发展的重要增长极。

（3）农产品主产区：集中在松嫩平原、辽河平原、三江平原及锡林郭勒草原，涉及85个县（市、区），占东北地区县（市、区）数量的24.85%。农产品主产区是农业地区，以提供农产品为主体功能。限制大规模高强度工业化城镇化开发，提高农产品生产能力。发展绿色水稻等优质农产品生产，优化粮食主体功能区和重要农产品保护区布局，建设连片标准粮田，建设农田水利设施，治理洪涝与干旱灾害。

（4）重点生态功能区：包括大兴安岭森林生态功能区、长白山森林生态功能区、呼伦贝尔草原草甸生态功能区、科尔沁草原生态功能区、三江平原湿地生态功能区、浑善达克沙漠化防治生态功能区、辽西丘陵生态功能区，涉及县（市、区）有102个，占东北县（市、区）总量的29.82%，以提供生产产品为主体功能。加强生态建设，加强森林资源抚育，保护草原、湿地资源，治理退化土地。

4. 各省重点战略

各省根据发展条件与需求，制定了部分战略，谋划一些重点发展地区。这成为东北地区国土开发的引领地区与增长极，包括沈阳经济区、辽宁沿海经济带、哈长城市群、长吉图开发开放先导区、龙江经济带。此外还有突破辽西北和沈抚新区等区域发展战略。

（1）沈阳经济区：以沈阳为中心，半径100公里辐射8个城市，形成"一核、五带、十群"的网络化城市群。"一核"是指沈阳经济核心区；"五带"是指沈抚、沈本、沈铁、沈辽鞍营和沈阜城际连接带，"十群"是指沈西先进装备制造、沈阳浑南电子信息、沈阳航空制造、鞍山大道湾钢铁深加工、营口仙人岛石化、辽阳芳烃及化纤原料、抚顺新材料、本溪生物制造、铁岭专用车和彰武林产品加工等产业集群。推动交通、产业、电信、物流、旅游和环境治理一体化，建设一批新城新市镇，完善基础设施网络，加强宜居建设，打造东北亚的重要经济中心。

（2）辽宁沿海经济带：是东北地区开发开放条件最好的区域，包括大连市、营口市、锦州市、丹东市、盘锦市、葫芦岛市等沿海城市。2009年国务院批复《辽宁沿海经济带发展规划》，辽宁沿海纳入国家战略；2021年，国务院批复《辽宁沿海经济带高质量发展规划》。重点提升大连核心地位，强化大连—营口—盘锦主轴，壮大渤海翼和黄海翼；实施"五点一线"开放开发战略，"五点"包括大连长兴岛临港工业区、营口沿海产业基地、辽西锦州湾经济区、丹东产业园区和大连花园口工业园区，"一线"指从丹东到葫芦岛的滨海公路（刘书源，2010）。发展海洋经济与现代产业体系，推进港口资源整合，实施更高水平对外开放。

（3）吉林省一主六双战略：2018年吉林省出台《中共吉林省委关于全面实施"一主六双"高质量发展战略的决定》。"一主"是指长春；"六双"是"两廊"（环长春四辽吉松工业走廊和长辽梅通白敦医药健康产业走廊）、"双带"（图们江鸭绿江开发开放经济带和沿中蒙俄开发开放经济带）、"双线"（长通白延吉长避暑冰雪生态旅游大环线和长松大白通长河湖草原湿地旅游大环线）、"双通道"（长白通［丹］大通道和长吉珲大通道）、"双基地"（长春国家级创新创业基地和白城国家级高载能高技术基地）、"双协同"（长春吉林一体化协同发展和长春公主岭同城化协同发展）。

（4）长吉图开发开放先导区：是中国图们江区域的核心地区，包括长春市、吉林市、延吉市的部分区域，面积约3万平方公里，人口约770万人，是中国参与图们江区域合作开发的核心地区。以珲春市为开放窗口、延（吉）龙（井）图（们）为前沿，以长春市、吉林市为主要依托，建设大通道，促进产业发展，推动长吉和延龙图一体化发展，实施边境地区与腹地联动开发开放。

（5）哈长城市群：包括黑龙江省哈尔滨市、大庆市、齐齐哈尔市、绥化市、牡丹江市，吉林省长春市、吉林市、四平市、辽源市、松原市、延边州。核心区面积约5.11万平方公里，常住人口约2000万人。2016年，国务院批复《哈长城市群发展规划》。强化哈尔滨、长春两市的核心带动作用，发挥其他城市的支撑作用，建设哈长发展主轴和哈（尔滨）大（庆）齐（齐哈尔）牡（丹江）、长（春）吉（林）图（们）江）发展带，构建"双核一轴两带"的城市群格局，建设在东北亚具有重要影响力的城市群。

（6）哈尔滨都市圈：以哈尔滨市为中心城市，联动绥化市和大庆市形成1小时都市区；将齐齐哈尔市和牡丹江市纳入其中，构建由哈尔滨市、绥化市、大庆市、齐齐哈尔市和牡丹江市等城市组成的2小时都市圈。以科技创新为引领，发展现代制造业，推进哈尔滨市、大庆市、绥化市一体化，加快新型城镇化发展。

二、东北水系分布

1. 总体特征

东北地区是相对独立的地理单元，河流纵横，水资源丰富。河流水系形成外流河水系与内流河水系两大部分，后者覆盖范围很小。外流水系包括黑龙江、松花江、乌苏里江、辽河、图们江、鸭绿江、大小凌河、海河和绥芬河，如表5-3所示。纬度较高、气温低、蒸发弱，地表径流丰富，径流系数一般为30%，全年变化较小。河流水量丰富，水源补给由大气降水和冰雪融水组成，冬季降水少、融水少，夏季降水多、融水多；夏季以降水补给为主，春季以冰雪融水补给为主。一年有两个汛期，春天时积雪融化形成春汛；夏季降雨形成夏汛。东北地区纬度高，主要是寒温带和中温带，河流有时间长短不等的封冻期，一般在10月末或11月初结冰，长达1~5个月，冰层可厚达1米。由于上游水土保持较好，河流含沙量小。

表5-3 中国东北地区主要河流径流表

河名	流域面积/平方公里	长度/公里	年平均流量/（立方米/秒）	年径流量/亿立方米
黑龙江	1 620 170	3 420	8 600	2 709
松花江	561 200	2 308	2 353	762
嫩江	298 500	1 089	824	89.5
乌苏里江	187 000	890	2 000	71.2
辽河	228 960	1 390	469	148
鸭绿江	32 500	795	1 040	327.6
图们江	22 000	520	268	75.2
绥芬河	10 100	258	60	10.6

2. 东北河流

本节重点分析辽河流域、图们江流域、绥芬河流域、鸭绿江流域和凌河流域。黑龙江流域主要在后文进行论述。

1) 辽河流域

辽河源于河北省平泉市七老图山脉的光头山，流经内蒙古自治区、吉林省、辽宁省，注入渤海。辽河全长1430公里，流域面积为16.41万平方公里。主要支流有老哈河、教来河、东辽河、清河、柴河等。流域多年平均径流量为148亿立方米，干流自然落差1200米，水能资源理论蕴藏量为30.94万千瓦。全流域总人口约为3383万人，耕地面积8327万亩，粮食总产量2747万吨。上游为传统农业地区，中下游经济发达，是辽中南城市群，是中国重要的钢铁基地、能源基地和石油化工基地。辽河流域属于资源型缺水地区，尤其是中下游水资源承载力不足，农业灌溉用水浪费严重，沈阳市、鞍山市等城市超采地下水，供需矛盾尖锐，流域水资源开发利用程度已达77%，其中浑太河已达89%。水污染严重，水土流失较为严重，是国家"三河三湖"重点治理区。经济社会用水挤占了生态用水，部分河流出现断流，湖泊、湿地及河口萎缩。流域洪水频繁，西辽河流域春旱严重；河流含沙量较高，年输沙量达2098万吨。年结冰期约4个月。三江口以下可通航。1949年后建设了一些水利工程，全流域已建成大中小型水库689座，总库容138.0亿立方米，较大水库有红山水库、二龙山水库、大伙房水库等。目前积极谋划北水南调工程。

2) 图们江流域

图们江发源于长白山主峰东麓，流经中朝边界，干流自北向南流经和龙市、龙井市、图们市、珲春市，朝鲜两江道、咸镜北道，俄罗斯滨海边疆区的哈桑区，在俄朝边界处流入日本海。干流全长525公里，河道总落差为1297米，沿途接纳10公里以上的支流180条。流域面积为3.3万平方公里，中国境内流域面积为2.2万平方公里；年平均径流量为75.2万亿立方米，水能资源蕴藏量11万千瓦。图们江的中朝界河段长约

510公里。三合镇以上为上游，三合镇至甩弯子为中游，甩弯子以下为下游；主要支流有红旗河、珲春河、城川江等。图们江是中国进入日本海的唯一通道，许多河段完全不封冻，下游适合航运。1992年中国恢复了图们江出海权，但由于俄朝铁路大桥仅7米高及河道淤塞等原因，仅能通行300吨级以下船舶；俄罗斯仅仅允许季节性捕捞渔船出海、不准商业运行船只出海。建设有亚东水库、石国水库等水利工程，开发有和龙等灌区。

3）鸭绿江流域

鸭绿江是中国和朝鲜的界河，发源于长白山南麓，流经长白县、临江市、宽甸县和丹东市等，在丹东市向南注入黄海北部的西朝鲜湾；河口为中俄共用。汇集浑江、虚川江、秃鲁江等支流。鸭绿江干流全长795公里，流域面积约6.4万平方公里，中国境内流域面积为3.25万平方公里；为湿润性温带季风气候，年径流量327.6亿立方米；源头至临江为上游，临江至水丰为中游，水丰至入海口为下游。鸭绿江流域地势东北部高，西南部低，河道落差大，源头至河口落差达2440米，干流可开发水能资源有250万千瓦，拥有水丰、太平湾、云峰、桓仁等数个大中型水电站、水库。每年12月初至次年4月中为江面冰封期，不能通航。

4）绥芬河流域

绥芬河位于黑龙江省东南部，有南北两源，北源为小绥芬河，发源于东宁市太平岭；南源为大绥芬河，发源于吉林省汪清县老爷岭，两源于东宁市汇合，在符拉迪沃斯托克（海参崴）注入日本东海。绥芬河全长443公里，中国境内为258公里；绥芬河流域面积1.73万平方公里，中国境内为1.01万平方公里。河流含沙量少，水资源丰富，上中游已建有东风、罗子沟、爱国等多座小水电站。绥芬河主要支流有道芬河、西大河、罗子沟、黄泥河等。

5）凌河流域

凌河分布在辽宁省，流域总面积2.8万平方公里，汇入渤海。分为大、小凌河两个水系，大、小凌河干流全长352公里，流域面积在100平方公里以上的支流有49条，主要支流有老虎山河、牤牛河、大凌河西支，涉及近300万人口。大凌河长为283公里，流域面积为1.4万平方公里，年平均径流量为8.82亿立方米，河口三角洲规模大，汊流发育。大凌河流域主要水利工程有宫山嘴水库、菩萨庙水库、龙潭水库等。小凌河发源于朝阳县的助安喀喇山，干流长206公里，流域面积5153平方公里，多年平均径流量为3.98亿立方米。凌河流域水土流失严重，十年九旱，洪旱灾害频发。

中 篇

松花江流域资源环境与发展特征

第六章
松花江流域水系结构与特征

河流是流域的基本要素,是流域自然地理系统与社会经济系统赖以生存和发展的物质基础。分析流域的综合发展,必须要首先分析河流本身,这包括河流的水系结构、水文特征、干支流分布及湖泊湿地等,考察其基本自然属性与地理特征。这些属性往往对流域的发展方向、基本内容与战略路径产生了较大的影响和烙印。

本章主要是分析松花江流域的水系结构与特征。黑龙江-阿穆尔河是国际界河和跨境河流,水系发达,水力资源丰富,通航条件较好,生物资源丰富,主要支流有乌苏里江、结雅河、布列亚河、阿姆贡河等。松花江是黑龙江-阿穆尔河在中国境内的最大支流,水系发育,水量丰沛,以大气降水补给为主、融雪补给为辅;松花江常发生洪涝,是中国防汛抗洪的重点水系。松花江流域面积较广,支流众多,湖泊湿地面积广;水能资源丰富,以西流松花江干流、嫩江、牡丹江较为集中;可通航,为季节性通航。松花江水系主要由松花江干流、嫩江、西流松花江组成。松花江干流以雨水补给为主,主要支流有牡丹江、呼兰河、汤旺河等。嫩江是松花江的最大支流和北源,发源于大兴安岭,冰期较长,可通航,主要支流有甘河、洮儿河、霍林河等。西流松花江发源于长白山,植被覆盖好,水能资源丰富,下游可通航,主要支流有辉发河、伊通河、饮马河等。湖泊泡沼数量众多,湿地面积广。

第一节　总体流域与主要支流

一、黑龙江流域概况

1. 黑龙江基本情况

黑龙江-阿穆尔河是流经蒙古国、中国、俄罗斯的亚洲大河之一,是世界第一国际界河,属于鄂霍次克海水系。历史上,黑龙江曾是中国的内河,古称羽水、黑水、浴水、望建河、石里罕水等,蒙语称哈拉穆河(Kharamuren),俄语称阿穆尔河(Amur River)。清代《中俄瑷珲条约》《中俄北京条约》规定上中游为中俄两国界河,哈巴罗夫斯克(伯力)以下下游为俄罗斯内河。黑龙江-阿穆尔河干流有南北两源,以南源海拉尔河为河源,发源于大兴安岭西坡,全长4440公里;以克鲁伦河为源头计算约5498公里,发源于蒙古国肯特山东麓。南北两源在漠河市北极镇洛古河村汇合后始称黑龙江。黑龙江-阿穆尔河在尼古拉耶夫斯克（庙街）注入鄂霍次克海。中俄界河段长3000公里，俄罗斯境内长1400多公里。黑龙江-阿穆尔河干流从石勒喀河河口起进行计算，全长2820公里，年径流量达3700亿立方米。黑龙江-阿穆尔河冰期长达6个月。

黑龙江流域广阔，面积达162万平方公里，涉及中国、俄罗斯、蒙古国、朝鲜四国。其中，中国境内流域面积达89.1万平方公里。从洛古河村至黑河市或布拉戈维申斯克（海兰泡）为上游，长900公里；从黑河市至乌苏里江口哈巴罗夫斯克（伯力）为中游，长950公里；乌苏里江口以下为下游，长970公里；沿途汇集了大小支流950余条。河源地区是蒙古草原地带，中下游大部位于大小兴安岭林区的低山和平原地带。水力资源丰富，理论蕴藏量达1153万千瓦（滕仁，2007）。航运条件较好，漠河以下可以通航轮船。黑龙江中上游有黑河、抚远、同江等重要港口，黑河以下可通航1000吨级江轮。

2. 主要支流

黑龙江-阿穆尔河的主要支流有松花江、乌苏里江、结雅河、布列亚河、阿姆贡河，还有阿纽伊河等支流。

（1）乌苏里江。黑龙江南岸的一大支流，有东西两源，东源乌拉河发源于俄罗斯的锡霍特山西侧，西源松阿察河发源于兴凯湖。两源汇合后，由南向北流经虎林、饶河、抚远等县市，至哈巴罗夫斯克（伯力）注入黑龙江，沿途汇集了大小支流174条。河流长达890公里，从松阿察河口以下至黑龙江口492公里为中俄界河。流域面积达18.70万平方公里，其中黑龙江省流域面积为6.15万平方公里。江面宽阔，水流缓慢，主要支流有松阿察河、穆棱河、挠力河等。乌苏里江有5个月封冻期，乌拉河口以下可通航300~1000吨级船舶。森林草原沼泽广布，水资源丰盈。上游为兴凯湖平原，中游为完达山地区，下游为三江平原。

（2）结雅河。清代称为"精奇里江"，是黑龙江-阿穆尔河左侧最大的支流和黑龙江第二支流。发源于斯塔诺夫山脉南坡，在布拉戈维申斯克（海兰泡）注入黑龙江-阿穆尔河。结雅河全长1242公里，流域面积达23.3万平方公里。整个流域在俄罗斯阿穆尔州境内。重要支流有吉柳依河、乌尔坎河、谢列姆贾河。径流总量为567.6亿立方米，洪水较多。结雅镇北兴建大型水利枢纽，结雅镇以下可通航，航期约半年。结雅河水利枢纽距离结雅河口（黑河市爱珲区长发屯）653公里，1975年蓄水发电，总库容为684亿立方米。

（3）布列亚河。中国古称"牛满河"，是黑龙江左岸第二大支流，由源自埃佐普山和杜谢阿林山的左、右布列亚河汇流而成，曲折向西南流。下游流经结雅-布列亚平原。布列亚全长623公里，流域面积为7.07万平方公里，年径流量300亿立方米，主要支流有特尔马河。河口以上可通航197公里，可流放木材，封冻期为5~6个月。20世纪80年代初上游建设布列亚水电站，2009年该水电站开始全负荷发电，成为远东地区最大的水电设施。下布列亚水电站项目是中俄远东合作的重要项目，装机容量达32万千瓦，具备防洪、灌溉和发电等综合功能。

（4）石勒喀河。石勒喀河是黑龙江的北源，发源于蒙古国的肯特山东麓，由鄂嫩河与音果达河汇合而成，流经俄罗斯赤塔州东南部，与额尔古纳河汇合后称黑龙江。河流全长为1368公里，流域面积达20.6万平方公里。在中国古籍记载中，石勒喀河为黑龙江上源。

（5）阿姆贡河。清代称为"兴滚河"，是黑龙江的左岸支流。自发源地往东北方向流进，河道全长723公里，流域面积为5.6万平方公里，分布在俄罗斯哈巴罗夫斯克边疆区。

黑龙江是一个多岛屿的河流，支流汇入黑龙江时水流速减慢导致泥沙挟带能力减弱，所挟带泥沙沉积形成沙洲或岛屿。重要岛屿有黑瞎子岛和珍宝岛。黑瞎子岛是黑龙江上最大的岛，是乌苏里江汇入黑龙江时形成的岛屿。

3. 黑龙江下游概况

黑龙江-阿穆尔河流域下游基本上分布在俄罗斯境内，主要覆盖哈巴罗夫斯克边疆区。下游流域富蕴煤、铁、锰、锡、金、钼和钨等矿藏，森林覆盖率高；拥有发展工业和交通运输的优越条件，有哈巴罗夫斯克、共青城、阿穆尔斯克、尼古拉耶夫斯克等规模较大的城市。边疆区是远东最重要的工业区，拥有机械制造、金属加工、黑色金属、木材加工、造纸、有色金属开采、捕鱼和石油加工业等产业。大型机器制造企业有共青城航空生产联合体、阿穆尔造船厂、远东柴油机厂、阿穆尔电缆厂、通用电缆厂、动力机器制造厂、机床厂、造船厂、化学制药厂、炼油厂等。种植小麦、大麦、燕麦、大豆、马铃薯、饲料作物和果树等，有乳用及乳肉兼用畜牧业、养鹿业、毛皮狩猎业。下游全线通航，主要港口有哈巴罗夫斯克、共青城、尼古拉耶夫斯克及瓦民诺、奥霍兹克等港口。

二、松花江基本概况

1. 上中下游划分

松花江是东北地区的主要江河，是黑龙江在中国境内的最大支流。北源嫩江和南源西流松花江在松原三岔河口汇合后称松花江干流，松花江干流流经吉林和黑龙江两省，在同江附近汇入黑龙江。

松花江有南北两源，水文上以南源为正源，北源一般作为支流。

（1）南源：西流松花江，发源于长白山天池（海拔为2744米），长958公里，源头河为二道白河。多年平均径流量为162亿立方米，约供给松花江39%的水量。南源流域面积为7.34万平方公里，占松花江流域总面积的13.08%。西流松花江的上游又形成两源，南源为头道江，北源为二道白河，均发源于长白山，北源为正源；两源在靖宇县两江口汇合始称西流松花江。

（2）北源：嫩江，发源于内蒙古大兴安岭东坡的伊勒呼里山（海拔1030米），自北向南流至松原市三岔河口，与松花江南源汇合为松花江，长1379公里，流域面积为28.3万平方公里，嫩江市以上为山间溪流性质河段，嫩江市以下江面逐渐开阔。北源源头为南瓮河。

2. 水文基本概况

松花江由数十条河流汇流形成，水系发育，支流众多。河流上游受大兴安岭和长白山的控制和影响，水系发育呈现树枝状，各支流河道较短。河流中下游多为丘陵和平原地区，河流较为顺直，长度较长。

流域水量丰沛，多年平均径流量达837.9亿立方米，在中国河流中位居第五位。流域以大气降水补给为主、融雪补给为辅，径流量年内分配具有明显的季节特征，各河流的来水量90%以上集中在4~10月，6~9月径流量占全年的55%~80%，形成夏季水量丰沛、冬季枯水的特征。春季风大、雨少、蒸发多，常发生春旱；夏秋雨量集中，常发生洪涝。

洪水包括春汛和夏汛两种洪水。春汛洪水与初春河流开江时的凌汛洪水时间基本上相同，春季季节性融水补给，各河普遍形成程度不等的春汛，其4~5月径流量约占全年的15%~30%，凌汛洪水经常出现冰坝。干支流洪水主要由暴雨形成，暴雨灾害频繁，由于流域面积大，洪水传播时间长。洪水多发生在7~9月，洪水峰高量大，历时长达60天，较大支流一般为20~30天，西流松花江和嫩江为40~60天，松花江干流可达90天，是中国防汛抗洪的重点流域。

三、松花江流域面积

1. 流域基本概况

松花江流域面积较广，河长达到2002公里，介于41°42′N~51°38′N、119°52′E~132°31′E，流域面积达到56.12万平方公里，占黑龙江流域总面积的29.4%。流域西部以大兴安岭为界，东北部以小兴安岭为界，东部与东南部以完达山、老爷岭、张广才岭、长白山等为界，西南部的丘陵地带是松花江和辽河两流域的分水岭（韩俊山，2013）。其中，平原区面积为21.21万平方公里，比例达37.8%，山地丘陵区为34.91万平方公里，比例达62.2%。松花江流域涉及东北四省（自治区），但主要覆盖吉林和黑龙江两省，覆盖内蒙古的部分地区和辽宁的极少量地区。如表6-1所示，内蒙古的覆盖流域面积达15.86万平方公里，比例达28.3%；吉林省覆盖13.17万平方公里，比例达23.5%；黑龙江省覆盖27.04万平方公里，比例为48.2%；辽宁省仅覆盖0.05万平方公里（吕军等，2017a）。

表6-1 松花江流域的省（自治区）分布

二级区	省（自治区）	流域面积/万平方公里	面积比例/%
嫩江	黑龙江	15.86	53.1
	吉林	3.69	12.4
	内蒙古	10.30	34.5
	小计	29.85	53.2
西流松花江	吉林	7.29	99.3
	辽宁	0.05	0.7
	小计	7.34	13.1
松花江（三岔口以下）	黑龙江	16.73	88.4
	吉林	2.20	11.6
	小计	18.93	33.7

2. 流域面积分布

松花江支流众多，流域面积大于 1000 平方公里的河流有 86 条。根据 2017 年松辽水利网公布的数据，松花江流域的各支流中，嫩江的流域面积最广，达 29.85 万平方公里，占松花江流域总面积的 53.2%；流域面积大于 1 万平方公里的支流有 8 条。松花江干流的流域面积达 18.93 平方公里，占比达 33.7%；流域面积大于 1 万平方公里的支流有 6 条（杨莹，2019）。西流松花江的流域面积较小，为 7.34 万平方公里，占比达 13.1%；流域面积大于 1 万平方公里的支流有 3 条。松花江流域的湖泊沼泡数量较多，大小湖泊共有 600 多个，多在西流松花江下游、嫩江下游及嫩江支流乌裕尔河、双阳河、洮儿河和霍林河下游的低洼地带，有的湖泊沼泡在江道或江道旁侧并与江道连通，如镜泊湖、月亮泡、向海泡和连环湖等。这些湖泊沼泡对调节和滞蓄洪水起到一定作用（于宏兵等，2016）。

3. 水能资源分布

松花江流域水能资源丰富，以西流松花江干流、嫩江、牡丹江较为集中。流域内水能资源理论蕴藏量 1 万千瓦以上的干支流河道有 71 条，理论总蕴藏量为 659.85 万千瓦；其中，西流松花江干支流的理论水能资源蕴藏量为 139.8 万千瓦，占全流域的 21.2%；嫩江干支流为 227.1 万千瓦，占比达 34.4%；松花江干流及其支流为 292.9 万千瓦，比例为 44.4%。松花江流域已建成大中小型水库 6551 座，总库容达 257.3 亿立方米；其中，大型水库有 22 座，总库容达 240.5 亿立方米，防洪库容为 64.2 亿立方米，控制流域面积为 10.4 万平方公里，占流域总面积的 18.7%；中型水库有 103 座，总库容为 27.6 亿立方米，但防洪库容较小，大部分因农田灌溉而兴建。已建 1 万千瓦以上水电站有 8 座，总装机容量达 338.8 万千瓦，年发电量 56.69 亿千瓦时。1937 年始建的丰满水电站是中国第一座大型水力发电站，被誉为"中国水电之母"，目前总装机容量为 100.25 万千瓦。松花江通航里程达 1447 公里，吉林市、齐齐哈尔市以下可通航汽轮；哈尔滨市以下可通航 1000 吨级船舶；支流牡丹江、通肯河及齐齐哈尔市至嫩江市的嫩江河段均可通航木船，是东北地区的主要水运干线。主要港口有哈尔滨、佳木斯、齐齐哈尔、牡丹江、吉林。通航期为 4 月中旬至 11 月上旬。

第二节 松花江水系构成

一、松花江干流

1. 基本概况

松花江干流又称为东流松花江，从扶余市三岔河口至汇入黑龙江的河口。如表 6-2 所示，干流全长 939 公里，流经肇源、扶余、哈尔滨、巴彦、木兰、通河、方正、依兰、汤原、佳木斯、桦川、绥滨、富锦、同江。径流补给以雨水补给为主，雨水补给比例约为75%~80%，融雪水和地下水补给为辅，比例分别为15%~20%和5%~8%。11月中旬至次年4月初为封冻期，最大冰厚为1米左右。干流落差为78.4米，西流松花江与嫩江汇合口海拔为128.2米，同江注入黑龙江处海拔为57.2米，河流坡降平缓。松花江干流两岸河网落差达1007米，水量比较丰富，水能理论蕴藏量为51.7万千瓦，占松花江干流区段理论蕴藏量的17.6%。

表6-2 松花江流域主要河流水系特征

主要指标	嫩江	西流松花江	松花江干流	合计
河长/公里	1370	958	939	
流域面积/万平方公里	29.85	7.34	18.93	56.12
平原区面积/万平方公里	11.83	1.77	7.61	21.21
多年平均年径流量/亿立方米	293.86	164.16	359.68	817.70
主要支流	甘河、诺敏河、雅鲁河、绰尔河、洮儿河、霍林河、讷谟尔河、乌裕尔河、阿伦河、音河、双阳河	辉发河、饮马河、伊通河	阿什河、拉林河、呼兰河、蚂蚁河、汤旺河、牡丹江、倭肯河、梧桐河	

资料来源：吕军等，2017a

根据地形及河道特性，松花江干流可分为上游、中游、下游三段。

（1）上游：由三岔河口至哈尔滨，长240公里，流经松嫩平原的草原、湿地。河宽370~850米，水浅流缓。支流较少，下岱吉附近右岸有大支流拉林河汇入。

（2）中游：哈尔滨至佳木斯，长432公里，穿行于断崖、低丘和草地之间，河宽200~1000米。左岸有支流呼兰河、少陵河、木兰达河、汤旺河，右岸有蚂蚁河、牡丹江和倭肯河注入。

（3）下游：佳木斯至同江，长267公里。穿行于三江平原，两岸为冲积平原，地势平坦，河道宽浅，河道和滩地比较开阔，宽1.5~3公里，流速缓慢，江道中浅滩很多，是防洪重点地区。有梧桐河和都鲁河两大支流汇入。受黑龙江顶托，回水上溯80余公里，直达富锦。

2. 主要支流

松花江干流两岸河网发育，支流众多。松花江干流流域面积达18.93万平方公里，流域面积大于50平方公里的支流有794条。其中，流域面积介于50~300平方公里的支流有646条；介于300~1000平方公里的支流有104条，介于1000~5000平方公里的支流有33条；介于5000~10000平方公里的支流有3条；流域面积超过1万平方公里的支流有6条。重要支流如表6-3所示。

表6-3 松花江干流流域主要支流水系特征

主要支流	流域面积/万平方公里	河长/公里	平均坡降/‰	所属地市
阿什河	0.35	257	1.00	哈尔滨
呼兰河	3.14	523	—	哈尔滨、齐齐哈尔、伊春、黑河、绥化
拉林河	1.99	244	1.43	吉林、长春、松原、哈尔滨

续表

主要支流	流域面积/万平方公里	河长/公里	平均坡降/‰	所属地市
蚂蚁河	1.05	341	3.16	哈尔滨
倭肯河	1.11	450	0.71	哈尔滨、佳木斯、七台河
汤旺河	2.06	509	0.93	伊春、佳木斯
梧桐河	0.46	498	—	鹤岗、佳木斯
牡丹江	3.89	726	1.23	延边州、吉林、牡丹江、七台河、哈尔滨

资料来源：吕军等，2017a

（1）牡丹江：松花江干流右岸最大支流，发源于长白山脉牡丹岭，流经吉林省敦化和黑龙江省宁安、牡丹江、海林、林口、依兰等县（市），在依兰县城西注入松花江（彭连港，1986）。全长726公里，流域面积为3.89万平方公里。主要支流有珠尔多河、海浪河、五林河等。建有大林、小石河、桦树川等水库，发展有渤海、新安、海南、新合等灌区，建设有镜泊湖、莲花、英山等水电站。部分河段能通航。

（2）呼兰河：呼兰河源出小兴安岭，上游克音河、努敏河等支流汇合后称呼兰河，至哈尔滨市呼兰区入松花江。全长523公里，流域面积为3.1万平方公里，流经铁力、庆安、望奎、绥化、兰西、呼兰等县（市、区），多年平均径流量为41.29亿立方米，主要支流有努敏河、通肯河、克音河等。呼兰河流域是开发较早、最富饶的农业地带，为高产稳产商品粮和亚麻、甜菜生产基地，创建有东方红、联丰、丰田等灌区，建设有东方红、联丰等水库。

（3）汤旺河：汤旺河被誉为松花江干流的北岸第一河，发源于汤旺县小兴安岭中北部，流经伊春和汤原两市县。河流全长509公里，流域面积2.06万平方公里，多年平均径流量55.2亿立方米。中上游水力资源丰富，建设有水电设施，森林资源丰富，有众多国家级自然保护区；下游建设有引水灌溉设施。汤旺河有大小支流611条，主要支流有东汤旺河、西汤旺河、清河、头清河、援朝河；建设有红旗、南华等水库，发展了汤旺河、引汤等灌区，开发有永久、渠首等水电站。

二、嫩江

1. 基本概况

嫩江是松花江的最大支流和北源，在三岔河口汇入松花江，全长1370公里，流域面积为29.85万平方公里，占松花江流域总面积的53.2%。流域涉及呼伦贝尔、兴安盟、大兴安岭地区、黑河、嫩江、绥化、齐齐哈尔及白城等地区。嫩江水资源比较丰富，多年平均流量为823.4立方米/秒，年均径流量200亿立方米。嫩江水系以雨水补给为主，以地下水和春初积雪融水补给为辅，属于雨水、地下水、融水补给类型。冬季径流量少，仅占全年径流的5%；春季径流略有增加，约占全年径流的20%；夏季径流最丰，约占全年径流量65%；秋季径流普遍减少，约占10%（解飞，2019）。河流含沙量较小。嫩江封冻一般为11月10~15日，解冻为次年4月10~15日，冰期长达5个月，冰层厚度1~1.2米。江面封冻期间，航运停止，但可通行车辆。流域地势东北高、西南低，海拔136~1060米，河源海拔达1030米，干流落差为441.8米，水力资源主要在干流上游和右侧支流，干流可开发装机容量大于1万千瓦的水电站有卧都河、古里河、固固河、拉抛、库漠屯、尼尔基、大里湾和大安8座（于宏兵等，2016）。中华人民共和国成立以来，1953年、1955年、1956年、1969年和1998年发生流域性的大洪水。

该流域有尼尔基、音河、太平湖、月亮泡、胜利、兴隆等重大水库或水利枢纽，建设有北部、中部和南部引嫩工程（统称"三引"），吉林省引水工程有引洮入向、引嫩入白和引霍入向三项及卫星运河；建设有查哈阳、音河、富南、繁荣、塔哈、江桥、绰尔、民意、新站、古龙、富强、头台、团结等排灌工程。嫩江通航里程自七站以下长达950公里，嫩江镇以上可通航50~100吨级船舶，嫩江镇至齐齐哈尔约317公里，可通航100~200吨级船舶，齐齐哈尔以下395公里可通航600吨级船舶；有富拉尔基、大安等港口。

根据地貌和河谷特征，嫩江干流分为上游、中游、下游三段。

（1）上游：从河源到嫩江市为上游段，长661公里。其中，河源区河道长172公里，河源区为大兴安岭山地，河谷狭窄，河流坡降大，水流湍急。从多布库尔河口以下，江道逐渐展宽，水量增大。左岸有卧都河、固固河、门鲁河和科洛河注入，右岸有那都里河、大小古里河和多布库尔河注入。

（2）中游：由嫩江市到莫力达瓦达斡尔族自治旗（简称莫力达瓦旗）的尼尔基为中游段，长122公里。中游是山区到平原区的过渡地带，两岸多低山丘陵，地势比上游平坦，河谷很宽。支流很少，但右岸有较大支流甘河汇入。

（3）下游：由尼尔基到三岔河为下游段，长587公里。下游段为松嫩平原，河道蜿蜒曲折，沙滩、沙洲、江汊多，河道多呈网状，两岸滩地延展很宽，最宽处可达10余公里，最大水深为5.5~7.4米。右岸有多条支流汇入，包括诺敏河、阿伦河、音河、雅鲁河、绰尔河、洮儿河和霍林河，左岸有讷谟尔河、乌裕尔河和双阳河汇入（张忠萍和李辉，2010）。

2. 主要支流

嫩江右岸多支流，左岸支流较少，左右岸支流均发源于大小兴安岭，顺着大小兴安岭的斜坡面向东南或向西南入干流。流域面积大于50平方公里的支流有229条，其中流域面积介于50~300平方公里的河流有181条；介于300~1000平方公里的支流有32条；介于1000~5000平方公里的支流有11条；大于5000平方公里的支流有5条。重要支流如表6-4所示。

表6-4 嫩江流域主要支流水系特征

主要支流	流域面积/万平方公里	河长/公里	平均坡降/‰	所属地市
甘河	2.04	446	1.98	呼伦贝尔市
讷谟尔河	1.37	688	0.50	齐齐哈尔市、黑河市、绥化市
诺敏河	2.80	467	1.99	呼伦贝尔市、齐齐哈尔市
阿伦河	0.67	318	—	呼伦贝尔市、齐齐哈尔市

续表

主要支流	流域面积/万平方公里	河长/公里	平均坡降/‰	所属地市
音河	0.38	215	—	呼伦贝尔市、齐齐哈尔市
雅鲁河	1.98	398	2.08	呼伦贝尔市、兴安盟、齐齐哈尔市
绰尔河	1.77	576	1.68	呼伦贝尔市、兴安盟、齐齐哈尔市
乌裕尔河	2.41	587	0.71	齐齐哈尔市、大庆市、黑河市、绥化市
双阳河		89		
洮儿河	4.34	553	2.32	兴安盟、霍林郭勒市、白城市
霍林河	3.66	590	—	兴安盟、霍林郭勒市、通辽市、白城市、松原市

资料来源：吕军等，2017a

（1）洮儿河：嫩江右岸最大支流，发源于大兴安岭东南麓高岳山阿尔山市白狼镇九道沟。流经科尔沁右翼前旗（简称科右前旗）、乌兰浩特市、洮北区、洮南市、镇赉县，在大安市北部注入月亮泡，再流入嫩江。长553公里，流域面积3.08万平方公里，多年平均径流量为17.4亿立方米。由10条大小不一的小河汇集而成。主要支流有归流河、蛟流河、额木特河，有洋沙泡、新荒泡、月亮泡等重点湖泊湿地。建设有察尔森、月亮泡、向海等水库，建设有引嫩入白、引洮入向、洮南市河湖连通、引洮济霍等调水工程，开发了哈拉黑、小城子、索伦等一批灌区。

（2）霍林河：为嫩江右岸一级支流，发源于扎鲁特旗罕山西麓，经霍林郭勒市、科尔沁右翼中旗（简称科右中旗）、通榆县、大安市，消失在查干湖。干流长590公里，流域面积为2.78万平方公里。主要支流有界生吐河、坤都冷河、巴彦哈拉河等，有敦德淖尔、查干湖、向海等湖泊湿地。建设有霍林河、翰嘎利、胜利等水库，建设了引霍入向、幸福渠等水利工程，开发了月亮泡东、乌兰哈达等灌区。

（3）乌裕尔河：原为嫩江左岸的支流，19世纪末脱离嫩江干流而成为内流河。发源于小兴安岭西侧，长587公里，流域面积为2.31万平方公里。流经北安、克东、克山、拜泉、依安、富裕等县（市），尾闾消失在林甸县西北的苇甸湿地。主要支流有润津河、泰西河、双阳河等，分布有连环湖、扎龙湖、克钦湖等湖泊泡沼。建设有宏伟、东风、保安等水库，开发了宏伟、跃进、东风等灌区。

三、西流松花江

1. 基本概况

西流松花江发源于长白山天池，在扶余市三岔河口与嫩江汇合。有南源头道江和北源二道江两源，均发源于长白山，以北源为正源。植被覆盖好，年均流量为81.9立方米/秒，多年平均年径流量为162亿立方米。河流长958公里，流域面积为7.34万平方公里，占松花江流域总面积的13.1%左右，除541平方公里面积属辽宁省外，其余在吉林省。西流松花江横贯吉林省中部，占吉林省面积的38%。流域地势东南高、西北低，河道由东南流向西北。年均降水量比较丰沛，水资源较为丰富，多年平均年径流量为162亿立方米，供给松花江39%的水量。西流松花江特别是上游山区山高河陡，干流水能理论蕴藏量达80.3万千瓦，河流落差1556米，梯级开发建有白山、红石、丰满等大中型水电站。吉林市以下可通汽轮，通航期为4月中旬至11月上旬。

根据地形地貌和河段特征，西流松花江大致分为河源段、上游河段、丘陵区河段和下游河段。

（1）河源段：从源头到二道江与头道江汇合的两江口，长256公里，分布在长白山。山岭连绵，森林茂密，植被良好，河谷狭窄，江道弯曲。较大支流有五道白河、古洞河和头道江。

（2）上游河段：从两江口到丰满水电站大坝，长208公里。较大支流有蛟河和辉发河。流经低山丘陵，水力资源丰富，适宜梯级开发，已建有梯级水电站白山水电站、红石水电站和丰满水电站。

（3）丘陵区河段：由丰满水电站大坝到沐石河口，长191公里。左岸有较大支流温德河、鳌龙河和沐石河。两岸河谷展阔，是主要农业区。

（4）下游河段：由沐石河口到扶余市三岔河口，长171公里。流经松嫩平原，河道较宽，沿岸多沙丘，河道多汊河、串沟和江心洲岛。左岸有大支流饮马河，右岸支流很少。下游是重要渔业基地，航运发达。

2. 主要支流

西流松花江的支流主要有辉发河、伊通河和饮马河等。如表6-5所示。

表6-5　西流松花江流域主要支流水系特征

主要支流	流域面积/万平方公里	河长/公里	平均坡降/‰	所属地市
辉发河	1.46	289	0.50	抚顺、通化、辽源、吉林市
伊通河	0.94	342.5	0.30	四平、辽源、长春
饮马河	0.81	386.8	0.30	吉林市、长春市

资料来源：吕军等，2017a

辉发河。是西流松花江上游最大的支流，发源于辽宁省清原满族自治县龙岗山脉（曹艳秋等，1998）。河长为289公里，径流量占丰满水库入库总量的26%，流域面积达1.46万平方公里。流经梅河口市、辉南县、桦甸市，在金沙乡流入松花江，流域面积大于和接近1000平方公里的支流有莲河、梅河、沙河等。流域内耕地面积为3294公顷，常住人口为78.37万人。

伊通河。发源于伊通县青顶山。流经伊通县、长春市、德惠市、农安县，与饮马河汇合后注入松花江。河流长342.5公里，流域面积为0.94平方公里，年径流量为3.5亿~6亿立方米，人口有680万人。主要支流有小伊通河、伊丹河、新凯河等，湖泊主要有波罗泡。伊通河北北段定位为湿地生态段，将打造成为长春北部绿色宜居的"生态轴"和美丽长春的"景观带"（徐微，2021）。

饮马河。发源于伊通县河源镇，流经磐石市、双阳区、永吉县、九台区、德惠市、农安县等，至农安县靠山镇与伊通河汇合。全长386.8公里，流域面积约0.81万平方公里（含伊通河）。水量丰富，年均径流量为16亿立方米。沿线接纳河流49条，流域面积大于1000平方公里的支流有双阳河、岔路河、雾开河和伊通河。有大型水库4座、中型水库 8 座、小型水库及塘坝 70 余座，石头口门水库为最大，开发有饮马河灌区。

四、湖泊与湿地

1. 湖泊

松花江流域三面环山，中间为松嫩平原，东部为三江平原。湖泊沼泡数量众多，共有湖泊 600 多个，其中大中型湖泊有 59 个，湖泊面积多介于 10~20 平方公里，少数湖泊大于 100 平方公里。大型湖泊如表 6-6 所示。流域湖泊主要为吞吐型淡水湖和闭流类微咸水湖。这些湖泊多分布在松花江中下游、嫩江下游及嫩江支流乌裕尔河、双阳河、洮儿河和霍林河下游的松嫩平原低洼地带。平原地区有大量的湖泊沼泽湿地，其形成主要与地壳沉陷、地势低洼、排水不畅和河流摆动等因素有关（吕军等，2017b）。分布在山区的湖泊，其成因多与火山活动关系密切，如镜泊湖和五大连池是典型的熔岩堰塞湖。湖泊开发利用以灌溉和水产养殖为主，有的湖泊兼具航运、发电或旅游观光等功能，对调节和滞蓄洪水可起到一定的作用。

表 6-6　松花江流域主要湖泊概况

湖泊名称	补给河流	湖泊成因	湖泊名称	补给河流	湖泊成因
波罗泡子	2 条溪流	岗间洼地积水成湖	七家子泡	乌裕尔河	乌裕尔河尾闾洼地
老江身泡	2 条小河	河成湖	龙虎泡	乌裕尔河	湖沼湿地的洼地
中内泡	安肇新河	平原洼地积水成湖	北琴泡子	乌裕尔河	松嫩平原洼地积水
库里泡	安肇新河	平原洼地积水成湖	西碱泡子	乌裕尔河	乌裕尔河尾闾洼地
大布苏湖	大布苏沟	霍林河河床摆动	铁哈拉泡	乌裕尔河	松嫩平原洼地积水
新庙泡子	西流松花江	河迹洼地湖	南山湖	乌裕尔河	乌裕尔河尾闾洼地
青肯泡	东湖水库	平原洼地积水成湖	牙门喜泡	乌裕尔河	松嫩平原洼地积水
八里泡	富来泡	沼泽洼地积水成湖	敖包泡子	乌裕尔河	松嫩平原洼地积水
十三泡	霍林河	霍林河河床摆动	扎龙湖	乌裕尔河	乌裕尔河尾闾洼地
镜泊湖	牡丹江、松溶河	熔岩堰塞	珍字泡	周边沼泽	霍林河尾闾洼地
西大海	南部沼泡群	湖沼湿地上的洼地	查干湖	引松渠道	霍林河洼地积水
喇嘛寺泡	嫩江	泛滥平原被废弃	跃进泡	大通河	河迹洼地
五大连池	石龙河	熔岩堰塞	庄头泡	周边沼泽	乌裕尔河尾闾洼地

资料来源：吕军等，2017a

（1）连环湖。连环湖位于杜尔伯特蒙古族自治县（简称杜尔伯特县），为乌裕尔河和双阳河的尾闾。水面由哈布塔泡、红源泡、东湖等 18 个湖泊联合组成，面积达 840 多平方公里，容积达 12 亿立方米。有些湖泊平均深度只有半米，最深达 5 米，湖泊间以芦苇荡和岛屿相分离，高水位时水域相通形成连环，是典型的湿地浅水湖泊。连环湖是黑龙江省引嫩工程的组成部分，为大庆市提供城镇用水、农渔业用水、湿地生态用水，旅游资源丰富。

（2）镜泊湖。镜泊湖是世界第二高山火山熔岩堰塞湖，位于牡丹江干流。镜泊湖海拔351米，湖水深度平均为40米，面积为95平方公里。一般水位最高为353.65米，最低为345.61米，蓄水量为16.25亿立方米，控制面积为1.18万平方公里。注入湖泊的河流除牡丹江干流外，还有大梨树沟河、尔站西沟河等小河流。镜泊湖是著名旅游、避暑和疗养胜地、世界地质公园；建有镜泊湖水电站，为牡丹江流域梯级开发的一部分，装机容量达9.6万千瓦。

（3）查干湖。查干湖为河成湖，位于前郭尔罗斯蒙古族自治县（简称前郭县），处于嫩江与霍林河交汇的水网地区，是霍林河尾闾的堰塞湖。最大湖水面为307平方公里，2021年6月超过400平方公里，岸线蜿蜒曲折，长达104.5公里，水深4米，最大蓄水量为4.15亿立方米。查干湖拥有丰富的自然资源，特别是渔业资源丰富，是著名的渔业和芦苇生产基地。以查干湖冬捕为标志的渔猎文化成为重要文化遗产。

（4）月亮泡。月亮泡位于大安市、镇赉县之间，濒嫩江右岸，为嫩江遗迹湖。湖泊面积达205.7平方公里，集水面积达19万平方公里，最大库容为4807万立方米，平均水深为4.7米，最大水深为7.7米。1976年筑堤，天然湖泊变成大型人工水库，具备养殖、灌溉等功能，是吉林省淡水渔业基地和嫩江流域的蓄滞洪区。嫩江年均入库流量达2.7亿立方米，洮儿河达0.37亿立方米（孙立梅和荣鸿利，2013）。

2. 湿地

按照成因，松花江流域的湿地分为森林沼泽湿地、洪泛湿地、河口湿地和尾闾湿地。其中，洪泛湿地、河口湿地和尾闾湿地均分布在平原地区。洪泛湿地包括嫩江沿岸的齐齐哈尔湿地、西流松花江的扶余洪泛湿地、松花江干流的肇源沿江湿地和佳木斯沿江湿地等。河口湿地主要包括乌裕尔河入嫩江的扎龙湿地、洮儿河和二龙涛河入嫩江的莫莫格湿地、呼兰河入松花江干流的呼兰河口湿地。尾闾湿地主要是指霍林河下游的湿地（吕军等，2017c）。湿地主要分布在嫩江、松花江中下游。

（1）嫩江：流域地势基本是北高南低和西高东低，受地貌类型影响，发育形成了不同类型湿地。上游源头为大兴安岭，发育形成森林沼泽湿地。中游是山地到平原过渡地带，多发育灌丛沼泽或草本沼泽湿地。下游为松嫩平原地带，河道蜿蜒曲折，沙滩、沙洲、江道多呈网格状，两岸滩地延展，广泛形成了泡沼、牛轭湖，发育大面积的沼泽湿地、湖泊湿地和河流湿地（韩勤等，2013）。

（2）西流松花江：地势呈现东南高西北低的格局，上游穿行于长白山，分布有森林沼泽；在扶余市境内分布有大片的低洼平原，发育形成了牛轭湖、湿地及移动沙丘。

（3）松花江干流：从嫩江和西流松花江汇合口到哈尔滨市，位于松嫩平原，河道较宽，坡降较缓，河床滩地宽阔。松花江干流与嫩江下游、西流松花江下游相连处形成了大量的牛轭湖和湿地；从佳木斯市到入黑龙江河口，为低平原，地势低洼，河道宽阔，分布有大面积的低洼湿地。

松花江流域的主要湿地如表6-7所示。典型湿地有向海湿地、莫莫格湿地、大布苏湿地、查干湖湿地等独特的内陆盐沼湿地，以及扎龙湿地、月亮泡等淡水沼泽湿地（李峰平，2015）。

表 6-7　松花江流域主要湿地概况

湿地名称	补水水源	湿地类型	湿地名称	补水水源	湿地类型
扎龙湿地	乌裕尔河及降雨	乌裕尔河尾闾低河漫滩和泡沼	安达北沼泽	降雨、地表径流	松嫩平原低洼地及泡沼沼泽湿地
嫩江源头湿地	地表水及降雨	9条河流的森林沼泽、湖泊和河道	向海湿地	霍林河、额木太河、洮儿河	霍林河下游洪泛沼泽湿地
龙江哈拉海湿地	降雨和地表径流	芦苇泽泡型湿地	莫莫格湿地	嫩江、洮儿河	嫩江和洮儿河洪泛湿地
汤旺河湿地	汤旺河补水	河流沼泽及洪泛湿地	大布苏湿地	降雨、泉水	大布苏东北、西北湖滨湿地
乌裕尔河沼泽	降雨与河水泛滥	乌裕尔河沼泽湿地	查干湖湿地	嫩江、霍林河	查干湖湖滨湿地
拉林河口湿地	拉林河	拉林河口冲积及洪泛湿地	太平川湿地	地表水及降雨	平原低洼地和湖滨湿地
哈东沿江湿地	松花江干流	松花江洪泛湿地	新站湿地	拉法河	河漫滩沼泽湿地

资料来源：吕军等，2017a

(1) 扎龙湿地。扎龙湿地为世界第四，也是世界最大的芦苇湿地，位于乌裕尔河下游湖沼苇草地带，位居松嫩平原西部。扎龙自然保护区是以鹤类等大型水禽为主的珍稀水禽分布区，是世界最大的丹顶鹤繁殖地。

(2) 向海湿地。向海湿地地处内蒙古高原和东北平原的过渡地带，位于通榆县向海水库南面，是国家级自然保护区。面积达10.7万公顷。霍林河、额木太河、洮儿河横贯湿地，22个大型和上百个自然沼泡星罗棋布。自然资源丰富，有20多种林木和200余种草本植物。2011年开始，先后实施了引察入海工程和引洮入海工程进行补水。

(3) 莫莫格湿地。莫莫格湿地位于镇赉县嫩江和洮儿河的交汇处，分布有江河水域湿地、苔草小叶樟湿地、芦苇沼泽湿地、碱蓬草甸湿地等类型。莫莫格湿地为国家级保护区，面积达14.4万公顷，脊椎动物有282种，水产资源丰富。

(4) 三江湿地。三江湿地属于低冲积平原沼泽湿地，面积达4.25万平方公里，覆盖22个县（市、区）。自然植被以沼泽化草甸为主，有脊椎动物291种，高等植物近500种，珍稀濒危物种约100种。三江湿地已建成6个国家级湿地自然保护区，有3个保护区被列入国际湿地名录。

第七章 松花江流域的资源环境基础

自然本底始终是流域发展的基础与起点，资源环境是一定时期内某流域范围内各类要素的总和，包括规模、结构、功能及关系和状态。地形地貌、气候降水、水资源、土壤耕地、生物植被、自然资源与能源矿产资源是流域的基本空间要素，是流域发展的影响因子和战略性资源。这些要素的长期综合作用，奠定了流域自然地理环境、经济、社会和文化发展的本底本色，也深刻影响着流域发展的基本方向与可能模式。"基础"、"资源"和"制约"是资源环境与流域发展的关系要点。因此，资源环境基础是流域保护与开发研究的起点，也是人类对流域地理单元的基本空间认知，是流域战略定位、功能布局与发展任务设计的主要依据。流域发展的目标、内容与强度都不能破坏资源环境基础。

本章主要是分析松花江流域的资源环境基础。松花江流域地貌类型分布差异大，以山地和平原地形为主；全流域地势两边高、中间低，平均海拔较高；地处北温带季风气候区，大陆性气候特点显著，四季分明，年内温差大，总体呈现北低南高、西高东低的格局；水资源总体丰沛，呈现从东部、北部和南部向中部、西部逐渐减少的格局。松花江流域有着丰富的自然资源、能源和矿产资源，植被以森林和草原为主，野生动植物资源极为丰富，分布有高纬度多年冻土。土壤肥沃，是黑土集中分布区，耕地和林地是流域最重要的资源优势。流域自然灾害繁多，主要有洪涝、干旱、火灾等；大部分地区属于季节性稳定积雪区，降雪集中在内蒙古自治区北部和黑龙江省，积雪覆盖时间超过90天；干支流均有结冰现象，冰期约有140~150天；洪涝是主要灾害，特大洪水较多，形成春汛和夏汛，涝区主要分布在松嫩平原、三江平原，春季易出现春旱和凌汛。

第一节 自然地理与资源环境

一、地形地貌

1. 地貌类型

松花江流域以山地和平原地形为主，三面环山，流域北部为小兴安岭，流域西部为大兴安岭，东部为长白山，中部和东部为平原地貌。流域西南部有一部分丘陵地貌，海拔介于140~250米,东部为江道出口,流域地形向东北方向倾斜。流域内山地面积占61%,丘陵面积占15%,平原面积约占24%,如表7-1所示。

表7-1 松花江流域各类地形面积统计

河流	流域面积/万平方公里	山区面积比例/%	丘陵面积比例/%	平原面积比例/%
西流松花江	7.34	57	24	19
嫩江	29.85	65	10	25
松花江干流	18.93	56	20	24
松花江流域	56.12	61	15	24

资料来源:于宏兵等,2016

全流域的地貌类型分布差异大,主要有融冻剥蚀地貌、流水地貌、火山地貌、风成地貌、湖成地貌和喀斯特地貌六大类型,如表7-2所示。其中,融冻剥蚀地貌主要分布在山地高海拔地域;流水地貌分布最广,小兴安岭、张广才岭、老爷岭、完达山等为侵蚀剥蚀山地和侵蚀剥蚀丘陵,整个松嫩平原由剥蚀堆积平原组成;火山地貌集中分布在吉林省东部和东南部的敦化玄武岩台地和东南火山群地区;风成地貌分布在平原地区;湖成地貌分布在嫩江、洮儿河、霍林河、松花江下游及平原西南部沙带间的低洼地;喀斯特地貌主要分布在东部一些石灰岩构成的山地。地貌形态类型也较多,有中山、低山、丘陵、台地和平原等。其中,中山面积占比为12.08%,低山面积占比为25.67%,丘陵面积占比为13.38%,台地面积占比为16.77%,平原面积占比为31.94%。分布面积最广的是低海拔的小起伏山地,达到11.34万平方公里,占流域总面积的20.37%,主要分布在大兴安岭、小兴安岭及长白山等东部山地;其次是低海拔冲积平原,分布面积为9.76万平方公里,占流域面积的17.53%,主要分布在松嫩平原和三江平原;再次是低海拔丘陵,分布面积为6.88万平方公里,占流域面积的12.36%;此外,中海拔起伏山地占11.55%,低海拔冲积扇平原占10.78%,其他地貌类型占比为27.41%(于宏兵等,2016)。松花江流域地貌类型见表7-2。

表7-2 松花江流域地貌类型面积统计

地貌类型	面积/万平方公里	占流域面积比例/%	地貌类型	面积/万平方公里	占流域面积比例/%
低海拔剥蚀台地	1.03	1.85	低海拔熔岩堆积台地	0.96	1.72
低海拔冲积洪积平原	0.59	1.06	低海拔小起伏山地	11.34	20.37
低海拔冲积洪积台地	2.18	3.92	低海拔中起伏山地	2.95	5.30
低海拔冲积平原	9.76	17.53	中高海拔大起伏山地	0.12	0.21
低海拔冲积扇平原	6.00	10.78	中海拔剥蚀平原	0.02	0.03
低海拔冲积台地	5.12	9.19	中海拔大起伏山地	0.18	0.32
低海拔低河漫滩	0.94	1.69	中海拔黄土梁峁	0.57	1.02
低海拔洪积平原	0.01	0.02	中海拔熔岩堆积台地	0.05	0.09
低海拔洪积平原	0.46	0.83	中海拔中起伏山地	6.43	11.55
低海拔丘陵	6.88	12.36	湖泊	0.09	0.16

资料来源:于宏兵等,2016

流域西部是大兴安岭东坡，地势较陡，主脉走向为东北—西南向，是嫩江干流及其右侧各支流的发源地，海拔介于700～1700米，大兴安岭成为松花江和额尔古纳河的分水岭，分水岭海拔在700～1000米。流域北部是小兴安岭，是嫩江、松花江干流与黑龙江的分水岭，主脉走向为西南—东南向，山地西侧较缓，海拔介于400～1000米，分水岭海拔在1000米左右。流域东部和东南部是完达山脉和长白山山系，由东向西、由南向北地形逐渐变缓，海拔介于200～2691米，主峰白云峰海拔达2691米，是流域最高峰，长白山主峰西侧和北侧是西流松花江和牡丹江发源地，南侧是鸭绿江发源地，东侧是图们江发源地，分水岭在800～1000米。西南部的丘陵地带是松花江流域与辽河流域的分水岭。

流域平原部分主要由松嫩平原和三江平原组成。流域中部是松嫩平原，海拔介于50～200米。嫩江下游两岸、西流松花江下游右岸和松花江（三岔河口以下）下游，分布有成片的湿地和闭流区。松嫩平原是东北平原的最大组成部分，位于大小兴安岭与长白山山脉及松辽分水岭之间，主要由松花江和嫩江冲积而成，略呈菱形，土壤肥沃，黑土、黑钙土占60%以上。松花江在同江市附近注入黑龙江后，与黑龙江、乌苏里江下游的广大平原组成三江平原。三江平原又称为三江低地，覆盖面积为10.89万平方公里，分布有大面积的黑土，还分布有白浆土、草甸土、沼泽土等类型，被称为"北大荒"。

2. 海拔

松花江流域有着显著的地势差异，海拔形成较大的差距。总体上，全流域地势三边高、中间低，平均海拔较高。全流域的海拔介于9～2650米，各地区的海拔差异较大，但主要介于9～1200米，占流域总面积的99.6%。随着海拔的增加，所覆盖的土地面积持续减少。其中，9～200米海拔覆盖了全流域34.5%的土地，该高程范围以平原为主，地面比较平坦，是农业生产的主要承载空间。2～500米海拔覆盖的土地拓展至77.6%，其中200～500米海拔覆盖的土地比例达43.1%，该高程范围属于丘陵地貌，是特色农业和林下经济的主要承载空间。2～800米海拔覆盖的土地进一步拓展至93.8%，2～1000米海拔覆盖的土地则已达到98.3%，其中500～1000米海拔覆盖的土地比例达到20.7%，该高程范围属于低山地貌，是森林资源和草原的主要承载空间，是森林战略储备基地、林下产业和精品畜牧业的主要承载空间。2～1200米海拔覆盖的土地高达99.6%，1000～2650米海拔覆盖的土地比例达1.7%，该高程范围属于中山地貌。

从主要地貌板块来看，流域西部大兴安岭山地的海拔介于1000～2000米，东部和东南部的完达山、老爷岭、张广才岭和长白山海拔为200～2700米，西南部丘陵海拔为140～250米。整个地势由西南向东北方向下倾。流域中部松嫩平原海拔为50～200米（于宏兵等，2016）。

二、气候降水

1. 气候

松花江流域处于北纬高空盛行西风带，具有较多的西风带天气，又位于中国东部季风区的北面，全年受冬、夏交替的大陆季风和海洋季风所控制。流域下游距离日本海较近，属于温带湿润季风性气候，湿润多雨；中游受长白山脉阻隔，降水量减少，蒸发量增大，属于温带亚湿润森林草原气候；上游受大陆性气候影响较大，气候干燥，多风少雨，属于温带亚湿润的草甸草原气候（于宏兵等，2016）。

松花江流域面积辽阔，南北跨度较大，地势起伏多变，气候具有显著的区域分异。流域地处北温带季风气候区，大陆性气候特点显著。影响流域的天气系统主要为冷涡、气旋、台风等（宁方贵等，2021）。全流域四季分明，夏季短促炎热多雨，春季风大且干旱，秋季降温急骤；冬季漫长严寒且干燥，常有冻害发生，较同纬度其他地区或城市寒冷。例如，巴黎、柏林等城市有大西洋暖流可达到，而温哥华有太平洋暖流可到达。长春最冷月的平均气温低于莫斯科和圣彼得堡，哈尔滨最冷月达到-19℃，如表 7-3 所示。全流域受西伯利亚和贝加尔湖的寒潮侵袭，并伴有大风，春季风最大且频繁，曾观测到最大风速达 40 米/秒，全年大风（风速>10 米/秒）天数约 30~60 天。全流域由东向西递减，跨湿润、半湿润与半干旱 3 个气候区。

表 7-3 世界主要城市的 1 月平均温度

城市	纬度	温度/℃	城市	纬度	温度/℃
西雅图	47°62′N	5.6	奥斯陆	59°56′N	-4.3
巴黎	48°51′N	5	芝加哥	41°84′N	-4.6
多伦多	43°42′N	-3.7	莫斯科	55°45′N	-6.5
伦敦	51°30′N	4.5	安克雷奇	61°13′N	-9.5
温哥华	49°15′N	4.1	长春	43°48′N	-14.6
柏林	52°30′N	0.5	新西伯利亚	55°2′N	-16.5
乌兰巴托	47°55′N	-21.6	哈尔滨	45°48′N	-17.6
斯德哥尔摩	59°19′N	-2.8	圣彼得堡	59°55′N	-11
札幌	43°4′N	-3.6	赫尔辛基	60°10′N	-3.9

2. 气温

松花江流域年内温差很大。多年平均气温介于 3~5℃，长白山山顶年平均气温 -7℃，如图 7-1 所示。松花江流域在一年之内，7 月气度最高，日平均气温达 20~25℃，最高达 40℃以上；1 月气度最低，月平均气温-20℃以下，最低气温出现在嫩江右侧扎兰屯市附近，曾达-42.6℃。流域内无霜期在 100~150 天，9 月初霜，次年 5 月终霜。

流域年平均气温分布的空间差异十分明显，以南北梯度变化（向北递减）为主，总体呈现北低南高、西高东低的格局。西南部平均气温较高，大兴安岭地区较为寒冷；在 125°E 每向北 1000 公里，气温约降低 1.2℃；125°E 以东地区温度变化的梯度较小，以西梯度变化较大。嫩江、伊春和铁力市一带在-1~2℃，而长春市、德惠市一带为

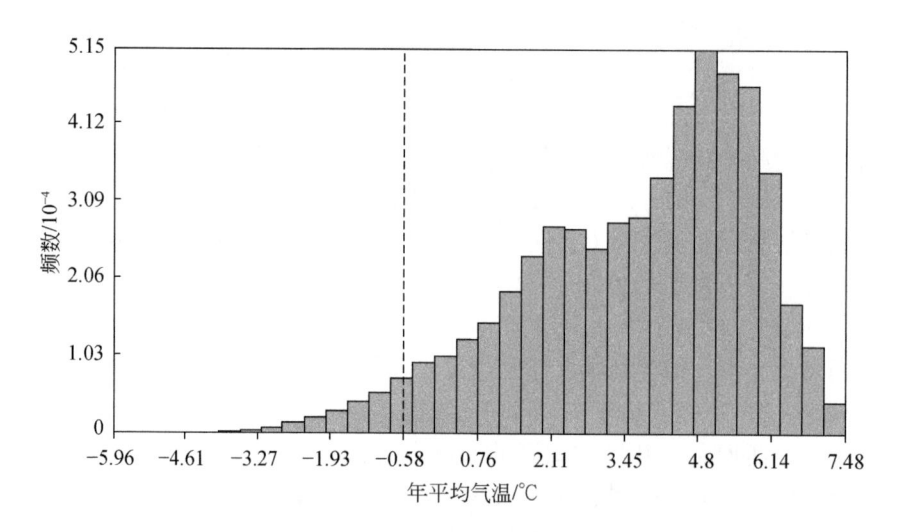

图 7-1　松花江流域的年平均气温覆盖面积构成

4~6℃。平原和丘陵地带的气温比山地地区略高，全流域最高年平均气温出现嫩江下游与松嫩平原，西流松花江中游的丘陵地带气温较高，大小兴安岭气温较低。

冬季流域各地土壤冻深介于1.5~5米，最深处达4米；流域北部的深度一般为1.7~3.0米，流域南部的深度为0.9~2.0米。

流域全年日照时数南北差别较小，年日照时数为2200~3000小时；但东西有所差别，东部一般为2200~2400小时，西部一般为2600~3300小时。无霜期北部较短，一般为110~150天，南部为150~180天。大于10℃的积温北部为2400~3000℃，南部为2800~3600℃。总的趋势是气温、日照时数和无霜期自东向西递增，降水也相应递减。

流域内多年平均水面蒸发量为500~800毫米，松嫩平原较高，张广才岭、小兴安岭较低；陆地蒸发量为250~500毫米，多年平均为391.6毫米。

嫩江下游及松花江干流的上游处于干旱区，降水量少，气温相对较高，蒸发量大。大兴安岭西部山麓也处于干旱区，主要是因为夏季海洋季风受阻于山地东坡，东坡降水多，西坡降水少，气候干旱，但整个大兴安岭山区的气候还是比较湿润的。位于南部的长白山主峰区湿润指数较高，为全流域的湿润区。小兴安岭山地地域差异较为明显，西部较为干旱，东部较为湿润（于宏兵等，2016）。

3. 水资源与降水

松花江流域水资源总体丰沛，总量为960.9亿立方米，嫩江流域和松花江干流流域较为丰富，分别为367.7亿立方米和411.6亿立方米，占流域总量的38.3%和42.8%，西流松花江仅占18.9%。全流域水资源时空分布不均匀，总体呈现从东部、北部和南部向中部和西部逐渐减少的格局；水资源条件与人口、耕地、经济发展格局总体上匹配较好。但松花江流域存在资源型、污染型和工程型缺水的多重困扰，局部仍存在不匹配或匹配较差的问题，尤其是大中城市及主要工业城市，如哈尔滨市、齐齐哈尔市、大庆市等地区仍不能满足用水需求，导致过量开采地下水，形成地下水降落漏斗。

　　松花江流域年降水量大体为400~1000毫米，多年平均降水量一般在500毫米左右，降水分布规律明显，呈现自东南向西北方向递减的格局，如图7-2所示。东南部山区降水可达700~900毫米，长白山主峰可达1000毫米以上，而松嫩平原西部只有300~400毫米，三江平原为500~600毫米，最干旱的地区位于嫩江下游，总的趋势是

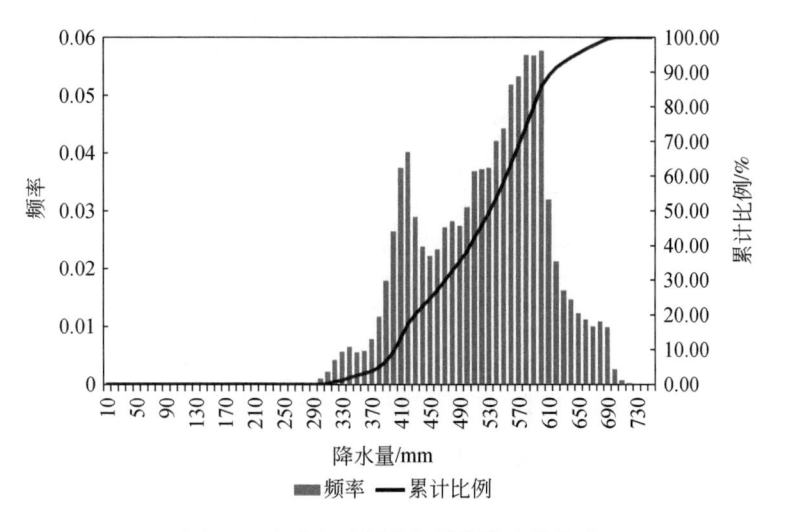

图7-2 松花江流域的年平均降水量构成

山地丘陵降水量大，平原降水量小；南部和中部稍大，东部次之，西部、北部最小。流域降水的季节集中性显著，6~9月占流域全年降水量的60%~80%，特别是7~8月占一半左右，且多以暴雨的形式出现；冬季12月至次年2月的降水量仅为全年的5%左右。降水的年际变化也较大，最大和最小年降水量之比为3倍左右，且存在连续数年多水或少水的交替现象。总体上，松花江流域的降水量适合传统的农业生产，适合、玉米、水稻、大豆等农作物的种植和生产。

　　（1）总降水量：全流域为3015.1亿立方米，其中嫩江最高，达到1384.5亿立方米，比例为45.9%；松花江干流为1119.9亿立方米，占比为37.1%；西流松花江相对较少，为510.7亿立方米，比例为16.9%，如表7-4所示。

表7-4　松花江流域多年平均水资源总量概况

分区		嫩江	西流松花江	松花江干流	合计
多年平均水资源总量/亿立方米	降水量	1384.5	510.7	1119.9	3015.1
	地表水资源量	293.8	164.2	359.7	817.7
	不重复量	73.89	17.38	51.91	143.18
	水资源总量	367.7	181.6	411.6	960.9

续表

分区		嫩江	西流松花江	松花江干流	合计
水资源可利用量	生态环境需水量占年径流量比例/%	0.15	0.15	0.15	0.15
	地表水资源可利用量/亿立方米	141.94	96.20	164.01	402.15
	地表水资源可利用率/%	48	59	46	49
	地下水资源量/亿立方米	90.47	15.48	72.46	178.41
	地下水资源可开采量/亿立方米	74.33	11.71	66.71	152.75
	水资源可利用总量/亿立方米	216.27	107.91	230.72	554.90
	总水资源量可利用率/%	59	59	56	58

资料来源：范玲雪，2016

（2）多年平均径流量：全流域为817.7亿立方米，其中嫩江、西流松花江、松花江干流分别为293.8亿立方米、164.2亿立方米、359.7亿立方米。全流域多年平均年径流深为134.3毫米，干流以南地区较大。山区最大值可达500毫米，如西流松花江的上源头道江流域。其次是牡丹江支流海浪河、呼兰河支流依吉密河、汤旺河支流永翠河流域，年径流深均在400毫米以上，而松嫩平原年径流深仅有20～30毫米。

（3）多年平均地下水资源：松花江流域为323.9亿立方米；其中，嫩江流域和松花江干流地下水资源量较为丰富，分别为137.3亿立方米和135.8亿立方米，而西流松花江流域地下水资源相对较为匮乏，为50.7亿立方米。

第二节 自然资源与土地资源

一、资源禀赋

1. 自然资源

1）森林资源

松花江流域有丰富的森林资源，是中国重要的森林基地。大兴安岭、小兴安岭和长白山是中国最大的林区，一般称为东北林区。耐寒的针叶树种相对最多，是中国唯一的大面积落叶松林地区。主要树种有红松、兴安落叶松、黄花松等，也有属于阔叶树的白桦、水曲柳等（陈思，2019）。由于地理位置的不同，大体可以分为三块。

（1）大兴安岭林区：以落叶松为主，木材蓄积量占全国总蓄积量的六分之一，主要树种有兴安落叶松、樟子松、红松、白桦、椴树、水曲柳、柞树等。其中，兴安落叶松占林区面积的86.1%，每公顷平均蓄积量为120余立方米，大兴安岭又称"兴安落叶松"的故乡（孙飞，2012）。

（2）小兴安岭林区：林区面积为1206万公顷，森林面积约500万公顷，树种与大兴安岭相同，但红松比例增大，小兴安岭又被称为"红松的故乡"（陈思，2019）。林木蓄积量约为4.5亿立方米，其中红松蓄积量为4300多万立方米，占全国红松总蓄积量的50%以上。小兴安岭还生长着落叶松、樟子松和"三大硬阔"（包括胡桃楸、水曲柳、黄菠萝）。

（3）长白山林区：国有林区面积约为365.8万公顷，森林面积约301.8万公顷，森林蓄积量达4.1亿立方米，是世界上原始生态保存最完整的地区，是北方重要的天然林保护地。长白山林区有高等植物1500余种，其中经济价值较大的植物有800多种，有动物1767种，是举世闻名的"天然博物馆"和"物种基因库"。长白山林区拥有中温带最完整的山地垂直生态系统，主要植被类型为温带针阔叶混交林，著名地带性树种有红松、落叶松、云杉、冷杉、赤松等（孙飞，2012）。

2）草原资源

草原资源广阔优质。天然草场主要分布在西部的松嫩平原草原、呼伦贝尔草原、科尔沁草原、东部丘陵山区和中部平原的低洼盐碱地、河阶地和沼泽地等。其中，松花江流域草原面积占全国草原面积的2%左右，植物种类多，野生牧草400余种，优良牧草近百种。草质优良，适口性好，产草量高，营养丰富，草原质量较高，主要有羊草、披碱草、冰草、草木栖等，亩产鲜草300~400千克。科尔沁草原约4.23万平方公里，主要植被有隐子草、芦苇、小黄柳、榆树、羊草等。

3）生物资源

松花江流域具有森林、草原、湿地等多样的生态系统，是保护生物多样性的重点地区。温带生态系统抚育了大量的珍稀动植物资源，拥有188科2300多种植物资源，陆生动物资源437种。盛产水稻、大豆、玉米、高粱及小麦等农作物，亚麻、棉花、苹果和甜菜、马铃薯等经济作物与蔬菜水果作物。鱼类资源丰富，鱼类品种达77种，是北方淡水鱼的重要产地。北药资源丰富，葡萄、蓝莓、山野菜、食用菌、林蛙等特色资源富集。长白山是第一批被列为联合国教育、科学及文化组织"人与生物圈"保留地的保护区。

专栏7-1　东北虎豹国家公园

东北虎豹国家公园地处长白山支脉老爷岭南部，以中低山、峡谷和丘陵地貌为主，森林覆盖率为92.9%，为图们江、绥芬河、乌苏里江和牡丹江的源头地区。东起珲春青龙台林场，与俄罗斯滨海边疆区的豹地国家公园接壤，西至汪清县南沟林场，南自珲春敬信林场，北到黑龙江省奋斗林场，总面积1.46万平方公里。2017年，东北虎豹国家公园管理局成立；2021年，东北虎豹国家公园被列入第一批国家公园名单。东北虎豹国家公园主要有12个自然保护地，包括7个自然保护区、3个国家森林公园、1个国家湿地公园和1个国家级水产种质资源保护区。植被类型主要是温带针阔叶混交林，分布有高等植物666种，其中国家Ⅰ级保护野生植物2种，为东北红豆杉和长白松，国家Ⅱ级保护野生植物9种。东北虎豹国

> 家公园分布有野生脊椎动物 270 种，其中国家 I 级保护野生动物 10 种，包括东北虎、东北豹、紫貂、原麝、梅花鹿、金雕、白头鹤、丹顶鹤等，国家 II 级保护动物 43 种。2021 年 10 月数据显示，野生东北虎和东北豹数量已由 2017 年试点之初的 27 只和 42 只分别增长至 50 只和 60 只，监测到新繁殖幼虎 10 只以上、幼豹 7 只以上（程爽，2021；王志彬和王建成，2021）。

2. 能源资源

松花江流域有着丰富的能源资源，种类较为齐全，包括石油、煤炭、天然气、风能、太阳能等各类能源资源。这是松花江流域推动工业化与城镇化建设的能源基础。

1）石油天然气资源

石油天然气资源丰富，分布有大庆油田、松原油田、松辽盆地等油田，是中国重要的石油生产基地，还有伊通盆地等油气资源富集地区。吉林省原油探明储量累计达 16.38 亿吨，剩余技术可采储量为 1.83 亿吨，主要分布在西部平原；天然气探明储量累计达 4910 亿立方米，剩余技术可采储量为 726.6 亿立方米，主要分布在松原、长春及白城；油页岩探明储量约为 1086 亿吨，占全国的 80% 以上，平均含油率达 5.5%，主要分布在前郭-农安、扶余、桦甸、汪清等地区；油砂资源储量达 4.83 亿吨。黑龙江省的石油探明储量为 62 亿吨，剩余技术可采储量为 4.4 亿吨，主要分布在松辽盆地北部；天然气探明储量为 5135 亿立方米，剩余技术可采储量为 1317 亿立方米，主要分布在松辽盆地北部；油页岩、页岩气资源也较为丰富，主要分布在松辽盆地。

2）煤炭资源

松花江流域有着丰富的煤炭资源，保有储量约为 723 亿吨，煤种分布齐全。黑龙江省的煤炭保有储量约为 203 亿吨，远景预测资源近 100 亿吨，主要分布在双鸭山、鹤岗及七台河，该地区储量丰富、煤种齐全，并以炼焦煤为主；探明 2000 米以内浅煤层气资源量为 1870 亿立方米，主要分布在鹤岗、双鸭山、七台河等地区。吉林省的煤炭保有储量约为 29.69 亿吨，主要分布在长春、吉林、通化、白山等地区。蒙东煤炭资源丰富，分布有着霍林河、陈巴尔虎旗两个储量超过百亿吨的大煤田，10~100 亿吨的煤田有 6 个。

3）风能资源

松花江流域地处中高纬度，主要受西风带控制，常年多风，有丰富的风能资源且品质较高，部分地区风切变大、风速稳定、空气密度大、可开发面积大。吉林省风能资源集中在西部地区，开发量可达 1.25 亿千瓦，白城和松原成为中国九大千万千瓦级风电基地之一。黑龙江省 50 米高风能资源潜力约 10.2 亿千瓦，技术可开发量约 2.3 亿千瓦，集中在东部山地和西部平原，东部和西部的三江平原、松嫩平原及松花江谷地风速较大。

4）太阳能资源

太阳能资源富集地区主要为蒙东草原和中西部盐碱地，包括白城、松原、齐齐哈尔、大庆、绥化等地区。黑龙江省的年日照时数介于 2242~2842 小时，平均太阳辐射量为 1316 千瓦时/平方米，集中在齐齐哈尔、大庆、绥化等地区。吉林省为太阳能三类地区,全年日照时数介于2200~3000小时,地面光伏电站潜在开发容量约为9600万千瓦,可装机容量约为3100万千瓦,尤其是西部太阳能资源最为丰富,白城和松原是建设光伏电站的重点区域。

5)水电资源

流域水能资源丰富,以西流松花江干流、嫩江、牡丹江较为集中。水能理论蕴藏量1万千瓦以上的干支流河道有71条,总理论蕴藏量为659.9万千瓦,其中西流松花江干支流为139.8万千瓦,占全流域的21.2%;嫩江干支流为227.1万千瓦,占34.4%;松花江干流及其支流为292.9万千瓦,占44.4%。吉林省90%的水电资源分布在白山、通化、延边和吉林市等地区,可开发水电装机容量为574.4万千瓦(曹婉情,2021)。

3. 矿产资源

松花江流域矿产资源丰富,矿种比较齐全,主要金属矿产有铁、锰、铜、钼、铅、锌、金及稀有元素等,非金属矿产有石墨、白云石等。部分矿产资源有很高的资源储量,部分矿种在全国原材料供应方面具有战略性地位。这些矿产资源为松花江流域发展工业和建立东北原材料接续基地提供了保障。

(1)黑龙江省:已发现各类矿产资源134种,占全国已发现234种矿产的57.2%;已查明储量的矿产有87种,占全国已查明矿产资源储量种数的37.7%。黑龙江省主要以黄金及非金属建材矿产为开发重点,其他矿产资源分布广泛又相对集中。有色金属、黑色金属主要分布在嫩江、伊春和哈尔滨一带,金矿产主要分布在大小兴安岭及伊春、佳木斯、牡丹江等地区,非金属矿产主要分布在东部和中部。黑龙江省石墨储量居全国第一位,主要分布在勃利、双鸭山及萝北县(丁哲新,2009)。黑龙江省主要矿种的种类及储量如表7-5所示。

表7-5 黑龙江省矿产资源储量及开发利用概况

矿种	资源储量情况			主要分布	矿山/个
	储量单位	保有储量	全国位次		
石油	万吨	44 049	2	大庆	
天然气	亿立方米	1 318	7	大庆	
煤	亿吨	198.5	13	鸡西、鹤岗、双鸭山、七台河	851
铁	万吨	40 204	24	双鸭山、伊春、黑河、佳木斯、牡丹江	53
铜	万吨	425	7	黑河、齐齐哈尔、牡丹江	10
钼	万吨	284	3	大兴安岭、伊春	3
锌	万吨	186	19	黑河、伊春、大兴安岭	3
石墨	亿吨	1.24	1	鸡西、鹤岗、七台河、牡丹江	17
水泥用大理石	亿吨	15.83	1	哈尔滨、鸡西、伊春、佳木斯、牡丹江、七台河、黑河	82
矿泉水	万米³/年	4 073		三江平原、松嫩平原	38

（2）吉林省：矿产资源品种较多，有色金属和非金属矿蕴藏量大，许多矿产储量居于全国前列，黑色金属和化工原料矿产也有一定储量，如表7-6所示。铁矿储量比较集中，主要分布于东部山区，桦甸市、敦化市等有大型矿床。钒产地为敦化市，保有储量为32万吨，居全国第八位。铜矿产地有31处，保有储量达84.4万吨，主要矿床分布在永吉县、磐石市等。有钼矿产地6处，占全国储量的20%，主要分布在永吉县等。金矿主要分布于东部山区，产地有永吉县、桦甸市等。非金属矿产资源丰富，已探明储量的有40多种，可供开发利用的矿地700余处，其中硅灰石、硅藻土和膨润土具有优势。硅灰石占全国储量的97%，主要分布在磐石市等地区。硅藻土是地质储量很大的矿产，居全国第一位，主要分布于敦化市等地。膨润土已探明储量4042万吨，居全国第一位，主要分布于九台区。沸石矿、石墨矿、滑石矿、大理岩矿、石灰岩矿、硼矿等非金属矿产储量居于全国前列。

表7-6　吉林省主要矿产查明资源储量概况

类别	矿产	矿区 1 处	储量单位	查明储量	全国位次
能源矿产	石油	—	亿吨	1.8	8
	天然气	—	亿立方米	685	8
	煤炭	371	亿吨	27.54	20
	油页岩	12	亿吨	1085.55	1
	油砂	2	矿石亿吨	4.84	1
金属矿产	钼	25	金属万吨	268.52	4
	金	142	金吨	273.05	15
非金属矿产	硅灰石	34	矿石亿吨	0.51	1
	硅藻土	50	矿石亿吨	3.56	1
	火山渣	8	矿石亿吨	0.56	1
	陶粒页岩	18	矿石亿吨	3.07	1
	宝石	2	矿物吨	34.16	2
水气矿产	矿泉水	—	万米^3/天	47.4	1

（3）蒙东地区：有银、铂等贵重金属矿产和铁、铬、锰、铜、铅、锌等金属矿及萤石、水晶石、大理石、珍珠岩等非金属矿。

矿泉水资源较为丰富。长白山矿泉水资源品优量丰，恒大、农夫山泉、娃哈哈、康师傅等企业竞相进入，形成了靖宇、安图、抚松、辉南等大型矿泉水生产基地（宋鸽，2015）。仅五大连池天然矿泉水系就分布有7条矿泉水带、380多个泉眼，与法国维希矿泉、俄罗斯北高加索矿泉并称为世界"三大冷泉"，五大连池市被誉为"中国矿泉水之乡"（王菁华等，2012）。克东、拜泉、大兴安岭等地也蕴藏丰富的地下矿泉水资源，具备规模化开发的资源条件。锶、硅质矿泉水分布遍及全省，通过省级鉴定的矿泉水水源地有295处。

二、植被土壤

1. 植被

由于地形、地貌、气候和土壤等因素的综合作用，松花江流域形成了独特的植被类型。自然植被主要有五种类型，分别是针叶林、阔叶林、灌丛和萌生矮林、草原和稀树灌木草原及草甸、草本沼泽。

松花江流域的植被类型主要分为山地、丘陵地区的森林和东北平原地区的草原两大类，大致呈现梯状分布（刘铸，2017）。上游主要是原始森林和天然次生林，森林覆盖率达70%以上，素有"林海"之称，是中国的重点林区；中游森林覆盖率达40%，农田面积较大；下游森林覆盖率低于10%，以人工营造的树种为主，多属于防风林和固沙林（朱修芳，2007；于宏兵等，2016）。因纬度、气候的关系，大小兴安岭地区为亚寒带针叶林，长白山山地为寒温带针阔混交林。农业植被分布较为广泛，占流域总面积的32.7%。松嫩平原西北部形成了环绕草原的森林草原。黑龙江与吉林两省天然林面积共计9.7万平方公里，主要分布在大小兴安岭和长白山，是松花江流域陆地生态系统的主体，北御西伯利亚寒流、蒙古国高原寒风，南阻太平洋热浪，西防黄沙进犯，既是松花江水系的发源地和涵养地，又是松嫩平原、三江平原粮食基地的天然屏障，是中国重要的碳汇区，是中国应对气候变化的重要支撑区（李志海，2005）。

野生植物资源极为丰富，包括花类、山果类、树木类、山野菜类、药材类等各类植被。植物种类主要有3个区系，其覆盖面积自东南向西北逐步减少。

（1）大兴安岭兴安落叶松林区：是中国唯一的寒温带地区，全年有半年时间地面冻结。森林树种组成简单，主要有兴安落叶松林和樟子松林或混交林，以兴安落叶松为主，占有林地面积的70%，暗针叶树种罕见，还有次生的白桦林、蒙古栎、黑桦等。

（2）东部山地红松阔叶混交林区：包括小兴安岭和长白山，属于长白植物分布区，主要植被类型是寒温带针阔混交林。植物种类丰富，红松为代表树种。此外，还有黄花落叶松、杉松、椴树、紫杉等。森林中除乔木外，还分布有灌木、藤本、草本植物，人参是特有种类。

（3）东北中部大平原草甸草原区：流域西、北、东三面是由山区森林过渡到草原的森林草原。植被分为北满平原草原、松嫩平原草原和三江平原草原，北满平原草原主要分布在东部平原北部，自大小兴安岭山麓南延至松嫩平原的东部长白山山麓。

2. 土壤

松花江流域土壤的形成、发育与植被、气候、地质、水文、海拔等自然条件和人类活动具有直接联系，形成明显的纬向和经向分布特征，而且垂直分布明显。由于松花江流域气候冷凉，天然植被生长茂盛，土壤有机质丰富而分解缓慢。松花江流域土壤种类较多，主要有13种土纲、27种土类和76种亚类。重点分布有10种主要土类，包括黑钙土、黑土、沼泽土、水稻土、沙土、草甸土、盐渍土、白浆土、棕色针叶林土等。地带性土壤有黑土、黑钙土、棕色针叶林土，非地带性土壤有草甸土、沼泽土、白浆土、盐碱土等。这些土壤的共同特点是腐殖质含量丰富，土壤比较肥沃，尤其是黑土、黑钙土和草甸土的黑土层深厚，土壤水分含量和有机质丰富，地形平坦，适宜耕作，素有"谷物仓库"之称。三江平原土壤类型主要有黑土、白浆土、草甸土、沼泽土等，以草甸土和沼泽土分布最广；松嫩平原土壤类型主要有黑土、黑钙土、草甸土。上游的土壤主要有暗棕壤、白浆土，山间谷地多草甸土、沼泽土和冲积土；中游多为黑土、白浆土、草甸土；下游土壤为黑钙土、草甸土、风沙土和冲积土，个别地段为碱土（于宏兵等，2016）。山区土壤多为利于阔叶林和针阔混交林生长的酸性或微酸性土壤，平原丘陵地区多为利于耕作与农作物生长的土壤。

（1）黑土：属于森林草原地带的土壤，主要分布在流域的滨北和滨长铁路线的两侧，位于黑龙江和吉林两省的中部。黑土质地疏松，富含腐殖质，表层含量为5%~6%，腐殖质厚度为60~80厘米甚至达1米以上，有良好的团粒结构，是最肥沃的土壤之一。目前，多开垦为农田，是粮食主产区。

（2）黑钙土：是温带半湿润草甸草原植被下发育的土壤类型，是由腐殖质积累作用形成较厚腐殖质层和由碳酸钙沉积作用形成碳酸钙沉积层的土壤，主要分布在松嫩平原、大兴安岭东西两侧和松辽分水岭地区。

（3）碳酸盐草甸黑钙土：是松嫩平原冲积湖积平原中部的主要土壤。

（4）草甸土：发育于地势低平地区、受地下水或潜水直接浸润并生长草甸植物土壤，分布比较广泛，分布于松花江干流河谷的狭窄地带及主要支流的沿岸地区，主要是河流泛滥地或阶地，沿河流呈带状分布，贯穿于各种地带土壤之中。土壤表层腐殖质含量向下急剧减少，成为农牧业发展的重要场所。

（5）棕色针叶林土：发育于寒温带针叶林下的地带性土壤，分布在山地、丘陵或山冈，尤其是分布在大兴安岭地区，向南延伸至阿尔山地区。

（6）暗棕壤：发育于温带针阔混交林下的地带性土壤，是分布面积较大的土壤类型，多分布在大兴安岭、小兴安岭、长白山及张广才岭等地区，多为中山、低山和丘陵，海拔多介于500~800米。原生植被是以红松为主的针阔混交林，林下灌木和草本繁茂。但土壤土质疏松，一旦开垦为耕地，容易发生水土流失。

（7）白浆土：发育于温带和暖温带湿润季风气候条件，有周期性滞水淋溶的土壤，多分布于半干旱和湿润气候之间的过渡地带，主要分布在小兴安岭及长白山地的西坡，即黑龙江和吉林两省的东部，以三江平原最为集中。土层薄，土质黏紧，透水性差，容易引起土壤侵蚀。

（8）盐渍土：主要分布在松嫩平原西部的低洼处，以安达为中心，包括松辽分水岭的内流地区，在黑龙江省西部、西南部和吉林省西部分布面积较广，盐渍化程度较高。松嫩平原盐渍土以苏打型盐土为主。

（9）沼泽土：集中分布在三江平原，其次分布在大兴安岭、小兴安岭和长白山等地区，再次分布在松花江的泛滥平原和嫩江下游沿河两岸，多呈带状分布。

（10）沙土：广泛分布于冲积、风积平原及河流沿岸，多分布于松嫩平原西部。透水性好，土质疏松，土层薄，沙性大，不抗旱、不保土、不保水，容易受风蚀。

（11）水稻土：分布面积小，分布地区具有特定性，主要分布在松花江沿江两岸地区及少数灌区。

3. 冻土

纬度高、气候严寒、地表积雪时间长决定了冻土形成与分布的自然现象。土壤一般从10月开始冻结。随着夏季风南撤，冷空气入侵，松花江流域从北部率先开始冻结，冻结深度不超过30厘米；到11月，冻土冻结面积显著增加，全流域均出现冻土。随着冬季到来，冻土深度显著增加。12月和次年1月，随着冷空气侵入，气温不断下降，冻土冻结深度有所加深。3月开始，随着气温回升，冻土自南向北逐渐消退。南部冻土消融速度较快，北部冻土消融速度缓慢。7月吉林省无冻土，而黑龙江省北端终年存在冻土。1981~2010年，冻土期从南向北递增，为97~290天，从南到北长达3~10个月，吉林省为6个月左右，黑龙江省南部和中部为7个月左右，北部为8~10个月。土壤开始冻结的日期由北向南逐渐推迟，消融日由南向北逐渐推迟。黑龙江省北部冻结较早，基本在9月底和10月上旬，吉林省、黑龙江省中部和南部的大部分地区平均冻结初日出现在10月。吉林省南部、西南部平均消融日出现在4月，吉林省其他地区和黑龙江省南部出现在5月；黑龙江省中部和北部的冻土在6月消融（晁华等，2019）。

该流域的冻土主要是高纬度多年冻土，是欧亚大陆中高纬度多年冻土带的南缘，其分布具有明显的纬度地带性规律，自北向南其覆盖面积不断减少。季节性冻土的冻结深度在黑龙江省南部、内蒙古自治区东北部、吉林省西北部可超过3米，往南随纬度降低而减少；多年冻土分布在大小兴安岭地区。1964~2017年，东北地区的冬半年平均最大冻土深度为123厘米，呈现明显纬向分布，纬度增加1°，冻土深度增加6.4厘米，南北相差5倍多；海拔增加100米，冻土深度增加4.5厘米。吉林省的冻土分布西厚东薄，西部地区介于150~170厘米，中部地区为110~150厘米，东部地区以90~110厘米为主；黑龙江省最大冻土深度在150厘米以上，三江平原为150~190厘米，大小兴安岭地区超过200厘米甚至更高（周晓宇等，2021）。松花江流域多年冻土的年均温度多在-1.5~0℃，最低-4.2℃；纬度降低1°，年均地温升高0.5℃左右；地温年变化深度12~16米。

在气候变暖和人类活动的共同作用下，松花江流域冻结期缩短，出现多年冻土南界北移和消融区扩大、季节冻土最大季节冻结深度减少、冻土初日推迟、翌年冻土消融日提前等退化现象（晁华等，2019）。东北地区多年冻土面积从20世纪50年代的48万平方公里退化至21世纪10年代的31万平方公里，大片连续多年冻土和岛状多年冻土的退化比较明显，其中松嫩平原北部及小兴安岭北部多年冻土退化最为显著，1961~2016年黑龙江省最大季节冻结深度的多年平均值约为171.6厘米，1969年最大季节冻结深度为210.6厘米，而2014年为126.1厘米，呈现显著减小的趋势；部分学者发现1964~2017年东北地区冬半年平均最大冻土深度以6.15厘米/10年的速率在减小。这引起森林草原退化、天然林带和农作物种植北界北移、作物种植和收获时间提前，诱发冻胀和融沉等冻融灾害（简菊芳，2021）。

三、耕地与水域

1. 农用地资源

耕地和林地是最主要的土地利用类型，此外还有部分草地和未利用地等。如表7-7所示，耕地面积高达22.3万平方公里，比例最高，达到40.87%，林地面积为20.15万平方公里，比例达到36.93%，草地面积为3.89万平方公里，比例为7.13%，未利用地为5.4万平方公里，占比达9.9%。

表7-7 2018年松花江流域耕地、林地、草地资源结构

（单位：平方公里）

用地类型	类型	蒙东地区	黑龙江省	吉林省	松花江流域
耕地	水田	1 262	27 882	9 695	38 839
	旱地	27 238	106 127	50 808	184 173
	小计	28 500	134 009	60 503	223 012
林地	有林地	60 533	85 858	39 611	186 002
	灌木林	4 323	4 024	1 546	9 893
	疏林地	3 516	717	770	5 003
	其他林地	151	56	440	647
	小计	68 523	90 655	42 367	201 545
草地	高覆盖度草地	15 549	6 870	2 588	25 007
	中覆盖度草地	4 714	5 169	2 763	12 646
	低覆盖度草地	542	271	432	1 245
	小计	20 805	12 310	5 783	38 898

1）耕地

耕地资源丰富是松花江流域的重要优势，尤其是黑土耕地资源丰富，这是松花江流域成为中国粮食安全"压舱石"和主要商品粮基地的基础。2018年，全流域的耕地面积达22.3万平方公里；其中，水田面积达3.88万平方公里，占比为17.42%，旱地面积为18.42万平方公里，占比达82.58%。在该流域，60.09%的耕地资源分布在黑龙江省，比例最高，主要是松嫩平原和三江平原；27.13%分布在吉林省，12.78%分布在蒙东地区。松花江流域的耕地资源集中连片，地势平坦，土层深厚，适于优质粮食和经济作物种植，是农业生产规模化、机械化程度最高的地区。

旱作耕地集中在黑龙江省，共计10.61万平方公里，占旱地面积的57.6%。蒙东地区和吉林省，分别占14.8%和27.6%。水田则相对集中在黑龙江省，比例高达71.84%，超过三分之二；其次是吉林省，占比24.98%，蒙东地区最少，仅为3.25%。

2）林地

森林是松花江流域的重要自然资源，林地是流域的重要用地类型。2018年，全流域林地面积达20.15万平方公里，占流域面积的36.93%，比例较高。其中，有林地面积达18.6万平方公里，占林地总面积的92.29%，灌木林达0.99万平方公里，比例达4.9%；疏林地面积为0.5万平方公里，比例达2.8%；其他林地面积较少，仅为0.06万平方公里。森林资源相对集中分布在黑龙江省，面积为9.07万平方公里，占比达45%，主体是小兴安岭南坡和完达山等林区。其次是蒙东地区，面积为6.85万平方公里，占比达34%，主体是大兴安岭的东坡林区；吉林省的森林资源最少，为4.24万平方公里，占比为21.03%。

3）草地

草地资源是松花江流域的重要资源。2018年，全流域有草地3.89万平方公里，占流域总面积的7.13%，占比较小。草地资源具有较高的集中性，主要分布在蒙东地区，比例达53.5%。草地以高覆盖度草地为主，占草地总面积的64.3%，其次是中覆盖度草地，低覆盖度草地较少，占比仅为3.2%。不同覆盖程度的草地之间存在转化，但总体趋势是高覆盖度草地向中低覆盖度草地转化，草原草地退化的趋势依然存在。

高覆盖度草地：主要是覆盖密度高的草地类型。该类草地主要分布在蒙东地区，面积为1.56万平方公里，占全流域该类草地面积的62.18%，黑龙江省和吉林省的占比分别为27.47%和10.35%。

中覆盖度草地：主要是指覆盖密度较高的草地类型。该类草地主要分布在黑龙江省，但面积远小于蒙东地区的高覆盖度草地，不及其三分之一，为0.52万平方公里，占全流域该类草地面积的40.87%；蒙东地区的中覆盖度草地略小于其高覆盖度草地的面积，为0.47万平方公里，占该类草地的37.28%。吉林省的该类草地面积超过了其高覆盖度草地面积，为0.28万平方公里，占比达21.85%。

低覆盖度草地：主要是指覆盖密度较低的草地类型。蒙东地区及吉林省的该类草地面积相对较大，分别为542平方公里和432平方公里，分别占该类草地的43.53%和34.7%，黑龙江省仅为271平方公里，占比为21.77%。

2. 水域资源

流域的重要优势是水资源，水资源的承载空间是水域。水域是指江河、湖泊、运河、渠道、水库、水塘及其管理范围和水工设施。江河沟渠纵横交错，湖泊池塘、泡沼苇塘、水库塘坝星罗棋布，大小湖泊共有600多个（汪雪格等，2018）。松花江流域有著名的扎龙湿地、莫莫格湿地、向海湿地、大布苏湖湿地、查干湖湿地等国际、国家级湿地自然保护区。泡沼湿地发挥着涵养水源、净化水质、保护生物多样性、调节区域气候等多项重要功能，是中国生物多样性富集地区之一。如表7-8所示，2018年，水域面积总计9084平方公里，占流域总面积的1.66%，主要分布在黑龙江省，所占比例为54.43%，吉林省和蒙东地区分别占35.54%和10.04%。湖泡主要分布在松嫩平原，湖水依赖湖面降水和地表径流补给，主要入湖河流为乌裕尔河、霍林河等一些小的河流及周围的沼泽湿地。这些湖泊具体分布在西流松花江下游、嫩江下游，以及嫩江支流、双阳河、洮儿河和霍林河下游的低洼地带及松花江下游。由于人类活动的影响,湿地面积减少剧烈,乌裕尔河、洮儿河、呼兰河、霍林河、双阳河和蚂蚁河等多条河流出现断流,下游泡沼湿地出现退化、萎缩(吕军等,2017)。

表7-8 2018松花江流域水域用地类型结构 (单位:平方公里)

用地类型	黑龙江省	吉林省	蒙东地区	松花江流域
河渠	1504	908	470	2882
湖泊	2065	1595	129	3789
水库坑塘	1375	725	313	2413
水域用地总计	4944	3228	912	9084

河渠:特指人工开的河道或水沟。河渠面积为2882平方公里,占水域面积的31.73%,集中分布于黑龙江省,面积为1504平方公里,占该类用地的52.19%,吉林省与蒙东地区分别为908平方公里和470平方公里,占比分别达31.51%和16.31%。

湖泊:是地表相对封闭、可蓄水的天然洼地,是重要的水域类型,松花江流域的湖泊用地呈现减少的态势。2018年,湖泊用地面积为3789平方公里,占水域面积的41.71%。从各地区分布来看,黑龙江省的湖泊用地最大,比例为54.5%,其次是吉林省,占比为42.1%。该流域是中国重要的泡沼湿地分布区,有著名的扎龙湿地、莫莫格湿地和向海湿地等湿地自然保护区。泡沼湿地是松花江流域生态环境的重要屏障,是世界候鸟三大迁徙路线——西伯利亚至鄱阳湖南北迁徙必经的驿站(汪雪格等,2018)。

水库坑塘:水库为拦洪蓄水和调节水流的水利工程建筑物,可用来灌溉、发电、防洪和养殖。坑塘是人工开挖或天然形成、蓄水量小于10万立方米、常水位以下的水域。2018年,水库坑塘用地面积为2413平方公里,占比为26.54%。从各地区分布来看,坑塘水库集中分布于黑龙江省,占该类用地的56.98%,吉林省与蒙东地区分别占比30.05%和12.97%。

第三节 降雪结冰与自然灾害

一、自然灾害

松花江流域的自然灾害较多,主要的自然灾害有洪涝、干旱、暴雨、台风、低温霜冻、冰雹、干热风、森林大火等多种气候气象灾害,以及黏虫、蚜虫、小麦锈病、稻瘟病、松毛虫等百余种病虫害及多种鼠害。此外,还有滑坡、泥石流等地质地貌灾害,以及风蚀、沙化、盐渍化、水土流失等多种环境灾害。这些灾害对农业生产及经济发展构成危害。自然灾害分布具有明显的区域特征,不同地区有不同的灾种和不同的灾害组合。松嫩平原的西部及西南部是灾害的多发地、重发地,以干旱、沙漠化、洪涝、盐渍、水土流失灾害为主,是生态环境不稳定地区(孙长平等,1994)。

松嫩平原区：包括嫩江、西流松花江及洮儿河等河流中下游，以河谷冲积平原为主要地貌景观，以农作物种植业为主，主要灾害是洪涝、干旱。1950~1990年，每年洪灾面积达17.3万公顷，受干旱面积达到120万公顷。其次是盐渍化和低温冷害。

长白—兴安山地区：包括长白山及小兴安岭山脉、大兴安岭中北部，多中低山地自然景观，以森林资源为主，兼有山沟谷地的农业种植业。主要自然灾害为森林大火，其次是林业病虫害、洪涝和水土流失。

三江平原区：以平原为主，河泡沼泽密布，兼有丘陵山地，以农业种植业为主。主要自然灾害为洪涝、干旱，其次是低温冷害、冰雹、大风。

二、降雪与冰期

1. 降雪

降雪是典型气象现象。松花江流域大部分地区属于季节性稳定积雪区，其中60天以上的稳定积雪占全流域面积的81.3%。受气候、地形及地理下垫面等因素影响，各地积雪深度差异明显，积雪分布极不均匀（图7-3）。积雪高值区位于流域北部嫩江上游及西北部地区，集中在内蒙古北部和黑龙江省，呈不规则的带状分布，深度在1500~3000厘米，覆盖面积占全流域面积的13%。其次是东部、东南及南部地区，分布在松花江干流流域及西流松花江上游，大部分位于黑龙江省和吉林省境内，深度在500~1500厘米，覆盖面积占流域面积的61%（孙文，2018）。嫩江下游西南地区为低值区，积雪深度在20~500厘米，分布比较集中，覆盖面积达26%。积雪深度分布以西南方向的嫩江下游为中心，向外呈马蹄状扩散增加，高值区与低值区相差明显。高值区多位于山地林区，低值区多分布在平原耕地及盐碱地区。

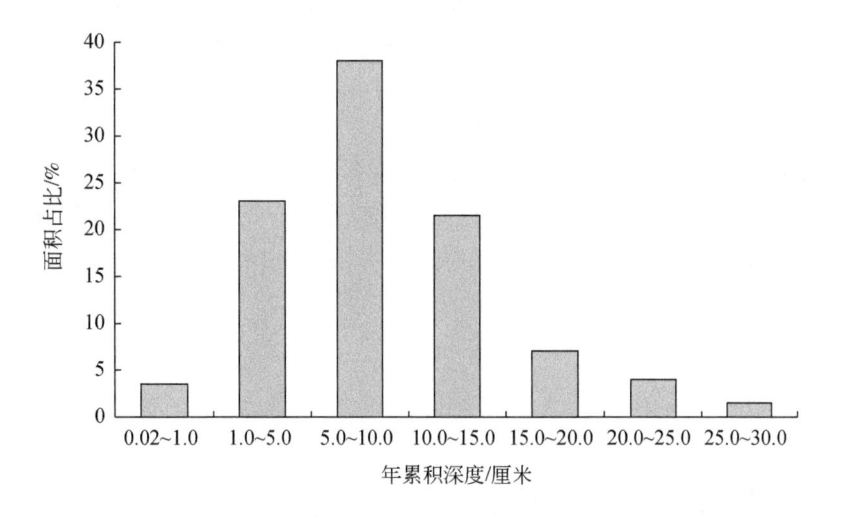

图7-3 松花江流域年均积雪深度覆盖面积比例

流域内大部分地区积雪覆盖时间都在90天以上，其中覆盖时间介于90~150天的地区占流域面积的比例最大，为56%，如图7-4所示。大于150天的长时间积雪覆盖

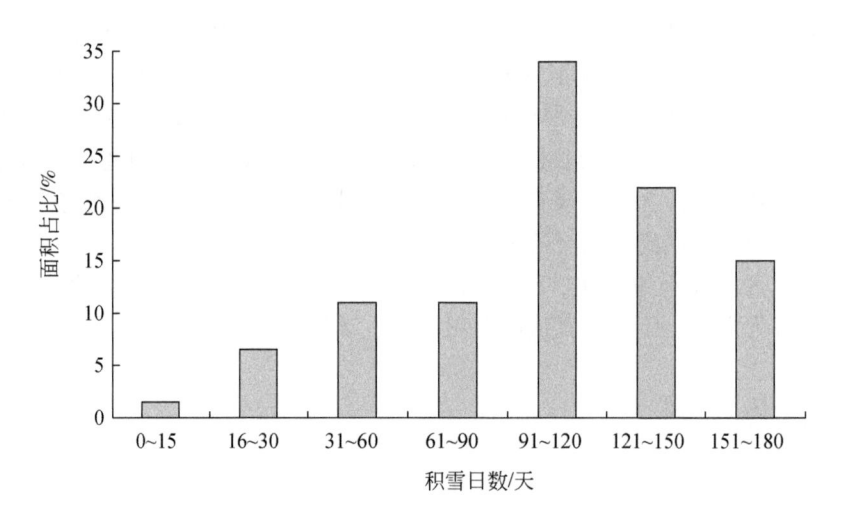

图 7-4　松花江流域年均积雪覆盖时间占流域面积比例

地区集中在流域北部及西北部,位于嫩江上游大兴安岭以南及内蒙古自治区东北部,呈带状分布。其次是流域东部。0~60 天不稳定积雪区位于流域西南部的嫩江下游,主要分布在吉林省西北部的白城市和内蒙古自治区东部的乌兰浩特市等地（孙文,2018）。

2. 结冰

松花江流域地处高纬度,结冰是重要水文特征。流域地处 41°N~52°N,冬季漫长,气候寒冷,有时会降至 -30℃,干支流均有结冰现象,均存在结冰期。结冰期分为流冰期和封冻期两个阶段,完整结冰期形成"流冰期→封冻期→流冰期"的过程。松花江流域的结冰期为 140~150 天,长达五个月。松花江大致在 10 月下旬、11 月上旬气温下降并持续低于 0℃,河流开始结冰,但冰块处于流动状态,此时为流冰期；然后冰面扩大,直到整个江面结冰,此时河流进入封冻期；次年 4 月上中旬融冰,冰块开始在河流流动,再度进入流冰期。冰厚约为 1~1.5 米。整个松花江流域,结冰期从北向南依次缩短,冰厚依次变薄,纬度越高、海拔越高的地区,河流越早进入结冰期,越晚退出结冰期,结冰期越长、冰层越厚。但丰满水电站一段从不结冰,这是因为发电站流入江里的水的温度较高。

三、洪涝

1. 总体特征

海陆位置、地形地势、纬度和降水时空分布不均等因素的综合影响促使松花江流域在汛期易发生洪涝,洪涝与干旱交替发生。松花江流域的洪水包括春汛和夏汛两种,春季也易出现春旱。

洪涝灾害是松花江流域的主要灾害,涝区主要分布在松嫩平原、三江平原、松花江干流中部和西流松花江中下游。夏秋洪水出现在6~8月，80%的洪水发生在7~9月，尤以8月为多，有时延期到9月，洪水历时长达60天。如表7-9所示，由于流域面积大、河槽调蓄的影响，洪水传播时间长，嫩江和西流松花江一次洪水历时在40~60天，松花江干流一次洪水历时达90天甚至更长。流域洪水主要是由暴雨引起，其次是几条支流同时涨水而形成洪峰所致，洪水主要来自嫩江和西流松花江的上游山区。流域洪水的产生有两种情况：其一是6~9月汛期暴雨覆盖流域较大的面积；其二是汛期在某个地区出现连阴雨天气，时间可长达1个月或以上，出现暴雨而形成洪水（宋小燕，2010）。嫩江和松花江干流受河槽调蓄影响较大，洪水多为平缓的单峰型洪水；松花江干流下游佳木斯站受牡丹江和汤旺河等支流洪水的影响，有时出现双峰型洪水，前峰多为支流来水，后峰多为松花江上游来水，松花江干流洪水发生频率比嫩江高；而西流松花江因暴雨出现次数较为频繁，洪峰年内可出现2~3次。

表7-9 松花江流域各河段洪水平均传播时间 （单位：天）

站点段	传播时间	站点段	传播时间
库漠屯—阿彦浅	2	库漠屯—下岱吉	19
库漠屯—同盟	3	库漠屯—哈尔滨	22
库漠屯—富拉尔基	7	库漠屯—通河	26
库漠屯—江桥	9	库漠屯—佳木斯	28
库漠屯—大赉	15	库漠屯—富锦	30

资料来源：梁国豪等，2021

2. 特大洪水

流域的历史洪水年份有1794年、1851年、1856年、1862年、1886年、1896年、1908年、1909年、1911年、1914年、1929年、1932年、1934年、1943年、1945年共15个年份。其中，1932年洪水波及面最广。中华人民共和国成立后，实测的大洪水年份有1953年、1956年、1957年、1960年、1969年、1998年。1998年洪水，在嫩江流域相当于480年一遇，在西流松花江相当于60年一遇，在松花江干流相当于300年一遇（薛梅，2006）。部分年份的洪水及灾情如表7-10所示。

表7-10 松花江流域历史洪水及灾情

年份	农作物受灾面积/万公顷	成灾面积/万公顷	粮食减产/万吨	受灾人口/万人	死亡人口/人	倒塌房屋/万间	直接经济损失/亿元
1953	48.1	29.1	39	76.5	57.1	2.09	12
1956	166.7	144.9	148.5		87		18.5
1957	65.6	46.3	116	166	95	7.1	17
1960	40.0	29.6	39.6	184	121	5.2	10.2
1995	34.8	31.19	172.24	245.89	19	21.71	128.74
1998	492.81	383.86	1149.54	1733.06	46	91.85	480

续表

年份	农作物受灾面积/万公顷	成灾面积/万公顷	粮食减产/万吨	受灾人口/万人	死亡人口/人	倒塌房屋/万间	直接经济损失/亿元
2010	38.56	28.15	137.77	542.15	1000	33.13	499.85
2013				681.46	19	6.87	340.77

资料来源：梁国豪等，2021

1998年入汛之后，嫩江流域降水量明显偏多，先后发生了三次大洪水。第一次洪水发生在6月底至7月初，第二次洪水发生在7月底至8月初，第三次洪水发生在8月上中旬，为嫩江全流域型大洪水。受各支流来水影响，嫩江干流水位迅速上涨，同盟站、齐齐哈尔站、江桥站和大赉站最高水位分别超过历史实测最高水位0.25米、0.69米、1.61米和1.27米。在嫩江堤防有6处漫堤决口的情况下，齐齐哈尔站、江桥站、大赉站的洪峰流量均超过了1932年水平。松花江干流哈尔滨站8月22日出现最高水位120.89米，超过历史实测最高水位0.84米，流量为1.66万立方米/秒，为20世纪第一位大洪水（薛梅，2006）。

哈尔滨站自1898年开始有水文测验记录，至1994~1997年共出现洪峰流量大于1万立方米/秒的洪水4次。其中，1932年洪峰流量最大，达1.62万立方米/秒；其次为1957年，达1.48万立方米/秒；1991年和1956年分别达1.33万立方米/秒和1.21万立方米/秒。洪峰流量大于8000立方米/秒的有1953年、1934年、1960年、1969年和1986年，其中1953年和1960年分别为9530立方米/秒和9100立方米/秒（肖殿奇等，1997）。

四、凌汛

1. 总体特征

冰坝是春季流凌时大量流冰在河道束狭、急湾、浅滩或下游尚未开江的河段受阻、形成横跨断面并显著提高上游水位的冰块堆积体的冰情现象。高纬度地区的河流尤其是自南向北流的河流往往存在凌汛。松花江有部分水量由春季季节性融水补给，各河普遍形成程度不等的春汛。春汛洪水与初春河流开江时的凌汛洪水时间基本上相同，发生在每年的4~5月。每年解冻开江期，降雨、积雪融化及河流开江时间河槽蓄水量和蓄冰量的急剧释放，会形成凌汛，也称为冰凌洪水。一般凌汛洪峰流量不是很大，但上游开江的流冰下泄不畅则形成冰坝，由于冰块堵塞，水位往往很高，陡涨陡落，过程尖瘦，加剧冰凌洪水。1956~1976年，有13年发生冰坝，冰坝高度一般为4~6米，最高达15米，冰坝长度5~10公里。松花江下游在1957年、1960年、1964年、1973年、1980年、1981年、1994年均发生过冰坝，其中1960年、1964年、1981年和1994年为大型冰坝（刘文斌等，2006）。

影响凌汛和冰坝的重要因素有三个。第一是冬季降雪量和开江期的降水量，其直接影响河流水流动力条件，特别是开江期的降水量是影响凌汛大小的直接因素。第二是热力条件，冬季气温低有利于冰厚增长，特别是3月中下旬气温偏低，有利于冰层厚度和冰质的保护，使开江时流冰量大且质地坚硬，另外开江期气温回升的速率，将明显影响融雪径流汇集的速度。第三是河道地形条件和河流走向，如河道平原峡谷相间、弯道、浅滩等地形都易使开江时流冰不畅，自南向北流向的河流，容易发生"倒开江"（刘翠杰等，2003）。

2. 各河流特征

1）嫩江

嫩江发源于大兴安岭，自北向南流，上游地处49°N～52°N的高纬地区，11月初进入封冻期，翌年4月下旬开江，封冻期长达160天，最大冰厚达1.3米。春季气温回升迅速，开江前冰盖厚度仍在1.0米左右且冰层坚硬，水力条件充分时，特别是上游段由于大小兴安岭构成的喇叭口及不断抬升的地形，上游降水明显多于中下游，而且流域尚有积雪、地表尚未解冻，容易形成"武开江"并在有利的河段产生冰坝、形成冰凌洪水。嫩江上游是冰凌洪水的多发区，易发生冰坝的河段集中在石灰窑至库漠屯107公里河段。嫩江中下游河谷开阔、位置偏南，开江比上游早3～5天，凌汛缓和（刘翠杰等，2003）。冰坝发生年份有1955年、1957年、1958年、1960年、1966年、1971年、1973年、1978年、1983年、1984年、1985年、1988年、1990年、1993年、1994年、1995年、1996年和1998年，发生频率为36%，特大型冰坝发生在1957年和1984年，1973年次之。冰坝最早发生在4月6日，最晚发生在4月15日（潘华盛等，2009）。

2）西流松花江

西流松花江沿长白山北坡自南向北流，上游河谷深窄，多急滩弯道，江面日照少，冰层较厚，在解冻期消融较慢，在特定的气候条件下极易发生"武开江"并形成冰坝，发生较为严重的凌汛。上游松江河、抚松、白山等地常发生冰凌洪水，1982年白山电站蓄水后白山河段的冰坝随之消失，丰满以下河段自1942年丰满水库蓄水后，下游70～100公里河段不封冻，以下河段冰盖厚度变薄，封冻天数减少，没有明显的凌汛（刘翠杰等，2003）。

3）松花江干流

松花江干流自三岔河口向东偏北流，通河以上河段开江较早，很少形成冰坝，凌汛形势缓和。自通河以下转由西南向东北流，下游开江要晚于上游，佳木斯开江日期较依兰晚约3天，南岸支流牡丹江和倭肯河开江日期比干流早2～6天，"倒开江"及支流开江早于干流促使松花江干流依兰以下河段流冰不畅，具体如表7-11所示。另外，依兰至富锦365公里的河道地形极为复杂，有三姓浅滩、依兰缩窄段、汤原五股流、敖其S形弯道及佳木斯市和桦川县附近河道密布的浅滩，这些地点极易发生冰凌堵塞形成冰坝。松花江干流依兰站以下河段是冰凌洪水的多发区，城镇、居民和工矿企业较多，常造成较大灾害（刘翠杰等，2003）。冰坝阻塞距离长、高度大，长度一般为8～10公里，高度一般为5～9米，最高达15米。阻塞历时长、稳定性强，一般为1～5天，最长达7天。冰坝洪水涨率快，壅水高度大，成灾急灾情重（师清治等，2001）。哈尔滨发生频次为8%，为最少；依兰和佳木斯冰坝发生较多，年份有1954年、1956年、1957年、1959年、1960年、1961年、1962年、1964年、1967年、1970年、1975年、1976年、1978年、1979年、1981年、1982年、1983年、1985年、1987年、1990年、

1993年、1994年、1995年、1996年、1998年和1999年，频次为46%，平均每2年就发生一次，其中1960年和1981年为特大冰坝，1994年次之。冰坝出现时间一般在4月上中旬，哈尔滨站最早出现在4月8日，依兰站最早也出现在4月8日，最晚出现在4月22日；佳木斯站最早出现在4月9日（许秀红等，2010）。

表7-11 松花江主要水文站冰情特征

项目		嫩江			西流松花江	松花江干流			
		石灰窑站	库漠屯站	嫩江站	白山站	哈尔滨站	依兰站	佳木斯站	富锦站
		50°04′N	49°27′N	49°11′N	42°44′N	45°46′N	46°20′N	46°50′N	47°16′N
多年平均	封江日期（月-日）	11-14	11-4	11-11	11-26	11-25	11-17	11-22	11-23
	开江日期（月-日）	4-18	4-19	4-17	4-9	4-8	4-13	4-16	4-18
	封冻天数/天	161	167	158	135	134	138	146	144
	最大冰厚/米	1.25	1.39	1.31	1.1	1	1.08	1.13	1.02
出现次数	统计年数/年	36	55	39	24	40	40	45	40
	出现次数/次	11	21	4	10	4	12	10	10
凌汛	最高水位/米	251.03	234.71	221.15	294.05	115.58	94.87	79.43	60.75
	年份	1960	1957	1973	1962	1982	1989	1994	1957
大汛	最高水位/米	253.01	235	222.06	301.68	120.3	99.09	80.63	61.02
	年份	1955	1955	1955	1960	1957	1960	1960	1960

资料来源：刘翠杰等，2003

五、干旱

松花江流域春季风大、雨少、蒸发多，常发生春旱。20世纪60年代中期以来，旱灾经常发生，形成"10年4旱2涝"的灾害格局。过去200年的数据显示，松花江流域存在明显的丰水期（洪涝期）和枯水期（干旱期），洪涝期和干旱期往往交替出现，但年份长短不一（王本明，1991）。松花江流域气象干旱呈现出明显的季节分带性规律，20世纪60年代中后期至70年代中期春夏旱频繁，80年代较为正常，90年代以后夏秋旱呈现增加趋势，冬旱变化程度则较小。流域干旱区主要分布在东北、西南部；春旱和夏旱是流域气象干旱的主要类型，夏季干旱最严重，春季次之，其中西部（如白城市、松原市等地）春旱最为严重，东南部牡丹江、吉林市等地区夏旱程度较强，秋季整个流域干旱程度、干旱分布较为均匀，流域冬季仅在局部地区（如白城市）出现小范围的冬旱（冯波等，2016）。

春旱：春旱呈阶段性变化特征，其中1986~1996年比较频繁，约3年出现一次，1997年以后频率降低，约5年一次，但总体呈弱减轻的趋势。

夏旱：1960~2009年，夏旱经历了交替变化阶段，1960~1972年比较频繁，约3年出现一次；1973~1983年没有出现夏旱；1984~1999年降水变化幅度小，夏旱频率为 4 年一次；2000~2009 年连续出现两年一次的干旱共 3 次，是夏旱最频繁、最严重的阶段，夏旱呈弱增长趋势。

秋旱：秋旱主要是指发生在每年的 9~11 月的干旱。1960~1985 年及 2001~2009 年秋旱比较频繁，最旱年为 2007 年，而且秋旱呈强增长趋势。

冬旱：冬季旱涝变化比较频繁，主要发生在当年 12 月至次年的 2 月。20 世纪 80 年代尤为频繁，约 4 年一次；90 年代以后出现次数较少，约为 6 年一次。但冬旱对农作物的危险较小。

第八章

松花江流域开发历史与远东背景

流域发展既是当前的，也是历史的，既是区域的，也是国际的。多数流域的开发与建设是一个漫长的历史过程与长期的积淀。流域当前的发展基础是历史积累的结果，流域当前的发展格局是流域开发历史过程的一个片段。系统回顾流域的开发历史过程，简要总结主要的发展路线，探求水资源利用、农业开发、工业建设、人口增长与城镇建设的历史规律，方能为当前及未来的流域发展提供参考与借鉴，形成流域发展的历史延续性与逻辑性。任何一个流域均是更大空间范围的一部分，形成流域内外关系，尤其是跨境河流形成复杂的流域地缘关系，甚至存在"制约"与"冲突"。探索一个流域的中长期发展愿景与近期建设目标，需要充分考虑外部的地缘环境及境外段流域部分的发展方向与战略重点，方能实现流域发展的内外统一，规避地缘矛盾与地缘纠纷。

本章主要是分析松花江流域的开发历史与远东背景。历史上，松花江流域人口稀少，以游牧渔猎的少数民族为主。清朝中期开始，松花江流域进入逐步开发的阶段，农业开始发展，现代航运快速发展；民国时期，流域开始进行小规模的开发，人口与耕地大幅增长，灌溉农业、航运、水电快速发展，江河堤防开始建设，流域开发强度得到提高；20 世纪 50~80 年代，流域开发治理加快了步伐，进行了大规模的防洪、灌溉、发电等水利建设；20 世纪 80~21 世纪，流域开始制定总体发展规划，加强了水利与航运建设，综合开发得到大幅加强；21 世纪以来，流域进入系统化发展阶段，向高质量发展迈进。19 世纪末到 20 世纪末，俄罗斯远东发展政策随着亚太和欧洲地区的地缘政治变化而摇摆，但一直努力向远东地区迁移人口、推动耕地开发和实施工业建设；21 世纪以来，俄罗斯加快政策出台，开发远东地区，设置了一批跨越式发展区，建设符拉迪沃斯托克自由港。当前，俄罗斯将天然气与石油化工、矿产资源、运输物流、农业、林业、水产养殖和旅游作为中俄优先合作领域，加快支流结雅河和布列亚河的梯级开发。20 世纪 50 年代开始，中苏/俄两国围绕航行、渔业、生态环境、科学考察等方面开展了大量的合作，但存在部分冲突，重点是河流通航权、开发优先方向等方面。

第一节 松花江流域开发历史

松花江流域位于东北地区的北部，是黑龙江右岸最大支流，流域面积为 54.56 万平方公里。东北"开禁"以来，松花江流域的土地垦殖不断推进。19 世纪 40 年代以来，松花江流域的开发利用与综合治理大致经历了如下阶段：部分放开阶段（1911年之前）、进一步放开阶段（1912~1931年）、大面积开荒阶段（1932~1945年）和流域全面开发阶段（1949年以来）。

一、清朝末年之前

松花江流域的开发较晚。松花江古名粟末水、宋瓦江、松嘎里乌喇。历史上，松花江流域地广人稀，居民以游牧渔猎为生的少数民族居多，农事活动少。《新唐书·渤海传》记有唐代渤海国（695~719年）中京一带（伊通河流域）曾灌溉培育出优良的水稻品种"卢城之稻"，誉满海内，古渤海国曾多次沿朝贡道向唐朝纳贡。渤海国后期，牡丹江流域大量种植水稻，灌溉渠道等农田水利设施随之出现。辽太康年间（1075~1084年），绰尔河、洮儿河、归流河、蛟流河等流域成为军事重镇和重要的产粮区，辽朝在上述河流进行治理，在混同江（松花江）、长春河（洮儿河）以及绰尔河等处筑堤，但堤段很短。1138年，阿什河发生洪水，松花江流域开始修建堤防；1794年齐齐哈尔附近嫩江发生洪水，修筑了部分堤防。明永乐年间（1403~1424年），明政府命官吏在吉林（今吉林市）造船，率兵船先后5次航行于松花江下游地区戍边巡逻，当时水运畅通。吉林（今吉林市）成为明清两代的东北造船基地。

清代，齐齐哈尔成为黑龙江地区的重镇。清康熙二十五年（1686年）为抵御沙俄侵略，驻防齐齐哈尔、黑龙江（今黑河市）、墨尔根（今嫩江市）和呼兰四城，设旗屯官庄136处，标志着松花江流域屯田农业开始；官府派工筑堤修坝，抵御嫩江洪水。1699年，黑龙江将军移驻齐齐哈尔，齐齐哈尔成为当时北方的政治、军事中心，人口增多，农业稍有发展。流域内最早的堤防是1795年齐齐哈尔城南大民屯和昂昂溪附近额尔苏修建的两段嫩江江堤，1808年在齐齐哈尔城南修建三家子嫩江堤。1815年，为防松花江洪水顶托倒灌，修建了呼兰城防堤。1823年，清政府开始筑堤坝护城。1860年，清政府放弃东北的封禁政策，制定了《呼兰开荒章程》，开放了哈尔滨以北的呼兰河平原，1861年开放吉林官荒，又开放了吉林西北草原，关内移民大批涌入松花江流域，并沿着通航的河流继续北进。1895年，清政府制定了《通肯垦务章程十一条》，在齐齐哈尔设立招垦总局，在通肯河和汤旺河各设立行局一所（范立君和谭玉秀，2009）。清朝末年，松花江流域兴起了一批农牧垦殖公司。松花江流域上游，以伯都纳厅作为代表，共开垦纳租地12.84万垧①余，丈出浮多地3.22万垧余；在拉林河水系，以拉林为代表，共开垦纳租地2.88万垧余；松花江干流区，以阿勒楚喀为代表，共开垦纳租地8.4万晌余（孙明，2009）。部分县的人口和耕地面积如表8-1所示。

清代中后期，清政府在松花江流域实行井田放荒制，对井田之间的沟壕渠道用地不收地租，至今呼兰河等流域仍保留有九井、十三井等村屯名。1881年，西流松花江流域的桦甸、永吉等地朝鲜族农民，用柳条拦河做坝引水种稻；1895年，五常市农民引拉林河水自流灌溉种水田，牡丹江流域的农民纷纷仿效，各自引干支流水灌溉种稻。光绪年间，陆续修筑了齐齐哈尔城南的船套子和城北的齐富、昂昂溪北的龙坑等嫩江

---

① 垧为土地面积单位，各地略有不同，东北地区1垧≈15亩=1公顷。

堤。1898年,随着中东铁路等铁路线的修建,移民进入松花江流域北部更为便捷,黑龙江省的人口从1900年的100万人增长到1911年的300万左右。随着哈尔滨城市扩建,修筑了哈尔滨埠头区松花江干流江堤,哈尔滨道外区江堤则建于1911年;1906~1907年,官商集资修建嫩江支流洮儿河下游堤防,长26.5公里;牡丹江下游依兰城防堤则建于1910年。清朝末年,部分居民开渠引水灌溉稻田,牡丹江、海林、阿城、宾县、榆树等地及饮马河、雾开河流域水田日益增多。

表8-1 清末松花江流域各地区人口、耕地面积统计

各属	年份	人口/万人	耕地/万垧	各属	年份	人口/万人	耕地/万垧
汤原县	1911	2.0	1.0	长春府	1911	—	50
呼兰府	1911	25.7	—	双城府	1901	26.5	—
绥化府	1908	18.0	17.0		1908	—	40.0
	1911	22.0	29.0		1911	42.5	48.0
龙江县	1906	—	4.3	五常府	1901	15.0	13.0
	1911	17.0	10.0		1911	24.0	43.0
海伦府	1909	26.0	—	宁安府	1911	11.0	14.0
	1911	35.0	—	依兰府	1902	—	15.0
拜泉县	1911	4.0	7.0		1911	7649户	21.0
青冈县	1911	7.0	15.0	杜尔伯特县	1911	1.2	2.3
讷河厅	1910	1.0	—	北郭尔罗斯旗	1908	3.0	—
	1911	—	100.0		1910	—	18.0
新城府	1908	30.0	25.0		1911	7.0	—
	1911	37.0	36.0	扎赉特旗	1904	6.0	2.0
吉林府	1907	20.0	55.4		1911	8.0	15.0
	1911	23.7	—	滨州府	1909	—	23.6

资料来源:马汝珩和成崇德,1998

清朝中期以前,沙俄凭各种借口和特权,霸占垄断松花江内河航行权。1906年,黑龙江省为抵制沙俄在松花江的水运垄断,成立松花江第一个航运机构——呼兰轮船公司,航行于哈尔滨至呼兰间,航程300余公里。同年,第一家商办航运企业——先登轮船公司在呼兰成立。1907年,东三省联合成立汽船官运总局,总局设于哈尔滨,吉林省设分局,开辟哈尔滨至呼兰、哈尔滨至三姓、吉林至小城子(今陶赖昭)3条航线,以哈尔滨、呼兰、巴彦苏苏(巴彦)、新甸、三姓、吉林、乌拉街、溪浪河、五棵树、小城子等港站为主要码头。1908年,嫩江上游甘河煤矿局成立黑龙江省轮船经理处,开辟齐齐哈尔至吉林、扶余等地方的航线。1909年,创办了松黑两江邮船局。1917年前后,松花江流域相继出现了10多家民族航运企业,打破了中俄航运对比的旧格局,促使松花江航运初具规模,并有了同沙俄航运企业抗衡和竞争的力量。

二、民国与日伪时期

中华人民共和国成立之前，松花江流域没有编制流域规划。民国时期，松花江流域开始进行小规模的开发。

民国时期，施行"实边兴垦""奖励开荒"等政策，大规模开放官荒旗地，沿岸土地开垦增多（孙明，2009）。1914 年，黑龙江省民政厅拟定了《黑龙江省清丈兼招垦章程》《黑龙江省放荒规则》《黑龙江省招垦规则》《黑龙江省清丈规则》等准则条例，以多种优惠政策吸引移民，在齐齐哈尔设立黑龙江省清丈兼招垦总局，推动放荒、招垦、清丈。1917 年，吉林省颁布了《吉林省勘放官荒试办章程》，1929 年颁布《吉林省沿边清丈各县荒地抢垦试办章程》。1930 年，黑龙江省民政厅又制定了《黑龙江省修正沿边各属荒地抢垦章程》《黑龙江省腹部各县民荒抢垦章程》。1912~1931 年，约有 24 家各类垦牧公司先后成立（范立君和谭玉秀，2009）。这促进了松花江流域的人口与耕地增长，流域开发强度得到了提高。该时期，各县的人口规模和耕地面积如表 8-2 所示。

表 8-2 1930 年松花江流域各县人口及耕地面积统计

名称	人口/万人	耕地/万垧	名称	人口/万人	耕地/万垧	名称	人口/万人	耕地/万垧
嫩江	1.46	4.29	泰来	9.08	11.00	德都	1.91	4.70
龙江	18.00	18.00	肇东	19.92	19.50	宁安	17.69	26.01
呼兰	24.82	34.80	通北	1.41	2.95	依兰	16.47	19.44
巴彦	27.00	26.60	林甸	6.72	12.00	阿城	24.07	21.59
绥化	23.91	28.00	景星	3.46	4.99	五常	22.72	15.83
兰西	13.98	27.48	克山	13.33	16.23	宾县	31.71	25.00
海伦	24.59	28.07	铁骊	0.72	1.20	双城	45.77	46.91
木兰	8.78	11.30	绥棱	3.70	6.88	东宁	3.31	5.55
青冈	14.91	22.00	望奎	17.82	20.28	同江	2.18	3.00
安达	6.81	6.70	逊河	0.26	0.40	富锦	14.14	9.41
庆安	11.93	16.29	绥滨	2.57	2.95	宝清	2.02	2.00
通河	5.85	5.76	明水	10.40	14.50	勃利	5.65	5.06
汤原	8.28	6.50	依安	5.20	11.20	桦川	10.13	14.41
拜泉	20.98	45.30	泰康	1.15	2.60	方正	3.81	9.60
肇州	25.17	30.00	甘南	4.41	5.91	滨江	4.65	4.53
梦北	0.75	0.34	东兴	1.96	1.73	延寿	14.91	20.72
讷河	10.58	13.59	富裕	2.08	5.70	珠河	30.41	9.34
苇河	2.23	2.50						

资料来源：孙占文，1983

陆续修筑江河堤防以防御洪水。1915年，松花江干流修建肇州、肇东等地的三肇大堤，修筑呼兰堤、哈尔滨江北松浦堤、木兰和富锦城防堤、同富堤段，全面整修哈尔滨道里、道外江堤（曲立超，2012）。嫩江流域修建了齐齐哈尔城南、昂昂溪以西和富锦堤段；嫩江支流绰尔河、讷谟尔河和呼尔达河沿岸也修筑了堤防。1926~1927年，重新对洮儿河下游被洪水冲垮的堤防进行整修和重建。日伪政府对流域内干流和主要支流及一些灌区的河段，包括佳木斯城防堤、西流松花江干支流堤防进行了修建，同时做了一些排水工程。但筑堤缺乏统一规划，堤防标准低、质量差，在1945年大水中一些堤防和堤段被冲毁。

民国期间，政府官员、地主和外商设招垦局，创稻米公司，招募农民拦河造坝，修渠道，开荒种稻。例如，俄商在牡丹江镜泊湖等处租地种水田300余公顷，并设规模较大的制米厂；日本人在尚志一带雇农民种稻，经营稻米生意。1924年通河县当局设招垦局，创建阜通农业公司，在古洞河两岸挖渠引水灌田。同时，龙江县有广信稻田公司，哈尔滨有惠滨稻田公司等。当时黑龙江省已有小灌区22处，灌溉面积约1.53万公顷；西流松花江两岸的吉林、长春地区，水田也有了发展，榆树县知事在卡岔河沿岸购地数百公顷，成立合资的稻田公司，雇佣200户朝鲜农民种稻。至1930年，长春地区水田面积约为1000公顷。日伪初期，农民积极性受到挫伤，灌溉面积锐减；日伪将沿江河适于发展灌溉的土地和原有灌溉基础较好的小型灌区掠夺为"开拓团"用地，成立许多"拓植公社"，引水种稻；恢复和开发了饮西灌区（饮马河）、海龙灌区（辉发河）及蚂蚁河、拉林河、汤旺河流域的五常、方正、延寿等地区的灌区，包括著名的查哈阳灌区和前郭灌区。查哈阳灌区设计灌溉面积达到0.67万公顷，1945年完成渠首进水闸、总干渠、支斗渠和渠系建筑物，1941年开始修建黄蒿沟水库（今太平湖水库），库容为1.16亿立方米，1945年基本建成；前郭灌区沿江修设3处抽水站提水，开发水田5万公顷，1943年动工兴建，到1945年完成第一、第二抽水站的部分厂房，安装了7台抽水机、泵，修建了总干渠、大部分支渠及部分排水干支渠。

1915年，扶余商会发起创办利国轮船转运公司，航行于西流松花江和松花江干流至富锦间。到1917年，官商航业拥有轮船26艘、驳船9艘。1919年，哈尔滨成立戊通航业股份有限公司，有轮船和拖船49艘；在哈尔滨设立总公司，黑河、哈巴罗夫斯克（伯力）等地设立分公司，开辟松花江、嫩江、黑龙江干流和乌苏里江等长达9300公里营运线，停靠142个码头。1925年，戊通航业股份有限公司改组为东北航务局；1926年，组建东北海军江运部，没收中东铁路航务处的船舶共40余艘，全部加入东北航务局。1927年底，以东北航务局为主体，海军江运部、奉天航业公司等6家官商参加，组建东北联合航务局，有轮船、拖船近120艘，具体如表8-3所示。1928年，成立东北造船所，随后成立了东北水道局（孙浩，2012）。1931年，组成哈尔滨官商航业联合会，拥有船舶290艘，并开展水陆联运业务。日本侵占东北后，对松花江流域水利和水运实施了系列掠夺政策，接管了东北航务局、东北造船所等机构和企业。1932年，日伪政府设水运司，垄断经营松花江的航运业务，开辟哈尔滨通往扶余、黑河和富锦等地的航线，其中哈尔滨到佳木斯段客运量最大，货物主要是煤炭、木材、大豆和杂粮。

表 8-3 1928 年松花江航运业及其所属船只统计

航运业者	轮船 艘数/艘	马力	装载量/吨	驳船 艘数/艘	装载量/吨
松黑两江邮船局	5	435	271	2	98
松花江上游轮船总局	1	40		2	49
利国轮船公司	2	80			
振兴公司	1	220	98		
先登公司	2	162	180		
亚洲公司	1	40			
李阳春	1	35			
滕籍田	1	60	66		
郭子香	1	80	107		
马克刚	3	730			
通源森林公司				2	98
静波公司	2	530		2	98
天利森林公司	1	210		1	820
王德芝	1	120	132		
迟尊三	1	70	66		
滨江商号	1	35			
吉林军务局	2	150	132		
合计	26	2997	1052	9	1163

资料来源:《中东经济月刊》,1928,4(9)

民国时期,松花江上游修有小水电站。日伪时期进行了一些水利水电的调查工作,修建了丰满水电站和查哈阳灌区等少数工程。针对水利建设提出了一些规划与建设方案,1931 年提出了《满蒙电力资源及经济价值的研究》和开发松花江、鸭绿江、辽河等 9 个水系 37 处水电站的计划。1935 年 7 月,伪满洲政府提出了《治水利水调查实施计划书》;1935 年制定了《阿伦河水利计划案》;1936 年伪满洲政府开始第一个产业开发五年计划,实施"水主火从"的方针,开发东北地区的电力工业;1936 年制定了《洮儿河水利计划案》,拟定了西流松花江的水利开发计划,提出《镜泊湖水力工事调查报告》;1937 年出台了《松花江水力发电计划概要》。1937 年 1 月,伪满洲国水利电气建设局在长春成立,专门从事东北地区的水力发电工程,着手勘测规划水力发电工作(侯雁飞和张兴家,2001)。1937 年开工兴建丰满水电站,装机容量为 55.4 万千瓦,总库容达到 125 亿立方米,1959 年竣工。牡丹江的镜泊湖水电站于 1938 年 12 月开工,1942 年完成,装机容量为 3.6 万千瓦。1940~1947 年,先后筑堤 245 公里进行防护,受益耕地面积达到 155 万多亩;修建引水渠达 280 公里,排水干渠为 306 公里,旱田受益面积达到 82.7 万亩。1949 年,松花江流域灌区已不少,著名的有诺敏河南的查哈阳灌区和郭前灌区,灌溉面积分别达到 60 万亩和 32 万亩。

三、20 世纪 50~80 年代

民主政府从 1946 年开始组织群众,调拨粮食,整修加固松花江干支流堤防,恢复遭到破坏的灌区设施,着手续建查哈阳灌区、前郭灌区等大型灌区未完工程。但受战争影响,进行的工程并不多。1946 年组建新的航运机构,1949 年后以哈尔滨为中心,正式开辟通往富锦、通河、肇源、黑河和扶余等地的航运线。1949 年,全流域仅有丰满、黄蒿沟、太平池等几座大中型水库,嫩江、西流松花江、松花江干流上各有几百公里的民堤,沿江各大城市没有像样的堤防,流域工业和城市供水能力极低,农业基本处于靠天吃饭的状态。中华人民共和国成立后,松花江流域才开始大规模的水利建设。

1949 年后,松花江流域的治理开发步伐加快。1957 年之前,主要整修江河堤防和中小型灌区,为防御一般性洪水和恢复生产创造条件。1953 年,开始研究和编制流域规划,1958 年编制了《第二松花江流域综合利用规划报告》,同年编制了《松花江流域哈尔滨以上地区近期洪水治理方案说明书》。1959 年松花江流域规划委员会编制了《松花江流域规划初步报告》,这是全流域的第一份规划,但没有审批。该规划提出在嫩江干流修建布西(尼尔基)水库,下游建大步水库;西流松花江上游再建龙王庙水库(白山电站),下游建哈达山水库;嫩江各主要支流建水库,在拉林河上修建桃山水库。截至 1998 年,除白山水电站于 1985 年建成外,其余均未能实施。

专栏 8-1　东北地区四大灌区

辽宁省盘锦灌区、吉林省梨树灌区和前郭灌区、黑龙江省查哈阳灌区,是东北地区在解放前开发的四大水稻灌区,灌溉面积大,经营时间长。

盘锦灌区:地处辽河入海口的三角洲及冲积平原,始建于 1928 年。现有 5.27 万公顷耕地。

梨树灌区:属东辽河中游左岸冲积平原,始建于 1943 年。灌区设计灌溉面积为 30.1 万亩,以种植水稻为主。灌溉水源为东辽河与二龙山水库,为自流灌溉。

前郭灌区:位于西流松花江下游左岸冲积平原,1942 年开始建设,有 60 多年的发展历史,1943 年开始种植水稻。总面积达到 800 平方公里,耕地面积 65 万亩,粮食产量超过 37 万吨,水稻产量超过 32 万吨。建有引松渠。

查哈阳灌区:为黑龙江省最大的灌区,位于诺敏河下游右岸与嫩江右岸的冲积扇及山前台地,属于甘南县境内。始建于 1939 年,目前总面积达到 581.2 平方公里,设计灌溉面积为 389 平方公里,2005 年实灌面积为 347 平方公里。灌溉水源为诺敏河与太平湖水库。

---

20 世纪 50 年代后期至 60 年代,修建了一批大中型水库,恢复原有灌区的同时重点建设了中型灌区,进行了重点治涝工程,对原有堤防进行了整修加固,使原来零散堤防连成整体,新建了部分堤防;着手制定流域规划,对流域进行了大规模的开发与治理,先后兴建了新立城、石头口门、海龙、龙凤山、音河、东方红、向阳山水库和

白山等10座大型水利工程。20世纪60年代中后期，继续对干流和主要支流进行堤防整修，开展治涝工程建设。20世纪70年代，有计划地进行了水库的除险加固，在西部干旱地区修建了一些引水工程，打了一批机电井，开始利用地下水，逐步恢复了水田面积，发展了旱田灌溉；70年代后期，修建了沟、渠、桥、涵相配套的涝区工程，并建设了一些机电强排站（党连文，1999）。20世纪70年代开始，黑龙江省陆续兴建了引嫩江水的"三引"工程（北部、中部和南部引嫩工程）。1945年以后，民主政府接管了丰满水电站和镜泊湖水电站，对丰满水电站进行续建、改建和扩建，装机容量达到100万千瓦；对镜泊湖水电站增建新厂，新老厂共装机9.6万千瓦。1975年，开始兴建白山水电站，一期工程装机容量达90万千瓦，1984年投产发电；二期工程装机容量达60万千瓦，1992年全部建成。在流域内二级、三级支流上，修建了一批水库，如石头口门、察尔森、龙凤山和泥河等，均将防洪列为首要任务，并实现综合利用。

20世纪80年代初，续建配套工程，重点建设了水稻灌区，采用渠道防渗、浅水灌和喷微灌等节水技术，推广水稻旱育稀植、坐水种等措施，逐步使传统农业向现代节水型农业迈进；开始建设三江平原的防洪治涝工程和西流松花江上游白山、红石水库及电站工程，新建和扩建了白山、丰满、红石、莲花、镜泊湖等大中型水库工程33座，同时进行了较高标准的堤防整修。前郭灌区经过恢复、续建，1985年设计灌溉面积达2.1万公顷；1985年查哈阳灌区有效灌溉面积已达2.3万公顷，其中水田面积1万公顷。1982年，全流域修建江河堤防1.3万公里；兴建各类水库1700余座，其中大型水库17座；建成万亩以上灌区500多处，机电井9万眼。到1982年已初步治理涝区约3600万亩，占全部受涝面积的31%，40%的水土流失面积得到初步治理；有效灌溉面积为1900万亩。1987年建成红石水电站，装机容量达20万千瓦，建成和可装机容量在500千瓦以上的水电站有46座，总容量达186万千瓦，占可开发容量的29%。航道经过整治，通航里程已达4000公里，货轮、油轮和拖驳船队有所增加，开展了木材、煤炭和粮食的专线运输，年货运量约260万吨。截至1999年松花江流域已建重点大型水库如表8-4所示。

表8-4 截至1999年松花江流域已建重点大型水库统计

流域	水库名称	所在河流	控制面积/万平方公里	总库容/亿立方米	防洪库容/亿立方米	建成年份
嫩江	月亮泡	洮儿河	3.31	11.99	7.15	1976
	察尔森	洮儿河	0.78	13.65	5.28	1981
西流松花江	石头口门	饮马河	0.49	7.02	5.97	1966
	新立城	伊通河	0.19	3.98	1.10	1960
	丰满	干流	4.25	93.08	22.02	1945
	白山	干流	1.90	62.55	4.50	1985
	红石	干流	2.03	2.83	1.34	1987
松花江干流	镜泊湖	牡丹江干流	1.18	18.23	2.00	1992~1998
	莲花	牡丹江干流	3.02	41.8		

四、20 世纪 80 年代～21 世纪初

1988 年，松花江有大型水库 22 座、中型水库 107 座、小型水库 1381 座；建有堤防 11 839 公里，干流河道堤防 2363 公里，保护耕地 1070 万亩和城镇 27 座；实灌面积与水田面积分别为 1952.5 万亩与 1505.3 万亩，三江平原分别为 130.1 万亩与 66.6 万亩，有万亩以上灌区 426 处；松花江流域已建大于 1 万千瓦的水电站有 7 座，包括白山、红石、丰满、北江、镜泊湖、晨光和察尔森等，装机容量为 255.8 万千瓦；有 2.5 万千瓦以下的小型水电站有 116 座，装机总计 15.4 万千瓦；以干流为骨架形成了航道网，航道里程最长可达 2667 公里。1984 年松花江流域大型灌区技术经济指标如表 8-5 所示。

表 8-5　1984 年松花江流域大型灌区技术经济指标

灌区名称	水源名称	供水方式	农田灌溉引水量/万立方米	灌溉面积/万亩	产量/(斤/亩)
梨树	二龙山水库	自流	15591	16.18	800
松榆	西流松花江	提水	1794	1.07	600
前郭	西流松花江	提水	25093	11.63	800
松林	西流松花江	提水	7566	10.02	800
查哈阳	诺敏河	自流	25000	7.20	415
涝洲	松花江	提水	8313	9.26	630

资料来源：王于洋和赵万智，1992。

注：1 斤 = 500 克。

1990 年，完成治涝面积 247 万公顷，占流域易涝面积的 74%。1991 年松辽水利委员会提出松花江流域规划纲要及松花江、辽河流域水资源综合开发利用规划报告和规划纲要。1992 年，松辽水利委员会编制了《松花江辽河流域水资源综合开发利用规划纲要》，提出修建尼尔基、哈达山和文得根三座水库，推动北水南调工程建设，松花江干流、嫩江大安以下达到通航 1000 吨级的航道，嫩江齐齐哈尔到大安、西流松花江扶余至三岔河达到通航 500 吨级航道，嫩江嫩江镇至齐齐哈尔、西流松花江吉林至扶余达到通航 300 吨级航道，提出松辽运河的设想。20 世纪 90 年代开始，白山水电站上游的松江河梯级电站进行施工；位于牡丹江下游的莲花水电站，装机容量达到 55 万千瓦，1996 年 12 月发电。

1994 年 8 月，国务院批复了《松花江流域规划纲要》，提出了防洪、水资源及其开发利用、水资源保护、大中型水电站开发、灌溉治涝、主要城市供水、水土保持和航运等各领域的建设任务。远期防洪标准为 50 年一遇，在嫩江干流建设尼尔基水利枢纽，在嫩江主要支流上建设毕拉河口水库、文得根水库，在拉林河上建设磨盘山水库（左海洋，2009）。1998 年洪水之后，国家拨出专款，全面修复水毁工程，大力整修加固堤防，全流域干支流堤防总长约 1.6 万公里，其中主要堤防长 4245 公里，农田防洪标准可达 20 年一遇，松花江上游堤防与丰满水库调洪泄流相配合，防洪标准可超过 20 年一遇；哈尔滨市和长春市防洪标准可达 200 年一遇。

五、21世纪以来

2005年,松花江流域已修建大型水库30座,总库容达328亿立方米;修筑干流及城市堤防3562公里,部分河道进行了清障、疏浚整治,初步形成了以堤防为基础、堤防水库相结合的防洪工程体系。21世纪以来,编制了《松花江流域防洪规划》,2008年国务院批复了该规划。该规划提出按照"蓄泄兼筹、综合治理、突出重点"的防洪方针,采取控制性水利枢纽建设、河道整治、堤防加固、蓄滞洪区建设等综合措施,完善流域防洪体系,使哈尔滨市、长春市的防洪标准达到或基本达到200年一遇,其他地级以上城市达到100年一遇,提高松嫩平原、三江平原等粮食产区的防洪标准,干流规划堤防达3211公里,嫩江规划堤防长1122公里,西流松花江堤防长685公里,建设尼尔基、绰勒、扬旗山、磨盘山、毕拉河口、文得根、哈尼嘎、花园、西山等水库,建设月亮泡和胖头泡等蓄滞洪区(左海洋,2009)。

2013年,国务院批复了《松花江流域综合规划(2012-2030年)》。该规划提出以完善流域防洪减灾、水资源综合利用、水资源与水生态环境保护、流域综合管理体系为目标,加强干支流和重点城市堤防建设,加快胖头泡、月亮泡蓄滞洪区安全建设,提高重点城市和防洪保护区的防洪能力;推进吉林省中部城市引松供水、呼玛河引水和文得根、毕拉河口水利枢纽等工程建设,加强河湖水系连通。建设尼尔基、哈达山等水利枢纽配套灌区,新建24处大型灌区,提高城乡供水和农业灌溉能力,有效灌溉面积提高到7800万亩。基本遏制地下水超采,划定地下水功能区298个。规划5万千瓦及以上水电站21座,新增水电装机约187万千瓦,规划航道总长3727公里,完成水土流失治理9.3万平方公里。

目前,松花江流域修建了大量的水库、闸坝、堤防、渠系与灌区等水利工程。水库共有2300余座,其中大中型水库共200余座;水电站数量为130余座,其中大中型水电站共40座;大中型灌区457处,面积约258.4万公顷;橡胶坝、混凝土坝等拦水工程共计660多个。流域已建有河湖连通工程,有北部引嫩、中部引嫩、引嫩入白、引洮分洪入向、哈达山引水和吉林省西部地区河湖连通等重大工程(吕军等,2017b)。沿江的主要堤防工程有西流松花江中下游大堤、嫩江下游大堤和松花江三肇哈尔滨大堤及佳木斯大堤,三条江大堤分别长460公里、550公里和1340公里。

第二节 流域远东开发形势

松花江是黑龙江-阿穆尔河的主要支流,而黑龙江-阿穆尔河是中俄跨国河流。松花江流域的相关研究需要置于大流域与远东地区的地缘环境中。俄罗斯远东毗邻太平洋,与中国、日本及朝鲜接壤。俄罗斯远东联邦区总面积达616.9万平方公里,包括哈巴罗夫斯克边疆区、滨海边疆区、阿穆尔州、萨哈林州、犹太自治州、堪察加边疆区、马加丹州、萨哈(雅库特)共和国、楚科奇自治区9个联邦主体,行政中心为哈巴罗夫斯克市。2014年,远东联邦区人口为622.7万人,占全俄总人口的4.3%。该地区水电、煤炭、油气资源丰富,但人口分布稀疏、经济增长乏力。

一、远东地区总体发展政策

19 世纪末到 20 世纪末,俄罗斯远东发展政策始终随着亚太与欧洲地区的地缘政治而摇摆,发展十分缓慢。

1. 远东政策演变

19 世纪中叶,俄国强迫清政府签订了《中俄瑷珲条约》、《中俄天津条约》和《中俄北京条约》等不平等条约,占领了中国东北 100 多万平方公里的领土(董丹,2017)。19 世纪 60 年代初,俄国将远东南部辟为重点移民区,开发重心为阿穆尔河沿岸地区、滨海地区和部分萨哈林地区。俄国采取移民、吸引外资、交通建设等措施,推动远东地区发展。

积极开发阶段。重点采用移民、建设免税贸易区、开辟自由港、鼓励外国投资等政策促进远东开发。1861~1917 年农奴制改革,以优惠条件吸引大量移民充实边区,移民总计 40 多万人。1860 年,向滨海边疆州的港口发布章程,给予阿穆尔边疆区的外国商品以自由贸易的权利。中国商人大批进驻远东地区,进行商业投资,开设了同盛昌、恒升隆、达福禄、大发号等著名商号。1862 年沙俄把太平洋沿岸的港口全部辟为自由港,包括尼古拉耶夫斯克、符拉迪沃斯托克(海参崴)、彼得罗巴甫洛夫斯克及堪察加(董丹,2017)。这吸引了大批的外国商人,尤其是符拉迪沃斯托克(海参崴),1878 年外国商人已达到城市人口的 40%,城市规模迅速扩大。1881 年港口吞吐货物 115 万~147 万吨。这加速了远东开发,俄国在东北亚的地位得到巩固。

开发缓慢阶段。十月革命后,苏联秉持沙俄原则,将远东区发展定位为自然资源。但政府没有能力给予区域开发相对应的支持,1923~1929 年政府仅在居民意识形态上架构社会主义,而没有开展实质性建设。

大规模工业化阶段。20 世纪 30 年代,因远东蕴藏丰富的资源,苏联开始在远东地区实施建设军事工业综合体的规划。大量人力和财力集中于冶金、船舶、飞机、民用和军用机械、仪表制造和采矿企业建设与发展。此外,发展铁路和海港等基础设施。远东地区逐渐形成了强大的从事船舶和飞机制造的军事工业综合体及采矿业综合体。

2. 当前远东政策

由于土地广袤、自然资源丰富,又盘踞亚太地缘与战略要地,2000 年以来俄罗斯一直希望大力发展远东地区。

1996 年,俄罗斯出台了《远东和外贝加尔地区 1996-2005 年经济与社会发展联邦专项纲要》,将远东发展成为参与东北亚区域经济合作进而融入亚太经济一体化的前沿地区。但因俄罗斯经济状况恶化,联邦平均实际拨款不足承诺金额的 6%,导致远东工业现代化发展缓慢,大型基础建设缺乏。但远东开发的新序幕由此拉开。2002 年,《西伯利亚经济社会发展纲要》得到批准。2003 年出台《远东和外贝加尔地区 1996-2005 年和 2010 年前经济与社会发展联邦专项纲要》。2007 年,出台《远东和外贝加尔地区 2013 年前经济社会发展联邦专项纲要》,远东和外贝加尔地区发展上升为国家战略,被视为俄罗斯新一轮东部开发。

2012年,俄罗斯设立联邦远东发展部,成立远东国家开发公司,拨出巨款支持远东开发。2013年,推出《俄罗斯远东和贝加尔地区社会经济发展国家规划》。2014年出台《俄联邦社会经济超前发展区联邦法》,在远东地区选定14个超前发展区,提供优惠,一批大项目在远东落地,包括俄最大天然气加工项目——阿穆尔天然气加工厂。2015年,宣布符拉迪沃斯托克(海参崴)为自由港。先后实施远东免费一公顷土地制度(2016年)、电子签证制度(2017年)。

俄罗斯将远东开发提高到新的战略高度。2018年12月,俄罗斯远东联邦区行政中心由哈巴罗夫斯克(伯力)迁至符拉迪沃斯托克(海参崴),将原属西伯利亚联邦区的布里亚特共和国和外贝加尔边疆区并入远东联邦区。近年来,俄罗斯积极建设符拉迪沃斯托克自由港和18个跨越式发展区。2020年,俄罗斯通过了《远东2024年以及2035年前社会经济发展规划》,通过新的制度、机制创设推动东部发展,把符拉迪沃斯托克自由港制度拓展到整个远东地区。

1860~1990年,俄罗斯远东的政策目标,基本上是发展当地的军工基础。2002年以来,俄联邦政府与远东地方政府共同关注、投入远东发展,目标是发展和建设远东。俄联邦的远东开发战略,处在从推动经济发展向改善社会民生的过渡阶段,《远东2024年以及2035年前社会经济发展国家规划》提出提高远东居民的生活质量,四大优先领域是:健康、教育、住房和农业,目的是留住远东居民,吸引新的移民。尽管远东地区与亚太国家经贸紧密度上升,更加依赖亚太市场,但俄罗斯远东政策的核心目标是推动远东加速融入全俄罗斯的统一市场而不是融入亚太市场(肖辉忠,2021)。

二、俄罗斯与黑龙江-阿穆尔河流域

黑龙江-阿穆尔河流域涉及俄罗斯的州包括外贝加尔边疆区、阿穆尔州、犹太自治州、哈巴罗夫斯克边疆区、滨海边疆区。下游依次流经哈巴罗夫斯克(伯力)、特罗伊齐克、阿穆尔斯克、共青城、尼古拉耶夫斯克等主要城市。

(1)哈巴罗夫斯克边疆区:富蕴煤、铁、锰、锡等矿藏,50%以上土地覆盖森林,河流纵横,海岸线长。面积为78.9万平方公里,有17个区、6个边疆区直属市、1个区直属市、7个市内区、31个城镇、179个行政农庄。首府为哈巴罗夫斯克(伯力)。有人口146.7万人,城市人口占80%。主导产业为机械制造、金属加工、黑色金属、木材加工、造纸、捕鱼和石油加工。大型企业有共青城航空生产联合体、阿穆尔造船厂、远东柴油机厂、阿穆尔电缆厂等。

(2)外贝加尔边疆区:2008年由原赤塔州和阿加布里亚特自治区合并而成。矿产资源和森林资源丰富,有黑色金属、稀有金属、萤石、煤、宝石;60%的土地被森林覆盖。首府为赤塔市。人口有122.8万人,城市人口占62.2%。以采矿和加工、森林工业、机械制造、食品加工等产业为主。主要城市有赤塔市、阿金斯克。

(3)阿穆尔州:面积为36.2万平方公里,人口达105万人。行政单位数量为20个行政区、7个州属市、2个区属市、2个市内区、27个城镇、282个行政农庄。有石炭、褐煤、金、高岭土、铁、钛、铜等矿产资源,戈林斯克的铁矿储量达3.89亿吨。森林覆盖面积占73%。是远东地区最大的粮食产区,占远东耕地面积的60%,大豆种植面积占全俄的50%。阿穆尔州主要工业部门有造船、食品、采矿业、机械制造、冶金、森工等。电力工业发达，有布拉戈维申斯克热电站、结雅水电站、布列亚水电站等。首府是布拉戈维申斯克（海兰泡）市，居民点多沿西伯利亚铁路和贝阿铁路沿线分布。

（4）犹太自治州：位于阿穆尔河沿岸，面积3.6万平方公里，人口16.2万人。行政单位数量为5个区、1个州属城市、1个区属城市、12个城镇、47个行政农庄。比罗比詹市是首府。储备量大的矿产资源有煤、铁、锰、锡、金等20多种。森林覆盖率达39%。主要工业有机械制造、木材加工、轻工业。

（5）滨海边疆区：面积为16.47万平方公里，是远东能源、矿产、水力及森林资源最丰富的地区。以山地为主，森林覆盖率达77.5%。矿产资源主要有煤、锡、钨、铅等，已探明的煤矿储量超过37亿吨，萤石产量占俄罗斯总量的80%。滨海边疆区共有12个城市、25个区，首府为符拉迪沃斯托克。2018年，人口为191.3万人。滨海边疆区是俄罗斯远东地区的重要工业基地，主要产业有渔业、林业、矿业和修船业。

三、黑龙江-阿穆尔河流域发展重点

综合《中俄在俄罗斯远东地区合作发展规划（2018-2024年）》等各类资料，可总结出俄罗斯在黑龙江-阿穆尔河流域的发展重点，尤其是中俄合作的重点领域。

1. 重点合作领域

中俄远东合作存在7个优先领域，包括天然气与石油化工、固体矿产、运输与物流、农业、林业、水产养殖和旅游（王光宇等，2019；李勇慧和倪月菊，2019）。

天然气与石油化工业：规模最大的项目有俄罗斯天然气工业公司阿穆尔天然气处理厂、西布尔集团阿穆尔天然气化工综合体、俄罗斯石油公司东方石化综合体。

固体矿产：开发哈巴罗夫斯克边疆区"康德尔"白金矿和普拉沃尔米锡矿、滨海边疆区"苏城"煤田和阿达姆索夫煤矿、阿穆尔州库恩-曼尼硫化镍矿。

运输与物流：实施国际运输走廊项目，建设滨海边疆区港口，以及跨境界河桥梁建设。重点建设滨海1号、2号国际交通走廊。2017年，签署了《关于"滨海1号"、"滨海2号"国际交通走廊共同开发的备忘录》。实施4个跨境基础设施项目：同江—下列宁斯阔耶铁路桥、黑河—布拉戈维申斯克（海兰泡）公路桥、东宁—波尔塔夫卡公路桥、黑河—布拉戈维申斯克（海兰泡）跨境索道。

农业：扩大对华出口农业原料、产品和粮食，以及丰富农业深加工产品。对华出口是中俄合作的优先方向。

林业：增加自远东地区对华木材出口量，在木材深加工领域开展合作，吸引中国在阿穆尔州建设木材加工综合企业。

水产养殖：实施水产养殖项目。

旅游：简化签证入境，提供落地8天电子签证；酒店服务业免缴企业利润税。实施旅游合作项目，共同开发黑瞎子岛，开发俄罗斯岛。

2. 跨越式发展区

阿穆尔河流域设置了11个跨越式发展区，占远东跨越式发展区总量（18个）的

61.1%（高晓慧等，2019）。其中，哈巴罗夫斯克边疆区有 3 个，分别为共青城发展区、哈巴罗夫斯克发展区、尼古拉耶夫发展区；阿穆尔州设置有 3 个，包括阿穆尔河畔发展区、自由发展区、别洛戈尔斯克发展区；犹太自治州设置有 1 个，为阿穆尔-兴安岭发展区；滨海边疆区设置有 4 个，分别为巨石发展区、米哈伊洛夫斯基发展区、纳杰日金斯基发展区和石油化学发展区（李勇慧和倪月菊，2019；王光宇等，2019）。

阿穆尔-兴安岭发展区：鼓励发展黑龙江跨境铁路桥运输相关的物流项目。

巨石发展区：鼓励建设与俄罗斯最大民用船厂红星船厂相关的项目。

共青城发展区：鼓励发展木材深加工、航空和船舶制造、农业、旅游等。

米哈伊洛夫斯基发展区：发展生产农业原料、商品和食品项目。

阿穆尔河畔发展区：发展与黑龙江跨境公路桥运输相关的物流项目。

自由发展区：建设与亚太地区最大天然气加工厂相关的天然气化工及其配套项目。

别洛戈尔斯克发展区：重点发展生产加工、农产品加工、建材生产、林业加工等项目。

哈巴罗夫斯克发展区：积极发展生产技术、农业和物流项目。

3. 符拉迪沃斯托克（海参崴）自由港

符拉迪沃斯托克（海参崴）自由港是享有特殊海关、税收和行政法规政策体系的区域，实施期限为 70 年。自由港占地面积为 3.4 万平方公里，对入驻企业实行税收优惠和行政优惠。自由港覆盖滨海边疆区的主体区域，包括符拉迪沃斯托克（海参崴）、阿尔乔姆、纳霍德卡、乌苏里斯克、哈桑区、纳杰日金斯克、大卡缅、游击队镇、斯巴斯克达尔尼、什科托沃市、奥莉加、波格拉尼奇内镇、兴凯等地区（李勇慧和倪月菊，2019）。政策覆盖上述地区的市政设施、海港及无水港、滨海 1 号、2 号交通走廊、出口生产企业；堪察加-彼得罗巴甫洛夫斯克市渔业深加工、无水港、旅游业及瓶装饮用水项目；哈巴罗夫斯克边疆区的瓦尼诺区和苏维埃港区海港基础设施、渔业加工等项目及出口导向型产业；萨哈林州的科尔萨科夫和乌格列戈尔斯克市渔业深加工、码头建设项目（王光宇等，2019）。

4. 水电开发

2016 年，俄罗斯出台的《2030 年前俄罗斯水电发展规划及到 2050 年的前景》提出，远东地区水能资源主要分布在勒拿河和阿穆尔河的支流及中俄界河，规划和修建大规模的水电工程。阿穆尔河流域的水电站主要用于调节干支流的水量，具有水库拦蓄洪水的功能。支流结雅河和布列亚河已建成投运了两座水电站：结雅水电站（装机容量为 133 万千瓦）和布列亚水电站（装机容量为 201 万千瓦），有效库容达 498 亿立方米。2007 年，下布列亚水电站开始建设，装机容量为 32 万千瓦；2008 年，下结雅河的两座水电站开始建设。未来，对结雅河和布列亚河实施梯级开发，建设 10 余座水坝。最终，阿穆尔河支流总装机容量达到 542 万千瓦，新建装机容量达 210 万千瓦；中俄界河达 810 万千瓦，共合计 1350 万千瓦。

四、中俄合作

1. 流域开发问题

通航权。中苏在1951年签署了《关于黑龙江、乌苏里江、额尔古纳河、松阿察河及兴凯湖之国境河流航行及建设协定》，黑龙江漠河到哈巴罗夫斯克（伯力）段，中苏双方都拥有通航权；但黑龙江-阿穆尔河从乌苏里江河口的哈巴罗夫斯克（伯力）到出海口的尼古拉耶夫斯克属于苏联的内河，内外籍船舶不能通航。1992年，中俄签署了《关于在黑龙江和松花江利用中俄船舶组织外贸货物运输协议》，1992年起为中方开放俄罗斯段黑龙江的通航权，中国至此重新获得了黑龙江的出海口，但俄罗斯在航道通航和港口挂靠船舶等级上一直对黑龙江航运有所影响（王宛和李兴，2018）。

合作方向。中俄对黑龙江-阿穆尔河的需求不同，导致双方在合作优先方向上出现分歧。中国用水需求较大，对流域生态环境和水能开发利用同样关注，但容易被外界误认为关注界河水开发而忽略生态环保（王宛和李兴，2018）。俄罗斯不存在供水不足问题，因下游全部在其境内，所以特别关注水污染问题，认为当前主要问题是水质问题。这促使俄罗斯在黑龙江-阿穆尔河流域合作上重生态环保而轻开发利用。

黑龙江-阿穆尔河流域的开发问题一直存在诸多消极的观点。许多观点认为中国与俄罗斯在黑龙江水资源利用方面存在竞争关系，俄罗斯认为黑龙江-阿穆尔河流域当前已出现或未来可能出现的跨界水资源和生态环境问题需要中国承担更多的责任。认为是中国一侧人口和经济压力增长导致黑龙江-阿穆尔河流域出现生态环境和人类生存条件的恶化，中国一侧水量的减少成为跨界冲突的潜在因素，负面影响来自中国计划在黑龙江-阿穆尔河流域修建水电站，中国是水污染的主要"贡献者"，中国人类活动对水体产生的压力是俄罗斯的10倍（王宛和李兴，2018）。

2. 流域开发合作

20世纪50年代开始，中苏围绕黑龙江-阿穆尔河流域既存在纠纷也开展合作，在航远、渔业、开发利用等方面进行合作。中俄签署的部分双边合作协定如表8-6所示。中苏黑龙江-阿穆尔河流域合作始于界河航行权利和安全保障，1951年签订了《关于黑龙江、乌苏里江、额尔古纳河、松阿察河及兴凯湖之国境河流航行及建设协定》，1987年、1993年和2009年对其进行了四次修订。1956年，签订了《关于中苏共同进行调查黑龙江流域自然资源和生产力发展远景的科学研究工作及编制额尔古纳河和黑龙江上游综合利用规划的勘测设计工作的协定》，成立联合考察队和黑龙江流域生产力问题联合学术委员会，调查流域植被、气候、水文和矿产等内容，制定了多项发展计划，包括干流梯级水库方案。1962年流域考察工作停止，20世纪80年代随着中苏关系缓和，两国围绕界河水资源的合作逐渐恢复。1986年成立"中苏关于额尔古纳河和阿穆尔河水资源全面利用规划联合委员会"，开展额尔古纳河和黑龙江界河段的水资源综合利用和保护的规划工作。1986~1999年，中苏双方开展了相关规划研究，提出了若干水电站建设方案；1991年，中苏签订了《中华人民共和国和苏维埃社会主义共和国联盟关于中苏国界东段的协定》，搁置了黑瞎子岛和阿巴该图洲渚的归属权。1988

年，中苏签订了《中苏渔业合作协定》，开启了双方就界河、界湖渔业资源的捕捞、繁殖、保护和水产品加工贸易等方面的合作。苏联解体后，中俄围绕黑龙江的合作发展签订了一系列双边协定，尤其是涉及新领域，建立起了合作机制（王宛和李兴，2018）。

表8-6　中俄围绕黑龙江签订的部分双边合作协定

年份	文件
1992	《关于黑龙江和松花江利用中俄传播组织外贸运输的协议》
1993	《中俄国境河流航标管理规则》
1994	《中俄关于黑龙江、乌苏里江边境水域合作开展渔业资源保护、调整和增殖的协定书》《中俄关于船只从乌苏里江（乌苏里河）经哈巴罗夫斯克城下至黑龙江（阿穆尔河）往返航行的协定书》
1995	《中俄关于共同建设黑河−布拉戈维申斯克黑龙江（阿穆尔河）大桥的协定》
1998	《中俄关于中国船舶经黑龙江俄罗斯河段从事中国沿海港口和内河港口之间货物运输的协定书》
2006	《中俄两国跨界水体水质联合监测的谅解备忘录》
2008	《中俄关于合理利用和保护跨界水的协定》《中俄关于建立跨界突发环境事件通报和信息交换机制的备忘录》《中俄关于共同建设、使用、管理和维护中国同江市−俄罗斯下列宁斯阔耶居民点区域内黑龙江铁路结合桥的协定》
2014	《中俄跨界水防洪领域谅解备忘录》
2015	《关于修订<中俄关于共同建设黑河−布拉戈维申斯克黑龙江（阿穆尔河）大桥的协定>的议定书》《中俄关于在中俄边境黑河市（中国）与布拉戈维申斯克（俄罗斯）之间共同建设、使用、管理和维护跨黑龙江（阿穆尔河）索道的协定》

双边协定：包含黑龙江水面及水面上方（划界、航行、界桥）、黑龙江水体（渔业、防洪）、人类对水体利用所产生的影响（生态环境、水污染）。合作重点不局限于跨界水资源使用，即航行、渔业、水利工程等，还涉及环境保护的新领域，包括跨界水体水质监测、边界保护区建设、边界生态保护等（王宛和李兴，2018）。

功能机制：形成复合型合作机制，由内容、职能、层面等不同的合作机制构成。双方成立了相关联合委员会或机制，实施协定和协调工作，促进相互间的信息交换与共享，并在出现分歧或争端时开展对话。合作机制包括航行、渔业、环保、合理利用和保护跨界水、跨界水体水质联合监测、跨界突发环境事件通报和信息交换、防洪合作（王宛和李兴，2018）。

除地区层面的中俄两国边境和地方间经贸合作协调委员会机制之外，2015年成立中国东北地区和俄罗斯远东地区地方合作理事会，2016年将其改组为政府间委员会，并纳入中俄总理定期会晤机制（蒋菁，2017）。

第九章
松花江流域发展基础与主要特征

  任何空间的发展都是一个长期的历史过程，并形成了相关的功能类型、空间结构与空间形态，同时各空间要素因其自然属性和技术经济属性而存在较大的发展差异，形成良性的发展机制，但也可能形成系统恶化甚至发生扭转的趋势。流域的发展不仅遵循自然规律，而且要遵循经济规律、社会规律及技术特征。发展特征是描述地理单元的基本表象与途径，是地理现象特性的抽象结果，从不同角度或不同空间要素进行系统梳理、刻画和总结是对流域发展的基本科学认知，也是流域研究的必须过程。人类通过对流域的长期开发与建设，创造了灿烂的人类文明与流域文明，但同时对流域自然要素形成了干扰，甚至改变了流域自然生态系统格局与功能结构，促使人地关系、人水关系更加复杂。只有明确了发展基础与问题所在，才能更加针对性地设计流域发展的总体思路、发展模式与有效路径。

  本章主要是分析松花江流域的发展基础与主要特征。松花江流域形成较好的发展基础，经济总量不断扩大，呈现哈长主轴集聚的格局，尤其集中在长春、哈尔滨两大都市圈；农业资源禀赋好，粮食生产地位突出；工业基础较好，装备制造、农产品加工、能源和化工成为主导产业，新兴产业发展初现端倪；初步形成以堤防为基础、堤防水库及蓄滞洪区相结合的防洪工程体系，建设了大量水库、水电站及引水提水补水工程，开发了大面积的农田灌区；形成由松花江干流、嫩江及一些支流组成的航运网络，具备较强的水资源供应能力；形成规模较大、功能较为完善的综合性基础设施网络，对外开放合作领域与范围逐步拓展；有着相对密集的人口分布，形成数量众多的城镇。环境质量显著提升，生态优势加速转化。松花江流域在经济、社会、人口、生态等方面仍存在不少的问题。经济总量较小，在全国的地位不断弱化；产业结构偏重化型，资源逐步枯竭，部分资源型产业逐步衰退；人口总量逐步减少且不断外流，人口结构日益老龄化。洪涝干旱灾害频发，重大水利设施与工程仍然缺少，防洪能力仍然薄弱；建设黄金水道的自然地理优势不够优越，航运能力较低。黑土地力不断衰弱，农业基础设施仍然不完善。森林、草原、湿地等生态系统的退化趋势仍未能彻底扭转，环境污染依旧突出。基础设施网络陈旧，开放合作水平不高。

第一节 发展现状基础

一、经济发展与经济布局

1. 经济总量

新一轮振兴战略实施以来,松花江流域的经济发展呈现出较好的发展态势。经济总量持续扩大,2000年流域GDP为4986.6亿元,2020年增长至2.53万亿元,是2000年的5倍。松花江流域成为东北地区和吉黑两省的主要经济承载区域,全流域GDP占东北地区总量的44.6%;其中,吉黑流域达2.44万亿元,占吉黑两省经济总量的93.7%,有较高的空间集中性。2020年,全流域一般财政预算收入达1493亿元,固定投资不断增长,总额达1.93万亿元,社会消费品零售总额达1.13万亿元。2020年,全流域共有规上工业企业5628家,占东北地区规上企业总量的36.12%;其中吉黑流域的规上企业达5500家,占吉黑两省总量的80%。全流域工业增加值达7794亿元,分别占全国和东北地区总量的2.49%和49.07%,如表9-1所示。

表9-1 松花江流域重要经济指标对比

经济指标	单位	松花江流域	占全国比例/%	占东北地区比例/%
地区GDP	万亿元	2.53	2.49%	44.6%
工业增加值	亿元	7794	2.49%	49.07%
规上工业企业	家	5628	1.41%	36.12%
一般财政预算收入	亿元	1493	0.82%	28.12%
社会消费品零售总额	万亿元	1.13	2.88%	57.98%

2. 经济布局

由于长期以来形成的经济基础,各地区有着不同的经济比例。经济主要集中在京哈铁路沿线的中心城市,尤其是集中在长春、哈尔滨两大都市圈和地级市区,其他地区的GDP比例较低,需要关注的是部分地级市区也比较低。2020年,长春市区的经济总量达5512亿元,占全流域的21.8%,哈尔滨市区达3381亿元,占比为13.4%,两者合计占35.2%;经济总量超过千亿元的还有大庆市区、佳木斯市区,吉林市区达929亿元;牡丹江市区和齐齐哈尔市区分别达530亿元和465亿元,但鹤岗市区、伊春市区、乌兰浩特市区、松原市区、白城市区等地级市区的经济总量都比较小。2000~2020年,GDP比例呈现增长态势的县(市、区)有60个,呈现下降态势的县(市、区)有42个;其中,长春市区的比例提升最高,达8.6个百分点,佳木斯市区和哈尔滨市区分别增长了4.87个百分点和2.32个百分点，城市群与都市圈呈现经济加速集聚的态势，双鸭山市区、嫩江市区均超过0.5个百分点；但大庆市区的比例下降最大，达12.35个百分点，资源枯竭的经济效应显著，绥化市区下降了1.64个百分点，齐齐哈尔市区、吉林市区、尚志市区、呼兰区、肇东市区、桦甸市区等均超过0.5个百分点。

工业是流域经济的主体，规上工业企业是工业经济的核心载体。规上工业企业主要集中在哈尔滨与长春两个中心城市和地级市区，但部分县级市的规上工业企业相对较多；长春市最多，达854家，占全流域的15.17%，哈尔滨市为564家，比例达10.02%，两者合计占25.19%；其他县（市、区）的规上工业企业明显较少，大庆市区、吉林市区、牡丹江市区均超过200家；齐齐哈尔市区、梅河口市区、五常市区、绥化市区均超过100家，其他县（市、区）数量较少。值得关注的是，鹤岗市区、伊春市区、佳木斯市区、松原市区、白城市区、乌兰浩特市区、双鸭山市区等地级市区的规上工业企业较少，地区发展缺少经济实体。

二、农业发展与支撑体系

1. 传统种植产业

传统种植业集中在松嫩平原和三江平原。实施了优质粮食工程，促进优粮优产、优粮优购、优粮优储、优粮优加、优粮优销，优化工业用粮、饲料用粮、口粮比例，稳水稻、大豆，增玉米、马铃薯，粮食综合生产能力稳步提升。如图9-1所示，农作物播种面积呈现不断增长态势，吉黑两省从2003年的1.45亿公顷增长到2020年的2.09亿公顷，年均增长2.17%，占全国的比例从9.53%增长到12.49%，增长了2.96个百分点；粮食播种面积从1.21亿公顷增长到2.01亿公顷，占全国的比例从12.2%增长到17.2%，增长了5个百分点。黑龙江农作物和粮食播种面积较高，2020年分别达1.48亿公顷和1.44亿公顷，吉林省较低，2020年分别达0.62亿公顷和0.57亿公顷。如图9-2所示，2003~2020年，吉林、黑龙江两省的粮食产量从0.48亿吨增长到1.13亿吨，年均增长5.17%，占全国的比例从11.08%增长到16.9%，增长了5.82个百分点。稻谷产量占全国的比例从7.2%增长到16.8%，玉米产量从21.1%增长到25.4%；豆类农产品占比从37.9%增长到43.9%。粮食生产连年丰收，总产量、商品量、调出量稳居全国首位，成为维护国家粮食安全"压舱石"的主体部分。

2. 林业牧业经济

流域森林覆盖率很高，林业经济与生产集中在大小兴安岭、长白山地区，主要覆盖伊春市、哈尔滨市、牡丹江市、黑河市、延边州、吉林市、白山市、呼伦贝尔市。分布有4个国有林区，分别为内蒙古森工集团、吉林森工集团、龙江森工集团、长白山森工集团。具体如表9-2所示。林特产业形成林下种养殖、森林绿色食品、北药、生态旅游、林木加工等多业并举的发展新格局，在大小兴安岭形成以蓝莓为主的浆果种植加工产业带，在牡丹江、海林、穆棱、绥芬河沿绥满铁路形成了木材加工产业带；培育了恒友、双叶、光明、华鹤"四大"家具企业和可新食品、恒丰纸业、黑宝药业

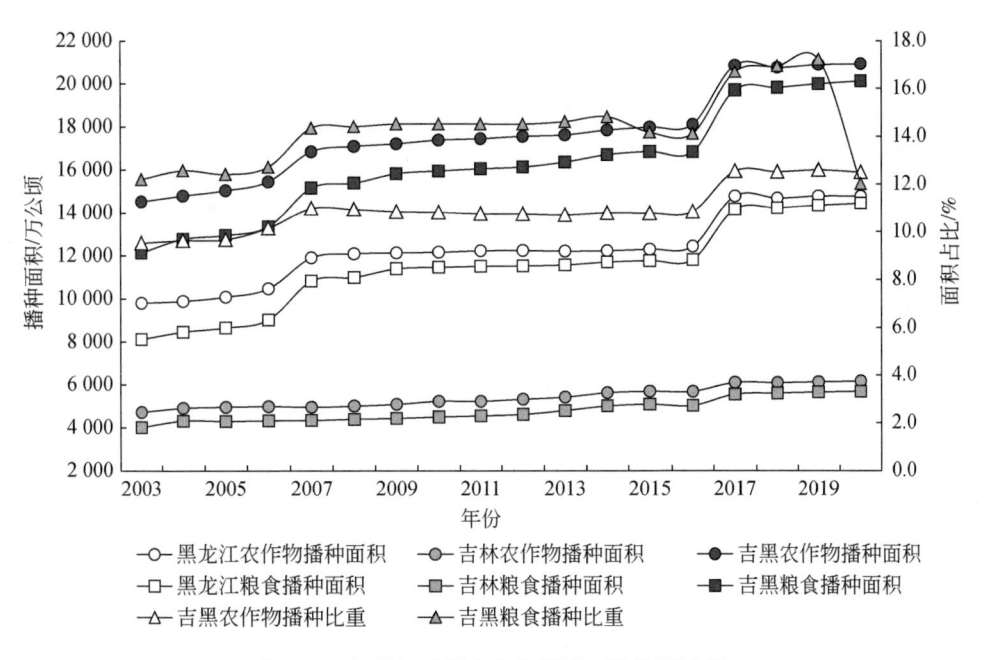

图 9-1 松花江流域农作物播种面积发展过程

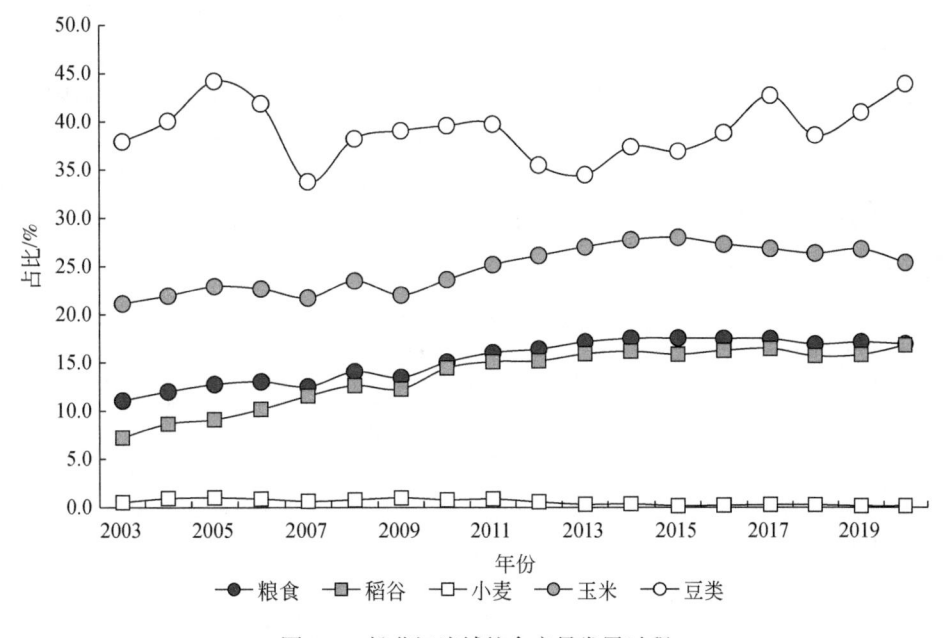

图 9-2 松花江流域粮食产量发展过程

等龙头企业，形成了黑森、光明、华鹤、林都、森鹰等知名品牌。松花江流域还分布有科尔沁草原，建立了优势肉牛、奶牛、肉羊等草原畜牧业绿色品牌生产基地。以"两牛一猪"为重点，走"普养+大户"之路，推广"公司+农户"、代养托管模式。飞鹤、牧原、金锣、首农等一批战略性龙头企业加速域内布局，标准化规模养殖提速发展。深入实施"秸秆变肉"工程，推进畜禽产业高质量发展，健全重大动物防疫体系，推进非洲猪瘟无疫小区建设。

表 9-2 松花江流域的国有林区构成

林区名称	覆盖林业局
内蒙古森工集团	绰尔、库都尔、伊图里河、克一河、甘河、吉文、阿里河、大杨树、毕拉河、北大河
吉林森工集团	湾沟、松江河、泉阳、露水河、白石山、红石
长白山森工集团	黄泥河、敦化、大石头
龙江森工集团	大海林、柴河、东京城、绥阳、海林、林口、桦南、双鸭山、鹤立、鹤北、清河、双丰、铁力、桃山、朗乡、南岔、金山屯、美溪、乌马河、翠峦、友好、上甘岭、五营、红星、新青、汤旺河、乌伊岭、山河屯、苇河、亚布力、方正、兴隆、绥棱、通北、带岭、松岭

3. 农产品品牌

特色农业发展突出，农产品众多，形成以粮食、杂粮杂豆、瓜果蔬菜、冷水鱼、中草药等为主导的农业门类，主要农作物包括大米、小米、玉米、大豆、绿豆、花生、马铃薯、黑木耳、辣椒、大葱、大蒜、甜菜、油豆角、香瓜、蓝莓、羊肉、猪肉、五味子等。一批农产品品牌在松花江流域涌现，品牌效应不断扩大。如表9-3所示，截至2022年，共有国家级地理标志农产品172个，农产品享誉全国。其中，哈尔滨市最多达到35个，尤其是阿城和双城较多；呼伦贝尔市的松花江流域部分较多，有22个，尤其是集中在扎兰屯；佳木斯市、牡丹江市、齐齐哈尔市、大庆市均介于13~16个；其他地市的松花江流域部分均少于10个。黑龙江绿色食品认证面积达7650万亩，有机食品认证面积达850万亩，在全国处于领先位置。北大仓"黑土地"牌大米蝉联国际大米节金奖。

表 9-3 松花江流域主要地理标志农产品

地市	数量/个	地市	数量/个
长春市	2	双鸭山市	3
吉林市	5	大庆市	13
白山市	4	佳木斯市	16
白城市	5	七台河市	5
哈尔滨市	35	牡丹江市	15
齐齐哈尔市	14	黑河市	8
鹤岗市	8	绥化市	8
兴安盟	9	呼伦贝尔市	22

三、工业基础与主导产业

1. 工业体系与主导产业

松花江流域是中国最早的工业化地区，经过中华人民共和国成立之前、苏联援助"156项目"、"一五""二五"时期的建设，形成了相对完整的工业体系，奠定了良好的工业发展基础。工业体系从能源开发与矿产资源精深加工，到重型装备制造、高端装备制造，再到新能源、生物医药等战略性新兴产业，松花江流域均具备较好的发展基础，成为中国的工业母机。拥有哈尔滨电气集团（哈电）、中国一重集团（一重）、中国第一汽车集团有限公司（长春一汽）、中国中车集团有限公司（中车）、大庆油田、哈药集团股份有限公司（哈药）等一批著名的工业企业，成为国内各行业的领头羊。形成了一批在全国具有重要地位的产业基地，石油天然气开采业占全国同行业产值的20.1%，汽车制造占比达10.1%；农副食品加工、木材加工均超过7%。素有"共和国装备部"的称誉，形成了一批"大国重器"，包括重型工矿装备、核电化工装备、高铁客车、飞机等。2020年，全流域工业增加值达7794.5亿元，尤其集中在长春市和大庆市，分别占34.3%和19.1%。

流域形成了传统重工业和资源开发产业并重的产业结构，装备制造、农产品加工、能源、化工产业等成为主导产业。如图9-3所示。汽车制造业的产值比例达20.02%，是最重要的支柱产业；农副食品加工业达17.5%，石油和天然气开采业、电力热力生产和供应业、化学原料和化学制品制造业、非金属矿物制品业，以及石油加工、炼焦业均超过5%。煤炭采掘业集中在黑龙江东北部，尤其是双鸭山市和七台河市，煤炭产量合计达4400万吨，辽源市、白山市也有分布。石油和天然气开采业集中在大庆市和松原市，分别占82.7%和10.3%；形成吉林、大庆等具有国际先进水平的大型石化产业基地，吉林市炼油能力达700万吨/年，乙烯产能为80万吨/年，哈尔滨市炼油能力达500万吨/年。汽车制造业集中在长春市区，占比达93.1%；交通设备制造业集中在长春市区和齐齐哈尔市区，分别占72%和19.2%。设备制造业集中在哈尔滨市区、长春市区和齐齐哈尔市区，占比分别达19.9%、13.1%和13.2%，吉林市区占比达8.3%。医药制造业集中在梅河口市区和哈尔滨市区，占比分别达19.1%和15.1%，长春市区和抚松县也分别达8.2%和8.6%。

2. 产业集聚区

松花江流域在长期发展过程中形成了大量的产业园区，物流等配套服务能力逐步提高，承接产业转移进程加快。其中，28个园区为国家级园区，如表9-4所示。松花江流域拥有国家级经济技术开发区13个、高新技术产业开发区9个、自由贸易试验区1个、综合保税区3个。产业园区主要涉及木材加工、医药制造、汽车制造、食品制造、高端装备制造、智能制造、农副产品加工、黑色金属冶炼加工、专业设备制造、燃料加工、电气机械制造、化工、生物产业等。

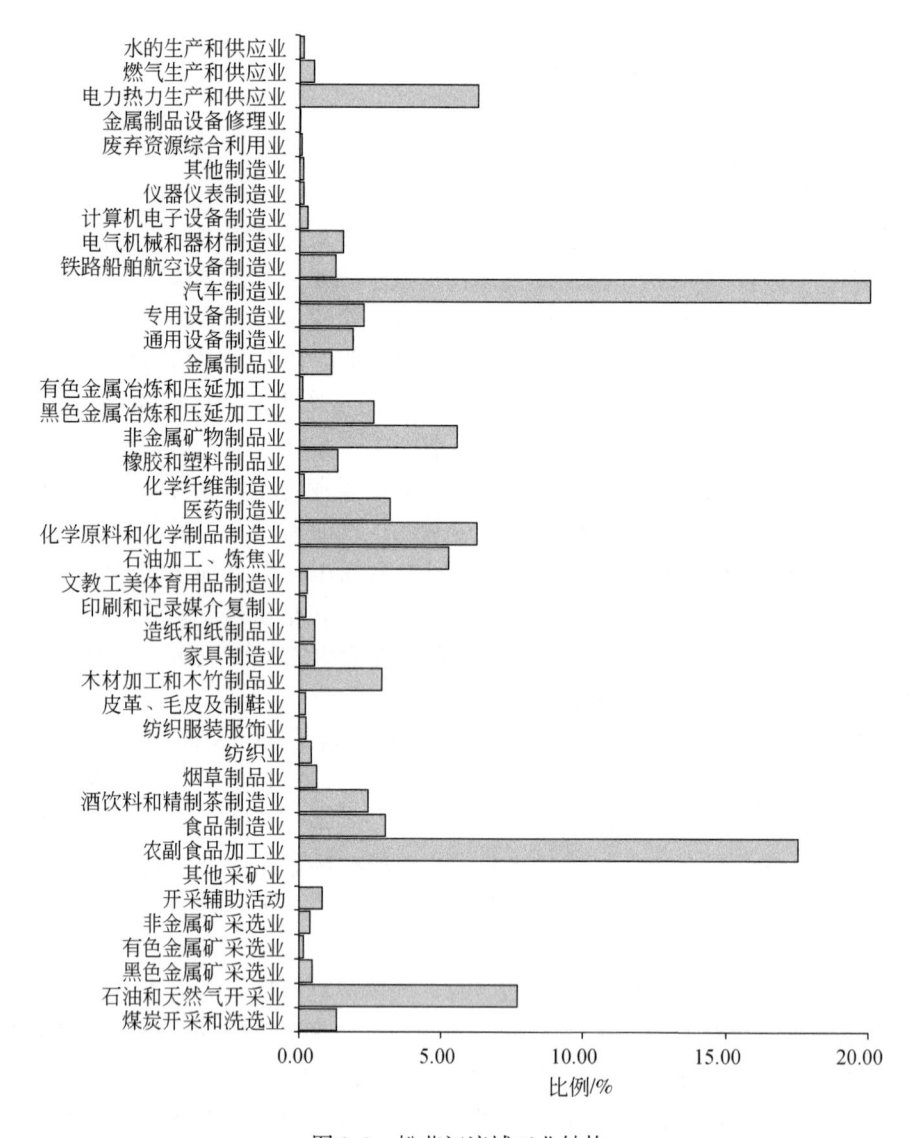

图 9-3 松花江流域工业结构

表 9-4 松花江流域的主要国家级产业园区

园区名称	产业类型	园区名称	产业类型
长春经济技术开发区	农产品加工、汽车制造	绥化经济技术开发区	食品制造、电气机械制造、计算机制造
长春净月高新技术产业开发区	生物医药、精密制造	大庆经济技术开发区	化工、专用设备制造
长春汽车经济技术开发区	汽车及零部件	哈尔滨利民经济技术开发区	食品制造、生物医药
长春兴隆综合保税区	邮政业、商务服务业	齐齐哈尔高新技术产业开发区	其他制造业
长春高新技术产业开发区	其他制造业	宾西经济技术开发区	食品制造、其他制造业

续表

园区名称	产业类型	园区名称	产业类型
通化医药高新技术产业开发区	医药制造业	哈尔滨经济技术开发区	食品制造、设备制造业
松原经济技术开发区	农产品加工、设备制造	大庆高新技术产业开发区	其他制造业
吉林经济技术开发区	化工、医药、其他制造	哈尔滨高新技术产业开发区	其他制造业
吉林高新技术产业开发区	汽车、电子、医药	双鸭山经济技术开发区	石油、煤炭、其他制造业
长春高新技术产业开发区	其他制造业	牡丹江经济技术开发区	食品制造、设备制造业
中国（黑龙江）自由贸易试验区	食品制造、生物、装备制造、智能制造	哈尔滨综合保税区	保税产业

3. 工业发展态势

2003~2020 年，各行业呈现出不同的发展趋势与特点，如图 9-4 所示。

（1）类型Ⅰ：结构占比上升，全国占比上升，是最具发展潜力的产业，包括开采辅助活动、食品制造、有色金属矿采选、废弃资源综合利用、金属制品和设备维修、纺织服装、皮革毛皮及制品等产业。

（2）类型Ⅱ：结构占比上升，全国占比下降，虽呈现增长态势、优势水平在提高，但在全国同类行业中的地位却呈现下降态势，包括交通设备制造、农产品加工、电力热力、医药制造、黑色金属冶炼加工、非金属矿物制品、黑色金属矿采选、水生产、有色金属冶炼加工、燃气生产、非金属矿采业、专用设备制造等产业。

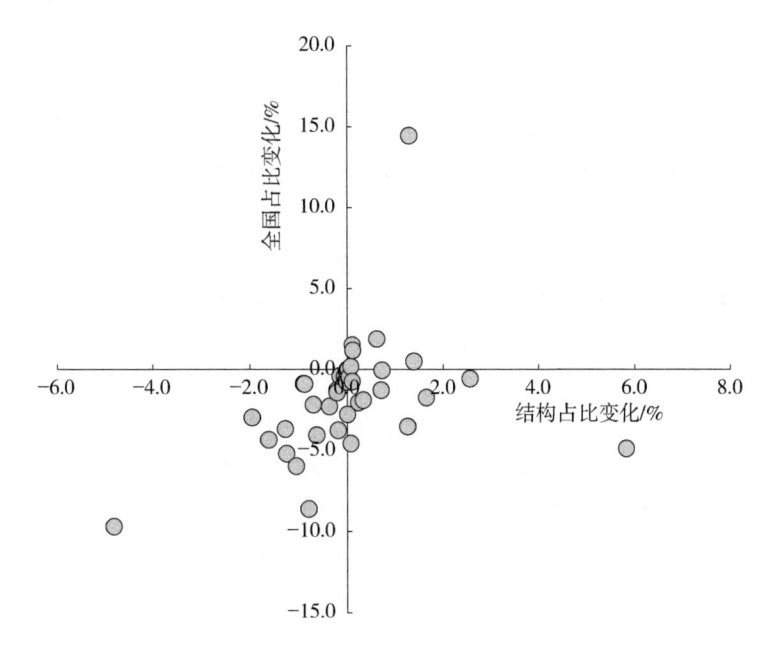

图 9-4 松花江流域工业发展类型分异

（3）类型Ⅲ：结构占比下降，全国占比下降，是发展状态最差的类型，不但呈现衰退态势，而且在全国的地位日渐衰弱。橡胶和塑料制品是衰退最明显的行业，其次是化学原料和化学制品制造、造纸和纸制品业、石油天然气开采、煤炭采选、石油加工、木材加工、家具制造。纺织业、计算机通信设备制造、通用设备制造、化学纤维制造、酒饮料制造、电气机械制造、金属制品、烟草制品、印刷和媒介、文教用品制造、仪器仪表制造等产业均具有一定的衰退趋势。

2010年以来，积极推动去产能，化解过剩产能；吉林省退出煤炭产能1643万吨，超出433万吨的国家下达任务，粗钢去产能108万吨，组建省水泥集团，化解水泥过剩产能；黑龙江省关闭煤矿363处，退出煤炭产能2938万吨，钢铁、水泥淘汰落后产能675万吨、129万吨。传统产业加快技术升级，两化融合水平增速达8%以上，向数字化、智能化、网络化方向发展，制造业生产设备数字化率达33.1%，数字研发设计工具普及率为38.9%，关键工序数控化率为31.6%。新兴产业发展初现端倪，智能机器人、轨道交通装备、新能源汽车、车电子和生物医药等战略性新兴产业发展突出，七台河新材料产业园被列为国家火炬石墨及石墨烯特色产业基地。吉林省积极发展生物医药、新能源动力、装备制造、大数据、人工智能、通用航空等产业。黑龙江省重点发展新能源、新材料、新型环保、生物、装备制造等产业。文旅产业成为发展亮点，冰雪旅游、边境旅游、草原和森林生态旅游品牌知名度不断提高，"冰爽""凉爽"产品叫响全国，红色旅游、工农业等专项旅游快速发展，"冰天雪地"和"绿水青山"成为振兴发展的新动能。

专栏9-1　松花江流域的国家新型工业化产业示范基地

2009年起工业和信息化部在全国组织开展了"国家新型工业化产业示范基地"创建工作，已有九批共266家工业园区（集聚区）成为国家级示范基地，其中，松花江流域有22个入围。

第一批：2010年。汽车产业·长春市、医药产业·通化市、装备制造·齐齐哈尔市、食品产业·哈尔滨市、石油化工·大庆高新技术产业开发区。

第二批：2010年。石油化工·吉林市龙潭区、生物产业·长春经济技术开发区、装备制造·哈尔滨经济技术开发区。

第三批：2012年。装备制造（轨道交通装备）·长春绿园经济开发区、军民结合·哈尔滨经济技术开发区、轻工（林木加工）·穆棱经济开发区。

第四批：2012年。食品·吉林梨树、清真食品·长春绿园区、食品·肇东经济开发区、生物医药·哈尔滨利民经济技术开发区。

第六批：2015年。有色金属（铝及深加工）·霍林郭勒工业园区。

第七批：2016年。轻工（林木制品）·海林、化工新材料·安达。

第八批：2018年。纺织（袜业）·辽源经济开发区。

第九批：2020年。新材料（碳纤维及差别化纤维）·吉林经济技术开发区、新材料（石墨）·鸡西经济开发区、石油化工·大庆高新技术产业开发区。

四、防洪能力与航运通道

1. 防洪能力提升

松花江流域的防洪体系规模明显扩大，初步建设了布局基本合理、除害兴利效益明显的工程体系。防洪体系主要由尼尔基、丰满、白山等大型水库，胖头泡、月亮泡两个蓄滞洪区和干支流堤防组成。干流堤防已全部达到防洪规划标准，其中嫩江、西流松花江为50年一遇，松花江干流为20~50年一遇。如表9-5所示，松花江流域干流堤防主要由嫩江干流堤防、西流松花江及松花江干流堤防组成，总长达2846.8公里；嫩江干流堤防长968.9公里，西流松花江干流堤防长490.7公里，松花江干流堤防长为1387.2公里。松花江流域护岸长度达451公里，其中嫩江护岸长为136公里，西流松花江为141公里，松花江干流为174公里（吕军等，2017a）。如表9-6所示，城市段堤防长度共计874.86公里，主要包括哈尔滨市、长春市、齐齐哈尔市、吉林市、佳木斯市、牡丹江市、松原市、乌兰浩特市、大庆市和伊春市等城市河段堤防。尼尔基水库为嫩江干流上唯一的控制性工程，控制流域面积为6.64万平方公里，约占嫩江流域面积的22%，承担下游齐齐哈尔市及两岸农村段堤防防洪任务。丰满水库为西流松花江干流的控制性工程，控制流域面积为4.25万平方公里，约占西流松花江流域面积的58%，与上游白山水库共同承担下游吉林市、松原市等城市和两岸堤防防洪安全（宁方贵等，2021）。排涝标准达5年以上的耕地为2109万亩，占已治理易涝耕地面积的60.2%。

表9-5 松花江流域干流堤防现状情况 （单位：公里）

地区	嫩江干流	西流松花江干流	松花江干流	合计
吉林片区	158.2	490.7	70.0	718.9
黑龙江片区	647.9	—	1317.2	1965.1
蒙东片区	162.8	—	—	162.8
合计	968.9	490.7	1387.2	2846.8

资料来源：吕军等，2017a

表9-6 松花江流域城市段堤防情况

重点城市	主城区防洪能力/[重现期（年）]	堤防长度/公里	重点城市	主城区防洪能力/[重现期（年）]	堤防长度/公里
哈尔滨市	50~100	99.27	松原市	100	66.91
长春市	200	56.54	乌兰浩特市	100	42.85
齐齐哈尔市	100	98.67	大庆市	20~50	242.21
吉林市	100	75.12	伊春市	10~30	32.48
佳木斯市	100	122.96	合计	—	874.86
牡丹江市	100	37.85			

资料来源：吕军等，2017a

嫩江流域防洪体系：已建成有防洪任务的大型水库6座，总库容为115.3亿立方米，防洪库容为29.6亿立方米。其中，尼尔基水利枢纽工程为嫩江流域的控制性骨干工程。下游有胖头泡、月亮泡两个蓄滞洪区，主要任务是分蓄哈尔滨100~200年一遇标准洪水；月亮泡蓄滞洪区面积为802.6平方公里，最大蓄滞洪库容为24.58亿立方米；胖头泡蓄滞洪区面积为1994平方公里，最大蓄滞洪库容为45.65亿立方米。嫩江干流有堤防968.9公里。

西流松花江和松花江干流防洪体系：防洪工程主要由堤防、大中型水库组成。建成有防洪任务的大型水库10座，总库容为197.3亿立方米，防洪库容为49.4亿立方米。西流松花江干流已建成控制性工程有白山水库、丰满水库，联合调度共同承担丰满水库以下的防洪任务，使西流松花江丰满水库以下防洪保护区达50年一遇防洪标准，吉林市、松原市达到100年一遇防洪标准。西流松花江丰满水库坝下至三岔口堤防长为490.7公里，现状防洪能力为50年一遇。松花江干流有堤防1387.2公里，防洪能力为20~50年一遇（梁国豪等，2021）。

2. 水利能源保障

松花江流域已建成大中小型水库13 462座，总库容为518亿立方米。库容大于1亿立方米的大型水库有39个，库容合计441.54亿立方米；库容介于0.1亿~1亿立方米的中型水库有168座。如表9-7所示，松花江干流流域有880座，占全流域水库总量的36.88%；嫩江流域水库较少，为379座，占比达15.88%；西流松花江流域水库较多，有1127座，占比达47.23%（吕军等，2017）。从三个省区看，吉林省流域片区分布有1385座水库，占比达58.05%；黑龙江省流域片区分布有945座水库，占比为39.61%；蒙东地区流域片区有56座水库，数量占比为2.35%。

表9-7 松花江流域水库分布情况

区域		水库数量		水库库容	
		数量/座	比例/%	库容/亿立方米	比例/%
流域	松花江干流	880	36.88	121.46	23.41
	嫩江	379	15.88	167.66	32.31
	西流松花江	1127	47.24	229.78	44.28
省区	蒙东地区	56	2.35	22.57	4.35
	吉林省	1385	58.05	258.59	49.83
	黑龙江省	945	39.61	237.75	45.82

资料来源：吕军等，2017a

全流域水库库容为518.9亿立方米，干流水库兴利库容大，且远大于支流水库，干流水库对松花江流域兴利调度发挥了大部分作用（梁国豪等，2021）。其中，白山、丰满和尼尔基三座水库总库容为249亿立方米，占松花江流域哈尔滨断面以上总库容的71.3%；兴利库容为145.8亿立方米，占松花江流域哈尔滨断面以上兴利库容的72.1%。松花江干流有121.5亿立方米的库容，占全流域总库容的23.41%；建有大顶子山水利枢纽，哈尔滨以上河段主要在支流拉林河上修建有磨盘山水库、龙凤山水库和亮甲山水库3座水库，合计防洪库容为1.63亿立方米，占总防洪库容的2.1%。西流松花江的总库容达 229.8 亿立方米，占比达 44.28%；如表 9-8 所示，大型水库主要有白山水库、丰满水库、哈达山水库、海龙水库、石头口门水库、星星哨水库、新立城水库、太平池水库 8 座，合计防洪库容为 47.7 亿立方米，占总防洪库容的 62.2%。嫩江水库的总库容达到 167.66 亿立方米，占比达 32.31%；大型水库有尼尔基水库、南引水库、太平湖水库、音河水库、文得根水库、绰勒水库、察尔森水库、山口水库、东升水库、红旗泡水库、大庆水库、向海水库等 12 座，合计防洪库容为 27.4 亿立方米，占总防洪库容的 35.7%。

表 9-8 松花江流域大型水库一览表

水系	水库	控制流域/万平方公里	防洪标准/年一遇	总库容/亿立方米	主要功能
嫩江	尼尔基水库	6.64	1000	86.1	防洪、城镇生活和工农业供水为主，兼顾发电、航运与生态
	察尔森水库	0.78	500	12.53	防洪、灌溉为主，兼顾发电、供水
	山口水库	0.38	500	9.95	防洪、灌溉为主，兼顾供水、发电机养殖
	向海水库	0.17	100	2.21	生态水环境为主，兼顾滞洪、养殖、灌溉、旅游
	月亮泡水库	3.31	100	11.99	生态环境为主，兼顾滞洪、旅游
	文得根水库	1.24	—	19.64	调水为主，兼顾灌溉、发电
西流松花江	白山水库	1.90	500	59.10	发电为主，兼顾防洪、养殖
	丰满水库	4.25	500	103.77	发电为主，兼顾防洪、城市供水、灌溉、旅游、养殖
	哈达山水库	7.18	500	6.04	工农业和城镇用水为主，兼顾生态环境、发电
	石头口门水库	0.50	500	12.77	防洪除涝、城市供水和农田灌溉为主，兼顾发电、养殖
	新立城水库	0.20	500	5.51	防洪、城镇供水为主，兼顾养殖、灌溉
松花江干流	磨盘水库	0.12	100	5.23	哈尔滨城市供水为主，兼顾防洪、灌溉、生态
	镜泊湖水库	1.18	—	18.23	发电、防洪、灌溉、养殖

资料来源：梁国豪等，2021

全流域建设有饮水工程 1192 处，其中大型饮水工程有 10 处；提水工程有 4648 处，其中大型提水工程有 3 处；调水工程有 5 处，其中 1 处为大型调水工程。地下水井有 35.76 万眼（于宏兵等，2016）。实施了一批引调水工程和重要湿地补水工程及为灌区供水而修建的众多闸坝。如表 9-9 所示，流域主要引调水工程有 7 处，建有黑龙江省北部引嫩工程、黑龙江省中部引嫩工程、黑龙江省南部引嫩工程、引松入扶工程、引嫩入白供水工程、哈达山水利枢纽工程、吉林中部城市引松供水工程；还有大安灌区引水及幸福干渠引水工程。重要湿地补水工程有向海湿地补水工程、莫莫格湿地补水工程、扎龙湿地补水工程及吉林省西部河湖连通供水工程。这促使水资源时空分布不均匀的问题得到改善。

表 9-9 松花江流域引调水工程现状概况

工程名称	调出流域	调入流域	工程任务
黑龙江省北部引嫩工程	嫩江	松花江	生活、工业、灌溉、生态供水
黑龙江省中部引嫩工程	嫩江	松花江	生活、工业、灌溉、生态供水
黑龙江省南部引嫩工程	嫩江	松花江	—
引松入扶工程	西流松花江	松花江	生活、工业、灌溉供水
引嫩入白供水工程	嫩江	嫩江	生活、工业、灌溉、生态供水
哈达山水利枢纽工程	西流松花江	—	生活、工业、灌溉供水
吉林中部城市引松供水工程	西流松花江	松花江、辽河	生活、生产供水

资料来源：吕军等，2017a

(1) 黑龙江省北部引嫩工程：是为满足大庆油田及石化工业用水和沿线农业用水而修建的大型跨流域无坝引水工程，由无坝引水渠首进水闸、总干渠及水库等组成，渠首枢纽位居讷河市拉哈镇嫩江中游段，引水渠道总长为243公里，流经讷河、富裕、依安、林甸、青冈、明水、萨尔图、安达8个县（市、区）（郭玉涛等，2008）。总干渠分为乌北和乌南两部分，年均引水量为4.6亿立方米，控制面积约2.5万平方公里，除保证大庆油田和石油化工需要，农业年净供水0.88亿立方米，灌溉农田30余万公顷，为红旗泡等水库和连环湖渔场等泡沼提供水源。1976年建成通水。

(2) 黑龙江省中部引嫩工程：地处乌裕尔河、双阳河的尾部闭流区，是集供水、防洪排涝于一体的综合性国家Ⅱ型水利工程。控制范围为7500平方公里，覆盖富裕、林甸、泰来、杜尔伯特和齐齐哈尔市郊等县（区）的20个乡。主体工程包括引水总干渠、东升水库、乌裕尔河齐富堤防、"八一"运河、龙虎泡引水分洪工程、长发控制工程6项骨干工程和连环湖近期补水工程。引水口在富裕县大登科屯嫩江左岸黄鱼滩处，为无坝引水。工程于1971年建成通水，年均引水量为3.57亿立方米，形成芦苇172万亩，养鱼水面110万亩，灌溉面积82万亩，牧草试灌面积63万亩。

(3) 黑龙江省南部引嫩工程：位于大庆市南部，覆盖大同区6个乡、杜尔伯特县2乡1场、肇源县16个乡。骨干工程有引水口工程、引渠、渠首枢纽、蓄水库区、输水总干渠、泄水闸、泄水干渠，引水渠渠首位于嫩江下游的杜尔伯特县他拉红土山，多年平均引水量达4.59亿立方米。控制面积达3600平方公里，覆盖耕地132万亩、草原186万亩、泡沼245万亩，是西部干旱地区发展农田灌溉、养鱼育苇、改善草原、恢复生态平衡、改变自然气候等综合效益的大型引洪蓄水工程。

(4) 引嫩入白供水工程：是国家重点水利工程，工程走向为白沙滩—丹岱—英华—镇赉县城—白城市城区。2008年开工建设，2011年开始发挥效益，年提水规模达4亿立方米。引嫩入白供水工程包括白城市和镇赉县城市供水分项工程、白沙滩灌溉用水分项工程、五家子灌区灌溉用水分项工程。以城市供水、农业灌溉为主，兼顾为莫莫格湿地补水。

(5) 哈达山水利枢纽工程：位于西流松花江下游，为干流最末一级控制性水利枢纽，为北水南调的水源工程之一，以工农业和生活供水为主，兼顾发电、防洪等功能。总库容为38.6亿立方米，兴利库容达34.8亿立方米，发电装机容量达8万千瓦。枢纽工程由拦河枢纽和引水枢纽两部分组成，2011年工程竣工通水，增加灌溉面积320万亩，提供水量为93.4亿立方米。

（6）吉林中部城市引松供水工程：从西流松花江上游丰满水库引水至吉林省中部，解决吉林省中部缺水问题。输水路线长为634.5公里，由干线和支线工程组成，干线工程包括渠首枢纽、输水总干线、分水枢纽、长春干线、四平干线和辽源干线。2013年开工建设。工程建成后，年均饮水量为7.31亿立方米，远景达8.66亿立方米，每年可退还农业用水1.48亿立方米，补偿河道生态用水1.4亿立方米，减少地下水超采量2.86亿立方米，新增灌溉面积71万亩，解决长春、四平、辽源3个市及8个县（市、区）的生活和工业用水短缺问题（王跃刚和边境，2011）。

松花江流域建设了大量的灌区，共计有457处，面积约为3870万亩。其中，控制耕地超过30万亩的大型灌区共有37处，灌溉面积为2133.8万亩；吉林省有大型灌区13处，控制耕地为749.6万亩；黑龙江省有大型灌区18处，控制耕地为867.3万亩；蒙东地区有大型灌区6处，控制耕地为516.9万亩。控制面积在1万~30万亩的中型灌区有419处，涉及耕地1742.3万亩；其中，吉林省有中型灌区111处，覆盖耕地530.1万亩，黑龙江省有中型灌区274处，控制耕地1094.8万亩；蒙东地区有中型灌区34处，涉及耕地117.4万亩。这些灌区主要分布在河湖水系沿线地区，依靠船闸、泵站从河道或水库取水灌溉（吕军等，2017a）。为了灌区灌溉及城市段景观用水，建设了橡胶坝、混凝土坝等拦水工程共计662个；其中，嫩江流域有209个，西流松花江有196个，松花江干流有257个。这些拦河坝壅高水位，形成水位差，对鱼类洄游造成阻隔。

3. 航运与水电

松花江航道主要由松花江干流、西流松花江、嫩江及一些支流航运网构成，起点为西流松花江上游花园口，终点为同江市，并与黑龙江水系构成干支相连的航运网。松花江干流江阔水深，全线均可通航，航道可直达界河黑龙江和乌苏里江，直接抵达俄罗斯，通航里程为1447公里；如表9-10所示，Ⅲ级航道840多公里，Ⅳ级航道400多公里，Ⅵ级航道600公里。松花江航运为季节性通航，一般在每年的4月中旬至11月上旬期间通航。松花江水运量占黑龙江水系的95%以上，齐齐哈尔、吉林以下可通航汽轮，哈尔滨市以下可通航千吨江轮，支流牡丹江、倭肯河及齐齐哈尔市至嫩江市的嫩江河段均可通航木船（窦博，2012）。主要港口有哈尔滨、佳木斯和同江，还有松原、齐齐哈尔、牡丹江、大安、吉林、富锦、德惠等港口。哈尔滨港、佳木斯港为重要港口，2020年生产性泊位分别有54个和51个；哈尔滨港为铁路和水运中转港，吞吐量达122万吨，佳木斯港为198万吨。1992年，中国与俄罗斯签署《关于在黑龙江和松花江利用中俄船舶组织外贸货物运输协议》，向中国开放其境内黑龙江下游水域，江海联运逐步发展。主要货物有木材、粮食、煤炭、建材材料等。2021年大顶子山航运枢纽通航，航道浅滩碍航问题得到改善。

表 9-10　松花江流域航道等级现状　　　　　　　　　（单位：公里）

干支流	区段	等级	里程
西流松花江	丰满—吉林市区	Ⅵ	22
	吉林市区—陶赖昭	Ⅵ	177
	陶赖昭—哈达山	Ⅵ	104
	哈达山—松原	Ⅵ	26
	松原—三岔河口	Ⅳ	41
嫩江	三岔河口—大安	Ⅲ	48
	齐齐哈尔—大安	Ⅳ	270
松花江干流	大安—松原	Ⅳ~Ⅲ	79
	松原—拉林河口	Ⅳ~Ⅲ	—
	拉林河口—哈尔滨	Ⅲ	200
	哈尔滨—佳木斯	Ⅲ	370
	佳木斯—同江	Ⅲ	220

松花江流域梯级开发逐步推进，先后经历了 80 多年的时间。截至 2020 年，松江河、小山、石隆、双沟水电站建成投产，丰满水电站全面治理大坝重建工程、敦化抽水蓄能电站、望江楼和文岳水电站开工建设。如表 9-11 所示，2020 年，松花江流域水电站数量达到 132 座，装机容量达 4662 万千瓦；松花江干流流域有 61 座，装机容量达 3205 万千瓦，嫩江流域有 7 座，装机容量达 279 万千瓦，西流松花江流域有 65 座，装机容量达 1178 万千瓦。全流域共有大中型水电站 40 座，装机容量高于 10 万千瓦的大型水电站有 7 座，分别为莲花水电站、尼尔基水电站、白山水电站、丰满水电站、红石水电站、双沟水电站及小山水电站，总装机容量达 424.3 万千瓦；装机容量为 0.5 万~10 万千瓦的中型水电站有 33 座，总装机容量为 69.96 万千瓦（吕军等，2017b）。

表 9-11　松花江流域重点水电站情况　　　　　　　　　（单位：万千瓦）

水电站	河流	装机容量	水电站	河流	装机容量
白山水库水电站	西流松花江	180.0	哈达山水电站	西流松花江	3.45
大顶子山水电站	松花江	6.6	小山水电站	松江河	16.0
镜泊湖老厂发电站	镜泊湖	3.6	红石水电站	西流松花江	20.0
镜泊湖新厂发电站	镜泊湖	6.0	两江水电站	西流松花江	6.0
莲花水电站	牡丹江	55.0	上沟水电站	牡丹江	1.6
丰满水库水电站	西流松花江	100.25	石龙水电站	松江河	7.0
尼尔基水电站	松花江	25.0	双沟水电站	松江河	28.0
大兴川水电站	西流松花江	4.8	枫林水电站	头道松花江	3.2
山口水电站	讷谟尔河	2.6	西金沟水电站	西流松花江	4.8

资料来源：吕军等，2017a

4. 水资源供应

松花江流域形成了较强的水资源供应能力，基本满足了全流域的各类用水需求。1985~2014年，流域总供水量持续上涨，净增192.28亿立方米。其中，嫩江和松花江干流流域增幅显著，嫩江供水量增加了129%，松花江干流增加了177%，西流松花江增加了74%。如表9-12所示，2014年，松花江流域总供水量为371.92亿立方米，其中地表水235.41亿立方米，占总量的63.3%；地下水为135.79亿立方米，占36.51%；其他水资源供水（污水处理回用）为0.72亿立方米，占0.19%。地表水供水引提水供水量最大，蓄水水库供水量最小；地下水供水以浅层水为主，尤其是松花江（三岔口以下）即松花江干流地区（范玲雪，2016）。生产、生活和生态用水量分别为348.32亿立方米、19.2亿立方米和4.39亿立方米，占比分别为93.7%、5.2%和1.1%。其中，农田灌溉用水为276.88亿立方米，实灌农田6074.6万亩，有效灌溉为8129.2万亩；工业用水次之，为48.39亿立方米；居民生活用水和林牧渔畜用水量分别为19.20亿立方米和16.67亿立方米，城镇公共用水、生态与环境补水较低，分别为6.38亿立方米和4.39亿立方米。

表9-12　2014年松花江流域供水情况　　　　（单位：亿立方米）

供水情况		嫩江	西流松花江	松花江干流	合计
地表水源供水		76.47	51.4	107.54	235.41
地下水源供应		46.92	16.7	72.17	135.79
污水处理回用		0.04	0.54	0.14	0.72
总供水		123.43	68.64	179.85	371.92
用水量	农田灌溉用水	87.41	39.73	149.74	276.88
	林牧渔畜用水	7.87	2.30	6.50	16.67
	工业用水	19.05	18.19	11.15	48.39
	城镇公共用水	1.54	2.00	2.84	6.38
	居民生活用水	5.05	5.32	8.83	19.20
	生态与环境补水	2.49	1.11	0.79	4.39

2017年，松花江流域的用水总量达到368.75亿立方米。如表9-13所示，全流域生产用水达到343.65亿立方米，占比达93.2%；其中，农田灌溉用水最多，比例达到78.9%，尤其是松花江干流比例高达85.9%；工业用水较高，比例达到9.1%。全流域的生活用水和生态环境用水比例较低，分别仅为5.2%和1.6%。从各流域来看，松花江干流的用水量最高，比例达48.8%；嫩江流域用水量较高，占比达33.4%；西流松花江用水量较低，占比为17.8%。农田灌溉用水也主要集中在松花江干流，比例达到53.08%，嫩江流域比例为32.92%，西流松花江流域仅为14.00%。值得关注的是，嫩江流域的生态环境用水占全流域生态环境用水的比例较高，达到62.5%。

表 9-13　松花江流域用水量构成结构　　　（单位：亿立方米）

用水类型			嫩江	西流松花江	松花江干流	松花江流域
生产用水	第一产业	农田灌溉	95.84	40.76	154.51	291.11
		林牧渔畜	4.06	2.70	6.22	12.98
	第二产业	工业	13.24	12.59	7.79	33.62
		建筑业	0.19	0.29	0.33	0.81
	第三产业	服务业	1.12	2.37	1.64	5.13
生活用水			4.97	5.73	8.64	19.34
生态环境用水			3.60	1.33	0.83	5.76
总用水量			123.02	65.77	179.96	368.75

五、基础设施与支撑能力

1. 铁路

松花江流域围绕"四个交通"建设，以哈尔滨、长春为核心城市，以沈阳和大连为连接方向，初步形成了高速铁路网。基本形成了以哈大高铁为主轴、以绥满高铁和珲春–乌兰浩特高铁为横轴的"开"字形高铁网络骨架。哈大高铁、长珲高铁和长白快铁交汇，京沈、长吉珲高铁和长白快铁联通。乌兰浩特至长春快速铁路建成通车，哈佳、哈牡高铁投入运营，牡佳高铁、佳鹤铁路加快建设，哈绥铁伊高铁、北黑铁路提前开工。传统的哈大线、通让线、沈吉线、平齐线、长图线等既有普通干线也加快扩能改造和提高综合运能。围绕铁路干线，松花江流域基本形成了布局合理、分工明确的铁路枢纽场站体系，各枢纽形成集铁路、公路、轨道交通、公交、出租车于一体的综合交通换乘中心，哈尔滨和长春成为全流域的综合性枢纽。松花江流域基本实现了"县县通铁路"。这有力支撑了松花江流域尤其是哈长城市群的快速连通与高效交流。松花江流域主要铁路线如表 9-14 所示。

表 9-14　松花江流域主要铁路列表

类型	路线名称
铁路干线	京哈线、滨洲线、滨绥线、绥北线、平齐线、绥佳线、佳富线、图佳线、通让线、长图线、拉宾线、长白线、通霍线
铁路支线	富西线、嫩黑线、齐北线、北黑线、滨北线、翠峦线、南乌线、鹤岗线、富前线、林东线、四梅线、吉舒线

2. 多层次公路网

松花江流域初步形成以高速公路为骨架、国省干线公路为支撑、农村公路为基础的，沟通城乡、四通八达的公路网络。目前，基本实现了"县县通高速"，国省道全面连接县级及以上行政区、车站、机场，通达重要乡镇、重要产业园区及主要景点。基本建立起以市级场站为中心、县级场站（站点）为节点的公路场站网络体系，地级城市均建成综合客运枢纽，二级以上客运站覆盖全部县（市、区），物流园区覆盖多数地市，货运集疏能力显著增强。长春香江、吉林磐石陆港、松原市瑞禾仓储及长吉图物流产业园等大型物流园区投入运营。流域基本形成了以县（市、区）为中心、连接乡镇、辐射村庄的三级城乡运输班线网络，乡镇及行政村客运班车通达率均达100%，自然屯通客车率达86.6%。"门到门"定制客运服务、旅游专线、车（机）票+门票等客运新模式迅速发展。货物运输组织化水平进一步提高，多式联运、甩挂运输、无车承运等先进运输组织方式迅速发展，构建了县乡村三级物流网络，推进交通运输与邮政业、电商等融合发展（王远洋，2019）。吉林省和黑龙江省具体交通路线里程如表9-15所示。

表9-15 2020年吉林省和黑龙江省交通路线里程

省区		吉林省	黑龙江省	全国	吉黑两省占全国比例/%
铁路/公里		5 043	6 781	146 330	8.08
内河航道/公里		1 456	5 098	127 686	5.13
公路里程/万公里		107 848	168 119	5 198 120	5.31
公路分项	等级公路	103 670	144 868	4 944 489	5.03
等级公路分项	高速公路	4 306	4 512	160 980	5.48
	一级	2 222	3 140	123 101	4.36
	二级	9 770	12 583	418 300	5.34
等外公路		4 178	23 250	253 632	10.81

3. 机场体系

机场布局不断充实，机场基础设施不断完善，航线布局更加合理，形成了相对完备的民用机场运输体系和辐射国内、布局东北亚、连接东南亚主要国家和俄罗斯重点城市的空中交通网络。围绕哈尔滨、长春形成枢纽，已建成白城长安机场、松原查干湖机场、齐齐哈尔三家子、牡丹江海浪、抚远、佳木斯东郊、扎兰屯、大庆萨尔图、建三江湿地、五大连池德都、通化三源浦、乌兰浩特义勒力特、阿尔山伊尔施、长白山白山、霍林河等运输机场。截至2021年，松花江流域共有18个民用机场，包括4E机场2个（分别为哈尔滨太平机场和长春龙嘉机场）、4D机场1个和4C机场15个。旅客吞吐量集中在少数大型机场，2021年哈尔滨太平机场的吞吐量最高，达到1350万人次，长春龙嘉机场达到1127.9万人次，两个机场成为区域性航空枢纽，在全国的排名分别位居25位和27位。通用航空初步发展，主要开展人工增雨、护林防火、农化作业、航拍航测等业务。

4. 能源通信设施

电网建设全面加强，初步构成分层分区运行的电网体系，供电网络主架由220千伏跃升级为500千伏。石油天然气运输能力有较大提高，一批电网项目、油气管道工程相继建成投运，中俄东线天然气管道投产输气，中俄原油管道形成了3000万吨/年的输油能力，中俄天然气管道形成了380亿立方米/年的输气能力，沈阳-长春天然气管道、四平-白山天然气管道建成运行。"气化吉林"和"气化龙江"工程持续快速推动，主要城市的主城区天然气置换基本完成，吉林省形成了以中石油吉林油田公司和中石化东北油气公司开发省内天然气、中石油陕京-沈长哈主干线天然气和内蒙古煤制天然气多元供气格局。黑龙江依托中俄东线天然气管道，加快打造"环状干网覆盖、支线管网延伸"的管网。城市供水、供热、供气、雨污分流管网改造加速推进，城镇承载能力不断提高。新型基础设施建设加快布局，4G通信网络及宽带覆盖率基本达90%以上，5G建设全面铺开。延边州、哈尔滨市、大庆市、白山市、通辽市和牡丹江市先后入选"宽带中国"示范城市名录。

5. 对外开放

东北振兴战略实施以来，发展环境不断改善，对外开放水平逐步提高，流域发展的新动力不断形成并释放出新活力。

在面向远东地区、东北亚和全球的开放过程中，松花江流域形成了大量的国际合作平台。这包括自由贸易试验区、跨境电子商务试验区等各类开放平台，如表9-16所示。2019年，国务院设立中国（黑龙江）自由贸易试验区。长吉图开发开放先导区、黑龙江沿边经济带开放步伐加快。先后设立中国图们江区域（珲春）和中韩（长春）两个国际合作示范区，批设了长春、哈尔滨、吉林、黑河4个跨境电子商务试验区，拥有长春兴隆、哈尔滨等综合保税区及吉林、牡丹江、黑河等保税物流中心，长春临空经济示范区建设持续提速。口岸不断增多，国家级口岸达到15个，其中航空口岸有5个，铁路口岸有哈尔滨，水运口岸有9个。2019年，哈尔滨铁路口岸货运量达8.68万吨。这些平台成为松花江流域对东北亚和全球开展交流合作的重要门户。

表9-16 松花江流域的国家级开放口岸

省区	吉林省	黑龙江省
自由贸易试验区		中国（黑龙江）自由贸易试验区
跨境电子商务试验区	长春、吉林	哈尔滨、黑河
国际合作示范区	中韩（长春）国际合作示范区、中国图们江区域（珲春）国际合作示范区	
综合保税区	长春兴隆	哈尔滨
保税物流中心	吉林	牡丹江、黑河
临空经济示范区	长春	
航空口岸	长春	哈尔滨、佳木斯、齐齐哈尔、牡丹江
铁路口岸		哈尔滨
水运口岸	大安	哈尔滨、佳木斯、饶河、桦川、富锦、同江、绥滨、萝北

对外开放合作的领域和范围逐步拓展。对外贸易集中在长春和大庆，其中长春市对外贸易额占东北地区对外贸易总量的10%，大庆市达到5.9%，其他地区较少。基础

设施互联互通水平明显提高，建成一批跨境基础设施通道，同江铁路大桥境内段建成，中俄原油管道二线、中俄东线天然气管道竣工投产，"长珲欧"班列等一批空铁大通道投入运营。黑龙江省与广东省、吉林省与浙江省、哈尔滨市与深圳市、长春市与天津市实行对口合作与交流，全面对接粤港澳大湾区建设与京津冀协同发展，深圳（哈尔滨）产业园等一批标志性工程落地。外资利用水平不断提高，尤其是长春市实际利用外资最高，占东北地区总量的30.5%，哈尔滨市占14.2%，白城市和延边州较高，占比分别达到7.9%和7%。

六、城镇分布与科创能力

1. 人口分布

2003年以来，松花江流域的人口规模呈现先增长后减少的过程，未来人口规模将呈现继续减少的态势。2020年常住人口达到4682.3万人，占东北地区常住人口总量的42.49%，占比较高，吉黑流域占吉黑两省人口总量的比例达79.5%；2020年户籍人口达5472.4万人，占东北地区户籍人口总量的49.08%，比常住人口比例高出6.59个百分点，吉黑流域占吉黑两省人口总量的92.73%，比常住人口高出13.23个百分点。常住人口中，吉林省流域约1616.5万人，占全流域人口总量的34.5%；黑龙江省流域约保持2829.4万人，占比达60.4%；蒙东地区流域约有236.4万人，占比仅为5.2%。人口分布呈现中部较多、东部和西部及北部较少的总体格局，尤其是哈长地区的人口规模较大。哈尔滨市区的人口最多，达507.19万人；长春市为317.82万人；大庆市区、吉林市区、齐齐哈尔市区均超过100万人，分别达152.09万人、150万人和147万人。

2. 城镇化与城镇建设

松花江流域是中国城镇化建设较早、城镇化水平较高的地区。城镇化率一直高于全国平均水平，但差距呈现不断缩小的趋势。全流域城镇人口不断增长，2000年达到2496.39万人，2010年增长到2967.04万人，年均增长47万人；2020年城镇人口达到2753.75万人，较2010年减少213.29万人，年均减少21万人。从城镇化率看，按常住人口计算，松花江流域在2000年达47.05%，2010年提高到52.67%，增长了5.62个百分点；2020年城镇化率达58.82%，较2010年增长了6.15个百分点。各县（市、区）的城镇化率有较为明显的空间差异，黑龙江东部、哈长地区有较高的城镇化率，有27个县（市、区）超过全国平均水平（63.89%）；双鸭山市区、牡丹江市区、齐齐哈尔市区、鹤岗市区、长春市区等9个县（市、区）超过90%，主要是地级城市建成区；吉林市区、大箐山县、通河县、白城市区、北安市、萝北县6个县（市、区）超过80%；嫩江市、铁力市、海林市、大庆市区和乌兰浩特市5个县（市、区）超过70%。部分县（市、区）的城镇化率较低，有42个县（市、区）低于40%，尤其是有20个县（市、区）低于30%。部分城镇建设取得了显著的示范效应，长春市、哈尔滨市、吉林市、齐齐哈尔市、牡丹江市、扎兰屯市等成为国家新型城镇化综合试点；前郭县、公主岭市、梅河口市、五常市、肇东市、穆棱市成为全国县城新型城镇化建设示范县。

优越的发展条件孕育了大量城镇，沿河和沿铁路形成相对密集的分布。全流域分布有14个地级城市和27个县级城市，还有58个县，共形成104个城镇建成区。从非农人口规模来看，松花江流域尚未形成超特大城市和特大城市，城镇体系形成小城市、中等城市和大城市3个类型与5个级别，如表9-17所示。其中，Ⅰ型大城市有2个，分别为哈尔滨市和长春市，但人口规模仅略微超过300万人；Ⅱ型大城市有4个，分别为吉林市、牡丹江市、佳木斯市和大庆市。中等城市有4个，分别为双鸭山市、齐齐哈尔市、伊春市、鹤岗市。松花江流域城市多为小城市，Ⅰ型小城市达20个，比例达19.2%；Ⅱ型小城市数量最多，达74个，占单体城市总量的71.2%。

表9-17 松花江流域的城镇规模等级结构

等级		人口规模/万人	城镇	数量/个
超特城市		>1000	无	无
特大城市		500~1000	无	无
大城市	Ⅰ型	300~500	哈尔滨市、长春市	2
	Ⅱ型	100~300	吉林市、牡丹江市、佳木斯市、大庆市	4
中等城市		50~100	双鸭山市、齐齐哈尔市、伊春市、鹤岗市	4
小城市	Ⅰ型	20~50	松原市、七台河市、双城区、白山市、尚志市、嫩江市、绥化市、梅河口市、北安市、乌兰浩特市、敦化市、肇东市、五常市、阿城区、海林市、榆树市、富锦市、桦甸市、呼兰区、抚松县	20
	Ⅱ型	<20	—	74

3. 创新增长

区域新增长极。近些年来，一批新的增长区域陆续批设，开展先行先试工作，探索发展新模式新机制新动力，为松花江流域发展注入了新动力。2015年批设哈尔滨新区，2016年长春新区获批，2020年公主岭市划归长春代管。2019年，国家城乡融合发展试验区长吉接合片区获批，先后设立吉林长春国家农业高新技术产业示范区、中韩（长春）国际合作示范区、长春临空经济示范区。一批重大项目和优质公共资源加快向这些新增长区域进行集中和发力，迅速成为松花江流域振兴发展的重要引擎。

科技创新。从科技成果转化"市场导入"、加强校地合作和国际科技合作等入手，推动科技企业从无到有、由弱变强。拥有中船重工集团公司第703所、哈尔滨焊接研究所等一批科研机构。实施了科创企业"雏鹰计划"等若干创新行动，强化企业创新主体地位，建立了科技企业特派员制度，新增一批省级以上科技企业孵化器、省科技"小巨人"企业、高新技术企业。拥有长春、哈尔滨、吉林、长春净月、齐齐哈尔、大庆等国家级高新区，拥有齐齐哈尔、哈尔滨、建三江、松原、大庆等国家级农业科技园区。深入实施"校城融合"战略，启动了5G+智慧能源、电力物联网等创新平台建设，持续打造双创基地。新型直升机、核电装备、舰船动力等领域研发制造实现重大突破。超（超）临界燃煤发电机组、高速重载铁路货车等一批创新产品已达到世界先进水平（刘在英，2022）。这推动松花江流域新产业新业态集群式成长，新旧动能高质量转换。

专栏 9-2　松花江流域新增长极

哈尔滨新区。2015年，国务院批设哈尔滨新区。哈尔滨新区包括哈尔滨市松北区、呼兰区、平房区的部分区域，覆盖面积达493平方公里。哈尔滨新区已入驻世界500强企业50多家，拥有哈尔滨高新技术产业开发区、哈尔滨经济技术开发区、利民经济技术开发区3个国家级开发区。哈尔滨新区拥有国际、国内各类研发创新机构200多家，拥有30余所高等院校。

长春新区。2016年，国务院同意设立长春新区。长春新区包括长春市朝阳区、宽城区、二道区、九台区的部分区域，覆盖长春高新技术产业开发区。面积约499平方公里，2019年地区GDP为732亿元。装备制造、农产品加工、高教科研等产业优势明显。拥有丰富的医疗资源和科技资源，累计引进研发机构60余家，入驻了150多家高新技术企业。

国家城乡融合发展试验区长吉接合片区：2019年批设，面积约1.11万平方公里。覆盖长春市九台区、双阳区、长春新区、净月高新技术产业开发区，吉林市船营区、昌邑区、丰满区、永吉县。建立进城落户农民依法自愿有偿转让退出农村权益制度；搭建城乡产业协同发展平台；健全农民持续增收体制机制。

中韩（长春）国际合作示范区。总面积512平方公里。2020年正式揭牌。建设多个专业产业园区，加强中韩两国在新能源汽车、医药、食品等领域的产业链协同合作。

七、生态环境与生态文明

1. 生态屏障功能

围绕补齐生态环境短板，加强生态建设与保护，生态环境质量总体趋于改善，在全国格局中属于优良地区。大小兴安岭和长白山地区是生态环境质量较高的地区。生态环境质量总体为良，划定了大量的生态保护红线，严格落实"三线一单"制度，严格保护重点生态功能区，拥有一批国省级自然保护区，建设了一批国家级生态乡镇、省级生态市和生态县市区。推进了山水林田湖草生态保护修复试点工程建设，继续实施天然林资源保护工程、三北防护林工程、退耕还林还草还湿工程，大小兴安岭林区和长白山林区全面停止天然林商业性采伐，稳步推进以国家公园为主体的自然保护地体系建设，东北虎豹国家公园建设开始实施，小兴安岭—三江平原项目被纳入国家第三批试点。积极开展生态修复和治理，实施了退牧还草工程、风沙源治理工程、高产优质苜蓿示范等项目，持续推行了草畜平衡，开展了禁牧休牧轮牧，加强了基本草牧场保护，草原生态明显恢复，科尔沁草原优良牧草占比达50%。西部沙化土地、盐碱地与退化草原得到了治理，退化土地不断减少。生物多样性得到了有效保护，珍稀濒危野生动植物保护地得到建设。流域森林覆盖率持续提高，各生态系统整体性、功能性和稳定性显著增强。一批生态文明建设领域的示范基地获批，兴安盟、梅河口市、前郭县被评为全国"绿水青山就是金山银山"实践创新基地，兴安盟、梅河口市、乌兰浩特市等成为国家级生态文明建设示范县市。

2. 城乡人居环境

城镇绿化建设水平不断提高，人居环境质量持续提升，改善了居民的宜居条件。哈长城市群的人均绿地面积较大，大小兴安岭及长白山地区的人均绿地面积较小。从具体城市看，大庆市和双鸭山市均高于100平方米；兴安盟高于70平方米，牡丹江市、七台河市高于50平方米，上述城市均高于全国平均水平。建成区绿地覆盖率呈现类似格局，大庆、双鸭山、七台河、松原、黑河、鹤岗、佳木斯等城市的绿化率超过40%。河湖水系不断连通，查干湖成为松嫩平原水系连通的重要地区。持续推进农村环境综合整治，规范了畜禽养殖禁养区管理，划定了大量禁养区，规模养殖场粪污处理设施配套率达90%以上，大型养殖场粪污处理设施装备配套率达90%，畜禽粪污资源化利用率达80%以上，一批乡村和乡镇入选全国乡村治理示范村镇。扎兰屯市、东丰县、永吉县、勃利县、通河县、泰来县、庆安县、突泉县、抚松县、方正县、铁力市被评为全国村庄清洁行动先进县。五大连池市、抚松县入选全国康养60强县。

3. 环境污染治理

生态环保设施建设水平不断提高，城镇供排水管网不断完善，污水处理厂和城镇生活垃圾处理设施不断增多，重点镇和常住人口1万人以上的乡镇全部建成生活污水处理设施，省级及以上工业集聚区全部建成污水集中处理设施。全面落实河长制湖长制，开展了河湖"清四乱"行动，重点流域治理顺利推进。如图9-5所示，2020年松花江水系水质均为轻度污染，Ⅰ~Ⅲ类水质占比为69.2%；松花江干流水质状况为良好，Ⅰ~Ⅲ类水质比例为76.5%。地级及以上城市集中式饮用水水源地水质达标率为100%，国省考核断面水质有效改善，达标率超过80%，85%的湖泊水库水质为Ⅲ类以上，成功消除阿什河、倭肯河、梧桐河劣Ⅴ类水体，劣Ⅴ类水质断面基本消除。松花湖、查干湖、月亮湖等重要湖库水质相对较好，松花湖为Ⅲ类水质，查干湖保护治理取得重大成果，达Ⅳ类水质。城市建成区黑臭水体基本消除，鹤岗市、辽源市、长春市被评为全国黑臭水体治理示范城市。以工业污染治理、燃煤污染控制、柴油货车攻坚、秸秆禁烧和扬尘管控为抓手，深入实施清洁空气行动、蓝天保卫战和"一微克"行动。加强秸秆露天禁烧，实行"全域全时段全面"秸秆露天禁烧，哈尔滨、齐齐哈尔、大庆、绥化、牡丹江等城市高温异常点减少最明显，秸秆综合利用率大幅提升，局部地区达90%，空气优良天数明显增长，哈尔滨达82.8%。土壤环境质量总体保持优良，推广了"一翻两免"等综合技术措施，城市、县城生活垃圾无害化处理率均超过97%。

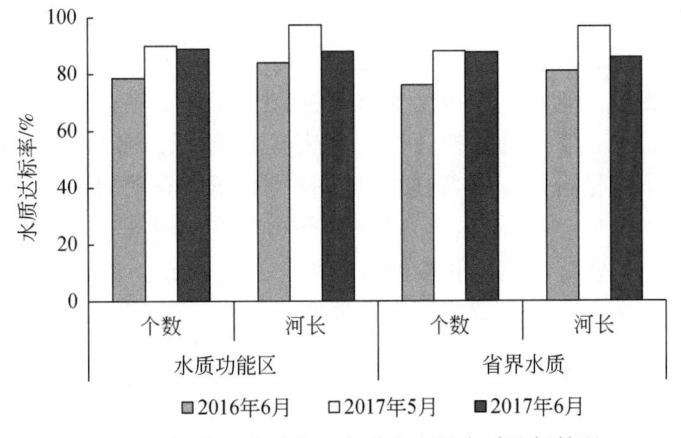

图 9-5 松花江水功能区水质和省界水质达标情况

第二节 突出存在问题

一、经济总量与路径依赖

1. 流域经济体量

松花江流域是东北地区乃至全国重要的农产品基地、装备制造基地和能源基地，20世纪90年代以来经济发展不断放缓，综合经济负重前行，在全国的地位不断弱化。2000~2020年，松花江流域的经济虽然从4986.6亿元增长到2.53万亿元，但占全国的比例从5.58%下降到2.49%，下降了3.09个百分点；占东北地区经济总量的比例从48.15%下降到44.6%，下降了3.55个百分点；吉黑流域占吉黑两省经济总量的比例从96.16%下降到93.69%，减少了2.47个百分点。从县（市、区）来看，流域经济的地区差异巨大，有7个县（市、区）的GDP总量不足50亿元，包括大箐山县、汤旺县、南岔县、绥化市区、丰林县、友谊县、勃利县；有46个县（市、区）不足100亿元，占统计单元总量的45.09%。从规上企业总量看，松花江流域规上企业仅占全国规上企业总量的1.4%。从GDP分布来看，松花江流域呈现"中心强、边缘弱"和"西强东弱"的格局，哈尔滨市、吉林市和长春市的集聚性极强。流域经济发展效益较低，从人均GDP来看（按常住人口计算），2020年松花江流域为54 034元，仅为全国平均水平的（72 447元/人）的74.6%，约四分之三。具体来看，仅有5个县（市、区）高于全国平均水平，有23个县（市、区）不足全国平均水平的40%，有32个县（市、区）不足50%，有22个县（市、区）不足60%，有13个县（市、区）不足70%。

2. 产业结构与产业链

松花江流域是中国重要的石油、煤炭、木材和机械工业基地，是重工业集聚发展的区域。工业结构不合理，重工业比例过高，能源基础原料的主导产业突出。许多城市工业结构单一，形成"一油独大、一车独大、一煤独大"等现象，"一柱擎天"问题突出，传统工业部门老化，传统产业发展疲软。轻工业不发达，战略性新兴产业发展不足。单一工业县（市、区）如表9-18所示。各地的新兴产业和特色产业发展方向分散、体量较小，高新技术产业比例较低。部分地区新兴产业存在"高端产业低端化"的倾向。冰雪经济、林下经济等特色产业尚未形成规模，对经济发展的贡献率较低。工业化与信息化的融合水平与进程较低，多数企业仍处于工业2.0阶段，特别是中小企业信息化智能化水平较低。

表9-18 松花江流域单一工业县区的行业类型

产业类型	黑龙江省	吉林省
煤炭	勃利县、鹤岗市、七台河市、依兰县、双鸭山市	江源区、靖宇县、舒兰市
电力	大兴安岭地区	
石油化工	大庆市	松原市
铁矿石与钢铁		东丰县
农产品加工	庆安县、通河县、克东县、甘南县、林甸县、克山县、富裕县、青冈县、集贤县、依安县	永吉县、德惠市、前郭县、九台区、双辽市
木材加工		桦甸市、蛟河市、抚松县、敦化市
化工		吉林市
医药		通化市
装备制造		长春市

产业多集中在上游环节，新兴产业较少，多数产业处于价值链中低端。基础原材料产业占比高，主要是能源开发、矿产采掘、初级开发及粗加工业。"原字号""初字号"产品仍占主体。原材料产品和中间产品多，最终产品和消费类产品少；粗加工产品多，主要提供资源材料与粗加工产品，"原字号""初字号"产品较多，停留在初加工阶段，精深加工产品少；产品档次不高，低级产品多，附加值低，既覆盖石化产业的化工原料加工、玉米等农产品加工，也覆盖人参、林蛙等特色资源加工。油气资源加工、农产品精深加工、生物质开发、清洁能源利用程度不够，产业链条不长、产品附加值不高的局面没有明显转变。例如，大庆市以石油初级开发为主，主要为原油、大宗化工原料及大宗有机合成材料，产业链短。

二、资源枯竭与产业衰退

1. 资源枯竭

经过几十年的开发利用，松花江流域的许多矿产资源和传统能源面临枯竭，包括煤炭、石油等。大庆油田的生产早已由油井自喷变为注水加压抽油，产出原油含水率高达90%以上，产量锐减，开采成本高。1959年以来，大庆油田累计生产原油

17亿吨，油田储采比已降到9以下，储采平衡系数一直在0.6左右，目前可采储量仅剩余30%，剩余经济可采储量3.6亿吨，且原油含水率增大，生产难度加大，成本较高。大庆原油产量已从2015年开始进行战略性调减，2021年降至3000万吨，如图9-6所示。煤炭行业处境更差，大中型煤矿大部分井田剩余储量面临枯竭，部分煤矿剩余服务年限已不足5年；鹤岗、双鸭山、七台河等市的国有煤矿的平均役龄已达70年，33个主要矿井已有16个枯竭，其余矿井的开采成本也不断升高（曲阳

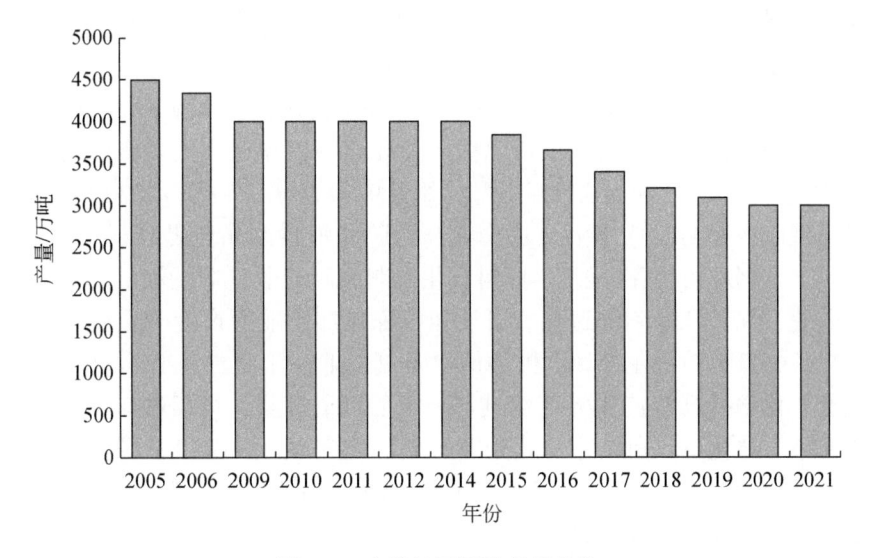

图9-6 大庆油田原油产量变化

专栏9-3 松花江流域的主要油田

松花江流域的石油资源比较丰富，油田主要分布在开鲁盆地、依兰-伊通地堑，面积大。已探明的石油储量仅占估计石油总资源量的36%，已探明的天然气储量仅占天然气总资源量的2.6%；其中，98%的石油和天然气储量分布在松辽盆地。

吉林油田：位居松林盆地，分布在扶余市、前郭县、大安市、乾安县、镇赉县，共探明油气田26个，开发油气田21个，主要由扶余和新民两个储量超亿吨的大型油田和十几个小油田组成。石油总储量达26亿吨，已探明储量达10.8亿吨，天然气储量达185亿立方米，页岩油储量达80亿吨。1959年，吉林油田开始产油。2020年，油气当量完成486.1万吨。远期规划油气产量达1000万吨/年。

大庆油田：是世界为数不多的特大型陆相砂岩油田，1960年开始开发；由萨尔图、杏树岗、喇嘛庙、朝阳沟、海拉尔等油气田组成。目前，大庆油田已成为全球规模最大的三次采油生产基地。2021年，大庆油田完成油气产量当量4322万吨，累计生产原油23.7亿吨、天然气1320亿立方米。截至2021年12月，大庆油田三次采油年产量突破千万吨，实现连续20年产量超过千万吨，累计生产原油2.86亿吨（刘伟等，2022）。

阳，2018）。大小兴安岭林区的森林资源已进入禁伐阶段，伊春、黑河等地区的采伐产业已衰退。由于长期的高强度开发、新增储量的减少，多数大宗矿产资源，如铜、镍、铅、锌、金等矿产的储采比连年下降，多数矿山已进入中晚期，大量矿井关闭。松花江流域形成"缺煤，减油，多电，少气"的资源生产格局。

2. 资源型产业衰退

20世纪以来，松花江流域成为中国重要的工业基地，资源能源密集型产业占有重要地位。长期以来，高耗能、高排放产业比例过高，落后产能和过剩产能较多，尤其是有色金属冶炼、铁矿石采选、火电等行业。各类传统能源和矿产资源开采时间长，经济开采储量减少，资源枯竭促使资源型产业萎缩甚至衰退。很多产业尤其是采掘业已进入"中老年期"，产业地位日渐下降。如表9-19所示，2003~2020年，有20个行业的比例呈现减少趋势，为滞后衰退产业；橡胶和塑料制品业是衰退最明显的行业，下降了4.82个百分点；其次是化学原料和化学制品制造业、造纸和纸制品业、石油和天然气开采业、煤炭开采和洗选业、石油加工炼焦加工业等产业衰退明显，下降比例均超过1个百分点；纺织业、计算机通信设备制造业、木材加工和木竹制品业、通用设备制造业、化学纤维制造业等产业具有一定的衰退趋势，均超过0.5个百分点。伊春市、黑河市、通化市、白山市、延边州、鹤岗市等地区的森工产业进入衰退阶段。如表9-20所示，2003~2020年，松花江流域的原煤产量从8690万吨减少至6208万吨，降幅达28.6%；原油从5296万吨减少至3396万吨，降幅达35.9%。随着城镇化进程的加快，化石能源总量不足的矛盾将持续存在。"煤头电尾""煤头化尾""油头化尾"的链式发展格局尚未形成。

表9-19　2003~2020年松花江流域的衰退产业及比例降幅（单位：百分点）

行业	比例降幅	行业	比例降幅
橡胶和塑料制品业	-4.82	化学纤维制造业	-0.63
化学原料和化学制品制造业	-1.96	酒饮料和精制茶制造业	-0.37
造纸和纸制品业	-1.62	电气机械和器材制造业	-0.21
石油和天然气开采业	-1.28	金属制品业	-0.21
煤炭开采和洗选业	-1.26	家具制造业	-0.19
石油加工炼焦加工业	-1.05	烟草制品业	-0.15
纺织业	-0.90	印刷和记录媒介复制业	-0.06
计算机通信设备制造业	-0.88	文教工美和娱乐用品制造	-0.03
木材加工和木竹制品业	-0.79	其他制造业	-0.02
通用设备制造业	-0.70	仪器仪表制造业	-0.01

表9-20　2003~2020年松花江流域原煤与原油产量变化　（单位：万吨）

地区		原煤	原油
黑龙江省	哈尔滨市	-302	
	齐齐哈尔市		-0.1

续表

地区		原煤	原油
黑龙江省	鹤岗市	-564.9	
	双鸭山市	70.7	
	大庆市		-1839
	七台河市	-919.8	
	牡丹江市	160.2	
	黑河市	113	
	合计	-1446.2	-1839.1
吉林省	长春市	-12.6	4.4
	吉林市	-176.8	
	四平市	-45.2	10.7
	辽源市	-433.8	
	通化市	-100.2	
	白山市	-438.5	
	松原市		-148.6
	白城市	-35.1	49.6
	延边州	205.5	
	小计	-1036.1	-60.7
松花江流域		-2482.2	-1899.8

2011年以来，全流域工业亏损企业数量呈现上升趋势，持有较高的企业亏损面。如图9-7所示，2011年亏损规上企业数量达883家，2018年增长到1960家，2020年又略降为1746家。全流域规上企业亏损率从2011年的10.35%提高至2020年25.4%。在吉林省，2004年亏损规上企业有969家，2018年达1084家，2020年又降至789家，亏损率从2012年的7.85%增长至2020年的25.93%。黑龙江省比吉林省有着更多的亏损企业和更高的亏损率，2003年亏损规上企业数量达743家，并呈现增长态势，2005年达802家，此后呈现波动式减少趋势，2011年达459家，随后又逐步增长，2020年达957家；规上企业的亏损率从2011年的13.59%逐步增长至2020年的24.99%。地方国企活力不足，资产总额、所有者权益、营业收入、利润总额在全国排序靠后，多数企业连续出现较大亏损。

3. 资源枯竭城市

资源型城市传统主导产业——资源型产业逐步萎缩，同时未能及时培育接替产业，城市经济发展效益低下，城市财力困难，面临"矿竭城衰"困境。鹤岗市、双鸭山市、佳木斯市、七台河市等以煤炭开采为主导产业的城市陷入困境已达十多年。2008年、2009年、2011年，国家分三批确定了69个资源枯竭型城市（县、区），东北地区集中了1/3，松花江流域覆盖了13个，比例达18.8%，主要是煤炭城市和森工城市。如表9-21所示，蒙东地区集中了3个，为鄂伦春自治旗（简称鄂伦春旗）、扎兰屯市、阿

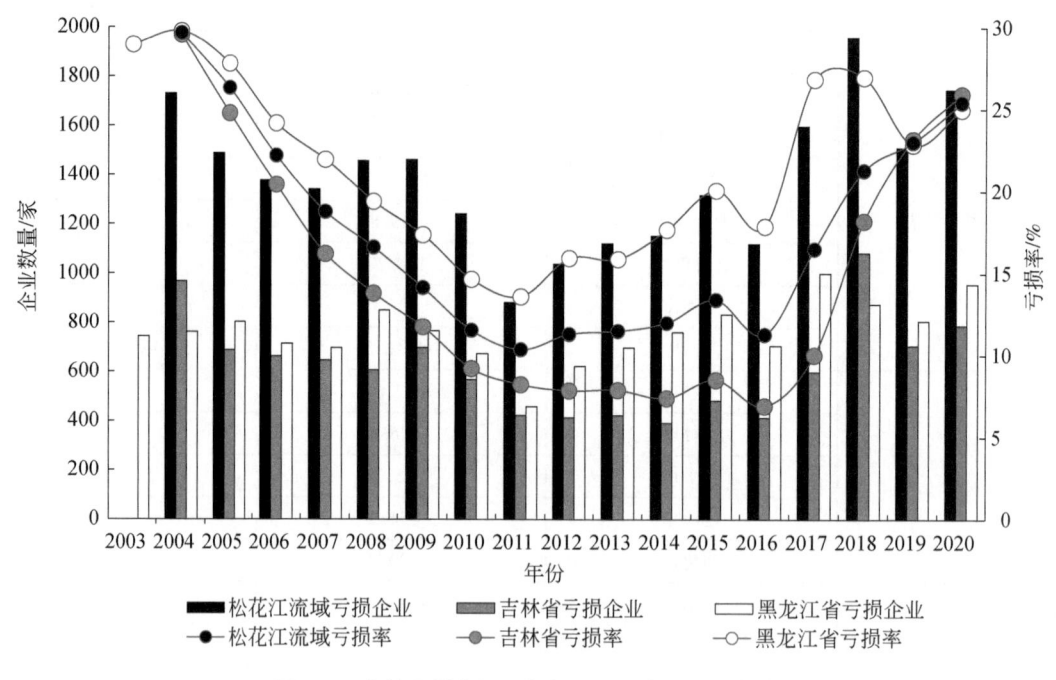

图 9-7 吉林和黑龙江亏损规上企业数量及亏损率

尔山市；吉林省集中了 7 个，分别为辽源市、白山市、舒兰市、九台区和敦化市；黑龙江集中了 7 个，包括伊春市、七台河市、二道江区、汪清县、五大连池市、兴安岭地区、鹤岗市、双鸭山市和铁力市。这些城市成为松花江流域发展的痛点，也成为东北振兴发展的难点。

表 9-21 松花江流域资源枯竭型城市名单

地区	首批	第二批	第三批	大小兴安岭林区享受政策
蒙东地区		阿尔山市		鄂伦春旗、扎兰屯市
吉林省	辽源市、白山市	舒兰市、九台区、敦化市	二道江区、汪清县	
黑龙江省	伊春市、大兴安岭地区	七台河市、五大连池市	鹤岗市、双鸭山市	铁力市

三、人口减少与人口外流

1. 人口减少

东北振兴战略实施以来，松花江流域人口总量经历了"先增长后降低"的发展过程。根据人口普查数据，2000 年，松江流域人口达 5305.6 万人，2010 年增长到 5633.2 万人，年均增长 33 万人；2010 年开始，松花江流域人口出现流失与负增长，2020 年减少至 4682.3 万人，比 2010 年减少了 950.9 万人，年均减少 95 万人。松花江流域占东北地区人口的比例从 2000 年的 45.1% 增长到 2010 年的 46.1%，继而降至

2020年的42.5%。从101个县（市、区）来看，除哈尔滨市区（因呼兰区面积较大，此处单独列出）、呼兰区、松原市区、大箐山县、乌兰浩特市外，其余96个县（市、区）人口均有不同程度减少。吉林市区的减少规模最大，达47.5万人，榆树市也达32万人；海伦市、扶余市、拜泉县、肇东市、前郭县的减少规模均超过20万人，有39个县（市、区）超过10万人，有23个县（市、区）超过5万人。从人口减少率看，拜泉县和克东县最高，分别达45.74%和40.6%；青冈县、桦南县、明水县、海伦市、望奎县等22个县（市、区）均超过30%，有30个县（市、区）超过20%，有24个县（市、区）超过10%。2015年全面放开二孩政策，未能改变人口增长率不断下降的趋势。人口数量加速减少将削弱需求和供给，导致流域发展缺乏活力。

2. 人口外流

因就业机会少、收入较低、福利待遇等各种原因，人口持续外流，近些年来经济下行加重了这种趋势，人口加速流向就业机会更好、收入水平更高、气候环境更宜居的沿海地区和邻近地区。特别是近年来，人口外流呈现年轻化、快速化和规模化等新趋势，以人才和接受高等教育的年轻人及中青年劳动力为主，以非农人口为主，比例高达43%。这促使松花江流域人口结构劣化和人力资源流失。2020年，松花江流域户籍人口为5133.75万人，但常住人口为4175.13万人，人口净流失958.62万人，净流失率达18.67%。全流域103个统计县（市、区）中，仅有10个县（市、区）存在人口净流入，93个县（市、区）存在人口净流出；其中，榆树市人口净流出规模最大，达38.74万人；吉林市区、海伦市、拜泉县、农安县、讷河市、长春市区（因九台区面积较大，此处单独列出）、扶余市、巴彦县、九台区、克山县等10个县（市、区）均超过20万人，有30个县（市、区）超过10万人。从人口净流出率来看，拜泉县、克山县、克东县、铁力市、明水县5个县（市、区）最高，超过40%，尤其是拜泉县达49.02%；汤旺县、丰林县、大箐山县、海伦市、兰西县、讷河市、望奎县、青冈县、巴彦县、勃利县、扶余市、依兰县、榆树市等13个县（市、区）均超过30%；有43个县（市、区）均超过20%。人口外流方向主要是珠江三角洲、长江三角洲和京津地区。

3. 人口老龄化

随着人口出生率的降低、人均寿命的延长及人口的流失，松花江流域人口年龄结构也出现了一些问题，尤其是老龄化现象明显，明显高于全国平均水平，形成"人口净流出"和"深度老龄化"的双重压力。如图9-8所示，2003年以来，老龄人口（65岁及以上人口）数量呈现"先缓慢增长后下降又急剧增长"的过程，从2003年的444.1万人增长到2020年的869.5万人。老龄人口比例呈现不断增长的态势，2003年老龄化率为6.81%，2020年增长到15.61%，尤其是2012年以来老龄化明显加快；2005年之前，松花江流域老龄化率低于全国平均水平，但之后总体上持续高于全国平均水平，2003年比全国平均水平（7.5%）低0.69个百分点，但2020年比全国平均水平（13.52%）高出2.09个百分点。与国际标准（7%）相比，人口老龄化问题比较突出，人口年龄结构优势逐渐丧失。104个统计单元中，有78个县（市、区）的人口老龄化率高于全国平均水平；其中，齐齐哈尔市区最高，高达53.85%，伊春市区、牡丹江市区、双鸭山市区均高于30%，七台河市区、吉林市区、萝北县、绥滨县、蛟河市、大安市、敦化市、伊通县等45个县（市、区）高于20%。这导致松花江流域的社会事业负担明显高于其他地区，增加了医疗保健、康复护理等社会保障压力，引起财政资源分流而对经济增长形成资本约束。社保支出成为各级财政越来越沉重的负担，2016年全国有7个省（自治区）社保开支入不敷出，吉林省和黑龙江省均在其列，尤其后者成为全国唯一社保基金累计结余为负数的省份。

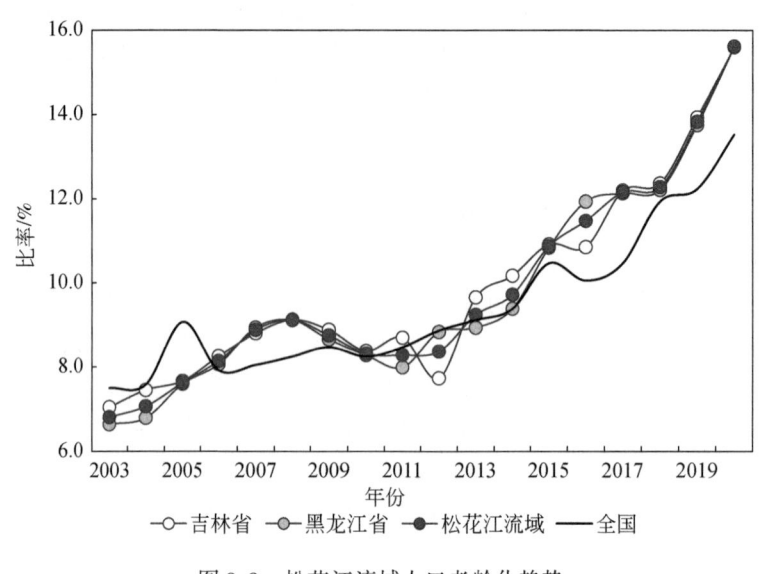

图9-8 松花江流域人口老龄化趋势

四、洪涝干旱与防灾减灾

1. 洪涝灾害

具备特殊成洪地理条件。松花江流域地处亚欧大陆东北高纬度地区，北至53°N，为温带大陆性季风气候，夏季高温多暴雨，冬季严寒干燥。流域地势中间低，四周高，三面环山，河流上游多高山，坡度陡，多瀑布急滩，山区易产流量；中下游为低山和丘陵区，山势趋于平缓，河床宽，水流平稳，中间松嫩平原地势低洼、河道宽浅平缓而易积涝。洪水时期，山区洪水涨落较快而平原地区涨落缓，泄洪速度慢，排水不畅，一遇暴雨，洪涝并发（范立君和马馨雨，2016）。降水年际变化较大且连续多雨与连续少雨的阶段性变化明显，降雨时空分配不均，集中在6~9月，占全年的70%~80%，年际变化较大，最大与最小年降水量之比在3左右；春季风大少雨，历年春旱严重，有时春夏连旱；夏季7~9月雨量集中，加以台风袭扰，洪水与洪灾频繁发生。洪水峰高量大，一次洪水的历时，较大支流一般为20~30天，西流松花江和嫩江为40~60天，松花江干流可达90天。春季易发生凌汛和春汛，三江平原容易发生春涝（尹雄锐等，2021）。

洪涝灾害频繁。松花江流域平均2~3年发生一次大洪水，严重洪涝灾害发生的频次在全国居前列。涝区主要分布在松嫩平原、三江平原、松花江干流中部和西流松花江中下游。洪水多由暴雨形成，80%的洪水发生在7~9月，尤以8月为多；洪水主要来自嫩江和西流松花江的上游山区。由于河槽调蓄的影响，传播时间较长。嫩江和松花江干流洪水多为平缓的单峰型洪水，松花江干流洪水发生频率比嫩江高，下游佳木斯站受牡丹江和汤旺河等支流洪水的影响有时出现双峰型洪水，前峰多为支流来水，后峰多为松花江上游来水；西流松花江因暴雨频繁，洪峰年内可出现2~3次（尹雄锐等，2021）。嫩江大洪水发生年份包括1794年、1886年、1908年、1929年、1932年、1953年、1955年、1956年、1957年、1969年、1988年、1998年和2013年，1998年洪水是嫩江及松花江干流特大洪水，在嫩江流域相当于480年一遇。西流松花江大洪水发生在1856年、1896年、1909年、1918年、1923年、1945年、1953年、1956年、1957年、1960年、1995年和2010年。松花江干流大洪水年份有1932年、1957年、1960年、1991年、1998年和2013年，1998年特大大洪水在松花江干流流域为300年一遇。2020年，松花江流域有40条河流发生超警以上洪水，嫩江、松花江干流全线超警，嫩江大赉、松花江肇源、富锦江段、牡丹江等河流发生超保洪水，支流岔林河、牡丹江支流海浪河、横道河子发生超历史洪水（冯艳等，2021）。

气象干旱较为严重。松花江流域气象干旱存在季节分带性规律，干旱范围大，持续时间长。春旱高风险区集中在白城南部及七台河东部，冬旱高风险区呈条带状分布于白城—齐齐哈尔一带。长春和哈尔滨地区是粮食主产区，夏旱风险较大，易对粮食生产造成影响。20世纪70年代和1982年、1989年均出现了全流域性严重旱灾。此外，山区地质灾害多发，低温霜冻较为严重。

2. 流域防洪能力

防洪体系抗洪能力仍然薄弱，仍实现不了全流域从根本上减免水旱灾害。防洪工程基础设施仍然偏少，干支流河道堤防险工险段多，堤防标准偏低，蓄滞洪区工程措施、行洪流路有待加强，防洪体系有待完善。沿河沿江中小城镇的防洪防涝标准较低，许多城镇和基本农田的防洪能力偏低。主要依靠堤防进行防洪，具有重大作用的水利枢纽仍然缺少，病险水库较多，除险加固任务重。非工程措施领域仍存在很多不足。围垦滩地侵占了行洪通道，江河分蓄泄洪水能力有待提高。针对胖头泡、月亮泡等蓄滞洪区的地方性法规体系尚不健全，缺少针对蓄滞洪区社会经济行为、具有法律效力的规定和条例（管功勋等，2019）。流域治理长期重视防洪而轻视治涝，全流域内涝严重，涝灾面积逐年上升。尤其是三江平原内涝严重，主要分布在土地肥沃、人口稠密的产粮区。

流域水利调度管理机制不健全。流域涉水部门多，职能交叉，责任不明确，利益诉求不同。缺乏相应的制度体系，现有法律法规无法完全适用于流域水资源的管理，无法保障水资源优化配置与可持续利用。流域水库群采用统一调度和分散调度相结合的调度运行管理方式；汛期中下游发生大洪水或干旱年份发生大面积干旱时，由流域防汛抗旱主管部门进行统一调度；其他时间由堤防防汛主管部门和水库运行管理单位进行调度，这形成权限分散和目标局限等问题。如表9-22所示，尼尔基水库的防洪调度管理单位和水量应急调度管理单位为松花江防汛抗旱总指挥部，水库主管部门和供水调度管理单位为松辽水利委员会，发电调度管理单位为国家电网公司东北分部，水库运行管理单位为嫩江尼尔基水利水电有限责任公司。白山水库、丰满水库的防洪调度管理单位为松花江防汛抗旱总指挥部，发电调度管理单位为国家电网公司东北分部，水库主管部门为国网新源控股有限公司，水库运行管理单位分别为松花江水力发电有限公司吉林白山发电厂和松花江水力发电有限公司吉林丰满电厂。其他大型水库调度运行管理情况为：汛期水库水位不高于汛限水位、不需要实施防洪调度时，由水库管理单位调度；承担所在河段下游防洪任务时，由省（自治区）防汛主管部门或市县级防汛主管部门调度。

表 9-22　松花江流域重要水库运行管理单位和主管部门

河段	水库	运行管理单位	主管部门
干流	尼尔基水库	嫩江尼尔基水利水电有限责任公司	松辽水利委员会
	白山水库	松花江水力发电有限公司吉林白山发电厂	国网新源控股有限公司
	丰满水库	松花江水力发电有限公司吉林丰满发电厂	国网新源控股有限公司
	哈达山水库	松原市哈达山水利枢纽工程管理局	松原市政府
嫩江右岸支流	绰勒水库	内蒙古绰勒水利水电股份有限公司	内蒙古水务投资集团有限公司
	文得根水库	"引绰济辽"调水管理总公司	内蒙古水务投资集团有限公司
	察尔森水库	松辽水利委员会察尔森水库管理局	松辽水利委员会
	向海水库	吉林省通榆县向海水库管理局	通榆县政府
	红旗泡水库	红旗泡水库管理所	北部引嫩工程管理处
西流松花江左岸支流	石头口门水库	长春市石头口门水库管理局	长春市水利局
	海龙水库	梅河口市海龙水库灌区管理局	梅河口市政府

资料来源：梁国豪等，2021

松花江流域防洪区面积达 11.64 万平方公里，占全流域面积的 20.9%，覆盖范围较广。防洪区内居住人口为 3427 万人，占全流域人口总量的 64.4%，拥有耕地 506.4 万公顷，占全流域耕地面积的 36.9%。防洪保护区面积达 6.5 万平方公里，占全流域土地面积的 11.7%；居住人口 2637 万人，有耕地 2295 万公顷，分别占全流域总量的 49.5% 和 16.7%。

3. 水资源短缺

松辽流域人均水资源量较低，为 1500 立方米，比全国人均水资源量 2220 立方米偏少 33.4%。水资源分布极不均衡，南多北少、东多西少、边缘多腹心少，嫩江流域单位面积水资源量明显少于松花江干流和西流松花江流域，但耕地比例却接近 47%，水资源供需存在严重矛盾。除松嫩平原西部和局部支流为资源型缺水外，大部分地区为工程性缺水，集中在嫩江和松花江干流。松花江流域水资源开发率为 30%，其中地表水资源开发率为 19%，浅层地下水开采率为 74%，尤其西流松花江的浅层地下水超采严重，已无进一步开发的潜力。根据预测，在经过各类工程措施和非工程措施后，

2030年松花江流域总需水量达439.3亿立方米，可供水量为430.3亿立方米，缺水量为9.1亿立方米，缺水率为2.07%。

松花江流域水资源缺少调蓄手段，缺少有较大调蓄作用的大型水库，现有蓄水工程供水量仅占用水总量的14.4%和地表水供水能力的21%。全流域年缺水量约50亿立方米，水资源开发利用程度低，农田水利设施不完善，设施陈旧老化，农业灌溉能力不足。缺少大型输水调水工程与设施，一些城市生活生产供水紧张，辽源、白城重度缺水，长春、四平、松原极度缺水。工业用水挤压农业用水、生态用水，形成盲目超采地下水及河道内外争水等矛盾，哈尔滨、大庆被迫超采地下水，形成面积达210平方公里和1450平方公里、最大降深达15米和21米的地下水漏斗。1980~2000年，松花江有6条河流发生断流，包括呼兰河、蚂蚁河、乌裕尔河、双阳河、洮儿河、霍林河，累计断流发生次数分别为2次、2次、15次、22次、18次、30次。从断流累计天数看，双阳河最多，为5058天；霍林河次之，为3391天；洮儿河、乌裕尔河、呼兰河、蚂蚁河分别为1335天、351天、78天、23天（曹振宇，2015）。

五、黑土地力退化

1. 土地退化与黑土地力衰弱

土地退化。季节性冻融作用和漫川漫岗的地形地貌特点，以及长期过度垦殖和掠夺式的经营方式，造成流域水土流失日趋剧烈。水土流失面积达15.76万平方公里，占流域总面积的28%，主要发生在坡耕地、疏林地和稀疏草地。以水力侵蚀为主，水蚀面积占80%左右。黑土区多为地势平坦的波状平原和台地低丘区，坡度虽缓但坡长较长，一般为500~2000米，降水集中在夏秋季节且多以暴雨形式出现，水蚀严重，春季土壤解冻时表层土壤疏松，容易被融雪径流冲刷，促进侵蚀沟蔓延。每年4~5月为干旱大风期，同时也是播种期，由于地表裸露，表面土层不同程度地被刮走，春季风灾肆虐地区每年要刮走肥沃表层1~2厘米（张中美，2009）。土地退化仍然存在，主要表现为盐碱化、沙漠化、草原退化等问题。科尔沁草原和松嫩平原存在不同程度的土地沙化，2017年科尔沁草原退化速度达1.2%，70%~80%的面积发生了不同程度的碱化，已有1/3的碱化草原沦为弃地，并向松嫩平原扩展。草原草场呈现功能退化，植被高度"矮草化"，风沙土变成了流动沙丘；草原演替逆向化，植被组成"杂草化"。盐碱化土地主要分布在松嫩平原，碱化面积已占1/3，并以每年1.4%~2.5%的速度扩大，成为世界三大苏打盐碱土分布地区之一，吉林西部重度盐碱化土地超过6000平方公里，尤其是大安是集中分布地区。

黑土地力衰弱。20世纪以来，黑土有机质自然流失过多，含量下降；开垦前，黑土有机质含量高达8%~10%；开垦20年的黑土有机质含量下降1/3；开垦40年的黑土有机质下降1/2左右；开垦70~80年的黑土有机质下降2/3左右。目前，黑土有机质缓慢下降，为每10年下降0.6~1.4克/千克。耕地有机质变薄，黑土层变"薄"变"瘦"变"硬"，初垦时黑土层在80~100厘米，开垦70~80年只剩下20~30厘米，部分地区已不足20厘米。土壤结构变差，物理性能逆向发展，地块质地由轻壤土变成中壤土，旱时板结僵硬，涝时朽黏，蓄渗水和供肥能力大大下降（张中美和文启凯，

2009);耕层容重增加,黑龙江平均为1.15克/立方厘米,黑龙江垦区为1.17克/立方厘米,内蒙古为1.24克/立方厘米,吉林为1.37克/立方厘米,从北到南耕层容重增加了0.22克/立方厘米。这促使黑土耕地数量减少、质量下降、中低产田面积扩大,粮食生产基地的土地资源优势不断被弱化。

2. 农业种植模式与农业基础设施

农业种植结构单一,长期以大豆等农作物为主,土壤微生物多样性下降。此外,水稻种植面积逐年扩大,地下水超采严重。化肥、农药和除草剂使用量大,恶化了土壤的理化性质,土壤肥力严重下降。多采用广种薄收的掠夺式经营方式,黑土供给作物的养分得不到补偿,土壤养分平衡失调。干旱、洪水、大风等自然灾害频繁,低温早霜和冰雹等灾害种类越来越多,黑龙江黑土区在20世纪50年代平均每年受灾面积达13万公顷,占农作物播种面积的2.3%;60年代增至22.7万公顷,70年代增至53万公顷,80年代增加到200万公顷,占农作物播种面积的35%以上。大风导致风剥表土、扒地毁苗、埋没垅顶、吞蚀良田、沙化面积扩大。土壤病虫害加剧,城市工业污染和农业本身由于农药、化肥使用造成污染,导致生产力下降。

农业基础设施建设滞后,特别是缺少大型水利工程和大型农机装备,抵御自然灾害的能力不强,粮食持续稳定增产的基础不稳固。农业技术推广、农产品质量检测、动植物疫病防控、农业信息、农资供应、农村金融保险等社会化服务体系条件和能力建设滞后。农业生产的规模化、市场化、专业化程度较低,小规模、分散经营的生产方式难以适应现代化大农业发展。粮食生产与流通能力不匹配的问题依然突出(卢玉文,2014)。粮食仓储、烘干、加工、物流等设施落后,关键节点散粮接发设施落后,不能适应"四散化"作业需要,粮库智能化水平不高,粮食保管和运输成本高(孙超,2014)。

六、航运能力与黄金水道

1. 航运本底与通航

松花江虽河道伸展距离较长,但具备通航自然条件的河段较短。松花江流域为季节性封冻河流,通航时间为每年的4月中旬至11月上旬,封冻期长达5个多月,通航时间存在季节性。每年存在开封江流冰现象,对水工建筑物破坏性较大,流冰堆积造成河流改道、航道封闭和航道改道。佳同线开江后,移标改道次数非常多。河面较宽,河道较浅,流冰搅动河床泥沙并通过水流将泥沙带走,促使上游河道变深,但导致下游产生泥沙堆积、航道变浅。依兰上游有三姓浅滩,自依兰至佳木斯段江面束窄,中水宽度仅有500~800米,存在多处碍航浅滩。水土流失使松花江江底抬高,导致河道水位相对较低,1920年哈尔滨站曾出现111.03米的历史最低水位,松花江沙滩连片、江底抬高,比20世纪50年底平均淤高30~50厘米,哈尔滨至沙河子航道航深为1.2米,到肇源段航道航深已不足1.2米。航程从20世纪50年代的1500公里缩短到580公里,1000吨货轮从哈尔滨无法再航行到黑河,只能保证600吨位以下货船航行。1998年特大洪水后,连续多年出现历史最低水位,2003年达到110.07米。嫩江尼尔基水库的建成和"北水南调"工程的实施，促使哈尔滨断面的多年平均来水量从403亿立方米减少至265亿立方米，航道枯水期航深由1.4~1.6米降至1.1~1.3米。在上游来水量减少、水位下降的趋势下，自然航道的维护更困难。同时，黑龙江-阿穆尔河挟带大量泥沙入海，促使河口三角洲逐渐扩大，导致尼古拉耶夫斯克港口的淤积严重，这对大流域门户港建设形成严重的自然制约。

> **专栏9-4　松花江流域流冰**
>
> 河流冰又称为凌汛，是指冰花或冰块受风、浪、流作用而产生的漂浮和流动现象。流冰形成于河面全部封冻之前和河流解冻之初，分为秋季流冰和春季流冰。秋季流冰是指河流封冻以前的流冰，先流冰花，后转为流冰块。春季流冰是指在河流解冻时流动的冰块，大块的称冰排，由破碎的封冻冰层和脱岸的破碎岸冰组成。秋季流冰标志着封江，春季流冰标志着开江。松花江流冰时间一般在1~2周。秋季流冰的影响力远小于春季流冰，春季流冰冰盖面积达十几平方米甚至几百平方米，惯性力极大。开河后的流冰，量多而势猛，流到排冰不畅的河段易形成冰坝，造成灾害。在纬度较高、由南向北流的河流中，流冰现象常见。流冰对河床危害较小，但改变河床深度，容易造成洪峰。在流冰过程中，水位落差较大，流冰速度较快，一般在2~4米/秒，容易造成陡岸的塌方。流冰使航运中断，沿河建筑物遭到破坏。冻结河流的航运一直不发达，秋冬流冰会对码头设施与航道设施产生很强的冲击作用，影响建筑质量与安全。

早期的松花江水利枢纽建设忽视了航运功能配置与开发建设。丰满以上的西流松花江上游建有4座拦河闸坝，均无过船设施，严重影响上游航道开发。松花江干流上游建设的枢纽均未考虑通航功能，通航设施严重不足，哈达山水利枢纽以农业灌溉取水为主，其建成运行给松花江干流航运带来严重影响（刘常春，2010）。嫩江水量充沛，通航条件优越，但尼尔基水利枢纽没有同步建设通航设施，中断了嫩江上游与下游及松花江干流间的航道畅通。闸坝建设导致松花江水系航运潜力难以发挥。

> **专栏9-5　松花江"三姓"浅滩**
>
> 三姓浅滩位居依兰至沙河子区间，全长41公里，河道宽浅，河道多岛屿和沙洲，浅滩罗列，水浅、水流分散，流速缓慢，航道复杂多变，一直是松花江水深最浅、航行最困难的碍航河段。三姓上段由清河汊道与沙河子弯道组成，长21公里，为经常发生泥沙淤积且河底可冲刷的沙质浅滩群；中下段由大古洞、小古洞、满天星、富家通、黄台等河段组成，河底基岩突出，水深严重不足，形成长达20公里航道浅险且河底不可冲刷的石质浅滩群。中下段洪汛期受牡丹江入汇壅水顶托影响，春枯水期又受依兰河段冰坝、冰塞影响，导致石质浅滩航道内发生泥沙淤积。长达35公里河道内基本没有深槽，边滩很不发育。三姓浅滩较上下各段航

道浅约20~30厘米，枯水期平均航道最小水深维持在1.15~1.25米，每年枯水季节，使哈尔滨—佳木斯航线船舶不能畅通，遇严重枯水年，水深降到0.7米，致使松花江被三姓浅滩分为两段，船舶断航。三姓浅滩造成船舶减载，在枯水期和平水期只能发挥船舶满载吃水运力的30%~45%。三姓浅滩的治理始于1899年，从早期疏浚、零星治理、大规模整治到20世纪80~90年代全面整治，经历了近百年的时间（王益良，2004）。

2. 航运通道

多数航道仍处于自然状态，长度为500多公里，航道整治落后，尤其是枯水期航行困难。干支流的港口较少，规模较大的仅有哈尔滨港、佳木斯港。白山、靖宇、丰满等港口码头处于自然岸壁停泊状态。多数港口水工建筑落后，大部分码头年久失修，装卸工艺落后，机械化程度较低，船舶候泊时间较长。个别区域港口存在盲目开发和重复建设等问题，对俄罗斯进口木材等货物运输竞争激烈。水上航行作业系统、码头仓储作业系统和集疏运作业系统不完善，港口集疏运条件较差，缺少铁路专用线，陆域库场堆场狭窄，船舶卧冬基地功能不完善。大型船舶通过能力较低，俄方船舶吃水较深，通过松花江特别是依佳河段到达哈尔滨等口岸困难。临港工业发展滞后。

历史上，松花江曾是"黄金水道"，尤其在20世纪40~50年代曾是最繁忙的运输线。目前，松花江干流的运输量仅达千万吨，运量较小。船舶老化现象突出，大部分船舶超期服役，多为200~300吨级小型船舶；国际航运虽然连通，但航线较少，哈尔滨港至俄罗斯哈巴罗夫斯克（伯力）等航线的运量较低，松花江港口至共青城、尼古拉耶夫斯克等港口的航线尚未通畅，至鞑靼海峡、日本海及中国东南沿海的航线尚未成熟，江海联运处于探索阶段。航运货源匮乏、结构单一，主要是砂石建材、粮食和超大型机电设备，返程货源少，大小兴安岭和长白山森林资源的禁伐导致港口木材运输量锐减，国家取消粮食计划性调拨促使粮食货源减少。东北"黄金水道""水上外贸通道"尚未形成。

七、流域发展支撑能力

1. 基础设施网络

在对改善区域发展环境具有较大作用的高铁和支线机场建设的热潮中，松花江流域未能及时跻入该过程。21世纪初以来，松花江流域仅仅建设了哈大高铁、长吉图高铁等干线，尚有大量地级行政区未连通高铁，全流域甚至东北地区的高铁建设仍处于骨架构建阶段，尚未形成网络。长春、哈尔滨两大中心城市与周边中小城市的基础设施连通性仍然不够，重大的互联互通工程建设缓慢或因缺少资金而搁置，轨道交通、城际铁路与市郊铁路等通勤交通建设缓慢，重要都市区和两大都市圈尚未形成，影响了流域核心增长极的培育与成长。大中城市的生产生活等基础设施不完善，原有基础设施严重老化，社会基础设施等公共服务系统不完善，城镇承载能力相对有限，新型城镇化和宜居环境建设缓慢。2018年，中国前35强城市基础设施发展指数排名中，长春和哈尔滨分别位居第20名和第23名，明显靠后。各地区交通、生活、邮电通信等基础设施发展不均衡；干线公路技术等级和服务水平不高，林区公路通达深度偏低；公路病害多发，超期服役的公路、桥梁存在安全隐患，养护成本高。农村饮水安全问题仍未能得到根本解决，存在饮用水水质超标、水源保证率低、用水方便程度低等问题。许多地区农田灌溉和排涝等水利工程设施仍然不足。

2. 对外合作深度

外向型经济发展滞后，外资利用能力和海外市场拓展严重不足，基础设施互联互通、东北亚跨区域合作等方面推动缓慢。长期以来，实际利用外资的规模持续增长，但2015年开始迅速减少。2020年松花江流域所涉及的地市出口总额仅为670.78亿元，占全国总量的0.39%，比例非常低；实际利用外资仅为15.36亿美元，仅占全国总量的1.11%。从具体地市来看，出口额主要集中在哈尔滨和长春，但比例也仅为0.07%和0.09%；实际利用外资也主要集中在长春和哈尔滨，占全国比例分别为0.24%和0.25%；仅哈尔滨和长春开放度较高，其他城市的规模很低。哈长城市群和黑龙江东部有着较高的内资企业数量比例和产值比例，内资经济占绝对优势，这是传统老工业基地和计划经济体制的典型特征。部分地市的内资企业产值呈现出绝对的比例；七台河、鹤岗、松原、双鸭山、绥化等地市均高于95%；牡丹江、兴安盟、吉林、佳木斯、大庆等地市均介于90%~95%；哈尔滨、白城、齐齐哈尔、长春等地市均介于80%~90%。外向型经济发展滞后严重制约了流域经济社会的发展，限制了流域发展活力与动力。

3. 生态环境保护

松花江流域是东北重工业集中分布的地区，尤其在黑龙江境内，绝大部分工业企业均沿松花江干支流分布（王芳，2017）。城镇化和工业化的持续推进对流域生态环境产生挤压效应，老工业基地的资源型产业和重化产业、商品粮基地建设的大量农业肥料投入与农业粗放发展方式，对生态承载力和环境容量及功能均造成显著影响，自然生态系统的退化趋势仍未能彻底扭转，环境污染依旧突出。森林、草原、湿地等自然生态系统依然较为脆弱，生态功能衰减态势依旧存在，生态保护面临较大压力。地表水污染仍然存在，局部河段和湖泊、水库仍存在明显的污染现象，集中在西流松花江和松花江干流的城市河段。2020年，松花江流域总体水质为轻度污染，主要污染指标为化学需氧量、高锰酸盐和氨氮，辽源的国考断面水环境质量居全国倒数第15位。部分湖库仍存在明显的污染，Ⅳ类水质的湖库有松花湖，查干湖、尼尔基水库、龙凤泡等湖库均出现不同程度的富营养化。能源利用结构、工业结构、冬季采暖及秸秆焚烧决定了大气污染是松花江流域的重要环境问题。冬季雾霾是重要污染，秋冬季秸秆焚烧污染防控压力大，露天焚烧问题突出，尤其集中在三江平原。商品粮食基地建设促使化肥农药使用量过高、农用地膜白色污染严重。

下 篇

松花江流域高质量发展思路与路径

第十章
松花江流域重大矛盾与战略功能定位

任何流域的发展须构建"本底"、"目标"和"布局"的关系框架，设计适应相互间关系的发展路径与空间方案。这需要全面刻画流域的自然地理环境与发展基础，但同时需要剖析流域的自然-社会-经济属性，考察所具备的独特优势与可能的功能定位，全面审视流域发展所面临的突出矛盾与需要协调的重大关系，尤其是"开发"与"保护"、"结构"与"布局"、"效率"与"效益"等关系。在"基础"、"优势"、"矛盾"和"机遇"之间，思考流域发展的总体思路，包括基本原则、战略定位，构建城镇化、工业化、农业化与生态化的适宜关系、互动路径、实现过程与时序目标。同时，要将发展思路与战略定位落实到地理空间上，布局和建设重大功能区、发展轴线和关键功能节点，打造合理的生产空间、生活空间、生态空间，建立规模适宜、功能合理、开发有序的空间结构。

本章主要是分析松花江流域的重大矛盾关系与战略功能定位。松花江流域有着独特的黑土、生态、产业、矿产和冰雪等资源优势，是中国重要的农业生产基地和木材战略储备基地，是东北亚的重要生态屏障和能源基地，是远东地区科创中心。但流域开发面临着高纬度气候与水资源利用、流域发展收缩与人口外流、陆水关系与流域发展轴线、流域空间结构重构等突出的矛盾，必须处理好国家战略地位与流域发展诉求、流域人-水关系、集聚开发与均衡性发展等重大关系。松花江流域要打造为中国粮食安全"压舱石"的核心区域、中国"五大安全"建设的重要支撑区域、流域生态文明建设示范区，以及东北全面振兴、全方位振兴的重要引擎，构建"七区三轴两圈多节点"的战略格局，"七区"是指哈长城市群，松嫩平原和三江平原两大农业主产区，以及大小兴安岭、长白山、三江平原、科尔沁草原四大生态功能区，"三轴"是指哈长佳主轴和哈大齐、白长吉两条辅轴，"两圈"主要是指哈尔滨和长春都市圈，"多节点"是指吉林、松原、齐齐哈尔和佳木斯四个支点城市。

第一节 矛盾关系

一、主要优势

1. 黑土地核心区，是中国重要农业生产基地

松花江流域土地肥沃，是中国粮食安全"压舱石"。流域土地以耕地为主，占比达到40.02%，而且分布连续成片，土壤肥沃，生产能力高。是世界主要的黑土分布区，是世界"四大黑土区"和"三大寒地黑土"之一，松花江流域是东北黑土地的核心分布区。该流域有着中国最高的农业机械化水平，是中国最大农垦企业——北大荒集团的生产基地集中区，有着中国最多的高标准农田。该流域是中国主要的农业生产功能区、大粮仓，在确保中国粮食安全方面具有不可替代的作用。尤其是松嫩平原和三江平原是著名的商品粮基地，粮食单产水平高，粮食商品量、调出量均居全国首位。粮食年产量约占全国的五分之一，盛产玉米、稻米、大豆、高粱等，是中国玉米、粳稻等商品粮主要供应地，承担了中国粮食和寒地特色农产品供应的功能。此外，大小兴安岭和长白山是中国林下经济的主要生产基地，科尔沁草原是全国著名的优质精品畜牧产品基地。

2. 生态资源丰富，是东北亚的重要生态屏障

自然地理环境、河流湖泊湿地、森林草地决定了松花江流域在东北亚地区有着特殊的生态功能。松花江流域覆盖了大小兴安岭、长白山、科尔沁草原、松嫩平原、三江平原等生态功能区，拥有44个国家级自然保护区，占东北地区国家级自然保护区数量的39.3%。拥有大小兴安岭、长白山及完达山—张广才岭等丘陵山地，拥有中国最大的林区，有林地占比达39.6%，是中国重要的碳汇区，是中国应对气候变化的重要支撑区（张效廉，2014）。大小兴安岭抵御着西伯利亚寒流和蒙古高原旱风的侵袭，使来自东南方的太平洋暖湿气流在此涡旋，具有调节气候、保持水土的重要功能，为东北平原、华北平原营造了适宜的农牧业生产环境，庇护了全国1/10以上的耕地和最大的草原（李爱琴和曹玉昆，2016；王文君，2014）。大小兴安岭、长白山是各大水系及主要支流的源头和水源涵养区，为中下游地区提供了宝贵的工农业生产和生活用水，是东北亚"水塔"。水系纵横交错，湿地面积约9.8万平方公里，湿地自然保护区达76个（罗遵兰等，2015）。松花江流域拥有森林、草原、湿地等多样化的生态系统，适生着野生植物近千种、野生动物300多种，是中国保护生物多样性的重点地区（王文君，2014）。

3. 人口产业集聚，是吉黑两省核心发展地区

松花江流域是东北地区的主要城镇化和工业化地区，是吉林省和黑龙江省的主要产业-人口集聚地带，也是东北亚的重点开发开放地区。人口分布密集且集中，全流域人口总量约为4682.32万人，集中了东北地区的42.49%和吉黑两省79.5%以上的人口，形成了长吉图城市群、哈大齐城市群及黑龙江东部城镇密集区。松花江流域孕育了大量的城镇，分布有大小城市41座、县旗58个，主要城市包括哈尔滨市、齐齐哈尔市、大庆市、佳木斯市、牡丹江市、鹤岗市、长春市、吉林市、白城市和松原市等，这些城市沿交通干线和松花江干支流呈现带状分布。松花江流域集中了吉黑两省主要的工业实体，2020年工业增加值占东北地区总量的47%，拥有了一批具有重要影响的龙头企业，如一重、哈电、哈飞航空工业股份有限公司（哈飞）、中车长春轨道客车股份有限公司（长客）等。产业体系较为完整，优势产业主要包括装备制造、能源、石油化工等基础产业，集中了中国的"大国重器"，在中国工业体系格局中具有战略意义。

4. 能矿资源丰富，是东北地区重要能源基地

松花江流域是中国重要的能源开发及精深加工基地。如表10-1所示，全流域能源资源丰富，品类齐全，主要包括石油、煤炭、天然气等传统能源，同时有丰富的太阳能、风能、生物质能、水能等清洁能源，为构建工业体系、发展实体工业奠定了重要基础。全流域煤炭保有储量超过400亿吨，煤层气资源也极为丰富，大型煤炭基地蒙东（东北）基地部分位于松花江流域，拥有七台河市、双鸭山市和鹤岗市等著名煤炭城市。拥有大庆油田、松原油田、松辽盆地、伊通盆地等重要油田，累计原油探明储量达78.4亿吨，剩余技术可采量为6.23亿吨，累计天然气探明储量超过1万亿吨，剩余技术可采量为2043亿吨，还有丰富的油页岩和页岩气等资源。风力资源较为丰富且品质较高，技术开发量约为4亿千万瓦，集中布局在佳木斯市、伊春市、牡丹江市、白城市等地区。光伏发电也有很好的基础，太阳能资源富集地区集中在科尔沁草原和松嫩平原西部盐碱地，白城市设计发电容量达500万千瓦。全流域秸秆资源极为丰富，开发生物质能的潜力巨大。水能资源集中在大小兴安岭、长白山等松花江上游，包括嫩江、西流松花江和牡丹江等干支流。

表10-1 松花江流域主要矿产资源储量情况

矿产名称	矿区个数	单位	查明资源储量	全国位次
石油	—	亿吨	1.8	8
天然气	—	亿立方米	685	8
煤炭	371	亿吨	27.54	20
油页岩	12	亿吨	1085.55	1
油砂	2	矿石亿吨	4.84	1
铁	183	矿石亿吨	10.66	14
镁	7	矿石亿吨	3.89	3
钼	25	金属万吨	268.52	4
硅灰石	34	矿石亿吨	0.51	1
硅藻土	50	矿石亿吨	3.56	1
泥灰岩	5	矿石万吨	0.7	4
矿泉水	—	万米³/天	47.4	1

5. 森林资源丰富，是国家木材战略储备基地

松花江流域的地形地貌决定了森林是重要的自然资源和产业资源。地处温带季风气候区，自北向南依次分布着寒温带、中温带。松花江流域山岭重叠，满布原始森林，森林覆盖率很高。大兴安岭、小兴安岭和长白山是中国最大的森林区，共同形成东北林区。植被以针叶林和温带落叶阔叶林为主，耐寒的针叶树种相对最多，是中国唯一的大面积落叶松林地区，主要的树种有红松、兴安落叶松、黄花松等，也有属于阔叶树的白桦、水曲柳等，木材材质好。长白山是中国重点国有林区和北方重要天然林保护地，拥有中温带最完整的山地垂直生态系统。松花江流域的木材蓄积量超过20亿立

方米，占全国总量的 1/5，其中大兴安岭部分超过 7 亿立方米，小兴安岭部分超过 2 亿立方米，拥有吉林森工集团、龙江森工集团、大兴安岭林业集团和长白山森工集团。松花江流域适宜建设成为国家木材资源战略储备基地，对维护国家长远木材安全供应具有重大意义。

6. 科教资源集聚，成为远东地区科创中心

科技创新是区域发展的重要动力。松花江流域的高校与科研院所数量众多，以长春-哈尔滨为核心的哈长城市群已成为东北地区的创新极化带，也成为东北亚地区的科创中心地区。吉林大学、哈尔滨工业大学为"双一流"大学，拥有众多与石油、化工、煤炭、钢铁等产业相关联的高校，高校院所集中分布于哈尔滨市、长春市、吉林市三大城市。拥有中国科学院长春光学精密机械与物理研究所、中国科学院长春应用化学研究所等创新实力较强的研究机构，拥有一批国家级工程研究中心、重点实验室和工程技术中心，科技从业人员超过 15 万人。科研领域极为广泛，涉及石油、林业、农业、建筑、医学、装备制造、电力、化工等众多门类。拥有哈尔滨、大庆、齐齐哈尔、长春、吉林丰满、延吉、通化医药等国家级高新区，以及七台河、牡丹江、佳木斯、辽源、梅河口、松原农业等省级高新区。这为流域产业转型升级和新兴产业培育提供了强大的支撑。

7. 冰雪优势突出，是远东综合旅游目的地

松花江流域有着丰富的旅游资源，为产业结构调整和活化流域发展提供了重要支撑。松花江流域为中国最北地区，以极寒气候、冰雪人文主题、冰雪自然环境为代表的顶级冰雪旅游资源独具魅力，为"中国冰雪之乡"。松花江流域是中国冰雪文化的发源地，冰雪期长，积雪日数达 80～120 天，长白山、兴安岭及黑龙江北部可达 150 天以上，积雪较厚，最大深度为 58～80 厘米。冰雪质量、数量与时空范围均是亚洲最好的，与欧洲阿尔卑斯山、北美落基山共同处于"冰雪黄金纬度带"。松花江流域拥有丰富的生态旅游资源，拥有大小兴安岭、长白山等大山名山，拥有镜泊湖、松花湖、五大连池、长白山天池、吉林雾凇等著名景区，拥有扎龙、向海、莫莫格等一大批湿地风景名胜区。历史文化底蕴较好，生活有多个少数民族，鄂伦春族、赫哲族等世居少数民族文化特色明显，分布有一批历史文化古迹。有着浓厚的抗联文化、北大荒文化、工业文化，文化影响力和知名度较高。

二、突出矛盾

1. 高纬度气候与水资源利用

流域的综合开发和高质量发展水平，与各河流所处的地理纬度及干流流向有着很大的关系。纬度决定了流域的自然地理环境、基本水文现象、水资源功能属性、灾害种类及发生频率。前文所述的国际成功案例河流多处于中低纬度，多数河流或是从北向南流或呈现横向东西流向，多处于温带气候区、亚热带气候区和热带气候区，地处寒温带气候区和寒带气候区的河流流域普遍呈现发展水平较低、自然地理环境约束较

大的特点。

松花江流域介于41°42′N~51°38′N，119°52′E~132°31′E，东西长为920公里，南北宽为1070公里（魏春凤，2018；张立忠等，2011）。全流域纬度高，地处北温带季风气候区，大陆性气候特点显著，冬季漫长严寒且干燥，有时会降至-30℃。这决定了松花江流域存在结冰期、凌汛等重要水文特征，干支流均存在结冰期，大大影响了水资源的综合开发利用方向及水平。松花江流域在每年10月下旬至次年4月形成冰期，天数约为140~150天，长达近五个月，冰厚1~1.5米，为季节性封冻，水资源充分开发利用的时间为7个月左右，航运功能与长江、西江等河流相比，其意义大大缩小，水资源的其他功能开发也受到很大的限制。高纬度和自南向北流决定了凌汛发生在每年的4~5月，对河道沿线堤防、航运设施及其他设施具有较高的破坏性。

2. 流域发展收缩与人口外流

松花江流域是中国开发较晚的一条河流。清朝中期之前，松花江流域长期处于渔猎经济阶段；清朝中期开始，松花江流域垦殖活动增多，人口逐步增长，东北"开禁"后开发活动增长较快。民国时期，松花江流域进入了规模较大的开发时期，水资源综合利用加强。中华人民共和国成立至20世纪90年代，松花江流域处于大规模的农业化、工业化和城镇化开发阶段。同期，俄罗斯远东地区经历了大量移民、农业开发和工业化发展阶段。

20世纪90年代以来，松花江流域甚至包括俄罗斯远东地区进入了收缩性的发展阶段。经济发展低迷，甚至部分地区长期处于负增长状态。人口不断外流，不仅乡村人口流失严重，而且大量中小城镇人口外流严重。人口流失尤其青壮年劳动力的流失已开始制约松花江流域的社会经济发展，甚至影响着中国在远东地区的地缘安全。相伴随的是，金融资本和技术等发展要素也不断外流。尤其是资源型城市成为松花江流域发展的痛点和难点，资源枯竭与主导产业衰退带来就业的萎缩与人口的外流，大量的资源型城市与以基础原材料为主导产业的城市成为收缩型城市。俄罗斯远东地区也面临着较为严重的人口流失，已连续30多年外流，1990年远东地区人口总数为806.4万人，2016年减少至620万人。目前，俄罗斯政策的核心是留住人口，2017年通过了《2025年前远东人口政策构想》。发展收缩成为松花江流域进行开发治理所面临的最新环境。

3. 陆水关系与流域发展轴线

综合交通走廊一直是区域发展尤其是国土开发轴线形成的空间基础，交通设施与发展轴线具有天然的互生关系（王成金等，2015）。以综合运输通道为发展主轴，产业、人口、资源、信息、城镇、客货流量等集聚而形成带状空间地域综合体，即交通经济带（韩增林等，2000）。以河流水运为主要载体的综合运输走廊成为延展长度最长、辐射范围最广、组成方式最多的综合运输走廊。在各类地理事物中，河流往往成为区域内物质要素和自然要素进行汇聚和相互作用的重要空间载体，尤其是具有大容量通航功能的内陆河流往往成为最重要的发展轴线，汇聚了流域主要的人口和产业，成为流域发展的核心轴线与带状社会经济地域系统（杨莉，2020）。

松花江流域的核心资源是松花江干支流水体。松花江流域开发较晚，历史上主要是游牧渔猎经济形态，不是传统的农业种植生产区，传统农业文明与社会系统并未形成。这导致河流航运功能与流域开发并未形成历史互动关系或空间耦合，松花江干流、嫩江和西流松花江并未成为流域的主要发展轴线，河流未能成为各地区的核心载体，未能带来各类要素的线状空间集聚。现实中，松花江流域的人口和产业布局主要是随着中东铁路建设而开展的。哈大铁路、滨绥—滨洲线和长图线所构成的"一纵两横"是松花江流域的核心发展轴线，三条铁路线及国道是综合运输通道的主要交通设施。这导致流域发展轴线与松花江主水道形成空间分离，在松花江流域形成自然规律与人文规律的空间分离，深刻影响了流域空间结构的塑造。是以铁路干线为基础还是以河道沿线为基础构建发展主轴并布局各类生产力要素，成为松花江流域开发保护的突出矛盾。

4. 流域开发的空间结构重构

空间结构是指不同功能区及其承载的人口、经济的分布和比例关系在空间上的组织规律，包括空间集聚、空间分异及拓扑结构等特征（王亚飞等，2020）。区域空间结构的构建与空间模式的选择须关注区域本底条件与发展阶段。尤其是流域的特殊地理环境塑造了上中下游、干支流的差异，包括功能区划分、经济产业布局、城镇体系与居民点等，促使其空间结构具有一般性特征，其空间发展模式具有共同的规律（俞勇军，2004）。松花江流域并未严格遵循流域经济社会布局的一般性规律，其规模集聚强度与分布密度显著集中在哈长地区，干流和下游地区未能成为人口-产业集聚地区，干支流汇集区未能成为中心城市和门户城市。松花江流域不是新兴地区或新开发地区，而是已经历过大规模工业化和城镇化的地区，有着较为成熟的工业化与城镇化。各类资源要素高度集中在哈长轴线尤其是哈尔滨和长春两个中心城市，大量中小城镇缺少发展的资源要素。根据区域发展阶段理论，松花江流域处于成熟发展阶段，是产业与人口需要扩散、空间采取均衡发展的地区，但现实中松花江流域呈现出收缩性发展。

"成熟开发"、"中心集聚"和"发展收缩"成为松花江流域空间结构重塑的基础背景。均衡发展与集聚开发成为松花江流域面临的首要困惑问题。

（1）是推动松花江流域中小城镇加快发展，缩小核心地区与流域腹地的差距，促进人口与产业均衡化布局？还是忽略区域差距继续拉大的发展预期，促进各类资源要素继续向长春和哈尔滨两大都市圈集聚，对流域腹地尤其上游进行收缩性治理和战略性储备空间设计？是推动哈长轴线向干支流和上游进行扩散还是继续巩固哈长轴线尤其推动两大都市圈开发？这成为松花江流域发展的两难问题与重大矛盾。

（2）如何推动空间结构重构？是继续沿着哈大轴线，推动松花江流域向南发展，以连通环黄渤海经济区与中国东部沿海经济带？还是沿着河流流向，从上游向下游形成向北发展，加强与俄罗斯远东联系，融入东北亚经济圈？逆向发展还是顺向发展、遵循河流规律还是遵循陆地连通规律？

（3）是继续遵循"三分法"而实施哈大轴线、东部绿色发展带和西部生态经济区三大板块构建，还是遵循"两分法"而推动辽中南融入京津冀协同发展以共同打造具有世界意义的环渤海都市连绵区、松花江流域融入东北亚经济区？这成为松花江流域发展的又一难题。

5. 河流梯级开发的负面效应

流域是一个相对完整的自然地理单元，河流是重要的生态系统，是以流域为地域范围的生物群落与无机环境构成的统一整体。流域生态系统包括源头森林生态系统、河道水生生态系统、沿江和下游湿地生态系统等各种类型。当河流生态系统受各种自然或人为因素干扰，超过本身的适应能力时，会在某些方面出现不可扭转的损伤或退化问题。

流域开发治理的基本模式是梯级开发，需要建设梯级化的大坝与水电站。这促使河流形成一连串间断的水面，上下游与干支流的河湖连通受到阻隔。这造成天然河道脱流干涸，切断了不同水头区域的生物流动性，人为干预了河流的自然生态系统。水生生物的适生环境遭到严重破坏而更加破碎化，尤其是对珍稀濒危鱼类回溯产卵的阻隔效应突出，生物多样性遭到破坏。梯级开发导致回水淹没农田，涉及搬迁移民；蓄水后导致水位上涨，造成两岸地质塌陷，加大滑坡、泥石流的发生率。流域梯级开发致使河流渠道变化，改变了河流的水动力条件，流量减少，影响物质和能量的再分配过程，下游淤积来源减少（麻泽龙和程根伟，2006）。在高纬度河流流域，梯级开发会干扰水体水温，造成局部地区的温室效应，干扰河流冰期。梯级开发的负面效应是显著存在的，但其积极效益更为显著，如何规避梯级开发的负面效应、扩大积极效益成为松花江流域开发保护需要关注的现实矛盾。

目前，松花江流域已建大型水利工程有白山水库、红石水库、丰满水库和哈达山水利枢纽，对松花江进行了几次较大的分割，上下游河湖连通性受到阻隔。大顶子山航电枢纽严重破坏了鱼类的生长、繁殖、育肥、洄游环境，阻断了鲢亲鱼产卵群体由下游向上游肇源、涝洲江段产卵场的洄游通道，使涝洲江段产卵场失去其生态功能；阻断了乌苏里白鲑、日本七鳃鳗等鱼类的洄游通道，使其在大顶子山水电站上游基本消失（吕军等，2017c）。尼尔基水库建成以前，嫩江上游分布有冷水性鱼类产卵场，中下游分布有冷水性鱼类的索饵场、越冬场；水库建成后，上游冷水性鱼类无法洄游至坝下索饵、越冬，洄游通道受阻（吕军等，2017c）。

三、关系协调

1. 国家战略定位与流域发展

东北地区是中国区域协调发展战略的四大板块之一，而松花江流域是东北地区两大核心区域之一，因此松花江流域在全国国土开发与区域协调发展战略中具有重要地位。松花江流域发展不仅是地方发展的诉求，而且是国家发展与国土开发的战略安排，不仅涉及普通居民，而且关系国家发展大计甚至东北亚和平。松花江流域不但要承担吉林省和黑龙江省与沿线地区社会经济发展的任务，而且要继续承担国家发展的战略任务，既包括新型工业化与新型城镇化、"五大安全"、"一带一路"建设等，还包括战略产品、设备与能源资源的生产。因此，松花江流域须立足东北亚、全国与东北地区，妥善处理地方发展诉求和国家战略需求的关系，要基于国家战略任务，兼顾地方发展诉求，综合考虑各方面和各领域甚至周边国家的诉求，科学制定流域发展的基本方向、重点任务及实施路径，在基本方向与根本遵循上满足国家战略，尤其是满足粮食安全、生态安全、能源安全、产业安全及国防安全，建设重要粮食主产区与生态功能区；在具体发展任务、扶持政策与重大工程上适应吉林省和黑龙江省及沿江地市的发展诉求，推动民生发展。

2. 科学处理流域人水关系

人地关系是指人文系统与自然地理系统的关系，国土开发与区域发展须建立在人地关系的基础理论上。自然地理环境为人类提供生存、生产和生活环境，人类活动反过来影响甚至局部改造自然地理环境。人水关系是指"人"（人文系统）与"水"（水系统）之间复杂的相互作用关系，人水关系是人类与自然界关系中最早出现、最为重要的关系之一（左其亭，2021）。水是人类赖以生存和发展的基础性和战略性自然资源，人类是社会经济活动的主体，依赖生态系统的各种服务和产品，人文系统、水系统耦合形成的人水系统是一个复杂的超巨系统。人文系统是主导系统，处于主导地位，而水系统是条件系统，处于被动地位（左其亭，2021）。水资源承载力是有限的，人文主导系统的过多掠夺或开发利用方式的不妥当，可能超过水资源承载力，导致人水关系不和谐（姜守明和贾雯，2011）。人水关系不断变化，先后经历了依附、开发、掠夺和和谐的不同阶段，人水和谐是人类文明进步与社会和谐发展的基础。过度开发与粗暴式掠夺带来水污染严重、水资源开发过度、水空间侵占过度，带来河流自然地理环境的破坏，导致水对人的"报复"，造成人水关系紧张。松花江流域发展须立足人水和谐，新型工业化、新型城镇化及农业现代化建设，须关注发展方式、布局规模与建设节奏，注重与水系统承载容量的适宜关系，因水制宜、以水定需、量水而行，实施"无违河湖""美丽河湖""幸福河湖"建设，不能突破松花江水系统的资源环境承载力，坚守人水关系的红线底线（郑肇经，1984；崔绍峰等，2021）。

3. 流域开发地缘关系统筹

水是生命之源，也是关乎国家安全的战略资源，跨境河流的跨国性使其具有丰富的地缘经济和地缘政治内涵（付晓伟，2017）。跨境河流或跨界河流的开发往往带来国际纠纷，严重影响了流域发展（洪菊花和骆华松，2015）。松花江是黑龙江-阿穆尔河的最大支流，而黑龙江-阿穆尔河是跨境河流。松花江虽然没有跨境河段，但干流的下游（哈巴罗夫斯克以下河段）属于俄罗斯，由此带来跨境问题，所以松花江流域发展存在国内国际关系的统筹。俄罗斯远东地区与松花江流域、黑龙江干流流域形成不同发展阶段的差异，对流域发展的战略方向与主导功能存在不同的诉求。俄罗斯远东地区经济薄弱、人口分布稀疏，更多地关注黑龙江-阿穆尔河流域的生态功能与水电开发，重视水质环境；黑龙江干流流域主要是界河地区，而且是黑龙江省和内蒙古自治区的经济边缘地区，工业化和城镇化基础薄弱；松花江流域是黑龙江省和吉林省的核心地区，是两省的主要产业、人口集聚地带，是城镇密集分布地带，更关注流域的经济开发与城镇建设。在国内国际发展需求存在差异的背景下，松花江流域的发展就可能由区域问题上升为国家问题与国际问题，带来俄罗斯的系列响应甚至抗议、争端。尤其是梯级开发所产生的上游来水减少、生物多样性与工业化城镇化所产生的水污染，成为松花江流域所面临的协调问题。

4. 集聚开发与均衡性发展

任何空间都是非均质化的，任何区域的要素分布都是非均衡的，差异是区域的基本特征。尤其是流域作为完整的自然地理单元，其各类要素的分布更加非均衡，这既表现在上中下游地区之间，同时表现在干支流之间，甚至左右岸之间也存在较大的差异。在流域的不同发展阶段，发展模式也呈现出显著不同。地域差异决定了各流域需要选择合理的空间发展模式，集聚还是疏散、均衡还是非均衡？这成为流域发展的现实问题。集聚开发显然是将更多的资源或有限的资源集中在发展条件较好的流段、都市圈或经济带，最大限度地发挥要素集聚效益，以提高流域发展效率与经济效益，但会拉大中心城市、都市圈、重点地区与上游地区、支流流域的发展差距，牺牲了公平。采用均衡发展则需要将资源相对均衡地分布在大小城市、城乡之间、各干支流、上中下游地区，统筹配置各类公共资源，重视了地区公平和综合效益，但忽视了效率。松花江流域发展需要妥善处理集聚与均衡、效率与公平的关系，尤其是在已经历过大规模工业化与城镇化过程并肩负各类国家战略功能的背景下，立足上中下游、干支流和各类主体功能区的协调发展，遵循流域的自然规律及社会经济规律，寻求更为有效的发展方式尤为重要。

5. 水资源利用与四化推进

水资源具有自然、生态、社会和经济等各种属性，流域社会经济系统对水资源利用的需求和功能配置是多方面和多元化的，这些功能属性相互联系、相互影响、相互制约。而且随着流域发展阶段和国家发展战略的变化，水资源利用的主导功能配置是不同的。这直接影响着流域发展的战略方向与发展路径。同时，不同流域的自然地理环境也决定了其发展的方向与主导功能存在较大的差异。21世纪以来，新型工业化、农业现代化、新型城镇化和绿色生态化成为国土开发、区域发展与流域发展的战略方向。"四化"之间相互影响、相辅相成。松花江流域须协调好"四化"发展，形成协同推进，在资源环境承载力范围之内，坚持将绿色生态化和农业现代化置于基础地位，筑好国家生态安全屏障和粮食安全"压舱石"；要充分保障新型城镇化和新型工业化建设，保障城乡生活生产与美丽松花江建设。尤其是在收缩发展与流域空间结构重构的背景下，必须协调好新型工业化与城镇化的发展，保障好都市圈建设与产业结构升级。围绕"四化"协同发展，松花江流域合理配置水资源，合理开发各类水资源功能，包括生态与生物多样性、环保纳污、防洪、灌溉养殖、发电、城乡与产业供水、航运贸易、景观和旅游等功能。

第二节 总 体 思 路

一、战略定位

根据资源赋存条件、经济社会发展现状和国家区域发展战略，松花江流域要打造成为全国粮食安全"压舱石"的核心区域、全国"五大安全"建设的重要支撑区域、流域生态文明建设示范区,以及东北地区全面振兴、全方位振兴的重要引擎。

全国粮食安全"压舱石"的核心区域。发挥耕地森林水域资源丰富的优势,优化农业种植布局,保护黑土资源,发展粮食生产与特色农业,提高粮食综合生产能力,抓好"粮头食尾""农头工尾",构建大粮食产业链,建设为战略性绿色综合农业生产基地、优质精品畜牧林产品生产基地、绿色食品生产基地,打造国家粮食安全"压舱石"的核心区域。

全国"五大安全"建设的重要支撑区域。积极落实国家主体功能区战略,发挥流域资源环境优势,加强粮食生产能力建设,实施山水林田湖草沙冰综合治理,建设生态廊道,巩固能源通道建设与能源资源开发,推动装备制造业振兴发展和特色产业创新发展,打造"大国重器",实施兴边富边建设,有力支撑国家"五大安全"建设。

流域生态文明建设示范区。牢牢抓住"水"这个"牛鼻子",统筹流域开发建设与流域安全、生态保护、环境治理,兼顾上下游、干支流、左右岸发展,在生态环境联保联防联控、流域生态补偿机制等方面先行先试,保护水资源和水环境,加强耕地森林湿地保护修复,加快形成绿色发展方式和生活方式,促进绿色增长和绿色消费,把松花江流域建设成为天蓝地绿水清、人与自然和谐共生的绿色经济区,为全国大河流域生态文明与流域性保护开发建设积累新经验、探索新路径、提供有益示范。

东北全面振兴、全方位振兴的重要引擎。统筹推进新型城镇化、工业化与农业现代化建设,完善基础设施网络,积极建设哈大城市群,辐射带动一批中小城镇发展,促进产业转型升级,创建"大国重器"基地,建设战略性农业生产基地,实施更加积极主动的开发开放,促进人口产业集聚,建设连通东北地区的发展轴线,打造成为东北地区全面振兴、全方位振兴的重要引擎与新增长极,促进远东地区发展。

二、空间结构

基于区域资源环境承载力、产业基础、区位条件及国家战略,按照"生产发展、生态良好、生活宜居"的要求,遵循不同国土空间的自然属性,突出优势,错位发展,构建"七区三轴两圈多节点"的战略格局,加强生态保护,促进集约节约开发,合理控制开发强度,提高空间利用效率,优化国土空间格局。

1. 主要功能分区

全流域打造"一城市群、两农业生产区和四生态功能区"的主体功能区格局。

一城市群。主要是指哈长城市群。位居全国"两横三纵"城市化战略格局中京哈京广通道纵轴的北端,是东北地区城市群的主要组成区域。以哈尔滨市和长春市为中心,覆盖齐齐哈尔市、大庆市、绥化市、松原市、吉林市等地区,是远东地区最为重要的人口–产业密集区和城镇化地区。要建设成为黑龙江和吉林两省城镇化的主战场和主要的产业–人口集聚空间,打造成为在东北亚具有重要影响力的城市群。

两农业主产区。根据流域水土条件与耕地资源分布，重点打造"两区"粮食主产区，即松嫩平原、三江平原两大粮食主产区，统筹发展其他农业地区，形成保障农产品供给安全的战略格局。松嫩平原粮食主产区覆盖齐齐哈尔市、大庆市、白城市、松原市及黑河岭南和呼伦贝尔岭东地区。三江平原粮食主产区主要覆盖鹤岗市、佳木斯市、双鸭山市、七台河市等地区及农垦、森工系统所属场局，为"北大荒""北大仓"分布地区。

四生态功能区。根据自然地理、河流水系、森林草地的分布格局，构建以"两山一平原一草原"为主体的"四屏障"生态安全战略格局。统筹山水林田湖草沙冰，推进大小兴安岭森林生态功能区、长白山森林生态功能区、三江平原湿地生态功能区、科尔沁草原生态功能区等区域的生态环境保护和生态功能修复，扩大生态空间，形成中国重要的生态安全保障。

2. 重大发展轴线

立足发展基础和趋势，以重大交通干线为依托，连接城市群和中心城市，串联中小城镇，吸引产业与人口集聚，畅通资源要素流动，打造成为松花江流域的主要发展轴线。

一主轴：哈长佳轴。该发展轴是东北地区和松花江流域的发展主轴，依托哈大铁路、哈大高铁、京哈高速公路而形成，沿松花江干流、哈佳快速铁路、富佳铁路至佳木斯并延伸至同江，打通松嫩平原和三江平原，连通俄罗斯远东地区。串联长春都市圈、哈尔滨都市圈，纵贯哈长城市群和黑龙江东部城镇密集区，连通黑龙江-阿穆尔河下游沿江城市，城镇分布密集，是松花江流域人口和产业分布最集中、发展潜力最大的地区，是东北地区实现国内国际连通的主要发展轴线。

两辅轴：哈大齐牡轴和白长吉轴。哈大齐牡发展轴主要依托滨绥-滨洲铁路、哈齐高铁、哈牡高铁、绥满高速（G10）、嫩江下游和松花江干流等形成，串联齐齐哈尔市、大庆市、哈尔滨都市圈和黑龙江东部城镇密集区，向东连通绥芬河口岸，向西连通满洲里口岸，从东西两个方向连通俄罗斯远东地区，打通大兴安岭和长白山两大生态安全屏障、松嫩平原和三江平原两大粮食主产区。白长吉发展轴主要依托白阿铁路、长白铁路、长图铁路、G302国道等交通干线而形成，串联长春都市圈、吉林都市区、松原市、白城市、乌兰浩特市，向东延伸至珲春口岸而接朝鲜和俄罗斯，向西延伸至阿尔山口岸而接蒙古国，打通大兴安岭、长白山、科尔沁草原三大生态安全屏障和松嫩平原粮食主产区。

3. 关键功能节点

根据流域城镇分布格局、等级体系及交通网络，重点构建以"一群两圈四节点"为主体的城市化格局，辐射带动周边中小城镇发展，引导人口和产业集聚布局发展，保证生产生活空间。

"两圈"：哈尔滨都市圈和长春都市圈。尽快壮大长春都市圈，以长春市为核心，辐射带动吉林市、四平市、公主岭市、松原市、辽源市、梅河口市，建设成为吉林省的主要城镇化地区和产业集聚区。加快培育哈尔滨都市圈，以哈尔滨主城区为核心，辐射带动平房区、松北区、呼兰区和阿城区等城镇发展，建设成为黑龙江省的主要城镇化地区和产业集聚区。

"四支点"：吉林市、松原市、齐齐哈尔市、佳木斯市。齐齐哈尔市要打造为辐射引领嫩江流域的中心城市。佳木斯市要打造为松花江下游和三江平原的区域中心城市。吉林市要建设成为西流松花江流域的中心城市。松原市要打造成为嫩江和西流松花江"两江"相汇的中心城市。

第十一章
松花江流域生态保护与水资源利用

　　生态环境与水资源是流域赖以生存和发展的物质基础。流域内部形成多种类型的生态系统与生态功能，形成森林、草原、农田、湖泊湿地、城镇等基本分异，甚至还形成冻原、荒漠等生态系统，由此塑造了各系统的主导功能，包括水源涵养、生物多样性、碳固持、调蓄洪水、水土保持等。某个生态系统的改变会带来其他生态系统的变化，甚至影响整个流域的生态安全。不同生态系统的运行机制、退化和干扰机理、修复和治理路径均有所不同。而水资源是促使流域各类生态系统相互作用、相互联系的关键衔接要素，并促使各子系统形成全流域生态系统。水资源的合理利用则成为流域生态系统可持续发展的基石。洪涝是影响流域安全的重大自然灾害，与水资源利用、流域生态系统等相互关联与嵌套。这是流域人类活动规模与强度及分布所要遵循的自然地理基础。

　　本章主要是分析松花江流域的生态保护与水资源利用路径。尊重自然、顺应自然、保护自然，提升生态系统功能，提高洪涝干旱灾害综合防御能力，优化水资源配置，促进人地和谐、人水和谐。构建以"一廊两山两平原一草"为主体的生态安全战略格局，"一廊"为松花江生态廊道，"两山"为大小兴安岭和长白山森林生态功能区，"两平原"为松嫩平原农业生态功能区和三江平原农业湿地生态功能区，"一草"为科尔沁草原生态功能区。严守生态保护红线，加强生物多样性保护，推动小兴安岭-三江平原、松花江流域、长白山三大山水林田湖草沙生态工程，推动森林、湖泊湿地和草原等各类生态系统建设与保护。加强水源地保护，确保饮用水和地下水等资源保护；修复河湖水生态系统，保障河湖生态流量。加强重点流域水污染防治，促进工业水污染、地下水污染和城镇黑臭水体治理，推动大气污染、农村环境治理。增强流域生态碳汇功能，积极发展循环经济，推动农业秸秆资源综合利用。完善流域综合防洪体系，加强蓄滞洪区、骨干防洪工程建设，提高城镇防洪排涝能力。优化水资源配置，推动区域性调配水工程建设，促进中小流域综合治理；加强灌区水利设施建设，提高农业水利保障能力。

第一节 山水林田湖草与生态安全屏障

一、生态安全战略格局

1. 生态安全格局构建

根据自然地理、河流水系、湖泊湿地、森林草地、生态农业资源的分布格局，按照生态系统的完整性、连通性，构建以"一廊两山两平原一草"为主体的"四屏障"生态安全战略格局。统筹山水林田湖草沙水，以松花江生态廊道为骨架，以各类保护区为基础，推进大小兴安岭森林生态功能区、长白山森林生态功能区、科尔沁草原生态功能区、松嫩平原农业生态功能区、三江平原农业湿地生态功能区等区域的生态保护和生态功能修复，扩大生态空间，打造中国重要的生态安全保障。

松花江生态廊道。以松花江干流、西流松花江和嫩江为主脉和骨架，形成自大小兴安岭、长白山至同江，贯穿吉林、黑龙江两省，延伸至俄罗斯远东地区的生态大廊道。廊道核心区以水生态环境为主，沿线两岸缓冲地带以农业为主，畅通上下游地区，建设绿水长廊。推动河流沿岸生态修复，合理利用岸线资源，加强堤防建设，提高河流防洪能力，确保流域生态安全。加强沿线城市污染治理，提高城市防洪能力，鼓励建设发展滨水景观与亲水空间。推动沿河地区上下游、干支流协同治理水污染与防洪建设。推进河流梯级开发，合理布局与建设过鱼洄游通道。

大小兴安岭森林生态功能区。主要覆盖大兴安岭的岭东地区、小兴安岭的岭南地区，是嫩江、呼兰河、汤旺河、梧桐河等支流的发源地，以林业生产和营林为主，森林覆盖率高，具有完整的寒温带森林生态系统，是松嫩平原的北部生态屏障和松花江流域的北部水源涵养地。加强天然林保护和植被恢复，调整森林经营方向，调减木材产量，禁伐天然林，打造国家重要储备林基地。加强森林资源抚育，封山育林，实施植树造林，加强次生林种植，开展中幼龄森林抚育，改造低产林。加强江河源头自然生态系统保护与修复。加强水土流失治理，持续实施退耕还林还草，涵养水源。保护野生动植物，完善各类自然保护地网络布局与建设。发展林间经济、林下经济，发展森林生态旅游与康养产业。

长白山森林生态功能区。主要覆盖长白山林区、老爷岭、完达山、张广才岭等，拥有温带最完整的山地垂直生态系统，是大量珍稀物种资源的生物基因库。长白山森林生态功能区是西流松花江、牡丹江、拉林河、蚂蚁河、倭肯河等河流的发源地，主要是东部水源涵养地和生态安全屏障。禁止非保护性采伐，禁伐天然林，建设为中国储备木材资源的战略基地和重要的碳汇基地。推进植树造林，通过人工造林、封山育林、森林经营等措施，保护长白山地带性森林生态系统，促进天然林向顶级群落演进。开展退化林分修复，注重珍贵树种、乡土树种、多树种相结合，营造和补植针叶与阔叶混交林。加强水系源头生态系统保护，涵养水源，防治水土流失。完善自然保护地体系，保护生物多样性，加强东北虎豹国家公园建设。合理推动河流梯级开发，发展以水电为主的清洁能源。

科尔沁草原生态功能区。地处温带半湿润与半干旱过渡带，气候干燥，多大风天气，土地沙漠化敏感程度极高，草场退化、盐渍化和土壤贫瘠化严重，为北方沙尘暴的主要沙源地，主要功能是实现西部防风固沙。以治理风沙危害和水土流失为重点，深入实施"三北"工程、退耕还林还草工程。围绕宜林荒沙、沙化草原和沙化耕地，推进向海–乌兰嘎哈沙带、松花江右岸沙带和嫩江沙地综合治理。开展沙漠锁边防护林、防风固沙林体系建设，建立沙化土地封禁保护区，恢复沙地林草植被，遏制沙化土地东侵势头。坚持宜林则林、宜灌则灌、宜草则草、宜湿则湿，因地制宜推动"三化"草原治理，对已发生沙化的天然草地，实施围栏封育、人工种草、退牧还草等综合治理，恢复草原草场生态系统。以水定地收缩农牧业生产活动，以草定畜，实施轮牧休牧，引导草原超载人口向重点城镇有序转移。积极发展绿色畜牧业与生态文化旅游业。

松嫩平原农业生态功能区。以大兴安岭岭东山麓平原和松嫩平原为主，主要由嫩江、西流松花江、松花江干流冲积而成，地形平坦，土地肥沃，以黑土和黑钙土为主，农业生产条件好。重点发展生态农业，提高粮食综合生产能力。实施黑土地治理行动，推行休养生息式耕地利用。建设引水工程、大中型灌区、排灌泵站、水源工程与节水改造。对严重"三化"耕地进行退耕还林还草还水，治理盐碱地和水土流失，推进湖泊湿地恢复与保护。推动盐碱化草原改良利用，提高草原综合植被盖度，实施禁牧休牧和草畜平衡。推动河湖水系连通，实施生态补水，加大向海、莫莫格等重要湿地保护与生态修复。建设农田防护林和水土保持林，推进城乡绿化美化。

三江平原农业湿地生态功能区。位于黑龙江省东部，是东北黑土核心区，天然水域和原始湿地面积大，水生和湿地生态系统类型多样，在蓄洪防洪、抗旱、调节局部地区气候、维护生物多样性、控制土壤侵蚀等方面具有重要作用，主要功能是生物多样性维护，为"北大荒""北大仓"地区（王兵，2022）。合理划定湿地生态红线，提高湿地保护率，增强湿地涵养水源、调蓄洪水、保护生物多样性的能力，维护湿地生态系统健康安全。加强自然湿地和人工湿地的保护和修复，控制水质恶化的趋势，改善湿地环境。继续推进退耕还林还湿还水，严格禁止新增湿地开垦和过度放牧，开展生物多样性保护。完善湖泊湿地保护网络，加强湿地保护区和公园布局与建设，促进水系连通，力争湿地保有量有所增长。保护黑土资源，发展保护性耕作，探索休耕模式应用与示范。加强洪涝治理与干旱灾害防治，提高防灾减灾能力。控制农业开发和城市建设强度。

2. 生态功能区保护

贯彻"山水林田湖草沙冰是生命共同体"理念，严格落实生态保护红线，强化生态修复与综合整治，提升生态系统完整性和服务功能，打造祖国北疆生态安全屏障。

划定并严守生态保护红线。以水源涵养、防风固沙、生态服务功能、生态敏感区域、生物多样性和脆弱区保护为目标，科学划定森林、湿地、基本草原、永久性基本农田等领域的生态红线，包括各类自然保护区、文化自然遗产、地质公园及其他需要特殊保护的地区。根据特殊功能需求，合理划定洪水调蓄、黑土保护示范等特殊红线区域。严格落实生态红线管制要求，严格控制人类开发活动，禁止进行工业化和城镇化开发，有效保护珍稀、濒危并具代表性的动植物物种及生态系统，守住生态底线。配合国家建设相对固定的生态保护红线监控点，及时掌握红线地区生态功能状况及动态变化。全面推行"林长制""河长制""湖长制""田长制"，实现市县乡村四级管理制度，层层落实保护责任。建设生态市、生态县、生态乡镇、生态村，探索创建生态优先绿色发展的示范区、先行区。

加强重要生态功能区保护。坚持"减轻压力、休养生息"，以生态系统服务功能为依据，开展生态功能区划分。以生物多样性丰富区、水源涵养区、防风治沙区和资源开发区等为重点，创建重大生态功能区，重点建设大小兴安岭和长白山森林生态功能区、科尔沁草原生态功能区、三江平原农业湿地生态功能区。各类生态功能区以自然生态为主，保护各类生态资源和重点野生动植物资源，引导人口和产业有序转移，加强开发活动监管，减少对自然生态系统的干扰。确定森林、草原、湿地、水流、耕地的生态保护补偿重点，完善对重点生态功能区的生态补偿，对上下游之间、生态受益地区和保护地区之间，按照谁受益、谁补偿原则，推动地区间建立横向生态补偿机制。

提高保护区建设监管水平。以国家公园为主体，优化自然保护区、森林公园、风景名胜区、地质公园、自然文化遗产等各类保护地的建设，构建布局合理、类型齐全、面积适宜的自然保护地网络。围绕森林、湿地、珍稀水禽等特色资源，以具备条件的自然保护区为依托，合理界定范围，推进国家公园试点建设，优先建设东北虎豹国家公园、松嫩平原珍稀水禽国家公园、三江平原湿地国家公园。将寒温带针叶林生态系统、温带红松针阔混交林生态系统、森林湿地生态系统、地质遗迹及珍稀濒危野生生物类型、小种群物种的保护空缺作为重点，新建一批自然保护区和保护小区。

专栏 11-1　松花江流域国家级生态示范区

吉林省：德惠市、长春市九台区、农安县、榆树市、长春市双阳区、长春市净月高新区、天桥岭林业局。

黑龙江省：拜泉县、庆安县、黑龙江省农垦总局二九一农场、延寿县、同江市、黑龙江省农垦总局宝泉岭分局、黑龙江省农垦总局红兴隆分局、黑龙江省农垦总局建三江分局、黑龙江省农垦总局牡丹江分局、黑龙江省农垦总局绥化分局、克山县、黑龙江省农垦总局齐齐哈尔分局、黑龙江省农垦总局北安分局、黑龙江省农垦总局九三分局、哈尔滨市松北区、五常市、铁力市、萝北县、依兰县、哈尔滨市阿城区、北安市、桦南县、集贤县、绥滨县、哈尔滨市双城区、方正县、木兰县、巴彦县、杜尔伯特县、尚志市、林口县、五大连池市、桦川县、汤原县、东宁市、富裕县、讷河市、望奎县、富锦市、兰西县。

---

3. 生物多样性保护

围绕森林、草原、湖泊湿地、山地生态系统，建立保护野生动植物的种类名录和物种信息库，掌握野生生物物种资源种类、数量、濒危等级及分布。保护、修复和扩大东北虎、远东豹等珍稀濒危野生动植物栖息地,加大野生动植物类自然保护区和种质资源保护区建设,开展就地和迁地保护,扩大种群,保持物种基因的多样性。强化畜禽遗传资源、农业野生植物和水生生物资源保护,遏制生物多样性减退。加强对国家重点保护野生动植物及其栖息地、原生境的保护修复,完善布局和建设东北虎、东北豹、梅花鹿、东北红豆杉、黑熊、施氏鲟、哲罗鲑、丹顶鹤等珍稀野生动植物栖息繁育保护地。构筑生物多样性保护网络,新建一批国家森林公园、自然保护区及保护小区、水产种质资源保护区,探索建立极小种群自然保护区,连通重要物种迁徙、洄游扩散生态廊道,建设马滴达、汪清–天桥岭、鹤大公路、张广才岭及哈尔巴岭等生态廊道。持续推进甘河哲罗鱼细鳞鱼、霍林河黄颡鱼、牡丹江上游黑斑狗鱼、大黄泥河唇䱻等国家级水产种质资源保护区建设。加快建设大小兴安岭、长白山等珍稀濒危动植物保护基地,健全东北寒地生物种质资源保护体系,加强野生人参、长白柳等珍稀濒危植物的保护。建设东北虎豹国家公园,完善布局补饲点,改善生存环境,稳步增长种群数量,形成稳定的繁殖扩散种源地。健全野生动物救护网络,完善救护站、动物园、繁育中心、救护站点布局。

二、山水林田湖草沙冰工程

统筹重大生态功能板块,以山体、水线、林网、田块、湖泊、草地和村庄等为组团,以重要生态区域为重点,统筹部署生态系统保护和修复重大工程,构建山水林田湖草沙冰治理空间体系,实施小兴安岭–三江平原、松花江流域、长白山三大山水林田湖草沙冰生态工程,提高生态安全能力,实现"绿满山川,林廊环绕,水草相依"。

松花江流域山水林田湖草沙冰系统治理工程。以松花江流域的走向为工程布局和管理单元,组建松花江流域山水林田湖草沙冰生态保护修复中心,开展山水林田湖草沙冰生态保护修复综合试验区建设。系统开展植被恢复、水土流失治理、森林草地湿地保护修复、生物多样性保护、水环境治理、村庄环境绿化美化等生态保护修复项目,构建纵贯东北亚的大型生态廊道,打造美丽松花江。

小兴安岭–三江平原山水林田湖草沙冰生态保护修复工程试点。加强生态空间管控,实施分区分类精准修复。进一步实施水土流失治理、森林保护修复、水环境治理、矿山环境治理、土地整治与修复等重大工程,提高水源涵养、生物多样性保护、黑土生产能力,恢复植被、湿地、农业等重要生态系统,提升生态安全屏障地位。

长白山山水林田湖草沙冰生态保护修复试点。统筹关键节点、扩散廊道和流域区域,实施森林保护修复和水源涵养功能提升、生物多样性保护、矿山环境治理恢复、重点流域源头区水质保护和提升,推动珍稀物种栖息地保护、野生动物迁徙通道、种质资源保护、流域水环境治理、城市水源地保护、河道生态整治及湿地修复,带动长白山区生态系统功能恢复和提升。

三、重要生态系统保护

1. 森林资源保护

围绕筑牢北方生态安全屏障的总任务，采取天然林工程、森林公园和自然保护区等方式，加强森林抚育与保护，完善天然林保护制度，加大森林生态系统的保护和恢复，打造"三区"森林生态功能区。在大兴安岭林区、小兴安岭林区、长白山林区加强森林基地建设，打造中国三大森林资源战略储备基地、重要森林生态功能区，为松嫩平原和三江平原粮食基地、东北亚"水塔"提供生态支撑。科学开展分类经营，天然林要保育结合，疏林地要实行封育和补植补造，人工林要提高森林质量和林地产出，人工公益林要抚育经营。严格执行限额采伐，大幅调减森林采伐量，禁止采伐原始林，全面停止天然林采伐，对公益林只进行抚育采伐、低效林改造采伐和更新采伐，促进天然林休养生息和恢复性增长。对商品林只进行人工林采伐。严格执行天然林保护工程和退耕退牧还林工程，改善森林林相林种林分结构，继续实行封山育林、巩固退耕还林成果。以火烧迹地、采伐迹地、疏林地等为重点，对现有森林采取补植、封育、抚育等综合措施进行培育，加强新造林地管理和中幼林抚育，改造低质低效林、人工纯林，恢复和发展森林植被，建立以天然林为主体的健康稳定、连续完整的森林生态系统。加强对野生人参、对开蕨等珍稀濒危植物，和红松、云杉等珍贵树种的保护，营造和发展乡土树种、大径级用材林，形成优质国家储备林基地。松花江流域重要的国家森林公园如表 11-1 所示。

表 11-1　松花江流域国家森林公园列表　（单位：个）

省（自治区）	名称	数量
黑龙江	八岔岛、碧水中华秋沙鸭、翠北湿地、丰林、太平沟、乌裕尔河、大峡谷、大沽河湿地、牡丹峰、平顶山、凉水、挠力河、洪河、七星砬子东北虎、扎龙、三环泡、三江、乌马河紫貂、五大连池、小北湖、新青白头鹤、中央站黑嘴松鸡、明水、仙洞山梅花鹿、朗乡、细鳞河	26
吉林省	波罗湖、查干湖、大布苏、哈泥、黄泥河、龙湾、靖宇、莫莫格、松花江三湖、向海、雁鸣湖、伊通火山群、吉林长白山、头道松花江上游	14
内蒙古	毕拉河、科尔沁、图牧吉、青山	4

2. 湖泊湿地保护

发挥松花江流域湿地较多的优势，加强湿地生态系统恢复与建设，完善湿地保护体系，强化湿地用途监管和总量管控，推进退化湿地修复，维护湿地生物多样性，健全湿地保护管理机制，遏制湿地生态系统退化趋势，筑强"地球之肺"。

加强湿地生态系统保护。围绕嫩江、洮儿河、归流河等干支流，推进河湖连通，为湖泊湿地提供生态补水水源，打造重要湿地保护群落。在草原、平原和森林等地区，加强对莫莫格、查干湖、松花江三湖、波罗湖、牛心套保、镜泊湖、扎龙、向海、三江、七星河、南瓮河、洪河、毕拉河及哈东沿江等重要湿地的保护。采取地形地貌修复、岸线维护、湿地补水、水生植被恢复等措施，通过补水、河湖水系连通等人工措施适度干预，实施退耕退牧还湿，维护湿地生态功能。对松嫩平原乌裕尔河流域、三江平原挠力河流域集中连片、破碎化严重、功能退化的自然湿地进行修复。加强保护湿地动植物资源，开展珍稀濒危水生生物和重要水产种质资源的就地和迁地保护，提高水生生物多样性。利用河湖水体连通工程，修复城市湖泊湿地，加大城市滨水滨河生态带建设。建设明水大鸨、扎龙丹顶鹤等重要栖息地恢复重建区。

专栏 11-2　松花江流域重点湿地保护区

蒙东地区：图牧吉自然保护区、科尔沁自然保护区。

吉林省：关门砬子自然保护区、松花江三湖自然保护区、向海自然保护区、雁鸣湖自然保护区、莫莫格自然保护区、查干湖自然保护区、大布苏狼牙坝自然保护区、哈泥河水源自然保护区、腰井子自然保护区、长白山自然保护区。

黑龙江省：黑鱼泡自然保护区、二龙山自然保护区、青石岭自然保护区、桦树川自然保护区、镜泊湖自然保护区、音河水库自然保护区、洪河自然保护区、同江莲花河自然保护区、扎龙自然保护区、三江自然保护区、燕窝岛自然保护区、向阳山水库自然保护区、东方红水库自然保护区、海林莲花湖自然保护区、杨大犁自然保护区、西洼荒自然保护区、老等山自然保护区、细鳞河水库自然保护区、将军石山自然保护区。

合理利用湖泊湿地。正确处理水利工程建设与湖泊湿地保护的关系，科学确定湿地取水、野生植物采集、鱼类捕捞、养殖、交通运输和生态旅游等活动的环境承载容量上限，合理设立湿地资源利用的强度和时限。面向湿地生态用水需求，加强江河湖库水量联合调度管理。限制湿地造林和湿地树木采伐，禁止永久性截断湿地水源、湿地开垦和过度放牧，杜绝随意开发侵占、征用和转让自然湿地。合理推进向海、莫莫格、查干湖、扎龙等自然保护区的生态移民。在保护优先的前提下，合理开发利用湿地资源，推动种植、养殖和生态旅游融合发展，扩大湿地芦苇、莲藕种植规模，发展雁鸭类水鸟驯养和繁殖。围绕查干湖、扎龙、镜泊湖等湿地，打造全国湿地保护利用示范区。

3. 草原保护利用

以草原草地生态安全为前提，保护和合理利用草场资源，转变草原经济发展方式，严格执行基本草原保护、草畜平衡和禁牧休牧轮牧制度，加强退化草原治理，扭转草原退化趋势。

转变草原利用方式。完成基本草原划定和草原确权承包工作，规范草原经营权流转，合理控制载畜量，科学安排禁牧区和草畜平衡区，禁牧区的放牧牲畜全部减掉，草畜平衡区超载过牧的牲畜逐步减掉。转变畜牧业生产方式，以牧民专业合作社或嘎查为单位，建设舍饲养畜基地。落实禁牧休牧轮牧制度，合理利用天然草原，加强岭东、科尔沁等天然草原保护，建设羊草草原自然保护区，适度开发建设节水灌溉人工草牧场。加大退牧还草力度，恢复草原植被。在草原现状较好的蒙东旗县，以保护草原生态为主，推广划区轮牧或春季休牧，实现草原合理利用。在大兴安岭以东和以南丘陵、科尔沁沙地实施禁牧，实施舍饲半舍饲养殖，发展人工种草，减轻草原压力。因地制宜发展紫花苜蓿、杂花苜蓿、青贮玉米等高产优质人工饲草料种植，在扎赉特旗、科右中旗、科右前旗等地区建成青贮饲料基地和紫花苜蓿优质饲草基地，完善饲草料储备制度。收缩转移农牧业生产活动，转变生产经营方式。

推动退化草原恢复治理。针对沙化、荒漠化、盐碱化、严重退化等不同类型的草原及油田、煤炭开采区的草原，实施重点保护和恢复，提高草原综合植被盖度。对已垦草原开展恢复治理，建设人工草地；针对土层较厚、水肥条件相对较好、地势平坦、便于机械作业的中度退化草地，建设多年生人工草地；针对土层较薄、原生植被覆盖率较低的退化草地，建植半人工草地；针对重度退化草地，实施草地综合治理，加快草原植被快速恢复。在白城市、松原市等松嫩平原西部地区建立优质饲草料基地，推行舍饲、半舍饲制度，使过度利用的草牧场休养生息。在沙地和沙漠边缘以草治沙，种植旱生、超旱生牧草与灌木，提高植被覆盖度。对松原向海—乌兰图嘎、洮儿河右岸、西流松花江右岸及前郭县白沙尖、乾安县灵丙山等沙化程度较重的区域实施重点治理，尤其是在长岭县、通榆县等区域设立生态红线。实施新一轮草原生态保护补助奖励政策和天然草原退牧还草工程、高产优质苜蓿产业工程、草原重点生态功能区工程，对严重退化草原、中度和重度沙化草原实行禁牧补助。

第二节　水生态与水资源环境

一、全力保护水资源

1. 水源地保护

加强水功能区建设，健全分级分类监督管理体系，开展市、县、乡、村四级集中式饮用水水源基础信息调查和饮用水水源规范化建设，提升江河湖库水源涵养与优质水源供给能力。围绕嫩江和西流松花江及主要支流、镜泊湖、五大连池、丰满水库等湖泊的上游地区，推进大小兴安岭、长白山、张广才岭等丘陵山地的水源地保护，加强森林草地植被保护，建设重点流域源头区水源涵养林，实施营造林、封山植树、退耕还林还草还湿。实施归流河、洮儿河、蛟流河等重点河流源头封育保护，建设水源涵养林和水土保持林，提高水源涵养能力。加强城乡集中式地下水饮用水水源地保护，实施长春市石头口门水库、哈尔滨市四方台等一批水源地保护工程，提高植被覆盖率，涵养水源。以小流域综合治理为重点，加强黑土区和长白山、松嫩湿地草原等重点地区的水土流失治理，推进坡耕地、侵蚀沟及崩岗综合整治。开展"万人千吨"以上饮用水水源地水质监测与评估，完善风险防范和预警监控体系。推进水源保护区综合治理，开展水源规范化建设，优先解决水源地超标问题。

确保从水源到水龙头全过程监管饮用水安全。推进单一水源供水的市级及以上城市建设备用水源或应急水源。

2. 地下水资源保护

强化地下水保护，划定重要地下水水源保护空间。推进县级及以上城市浅层地下水型饮用水重要水源补给区划定，加强补给区地下水环境管理。定期调查评估集中式地下水饮用水水源补给区等区域环境状况。实现地下水采补平衡，严格地下水水量和水位双控制，通过采取强化节水、置换水源、调整种植结构、禁采限采、关井压田等综合治理措施，严控地下水开发强度，压减地下水超采量。严格控制单纯抽取地下水灌溉农田。加强地下水保护和超采区综合治理，尤其是推进松原市、白城市、哈尔滨市、大庆市等超采区综合治理，禁止超采区内工农业生产及服务业项目新增取用地下水。

二、修复河湖水生态

促进河湖水生态修复治理。立足干流，突出支流，稳步推进美丽河湖保护与建设，力争打造"一城一品，一县一河"样板河湖。推进饮马河、条子河等重点河湖水生态修复与治理，严格河湖生态空间管控，加强水域岸线保护，建设生态隔离带或生态缓冲带，强化岸线用途管制，维护河湖健康。有序推动河湖休养生息，通过退耕还湖还湿、退养还滩、封育保护、水源涵养等措施，强化重要生态功能区、江河源头区、自然保护区生态建设，恢复河湖生态系统及功能，维护水生态健康。综合运用河道治理、清淤疏浚、自然修复、截污治污等措施，推进重要生境和生态功能受损河湖、湿地的生态修复，改善河湖面貌。协调好上下游、干支流关系，深化河湖水系连通运行管理和优化调度。实施"大水网"建设，坚持引蓄灌排相结合，继续完善吉林西部河湖连通工程，推动渠道、管道、泵站、桥涵、水闸等设施建设，连通西流松花江、嫩江、洮儿河和霍林河，对吉林西部湿地、湖泡、水库进行补水，形成集中连片、河湖互济。推进长春新区、抚松县、敦化市等一批水系连通工程建设，增强农村河湖水利联系，恢复河湖生态功能。通过水生态保护，实现野生鱼类种群数量有所增加，实现水清岸绿、鱼翔浅底。

保障河湖生态流量。结合河流梯级开发，科学确定松花江干流、嫩江干流、西流松花江等河流的主要控制断面生态流量，制定重点河流生态流量保障方案，指导全流域水量调度。统筹水利工程供水任务、能力及来水（引水）和蓄水情况，采取闸坝联合调度、生态补水等措施，合理安排闸坝下泄水量和泄流时段，保障松花江干流及乌裕尔河、讷谟尔河等主要支流生态流量与枯水期生态基流，努力实现头道松花江、条子河等断流河流部分河段部分时段恢复"有水"。维持重要湖泊湿地的生态用水，保障生态水位。推进水资源过度开发地区退减被挤占的河道内生态环境水量，消除河流断流、河道萎缩等现象，对重要湿地和湖泊实施生态补水。

> **专栏 11-3　松花江流域重点关注生态流量的河流**
>
> 干流：松花江干流、嫩江干流、西流松花江。
> 支流：甘河、南瓮河、讷谟尔河、南北河、诺敏河、阿伦河、音河、雅鲁河、济沁河、绰尔河、乌裕尔河、双阳河、安肇新河、拉林河、细鳞河、溪浪河、忙牛河、阿什河、呼兰河、通肯河、蚂蚁河、牡丹江、海浪河、倭肯河、汤旺河、伊春河、梧桐河、鹤立河、安邦河、额木尔河、呼玛河、逊别拉河、库尔滨河、穆棱河、挠力河、七虎林河、别拉洪河。

（1）向海湿地补水工程：由引洮入向、引霍入向、河湖连通等系列工程组成，有序利用雨洪资源为向海湿地补水。

（2）引嫩入白供水工程：位于白城市洮北区和镇赉县境内，是白城市从嫩江干流引水的河道外用水工程，以城市供水、农业灌溉为主，兼顾为莫莫格湿地常态补水创造条件。由白沙滩泵站、输水总干渠、洋沙泡水库、白沙滩灌区分水口工程、莫莫格湿地分水口工程、城市供水工程、五家子灌区工程等组成，主体工程长 116 公里，供水总人口 62.2 万人，灌溉水田 63 万亩。

（3）引洮入向工程：是引洮儿河水量进入向海水库，渠首在洮南市瓦房镇，末端为向海水库，全长 105 公里。工程在洮儿河畅流期向向海水库供水，日平均入库流量约为 6.0~8.0 立方米/秒。

（4）引霍入向工程：位于霍林河干流，包括同发拦河坝、分洪闸枢纽、分洪渠、交通桥、北股与幸福渠交叉及幸福节制闸维修、兴隆水库进水闸改进等工程，是分洪入向海水库，再经向海水库调蓄后由一场闸，通过幸福渠与兴隆、胜利水库相连接，形成一个以防洪为主、蓄洪兴利的分洪入向工程。引水流量为 25 立方米/秒（王守东，2012）。

（5）莫莫格湿地补水工程：主要是指引嫩入莫等重点湿地补水工程，通过提、引、蓄、留等多种办法，利用洪水资源向莫莫格湿地进行补水，包括白沙滩灌区三分干、湿地引水渠、湿地补水闸等工程建筑物，常态补水总干渠长 41.55 公里；每年向莫莫格湿地引水 3000 万立方米。莫莫格湿地保护区内的鸟类已由 193 种上升到 298 种。

（6）扎龙湿地补水工程：属于黑龙江省中部引嫩工程，位于松嫩平原乌裕尔河、双阳河的尾部闭流区，包括引水总干渠、东升水库、乌裕尔河齐富堤防、八一运河、龙虎泡引水分洪工程、长发控制工程等，控制范围为 7500 平方公里。1971 年正式通水，年均引水量 3.57 亿立方米，改善乌裕尔河、双阳河尾部闭流区的干旱缺水状况。2001 年，国家启动扎龙湿地补水计划，首开中国生态补水先河。

（7）吉林省西部河湖连通供水工程：主要是利用西流松花江、嫩江、洮儿河、霍林河等过境河流的洪水资源及沿线灌区与城市的退水量，依托自然河湖水系，兴修水利，将汛期富余水资源引到湖泡中存蓄，对西部湖泊、水库、湿地进行供水，形成水系网络、打通水循环。工程连通湖泡共计 214 个。

三、推进水污染治理

1. 重点流域水污染防治

坚持干流与支流并重、以支促干，实施防治结合、分级推进、联动执法，深化"一河一策"，层层建立"河长制""湖长制"，加大江河湖泊水库等精细化管理，全流域Ⅰ~Ⅲ类水质断面比例达到80%。沿用"单元治污，断面控制"思路，加强水功能区监督管理，推进松花江干流、嫩江、西流松花江及支流河段监管，实现污染源、排污口、水质断面全过程监管。从严核定水域纳污能力，建立全流域纳污能力—入河排污口管理—排污许可证管理协调机制，严格入河湖排污口审批，优化调整沿河湖排污口布局。对问题突出或水质严重超标区域的排污口实施综合整治，常态化、规范化推进河湖"清四乱"。加强对饮马河等流经中心城市和大城市的河流的污染治理，推进阿什河、呼兰河、肇兰新河、乌裕尔河、讷谟尔河等河流和闭流小流域的综合治理，维护呼玛河、甘河、牡丹江、嫩江干流等良好水质。对汇入连环湖、磨盘山、五大连池等重点湖库的河流实行总磷排放控制，加强查干湖、向海、月亮湖、松花湖等具有重要生态功能的湖泊生态保护。采取尾水承泄区、植物隔离带、生态沟渠、退水集蓄与再利用设施等措施，开展灌区农田退水治理，优先实施嫩江、西流松花江和松花江干流沿岸大型灌区农田退水治理。发挥好梯级水利工程的作用，采取闸坝联合调度、生态补水等措施，合理安排闸坝下泄水量和泄流时段，保障主要河流生态基流，增加水环境容量。推进哈尔滨市、鹤岗市、吉林市等国家水生态文明城市试点工作。推动中俄跨界水体水质监测、边境自然保护区建设管理。实施工业固废处置场地（尾矿库）、垃圾填埋场地、矿产资源开发场地、石油化工生产等重点场地周边地下水污染防治（赵华林，2012）。在鹤岗市、牡丹江市、双鸭山市等煤炭城市推动矿井水处理及回用。

2. 工业水污染防治

综合利用进入门槛、过程控制、深度治理等措施，全面控制嫩江、西流松花江及重要支流沿线地区的污染物排放，推动从末端治理向以源头减排为主转变。实施涉水重点行业专项治理，依法取缔"十小"企业。推进有色金属、焦化、石化、采掘、造纸、氮肥、印染、农产品加工、制革、农药、原料药制造、印染、饮料制造、电镀等重点行业的清洁生产审核和专项治理，实施清洁化技术改造、达标排放改造及污水深度处理。新改扩建行业建设项目，实行主要污染物排放等量或减量置换。强化各类经济技术开发区、高新技术产业开发区等工业集聚区的水污染集中治理，严格执行排污许可证制度和污染物排放总量控制制度，完善园区污水处理设施，实现省级及以上园区污水集中处理全覆盖。定期评估沿江工业企业、工业集聚区环境和健康风险，落实防控措施。

3. 城镇黑臭水体治理

遵循治水规律，按照"控源截污、内源治理、疏浚活水、生态修复"的思路，突出重点流域与重点河段，推动水岸协调统筹与上下游联动，实现城市"水清、岸绿、景美"。强化哈尔滨、长春等都市圈生活污水治理。发挥长春市、鹤岗市、辽源市等国家级黑臭水体治理示范城市的引领作用,开展松花江干流、嫩江、西流松花江、牡丹江等干支流城市区段的黑臭水体治理,制定实施"一河一策"深度治理方案。推进底泥资源化利用,加强城市水体及其岸线的垃圾治理。加强水体生态修复,因势利导改造渠化河道,因地制宜对沿河岸线进行生态化改造,营造多样性生物生存环境与岸绿景美的生态景观。推进海绵城市建设,完善湿地公园、生态滞留池等布局与建设,通过"渗滞蓄净用排"方式,减少径流污染。因地制宜,加强城市河湖水系连通,综合利用污水处理厂再生水、城市雨洪水、清洁地表水,适时开展生态补水,恢复水体生态基流。建设穿城河流景观带,构建水清、岸绿、景美的江岸水系生态环境,打造沿江景观样板。

第三节 污染治理与碳汇功能

一、环境污染治理

以改善环境质量为核心,以解决突出环境问题为导向,深入实施大气、水、土壤、农村和青山污染防治行动计划,重拳治霾,协同治水,综合治土,推动环境质量持续明显改善,形成"蓝天碧水青山净土"。

1. 大气污染治理

突出重点区域、重点行业、重点领域、重点时段,实施大气污染防治,改善能源利用结构,推进工业企业技术改造,完善重污染应急体系,坚决打赢蓝天保卫战。

促进能源清洁利用。控制煤炭消费,逐步降低煤炭消费占比,在部分污染严重的城市实施煤炭消费总量控制,重点削减非电力用煤,力争七台河、哈尔滨、鹤岗、长春等重点城市燃煤消费量负增长。以哈尔滨、长春等城市为试点,突出抓好冬季散煤治理,优先实施清洁燃煤集中供暖。加大清洁能源利用,实施天然气、电力等清洁能源替代煤炭工程,推动煤改气、煤改电、油改气,实现"增气减煤"。推广应用风电、天然气、太阳能、生物质、地热等清洁能源和可再生能源。

工业污染源全面达标排放。加强火电、石油化工、钢铁、煤化工、有色金属冶炼、建材水泥、集中供热、石墨等重点行业大气污染治理,实施工业烟粉尘、二氧化硫、二氧化氮和工业有机废气总量排放控制。以燃煤机组超低排放改造为重点,对冶金、石油石化、水泥、煤化工等重点行业实施改造,对硫、氮等多污染实施协同控制。全面整治燃煤小锅炉,推进煤改气、煤改电步伐。加快推进集中供热,推广应用集中型供热锅炉和热电联产机组,实现一县一热源。围绕大庆、松原、吉林等城市,重点加强石化、有机化工、表面涂装、医药等行业 VOCs 综合整治。围绕哈尔滨、长春、吉林等都市圈都市区等重点城镇化地区,开展大气污染防治秋冬季专项督查行动。

加大秸秆焚烧污染防控。加强秸秆禁烧管控,层层压实秸秆露天禁烧责任,建立"县包乡、乡包村、村包户"的网格化责任体系,严格落实定区域、定人员、定职责、定任务、定奖惩的"五定"措施。坚持"疏堵结合、以用促禁"，强化秸秆焚烧监管，全面全域全时段禁止秸秆露天焚烧，实行网格监管。加强重点区域和重点时段秸秆禁烧管理，做好郊区和农村秸秆禁烧污染防治工作。突出国道、高速公路两侧、铁路沿线、机场、城市周边等重点区域，制定秸秆机收捡拾打捆作业计划，建立以秸秆机收捡拾打捆为重点的"收储运"体系。优化重污染天气应对联防联控机制，构建以哈长城市群为范围的重点区域常态化协作机制。

2. 农村环境治理

突出环境整治重点和难点，全面推进农村环境综合整治，解决"脏、乱、差"问题，筑牢"美丽松花江"的环境基础。推进农村黑臭水体处理，推动乡镇污水处理设施建设运行并向农村延伸，加强农村河流、沟渠、塘坝治理。以查干湖等湖泊湿地为重点，推进水系连通，开展农村小流域污染治理。加大农村改厕推进力度，支持集中处理改造。推广垃圾分类减量和就近资源化利用，因地制宜推广"村收集、镇转运、县处理"模式，有效处理农业生产生活垃圾、农村工业垃圾、农业废弃物等。控制农业面源污染，在三江平原、松嫩平原农业主产区及大小兴安岭、长白山沿麓等农业产业带，推进减化肥、减农药、减除草剂，鼓励增施有机肥和绿肥，拓展测土配方施肥、秸秆粉碎还田范围。控制灌溉面源污染，建设生态沟渠、污水净化塘等设施，净化农田排水及地表径流。强化废旧地膜监管和回收利用，推进地膜减量替代。严格治理畜禽养殖污染，开展畜禽养殖场（小区）标准化改造，推进粪便肥料化、能源化和饲料化。

二、碳汇与资源利用

1. 生态碳汇

强化国土用途管控，严守生态保护红线，稳定并逐步增加森林、草原、湿地、土壤等的固碳增汇能力，打造成为中国主要碳汇基地。加强森林资源抚育，保护和修复森林生态系统，不断增加森林面积和蓄积量。开展国土绿化行动，推进绿化建设，提高植被覆盖率。推进"碳核算"工作，建立停伐抚育的固碳增量机制，争取将大小兴安岭、长白山列为森林碳汇交易和绿色GDP核算试点。采取有效措施提升科尔沁草原、松嫩平原和三江平原的草原草地、湿地湖泊和耕地的碳汇能力，修复和增强土壤碳汇，巩固和提升湿地碳汇，调整和增加农田碳汇，恢复和提高草原碳汇。开展国家碳汇交易的各类政策试点，鼓励龙江森工集团、吉林森工集团等林业集团做好碳汇造林和森林经营增汇试点准备工作。探索实施国家公益林赎买政策和森林碳汇交易。指导林业碳汇项目开发，推进碳汇造林项目培育，建设国家林业碳汇经济示范区。探索发展碳汇经济，争取建设碳汇交易中心，制定完善碳汇交易流程和管理制度，引导各地将符合碳汇交易条件的森林纳入碳汇交易市场开展交易，对接上海、广东等地碳市场交易机构，扩大碳汇市场。探索建立生态产品价值核算机制，建设"生态银行"，实现资源—资产—资本—财富的转化（李晓军和郭新梅，2021）。

2. 水资源配置

按照建设节水型社会的要求,实行最严格水资源管理制度,实施用水总量控制,落实水资源开发利用控制、用水效率控制、水功能区限制纳污三条红线,合理安排农牧业、工业、城镇和生态用水。中远期,松花江流域年用水量达到430.2亿立方米。对不同地区的水资源进行不同方式开发利用,松花江干流、嫩江沿岸以地表水为主,地表水贫乏的内陆半干旱区以浅层地下水与地表水联合开发利用为主。在松嫩平原西部等水资源供应短缺地区,实施以水定产、以水定城,严格控制"旱改水"。推进生产节水,推进冶金、化工、电力、建材、食品、造纸等高耗水行业节水技术改造,引导企业使用再生水,提高工业用水重复利用率和循环使用率。在松嫩平原、三江平原等粮食主产区发展农业节水,推广渠道防渗、喷灌、滴灌等节水灌溉技术,全流域有效灌溉面积提高到7800万亩,农田综合灌溉水利用系数不低于0.61。强化高耗水服务业的节水管理,实施阶梯式水价。推进洪水资源化利用,满足生活用水,保障农业用水,增加工业用水,扩大生态用水份额。探索灌区农田退水的再资源化利用途径。

专栏 11-4　黑龙江省旱改水

近年来,黑龙江省出现了大量"旱改水"的现象。大量农民将种植玉米和大豆的旱田改成水田,用于种植收益更高的水稻。2016年国家取消在东北玉米主产区的托市收购,玉米价格持续走低,而东北大米价格持续走高且稻谷有国家最低收购价的托市,有条件的地区增加"旱改水"的面积。黑龙江省的齐齐哈尔、嫩江、黑河、佳木斯、建三江和吉林省的舒兰、洮南等地,凡是积温达标、地势平坦、有条件改为水田的耕地基本上已经或正在进行改造。东北地区旱田面积显著减少,全国增加的水田面积几乎一半分布在东北地区;2016年黑龙江省玉米种植面积减少66.7万公顷以上,水田面积增加近20万公顷。在东北旱改水进程中,井灌稻田的现象普遍。寒地井灌稻通常种在水源缺乏地区,利用地下水发展井灌水稻。"旱改水"导致许多地方超采地下水,地下水位下降,干旱尤其是春旱日趋严重,部分地区湿地大面积萎缩。2018年,农业农村部印发《2018年种植业工作要点》,提出"东北地区重点压减寒地低产区粳稻面积",黑龙江省的"旱改水"稻田是重点整治对象,尤其是寒地井灌稻田。20世纪90年代末,黑龙江省曾出现过大规模旱改水而农田严重受旱现象,改种水田被迫又进行"水改旱"。当前应实行水旱轮作制度,维持地上、地下水的采补平衡。

---

3. 秸秆综合利用

以提高秸秆综合利用率和耕地质量为目标,突出重点区域,完善扶持政策,促进秸秆综合利用向规模化、产业化、集约化方向发展。哈尔滨市、绥化市、肇州县、肇源县、亚布力滑雪旅游度假区、雪乡旅游景区推动秸秆能源化利用,合理布局生物质热电联产项目,发展秸秆固化成型燃料站。实施玉米、水稻、大豆等农作物秸秆肥料化利用,推广秸秆翻埋还田、碎混还田和免耕覆盖还田。在肉牛、奶牛、肉羊等草食畜禽重点养殖区域推广青黄贮技术，扩大秸秆饲料化利用比例，长春、四平、松原和白城探索建设秸秆饲料产业化基地。探索秸秆原料化利用，生产纸、高密度板材、燃料乙醇、降解纸膜等。扩大秸秆基料化应用，开拓水稻育苗基质、草腐菌类食用菌基质等利用新途径。以县为单位开展地膜回收和资源化利用试点示范。2020年松花江流域的国家级秸秆综合利用重点县（市、区）如表11-2所示。

表11-2　2020年国家级秸秆综合利用重点县（市、区）名单

序号	县（市、区）	序号	县（市、区）	序号	县（市、区）
1	哈尔滨市双城区	13	萝北县	25	海林市
2	依兰县	14	集贤县	26	穆棱市
3	宾县	15	宝清县	27	东宁市
4	延寿县	16	肇州县	28	逊克县
5	五常市	17	肇源县	29	五大连池市
6	龙江县	18	林甸县	30	绥化市北林区
7	依安县	19	铁力市	31	兰西县
8	甘南县	20	佳木斯市郊区	32	青冈县
9	拜泉县	21	桦川县	33	绥棱县
10	讷河市	22	汤原县	34	安达市
11	鸡东县	23	富锦市	35	肇东市
12	虎林市	24	勃利县	36	海伦市

第四节　流域综合防洪体系

一、流域综合防洪体系

1. 流域防洪分区

嫩江洪水主要来自干流尼尔基水库以上及右侧支流，西流松花江洪水多发生在丰满水库以上地区，松花江干流主要由嫩江、西流松花江和支流拉林河洪水遭遇形成（孙忠和贾长青，2007）。防洪区是指洪水泛滥可能淹及的地区，根据洪水特点与分布，全流域防洪区总面积达11.64万平方公里，占流域总面积的20.9%。防洪区由防洪保护区、蓄滞洪区和洪泛区及其他地区组成。全流域防洪保护区面积达6.5万平方公里，占防洪区面积的55.8%，主要分布在松嫩平原、三江平原，主要是粮食主产区和工业基地。松嫩平原防洪保护区主要分布在以三江口为中心的嫩江、西流松花江及包括哈尔滨在内的松花江干流上游地区。三江平原防洪保护区主要分布在松花江干流佳木斯以下段地区。全流域蓄滞洪区面积达0.32万平方公里，占防洪区面积的0.6%。全流域洪泛区及其他地区面积达4.82万平方公里，占防洪区面积的43.6%。

2. 流域防洪能力

按照"蓄泄兼筹、综合治理、突出重点"的防洪方针，提高防洪标准，建成完善的流域防洪减灾体系，提高防洪行洪减灾能力。优先完善重点河流、重点区域、重点河段、重点城市、粮食生产基地和工矿基地的防洪减灾体系。力争实现松花江干流、嫩江、西流松花江等干流防洪全部达标，干流堤防达50～100年一遇防洪标准，嫩江干流尼尔基水库以下、西流松花江丰满水库以下、松花江干流均为50年一遇。嫩江干流齐齐哈尔以上堤防按20年一遇洪水标准建设，齐齐哈尔以下堤防按35年一遇洪水标准建设。完善拉林河、西拉木伦河、乌力吉木仁河、马莲河、塘泥河、新开河、呼兰河、细河等中小河流与支流堤防工程布局与建设，防御常遇洪水，呼兰河、饮马河、洮儿河、阿伦河、诺敏河、雅鲁河、牡丹江等主要支流实现30年一遇防洪标准，霍林河、乌裕尔河、辉发河、拉林河、倭肯河、汤旺河、安邦河的防洪标准为20年一遇，讷谟尔河、蚂蚁河、音河、蛟河、梧桐河、甘河、绰尔河等支流达到10年一遇防洪标准，松嫩平原、三江平原等主要粮食生产基地达到50年一遇防洪标准。保护松嫩平原、三江平原等粮食生产基地，哈尔滨、长春等重要城市，哈大、平齐、绥满、通让、长白、长大等铁路干线，哈大等高速公路和国道102线、国道302线等国道，以及大庆、吉林等油田及通信干线。力争在发生常遇洪水和较大洪水时，保障松花江流域的防洪安全和社会经济的正常发展，在遭遇大洪水和特大洪水时，保障流域经济活动和社会生活不会发生大的动荡。

3. 防洪骨干工程

因地制宜，建设以堤防为基础，大型控制性水利枢纽为骨干，支流水库调蓄、蓄滞洪区运用、河道整治、平围行洪、阻水桥梁扩孔改建相配套，结合封山植树、湿地保护等措施以及其他工程措施构成的综合防洪体系。全面完成松花江干流、嫩江、西流松花江等干流及呼兰河等重要支流的综合治理，优先治理洪涝灾害易发、人口密集、保护对象重要的河流及河段（孙忠和贾长青，2007）。在嫩江和西流松花江上游修建控制性水库削减洪峰、拦蓄洪水，在中下游修建堤防、整治河道、清除行洪障碍。

采取堤基防渗、堤身加高培厚、隐患处理和穿堤建筑物加固等若干工程，持续推进重要防洪河段的堤防加固建设。哈尔滨、长春、吉林、齐齐哈尔、佳木斯、牡丹江、松原、乌兰浩特、伊春等城市堤防和大庆油田齐富堤防达到Ⅰ级建设标准，嫩江尼尔基水库以下、西流松花江丰满水库以下、松花江干流哈尔滨以上及佳木斯以下等干流堤防及支流上的县份城镇建设Ⅱ级堤防。

在嫩江、西流松花江、松花江干流等干流河道实施通让、平齐、哈黑等一批铁路桥公路桥阻水桥梁扩孔、清淤清障、险工治理等河道整治工程，继续推进平围行洪工作，因地制宜推进"双退"（退人退耕）、"单退"（退人不退耕）河道清障，加快齐齐哈尔、哈尔滨、吉林、佳木斯等干流城市城区段和主要支流河口段的清淤疏浚，治理松花江干流塌岸。

结合梯级开发建设，推进骨干水利枢纽与控制性水利枢纽建设。继续完善哈达山、尼尔基、悦来、大顶子山、丰满等重大枢纽，提升文得根、绰勒、毕拉河口、白山、磨盘山、扬旗山、莲花、红石等水利枢纽。推动松花江干流有计划建设依兰、民主、通河、洪太、康家围子、涝洲等重大梯级枢纽，嫩江加快建设大赉、卧都河、窝里河、固固河等梯级枢纽与水库，西流松花江建设小山、双沟、石笼等梯级枢纽，推进胖头沟、兴隆、满台城等病险水库水闸除险加固，新建奋斗、阁山和林海等一批水库。重要大型水库的分布如图11-1所示。

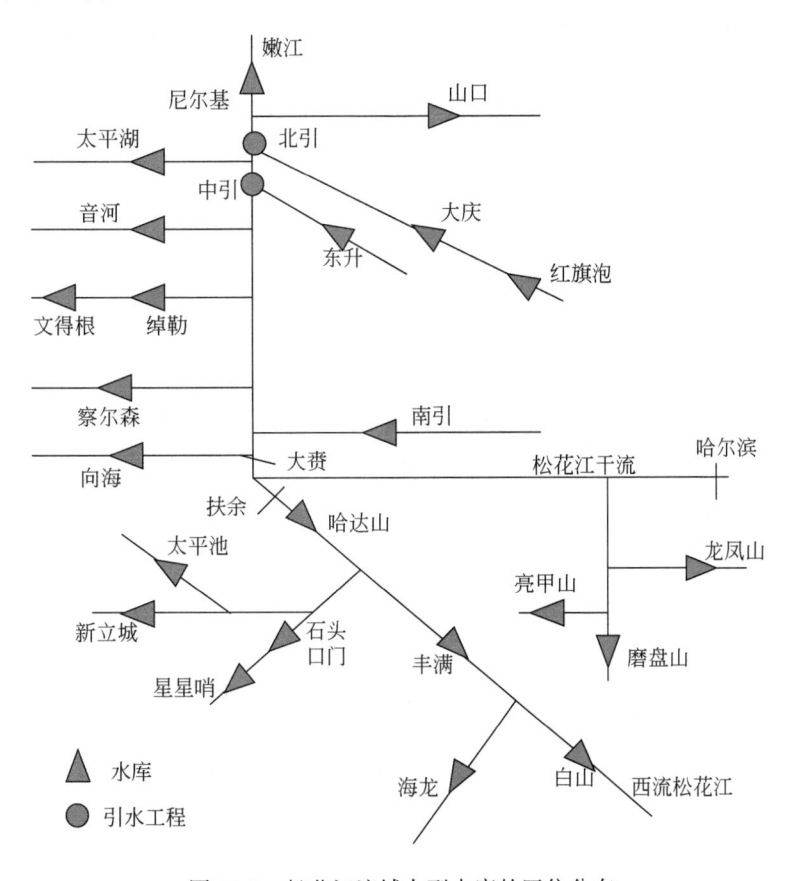

图 11-1　松花江流域大型水库的区位分布

4. 蓄洪区布局

坚持"建管结合，建管并重"，完善松花江流域蓄滞洪区的分布与功能，松花江流域蓄滞洪区总面积达2700平方公里。根据嫩江、松花江洪水峰高量大、高水位持续时间长的特性，在哈尔滨以上地区利用湿地、湖泡辟建蓄滞洪区，配合堤防、水库等工程承担哈尔滨等重点城市、重点地区和松花江干流的防洪任务，提高松花江干流防洪能力。重点建设胖头泡、月亮泡蓄滞洪区，承担分蓄哈尔滨市100~200年一遇洪水的超额洪量，当哈尔滨水文站洪峰流量达到堤防设计流量17 900米^3/秒时启用蓄滞洪区，削减哈尔滨洪峰流量2600米^3/秒；优先启用月亮泡，再启用胖头泡。胖头泡蓄滞洪区面积达1994平方公里，容量达55亿立方米。月亮泡蓄滞洪区重点建设水库库区片、新荒泡片、6号坝片、4号坝以西片，主要分蓄洮儿河、嫩江洪水，面积达686平方公里，容量达24.58亿立方米。推进黑鱼泡、大庆地区的王花泡、北二十里泡、中内泡、库里泡等中小型蓄滞洪区建设。坚持因地制宜，采取永久搬迁、就地避洪和安全撤离等途径推进蓄滞洪区建设,位居洪水主流区的居民应永久搬迁。完善进洪和退洪控制工程,加固滞洪区围堤,改造泄洪设施,疏挖排洪通道,修建安全台、避水楼、安全通道等安全设施,确保蓄滞洪区实时有效运用。对蓄滞洪区实施分区管理,分为轻度、中度及重度等不同风险区域,采取移民建镇的办法就近在高岗地集中安置居民。清退侵占洪水调蓄场所和行洪空间,给洪水以出路。采取"上吞下吐"方式实施蓄滞洪区退水。坚持提前超前介入,合理控制人口增长,限制人口返还或迁入,新建重大基础设施、工矿企业等项目须符合防洪要求(梁国豪等,2021)。胖头泡和月亮泡两个蓄滞洪区的分布如图11-2所示。

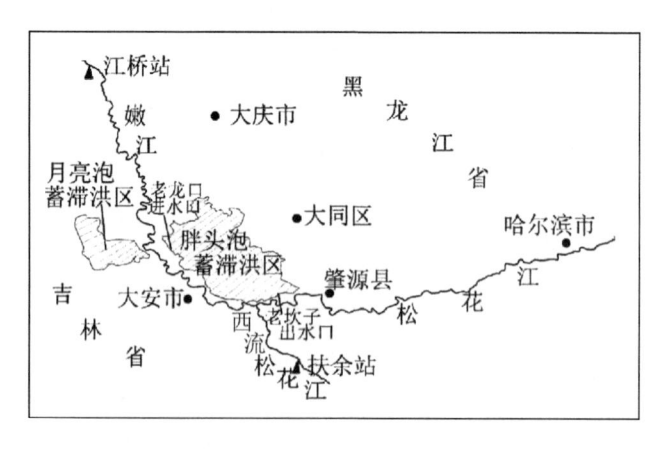

图 11-2 松花江流域蓄滞洪区分布

月亮泡蓄滞洪区:位于洮儿河入嫩江河口处,北部为镇赉县所辖,南部地处大安市,位于胖头泡上游。总面积为802.6平方公里,最高设计蓄洪水位为134.57米,最大蓄洪库容为24.58亿立方米。根据嫩江防洪形势和洮儿河来水情况运用月亮泡蓄滞洪区。外部围堤长92.4公里,按照嫩江50年一遇防洪标准设计,堤防等级为2级。该蓄滞洪区可承纳洮儿河和嫩江洪水。如表11-3所示,该区域内有人口0.95万人,耕地为0.854万公顷。

表 11-3 松花江流域规划蓄滞洪区基本情况

名称	月亮泡	胖头泡	总计
面积/平方公里	686	1994	2680
容积/亿立方米	21.86	42.91	64.77
人口/万人	0.99	15.39	16.38
耕地面积/万公顷	0.854	6.476	7.33
粮食产量/万吨	3.95	22.09	26.04

胖头泡蓄滞洪区:位于嫩江与松花江干流汇合口处和左岸,多为肇源县管辖,总面积为1994平方公里,最高蓄滞洪水位为131.67米,最大蓄滞洪库容为45.66亿立方米。主要由嫩江和松花江干流堤防、南引水库的东部和北部堤段、安肇新河下游段右侧堤防及新建围堤组成,外部围堤长为155.5公里,按嫩江干流50年一遇洪水标准和

2 级堤防标准建设。该蓄滞洪区可接纳嫩江和松花江洪水。该区域内有 15.39 万人，耕地有 6.476 万公顷。

5. 综合防洪体制

完善河长制、湖长制，统筹解决各类涉水问题。立足全流域，统筹协调各部门和上下游、左右岸，统筹供水、灌溉、发电、航运、旅游等社会经济发展需求，完善流域性防洪减灾机制。完善洪水调度制度，优化全流域骨干水库、重要水库群和山丘区小型水库联合调度方案，建立流域防洪动态调度协同机制，科学拦峰错峰，确保行洪畅通。优化月亮泡、胖头泡蓄滞洪区的启用次序，整合集中内部各片区的管理主体。研究嫩江、松花江干流、西流松花江河道的铁路、公路桥改造，努力拓展河宽，降低水位。对河道上特别是河口处的建设项目依法实行洪水影响评价制度，任何工程均不得超越规划治导线。修订完善防汛、抗旱和城市防洪应急预案，健全防汛抗旱指挥机构，优化成员单位，健全工作机制。根据行业特点及时修订完善水库等重要水利工程、山洪地质灾害防御、防汛应急通信等专业化应急方案。加强应急部门和水利部门间防汛抗旱指挥决策的互联互通。加强乡镇（街道）、村（社区）等基层防汛组织体系建设，形成县、乡、村三级联动工作机制。

二、城镇防洪排涝

1. 城镇防洪能力建设

紧扣松花江流域城镇化的进程，加强松花江干流和支流城镇防洪能力建设，保障流域安全。哈尔滨市、长春市等流域中心城市主城区的综合防洪标准达 200 年一遇，保障流域主要城镇化地区的国土安全。完善重点城市防洪建设，齐齐哈尔市、大庆市、佳木斯市、牡丹江市、伊春市、吉林市、松原市、乌兰浩特市等城市防洪标准达 100 年一遇。加强重点工矿区防洪建设，大庆主力油田按 100 年一遇洪水设防。中等城市及县城镇防洪标准达 30～50 年一遇，重点乡镇达 20 年一遇。

哈尔滨市：防洪标准为 200 年一遇，防洪任务由堤防和白山水库、丰满水库、尼尔基水库及胖头泡、月亮泡蓄滞洪区共同承担，堤防、水库承担 100 年一遇的防洪任务，蓄滞洪区承担 100～200 年一遇的防洪任务。城区堤防由江南堤防、松北堤防、江中围堤等组成，长为 116 公里。统筹推进城区堤防加固加高、上游水库、蓄滞洪区（胖头泡、月亮泡）、疏浚整治河道滩岛等建设，同步推进扩孔改建阻水桥，增加河道泄量。

长春市：防洪体系主要由新立城水库和城区堤防工程组成。城区堤防分为城区南段、中心段和北段三部分，总长为 57.5 公里。城区中心段防洪标准达 200 年一遇，伊通河支流鲶鱼沟、小河沿子河、东排洪沟达 50 年一遇。统筹推进城区段和双阳河双阳区城区段堤防、新立城水库、护坡工程等建设，对伊通河、饮马河、三岔河等中小支流河道进行疏浚清淤清障，畅通洪水下泄通道，伊通河实现 200 年一遇防洪标准。加强湿地公园建设，涵养水资源。

齐齐哈尔市：防洪任务主要由尼尔基水库和堤防共同承担，防洪标准为 100 年一遇。尼尔基水库承担齐齐哈尔市50~100年一遇的防洪任务。齐齐哈尔城区堤防由嫩江堤防和乌裕尔河堤防组成，总长为103公里，包括西堤、南堤、东堤和富拉尔基堤。防御嫩江洪水的西堤、南堤和富拉尔基堤防堤身断面达50年一遇标准，经尼尔基水库调蓄后防洪能力达100年一遇，防御乌裕尔河洪水的东堤防洪标准达50年一遇。

吉林市：防洪任务由白山水库、丰满水库和堤防共同承担，主城区防洪标准为100年一遇，其他防洪标准为50年一遇。吉林市堤防长为85.3公里。

松原市：防洪任务主要由白山水库、丰满水库和堤防共同承担，防洪标准为100年一遇。松原城区堤防总长达54.9公里，左岸堤防长为43公里，哈达山—锡伯屯和复兴屯—牙木吐为50年一遇防洪能力，锡伯屯—复兴屯为100年一遇；右岸堤防为11.9公里，防洪标准为100年一遇（梁国豪等，2021）。

2. 城镇防涝防洪能力

推进重点城市防洪建设，完善以城区堤防和上游水库为主的城镇防洪体系，持续整治河道，提高城市排水能力，加强城镇周边山洪灾害防治，提升城市防洪减灾能力。重视城区河流左右岸堤防达标建设，整修加固堤防，改扩建穿堤建筑物，清障疏浚河道，完善城市泄洪排水通道，保障城市排水出路通畅。加强城市坑塘、河湖、湿地等水体自然形态的保护和恢复，禁止填湖造地、裁弯取直、过度渠化硬化河道等侵占河湖、破坏水生态。加强河道系统整治，恢复和保持河湖水系自然连通，培育泄洪新通道、蓄滞洪新空间。整治市区主要低洼地、涵洞易积水路段。推进城市排水防涝工程建设，完善排水管网、泵站等基础设施，达到"暴雨不堵、大雨易行、中雨顺畅"。高标准建设海绵城市，扩大布局海绵型公园和绿地，推进相关基础设施建设，完善地下排水设施体系，做到合理的"渗、滞、蓄、净、用、排"。

第五节 水资源配置与农田水利保障

一、水资源优化配置

1. 水资源利用配置

统筹上下游、左右岸、大中城镇及各行业，合理配置水资源。全流域水资源配置要落实水资源消耗总量和强度双控行动，实施总量控制与定额管理。控制水资源可利用总量，统筹兼顾生产与生态环境用水需求，优先保障河道生态用水和航运用水，将社会经济耗水量严格控制在可利用量以内。加强江河湖库水量调度，完善水量调度方案，突出优化辉发河、饮马河等缺水地区的河流分水方案。科学实施重点水库生态调度，保障河湖湿地最小生态环境需水量（吴杰等，2013）。加快大型灌区和重点中型灌区的续建配套和节水改造，发展节水农业（王双旺等，2013）。严格控制农业用水总量，推进地下水压采工作，退还超采的地下水，减少水田与井灌种植面积。提高嫩江流域、三江平原、挠力河流域等缺水地区的水资源承载能力（王晓昕等，2013）。根据缺水地区分布，合理组织"北水南调"，实施吉林省中部城市引松供水工程等一批引调水工程。中远期，松花江流域多年平均水资源总配置量为 439.3 亿立方米，生活水资源配置量占 9.1%，工业水资源配置量占 19.2%，农业水资源配置量达 65.7%，河道外生态建设水资源配置量为 6%；地表水资源配置量达 73.2%，地下水资源配置量为 25.1%，其他水源水资源配置量为 17.8%。

2. 流域分水方案

1) 主要河流

松花江干流。松花江干流（佳木斯以上）流经吉林省和黑龙江省，多年平均水资源总量 370.91 亿立方米，其中地表水资源量 329.26 亿立方米。如表 11-4 所示，2030年，吉林省多年平均分水量为 13.28 亿立方米，黑龙江省多年平均分水量为 107.95 亿立方米。确定哈尔滨、佳木斯、磨盘山水库等 9 个断面为松花江干流流域水量分配控制断面，并考虑生态和航运等用水需求，确定 7 个断面的最小下泄流量控制指标。每年 5~10 月哈尔滨断面通航流量为 550 立方米/秒。

表 11-4　2030 年松花江干流（佳木斯以上）流域水量分配方案

（单位：亿立方米）

省级政区	来水频率	分配水量	断面名称	多年平均下泄水量	断面最小下泄流量 冰冻期上年 12 月至 3 月	断面最小下泄流量 非汛期 4~5 月、10~11 月	断面最小下泄流量 汛期 6~9 月
吉林	50%	12.47	哈尔滨	286.14	250	250	250
吉林	75%	14.62	佳木斯	491.81	290	290	290
吉林	90%	12.51	磨盘山水库	0.94	0.50	0.50	0.50
吉林	多年平均	13.28	友谊坝	22.66	0.50	9.08	18.16
黑龙江	50%	103.81	拉林河口	21.27	0.50	11.23	22.46
黑龙江	75%	114.83	大山咀子	21.27	1.16	13.86	13.86
黑龙江	90%	87.90	牡丹江省界	22.21			
黑龙江	多年平均	107.95	长江屯	81.48	1.33	40.99	40.99
合计	50%	116.28	牡丹江出口	92.68			
合计	75%	129.45					
合计	90%	100.41					
合计	多年平均	121.23					

嫩江。2030 年内蒙古的河道外地表水分水量为 38.22 亿立方米，黑龙江省为 70.61 亿立方米，吉林省为 18.75 亿立方米。该流域确定尼尔基、江桥、白沙滩和流域出口 4 个断面为嫩江流域水量分配控制断面。

西流松花江。2030 年，在该流域河道外地表水分配方案中，辽宁省的分水量为 0.50 亿立方米，吉林省为 91.94 亿立方米。该流域确定海龙水库坝上和流域出口两个断面为水量分配控制断面。

2）重点支流

除了上述干流外，部分支流也形成跨省（自治区）的分水方案。这些重点支流如表 11-5 所示。

拉林河：为松花江干流右岸的一级支流，流经吉林和黑龙江两省。拉林河流域的水资源丰富，多年平均水资源总量为 46.80 亿立方米，其中地表水资源量为 38.67 亿立方米。在该流域的分水方案中，2030 年吉林省的分水量为 7.13 亿立方米，黑龙江省为 13.39 亿立方米。

音河：为嫩江右岸一级支流，流经内蒙古和黑龙江两省（自治区），流域面积主要分布在内蒙古自治区，上游为林区，中下游为农业灌区。音河流域的水资源相对匮乏，多年水资源总量为 3.69 亿立方米，其中地表水资源量为 2.49 亿立方米。在该流域的分水方案中，2030 年内蒙古自治区的分水量为 0.42 亿立方米，黑龙江省为 0.85 亿立方米。

阿伦河：为嫩江右岸一级支流，流经内蒙古和黑龙江两省（自治区），流域面积主要分布在蒙东地区，上中游为林区，下游为农业区。阿伦河流域水资源相对丰富，多年平均水资源总量为 10.12 亿立方米，其中地表水资源量 8.97 亿立方米。在该流域的分水方案，2030 年内蒙古自治区的分水量为 2.38 亿立方米，黑龙江省为 1.15 亿立方米。

绰尔河：为嫩江右岸一级支流，流经内蒙古和黑龙江两省（自治区），95.4% 的流域面积分布在蒙东地区。绰尔河流域的多年平均水资源总量为 22.10 亿立方米，其中地表水资源量为 20.80 亿立方米。在该流域的分水方案中，2030 年内蒙古自治区的分水量为 9.66 亿立方米，黑龙江省为 1.23 亿立方米。绰尔河的灌区灌溉用水量达到 2.24 亿立方米。

雅鲁河：为嫩江右岸一级支流，流经内蒙古、黑龙江两省（自治区）。该流域的多年平均水资源总量为 26.40 亿立方米，其中地表水资源量为 25.29 亿立方米。2030 年，在雅鲁河流域河道外地表水中，内蒙古自治区的分水量为 4.56 亿立方米，黑龙江省的分水量为 4.24 立方米。

诺敏河：为嫩江右岸一级支流，流经内蒙古和黑龙江两省（自治区），下游建有查哈阳大型灌区。诺敏河流域水资源相对丰富，多年平均水资源总量为 53.14 亿立方米，其中地表水资源量为 51.94 亿立方米。在该流域的分水方案中，2030 年内蒙古自治区的分水量为 3.58 亿立方米，黑龙江省为 4.78 亿立方米。

牡丹江：为松花江干流右岸最大支流，流经吉林和黑龙江两省，流域面积主要分布在黑龙江省。牡丹江流域水资源丰富，多年平均水资源总量为 103.16 亿立方米，其中地表水资源量为 102.04 亿立方米。2030 年，在该流域的河道外地表水分配方案中，吉林省的分水量为 1.82 亿立方米，黑龙江省为 12.33 亿立方米。

霍林河：是嫩江右岸一级支流，流经内蒙古、吉林两个省（自治区），为无尾河。流域地处半干旱区域，水资源短缺及时间分布不均是该流域的突出特征。河流支流流程短、流量小。霍林河流域的水资源总量为 22.07 亿立方米，其中多年平均地表水资源量为 5.98 亿立方米。流域主要用水部门除河道外生活生产用水外，还包括河道湿地生态环境用水和泡沼湿地生态用水，地表水资源量基本在本流域消耗。分配给内蒙古自治区的水量为 2.62 亿立方米，分配给吉林省的水量为 3.36 亿立方米，占比分别为

43.8%和56.2%。

表 11-5　2030 年松花江干流重点支流流域水量分配方案

(单位：亿立方米)

支流	水资源量		分配水量			
	流域总量	地表水量	吉林省	黑龙江省	内蒙古自治区	合计
拉林河	46.80	38.67	7.13	13.39		20.52
音河	3.69	2.49		0.85	0.42	1.27
阿伦河	10.12	8.97		1.15	2.38	3.53
绰尔河	22.10	20.80		1.23	9.66	10.89
雅鲁河	26.40	25.29		4.24	4.56	8.8
诺敏河	53.14	51.94		4.78	3.58	8.36
牡丹江	103.16	102.04	1.82	12.33		14.15
霍林河	22.07	5.98	3.36		2.62	5.98

二、水资源供给建设

1. 区域性调配水工程

统筹上下游、流域内外地区，开展流域内及跨流域调水工程和河湖连通工程，优化水资源配置。实施黑龙江、松花江、乌苏里江"三江连通"，建设引黑引松工程、悦来枢纽工程，构建丰枯调剂、边水济腹、多元互补的东北水网。推进引绰济辽工程二期建设，做好引嫩济锡工程前期论证。加快实施尼尔基引嫩扩建骨干二期、引呼济嫩、吉林中部引松供水二期、引嫩入白扩建、吉林西部供水等重大调水工程，合理开展林海供水、引松入扶、引松入榆等地方调水工程，完善黑龙江南部引嫩、中部引嫩、北部引嫩、引察济向、引洮入向、引霍入向等工程，缓解工程性缺水与资源性缺水的矛盾。开展九道沟引水、引黑济松、引松补挠等区域性水利工程的前期论证工作。探索流域后备水源工程建设，开展引呼济嫩工程的前期工作。利用哈达山总干渠，向前郭、乾安、长岭辐射，实施河道治理、引水灌溉、生态修复等工程，构建以查干湖为核心、引蓄灌排相结合的河湖连通体系。加强哈尔滨、大庆、长春等大城市的河湖连通，以科右中旗、扎赉特旗、科右前旗为试点，开展县域水系连通及农村水系整治。

2. 城乡供水能力

依据人口规模、产业布局和生态需求，统筹考虑生活生产生态用水，合理配置水资源，形成地表地下、本地外调相结合的多层次供水网络，保障城乡供水安全。围绕城市群、都市圈和大中城市，积极布局新增水源，改扩建现有水源工程。建设引松供水工程、引嫩入白、哈达山、老龙口等大型水源配套工程，满足长春都市圈用水。完成关门嘴子水库工程-细鳞河水库-小鹤立河水库"三库联调"输水管线工程，继续推进鹤岗、七台河、哈尔滨等城市水源工程。优化城镇供水结构，加强现有水源的水质净化、挖潜配套和优化调度，鼓励松嫩平原西部缺水地区及水污染严重地区加大污水处理回用，探索雨洪资源利用，支持鹤岗、双鸭山、七台河等资源型城市综合开发利用矿井水。继续推进输水管线建设，支持县城及重点镇水厂建设与改造升级，加强新建社区、产业园区供水设施布局。加强城市应急和备用水源建设，提高城市应急供水能力。实施农牧林垦区饮水安全提升工程，推进城镇管网向农村延伸，发展集中供水，在人口相对分散区域开展小型和分散式供水工程标准化建设，实现村村通自来水。

黑龙江省北部引嫩工程：取水口位于讷河市讷拉哈镇嫩江中游段，主要为工业、农业、生态供水。多年平均取水量为 14.45 亿立方米。

黑龙江省中部引嫩工程：取水口位于富裕县大登科屯，主要为工业、农业、生态供水。多年平均取水量为 7.93 亿立方米。

吉林省引嫩入白供水工程：取水口位于镇赉县丹岱村，主要为生活、工业、农业供水。多年平均取水量为 5.79 亿立方米。

吉林省大安灌区：取水口位于大安市太山镇长春村，主要为生活、农牧业供水。多年平均取水量为 2.45 亿立方米。

哈达山输水工程：以工农业和生活供水为主，兼顾生态环境保护和发电等综合利用。多年平均引水量为 19 亿立方米，其中从西流松花江流域调出、进入嫩江霍林河流域水量为 11.77 亿立方米。

吉林省中部城市引松供水工程：取水口位于丰满库区左岸坝上 1.2 公里处，主要为生活、工业、农业供水。多年平均引水量为 8.96 亿立方米（梁国豪等，2021）。

3. 中小流域治理

立足生态安全、流域安全与乡村振兴，统筹治水与治山、治林、治田，实施中小河流流域综合治理，开展生态修复、河道综合治理、梯级联合调度，建设成集防洪除涝、生态廊道、旅游休闲等综合功能于一体的风景线。开展洮儿河、伊通河、牡丹江、饮马河等重要支流防洪建设，补强防洪薄弱环节，提高防洪标准，切实保障干流安全。实施哈泥河、双阳河等中小河流流域、重点河段的综合治理，推进清淤疏浚退占拆阻，打通"卡脖子"河段，提高防洪能力。推动牡丹江、伊春、鹤岗等山区城市加大山洪沟工程性措施治理，加强堤防、涵库等基层水利设施建设与养护，升级山洪、滑坡灾害防治非工程措施系统。深入推动美丽乡村与宜居城镇建设，加强中小河流水环境治理，保障生态性水量，恢复河流自然形态与生态功能，合理建设城镇滨水活动空间，打造一批充满地方韵味的"幸福廊道"。在大小兴安岭、长白山等丘陵地区对中小支流合理推进梯级开发，因地制宜建设水库和发展小水电。在松嫩平原西部开展洪水资源化利用，推进引洮入向工程，大庆等城市开展雨洪资源利用试点。完善县乡基层"河长制""湖长制"，将责任下沉到最基层。

三、农田水利保障

1. 灌区水利设施

加快农田与平原灌区的水利基础设施建设，完善灌溉工程体系、节水工程体系和灌溉管理服务体系。在松嫩平原和三江平原加强灌溉设施建设，扩大灌溉干渠，搞好支渠道防渗、排涝沟渠，统筹布局固定渠道，推动大型泵站和老化机电设备更新改造，建立高效利用的蓄、引、提、调相结合的灌溉系统。加快大型灌区续建配套步伐，结合新建水源工程发展一批中小型灌区，建设小型农田水利设施，打通农田水利"最后一公里"。重点建设齐齐哈尔、大庆、松原、白城等一批大中型灌区，推动哈达山、尼尔基、绰勒、察尔森、文得根等水利枢纽建设，保障下游灌区发展。相关灌区如表11-6所示。抓好三江连通工程、吉林省中部城市引松供水工程等区域性水资源调配水网工程，改善灌溉条件。在松嫩平原西部加大农田抗旱水源井建设。松嫩平原实施"以稻治碱"，三江平原实施"两改一提高"，适当发展水田灌溉。

表11-6　松花江流域干流取水大型灌区　　（单位：万公顷）

名称	类型	黑龙江省北部引嫩灌区	黑龙江省中部引嫩灌区	吉林省五家子灌区	吉林省大安灌区	吉林省白沙滩灌区	松原灌区	合计
设计灌溉面积	水田	5.50	1.68	1.87	3.48	2.07	8.73	23.33
	旱田	10.51	—	0.33	—	—	8.26	19.10
	其他	2.20	1.44	—	2.18	—	—	5.82
	小计	18.21	3.12	2.20	5.66	2.07	16.99	48.25
现状灌溉面积	水田	3.65	0.86	1.70	3.48	1.67	5.07	16.43
	旱田	—	0.50	0.30	—	—	1.14	1.94
	其他	—	—	—	—	—	—	—
	小计	3.65	1.36	2.00	3.48	1.67	6.21	18.37

资料来源：梁国豪等，2021

2. 农田涝区治理

针对地势低平、排水困难及洪涝相伴的特点，坚持洪涝兼治、治涝与生态保护相结合、先上游后下游的原则，开展涝区综合治理。在松花江干流中部、西流松花江中下游、嫩江支流及乌双流域、挠力河等重涝区，加快涝区综合治理，提高排水标准。高标准农田水田区排水标准达10年一遇，旱田区达5年一遇，其他地区达3年一遇。突出重点大中型涝区和各支流中下游地区的防涝治理。加强排水工程的挖潜配套与整修加固，完善田间工程体系，整治河道和淤积沟道，扩大排水出路及标准，完善排水系统，提高抗涝能力。具备水源条件的地区，统筹灌溉与治涝，开展改种水稻等措施。依据不同涝区的特点，将排涝、防洪和土壤改良相结合开展综合治理。坚持"高水高排、低水低排"，更多利用自然力量排水（王大伟和徐勤贤，2021）。

3. 农业节水灌溉

发展农业节水灌溉，推动松嫩平原、三江平原、松花江干流及重要支流沿岸灌区建设与节水改造。实施地表水置换地下水，优化流域灌溉布局，调整用水结构。以梨树–农安–肇东–讷河–嫩江为界，以西为补水灌溉农业区，以东为旱作农业区。优化农作物种植结构，减少旱地高耗水作物种植，推广抗旱品种。在流域西部半干旱、半湿润偏旱区发展雨养农业，建设农田集雨设施，采取坐水种、抗旱保苗等办法发展节水型农业，开展粮草轮作、带状种植。流域中、东部水源条件较好地区采取井、渠联合灌溉，因地制宜地发展水田。严格控制井灌稻发展，推广水稻节水控灌技术，严格控制松嫩平原和三江平原井灌稻过量开采地下水。在地下水超采区、寒地井灌稻区推进水改旱、稻改豆试点。加大粮食主产区、严重缺水区和生态脆弱地区的节水灌溉建设，推广渠道防渗、喷灌、滴灌等节水灌溉技术。在水资源超载区，退减不合理灌溉面积，重点退减松嫩平原西部和吉林西部的玉米种植面积、吉林东部井灌稻区面积。

第十二章
松花江流域黑土保护与粮食基地

流域往往有着较为广阔的幅员范围，上中下游、干支流流域均有差异显著的地形地貌和水文等自然地理特征。土地与农业种植是流域的传统优势与功能，尤其是耕地和粮食生产是流域的战略性功能，也是流域发展的重要方向。流域产生的自然地理环境决定了不同支流与各流段的水土光热资源组合存在较大的差异，尤其是高原、山地、丘陵、草原、盆地、平原、滩涂、湖泊等土地类型决定了农业生产适宜性与主导农产品的差异，形成全流域综合性农业生产结构与流段性地区性专业化农业基地并存。松花江流域是中国黑土资源的主要集聚地区和重要的粮食生产基地，对中国粮食安全具有"压舱石"的作用，也是中国重要的森林战略储备基地。但长期以来，黑土资源过度利用，农业种植结构单一，地力不断衰弱。

本章主要是分析松花江流域的黑土保护与粮食生产基地建设路径。立足国家粮食安全和耕地资源安全，深入实施"藏粮于地、藏粮于技"战略，保护好"耕地中的大熊猫"，增强农业综合生产能力。加强黑土地保护，实施分区治理，稳步提升基础地力与耕地质量；建设高标准粮田，严格划定粮食生产功能区和重要农产品生产保护区；探索实施耕地休耕制度，完善耕地保护的法律法规。以此，将松花江流域建设成为国家粮食生产的核心区和商品粮基地。因地制宜，发展生态农业和特色农业，打造"两区两基地一片"的农业发展格局，"两区"指松嫩平原粮食主产区和三江平原粮食主产区，"两基地"指大小兴安岭–长白山特色林业基地和科尔沁草原生态牧业基地，"一片"指湖泊湿地片区。优化种植结构，粮食综合生产能力稳定在1亿吨以上，稳定优质粳稻种植；稳定发展特色农业、城郊农业。积极发展种业，加强种源保护，实施科学轮作。切实提高农业发展综合保障能力，完善仓储与农产品物流网络，提高农业科技支撑能力与农业机械化水平，完善农业补贴制度。

第一节 黑土地保护与高标准粮田

深入实施"藏粮于地"战略，持续推进黑土地保护，稳步提升黑土地基础地力，稳步提升耕地质量，提高黑土地综合生产能力，保护好"耕地中的大熊猫"，夯实国家粮食安全的基础。

一、黑土综合治理

1. 黑土保护治理

以黑土高标准农田建设为平台，坚持用养结合，以土壤改良、地力配肥和治理修复为重点，统筹土、肥、水、种及栽培等生产要素，综合运用工程、农艺、农机、生物等措施，推广秸秆还田、增施有机肥、保护性耕作、节水灌溉等技术，推进种养循环、秸秆粪污资源化利用、合理轮作等综合治理模式，有效遏制黑土地退化，持续提升黑土耕地质量，改善黑土区生态环境，探索建设一批整县整乡整村整片推进的黑土地保护示范区。

推广实施保护性耕作。优化耕作制度，推广以"一翻两免"为核心的黑土地保护性耕作技术应用。加大耕地轮作力度，逐步建立米豆、豆麦、米豆薯、米豆杂、米豆经等"二二"或"三三"轮作制度。推行大马力、高性能农业机械深松（耕）整地作业，增加土壤通透性和耕层厚度，提高土壤蓄水保墒能力和抗旱涝能力，保水保肥。以秸秆还田为核心，旱田推广"梨树模式""龙江模式"，实施秸秆直接还田，扩大秸秆翻埋、机械灭茬及联合整地、碎混还田及覆盖免耕，水田推广"三江模式"，推动秸秆粉碎翻埋还田、原茬旋耕和原茬搅浆整地，培肥地力。建设一批高标准保护性耕作应用基地，实行技术创新与集成示范，开展整村整乡整县保护性耕作试点示范。推广高效生态循环农业模式，建立健全农业废弃物无害化处理和资源化利用体系。

加强退化土地治理。加大碱化土地综合治理，努力提高土壤有机质含量。推进松嫩平原西部中重度盐碱地治理，开挖排水沟排涝降低地下水位，建立科学灌排渠系。轻度盐碱地合理种植水稻，实现"以水压碱、种稻治碱"。加快科尔沁草原、嫩江中下游风沙地区的综合治理，营造防风固沙林（草），实施抗旱灌溉，同步增施有机肥料、改土剂等措施改良土壤，提高土壤保水保肥和供水供肥能力。选取一批土壤盐碱化、酸化、退化和工程性缺水等区域，采取专项工程措施开展高标准农田建设。治理土地优先建设高标准基本农田、基本草原，提高粮食、牧草生产能力。

提高黑土土壤肥力。优先在"两区"实施黑土高标准农田建设，完善农田灌排体系，推进田块整治。开展土壤环境质量调查与监测网建设，划分农用地土壤环境质量等级，建立农用地土壤环境质量档案。加强寒地黑土保护，围绕齐齐哈尔、大庆、牡丹江、松原、吉林等地区，通过农艺、农机、工程、生物等综合配套技术措施，实施黑土地保护治理及土壤有机质提升等工程，开展土壤环境保护、土壤培肥、耕地养护等工作，持续提升耕地基础地力。采取秸秆还田、增施有机肥及生物肥等措施进行综合治理，科学施肥灌溉，增加土壤有机质含量，扩大测土配方施肥面积，有效遏制黑土耕地退化。开展休耕轮作试点，适时扩大试点范围。重点推动松花江中下游土地整治工程、尼尔基库区下游高效节水农业土地整治工程、三江平原灌区土地整治工程。

优化水土资源利用。强化流域需水管理，推行农业灌溉用水总量控制和定额管理，建立与流域水资源承载力相适应的耕地规模、种植结构和布局。加强水源地保护和水土流失治理，实施坡耕地保护、侵蚀沟及小流域治理，推广修地埂、改垄沟、坡式梯田、开挖截水沟等治理模式。搞好西流松花江、嫩江及大小支流等重点水土流失地区的治理和保护。全面推进占用耕地耕作层土壤剥离再利用制度建设，将剥离后耕作层土壤用于中低产田改造、苗床用土和土地复垦。严格控制旱改水，在三江平原、松嫩平原地表水富集区控制水稻生产，水资源超载地区要退减不合理灌溉面积，合理开发利用地表水，减少地下水开采，恢复地下水水位。西部地区发展旱田节水灌溉，建设旱涝保收标准良田。对低洼易涝区耕地修建条田化排水、节水排涝设施，合理配置灌排系统，旱涝兼治。

2. 黑土分区治理

根据地形特征、自然条件、土壤类型及农业生产实际等因素，将黑土耕地划分为平原旱田、坡耕地、风沙干旱和水田等类型区，实行分类施策、综合治理、重点保护。

平原旱田类型区。主要分布在三江平原、松嫩平原中东部，主要土类为黑土、黑钙土、草甸土、白浆土。推广"一主多辅"轮作模式，建立以玉米-大豆为中轴的"二二"或"三三"轮作制度。完善灌排设施，改造低洼涝区排水系统，发展以喷灌为主的节水灌溉。推广深松深耕整地，实施秸秆全量翻埋和碎混还田，促进种养结合，发展畜牧业，增施有机肥，培肥地力，提高抗旱固土能力。因地制宜开展田块整治，完善农田基础设施。

坡耕地类型区。主要分布在大小兴安岭、完达山、张广才岭、老爷岭等低山丘陵及松嫩平原漫川漫岗区，土壤类型以暗棕壤、黑土为主。实施小流域综合治理，以坡耕地改造和侵蚀沟治理为重点，采取横坡打垄、垄向区田等措施，加强水土流失综合防治体系，固土保水。推广增施有机肥、秸秆免耕覆盖、合理轮作等措施，培肥地力，建成集水土保持、生态涵养、特色农产品生产于一体的生态型耕地。

风沙干旱类型区。主要分布在松嫩平原西部，土壤类型主要为风沙土、黑钙土、盐碱土等。推广少免耕栽培技术，加强风沙地和盐碱地治理，强化防风固沙林（草）、农田林网建设，防止沙化耕地发展。扩大秸秆覆盖免耕、高留茬覆盖等保护性技术措施，促进春季土壤保墒，防风保水。增施有机肥、改土剂、轮作培肥等，提升地力。推广旱作节水灌溉技术，大力发展节水农业，优选种植耐旱耐瘠薄耐盐的杂粮品种。在盐碱严重地区，完善排水系统，加速排出地表径流和降低地下水位，控制次生盐渍化发生发展。利用引松入白等重要水利工程增加灌溉水量，大幅压减利用地下水资源。

西部草原湿地。主要分布在科尔沁草原的东部、松嫩草原的中心、松嫩平原的西端，是典型的农牧交错区。以盐碱土、风沙土等土壤类型为主。重点建立起田、林、草三位一体的复合生态系统。加强沙化草原治理，加强天然草地改良，提高牧草生产能力。加大草治沙和人工造林力度，封沙育草，种植优质牧草，封育禁牧。

水田类型区。主要分布在三江平原及松嫩平原中南部，土壤类型以草甸土、沼泽土、低地白浆土、水稻土为主。推广"三江模式"，实施水稻秸秆翻埋、旋耕、原茬搅浆，合理配施有机肥，增加土壤有机质，改善土壤结构，培肥地力。以地表水置换地下水，严格控制井灌稻规模，保护地下水资源。加强田间节水、排水工程建设，改造低洼涝区排水系统，提高水资源利用效率。因地制宜实施条田化改造，开展田块整治。完善大中型灌区配套，加强灌排工程建设。推广水稻节水控灌技术，提高田间水利用率。

3. 土壤污染修复

根据耕地土壤污染程度、环境风险及影响范围，确定治理与修复的重点区域。完善土壤污染防治监管体系，提升土壤环境监管能力。加大农牧业面源污染防治力度，开展控肥增效、控药减害、控水降耗、控膜提效"四控行动"，加强秸秆和畜禽养殖粪便等废弃物无害化处置、资源化利用。执行国家农用地土壤污染管控标准，依法禁止未经处理达标的工业和城镇污染物进入农田、养殖水域等农业区域。深入实施减化肥、减农药、减除草剂农业"三减"行动，实现农业投入品减量化。实施化肥农药使用量零增长行动，严格执行禁限用农药规定，推广有机肥替代化肥、测土配方施肥。规范使用饲料添加剂，减量使用兽用抗菌药物。推广以沼气、堆肥为主要处理利用方向，发展粮牧结合、发酵还田的循环农业模式。推动哈尔滨、大庆、鹤岗土壤污染综合防治先行区建设。

二、耕地保护

1. 高标准粮田

永久基本农田红线。实行严格的黑土地保护制度，加快划定永久基本农田控制线，严守耕地红线，确保用途不改变。严格控制未利用地开垦，落实和完善耕地占补平衡制度，严格执行"占优补优"，确保耕地面积不减，坚决遏制耕地"非农化""非粮化"。实施耕地质量保护和提升行动，实现耕地质量稳中有升。开展耕地质量监测和等级评价工作。对生态功能突出、不适宜耕作的区域，有序退耕还水还湿还草还林。强化耕地、草原、渔业水域、湿地等用途管控，严禁侵占耕地、水面、湿地、林地、草原等生态空间的农业开发活动。

专栏 12-1　黑龙江省和吉林省永久基本农田

永久基本农田是对基本农田实行永久性保护，无论什么情况下都不能改变其用途，不得以任何方式挪作他用的基本农田。永久基本农田的划定和管护，必须采取行政、法律、经济、技术等综合手段加强管理，实现质量、数量、生态等全面管护。全国永久基本农田面积约为 15.46 亿亩。

黑龙江省。全省耕地面积约为 2.39 亿亩，划定永久基本农田 1.68 亿亩，占全省耕地面积的比例达到 70.3%，占全国的比例达 10.87%。在全国率先建立耕地储备库制度。

吉林省。全省耕地面积约为 8295 万亩，划定永久基本农田为 7251 万亩，保护比例达到 87.4%。

推进高标准粮田建设。综合考虑农业自然条件和灌溉条件等情况，以粮食主产区和基本农田保护区为核心，在黄金玉米带、优势水稻区开展高标准农田建设。优先在"两区"开展高标准农田建设，将增产潜力大、总产量大、商品率高的重点粮食主产区

置于突出建设位置。按照"相对集中，连片推进"的原则，推进农村土地综合治理，实施田间工程、土地整治和大中型灌区节水配套改造，大规模改造中低产田，重点推进吉林西部和三江平原东部土地整治，建成集中连片、水电路设施配套完善、耕地质量和地力等级较高的高标准农田。打造一批10万亩规模的高标准农田集中连片区，全流域形成高标准农田7000万亩，建成现代粮食生产基地。重要商品粮基地县如表12-1所示。

表12-1 松花江流域的商品粮基地县

类型	省份	商品粮基地县
重点区域（含优势作物区域）	黑龙江省	富锦市、桦川县、龙江县、依兰县、望奎县、肇源县、肇东市、延寿县、双城区、青冈县、巴彦县、五常市、兰西市、宁安市、讷河市、海伦市、桦南县、嫩江市、拜泉县、宾县、林甸县、肇州县、庆安县、安达市、甘南县、尚志市
	吉林省	前郭县、农安县、长岭县、扶余市、榆树市、伊通县、东丰县、大安市、德惠市、桦甸市、九台区、辉南县、柳河县、舒兰市、磐石市、永吉县、镇赉县、洮南市
规模经营试验区域	黑龙江省	五大连池市、绥滨县、北安市、杜尔伯特县、泰来县、富裕县、通河县、汤原县、绥棱县、克东县、明水县、集贤县、木兰县、林口县、萝北市
	吉林省	前郭县、长岭县、洮南县、扶余县、农安县、敦化市

完善粮田配套设施。统筹推进田、土、水、路、林、电、技、管综合配套体系建设。改善农田设施，完善农田灌排设施、田间路网、机耕道路等基础设施，积极完善农田输配电设施设备、农机具存放设施，改善生产条件和生态环境。加强农田林网、岸坡防护建设，稳步提高农田防护比例。推广先进适用耕作技术，统筹发展高效节水灌溉（王守聪，2022）。

专栏12-2 松花江流域国家级重点农业建设地区

国家级基本农田保护示范区：吉林省的长春市九台区、农安县、永吉县、扶余市、梅河口市，黑龙江省的农垦总局建三江分局、农垦总局牡丹江分局、五常市、海伦市、五大连池市。

国家级高标准农田建设示范县：哈尔滨市呼兰区和双城区、巴彦县、木兰县、通河县、延寿县、方正县、绥化市北林区、庆安县、绥棱县、兰西县、青冈县、佳木斯市郊区、桦川县、富锦市、集贤县、讷河市、依安县、龙江县、甘南县、宁安市、海林市、林口县、肇东市、肇州县、肇源县、安达市、明水县、穆棱市、嫩江市，以及黑龙江省农垦总局的建三江分局、宝泉岭分局、红兴隆分局、北安分局、九三分局、牡丹江分局。

国家级生态良田建设示范县：黑龙江省农垦总局红兴隆分局、五常市、富锦市、讷河市。

国家级国土综合整治示范县：黑龙江省的穆棱市、明水县、嫩江市。

2. 两区划建

"两区"范围。完成粮食生产功能区和重要农产品生产保护区划定，实施严格管护，科学利用耕地资源，确保粮食产能稳步提升。重点划定水稻、玉米、"粮经饲"等粮食生产核心区，加快划定大豆等生产保护区，打造高产稳产"两区"，提高粮食综合生产能力。围绕特色粮经作物、特色园艺产品、特色畜产品、特色水产品、林产品，细分农业功能，创建特色农产品优势区，促进高淀粉玉米、杂粮杂豆、绿色有机蔬菜、食用菌、白瓜子、汉麻等特色农产品做大做强。率先实施精准化建设，优先支持"两区"建成高标准农田。全流域粮食生产功能区和重要农产品生产保护区力争达2亿亩，包括玉米1亿亩、水稻5000亩、大豆生产保护区5000亩，扛起粮食安全"压舱石"重任。控制"两区"开发强度，优化开发方式，发展循环农业。黑龙江省的"两区"划定任务如表12-2所示。

表12-2 黑龙江省"两区"划定任务表　　　　（单位：万亩）

项目	永久基本农田	"两区"	粮食生产功能区				重要农产品生产保护区	
			功能区耕地	玉米	水稻	小麦	保护区耕地	大豆
哈尔滨市	2 381	2 378	1 875	1 203	672	0	502	502
齐齐哈尔市	2 881	2 877	1 575	1 189	386	0	1 302	1 302
牡丹江市	718	710	355	295	59	0	355	355
佳木斯市	1 253	1 243	1 105	448	657	0	138	138
大庆市	869	869	589	459	131	0	280	280
鸡西市	525	515	417	211	205	0	98	98
双鸭山市	618	580	361	234	127	0	219	219
伊春市	162	156	93	46	47	0	63	63
七台河市	200	198	135	113	22	0	63	63
鹤岗市	219	215	188	61	127	0	26	26
黑河市	917	917	275	169	6	100	642	642
绥化市	2 182	2 182	1 460	1 073	388	0	722	722
大兴安岭地区	36	35	0	0	0	0	35	35
黑龙江省农垦总局	3 804	3 790	2 538	699	1 839	0	1 251	1 251
合计	16 675	10 970	6 200	4 670	4 666	100	5 700	5 700

"两区"管理。细化落实到具体地块，全部建档立卡、上图入库。设立统一永久性保护标识，统一编号，标明"四至"及拐点坐标、面积及生产条件、作物类型、经营主体、土地流转等相关信息，进行统一保护监管。综合运用现代信息技术，构建"天空地"一体的现代农业生产和耕地质量监测体系，定期对"两区"农作物品种和种植面积进行动态监测，实现信息化精准化管理。制定完善"两区"精准化建管政策，探索建管一体化模式，采取先建后补、以奖代补的方式，对农田水利等基础设施项目按比例给予奖补。

三、保护长效机制

1. 保护制度体系

土地休耕制度。对土壤污染严重、黑土地力衰减退化显著、可利用水资源不足等不宜连续耕种的农田实行定期休耕。休耕期间要加强地力保护，鼓励深耕深松、种植苜蓿或油菜等肥田养地作物（非粮食作物），提升耕地质量。东北西部等生态退化地区探索实行休耕，改种防风固沙、涵养水分、保护耕作层的植物，减少农事活动。休耕以乡镇或行政村为单位，集中连片整建制推进，水稻休耕试点一个周期为3年。坚持草畜平衡，开展禁牧休牧制度，明确草原禁牧、休牧区域和休牧时限，松嫩平原西部草原和科尔沁草原退化沙化碱化严重的草原依法实行禁牧，其他草原实行季节性休牧，让草原得到休养生息。

法规体系。将黑土保护和利用列入立法计划，加强基本法规建设，完善法律法规、规章体系、红线管理等基本约束，实现黑土地保护法律化。修订完善《中华人民共和国土地管理法》《中华人民共和国基本农田保护条例》等耕地保护各项法律法规和制度，主管部门制定配套实施专门规章。结合寒地黑土的区域特点，加强《黑龙江省黑土地质量保护利用条例》《黑龙江省水土保持条例》等地方性法规规章，完善森林法、环境保护法、防洪法等专业化性规章制度建设。制定黑土保护和利用的红线制度，形成数量和质量"双红线"制度，确定黑土耕地保护面积、基本范围和质量。

行政约束。国家要加强宏观调控，提出黑土地保护和利用的基本方略，制定黑土保护的基本法规、红线，构建黑土保护的基本投资渠道，将黑土保护确定为重要国策。地方政府完善黑土保护的地方条例、专业化规章，明确省、市、县、乡四级政府及相关部门黑土地保护职责，将黑土保护达标情况纳入地方党政领导班子和领导干部政绩考评体系。实行黑土保护管理"田长制"，设置省、市、县、乡、村、网格、户7级田长，形成各级"田长制"监管责任体系，责任落实到部门、到田、到人。

生态补偿。协调粮食主产区与主销区的利益关系，通过财政转移支付，建立国家和地方黑土地保护生态补偿制度。国家财政要提高转移支付系数，加大转移支付力度，探索市场化补偿机制，探索发行黑土地绿色债券。设立黑土地耕地补偿资金和黑土土壤保护专项基金。探索设立黑土地保护引导性基金，采取政府购买服务、政府与社会资本合作等方式，吸引社会资本参与。省市县三级财政预算要加大安排。

2. 保护试点示范

发挥农垦"关键时刻抓得住、用得上的重要力量"的重大作用，鼓励农垦各农场发挥主体作用，加强生产经营管理，提高农业装备能力、自主创新能力和粮食综合生产能力，建设大基地，塑造大企业，发展大产业，建设国家重要商品粮基地和粮食应急保障基地。

实施垦地一体化农业建设。垦区要加强生产经营管理，提高农业装备能力、自主创新能力和粮食综合生产能力，切实发挥先导示范作用。建立科学合理的轮作制度，推广保护性耕作技术，在黑土区优先实施休养生息试点。完善以"四到户、两自理"为主体的大农场套小农场、统分结合的双层经营模式。扩大农机服务范围，探索土地代耕制、承包租赁制和托管制等多元化经营形式，由代耕作业向全程生产作业、由个别农户向整村（屯）推进发展（贾若祥，2015）。鼓励农垦做强现代粮食产业、绿色健康养殖业、生态经济型林业、农产品深加工业和新型农业服务业，建设一批现代化农业园区，组建专业协会和产业联盟，建设成为全国领先的粮食生产商。

促进垦地深度融合发展。鼓励各农场、管理局与所在地区开展战略合作，扩大合作领域与范围。采取"三代"作业、土地承租、提供优良品种和科学种养技术等方式，将农垦先进农业生产技术、组织管理经验移植和扩展到农村。松原等基础较好的垦区先行先试、率先发展，打造区域性现代农业企业集团。推进场县合作共建，不断扩大共建范围和领域，共建现代农业示范区和产业园区。探索农垦和地方小城镇基础设施共建机制，推进教育文化、医疗卫生等公共资源共享。建设成为全国重要的农地运营服务商。

专栏12-3　黑龙江农垦与北大荒集团

原黑龙江省农垦总局为黑龙江省与农业部（现农业农村部）直属机构。垦区集中在小兴安岭山麓、松嫩平原和三江平原。下辖9个管理局、113个农牧场，1048家农林牧渔业单位，辖区总面积为5.54万平方公里，现有耕地4448万亩、林地1362万亩、草原507万亩、水面388万亩。土地资源富集，耕地集中连片，适宜大型机械化作业；基本建成防洪、除涝、灌溉和水土保持四大水利工程体系，有效灌溉面积占耕地面积的53.8%，高产标准农田占耕地的61%，主要农作物耕种收综合机械化水平达99.9%；拥有农用飞机100架，农业科技贡献率达76.3%，科技成果转化率达82%；打造了米、面、油、肉、乳、薯、种等支柱产业。垦区粮食综合生产能力达450亿斤，提供商品粮400亿斤以上，可保证1.2亿城镇人口一年的口粮供应。2010年，黑龙江农垦被农业部命名为国家级现代化大农业示范区。在特殊时期，垦区发挥了突出作用，被誉为靠得住、调得动、能应对突发事件的"中华大粮仓"（李涛，2013）。2018年，黑龙江省农垦总局机构撤销，北大荒集团正式挂牌。

推广保护示范试点。选择典型黑土地县（市、区）试点示范，优先开展各种技术与政策的综合运用，探索有益的经验与模式。在松原市宁江区和公主岭市、阿荣旗、龙江县、克山县、桦川县、海伦市等县（市、区）实施整建制推进黑土保护示范，推广到各乡镇。在前郭县、伊通县、东丰县、辉南县、柳河县、五常市、宾县、巴彦县、富锦市、青冈县、绥棱县、五大连池市及宝泉岭农场、鄂伦春旗、莫力达瓦旗等地区实施整建制推进项目示范，有条件的地方开展整乡镇示范。

第二节 农业结构调整与粮食基地

一、农业生产格局

统筹上中下游和干支流，发挥自然环境、土地资源等优势，坚持因地制宜，以增产增效、生态安全、农民增收为目标，优化农业区域布局，建设农产品优势区，发展生态农业和特色农业，打造"两区两基地一片"农业发展格局，把松花江流域建设成为维护国家粮食安全的战略基地、精品畜牧产品生产基地和新型林业基地。

(1) 松嫩-三江平原粮食主产区。主要覆盖松嫩平原、三江平原及大兴安岭岭东山麓平原，覆盖嫩江、西流松花江和松花江干流的下游地区，为黑土分布核心区，地势平坦，土地肥沃。发挥水土热条件、耕地资源丰富集中与粮食生产优势，以发展现代化大农业为重点，开展粮食稳定增长行动，发展粮食种植业、农区畜牧业及蔬菜，形成保障农产品供给安全的战略格局。重点发展优质专用玉米、优质粳稻、高油高蛋白大豆、春小麦、马铃薯、精品畜产品、谷子高粱等农产品，建设一批粮食作物产业带。加快优育应用优良品种，打造全国重要种业研发生产基地。完善农业基础设施体系，建设引水工程、大中型灌区、排灌泵站及水源工程与节水改造项目，改造中低产田，推进连片标准粮田建设，推广保护性耕作，探索推行休养生息式耕地利用。

(2) 大小兴安岭-长白山特色林业基地。主要覆盖大兴安岭、小兴安岭、长白山、张广才岭、完达山等地区。加大森林资源保护、营造林、抚育，全面停伐森林，发展寒温带针叶林和温带针阔混交林，提高森林覆盖率与蓄积量，打造成为全国森林资源战略储备区。立足提升林特资源价值，开发林上林下资源，发展林业经济和山地特色农业，重点发展林粮、林药、林菌、林禽、林畜等林特产业，积极开发天然绿色森林食品、中药材、小浆果、花卉苗木、坚果、木本粮油、山野菜、食用菌等山野绿色林产品，统筹发展杂粮杂豆、果品、畜禽产品等农产品，打造成为全国特色高寒林下产业基地。

(3) 科尔沁草原生态牧业基地。主要覆盖科尔沁草原和松嫩平原草原地区，主要是指兴安盟。坚持生态优先、适度开发，积极发展绿色草原畜牧业，建设成为全国重要食源性优质安全畜产品基地。坚持分区轮牧、移场放牧和封育保护相结合，少养精养，实现草畜平衡。实施"增牛稳羊"，调整畜群、品种结构，做强做优肉牛产业，巩固提高肉羊产业和奶业。推行粮改饲，加强种源基地、饲草料基地建设。收缩粮食种植业，合理发展旱作节水农业，发展杂粮杂豆，大幅压减玉米种植面积。

(4) 湖泊湿地片区。主要分布在松花江干支流和零散分布的湖泊湿地、水库湖泡。综合利用水资源，发展渔业养殖，建设有机鱼生产基地与特色精品鱼基地。整合水资源、生态资源与地域文化资源，发展休闲渔业与休闲旅游。发挥查干湖冬捕节等品牌优势，拓展创建一批特色渔猎文化节。

二、优化种植结构

1. 种植结构

农作物种植结构。突出"稳、减、扩、建",落实国家调减玉米种植实施粮改饲等相关政策,调整农作物种植结构,优化主要粮食作物品种结构、品质结构和区域结构。积极发展优质高产粮食作物,优化玉米种植结构,适度调减玉米、大豆等作物种植面积,稳定优质水稻种植面积,扩大优质专用玉米、专用大豆、马铃薯、特色杂粮杂豆种植面积。重点发展耗水低的作物品种,调整高耗水作物种植面积。积极发展中药材、麻、浆果等经济作物,打造特色农产品优势区。粮食生产功能区、重要农产品生产保护区要重点发展粮食生产,保障水稻、小麦、玉米等粮食作物种植面积。一般耕地应主要用于粮食作物、油料作物、蔬菜等农产品及饲草饲料生产。耕地在优先满足粮食和食用农产品生产基础上,适度用于非食用农产品生产,对市场明显过剩的非食用农产品,要加以引导,防止无序发展(李丙智,2021)。

优质粳稻。坚持"稳",稳定优质寒地水稻种植面积,巩固扩大优良食味稻米优势,增加绿色水稻、有机水稻等农作物种植面积,建设为国家粳稻口粮战略保障基地。发展水稻优势产区,以三江平原为重点区域,覆盖松嫩平原中部,形成三江平原和松嫩平原等优势产区,稳定沿江沿河有机水稻种植面积,打造松花江干流、西流松花江、嫩江、牡丹江、饮马河、洮儿河、辉发河等流域优质粳米基地。在其他水土资源条件较好的地区适当发展水稻种植。坚持以水定产,水资源相对缺乏的地区减少水稻种植,水资源较为丰富的地区适当扩大水稻种植面积。改进水稻灌溉方式,扩大自流灌溉面积,减少井灌面积。加快水稻品种改良进程,推广吉粳系列等水稻优质品种,发展高端优质米,促进五常大米及富硒米、鸭稻米等高品质粮食产品提升价值。

玉米。通过市场引导和政策扶持,调减高纬度、干旱区的玉米种植面积,适当调减籽粒玉米种植,重点发展优质高淀粉专用玉米、青贮饲料玉米与甜糯鲜食玉米种植。优化种植方式,调改玉米连作为粮豆轮作,扩大"粮改饲"规模。重点调减黑龙江省北部、内蒙古自治区东部第四和第五积温带及农牧交错带的种植面积,提高玉米单产水平和产品质量。巩固玉米主产区优势,鼓励农区养殖聚集区和农牧交错带发展粮饲兼用全株青贮玉米生产,在岭东冷凉区、吉林省和黑龙江省东部山区及严重干旱区域压减籽粒玉米种植面积,建设优质专用玉米产业带。依托嫩江、洮儿河、霍林河等流域丰富的黑钙土资源培育发展玉米种植带。

专栏12-4 中国"镰刀湾"地区与主要种植作物

"镰刀湾"地区包括东北冷凉区、北方农牧交错区、西北风沙干旱区、太行山沿线区及西南石漠化地区,呈现出东北—华北—西南—西北镰刀弯状分布。"镰刀湾"地区是典型的旱作农业区和畜牧业发展优势区,生态环境脆弱,玉米产量低而不稳。东北冷凉区为高纬度、高寒地区，包括黑龙江省北部和内蒙古自治区东北部第四、第五积温带以及吉林省东部山区，≥10℃积温在1900～2300℃。北方农牧交错区为连接农业种植区和草原生态区的过渡地带，涉及黑龙江、吉林、辽宁、内蒙古、山西、河北、陕西、甘肃等省（自治区），属于半干旱半湿润气候区。

"镰刀湾"地区常年玉米种植面积占全国总量的1/3。2016年开始，农业部以玉米为重点推进种植业结构调整，"镰刀湾"地区是重点调整地区。东北冷凉区重点发展粮豆轮作、春小麦、饲料油菜、青贮玉米、苜蓿。北方农牧交错区重点发展春小麦大豆、花生、杂粮杂豆、青贮玉米、粮豆轮作、饲草种植。

大豆。落实国家大豆振兴计划，积极发展非转基因食用大豆，重点发展高蛋白、高油、高产、多抗大豆新品种，形成多元化大豆种植格局，打造优质大豆生产保护区。在稳定高油大豆的基础上，扩大高蛋白大豆、芽豆、豆浆豆、豆腐豆等品种种植面积，实行分种分收分储，建设优质大豆生产基地（马晓明，2017）。扭转"豆改粮"趋势，推广粮豆轮作种植，促进结构调整与用地养地相结合。加快新品种新技术推广，提高蛋白或油脂含量，建设大豆优质粮源生产基地与国家级非转基因大豆保护区。

专栏12-5 农作物种植带北移

近几十年来，中国进入一个逐步"变暖期"，气温上升和降水增加"温水双增"对生物生长和农业生产的影响显现，农作物种植带开始"北移"。在东北地区，黑龙江省平均气温每10年上升约0.3℃，6个积温带均出现"北移"。其中，第一积温带约"北移"0.5个纬距，第二积温带约"北移"0.2个纬距，第三至第五积温带约"北移"约0.1个纬距。1个纬距约合111公里，黑龙江积温带北移最小幅度约为11公里，最大约为56公里。作物生长季积温增加，玉米种植界线"北移"。≥10℃积温增幅为5～12℃·日/10年，种植界线向北移动158～286公里，可种植面积增加5800万亩。无霜期延长，初霜冻出现日期逐年推迟，1971～2008年初霜日延后4～5日，无霜期增加14～21天。黑龙江省的玉米与水稻种植带"北移"，平均达200公里。40多年来，黑龙江玉米种植面积增加6100余万亩，集中在黑河市、伊春市及大兴安岭地区的零星区域。玉米适播期提前3～9天，水稻适宜生长期延长4～8天。1980年，黑龙江省粮食种植面积为1.1亿亩，2021年激增到2.18亿亩，其中玉米增加6100余万亩，水稻增加5600余万亩，水稻总面积达6000万亩。但农业旱涝灾害频次与强度增大，低温冷害发生次数减少、范围缩小；病虫害加重，高温热害的概率增加（刘强，2022）。

2. 特色农业

特色农业。以长白山、大小兴安岭丘陵山地为主，发展特色农业和精品农业，建设杂粮杂豆、瓜果生产基地，重点抓好杂粮杂豆、水果、特种经济作物、寒地果、油料甜菜等特色农产品，积极发展人参、食用菌、亚麻、山葡萄、蓝莓、北药等特色种植业。推进设施蔬菜、露地冷凉蔬菜、加工蔬菜协调发展，建立丰富多样、优质安全、营养健康的蔬菜基地（马晓明，2017）。依托各地资源禀赋和特色物产，打造各具特色的优势产业带和特色农产品优势区。

城郊农业。邻近哈尔滨、长春都市圈的地区，加快发展设施农业，重点发展蔬菜、花卉、瓜果、苗木、食用菌等特色瓜菜产品，保障哈长城市群生活需求，扩大蔬菜、花卉、瓜果出口。在大城市周边地区，因地制宜发展都市农业和休闲农业，建设一批特色农业园区、休闲农庄、采摘园，提高农业发展综合效益。面向全国市场，建设冬季"菜篮子"生产基地、北方优质夏秋菜南销基地和山地特色蔬菜基地。

粮改饲。立足构建"粮经饲"三元结构，在非优势区减少籽粒玉米面积，发展青贮玉米、苜蓿、黑麦草、燕麦等优质饲草料。在黑龙江省和内蒙古自治区北部冷凉区及吉林省和黑龙江省东部山区，适度压缩籽粒玉米种植规模，推广玉米与大豆轮作和"粮改饲"，发展青贮玉米、饲料油菜、苜蓿、黑麦草、燕麦等优质饲草料。在适宜地区推广大豆接种根瘤菌技术，实现种地与养地相统一。建设克东县、双城区、安达市等一批粮改饲试点示范县（市、区）。

三、种业与轮作

1. 种源保护

加强动植物种质资源保护利用，完成农作物、畜禽、水产等农业种质资源普查与抢救性收集保护，加大对高纬度高寒地区特有的品质优良、耐寒的珍稀动植物资源的收集。全面推进农作物种质资源库、畜禽水产基因库和资源保护场（区、圃）建设，完善种质资源收集保存、鉴定与选种育种相衔接的资源高效保护利用体系。加强种质资源保护与开发，建设一批省级农作物种质资源中心、省级遗传资源基因库。确立种质资源原生境保护区，加强水产种质资源保护区建设。推进战略性大豆种质资源库建设，推动燕麦、绿豆等种质资源保护。加强畜禽育繁体系建设，引进品种本土化选育进程，突出生猪、肉牛、肉羊、奶牛和家禽，兼顾其他畜禽品种，促进优势地方品种持续选育。加强吉神黑猪、延吉黄牛、乾华肉羊、吉林梅花鹿、中华蜜蜂等种源基地建设。加强蜜蜂遗传资源保护，建设国家蜜蜂种质资源鉴定评价中心。强化渔业资源养护，实施珍稀濒危水生生物保护行动和珍稀特有水生生物拯救工程。

专栏 12-6　国家级制种大县和区域性良种繁育基地

水稻制种大县：庆安县、八五三农场、公主岭市。

玉米制种大县：林口县、宁安市、洮南市。

大豆制种大县：莫力达瓦旗、鄂伦春旗、尖山农场、赵光农场、孙吴县、八五五农场。

食用菌繁育基地：尚志市。

中药材繁育基地：抚松县。

2. 现代种业

整合科技资源，培育一批具有自主知识产权的突破性优良品种。重点培育第一积温带亩产1700斤、第二积温带亩产1500斤、第三积温带亩产1300斤、第四和第五积温带亩产1100斤以上的玉米新品种、第三和第四积温带优质高产稳产水稻新品种。建设国家级和区域性良种繁育基地，争取国家水稻制种大县和区域性大豆、马铃薯良种繁育基地布局，将制种基地纳入高标准农田建设项目范围。推动莫力达瓦、鄂伦春、尖山农场和赵光农场等国家级大豆制种基地建设，完善粳稻、玉米、蔬菜、畜禽、水产、林木良种繁育体系，建设庆安县水稻制种基地和林口县、宁安市、洮南市玉米制种基地，建设好尚志市食用菌繁育基地，加快中华华牛培育和东北民猪配套系研发。推进农作物育种攻关，集中培育一批口感好、营养高、多抗广适的新品种，打造长春国家育制种基地。引导种业企业与规模种养殖场户建立紧密联系，培育一批具有竞争力的育繁推一体化种业企业、种业集团。推广农作物主推品种，提高优质专用品种覆盖率及优良品种科技贡献率。

3. 科学轮作

落实好耕地轮作试点任务，探索一批可复制、可推广的耕地轮作技术模式。在稳定粮食产能和农民收入稳定增长的前提下，科学安排粮豆轮作、粮草轮作、粮经轮作等，促进耕地用养结合。以大豆为中轴作物，构建合理轮作制度，建立米豆薯、米豆杂、米豆经等"三三"轮作模式，发挥大豆固氮作用，实现均衡利用土壤养分，恢复和提升地力，实现土地用养结合和各作物均衡增产增效。集成推广米豆杂、米豆薯、米豆经、米豆米等绿色生产、高产高效、综合配套的技术模式。坚持因地制宜，在黑龙江省、岭东地区第四和第五积温带推行玉米大豆、小麦大豆、马铃薯大豆轮作，在黑龙江省南部、吉林省推行玉米大豆轮作，在农牧交错区推行"525轮作"（即5年苜蓿、2年玉米、5年苜蓿），在大兴安岭沿麓地区推行小麦油菜轮作。北部麦豆产区建立以"玉玉豆""麦豆玉""豆玉薯"为主导的科学合理轮作体系。

**专栏12-7　东北冷凉区与农牧交错带轮作方向：
粮豆轮作与粮饲轮作**

轮作是指在同一块土地上有顺序地在季节间和年度间轮换种植不同作物或复种组合的种植方式。轮作有利于均衡利用土壤养分和防治病、虫、草害，调节土壤。

在以往的玉米种植中，多是重用轻养，导致黑土日渐瘠薄。粮豆轮作是解决种植结构矛盾的有效决策。粮豆轮作，大豆产量可增加10~15千克/亩，玉米产量可提高5%~10%，少施化肥3.3千克/亩，减轻了土壤板结，增加了有机质。农业主管部门以补贴形式推行粮豆轮作。2008年之前，东北冷凉区种植结构以大豆为主；2008年国家实行玉米临储政策，导致玉米价格不断提高，带动东北冷凉区玉米种植面积扩大。

> 粮改饲是引导种植优质饲草料，调整玉米种植结构，促进青贮玉米、苜蓿和豆类等饲料作物种植，发展肉牛、肉羊、奶牛，将单纯的粮仓变为"粮仓+奶罐+肉库"，将粮食、经济作物的二元结构调整为粮食、经济、饲料作物的三元结构。前提是种养结合，为养而种，以养改种，实现就近转化增值（于法稳等，2021）。
>
> 2015年11月，农业农村部发布《关于"镰刀弯"地区玉米结构调整的指导意见》，提出东北冷凉区为玉米种植调整的重点区域之一，要求减少玉米面积，扩大粮豆轮作规模，试点玉米-大豆-麦、薯、杂粮、饲草等"三区"轮作模式，要求实施主体、地块3年不变，3年中分别种植不同的作物。

第三节 农业发展综合保障能力

一、仓储与农产品物流网络

1. 粮食储备制度

探索建立政府储备和社会储备相结合的分梯级粮食储备新机制。优化粮食仓储设施布局，合理改建、扩建和新建粮食仓储设施，建设标准化仓储设施和一批散粮物流设施，维修改造危仓老库，布局建设一批中转仓库，提高平房仓等高效绿色仓容比例。支持地方储备粮承储粮库建设，支持国有粮食企业和农业产业化龙头企业仓储设施建设和承储国家政策性粮食，完善收储企业、加工企业、物流企业的散粮接发设施，推进储粮多元化与集中统一管理。提高粮食仓储设施与收储能力、接收发运能力、烘干能力，基本消除"危仓老库"、带病储粮和席茓囤露天储粮。实施农户科学储粮，发展适合大农户的粮食仓储物流模式和技术。

2. 粮食物流体系

围绕重点线路和产区，加强运粮通道及物流设施建设，对接大连北良港、锦州港、营口鲅鱼圈港、丹东港、大窑湾等港口，发展铁水联运、公水联运，提高散粮铁水联运比例，畅通"北粮南运"通道。完善散粮集并发运设施和集装单元化装卸设施，提升铁路散粮入关外运能力，面向华南、华东、长江中下游地区发展铁水联运、公水联运和铁路直达运输，面向西南、西北地区推进铁路集装单元化运输。完善铁路、公路等口岸粮食物流设施建设，形成一批重要的进出口粮食仓储物流节点，在粮食产量、调出量较大的地区推进大型粮食收储点和战略装车点建设，配置散粮汽车、吸粮机等设备，实现散粮"入关"铁路直达。加强白城、松原、吉林、长春、齐齐哈尔、佳木斯等粮食物流节点布局，建设一批多功能的粮食仓储物流（产业）园区。完善哈尔滨、长春等的国家粮食交易中心功能，在大连商品交易所推出松花江优势农产品期货新品种，将大豆、杂粮等粮食现货交易纳入国家粮食交易平台（律丹，2013）。

3. 农产品流通体系

完善农产品市场骨干网络，改造提升一批农产品批发市场，建设一批集市场、物流、检验、信息于一体的特色农产品集散地（王乃明，2011）。完善"农批对接""农超对接""直供直销"等产销模式，在哈尔滨、大庆、长春等基础较好的城市优先建设农产品直销采购基地，促进农产品由"种得好"向"卖得俏"转变。扶持人参、杂粮杂豆、林下产品、畜产品等专业批发市场建设与集群式发展。完善农产品冷链物流体系，大型畜产品加工企业自建或联建冷链仓储物流设施与特色专用库。依托黑龙江粮食交易市场、黑龙江大米网等建成一批粮食电商平台，向粮食主产市县延伸服务网点。实施"快递下乡电商进村"综合示范工程，建设农村电商基地。推进"吉浙""吉京""吉粤"等畜牧业产销对接和对口合作，打造一批直销通道项目，实现优粮优销。建设特色农产品和出口食品质量安全示范区，加强对大豆、大米、玉米等大宗粮食进出口的调控（王树年，2011）。

二、科技支撑与农业经营主体

1. "藏粮于技"战略

完善农业科技创新体系，发挥东北农业大学、东北林业大学、黑龙江八一农垦大学、黑龙江省和吉林省农业科学院和林业科学院等引领作用，引导高校、科研院所与龙头企业建立创新联合体，建立公益性与经营性相结合的农牧业科技推广体系。强化农业基础研究，在主要农作物新品种选育、绿色储粮、农机装备等领域加强研发与应用，形成一批原创性突破性重大成果。建立和完善玉米、水稻、大豆、马铃薯、生猪、奶牛和肉牛等国家级工程研究中心、技术研发中心和综合实验站。完善"一主多元"基层农技推广体系，普及乡镇农业推广机构，推进村级服务站建设，促进成熟适用绿色技术和绿色品种的示范、推广、应用。培养一批农村科技示范户，发挥对周边农民的技术传帮带作用（王树年，2011）。建设一批国省级农业科技园区，创建建三江国家级农业高新技术产业示范区，培育农牧业高新科技企业。

2. 农业机械化

突出粮食生产功能区、重要农产品保护区、特色农产品优势区，实施粮食主产县整县推进、非粮食主产县重点产粮乡镇整体跟进，围绕耕整地、种植、植保、收获、烘干、秸秆处理等主要环节采用大型农机具，加速提高农业机械化。推动机械化向农业生产全域拓展，从玉米、水稻等主要粮食作物向大豆、马铃薯、花生等杂粮杂豆农作物全面延伸。优化农机具配置结构，推广大马力、高性能、节能环保和复式作业机械，推广秸秆覆盖还田保护性耕作、深松整地、机械化收获和秸秆处理等农机装备，重点发展大马力拖拉机、联合收割机、插秧机等农机装备（王乃明，2011）。发展农机专业合作社、农机大户、农机作业公司等新型农机服务组织，提供农机社会化服务。鼓励农机服务主体通过跨区作业、订单作业、生产托管、联耕联种和土地流转等多种形式，促进小农户与现代农业发展有机衔接。创建一批全程机械化生产示范区和示范县，按照"一乡一个示范区"的布局，建设成为全国粮食生产全程机械化整体推进示范区域，玉米、水稻等主要粮食作物生产实现全程机械化，大宗经济作物全程机械化生产体系基本建立。

3. 农业补贴制度

坚持"粮补""地补""产补"并重，推进以绿色生态为导向的农业补贴制度改革。落实国家最低收购价，完善农业补贴制度，加大农业"四项补贴"力度，拓展农业补贴新范围。建立与耕地地力提升和责任落实相挂钩的耕地地力保护补贴机制，完善机械化深松整地补助政策。探索利用中央财政农机购置补贴资金，对畜禽养殖废弃物处理、资源化利用装备、保护性耕作农具实行普惠性敞开补贴。探索建立种养结合有机肥施用补贴制度。落实国家玉米、大豆、水稻等农产品生产者补贴政策，推动玉米、大豆等农产品收储制度改革。深化秸秆综合利用补贴机制，围绕还田作业、离田利用、离田作业、还田离田机具购置、固化利用等实施补贴。加大有机肥生产、销售和使用补贴。实施农业生产补贴，包括定期深松作业补贴、地力保护补贴、农业生产资料补贴、农产品种植补贴。实施黑土修复补贴，扩大农膜回收补贴范围。完善农产品价格形成机制，统筹玉米和大豆生产者补贴。

第十三章
松花江流域产业体系与产业平台

产业是社会分工和生产力不断发展的产物，是某种同类属性的企业经济活动的空间集合。各地区的资源禀赋决定了其产业体系的基本结构与布局格局，尤其是主导产业对区域或流域的发展具有重大影响。主导产业类型转变、产业结构发展阶段演进、关键要素保障水平变化等，均对区域的产业发展乃至政府财力建设、社会发展产生深刻影响。松花江流域是中国的老工业基地，工业化启动与建设较早，聚集了一批老工业城市，但面临主导产业衰退、工业效益较低、产品技术含量低等传统产业问题，同时面临新兴产业规模较小、民营经济薄弱等新问题。这需要重新审视松花江流域的产业发展阶段，立足国家需求和产业基础，设计科学的新型工业化路径。

本章主要是分析松花江流域的产业体系与产业平台。松花江流域要以创新驱动与绿色发展为动力，优化提升存量与做大做强增量并举，振兴支柱产业，提升传统优势产业，实施"五头五尾"建设，培育新兴产业，拓展产业发展新空间，推动生产性服务业发展，确保产业安全、能源安全。突出发展高端装备制造与传统优势产业，重点发展航空航天装备、智能装备、石化冶金设备、交通设备、能源装备、农机矿山机械设备等制造，促进矿产资源采选、资源精深加工、农产品加工等传统优势产业加快转型升级。积极发展战略性新兴产业与本土特色产业，重点壮大新材料、新能源、生物医药、节能环保等新兴产业，扶持培育冰雪、林下经济、矿泉水、人参等本土特色产业。加快发展生产性服务业，重点发展生态休闲旅游、文化产业、现代物流等产业。

第一节 高端装备制造与传统优势产业

一、高端装备制造

立足打造"国之重器"，坚持高端化、智能化、服务化、特色化方向，巩固提升传统优势，发展壮大新型优势，提升重大装备产品技术工艺水平，突出主导优势产品，完善产业链，发展航空航天装备、智能制造装备、石化冶金设备、交通运输装备、能源装备、农机矿山设备等制造业，打造具有国际竞争力的装备制造基地。

1. 航空航天装备制造

飞机制造。推进大型商用客机制造，重点发展飞机发动机、先进直升机、通用飞机等系列产品制造,打造国内直升机、轻型多用途飞机、支线飞机生产基地。推动大部件转包向支线飞机总装发展,构建零部件生产、总装制造、新机型研发等一体化产业链,打造吉林航空产业园区等重大基地。推进固定翼轻型飞机、机载设备、地面设备等通用航空装备产业化,发展航空传动、辅助动力装置、航电关键部件、航空轴承及零部件,提升机场地面保障装备制造水平。加快新型无人机产品研发及产业化,培育涵道式无人机、多旋翼无人机、单旋翼无人机,打造长春民用无人机产业基地。支持飞机改装和维修服务,打造中国北方航空综合维修保障中心。推进哈尔滨、吉林等国家通用航空产业综合示范区建设,打造国内直升机、通用飞机生产基地。

航天卫星装备。完善卫星及航天信息全产业链,参与国家低轨互联网卫星体系建设,构建"通导遥"一体化产业发展格局。推进商业运载火箭项目,构建星箭发一体的商业航天产业体系。推进航天器、应急空间飞行器等新型航天装备及核心技术的研发应用。依托长春航天信息产业园,推进"吉林一号"卫星全球组网建设,发展图像传感器、光学相机等关键核心部件制造,培育卫星激光通信、卫星应用产业,打造全球卫星制造及应用创新高地。依托长春卫星制造和遥感信息产业园区,构建卫星遥感和航天信息集成应用两大产业链。

2. 智能装备制造

机器人设备。承接更多国家机器人领域共性关键技术,加快发展工业机器人、服务机器人、特种机器人制造。重点发展面向航空航天、汽车、冶金等领域的工业机器人,加快本体、减速器、控制系统等关键系统与零部件研发,推动集成应用。加快开发面向医疗、家庭等领域的服务机器人,培育安防、救援等特种机器人。做大做强哈尔滨工业大学机器人集团,建设哈南机器人产业园,发展机器人核心零部件生产、系统集成、工业软件设计开发,提高外围设备供应配套能力。

高档数控机床。开发高速、精密、智能、多轴联动并具备网络通信功能的高档数控机床,建设国家级重型数控机车基地。面向航空航天、船舶及海洋工程等行业,发展重型数控立卧车床、铣镗床、钢材试样检测专用机床、物理钢材试样专用机床,打造齐齐哈尔数控重型机床产业集群。发展高端焊接装备,开发高精度、高性能精密量仪、摆角铣头、超精密气浮主轴、精密减速机。突破增材制造专用材料,发展增材制造装备及核心部件,尽快形成产业规模。依托哈量集团、齐重数控、齐二机床,研发成组工艺生产线,为用户提供成套设备解决方案。

精密仪器装备。以长春为主,依托精密仪器与装备国家实验室,建设精密仪器与装备制造基地,发展航空遥感与测量、高端传感器等高端装备制造,推进极大规模集成电路、高性能CMOS、光刻机等产业化。开展光学功能材料、高性能半导体激光器等关键基础材料与核心器件研发生产,推动28纳米及以下光刻物镜系统、万G超高通量基因测序仪等生命科学仪器研发及应用。提升长春新区精密仪器与装备制造园区建设。

3. 石化冶金设备制造

石油石化装备。以松原、大庆、吉林、齐齐哈尔等地区为核心,主要发展特型石油钻采设备、三抽设备、车载钻修井机等油气田设备,研发制造油气井智能测控系统、大型钻修两用机等，加快开发 ERW 输油管、高压计量泵等油气集输装备。以"重大装备、高端成套"为方向，发展百万吨级乙烯装置用三机、百万吨级 PTA 装置、百万吨级 PX 装置、大型煤化工装置、大型炼油装置。

冶金成套装备。围绕钢铁和有色金属冶金工业，发展高性能超宽超薄镁合金板轧制成套装备、中厚钢板精整剪切系列化机组、高产球团焙烧机成套装备、大型烧结机成套装备等产品，支持发展大吨位、节能环保型冶金专用电弧炉、钢包精炼炉等冶炼设备，鼓励发展有色金属冶炼自动化成套生产线、烧结余热发电风机等。

4. 交通设备制造

立足轻量化、电动化、智能化发展方向，围绕轨道交通、汽车和新能源汽车，加强交通设备、整车、关键零部件制造，提升全产业链配套能力，提高自主品牌影响力，打造世界一流企业和世界一流汽车城。

先进轨道交通装备。强化主导产品优势，做大配套产业，建设具有国际影响力的轨道交通装备研发制造基地。以齐齐哈尔和哈尔滨为中心，重点发展重载快捷铁路货车和普通铁路货车，发展大功率电力机车、内燃机车、超载柴油机车、特种货车等先进适用装备，完善快捷系列棚车、平车等产品核心技术，建设货车修理及出口车基地和关键配件制造基地。建设国家重载快捷铁路货车工程技术研究中心，推动铁路货车行业技术创新和产业升级。以长春和哈尔滨为中心，提升整车集成、车体、列车牵引等自主研发制造，实现高速动车组、电气化铁路客车、城际快速动车组等产业化，加快高速等级中国标准动车组、谱系化中国标准地铁列车研发制造。做优做强产业链供应链，发展供电、车体、制动等十大配套系统，提高本地配套能力。推进轨道交通检修基地建设，推动生产制造向服务制造转型，壮大长春轨道交通装备产业开发区和齐齐哈尔轨道交通产业园。

汽车整车制造。按照品牌化、高端化方向，优化整车产品结构，推进整车量产规模化。以一汽等龙头企业为依托，突出发展解放、红旗、奔腾等自主品牌乘用车，推动一汽吉林、长春丰越、一汽轿车、一汽马自达、一汽大众奥迪、一汽通用、哈尔滨长安福特、大庆沃尔沃等整车加快发展。丰富产品系列，重点发展高级轿车、中型商务客车和卡车品牌，加快发展国Ⅴ排放重、微型载货车。积极发展新能源汽车制造，推动插电式、纯电动汽车规模化生产，拓展公交、旅游、环卫等各领域的产品类型。加快发展专用车，重点发展油田专用车、物流运输专用车、工程类专用车等系列产品，打造长春、吉林、白城等专用车制造基地。依托寒地新能源汽车技术创新联盟、中国寒地新能源车辆研发制造检测应用基地，开展高寒地区新能源汽车的研制和推广应用。提高红旗、奔腾、解放等自主品牌汽车市场占有率，打造民族品牌形象和"国家名片"。

汽车零部件。发挥一汽、中车等整车企业的带动作用，深化央地政企合作，扶持发展配套企业，促进集群式布局，构建汽车产业全链条。围绕发动机及附件、传动、悬架、转向、制动、车身、环境、汽车电子八大零部件系统模块，重点发展新能源汽车动力电池、发动机、变速器、离合器、底盘、变速箱等关键零部件总成，促进二三级配套商围绕一级配套建厂布局，推动总成及关键零部件近地化配套。打造长春、吉林、大庆、吉林、哈尔滨、牡丹江等一批汽车零配件配套产业基地，力争零部件本地配套率达70%。

5. 能源装备制造

传统能源装备制造。以哈电集团、哈尔滨电气动力装备有限公司、中船重工为依托，以低排放、高效率、更大容量火电机组和高性能、大容量水电机组为重点，提升传统能源装备制造。加快发展超超临界超净排放百万千瓦级煤电机组、高水分褐煤取水煤电机组、冲击式水轮机组等发电设备。发展电力变压器、特高压电力电缆附件等输变电设备。支持发展超高压电炉变压器、矿用防爆变压器等专用变电设备。发展中小型燃气轮机制造，开展燃气轮机整机、进排气系统等产品开发。

新能源装备制造。依托一重、哈电、佳木斯电机等企业优势，以齐齐哈尔为中心，巩固二代加改进型百万等级核电市场，加快第三代核电关键设备制造技术的引进消化吸收，加快开发第四代核电技术，发展核岛主设备、常规岛主设备等核电装备产业集群，打造国家级电力装备制造基地。培育风力发电装备产业集群，发展1.5兆～3兆瓦风力发电机组制造及配套零部件，建设哈尔滨、大庆、白城等风力发电装备产业园。鼓励发展高转化率太阳能光伏组件，重点发展大容量储能设备、单晶硅电池片生产设备等产品。扩大电动汽车动力电池、电池隔膜生产能力，形成规模化生产基地。

6. 农机矿山设备制造

农机装备。面向东北乃至远东农业机械化发展需求，发展农业耕种动力机械，推进先进适用、生产急需的农机产品的研发和产能建设，打造高端智能农机装备产业示范基地。重点发展大宗作物育耕种管收运贮等生产过程的先进农机装备，加快发展新型高效拖拉机、大型高效联合收割机等高端农业装备及关键核心零部件。以哈尔滨、齐齐哈尔、七台河、佳木斯等城市为中心，开发大马力动力机械，重点发展大马力轮式拖拉机和用于水田作业的节能环保型拖拉机。加快发展自走式玉米联合收获机、水稻收获机等收获机械，积极发展精密播种机、免耕播种机等。建设哈尔滨、齐齐哈尔、佳木斯、大庆、七台河、农垦、松原等一批农机产业园区，做强农机龙头企业，带动零部件配套滚动发展。

工矿设备。推动工程机械高端化发展，研发智能建筑用塔式起重设备，支持发展港口起重机、船用浮吊、大吨位桥机等产品。支持发展间歇式沥青混合料搅拌设备、道路清雪除冰机械等。推动传统矿山冶炼设备技术升级，研发悬臂式重型掘进机、中薄煤层采煤机、矿井提升机和电动滚筒及皮带等产品。发展具有大吨位、节能环保型冶金专用电弧炉、钢包精炼炉等冶炼设备，研发生产大型化、智能化的矿热炉机电成套设备和碳素机电成套设备、有色金属冶炼自动化成套生产线等。

二、传统优势产业

1. 矿产资源采选

以推进矿产资源产业化发展为主线，以具有比较优势的矿种为重点，加强资源勘查，加强矿种差别化管理，保护优势资源，扩大紧缺资源开采，筑牢流域产业结构调整的资源支撑基础。

煤炭资源。根据各地煤炭资源的禀赋与品质，以巩固自给能力为主，合理开发煤炭资源，稳定生产规模，做好"煤头"保障。深挖潜力，加强双鸭山、七台河、鹤岗等资源枯竭型矿山深部及外围找矿，增加煤炭资源储备接续。蒙东地区贯彻实施国家能源基地建设战略，依托兴安盟深度开发大煤田，建设一批亿吨级和五千万吨级大型煤炭基地。吉林省逐步削减煤炭产量，推动白山、长春等地区的煤炭开发，建设超千万吨煤炭基地，煤炭产量控制在1亿吨/年。黑龙江省限制煤炭产量开发，严格控制新增产能，推动鹤岗、双鸭山、七台河、依兰、嫩江等地区的煤炭开采，产量控制在5000万吨/年。加快开发煤层气，重点开发鹤岗、依兰等地区的煤层气，推动煤层气地面地下抽采示范。

油气资源。围绕大庆油田、松原油田、松辽盆地、伊通盆地，实施精细勘探和战略勘探，增加资源储量，实现原油稳产、天然气增产。实施原油精准开发，推动老油田二次开发和三次采油，加大外围油田难采储量和复杂区块油气开采力度。黑龙江省适当压减石油开采量，减缓大庆油田产量下降速度，原油产量达2500万吨/年；吉林省以吉林油田为主体，延缓老油气田递减，推动大情字井、大安、扶新、长岭等油田开发，推进汪清、桦甸、农安等油页岩综合开发利用，建设吉林1000万吨/年大油气田，打造桦甸、扶余长岭、农安-前郭、大庆等国家级页岩油综合开发示范区。实施"以气补油"战略，加大深层气勘探，推进天然气增储上产。吉林省加大龙深、小城子、德惠、孤店等气田开发，黑龙江省天然气产量达50亿立方米/年。

金属矿产资源。根据钢铁企业布局和原料需求，合理开采铁矿石资源，推动敦化、通化、白山、桦甸、宁安等地区的铁矿开采。从严控制有色金属开采，对钼、铜、岩金、铅、锌、铀等有色金属资源要调控总量，重点推动大兴安岭中南段地区有色金属资源开发。在有色金属资源富集地区，建设一批探采加一体化项目，延长产业链。

2. 资源精深加工

以规模化、品牌化、高端化为导向，深度开发"原字号"，改造提升冶金、建材、火电等资源加工业，延伸产业链条，推动精深加工，推进资源优势转化为经济优势，培育产业发展新优势。

石油化工。以"油头化尾"为方向，用好俄气俄油资源，坚持大型化和专业化，实施炼化一体化，推动石化产业向减油增化和精细化工转型，推动产品由"原料型"向"材料型"转变，实现油城转型发展。适度扩大原油炼化规模，提高重质、高硫、高酸等原油加工能力，做好做大"油头"。吉林省依托吉林石化、利安石化、新大石化等企业，原油炼化能力达1700万吨/年。黑龙江省以大庆为主，联动哈尔滨和牡丹江，依托大庆石化、大庆炼化等龙头企业，原油炼化能力达3000万吨/年。坚持"油头化尾""减油增化"，以大庆、吉林等城市为主，促进石油精深加工，强化炼油、乙烯、芳烃项目联合布局，增强"三烯"、"三苯"、苯乙烯等基础化工原料的供应能力，做好乙烯、丙烯、芳烃等若干产业链。坚持特色化、差异化、高端化方向，发展化工新材料、精细化学品、高端化学品。

钢铁冶金。钢铁企业开展技术装备升级改造，采用高效低成本冶炼技术、可循环钢铁流程等关键技术，建设智能化数字化网络化钢铁厂。加快建筑用钢升级换代，推进船舶、海洋工程装备、先进轨道交通、电力、航空航天等领域高端钢材品种的研发和产业化，丰富产品品种（王宝玉等，2019）。吉林省依托吉林建龙钢铁、吉林恒联精密铸造、通化钢铁等龙头企业，优化通化、吉林、磐石等地区的钢铁产业发展，产能保持在 1000 万吨/年左右，提升建设通化冶金产业园区。黑龙江省依托北满特钢、西林钢铁、建龙钢铁、钢飞铸造等龙头企业，提升伊春、齐齐哈尔、双鸭山、阿城等地区的钢铁产业，产能保持在 1200 万吨/年左右。

有色金属冶炼。完善资源配置模式，推动矿山企业和冶炼企业联合布局，构建有色金属探–采–选–冶–加产业链，促进"煤电冶加""探采选冶加"一体化循环发展。完善"镁锭–（稀土）镁合金–镁合金压铸件"产业链，研发生产汽车轻量化用高精镁合金压铸件，开发航空航天用镁合金复杂铸造件、高性能镁合金粉等产品。积极发展高纯钼粉及钼合金，建设铁力、阿城等采选、冶炼及钼制品深加工一体化的工业园区。哈尔滨等地区发展钛铸锻件、钛合金等精深加工产品，建设哈尔滨东北钛合金产业中心。利用本地铜精矿资源，加快引进俄罗斯、蒙古国资源，齐齐哈尔、嫩江、龙江、阿城等地区建设具有特色的中等规模铜精深加工基地。伊春等地区建设铅锌深加工基地，兴安盟等地区推动锌锭产品向板、带、材、棒、管、箔等高附加值终端产品升级。以长春、哈尔滨、大庆为重点，发展铝合金板材、铝镁合金深加工及终端产品制造。

火电产业。统筹考虑煤源、负荷中心和电网建设等因素，立足煤炭就地转化和水煤组合优势，以"煤头电尾"为方向，优化布局燃煤火电。坚持以热定产，以"上大压小"方式科学发展热电联产，优先发展背压式热电联产机组，以用电用热需求引导煤电建设，优化供热机组布局和供热能力（刘淼，2019）。严格控制新建、扩建大型常规煤电，大力发展清洁燃烧发电技术，使用超临界、超超临界燃煤发电机组，大力发展优化型百万千瓦级火电机组，推进背压式机组等热电联产项目建设。重点建设双鸭山、鹤岗、七台河等煤电基地。龙煤集团等煤炭企业与大型电力企业开展煤电联营合作，推进低热值煤综合开发利用。

化工产业。加快煤化工、精细化工产业耦合发展，丰富终端产品品种。以"煤头化尾"为方向，推进褐煤精炼多联产，促进传统煤化工转型，合理控制煤焦产业规模，积极发展轻烃、氢气、甲醇等下游产品，培育煤制烯烃、煤制乙二醇等现代煤化工。提升发展鹤岗、双鸭山、七台河等地区的煤化工园区，在双鸭山、鹤岗等煤城布局现代煤化工示范基地，在松嫩平原西部等水资源短缺地区严格控制煤化工布局。鼓励吉林、齐齐哈尔、大庆、哈尔滨、牡丹江、佳木斯等城市改造提升传统电石法乙炔生产工艺，延伸补足电石–石灰氮–农药、电石–丙烯酸–高分子合成材料等产业链。加快发展精细化工，重点发展农药医药中间体、多元醇、纺织浆料等产品，鼓励发展贴近终端消费市场的产品。

3. 农产品加工

实施"粮头食尾"和"农头工尾"战略，发挥农垦、林场等企业的引领作用，按照大基地、大品牌、大产业的思路，改造提升粮食、玉米、畜禽乳加工，发展粮豆深加工、酒类、林下产品加工，壮大一批农产品加工产业园区与产业集群，建设全国重要的绿色农产品加工基地。

粮食加工。实施"中国好粮油"行动，发展粮食精深加工，大力发展主食品、方便食品、休闲食品、营养保健食品，提高粮食主产区自主转化能力。统筹五常大米、响水大米、贡池大米等地理标志产品，积极发展鸭稻米、富硒米等高品质有机米，向快餐米饭、米粉、米制主食品等精深加工及综合利用方向发展，提高稻米梯次转化增值。推动马铃薯主食化，稳步发展淀粉、粉条等传统产品，大力发展方便、休闲、膨化食品及精淀粉、变性淀粉等高端产品。发展一批具有朝鲜族、蒙古族、满族等民族特色的食品。推广"生产基地+中央厨房+餐厅超市""生产基地+加工企业+商超销售"等产销模式，促进食品进餐厅、进超市、进家庭。

豆类加工。依托九三油脂、三江食品等龙头企业与哈尔滨高科技园区，以非转基因大豆食品差异化为方向，推动非转基因大豆加工和杂粮杂豆深加工，发展大豆全粉类、休闲食品和精选食品豆，延伸发展豆类保健食品。加快发展瓜果蔬菜加工，重点发展无公害、绿色和有机产品加工。发展松花江特色食用植物油产业，鼓励发展米糠、玉米胚芽制油。培育"吉林杂粮杂豆""龙江杂豆"等公共品牌，打造以松嫩平原为主的国家级杂粮杂豆生产加工基地。

玉米加工。发挥"黄金玉米带"的资源优势，推动玉米深加工产业升级，总体规模要适度。发展高档主食、休闲、方便食品，延长产品链，鼓励发展高附加值的聚乳酸、酶制剂等生物基材料和生物发酵深加工产品，适度发展酒精、淀粉等初级加工产品。推进玉米皮、玉米芯、玉米秆等资源的深度利用。利用丰富的农作物秸秆资源，培育综合利用产业。淘汰落后酒精产能，减少燃料乙醇加工的玉米消耗量。

专栏 13-1　松花江流域国家级农产品加工示范基地

吉林省：九台龙嘉农产品加工业示范基地、通化通达农产品加工示范基地、敦化市农产品加工业示范基地、抚松万良人参加工示范基地、舒兰农产品加工示范基地、前郭县郭尔罗斯绿色食品工业示范基地、长春市吉林德莱鹅业生态食品加工业示范基地、吉林省长岭三青山农产品加工创业基地、吉林省柳河县山葡萄产业创业基地、白城市农产品加工创业基地、吉林省船营经济开发区农产品加工创业基地、吉林省德惠市农产品加工创业基地、扶余县（现为扶余市）木业加工示范基地、梅河口农产品加工业示范基地、吉林省梅花鹿产品加工示范基地、伊通满族自治县农产品加工示范基地、柳河县畜牧产业园区。

黑龙江省：黑龙江省友谊县农产品加工业园区、庆安农产品加工业示范基地、友谊县农产品加工创业基地、集贤县农副产品加工基地、富拉尔基农产品加工创业基地、黑龙江省绥棱县马铃薯加工示范基地、黑龙江省宝泉岭经济开发区、肇源县文国禽业养殖基地。

蒙东地区：内蒙古呼伦贝尔岭东工业开发区、呼伦贝尔市岭东沙果种植基地。

第二节 战略新兴产业与本土特色产业

一、战略性新兴产业

1. 新材料产业

各地区根据产业基础,实施自主创新,推动科技成果就地转化,发展新材料产业,重点发展金属功能材料、石墨材料,形成一批中高端领域重点产品。

金属功能材料。推进钢新材料产品研发,重点发展高性能轴承、新型高强高韧汽车用钢、高性能海工钢等先进钢铁材料,加快发展高端发动机、高速铁路、高端精密机床等先进装备关键零部件的新材料。积极发展特种金属功能材料,重点发展高性能铝合金、镁合金、钛合金、铜及铜合金、钼加工材料等高端金属结构材料和新型轻合金材料,打造"金属矿石-金属材料加工-合金材料-合金材料应用"产业链。根据产业基础,积极发展镍氢电池材料、锂离子电池材料、太阳能电池材料等新能源材料。

石墨材料。发挥鹤岗、七台河、通化、双鸭山等地的资源优势,突破大批量石墨烯薄膜核心技术,实现石墨烯规模化生产,构建石墨烯精深加工产业链。重点发展高纯石墨、负极材料、石墨密封材料等,加快发展石墨烯绿色制备、核级石墨材料等产品。建设哈尔滨石墨科技创新产业园和鹤岗、勃利、双鸭山、磐石等石墨产业园,实施"石墨烯+",构建"石墨材料-石墨精深加工-石墨制成品"产业链,建设石墨深加工产业集群。

2. 新能源产业

围绕"陆上风光三峡"、鲁固特高压通道、吉电南送等重大工程,坚持集中式与分布式并举,有序发展风电,大力开发生物质能源,促进太阳能多元化利用,加大地热资源勘探开发,将资源优势转化为经济优势。建设长春、吉林、哈尔滨、绥化综合能源基地和齐齐哈尔、大庆、白城、松原可再生能源综合应用示范区,在佳木斯、牡丹江、双鸭山、七台河、鹤岗等城市建设以电力外送为主的可再生能源基地。

风能与太阳能。立足鲁固直流风电配套基地,利用松嫩平原西部盐碱地、科尔沁草原沙化土地等未利用地发展风电,建设一批百万千瓦级风电基地,重点打造白城、松原、兴安盟、哈尔滨、大庆、齐齐哈尔、佳木斯、绥化等百万千瓦风电基地。在松嫩平原盐碱地等未利用土地、太阳能资源丰富地区,集中打造白城、松原、齐齐哈尔、大庆、绥化光伏发电基地。利用采煤沉陷区建设光伏发电基地,推动鹤岗、七台河、牡丹江等煤城转型发展。支持发展分布式光伏发电,利用大型公共建筑及公用设施、工业园区等屋顶建设分布式光伏发电。支持利用沙漠沙地、荒山荒地、矿山区域建设光伏发电示范工程,打造光伏小镇,重点建设白城洮南和查干浩特、松原前郭等光伏电场。

生物质能。瞄准新一代生物质燃料,推进生物质发电、固化、气化、液体燃料等综合利用。加快发展农林生物质成型燃料，因地制宜发展生物质热电联产，有序发展垃圾发电，开发秸秆气化和液体燃料。以生物质成型燃料替代煤炭、生物质成型燃料供热替代燃煤供热"两个替代"为方向，加快生物质成型燃料发展（吕洋，2017）。在松嫩平原有序发展玉米燃料乙醇产品、生物柴油、生物航油，推进玉米秸秆、玉米芯等副产品综合加工利用。在松嫩平原、三江平原因地制宜发展生物质热电联产，发展以秸秆、稻壳等为原料的生物质直燃发电、茎秆制燃料乙醇和秸秆成型燃料。在大小兴安岭和长白山林区建设一批以林下剩余物、废弃菌袋等为主的生物质直燃发电。生物质发电受燃料运输半径限制，生物质发电厂间距不得小于100公里。

3. 生物医药产业

发挥高寒地区森林、草原、湿地及中医药资源优势，统筹发展传统生物产业、现代中医药、原料药、生物医药、生物保健食品等，突出打造长辽梅通白延医药健康产业走廊，提高生物医药产业竞争力。

生物产业。加强生物农业、生物制造、生物环保等领域合作，围绕生物发酵、生物肥料、生物饲料、生物育种等领域，打造特色生物制造产业链。推动生物育种产业化、规模化发展，建设松嫩平原、三江平原生物育种产业。积极发展生物农业，大力开发生物饲料、生物兽药。加快建设哈尔滨市国家生物产业基地、大庆生物产业园。合理推进玉米制燃料乙醇产业。加快秸秆、畜禽副产品综合利用，发展生物基新材料和生化制品，大力发展生物质成型燃料。

生物医药。坚持"增品种、提品质、创品牌"，推动原料药、医药中间体向成品药和制剂转变，积极发展新兴生物药物、基因工程药物、新型疫苗。突出发展中药产业，围绕"中药材种植-饮片加工-提取物、配方颗粒-成药制剂及二次开发"，创建长白山北药生产研发基地、国家北方小品种药物生产基地。依托辽源和吉林等化学原料及合成药基地，发展化学药品、原料药、特效仿制药，推动原料药、医药中间体生产企业向成品药和制剂转变。发挥哈尔滨、通化等生物医药产业集聚发展国家级试点的带动作用，打造哈尔滨-大庆、长春-长白山生物医药产业集群，加强利民国家级医药园区核心示范能力建设，推动梅河口、敦化、辉南、靖宇、抚松、桦甸、磐石等地区生物医药产业园区与集群化发展。

4. 节能环保产业

适应能源、化工、冶金、建材、医药等产业节能减排、环境治理、废弃物利用的市场需求，研发推出一批高效节能和资源循环利用的新装备和新产品，打造区域性节能环保产业基地。依托哈电发电设备国家工程研究中心、高效清洁燃煤电站锅炉国家重点实验室和高效锅炉燃烧研发中心等创新平台，以齐齐哈尔、哈尔滨为主，积极发展高效环保的循环流化床、工业煤粉锅炉及生物质锅炉等产品，加快发展脱硝催化剂制备、资源化脱硫、尾矿综合利用等重大环保设备，积极开发智能节能环保设备。

二、本土特色产业

1. 冰雪产业

立足得天独厚的积雪资源、深厚的冰雪文化资源，发挥吉林市冰雪经济高质量发展试验区的优势，实施"大冰雪"战略，宜冰则冰、宜雪则雪，打造以冰雪文化为引领、以冰雪旅游和冰雪文化为本体、以冰雪运动为基础、以冰雪装备为支撑的产业发展体系，推动"冷资源"变"热经济"，建设成为世界级旅游目的地、冰雪产业集聚地。打造哈长城市群冰雪产业集聚区和京哈东北中部、浑乌、绥满和东北东部四大冰雪产业走廊。

冰雪文化旅游业。坚持错位发展，黑龙江省突出"冰"，吉林省侧重"雪"。合理建设都市冰雪文化休闲区、森林生态冰雪度假区、乡村冰雪民俗体验区，构建以哈尔滨市、长春市为核心的冰雪旅游圈，打造哈尔滨—亚布力—牡丹江冰雪旅游带、哈尔滨—依兰—佳木斯松花江冰雪景观带、哈尔滨—凤凰山—雪乡冰雪旅游带、西流松花江冰雪旅游带。突出建好长白山"世界冰雪旅游名山"、吉林"世界雾凇之都"、长春"净月雪世界"、哈尔滨冰雪节等旅游产品。挖掘和打造具有民族地域风情和历史文化底蕴的特色冰雪文化，开发冰雪爬犁、冰雪游艺、民间冰灯等冰雪文化传统产品，发展查干湖冬捕习俗、抚松露水河狩猎等"冬捕狩猎"冬令文化系列产品。发展镜泊湖、兴凯湖冬季冰湖旅游，打造成全国知名冰湖旅游区。

冰雪运动产业。积极发展冰雪休闲健身、冰雪竞赛、冰雪表演，完善冰雪运动产业体系。建设一批公共滑冰馆、冰球场、综合性冰雪运动中心，鼓励利用公园、广场、湖泊冰面等建设群众性冰雪休闲娱乐设施。发展冰雪竞赛产业，突出发展专业化的冰雪竞技体育，组织举办越野滑雪赛、冰上漂移等各类冰雪赛事活动，建设一批综合性和专业化国省级冰雪运动训练基地。发展冰雪表演产业，开发冰雪杂技、冰雪舞蹈等表演项目。普及青少年冰雪运动，建设地域性冬季运动日和一批儿童营地、初学者营地，开展冬令营活动。打造七台河冠军摇篮、齐齐哈尔冰球之都等特色冰雪运动基地，建设一批国家级和世界级滑雪度假综合体。

冰雪高端装备制造业。加快发展冰上摩托、冰上链轨车、科考器材、极寒服装、超低温工作生活用具等高端制造。积极发展压雪车、造雪机、浇冰车等重型冰雪场地装备。加快发展冷链物流、冷冻贮藏等生产性制造，推动冰雪体育器材、冰雪文化器材及生产生活兼用冰雪制造发展。扶持具有自主品牌的冰雪运动器材装备、防护用具、客运索道等冰雪用品企业和服装鞋帽企业发展。培育长春、哈尔滨、吉林等冰雪装备产业集群，打造东北亚冰雪装备制造业高地。

2. 林下经济

发挥大小兴安岭、长白山的资源优势，以"非木质林产品"为核心，坚持林农牧并重，林上林下林地立体化推进，积极发展林下种植、林下养殖、林下产品采集、森林旅游等林禽林畜林粮林药林菌产业，建设高寒林果生产加工基地、食用菌生产加工基地、北药特色原料供应基地、木本粮油产业基地。

花卉苗木业。大力选育发展加工花卉、鲜切花、中高档盆花及苗木、草花、草坪等品种，提升花卉苗木质量、生产规模。在大中城市周边创建观赏盆栽花卉设施生产基地和绿化苗木培育移植驯化基地，在离口岸较近的林区创建出口鲜切花和优质盆花生产基地。依托国家林木良种基地、省级种苗示范基地及商业苗圃，做好红松、落叶松等用材林树种和榛子、沙棘等经济林的良种、苗木培育。

林下种养业。充分利用林下空间发展立体养殖，以珍贵毛皮动物和特种经济动物为重点，发展林禽、林畜、林蜂、林蛙、林蚕等养殖业。通过放养、圈养和棚养等各种模式开展禽类饲养，与林木形成良性生物循环链。利用丰富的林下资源发展种植业，因地制宜开发林粮、林果、林草、林菜、林菌、林药。充分利用森林资源和林地空间，种植中药材野生资源和林下中药材人工仿野生栽培，大力发展北药产业。大力发展坚果、浆果等林果业。

3. 矿泉水产业

依托长白山、五大连池等重要资源地，坚持保护优于开发，加强地质勘查工作，保护矿泉水资源，大力开发中高端系列化产品，打造矿泉水产业链，实现产业发展园区化、产品生产品牌化、生产工艺现代化、保护开发法治化，做活做大"水"市场"水"产业，建成国家重要的高端矿泉水生产基地。

资源保护。加大矿泉水资源地质勘查，扩大资源储备规模，实施矿泉水资源储备制度。设立矿泉水生态资源三级保护区，科学划分重点开发区、次重点开发区和一般开发区。合理开发长白山、五大连池、阿尔山、双鸭山、大小兴安岭等地区的矿泉水资源。加强靖宇、安图、抚松、五大连池等矿泉水水源保护区建设，全力保护矿泉水含水层次和水质。长白山区域已勘查评价矿泉水资源如表 13-1 所示。实施矿泉水开发总量控制，坚持"因地而异，因质而异"，有序推动矿泉水资源开发利用；对某些区域或某些重要的泉点实行限制性开发，控制好优质天然矿泉水资源的开发，保证质优量丰的天然矿泉水资源优先用于规模开发（崔广红，2009）。

表 13-1 长白山区域已勘查评价矿泉水资源汇总表

县（市、管委会）	已经勘查评价水源地数/个	允许开采总量/(米³/天)	尚可利用水源地数/个	尚可利用水源地的允许开采量/(米³/天)
抚松县	18	57177	6	8240
靖宇县	17	72395	1	1889
辉南县	10	42845	2	29400
敦化市	3	1360	0	0
长白山保护开发区管理委员会	2	1340	1	670

精深加工。研制开发新产品、新工艺和先进适用技术，开发多品种矿泉水，重点开发中高端产品。鼓励企业研发具有特色的系列饮料，提高附加值。加大开发五大连池冷矿泉水的药用功能，开发矿泉酒、矿泉米豆、矿泉护肤品等产品。优先开发名特优产品，突出开发碳酸为主复合型、锌型、碘、溴为主复合型、锂型等珍贵矿泉水。

重点打造靖宇、抚松、五大连池、辉南、敦化等矿泉水精深加工基地，建设一批重点产业园区，共同打造世界一流的长白山、五大连池矿泉水生产基地。推广使用"长白山矿泉水""五大连池矿泉水""火山源矿泉水"等地理标志品牌。

4. 人参产业

依托人参资源和产业优势，坚持质量兴参、绿色兴参、品牌兴参，统筹利用采伐迹地种参、林下参、非林地种参，完善现代人参产业体系，推进人参产业整体转型升级，打响"长白山人参"品牌。

人参资源保护。在大小兴安岭和长白山林区，聚焦西流松花江的源头地区，保护好天然人参资源。按照经济规律和自然规律，确定抚松、靖宇、辉南、柳河、梅河口、敦化、蛟河、桦甸、磐石、舒兰、永吉为人参生产保护区。大力发展林地种参、林下参、非林地种参等新模式，规范林地人参种植行为，完善采伐迹地种植人参用地许可制度，对利用林地种植人参实行总量控制。利用林间空地、人工采伐迹地、火烧迹地、疏林地等林地资源开展林药林参种植试点。以抚松为核心，建设好中国特色农产品优势区。

人参精深加工。加快抚松和敦化人参产业园、靖宇人参健康产业园、敖东人参产业园建设。大力开发人参食品、药品、保健品、化妆品、生物制品及野山参加工品。坚持药品开发主攻方向，推进以人参为基源的新药研发。研发人参方便食品、健康食品，推动人参保健食品提档升级。开发多元化、高端化人参化妆品，推广人参其他日化用品。采用生物转化技术实现人参稀有皂苷的大批量生产，创制新药、研制新食品原料。

品牌强参战略。开展人参药食同源宣传，打造"长白山人参"品牌。完善"长白山人参"认证标识的查询、追溯、防伪、广告、产地证明等溯源体系，打造成国际知名品牌。集中力量打造3~5个以优质高年生人参为原料生产的高端红参或其他精深加工品品牌。

第三节　休闲旅游与现代商贸物流

一、旅游休闲产业

1. 生态休闲旅游

突出自然环境与地域文化特色，统筹推进文化遗产、地质公园、旅游景区、文化园区、美丽乡村及特色小镇建设，重点发展生态旅游、冰雪旅游，加快发展文化旅游、工业旅游等专项旅游，丰富旅游产品，打造"大东北无障碍旅游区"。

（1）生态旅游。依托草原、森林、湿地等生态景观，突出大草原、大森林、大湖泊、大湿地，开发生态观光、探险、科普、休闲、度假、避暑等多种形式的生态旅游产品。重点建设科尔沁草原旅游目的地，加强建设大小兴安岭、长白山森林旅游目地，完善三江平原、松嫩平原湿地旅游目的地，培育长白山、大小兴安岭、北国鹤乡、林海雪原、北大荒、五大连池等旅游品牌，打造国际知名生态休闲旅游目的地。发展一批精品旅游线路，打造大小兴安岭、长白山、吉林西部河湖草原湿地等大线路。

专栏13-2　松花江流域5A级景区清单

吉林省：长春市世界雕塑公园旅游景区、敦化市六鼎山文化旅游区、长春市长影世纪城旅游区、长春市净月潭景区、长白山景区、长春市伪满皇宫博物院。

黑龙江省：伊春市汤旺河林海奇石景区、牡丹江镜泊湖景区、黑河市五大连池景区、哈尔滨市太阳岛景区。

（2）冰雪旅游。依托大冰雪资源，推动冰雪旅游发展，创新发展冰雪观赏、冰雪节庆、冰雪运动、冰雪度假、冰雪民俗、冰雪演艺等旅游产品。优先提升亚布力、莲花山、查干湖、北大湖、松花湖、雪乡、镜泊湖、太阳岛等重点冰雪旅游基地，打造世界级冰雪旅游目的地。促进雪乡、松花湖、五大连池、牡丹江中国雪城等传统景区转型，实现全季旅游。实施全民滑雪计划，开发大众化冰雪旅游项目。注重冰雪旅游产品开发，发展冰灯、冰雕、雾凇等冰雪旅游精品，扩大各大滑雪场的竞技、旅游功能，丰富中国·哈尔滨国际冰雪节、长春净月潭瓦萨国际滑雪节的内涵，打造哈尔滨、长白山、吉林等一批冰雪运动休闲旅游目的地。加快建设哈尔滨-牡丹江、长春-长白山、长春-吉林、柴河-阿尔山、哈尔滨-五大连池等冰雪旅游走廊，串联主要冰雪旅游景区。

（3）文化旅游。围绕抗联文化、冰雪文化、辽金文化、民族民俗文化，做好文旅融合文章，丰富旅游产品。挖掘蒙古族、满族、朝鲜族等民族文化内涵，保护性开发鄂温克族、鄂伦春族、达斡尔族、赫哲族等民族文化，创建一批少数民族文化旅游示范区。突出地域文化特色，提升"二人转"等特色民间艺术的品质，打造优秀旅游演出节目。利用非物质文化遗产资源优势，发展文化观光、文化体验、文化休闲等多种形式的文化旅游产品。依托夫余国、高句丽国及辽金、元清时期遗址，开发历史文化遗迹旅游（韩嵩楠，2017）。依托长春市"中国吉林·东北亚投资贸易博览会"、哈尔滨市"哈尔滨国际经济贸易洽谈会"等平台，拓展会展旅游市场。举办长白山冰雪嘉年华、查干湖冰雪渔猎文化节、吉林国际雾凇冰雪节、中国·叶赫满族民俗旅游节等一批节事活动。提升吉林、长春、哈尔滨和齐齐哈尔等国家历史文化名城，科学建设海林市横道河子镇、吉林市乌拉街镇等历史文化名镇，保护好齐齐哈尔罗西亚大街、长春第一汽车制造厂等历史文化街区。

专栏13-3　松花江流域国家级非物质文化遗产

吉林省：满族说部、陶克陶胡、蒙古族马头琴音乐、森林号子（长白山森林号子）、蒙古族民歌（郭尔罗斯蒙古族民歌）、阿里郎、鼓吹乐（海龙鼓吹乐）、秧歌（乌拉满族秧歌）、鼓舞（乌拉陈汉军旗单鼓舞）、博舞、黄龙戏、吉剧、满族新城戏、东北大鼓、东北二人转、乌力格尔、满族珍珠球、满族珍珠球（伊通满族珍珠球)、朝鲜族尤茨、民族乐器制作技艺(马头琴制作技艺)、中式服装制作技艺(满族旗袍制作技艺)、中药炮制技艺(人参炮制技艺)、中医传统制剂方法(平氏浸膏制作技艺)、春节(查干萨日)、蒙古族婚礼(蒙古族婚俗)、庙会(北山庙会)、朝鲜族花甲礼、长白山采参习俗、查干淖尔冬捕习俗、朝鲜族传统婚礼、朝鲜族服饰、婚俗(朝鲜族回婚礼)、放河灯(松花江放河灯)。

唢呐艺术(杨小班鼓吹乐棚)、鼓吹乐(武家鼓吹乐棚)、达斡尔族鲁日格勒舞、评剧、皮影戏(望奎县皮影戏)、皮影戏(龙江皮影戏)、达斡尔族乌钦、赫哲族伊玛堪、鄂伦春族摩苏昆、戏法(赵世魁戏法)、剪纸(方正剪纸)、剪纸(海伦剪纸)、麦秆剪贴、满族刺绣、满族刺绣(宁安满族刺绣)、桦树皮制作技艺、赫哲族鱼皮制作技艺、老汤精配制、刀剑锻制技艺(七台河刀剑锻制技艺)、中医传统制剂方法(枇杷露传统制剂)、中医传统制剂方法(老王麻子膏药制作技艺)、端午节(五大连池药泉会)、朝鲜族花甲礼、鄂温克族瑟宾节、婚俗(达斡尔族传统婚俗)、婚俗(赫哲族婚俗)、赫哲族乌日贡大会。

蒙东地区:蒙古族四胡音乐、鄂伦春族民歌(鄂伦春族赞达仁)、达斡尔族民歌(达斡尔扎恩达勒)、达斡尔族鲁日格勒舞、乌力格尔、达斡尔族乌钦、达斡尔族传统曲棍球竞技、蒙古族刺绣(图什业图刺绣)、桦树皮制作技艺、鄂伦春族狍皮制作技艺、民族乐器制作技艺(蒙古族拉弦乐器制作技艺)、蒙医药(科尔沁蒙医药浴疗法)、民间信俗(巴音居日合乌拉祭)、博格达乌拉祭。

(4)红色旅游。挖掘东北抗联、解放战争、抗美援朝等遗迹,深度开发红色旅游主题,传承红色基因,打造东北红色旅游精品。开发以"林海雪原、抗联英雄"为主题的红色旅游,推进红色旅游经典景区、精品线路建设,提升抗联抗日密营地、杨靖宇烈士殉国地、陈云故居等红色旅游景区,打造一批国家级抗联文化公园。围绕白城市中共辽北省政府办公旧址、中共中央东北局梅河口会议旧址、长春三下江南战役纪念馆等重点景区,打造解放战争品牌,建设白城等一批红色文化产业园。打造长春马鞍山村、汪清红日村等红色旅游乡村品牌。

(5)工业旅游。鼓励具备条件的企业建设工业博物馆和游览场所,重点建设大庆铁人纪念馆及地质博物馆、长春一汽集团、吉林夹皮沟金矿等工业旅游示范点,提升中国一重工业旅游区的影响力,打造工业史迹、电影发展史迹等"共和国史迹游"。以鹤岗、牡丹江为代表的煤炭资源型城市,发展煤矿观光、井下探秘及体验等旅游产品。推动大庆、松原等石油资源型城市发展油田景观开发、石油文化体验等旅游产品。促进敦化、蛟河、伊春等森工城市开发森林生态旅游、林俗文化旅游。以现代农业生产基地为依托,发展以"北大荒"为代表的"大农业"旅游和特色农业旅游。

专栏13-4 松花江流域工农业旅游示范点与水利水电风景区

工业旅游:齐齐哈尔市中国一重工业旅游区、长春长影旧址博物馆、长春一汽红旗文化展馆及奔腾生产线、长白山(靖宇、抚松)矿泉城、吉林市东福米业、大安北蒸汽机车陈列馆、吉林长白山酒业、敦化敖东工业园、长春市中粮可口可乐饮料（吉林）有限公司、桦甸市吉林出彩农业产品开发有限公司、抚松县泉阳泉饮品有限公司、长春第一汽车集团、吉林丰满发电厂、吉林化纤集团、黑龙江华安工业公司、大庆石油工业旅游中心、大庆华能新华电力有限公司。

农业旅游：哈尔滨北方现代都市农业旅游示范园、黑龙江省农科院园艺分院、甘南县兴十四村、梅里斯达斡尔哈拉新村、齐齐哈尔铁农园艺园、宁安渤海农业旅游示范园、牡丹江黑宝熊乐园、牡丹江春城园艺科技旅游示范园、同江市街津口赫哲族渔猎文化旅游示范区、吉林左家特产观光农业生态园。

水电水电风景区：科右中旗翰嘎利水库、牙克石市凤凰湖、长春新立湖、磐石市黄河水库、长春市石头口门水库、舒兰市亮甲山、长春市净月潭、查干湖、梅河口市磨盘湖、松原市龙坑、吉林市松花江清水绿带、白城市嫩水韵白、红旗泡水库红湖、五常市龙凤山、五大连池市山口湖、甘南县音河湖、齐齐哈尔市劳动湖、佳木斯市柳树岛、鹤岗市鹤立湖、农垦兴凯湖第二泄洪闸、哈尔滨市太阳岛、兴凯湖当壁镇、哈尔滨市白鱼泡、伊春市红星湿地、伊春市上甘岭、伊春市卧龙湖、伊春市乌伊岭、伊春市新青湿地、伊春市伊春河、哈尔滨市西泉眼、呼兰富强。

2. 特色文化产业

依托地域特色和民族特色，坚持保护利用并重、传承创新并举、合作交流并行，推动文化资源整合，繁荣发展文化产业，建设一批特色文化产业集群，培育产业发展新增长点。

文化产业。优先发展文化旅游、出版发行、现代传媒行业，培育演艺娱乐、工艺美术、节庆会展等特色行业，拓展创意设计、数字印刷、影视制作等创新行业。依托长影等龙头企业发展影视产业，重点发展影视制作、数字传媒等产业，打造长春国际影都。积极发展松花石、刀画、剪纸、柳编等特色文化产业，扩大手工艺品、服饰等民族用品产业，开发具有地域特色的民俗文化产品。依托长春、哈尔滨平房区等动漫基地，发展动漫、创意设计等新兴文化业态，打造辐射东北亚的动漫游产业基地。培育文化节、艺术节、冰雪节等区域性节庆品牌，提升中国（长春）国际动漫艺术博览会等会展品牌。

特色地域文化。实施"考古中国"工程，在具备条件的重要遗址推进国家考古遗址公园建设，推动金上京会宁府遗址等重大遗址加快世界文化遗产申报进程。推进赫哲族等文化生态保护试验区建设，以伊玛堪、望奎皮影等为重点实施非物质文化遗产项目抢救性、生产性保护，建设非物质文化遗产展示场馆。建设佳木斯和双鸭山赫哲族文化生态保护区，加强满族、达斡尔族、鄂伦春族、鄂温克族等少数民族文化保护，建设一批省级文化生态保护区，保存民族记忆。建设一批民族特色文化产业基地，重点建设大庆市杜尔伯特阿木塔蒙古风情岛、齐齐哈尔市梅里斯民族旅游休闲度假区、富裕县乌裕尔达斡尔族文化产业园。深挖抗联精神、北大荒精神、大庆精神等特色文化内涵，推出一批优秀作品和文艺品牌。振兴松花江地方戏曲，支持二人转、龙江剧、龙滨戏、拉场戏、吉剧等特色戏曲艺术发展。壮大特色文化，全面推介人参文化、葡萄酒文化、梅花鹿文化。

文化创意产业园区。依托特色资源和产业基础，发展文化创意产业载体，推进特色文化产业园区建设。根据发展基础和潜力，建设一批示范性的文化产业园区与产业基地，打造一批影视产业园区、传媒产业园区、出版印刷基地、文化休闲旅游基地、动漫产业基地、会展基地和综合性文化主题公园等。建设一批主题突出、产业链完整的文化创意产业基地，重点建设哈尔滨文化创意及时尚文化产业核心聚集区、西部石油文化及湿地养生产业聚集区。发挥长春、哈尔滨、吉林、牡丹江、齐齐哈尔等国家级文化消费试点城市的引领作用，争取新增一批试点城市，先行先试文化产业发展与机制改革，培育一批新型特色消费小镇，改造提升一批步行街、商业综合体和文旅消费集聚区。

专栏13-5　松花江流域特色文化创意产业园

吉林省：东北亚文化创意科技园、吉林动漫游戏原创产业园、吉林师范大学文化创意产业园、尚德森铭新媒体产业园、长春动漫和软件服务外包产业园、知和国际动漫产业园、关东文化园、长春文化印刷产业开发区、吉林市关东古玩书画城、吉林市动漫文化创意产业园、吉林市筑石128文化创意园、吉林圣鑫葡萄酒庄。

黑龙江省：大庆文化创意产业园、平房新媒体动漫产业基地、马迭尔冰雪大世界、松雷音乐剧基地、冰上杂技演艺基地、太阳岛风景区、"小笨熊"文化产业网、伊春柏成木制工艺品产业园，建设群力文化产业示范区、数字化绿色印刷园区、哈尔滨伏尔加庄园、哈尔滨广告产业园、齐齐哈尔中环文化艺术品广场、鹤岗"龙江三峡"文化旅游集合区、佳木斯敖其湾赫哲族民俗文化产业园。

蒙东地区：兴安盟文化产业园区、科右中旗马文化产业基地等园区。

二、现代物流与电子商务

1. 现代物流

创新物流服务模式，完善现代物流体系。加强物流节点城市建设，提升哈尔滨、长春、佳木斯等陆港型物流枢纽，构建东北亚国际多式联运中心；积极建设哈尔滨等空港型物流枢纽，发展长春、哈尔滨、大庆等生产服务型国家物流枢纽，打造供应链组织中心；加快建设长春、哈尔滨、吉林、牡丹江等商贸服务型国家物流枢纽，打造全国性商贸物流集散和分拨中心。围绕三江平原、松嫩平原等商品粮基地，构建粮食物流体系，发展铁海联运，建设铁路粮食大型装车点，开展散粮铁路运输定点定向班列和半成品粮"入关"集装化运输试点。依托长春、哈尔滨等汽车及零部件生产和商贸流通集聚区，建立以汽车生产基地为核心的汽车物流体系，推进汽车物流"公改铁"。围绕主要畜牧、水产、农产品生产基地，以长春、哈尔滨两大都市圈及大中城市的鲜活农产品批发市场和加工配送基地为中心，发展农产品冷链物流。围绕内陆港、集装箱中心站，建立连通辽宁沿海港口、松花江港口、边境口岸、俄罗斯远东港口与腹地一体化的集装箱物流网络，构筑以铁海联运为主的多式联运体系。整合利用扎鲁比诺、符拉迪沃斯托克等港口资源，实现"借港出海"。以长春、哈尔滨机场为依托，大力发展国际航空物流。以哈尔滨、长春等国家级城市共同配送试点城市为依托，发展城市群、都市圈共同配送。依托大型产业基地、港口、交通枢纽、重要口岸及商贸中心，建设一批综合性物流园区、专业化物流园区及保税物流园区。

2. 电子商务

以吉林、长春、哈尔滨、大庆、牡丹江等国家和省级电子商务示范基地（园区）、示范企业和电子商务应用示范县（区）为载体，促进电商产业集聚发展。积极发展农产品电子商务，开展"电商进农村"综合示范工作。推进百货商场、连锁超市、专卖店等传统商贸企业开展线上线下互动的网络零售业务，鼓励木材、煤炭、石油等大宗商品交易中心发展电子商务。鼓励发展服务于百姓日常生活的商业和综合电子商务平台，推动餐饮、住宿、旅游、娱乐等企业深化电子商务应用。培育跨境电商主体，在俄罗斯、蒙古国、朝鲜的主要城市建设海外仓、境外服务网点和实体体验店。推进哈尔滨、长春、吉林等跨境贸易电子商务综合服务平台应用，结合哈尔滨、长春等综合保税区和口岸建设，设立一批跨境贸易电子商务综合实验区。围绕特色农产品、矿产资源及跨境电子商务，打造专业化电商平台及产业园。

第十四章
松花江流域宜居建设与美丽城乡

　　特殊的地理环境、丰富的水资源、肥沃的土壤决定了流域是人类居住的理想地域。聚落是人类集聚居住、生活、生产和进行各种社会活动的场所总称，既是人类适应和利用自然的产物，也是人类文明的结晶。自然地理环境、经济形态及工业化过程、对外开放性等决定了聚落的类型分异及规模大小、空间形态与功能结构。水源是聚落区位选择的关键因子，深刻影响着居民的生活用水、农田灌溉和工业生产用水、景观生态用水。这促使干流沿岸、中下游或干支流交汇地区是聚落尤其是城镇建设的重点区位，而中下游平原、沿岸平原及河谷地带则是农业生产和乡村聚落布局的理想地区。20 世纪 50 年代以来，松花江流域经历大了规模的城镇化建设，已形成了规模较大、功能完整的城镇体系，形成了相对完整的城镇化演变过程。工业化与城镇化是两个相互促进与相互制约的社会经济过程与地理空间过程，某个过程的阶段性变化与内涵变化均对另一个过程产生深刻影响。随着松花江流域的工业升级与主导产业变化，部分城镇、乡村及山区林区、农区、边境地区进入了收缩性发展阶段，产业与人口规模均逐步萎缩，这影响了全流域的居民点布局体系与建设模式，对既有的城乡体系产生了重塑作用。这需要重新审视松花江流域的城乡建设与布局模式。

　　本章主要是分析松花江流域的宜居环境与城乡建设路径。根据流域自然地理环境、资源禀赋、城镇分布格局及交通网络、经济基础，优化城镇化地区空间形态，加快建设城市群，培育壮大都市圈，推进大城市提质、中小城市扩容，发展县城和特色小城镇，构建以"一群两圈四支点多节点"为主体的城市化格局。重点培育"一主一辅"城市群，"一主"为哈长城市群，打造为黑龙江–阿穆尔河流域和远东地区的主要产业–人口集聚地区，"一辅"为黑龙江东部城镇密集区；重点发展长春和哈尔滨两大都市圈，建设成为哈长城市群的核心部分。根据干支流和上中下游的关系，做大做强吉林、松原、齐齐哈尔、佳木斯和同江等流域性中心城市；建设白城、绥化、大庆、伊春、鹤岗、七台河、牡丹江、乌兰浩特、双鸭山等城市，以县城为中心推动县域城镇化。加强重点镇建设，培育壮大特色小镇，建设美丽宜居乡村。围绕"一老一小"，优化政策体系，促进人口合理增长，留住人口，积极应对人口老龄化。

第一节 区域中心城市

一、城市群

根据资源环境承载力与城镇分布格局，全流域重点建设"一主一辅城市群"，促进大中小城市和小城镇协调发展，打造为松花江流域城镇化建设的主战场，培育为黑龙江-阿穆尔河流域和远东地区的主要增长区域。

1. 哈长城市群

哈长城市群位居全国"两横三纵"城市化战略格局中京哈京广通道纵轴的北端，包括哈大齐工业走廊、牡绥地区及长吉图经济区，是东北地区城市群的主要部分。该地区为松嫩平原核心地区，资源环境承载力较高，地形开阔、地势平坦，土地资源丰富，开发强度相对较高，水资源丰富，生态环境质量较好，交通条件便利，人口集中，城镇密集且规模较大，科教与人才资源优势突出。

以哈尔滨和长春为中心，覆盖齐齐哈尔、大庆、绥化、松原、吉林、四平等地区，建设成为黑吉两省主要的产业-人口集聚空间、中国面向东北亚开放的门户、带动东北地区发展的引擎，打造成为在东北亚具有核心竞争力和重要影响力的城市群。增强哈尔滨、长春的集聚辐射能力，建设长春和哈尔滨两大都市圈，强化科创、综合服务功能与人居环境建设，促进分工协作、互动发展。发展壮大其他城市，完善城市基础设施和公共服务，加强宜居环境建设，提高人口产业集聚能力。以榆树、五常、双城、德惠、扶余、舒兰等县（市、区）为基础，建设哈长一体化发展示范区，推动长春吉林、长春四平一体化发展和长春公主岭同城化发展，分步推进县城镇升级为小城市。做强优势产业，建设国家新型装备制造业基地，培育若干具有竞争力的产业集群。统筹规划建设交通、能源、水利、通信、环保、防灾等基础设施与对接互联，加快高速铁路、城际铁路及市郊铁路建设，提升主要城市节点通勤化水平，加强哈长轴线的带动作用，建设哈（尔滨）大（庆）齐（齐哈尔）牡（丹江）绥（芬河）、长（春）吉（林）图（们江）发展带，促进要素带状集聚与轴向辐射。促进公交收费"一卡通"，客运"一票式"和货运"一单式"联程服务，综合交通枢纽和物流中心实现"无缝对接"。加强西流松花江、嫩江、松花江干流污染防治和防洪建设，开展湿地修复、黑土水土流失防治、盐碱地治理。

2. 黑龙江东部城镇密集区

以佳木斯为中心城市，联动鹤岗、鸡西、七台河和双鸭山等城市，共同打造东部城市组团。促进产业和人才向优势区域集中，建设用地布局合理避让采煤沉陷区。坚持"量水而行"，合理建设煤电化基地。以高等级公路为核心，统筹铁路、水运和航空发展，建设城际快速铁路。加强采煤沉陷区治理，提高矿区土地复垦和矿井水回复利用率，推动煤矸石等废弃物综合利用。佳木斯要强化城市综合功能，提高人口和生产要素集聚能力，发展高端装备制造、绿色食品、精细化工等产业，建设成为黑龙江东南部区域性中心城市。鸡西、双鸭山、七台河、鹤岗实施精明发展，促进优势产业提质升级，发展绿色产业，建设煤电化一体化基地、粮食和绿色食品深加工基地，打造东部石墨产业集群和煤炭资源城市转型发展示范区（孙浩进和张斐然，2021）。

二、都市圈

1. 长春都市圈

以长春为核心，辐射带动吉林、四平、公主岭、松原、辽源、梅河口，构建"一核、两翼、三圈、多带"的都市圈格局。"一核"为长春特大型中心城市，"两翼"为长吉一体化、长平一体化发展，"三圈"为30分钟生活圈、1小时通勤圈和2小时通达圈。建立便捷高效的都市圈交通体系，完善城际铁路网，延伸长春对外辐射半径，带动周边地区发展，促进人口和经济集聚。谋划建设长春新区，加快长吉、长平一体化发展，促进公主岭市融入长春市主城区，建设长吉结合片区国家城乡融合发展试验区和长春国家农业高新技术产业示范区，推动长春与松原、辽源、梅河口一体化发展，加快吉永、松前、辽泉同城化发展。突出建设长春国际汽车城、长春国家区域创新中心、长春国际影都、长春国家级创新创业基地、中韩（长春）国际合作示范区。强化创新引领、产业支撑和要素聚集等综合功能，打造国家创新型城市和东北亚区域性服务中心城市。巩固汽车制造业，壮大高端装备、光电信息、生物医药、农产品加工、影视文化等产业集群。建设长春临空经济示范区、兴隆综合保税区等开放平台，打造向北开放重要窗口和东北亚合作中心。完善基础设施和公共服务设施，增强生活服务功能。加强伊通河、饮马河等环境治理，打造城市滨水景观，提高人居环境质量。

2. 哈尔滨都市圈

以哈尔滨主城区为核心，辐射带动平房、松北、呼兰、阿城、五常、尚志、宾县、双城、肇东、兰西等城镇，共建哈尔滨都市圈。建设成为东北亚区域性中心城市、东北亚国际商贸物流枢纽、国际冰雪文化名城、对俄经贸科技合作基地。积极发展高端装备制造、新材料、节能环保、生物、信息产业，做强食品加工、医药、化工等传统优势产业，大力发展特色旅游、商贸物流、金融等服务业。统筹推进各类城镇的基础设施、公共服务和社会文化、生态环境建设，提升都市圈综合承载能力。按照"一江居中，两岸繁荣"，提升哈尔滨城市功能，改造老城区，高标准建设哈尔滨新区，促进中心城区提档晋级，打造冰城夏都。优化重大基础设施布局，开展"哈尔滨都市圈交通一体化发展"交通强国建设试点工作，推进城际铁路和高速铁路建设，谋划轨道交通接入太平机场，推动哈尔滨市域（郊）铁路、环线高速公路建设，加快周边城区的同城化建设，推进"哈尔滨1小时、2小时"核心圈层实现交通互联互通。推进哈大绥一体化发展，促进哈尔滨、大庆、齐齐哈尔、牡丹江创新协同发展。强化对俄合作、物流集散、创新引领等功能。

第二节　宜居中小城市

一、地区中心城市

1. 中心城市

根据松花江干支流和上中下游的关系，打造一批对各支流流域和流段具有辐射带动作用的中心城市。做大做强吉林、松原、齐齐哈尔、佳木斯、同江等流域性中心城市，优化提升中心城区，完善城市综合功能，提升公共服务能力，提高对周边地区的辐射带动作用。稳步扩大城市规模，合理建设新区新城。发挥滨水、临山等自然地理优势，注重城市独特文化培育与工业文化传承。支持城区老工业区搬迁改造，打造"生活秀带"。

专栏14-1　俄罗斯阿穆尔河下游重点城市

尼古拉耶夫斯克：是俄罗斯哈巴罗夫斯克边疆区尼古拉耶夫斯克县行政中心，位居阿穆尔河入海口。1850年建市，人口有2万多人，是俄罗斯联邦远东区的重要港口。

哈巴罗夫斯克：位于黑龙江及乌苏里江交界处东侧、中俄边界处，为哈巴罗夫斯克边疆区首府，2002~2018年是远东联邦管区行政中心。因西伯利亚大铁路的修筑而成为远东地区的交通枢纽。人口有58万人。工业以机械制造、炼油、造船、木材加工为主，还有纺织、食品加工等产业，城市基础设施比较完善。

阿穆尔河畔共青城：位于俄罗斯哈巴罗夫斯克边疆区阿穆尔河畔。人口约25万人，是俄罗斯远东人口位居第四的城市。是以工业为主的城市，自1932年大规模建设以来就成为军工中心，核心工业有船舶制造、飞机制造和钢铁冶炼等产业，拥有加加林飞机制造厂和阿穆尔造船厂。

阿穆尔斯克：是俄罗斯哈巴罗夫斯克边疆区阿穆尔斯克区的城市，位于阿穆尔河左岸，人口为3.9万人。

---

2. 中等城市

加快发展中小城市，强化产业功能、服务功能、居住功能，合理划分生产生活生态空间，提升市政基础设施和公共服务设施建设水平，提高综合承载能力。重点建设白城、绥化、大庆、伊春、鹤岗、七台河、牡丹江、乌兰浩特、双鸭山等城市。推进产业人口向中心城区、新城区集聚。鼓励利用本地特色资源，拓展产业发展空间。煤炭城市要稳定煤炭生产，就地转化煤炭资源，发展接续替代产业。

> **专栏 14-2　松花江流域各类试点示范城市**
>
> 　　国家新型城镇化综合试点：长春市、哈尔滨市、齐齐哈尔市、牡丹江市、吉林市、扎兰屯市、安达市、鄂伦春旗大杨树镇、伊春市、北安市。
> 　　生态城镇化试点：敦化市、东丰县、镇赉县。
> 　　国家级产城融合示范：吉林经济技术开发区。
> 　　国家级智慧城市：辽源市、磐石市、四平市、榆树市、长春高新技术产业开发区、白山市抚松县、吉林市船营区搜登站镇、通化市、临江市、吉林市高新区、长春净月高新技术产业开发区、肇东市、肇源县、桦南县、齐齐哈尔市、牡丹江市、安达市、佳木斯市、尚志市、哈尔滨市香坊区。

二、县域城镇化

1. 生态宜居城镇

依托特色资源，发展一批基础较好、承载能力较强的小城市，建设为承载周边人口转移的集中区。在松嫩平原和三江平原粮食主产区、大小安岭和长白山生态功能区等人口收缩显著的地区，以城镇宜居建设为目标，合理压缩城镇建设规模，控制盲目扩大建设，整合资源吸纳周边农村转移人口。扩大对外围城市人口的服务和吸纳半径，引导县域人口向县城集中，提升就地城镇化水平。深化扩权强县改革，赋予县（市、区）更大的自主权和决策权，引导发展要素向县域集中，不断激发县域发展活力。鼓励双城区、呼兰区、九台区等卫星县城承接哈尔滨市和长春市两大中心城市的要素外溢与功能疏解，形成职能合理分工与紧密协作。支持具备条件的县有序推进"县改市"工作，提高发展能力。

2. 城镇化载体功能

发挥扎兰屯市、安达市、梅河口市、敦化市、北安市、绥棱县等新型城镇化试点的示范作用，推进县城城镇化补短板强弱项，提高综合承载能力和治理能力，打造"小精绿"县城。推进县城公共服务设施提标扩面，健全教育、文化、医疗卫生、养老等公共服务体系，提升县城综合服务功能。进一步完善市政设施，加强交通与道路、供排水、垃圾污水处理、供热供电、停车场、充电桩等基础设施建设，优化生产生活环境，提高县城综合承载能力。加强县城社区微循环改造，完善公园绿地、健身广场、商贸网点布局，打造便捷快速的生活圈。抓好国家中小城市综合改革试点，鼓励吉林经济技术开发区建设产城融合示范区，开展敦化市、东丰县、镇赉县省级生态城镇化试点。

3. 产城融合发展

坚持产业立县强县，发展特色经济，培育优势产业集群，各县力争形成 1~2 个具有竞争力的特色产业集群，打造一批经济总量超百亿的经济强县。推进产业向各类园区集中、企业向园区集聚、要素向园区汇聚，实施产业链延伸和集群发展，实现"以城促产、以产兴城"。发挥吉林市、通化市国家级开发区的产城融合示范作用，鼓励管理创新，促进园区整合，提升基础设施、公共服务水平，完善园区综合功能，提高承载能力。促进园区特色化、专业化提档晋级，建设一批特色工业小镇。实施各县与垦区、林区、矿区融合发展，促进农场、林场、乡镇一体化建设。因地制宜，统筹发展资源精深加工、农产品精深加工、劳动密集型产业和中心城市配套制造业等产业。创新"全民创业"机制，建设民营经济孵化基地。统筹布局生产生活服务功能，提升开发区承载能力，对重点园区实施城市化改造。

三、应对人口问题

1. 人口合理增长

人口增长。优化生育政策，做好法律法规调整衔接，及时做好新修订人口计划生育条例与相关政策法规有效衔接。增强生育政策包容性，全面实施两孩政策，保持人口合理增长。取消社会抚养费等制约措施，将入户入学入职等与个人生育情况全面脱钩。完善产假等制度，实施父母育儿假试点。降低生育养育教育成本，提升优生优育、妇幼保健、生殖健康等服务水平，推进生育全程医疗保健；完善普惠托育服务体系，推行"托幼一体化"服务模式，支持社区托育服务设施建设，鼓励社会力量举办普惠托育机构。

留住人口。通过培育产业、创办企业、增加就业，做到安业、拴心、留人，解决人员外流问题。采取综合配套措施，留住适龄劳动力资源。实施就地城镇化，促进人口就近向城镇集聚就业。出台系列优惠政策，加强城乡高品质公共服务设施建设，提供优质公共服务资源，以高品质的生活留住人才吸引人才。降低落户门槛，吸引大学毕业生和其他创业者安家落户。创造更好的创新创业环境，做好"大众创业，万众创新"工作。

2. 人口老龄化

以实现老有所养、老有所医、老有所为、老有所学、老有所乐为目标，完善老龄化人口服务政策。推动养老事业发展，构建兜底性、普惠型、多样化的养老服务体系。完善基本养老保险和基本医疗保险体系，建立长期护理保险制度。强化公办养老机构兜底保障，健全县乡村衔接的三级养老服务网络，发展普惠型养老服务和互助性养老，支持家庭承担养老功能，支持养老服务机构发展医养康融合服务（杨宜勇，2021）。全面建设社区养老服务中心、社区日间照料中心或居家养老服务网点、农村社会福利服务中心、农村养老服务大院。推进哈尔滨市、长春市、齐齐哈尔市、梅河口市等地区养老服务业综合改革试点，发展关系民生的家政服务、社区医疗、休闲娱乐、养生健身、物业服务等面向民生的服务业。加快"智慧养老"进程，推进老年宜居环境改造，普及公共设施无障碍建设，推进老年人健康管理、紧急救援、服务预约等服务，构建老年友好型社区。

第三节 美丽宜居乡村

一、特色小镇发展

1. 重点镇

将重点镇作为推进新型工业化与城镇化发展、农业产业化、统筹城乡发展的重要突破口,打造成为农村就地就近城镇化的主要载体。优先推动国家级重点镇建设,打造为城乡融合发展的重要战场。推进哈长城市群、黑龙江东部城镇密集区及地市周边的重点镇建设,打造一批卫星城镇。提高小城镇建设档次,形成各具特色的景观风貌。加强供排水管网、污水和垃圾处理等基础设施建设,鼓励有条件的小城镇推动集中供热、供气管网建设,鼓励与周边乡镇共建共享。强化公共服务功能,加大社会事业发展,提升基础教育和医疗卫生服务水平,吸引农村人口集聚居住。实施镇区环境整治,切实改善人居环境。发展特色产业和服务业等劳动密集型产业,提升吸纳农业转移人口就近就地城镇化的支撑能力。

2. 特色小镇

坚持分类指导、差别化发展、择优培育原则,依托各地特色资源,按照功能完善、宜居宜业的标准,围绕农林牧生产、商贸、文化旅游、生态宜居等领域,打造一批特色小镇(彭羽,2017)。

(1) 农牧林业小镇。依托特色农产品和龙头企业,突出发展特色种植、养殖业,发展生态农业、设施农牧业、光伏农业,提供农牧业观光、体验等休闲服务,建设为农牧业型特色小镇。

(2) 特色加工制造小镇。依托独特自然资源、特色农产品和产业园区,发挥传统采掘、加工工业优势,延伸产业链条,建设加工制造型特色小镇。

(3) 生态文化旅游小镇。发挥历史文化积淀厚重、民族风情浓郁、自然风光秀美等优势,发展自然风光游、文化体验游等旅游活动,提升纪念品、旅店、餐饮等旅游相关产业,打造旅游特色小镇。

(4) 生态宜居小镇。依托生态、气候、温泉、森林、湿地等康健养生资源,发展夏避暑、冬赏雪,发展适宜居住、康复养生和观光的生态宜居特色小镇。

(5) 商贸物流小镇。借助"互联网+",依托特色农畜林渔产品资源和大型建材、生活用品批发市场,发展集采购、仓储、加工、配送等功能于一体的商贸物流业,建设一批综合物流产业园区,打造商贸物流小镇。

(6) 沿边小镇。以国际贸易和边境跨境旅游为方向,提升城镇综合服务功能,发展国际贸易、现代物流、跨境旅游、科技会展等服务业和进出口加工制造业,建设成为沿边小镇。

(7) 运动休闲小镇。发挥冰雪、生态、湖泊等特色资源,以运动休闲为主,集文化、健康、养老、教育培训等多种功能于一体，建设运动休闲特色小镇。

（8）民族小镇。在少数民族集聚地区，建设具有民族风情的镇区，鼓励位居边境地区的乡镇合理建设具有蒙古国、俄罗斯、朝鲜等异国风情和少数民族风情的镇区。

二、美丽乡村

统筹生产生活生态，以基础设施建设和环境整治为突破口，打造"生产发展、设施完善、传承历史、富庶文明"的美丽乡村。

农村基础设施建设。以乡村现代化建设为目标，加强基础设施和公共服务建设，改善乡村生产生活条件，增强乡村发展能力。推动城镇市政设施向乡村延伸、公共服务向乡村覆盖，重点推动大中城市与周边村镇基础设施连接。加强农村居民最急需的水电路气等基础设施建设。新建扩建改造一批农村公路，实施村庄道路硬化。实施农村饮水安全工程，实现农村安全饮水全覆盖，推动新一轮农村电网改造升级。推进信息设施与互联网服务进村入户，在蒙东地区、黑龙江省及吉林省开展"快递下乡"，推进县乡村三级快递物流体系建设，实现"村村通快递"。推进邮政、金融、售电、卫生、文化、养老等网点建设，构建宜居宜业宜养宜游宜学"乡村社区15分钟生活圈"。

农村人居环境整治。瞄准"脏、乱、差"问题，全面提升村容村貌，建设"清洁水源，清洁家园，清洁田园"。实施以"围院"、"围屯"、"沿线"和"农田林网"为主要形式的绿化工程，整治村屯公共空间，提高村屯绿化水平。优先保障农村饮用水安全，加强农村水系治理，推动水系连通。统筹考虑生活垃圾和农业生产废弃物利用、处理，整治垃圾山、垃圾围村、垃圾围坝"上山下乡"，鼓励有条件的农户厕所进户。消除私搭乱建、乱堆乱放，强化日常保洁，保持良好村容村貌。鼓励有条件的村庄开展自然景观与田园景观保护修复、农房院落风貌整治及村庄美化、绿化、亮化建设。

保护传统村落。保护有民俗文化、少数民族特色、边境风情的传统村庄，保护鸭园镇四道江村、辉发镇辉兴屯、大泉源镇大泉源村、漫江镇锦江木屋村、密江乡米江村、月晴镇白龙村和东来乡鹿圈子村等传统村落，重点保护山东屯、林业聚落、满族文化村、朝鲜族文化村等有历史文化或开发价值的典型特色村庄（杨青山，2020）。启动少数民族特色村镇示范廊带建设，打造三江沿岸赫哲族特色村镇示范带、界江沿岸特色村镇示范带、嫩江沿岸人口较少民族（达斡尔族、鄂温克族、柯尔克孜族）特色村镇示范带、长白山沿边朝鲜族特色村镇示范带。

专栏14-3 松花江流域的少数民族特色村寨

蒙东地区：阿荣旗新发朝鲜族乡东光村、鄂伦春旗多布库尔猎民村、莫力达瓦旗腾克村、乌兰浩特市三合村、科右前旗勿布林嘎查、科右前旗满族屯嘎查、扎赉特旗沙日格台嘎查、突泉县哈拉沁村、鄂伦春旗猎民村、鄂伦春旗希日特奇猎民村、乌兰浩特市义勒力特嘎查、乌兰浩特市哈达那拉嘎查、科右前旗乌申一合嘎查、科右前旗海力森嘎查、科右中旗鲜光嘎查、科右中旗巴彦敖包嘎查、扎赉特旗巴彦塔拉嘎查、扎赉特旗阿拉坦花嘎查、扎赉特旗五道河子村。

吉林省：吉林市乌拉街满族镇阿拉底村、抚松县锦江满族木屋村、吉林市乌拉街满族镇韩屯村、前郭县查干花村、吉林市土城子满族朝鲜族乡曾通村、辉南县样子哨村、前郭县乌兰花村、前郭县白音花村、前郭县妙音寺村、前郭县七家子村、前郭县四克基村、敦化市江南村。

黑龙江省：齐齐哈尔市哈拉新村、佳木斯市敖其赫哲族村、宁安市江南朝鲜族满族乡明星村、哈尔滨市红旗满族乡东升村、哈尔滨市双利锡伯族村、哈尔滨市希勤满族村、哈尔滨市久援满族村、尚志市鱼池朝鲜族乡新兴村、萝北县东明朝鲜族乡红光村、杜尔伯特县永珍王府新村、桦川县星火朝鲜族乡中星村、同江市街津口赫哲族乡渔业村、同江市八岔赫哲族乡八岔村、牡丹江市海南朝鲜族乡中兴村、宁安市卧龙朝鲜族乡勤劳村、庆安县兴隆村、绥棱县大兴村、宾县三合村、讷河市兴旺鄂温克族乡索伦村、富裕县吉斯堡村、富裕县友谊达满柯族乡五家子村、桦川县星火朝鲜族乡星火村、宁安市瀑布村。

第十五章
松花江流域梯级开发与对外开放

流域发展的基本内容是水资源的综合利用，涉及各行业各部门，促使水资源功能丰富化多元化。梯级开发与航运利用是水资源兴利建设的重要方面，也是水资源的基础性功能。河流水系的干流与支流分化决定了各地区或各子流域对外连通便利性的差异。黑龙江–阿穆尔河连通鄂霍茨克海、东北平原和蒙古高原，是连通海洋与深远腹地的国际大通道。松花江是黑龙江–阿穆尔河流域的支流部分，有着很强的内陆性，松花江流域的开放性需要借用黑龙江–阿穆尔河干流来实现。流域开放性的重要载体是航运通道，航运通道的建设基础是梯级开发，梯级开发与航运通道建设是流域对外开放和合作交流的基础。松花江流域的发展必须立足于更大流域尺度与开放思维，在东北亚和远东的空间范围内寻找战略定位与发展机遇。由于历史原因，松花江流域的梯级开发处于起步阶段，航运通道建设缓慢，对外交流层次较低。这需要统筹考虑全流域的梯级开发、航运通道、基础设施等发展要点，优化利用水资源综合功能的同时，推动松花江流域的开放性建设，促使支流的内陆封闭性向全流域的开放性拓展深化。

本章主要是分析松花江流域的梯级开发、黄金水道建设与对外开放路径。推进松花江干流、西流松花江上游、嫩江上游及牡丹江、汤旺河等重要支流的梯级开发，实现干流梯级渠化，开发建设21个梯级水电站；开展航道整治，形成松花江–阿穆尔河航运大通道，建设以哈尔滨、佳木斯、同江等港口为主的现代港口体系，发展松花江航线、通边航线、江海联运航线和松辽航线，实现连边通海；加快高速铁路、普速铁路、高速公路、公路、机场等基础设施建设，构建中蒙俄综合运输大通道，形成内畅、外联、互通的基础设施网络。发挥资源优势，深化吉浙、黑粤对口合作，加强与京津冀、长江三角洲、珠江三角洲的多领域合作；发挥地缘优势，提高对外贸易层次，积极参与蒙俄资源开发，打造对外开放平台。以此，实现松花江流域的梯级建设，畅通联通太平洋的黄金水道，加快对东北亚及太平洋国家的开放交流。

第一节 梯级开发与水利枢纽布局

一、河流梯级开发

统筹防洪、航运、发电等各类河流功能，深入推进梯级开发，加强松花江流域的航电枢纽建设与改造升级，建成一批航电枢纽，推动干支线的渠化建设，挖掘梯级开发的综合效益。

1. 河流梯级布局

坚持航电结合，推进松花江干流、西流松花江上游、嫩江上游的梯级开发，加快牡丹江、汤旺河、海浪河等重要支流的梯级开发。充分利用梯级落差与水头资源，加强干流梯级渠化建设，布局开发21个梯级水电站，装机容量达到415万千瓦。完善大顶子山、哈达山等大型综合航电枢纽，培育发展综合功能；尽快建成悦来航电枢纽，启动依兰、民主、通河、洪太、康家围子、涝洲等航电枢纽前期工作，适时开工建设。提高各梯级枢纽的船闸建设等级，合理预留扩能空间。结合航电枢纽建设，开展航道整治，提高各河段航道标准。各地区各城市合理建设过江隧道、松花江大桥等跨江通道。重视保护生物多样性，保留建设过坝鱼道，确保大马哈鱼、七鳃鳗、鳜鱼、江鳕等珍稀鱼类的洄游。结合库区建设占地的实际情况，合理制定移民安置规划，进行科学移民（高磊等，2014）。

（1）松花江干流。采取局部河段梯级与航道渠化相结合的建设方案，建设涝洲、大顶子山、洪太、依兰、民主、康家围子、悦来、通河8个航电枢纽，如图15-1所示。渠化航道里程达614公里。按照Ⅱ级和Ⅲ级航道标准加强航道整治，整治航道里程达到543公里。

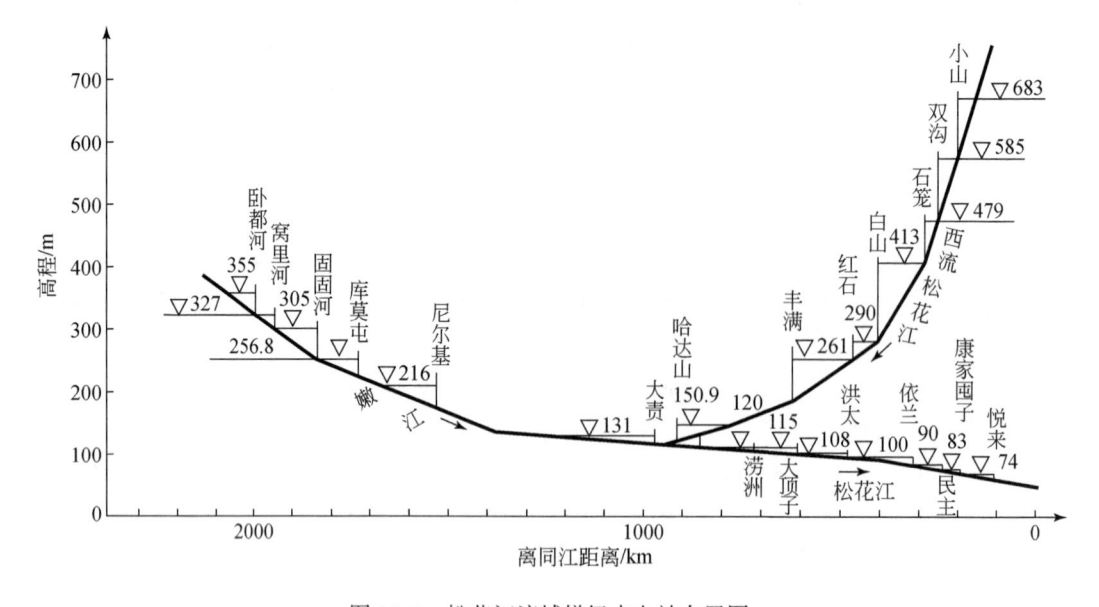

图15-1 松花江流域梯级水电站布置图

（2）西流松花江。丰满电站以上河段穿行于长白山区，落差大，梯级开发以发电为主，兼顾防洪。永庆水库至三岔河口存在64米落差。形成小山、双沟、石笼、白山、红石、丰满、哈达山7级枢纽梯级开发，总装机容量为290万千瓦。西流松花江梯级水电站总装机51万千瓦。哈达山水利枢纽配套建设过船设施。

（3）嫩江。实施6级开发。嫩江上游形成卧都河、窝里河、固固河、库莫屯、九寨、红石砬等水电站，以发电为主，共利用水头125米，总库容137亿立方米，装机容量达358万千瓦。嫩江中下游设置尼尔基、大赉两级水利枢纽，兼顾发电、防洪、航运等功能；尼尔基水利枢纽总库容为82.2亿立方米，大赉水利枢纽为远景开发。

（4）牡丹江。以发电为主，建设王八汀、红岩、兰岗、三间房、莲花、二道沟、白虎哨、小莲花、龙虎山、神水潭、曙光、九龙潭、长江屯等水电站，总装机容量达75万千瓦。支流海浪河实施9级梯级开发，建设海杨、太平沟、七峰、兴农、林海、开化、发河、团结、火龙沟电站等水电站，装机容量达26万千瓦。

（5）汤旺河。为松花江干流左岸一级支流。实施15级梯级开发，建设汤旺河、红山、新青、五营、缓岭、苔青、榆林、绿桦、十八拐、大丰、晨明、小云峰、庆丰、陶家、引汤渠首15个水电站，装机容量达21万千瓦。

加快建设蛟河、桦甸红石等大型抽水蓄能电站，装机容量均为120万千瓦，合理推进牡丹江荒沟、前进、尚志、依兰、敦化等抽水蓄能电站建设。有序推进小水电建设，提高水能开发利用水平（杨青山，2020）。结合水电开发，统筹推进农网改造、小水电代燃料和生态保护。

2. 重大梯级枢纽

（1）大顶子山航电枢纽。位于离哈尔滨46公里处的大顶山子江段处，为松花江干流第一座控制性工程和低水头航电枢纽工程，以改善航运条件为主，兼顾发电、旅游、供水和养殖等多种功能。渠化上游航道140公里，水位常年保持在116米，比原水位提高4~5米，渠化上游140公里航道，哈尔滨至沙河子段航道达Ⅲ级标准，灌溉面积达127万亩。货物过闸量达500万吨/年，航运期达210天左右，装机容量达66万千瓦/年。结合水域景观资源，发展水上休闲旅游与休闲渔业，打造大顶子山至肇源黄金旅游廊道。

（2）哈达山航电枢纽。位于西流松花江下游，是西流松花江干流规划的最末级控制性水利枢纽，为北水南调的水源工程。以吉林西部工农业和生活供水为主，兼顾发电、防洪、灌溉、发电、航运及生态等各类功能，并向辽河流域缺水地区调水。该枢纽控制流域面积约7.2万平方公里，总库容达38.6亿立方米，装机容量为8万千瓦，增加灌溉面积250万亩。依托哈达山水利风景区，可发展休闲产业和旅游业。

（3）悦来航电枢纽。位于佳木斯东风区建国乡，距离佳木斯市区20公里，是松花江干流梯级开发的最下游梯级。该枢纽以航运和发电为主，兼有引水灌溉、城市水环境、旅游、养殖等功能。库容达15.1亿立方米，装机容量达到7万千瓦，Ⅱ级航道标准，通航2000吨级船舶，船闸单向通过能力为600万吨，可实现330万亩水田自灌溉。

（4）尼尔基水利枢纽。位于嫩江干流右岸的莫力达瓦旗尼尔基镇，2021年竣工验收。该枢纽以防洪、城镇生活和工农业供水为主，结合发电，兼有改善下游航运和水环境的功能。控制流域面积达6.64万平方公里，占嫩江流域总面积的22.4%，正常蓄水位为216米，校核洪水位为219.9米，水库库容为86亿立方米。该枢纽可使齐齐哈尔市防洪标准达到100年一遇，枢纽至齐齐哈尔河段提高到50年一遇，齐齐哈尔以下到大赉段提高到50年一遇。该枢纽可为下游城镇生活和工业供水10.29亿立方米、农业灌溉供水16.46亿立方米、湿地供水3.28亿立方米。

（5）依兰航电枢纽。位于依兰县松花江干流与牡丹江汇合口上游约0.7公里处，为低水头航电枢纽。该枢纽以航运和发电为主，兼有养殖、旅游等功能，对改善松花江干流航运尤其是三姓浅滩具有显著作用。依兰枢纽控制流域面积达45.4万平方公里，总库容为18.24亿立方米，渠化航道约88公里，通航船闸为Ⅲ级航道标准，预留二线船闸，灌溉农田约100万亩，装机容量为12万千瓦，设计防洪标准为100年一遇。

（6）丰满水电站。以发电为主，兼有防洪、供水、灌溉和养殖及旅游等功能。大坝按500年一遇洪水设计，按10 000年一遇洪水进行校核，正常高水位达261米，总库容为108亿立方米，灌溉农田约为347万亩，总装机容量达到148万千瓦，是东北电网的主力电源。

（7）白山水库：为西流松花江的水利枢纽，位居桦甸与靖宇两县交界处，以发电为主，兼有防洪、航运、养鱼等功能。集水面积约为1.9万平方公里，占西流松花江流域面积的25.9%，库容为65亿立方米。白山水电站是东北电网事故备用的理想电站，装机容量达90万千瓦。

二、高等级航道体系

为了支撑松花江流域的经济社会发展，以提高航道等级为重点，加强航道疏浚整治，畅通松花江干流、嫩江、西流松花江等重要航道干支衔接，建设近远结合、连边通海的航道网络。

1. 松花江干流航道

集中建设松花江干流大安至同江段高等级主通道，实现三岔河口至同江全线建成Ⅲ级航道，通航1000吨级船舶，通航里程达920多公里，具体如表15-1所示。对航运密度较高、通货量较大的佳木斯至同江航段，适时开展Ⅱ级航道改造。实施松花江下游重点浅滩航道建设工程、抚远航道整治工程，加强三岔河口至肇源段和悦来枢纽至同江段整治，推动松花江浓浓河至三站浅滩航道障航清理整治，基本清除三姓浅滩等的航运障碍。

表15-1　松花江流域航道规划建设等级

干支流	起讫点	航道现状等级	航道规划等级	通航船舶等级/吨	航道里程/公里
松花江干流	拉林河口至哈尔滨	Ⅲ级	Ⅲ级	1000	240
	哈尔滨至佳木斯	Ⅲ级	Ⅲ级	1000	436
	佳木斯至同江	Ⅲ级	Ⅲ级	1000	252
西流松花江	丰满至吉林市区	Ⅵ级	Ⅳ级	500	22
	吉林市区至陶赖昭	Ⅵ级	Ⅳ级	500	177
	陶赖昭至哈达山	Ⅴ级	库区航道	—	104
	哈达山至松原	Ⅵ级	Ⅳ级	500	26
	松原至三岔河口	Ⅵ级	Ⅲ级	1000	41

续表

干支流	起讫点	航道现状等级	航道规划等级	通航船舶等级/吨	航道里程/公里
嫩江	三岔河口至大安	Ⅳ级	Ⅲ级	1000	48
	大安至齐齐哈尔	Ⅳ级	Ⅳ级	500	353
	齐齐哈尔至嫩江	Ⅵ级	Ⅴ级	300	318
	嫩江至七站	等外	Ⅵ~Ⅶ级	50~100	231
阿穆尔河	哈巴罗夫斯克至共青城	Ⅰ级	Ⅰ级	3000	269
	共青城至尼古拉耶夫斯克	Ⅰ级	Ⅰ级	3000	708
	尼古拉耶夫斯克入海口段	Ⅰ级	Ⅰ级	10000	80
黑龙江	恩和哈达至黑河	Ⅲ级	Ⅲ级	1000	894
	黑河至抚远	Ⅲ级	Ⅱ级	2000	967
乌苏里江	松阿察河口至虎头		Ⅴ级	300	95
	虎头至饶河码头		Ⅴ级	300	140
	饶河码头至通江子下口		Ⅳ级	500	180
	通江子下口至哈巴罗夫斯克		Ⅲ级	1000	40

加强与俄罗斯阿穆尔河下游港口连接与协作，共同打造松花江-阿穆尔河航运大通道。连通下列宁斯阔耶、哈巴罗夫斯克（伯力）、阿穆尔斯克、共青城、尼古拉耶夫斯克（庙街）等下游港口，同江至尼古拉耶夫斯克（庙街）为Ⅰ级航道，通航3000吨级船舶，实现千吨级高等级航道，长1900公里，连通东北亚腹地与太平洋，共同打造畅通远东核心地区的黄金大通道与主要发展轴线。

2. 西流松花江航道

推动西流松花江航道建设，自丰满大坝至三岔河口，航道里程达370公里，以Ⅴ级航道为主，连通长白山与松嫩平原，服务于西流松花江流域社会经济发展。松原至三岔河口段航道里程为41公里，建设为Ⅲ级标准，通航1000吨级船舶，实现自松原（西流松花江）和大安（嫩江）至同江干流Ⅲ级航道体系。哈达山至松原段为Ⅳ级航道，航道里程为26公里，通航500吨级船舶。陶赖昭至哈达山段为库区航道，通航里程为104公里。吉林市区至陶赖昭段为Ⅳ级航道，通航里程为177公里，通航500吨级船舶。丰满至吉林市区段航道要建设为Ⅳ级标准，里程为22公里，通航500吨级船舶。远期，吉林-肇源段根据北水南调工程和流域发展需求可研究升级为Ⅲ级航道。

专栏15-1　全国内河主航道"四横四纵"走廊

2020年5月，交通运输部印发《内河航运发展纲要》（交规划发〔2020〕54号），提出"以千吨级航道为骨干，加快建设横贯东西、连接南北、通达海港的国家高等级航道"，打造"四纵四横"航道走廊。

> 四横走廊：强化东西向跨区域水运大通道，形成长江干线、西江干线、淮河干线、黑龙江通道横向走廊。
>
> 四纵走廊：打通南北向跨流域水运大通道，形成京杭运河、江淮干线、浙赣粤通道、汉湘桂通道纵向走廊。

3. 嫩江航道

积极建设嫩江干流航道，形成自嫩江市至三岔河口的南北向通航体系，航道里程达到950公里，连通大小兴安岭与松嫩平原，服务于嫩江流域发展。三岔河口至大安段建设为Ⅲ级航道，航道里程达48公里，通航1000吨级船舶，与松花江干流共同形成千吨级航道体系。大安至齐齐哈尔段要建设为Ⅳ级标准，航道里程达353公里，通航500吨级船舶。齐齐哈尔至嫩江段航道达Ⅴ级标准，航道里程达318公里，通航300吨级船舶。嫩江镇至七站段建设为Ⅵ~Ⅶ级航道，通航里程为231公里，可通航50~100吨级船舶。实施嫩江三岔河口至洮儿河口航道建设工程。

4. 东北"一横一纵"网络

在中远期，探索建设松辽运河，推动松花江航道与辽河航道贯通，构建以"一横一纵"为主的东北航运网络。"一横"为黑龙江上游的恩和哈达至哈巴罗夫斯克，长1890公里，为千吨级航道。"一纵"为嫩江、松花江干流连通松辽运河，纵穿南北1636公里的千吨级航道。根据各地区旅游发展需要，适度开发建设库湖区航道。提高黑龙江、松花江、抚远水道等重要航道干支衔接和通畅水平，统筹乌苏里江、松阿察河等界河航道建设，形成"松嫩贯通、松黑畅通、黑乌连通、江海相通"的航运网络（朱逢立，2010）。

> **专栏15-2　黑龙江与乌苏里江航道体系**
>
> 黑龙江航运干线。江阔水深，恩和哈达至黑河894公里航道为Ⅲ级标准，黑河至抚远967公里航道为Ⅱ级标准，可通航1000吨级船舶；抚远至尼克拉耶夫斯克入海口均为Ⅰ级航道，可通航3000吨级船舶；俄罗斯入海口段可通航万吨级船舶。漠河、呼玛、黑河、奇克、嘉荫、名山、同江、街津口、抚远等为沿江重要港口或船站，多为对外开放口岸。俄罗斯阿穆尔河段全线通航，主要港口有哈巴罗夫斯克、共青城、尼克拉耶夫斯克等。
>
> 乌苏里江航运干线。航运干线自营明山至江口全长495公里，虎头以上可通航300吨级轮船，虎头以下可通航500~1000吨级轮船。虎头、饶河、东兴、海青、乌苏里为重要船站或港口。

第二节 现代港口体系与航运网络

立足流域经济发展、外贸运输及休闲旅游需求，推进港口资源整合，建设规模化、专业化港口码头，构建松花江流域陆水联运枢纽，形成功能互补、设施先进的现代化港口发展格局。

一、松花江港口体系

1. 港口体系

按全国主要港口、流域重要港口、地区一般港口和地方性港点四个层次，布局和建设现代化多式联运港口，构建松花江流域港口体系。加快建设哈尔滨新港、佳木斯港、同江港等在全国具有影响力的主要港口，重点建设同江港区哈鱼岛作业区、哈尔滨港区阿勒锦岛码头、呼兰河及阿什河作业区、方正港区沙河子作业区、佳木斯宏力港区，打造哈尔滨航运中心和同江国际联运枢纽港。推进富锦港、齐齐哈尔港、大庆港、松原港、吉林港、大安港等流域性重要港口发展，建设扶余（下岱吉）、绥滨、肇源等地区一般港口，合理布局靖宇、白山、丰满、德惠等一批地方性港点，服务于松花江沿线地区的产业发展。统筹推动黑龙江流域的萝北名山港。综合各港口的优势、规模、货物类型及运输条件，加强合理分工，实现优势互补。

2. 重点港口

1）哈尔滨枢纽港

哈尔滨枢纽港位于松花江中游右岸、哈尔滨市区东北部，是东北内河最大的水陆换装枢纽港和国际口岸。哈尔滨港口要构建"一港八区"布局格局，包括哈尔滨、宾县、巴彦、木兰、通河、方正、依兰、双城等港区，港口岸线达63公里，泊位建设263个。重点建设阿勒锦岛客运码头、沙河子作业区矿建码头、呼兰河作业区双达货运码头、阿什河作业区。主要港口功能为装卸、仓储、中转换装、对外贸易、综合物流及旅游开发，重点发展煤炭、木材、粮食、杂货、江砂、外贸物资。

（1）哈尔滨港区：以煤炭、矿建材料、集装箱、重大件、木材、石油、件杂货和旅游客运为主，兼顾游艇休闲功能，建设为综合性港区。

（2）宾县港区：以承担矿建材料、件杂货运输为主。

（3）巴彦港区：以件杂货及旅游客运为主。

（4）木兰港区：以矿建材料、重大件、件杂货及旅游客运为主。

（5）通河港区：以矿建材料、件杂货及旅游客运为主。

（6）方正港区：以煤炭、矿建材料及旅游客运为主。

（7）依兰港区：以煤炭、大件运输、旅游客运为主。

（8）双城港区：以煤炭、矿建材料及旅游客运为主。

2）佳木斯主要港

佳木斯主要港位于松花江下游南岸和佳木斯市区北部，为东北较大的水陆枢纽港和一类口岸。港口岸线总长达26公里，吞吐能力达260万吨/年。构建"一港六区"的港口布局格局，包括佳木斯、汤原、桦川、富锦、同江和抚远等港区，重点建设富锦东平港区、抚远莽吉塔港区码头、黑瞎子岛口岸、佳木斯宏力港区等。港口功能主要包括装卸存储、临港产业、对外贸易、商贸物流、客运及旅游，重点发展煤炭、木材、燃油、粮食、砂石等货物运输。

（1）佳木斯港区：以煤炭运输为主，建设专业化物流港区。
（2）桦川港区：以煤炭、粮食、成品油等货物为主，建设综合性港区。
（3）汤原港区：以件杂货运输为主。
（4）富锦港区：以木材、粮食、矿建材料和件杂货进出口为主，建设综合性港区。
（5）抚远港区：重点承担成品油和件杂货运输任务，为国际资源开发利用提供交易平台和物流支持。

3）同江门户港

位于松花江与黑龙江汇流处，水位较深，是松花江流域的门户港和江海联运进出口货物的换装港。建设同江西港和东港，重点建设哈鱼岛作业区石油化工码头，完善公路、铁路口岸，联动保税区和保税物流中心，打造为全流域综合性开放门户，承接松花江流域航运中心下移。发展木材、煤炭、粮食、外贸物资等运输，注重发展界江对俄边境贸易运输和松花江内河运输。夏季开展客货船运输、汽车轮渡运输，流冰期开展气垫船运输，冬季开展浮箱固冰通道汽车运输，实现"四季畅通，南北贯通，江海联通"。

二、航运网络与口岸

1. 航运网络

根据干支流连通情况和港口分布格局，统筹黑龙江-阿穆尔河流域和国内外贸易，完善航线网络组织，统筹组织流域内贸、"中俄外""中俄中"江海联运，重点发展松花江航线、通边航线、江海联运航线和东北内河航线，实现松花江流域"南北出海"、畅通远东沿海、连通全球。

（1）松花江流域航线。以吉林港（西流松花江）、齐齐哈尔港（嫩江）等支流港口为起点，连通大安港、松原港、哈尔滨港、佳木斯港、同江港等松花江干流港口，形成松花江畅通大航线，促进全流域大宗物资流通，支撑松花江经济带的培育与崛起。

（2）国际江海联运航线。以松花江港口为起点，以哈巴罗夫斯克港、共青城港、尼古拉耶夫斯克港等阿穆尔河下游港口为支撑，经鞑靼海峡出江入海，联动韩国釜山、日本神户和新潟等港口，组织中俄外联运，发展外贸江海直达、江海联运有机衔接的江海运输体系，打造松花江流域通往日韩、东南亚各国乃至全球的国际航线网络。推动吉林、黑龙江航运集团与阿穆尔航运股份公司等俄罗斯航运企业加强合作。发挥同江港的门户港作用，探索利用哈巴罗夫斯克港和尼古拉耶夫斯克港组织江海联运、中转运输，优先利用同江港组织喂给集散运输，开辟同江-下列宁斯阔耶/哈巴罗夫斯克-

莫斯科等中欧班列海陆联运新通道。探索开通北冰洋航线。

（3）国内江海联运航线。依托松花江流域特色资源与工农业产品，以温州、上海、汕头等中国东南沿海港口为目的地，发展中俄中内贸江海联运，组织粮食（玉米、大豆、饲草）、煤炭、石化产品、长大重装备大件等专业化航线，解决商品粮、煤炭外销瓶颈问题。合理利用俄罗斯尼古拉耶夫斯克港开展江海换装联运。

（4）通边航线。以松花江港口为起点，畅通黑龙江及乌苏里江航道，连通中国港口和俄罗斯港口，组织沿边通边航线，发展沿边贸易和通边内贸，共同打造大黑龙江航运通道，促进松花江、黑龙江和乌苏里江三大流域互动发展。

（5）松辽航线。这是远期发展情景。结合辽河水系航运规划，适时建设北由黑龙江下游的俄境出海和南从辽宁营口出海的干支相通、江海联运、水陆联运的内河航运体系。探索开通经松辽运河由营口出海组织江海联运，实现松花江航运通道直通营口港。

2. 水运口岸

提升大安、绥滨、富锦、佳木斯、哈尔滨等水运口岸，积极开展外贸运输，探索建设保税区分区。新批设一批对外开放口岸，扩大外贸经营权、外事印批权、对俄轮开放权的覆盖范围。完善水运口岸功能，高标准建设联检等口岸设施，建设智能口岸。强化"大通关"区域合作机制，加强各类口岸功能的联动合作。加快港口设备设施的机械化智能化改造，拓展港口仓储与商贸功能，完善集疏运体系，推进铁路"双进港一统筹"建设及港区集疏运专用公路直接连通高速公路或快速路，打通铁路、高等级公路进港"最后一公里"，提高港口辐射功能（马财林，2021）。完善哈尔滨港、佳木斯港等重点港口的集疏运通道建设。规范港口公共锚地布局与管理，统筹共享航道、锚地、水上服务区等公共资源。强化港口船舶污染防治，推动码头环保设施升级和新建码头环保配置，加强港口船舶污染物接收转运、化学品洗舱站、危险化学品锚地等设施建设和常态化运行。

第三节 交通基础设施网络

一、铁路网络

1. 高速铁路

根据城镇密集区的分布格局与旅客运输需求，合理建设高速铁路、城际铁路，打造旅客快速运输通道。完善以哈大、珲乌线为主的"大十字轴"主骨架，以西部电气化环线、东部快速环线为两翼的"蝴蝶型"高速铁路网，实现地市全连通，保障东北城镇群一体化建设。完善高速铁路网，推动牡佳高铁尽快运营，建设长春—乌兰浩特、哈尔滨—满洲里、哈尔滨—通辽、哈尔滨—佳木斯等高速铁路。推进市域（郊）铁路、城市轨道交通建设，提升长春都市圈、哈尔滨都市圈、吉林都市区等城镇化地区的通勤化组织，开行市郊通勤列车，打造以哈尔滨、长春为中心的 1 小时和 2 小时快速交通圈。以此，实现高速铁路覆盖 50 万人口以上城市。

2. 普速铁路

进一步优化普速铁路网，合理布局干支线，升级改造既有线，加强支线铁路建设，扩大覆盖范围，提升路网质量。新建部分资源开发性铁路、支线铁路，推动齐齐哈尔—锡林浩特、松原—哈尔滨、扎兰屯—阿荣旗、霍林河—乌兰浩特、大庆—嫩江、哈尔滨—伊春、哈尔滨—北安、哈尔滨—肇源等铁路线建设。推进长图线、沈吉线、滨北—北黑线、齐北—富西线等铁路的复线建设或电气化改造，提高列车运行速度和铁路输送能力。继续推动扎兰屯—柴河—阿尔山铁路建设，连通阿尔山口岸，完成同江黑龙江跨境铁路大桥，完善口岸后方通道、换装站及集疏运体系，构建跨境运输大通道。推进铁路枢纽、发运站扩能改造，提高铁路运行速度和客货运输能力。推进铁路进物流园区、工矿企业，实现铁路专线和工业园区一体化建设。

二、公路网络

1. 高速公路网

坚持"强核心、优网络、畅通道"，以国家公路网规划为主，基于地区发展的实际需求，推进国家高速公路新增路线、瓶颈路段及功能突出的地方高速公路建设，实现高速公路连通所有 10 万人口以上城市。加快高速公路新线建设，包括牙克石—甘南、乌兰浩特—白城、通辽—双辽等路线建设，构筑大容量的高速公路通道。对建设年限较长、繁忙的、运力紧张的既有路线尤其是城市群拥堵路段进行扩能改造，主要是京哈、绥满等高速公路。基于地方需求，适度建设部分联络线，包括绥化—大庆、海拉尔—乌兰浩特等地方路线，打通高速公路"断头路"。结合重点开发区域与战略高地，建设重点城市中心城区、大都市圈（哈尔滨、长春与黑龙江东部城市群）的高速公路环路、城市快速路。

2. 国省道公路

以"补短板、畅瓶颈、强网络"为核心，围绕城镇布局、产业基地、粮食主产区、口岸、景区，实施国省道公路网改造升级，推动由"基本成网"向"扩容提升"晋级，普通国道基本建成二级以上公路。加快省际、市际通道建设，改造 G11、G10、鹤大、绥满、丹阿等主通道中的"梗阻段"、"断头路"、低标准路段、隐患路段等国道，提高技术等级与运输能力。改造一批城市过境段、景区连通路、口岸路及繁忙路段，提升路网运行效率。推进灾害防治、危桥改造、安保设施完善、公铁平交改立交改造，提高安全能力。加强城市环路、旅游公路、机场路等特定性功能公路建设。加快林区、粮食主产区、牧区等特殊类型地区的国道改造，打通交通"末梢"。促进高纬度低海拔寒冷地区公路建设和养护技术创新。旗县市区之间、重点园区、重要景区、一类口岸实现二级以上公路连通。

3. 旅游公路

围绕查干湖、五大连池、长白山天池、大兴安岭等重点景区，推动景区干线公路和景点连接线公路建设，建设旅游服务中转站、自驾车营地、观景台、房车营地、港湾停靠站、旅游标志牌等配套设施，提升旅游公路的服务水平、景观环保水平和旅游信息服务水平，3A级以上景区实现二级以上公路连接。重点打造兴安岭、莫莫格—月亮泡、洮南—向海等一批重要旅游干线，积极打造331最美边防公路。积极参与"一带一路"建设，以落实"三互"大通关建设改革为契机，加强边境口岸公路建设，建设界河公路大桥及跨境桥梁，推进中俄跨境公路运输便利化。

三、航空网络

1. 机场建设

枢纽机场。重点建设哈尔滨太平国际机场和长春龙嘉国际机场，打造区域性航空枢纽。增强哈尔滨机场面向东北亚地区的门户功能，完成扩建工程（二期和三期），建设机场轻轨，拓展对俄罗斯欧洲中心城市的航线，开辟北美航线，打造成为面向东北亚和北美的枢纽机场和物流中心。提升长春龙嘉国际机场的区域性枢纽功能，推进三期扩建，建设T3航站楼、第二跑道、平行滑行道及配套设施，提高辐射能力，打造为东北亚航空枢纽。增加远程国际航线和班次。依托枢纽机场，加快长春、哈尔滨临空经济产业园区建设。

干支线机场。突出主要机场的扩建改造，合理扩大航站楼，提高齐齐哈尔、乌兰浩特、敦化、佳木斯、白城、大庆、鸡西兴凯湖、扎兰屯、通化三源浦、长白山等机场的运输能力，复航改造吉林二台子机场，迁建牡丹江机场。根据发展需求，合理建设鹤岗、绥化等支线机场。提升松原查干湖、五大连池、建三江等旅游机场，在重点景区、重要城市和口岸谋划新建支线机场。

2. 航空航线组织

完善流域干支线机场至北京、上海、广州、武汉、成都、乌鲁木齐、拉萨等国内区域性枢纽机场的航线布局，设置长春、哈尔滨至北京、上海、广深和成渝等一批空中快线，构建"覆盖全面、衔接高效"的国内航线网络，提高松花江流域与全国的航空连通性。创新航线组织，发展支线机场经哈尔滨、长春中转至其他干线机场的航线网络。增加长春、哈尔滨至符拉迪沃斯托克、釜山、东京等日本、韩国、俄罗斯等国际航班的班次，打造日韩俄精品航线，扩大二三线城市覆盖面；开通至欧美国家重要城市的国际航线，以联程航线方式开设至南亚、澳新、非洲、拉美等重点城市的新航线。提升齐齐哈尔、牡丹江、佳木斯特等机场国际客货运输能力，支持大庆、乌兰浩特等干线机场增设航空口岸、开通国际航线。鼓励发展国际包机业务，培育定期航班新航线。

四、中蒙俄通道

对接"一带一路"建设，坚持共商共建共享原则，推动连接中俄、中蒙、中朝的高速公路、铁路、航空设施，推动油气管道和电力通道建设，发展多式联运，构筑畅通东北亚的国际大通道。完善中蒙俄综合运输大通道，研究推动"两山"铁路工作，推进哈尔滨—同江铁路扩能改造，参与"滨海1号""滨海2号"国际交通走廊建设，实施同江公路扩能改造与换装物流园区建设。合理组织哈满欧、长满欧、哈俄欧、长珲欧、长春—汉堡等国际货运班列，适时加密哈俄、哈欧等货运班次，争取常态化运营和双向对开，谋划平蒙欧班列。巩固哈尔滨—满洲里—莫斯科公铁联运邮路运输。优化资源配置，将哈尔滨、长春打造为东北地区中欧班列货源组织基地、集结中心。

（1）"滨海1号"国际交通走廊：主要是指哈尔滨—牡丹江—绥芬河/波格拉尼奇内、绥芬河/格罗杰科沃、东宁/波尔塔夫卡—乌苏里斯克—符拉迪沃斯托克港/东方港/纳霍德卡港，连通中国北部和日本及其他亚太国家，由俄罗斯东方货运公司经营。

（2）"滨海2号"国际交通走廊：主要是指长春—吉林—珲春/俄罗斯克拉斯基诺、珲春/俄罗斯马哈林诺（卡梅绍娃亚）—扎鲁比诺港—亚太地区港口及中国南方沿海港口的国际物流通道。珲春—马哈林诺铁路（珲马铁路）是"滨海2号"国际交通走廊的重要部分。

第四节 区域合作交流与对外开放

发挥地缘优势和合作基础优势，紧密结合"一带一路"建设、沿边开发开放，按照政策互通、设施联通、贸易畅通、资金融通、民心相通、互利共赢的要求，统筹推进沿边开放与内陆开放、对外开放与对内合作，拓展合作领域，主动融入国内国际双循环新格局，增强流域发展新动力。

一、对口合作交流

对标先进经验做法，加强对接，完善常态化合作机制，开展各领域不同层次的对口合作，促进资源对接资本、产品对接市场、制造对接智造、科技对接应用、改革对接经验，实现南北联动、协同发展。关注体制机制改革、对内对外开放、产业协同发展、平台对接、创新创业共享等重点领域，开展深层次实质性交流与合作，鼓励先进经验"带土移植"。通过市场化合作促进要素合理流动、资源共享、园区共建，共促科技成果转化，推广一批东部地区的改革创新举措。加强粮食安全战略合作，实施"吉粮龙粮入粤入浙"行动。充分开发利用生态旅游资源，实施"游客互换"行动，联合打造"南来北往""寒来暑往"旅游交流。组织"企业手拉手"活动，鼓励粤浙两省企业参与松花江流域的国有企业改造重组。支持各类园区之间合作建设飞地园区、特色产业园，鼓励发展飞地经济，建设深圳（哈尔滨）产业园、白城嘉兴产业园等一批样本园区，实现"一市一园"。推动跨省城乡建设用地增减挂钩指标"点对点"交易试点。组织实施"东北行""浙江行""广东行"等系列交流活动，鼓励流域各地市与浙江、广东两省地市开展更加具体务实的对口合作。

各对口城市与地区如表 15-2 所示。

表 15-2　松花江流域对口合作要点

松花江流域	沿海地区	重点合作内容	地市合作对
吉林省	浙江省	在体制机制、产业发展、基础设施、平台建设、创新创业、干部人才等方面开展交流与合作	吉林市-温州市、四平市-金华市、辽源市-绍兴市、通化市-台州市、白山市-湖州市、松原市-舟山市、白城市-嘉兴市、延边州-宁波市
黑龙江省	广东省	围绕体制机制创新、对内对外开放、产业合作发展、新兴产业培育、旅游市场开发等领域积极展开合作	齐齐哈尔市-广州市、鹤岗市-汕头市、双鸭山市-佛山市、大庆市-惠州市、伊春市-茂名市、佳木斯市-佛山市、七台河市-江门市、牡丹江市-东莞市、黑河市-珠海市、绥化市-湛江市
长春市	天津市	建设津长产业园、通用航空产业园、生物医药园及大数据产业园，发展智能装备、航空航天等产业	—
哈尔滨市	深圳市	在新能源、新材料等领域取得突破。鼓励深圳证券交易所等加强对哈尔滨市实体企业的服务	—

二、对外开放

1. 产业经济贸易

1）产业合作

灵活采用对外投资、工程承包、境外合作园区等多种形式，围绕天然气与石油化工、固体矿产、运输与物流、农林业、水产养殖和旅游等领域，参与俄罗斯远东跨越式发展区、符拉迪沃斯托克自由港的开发与建设。具体如表 15-3 所示。参与蒙古国、俄罗斯远东及朝鲜的产业发展，参与俄罗斯农业开发与木材加工，开展农牧产品就地加工转化，与蒙古国在畜产品改良、畜牧养殖及加工、有色金属、煤化工等方面实施合作。鼓励优势企业在境外设立农产品、林木、矿产等资源加工基地。支持有实力的装备和汽车制造企业在境外设立研发中心和生产基地，鼓励企业在俄罗斯、蒙古国和朝鲜合作建设一批具有示范意义的产业园区和重大项目。鼓励大小兴安岭和长白山森工企业走出去，建立境外木材加工园区。拓展工程承包、设计咨询和劳务合作，建设外派劳务基地，承建交通、石化、电力、冶金、矿山等大型工程。吸引俄罗斯船舶到哈尔滨、佳木斯等造船厂进行修造，鼓励与俄罗斯远东的科技、石化、造船、电力等企业实施深度合作。

表 15-3　俄罗斯黑龙江-阿穆尔河流域重大建设项目一览表

项目名称	覆盖地区	执行的企业
阿穆尔天然气化工集群	阿穆尔州斯沃博德内超前发展区	俄罗斯天然气工业股份公司、西布尔公司，总投资 6100 亿卢布
东方石油化工综合体	滨海边疆区石油化工超前发展区	俄罗斯石油公司，总投资 6000 亿卢布
"星"造船集群	滨海边疆区大卡缅超前发展区	俄罗斯石油公司等组成的财团，总投资 1450 亿卢布
发展贝阿、跨西伯利亚铁路干线	远东与西伯利亚地区	俄罗斯铁路公司，总投资 5620 亿卢布
"滨海 1 号""滨海 2 号"国际交通走廊	滨海边疆区	连通中国黑龙江省、吉林省和东方港
跨境交通项目	阿穆尔州、犹太自治州、滨海边疆区、哈巴罗夫斯克边疆区	同江—下列宁斯阔耶铁路桥、黑河—布拉戈维申斯克公路桥、东宁—波尔塔夫卡公路桥、黑河—布拉戈维申斯克跨境索道
开发俄罗斯岛	滨海边疆区	2017 年 5 月政府批准
开发大乌苏里斯克岛	哈巴罗夫斯克边疆区	发展旅游业
发展斯沃博德内城市	阿穆尔州	建成天然气加工厂，改善城市环境
发展齐奥尔科夫斯基市	阿穆尔州	建设东方航天中心，改善居住环境

2）蒙俄境外资源开发

发挥产业、技术与人力资源优势，参与东北亚地区尤其是俄罗斯远东和蒙古国的资源合作开发，包括能源、矿产资源及农业资源，通过股权投资、工程承包等多种方式进入开发、深加工领域。鼓励企业参与中俄界河黑龙江、俄罗斯结雅河和布列亚河及勒拿河的梯级开发，共同开发水力资源。整合各类资源，壮大赴俄产业种植联盟，参与俄罗斯粮食种植、果树栽培和特色养殖等农业开发，开展农牧产品就地加工转化回运，构建集粮食生产、加工、物流于一体的海外农业基地。在蒙古国和俄罗斯共同勘查矿产，加快高热值煤炭、石油、铁矿、有色金属、天然气等能源矿产资源开发，鼓励建设木材加工综合企业。鼓励有条件的企业参与朝鲜、俄罗斯远东、蒙古国矿产资源综合加工园区经营与管理，筛选一批具有示范意义的境外产业合作示范园区。扩大优质锰铁矿石、石墨、林木等进口原料落地精深加工，发展"落地经济"，打造同江、萝北、绥滨等一批进口资源加工基地。

2. 对外开放平台

1）重大开放平台

完善特色功能平台布局，提升综合保税区、进出口加工区、自贸试验区、跨境电商综合试验区的功能，积极发展外向经济。高标准建设黑龙江（中俄）、吉林自由贸易区，加快发展大庆等自贸协同改革发展区，创新外资准入、国际贸易、跨境业务等服务功能，建设对俄跨境人民币计算中心，打造以对俄为主的哈尔滨区域金融中心。发挥长春兴隆、哈尔滨、大庆、牡丹江、吉林等综合保税区的引领功能，在同江、萝北、佳木斯等有条件的地方增设一批综合保税区和 B 型保税区，发展转口贸易、保税维修、保税仓库进出境等外贸新业态。提升中韩（长春）国际合作示范区，探索建设中日、中新、中俄、中日韩等国际合作示范区，深化松花江流域新一轮对外开放工作。推广哈尔滨、长春等跨境电商综合试验区的经验，建设大庆、牡丹江、吉林等一批跨境电子商务产业园，吸引关联企业入驻，配套发展线下产业，实现"买全球、卖全球"。推进自贸区、综合保税区、临空经济区等各类开放区的功能互补与联动发展，形成政策集成效应。

2）各类口岸功能

以铁路、公路、航空等口岸为核心，完善道路、水电、通信、仓储等基础设施，高标准建设联检、通关等口岸设施，提高智能化水平。采用"一口岸多通道"模式，加快融入邻近口岸体系，开辟新通道。推进同江等电子口岸升级改造，完善其他中小型口岸设施。强化"大通关"区域合作机制，简化通关流程。实施更高水平的"单一窗口"，将功能拓展至海关特殊监管区域、自由贸易区，压缩通关时间。建设长春、哈尔滨等一批多式联运海关监管中心。扩充指定口岸种类与布局，扩大中俄海关及与东南沿海港口海关监管结果互认试点口岸范围。推动中俄蒙建立鲜活农副产品进出口目录清单，开通农副产品"绿色通道"。联动大连、营口等沿海港口，提升长春、哈尔滨、白城等内陆港的功能，增设一批内陆港，打造为公铁水联运基地。

专栏 15-3 松花江流域的重点开放功能区名录

一、国家级交通口岸
铁路口岸：哈尔滨、大庆、同江、齐齐哈尔。
航空口岸：长春、哈尔滨、佳木斯、牡丹江、齐齐哈尔、大庆。
水运口岸：大安、绥滨、富锦、佳木斯、哈尔滨、同江、萝北。
二、国家级自贸区：中国（黑龙江）自由贸易试验区。
三、综合保税区：哈尔滨综合保税区、长春兴隆综合保税区。
四、保税物流中心：牡丹江保税物流中心。
五、跨境电商综合试验区：哈尔滨、长春、吉林。
六、临空经济示范区：哈尔滨太平国际机场、长春龙嘉国际机场。
七、国际合作示范区：中韩（长春）国际合作示范区。
八、跨境产业基地：同江跨境经济合作区、名山跨境经济合作区。

参 考 文 献

鲍超，方创琳．2010．城市化与水资源开发利用的互动机理及调控模式［J］．城市发展研究，17（12）：19-23，65．

曹婉情．2021．基于多源异构数据分析的松花江典型支流全局管控研究［D］．哈尔滨：哈尔滨工业大学．

曹卫东，曹玉红，曹有挥，等．2006．内河岸线资源评价与开发研究——以安徽巢湖市域长江岸线为例［J］．资源开发与市场，22（5）：411-414．

曹艳秋，秦丽杰，杨继新．1998．辉发河流域防洪地理信息系统的建立［J］．东北水利水电，（4）：39-40．

曹喆，秦保平，张震．2008．天津市水生态现状及保护管理［J］．环境科学与管理，（8）：24-27．

曹振宇．2015．松花江流域水资源使用权初始分配政府预留水量研究［D］．哈尔滨：黑龙江大学．

常航．2004．美国密西西比河航运开发的启示［J］．综合运输，（7）：85-89．

常玉苗．2007．跨流域调水对区域生态经济影响综合评价研究［D］．南京：河海大学．

常玉苗，王慧敏．2007．基于系统视角的跨流域调水对生态环境影响研究［J］．人民长江，（6）：13-14，32．

晁华，王当，龚强，等．2019．东北地区冻土的时空变化特征［J］．现代农业科技，（18）：144-147，153．

陈丽晖，何大明．1999．澜沧江-湄公河流域整体开发的前景与问题研究［J］．地理学报，54（6）：55-64．

陈明忠，孙烨．1991．多瑙河流域国际水管理简介［J］．水利经济，（4）：70-72．

陈沙沙．2016．基于生态系统对宝鸡传统乡村旅游新模式探究［J］．环境科学与管理，41（10）：137-141．

陈思．2019．东北国有林区森林食品产业结构与集聚耦合发展演进机理研究［D］．哈尔滨：东北农业大学．

陈思．2021-11-18．坚决落实"四水四定"用好管好水资源［N］．中国水利报，第5版．

陈湘满．2002．论流域开发管理中的区域利益协调［J］．经济地理，（5）：525-529．

陈湘满．2003．我国流域开发管理的目标模式与体制创新［J］．湘潭大学社会科学学报，（1）：101-104．

陈晓景．2006．流域管理法研究：生态系统管理的视角［D］．青岛：中国海洋大学．

陈映．2018．西部限制开发区域配套政策研究［M］．成都：西南财经大学出版社．

陈宇．2016．巴州河流冰情特性分析［J］．地下水，38（4）：152-153．

陈蕴真，江恩慧，李军华．2021．治黄的挑战和对策：来自欧美治河史的启示［J］．人民黄河，43（2）：30-35．

陈之荣．1997．最新的地球圈层——人类圈［J］．地理研究，（3）：95-100．

程利莎，王士君，杨冉．2019．中国东北地区地缘关系演化过程及区域效应［J］．地理科学，39（8）：1284-1292．

程爽．2021．基于土地利用的东北虎豹国家公园生态系统服务价值研究［D］．长春：吉林农业大学．

崔广红．2009．开发与保护并举——靖宇县矿泉水产业可持续发展之路［J］．经济视角（上），（6）：51-53．

崔绍峰，苑庆中，谢兴震．2021．关于"河长制"下的新时代"人水关系"重构的思考［J］．水资源开发与管理，63（4）：69-71，77．

达莉娅．2016．中俄边境口岸运输管理问题研究［D］．沈阳：沈阳理工大学．

党连文．1999．水利建设成就与展望［J］．东北水利水电，（10）：1-7，47．

邓建明，周萍．2013．史各阶段的人水关系［J］．水利发展研究，13（9）：87-90．

邓晓军．2015．太湖平原水系格局与连通变化及其对河网调蓄与自净功能的影响研究［D］．南京：南京大学．

丁海容，曾妮，易成波．2007．对我国流域综合规划修编的认识［J］．国土资源科技管理，（4）：134-137．

丁哲新．2009．资源型城市人力资源绩效管理战略探析——基于黑龙江省13个资源型城市的实证［J］．商业研究，（4）：56-59．

董丹．2017．19世纪末20世纪初俄国开发远东地区的政策［J］．林区教学，（2）：59-60．

董世魁．2022．草原与草地的概念辨析及规范使用刍议［J］．生态学杂志，41（5）：922-1000．

窦博．2012．北冰洋通航与中国图们江出海战略探讨［J］．东北亚论坛，21（3）：113-120．

段弯弯．2014．我国多触发条件洪水指数保险研究［D］．成都：西南财经大学．

段学军，陈雯，朱红云，等．2006．长江岸线资源利用功能区划方法研究——以南通市域长江岸线为例［J］．长江流域资源与环境，（5）：621-626．

段学军，王晓龙，邹辉，等．2020．长江经济带岸线资源调查与评估研究［J］．地理科学，40（1）：22-31．

段学军，邹辉，陈维肖，等．2019．岸线资源评估、空间管控分区的理论与方法——以长江岸线资源为例［J］．自然资源学报，34（10）：2209-2222．

范继辉．2007．梯级水库群调度模拟及其对河流生态环境的影响［D］．成都：中国科学院研究生院（成都山地灾害与环境研究所）．

范立君，马馨雨．2016．松花江流域洪涝灾害成因探源（1949-1985）［J］．吉林师范大学学报（人文社会科学版），44（2）：72-75．

范立君，谭玉秀．2009．关内移民与松花江流域农业近代化［J］．农业考古，（4）：80-86．

范玲雪．2016．松花江流域水资源承载力及产业结构优化研究［D］．邯郸：河北工程大学．

冯波，章光新，李峰平．2016．松花江流域季节性气象干旱特征及风险区划研究［J］．地理科学，36（3）：466-474．

冯艳，刘金锋，周炫，等．2021．2020年松花江流域暴雨洪水分析［J］．东北水利水电，39（2）：33-35．

付晓伟．2017．地缘政治视角的中国跨境河流研究［D］．上海：华东理工大学．

高磊，王勇刚，段新宇．2014．关于加快推进松花江梯级开发的对策建议［J］．黑龙江水利科技，42（9）：205-206，242．

高明娟，田华峰，薛丽芳．2011．城市化进程与水资源环境演化的关系研究［J］．安徽农业科学，39（6）：3501-3503，3505．

高晓慧，张惠芹，李佳蕙．2019．俄罗斯远东地区体制机制创新实践［J］．西伯利亚研究，46（5）：15-20．

高云福．1998．城市化发展与水系的演变［J］．城市勘测，（3）：5-8．

耿言虎．2016．巴西亚马逊区域开发的生态反思［J］．内蒙古农业大学学报（社会科学版），18（5）：45-50．

管功勋，王志兴，丁昌春，等．2019．松花江流域蓄滞洪区研究综述［J］．泥沙研究，44（3）：

68-72.

郭爽. 2013. 河流功能等级评价系统开发及其应用研究[D]. 大连：大连理工大学.

郭涛. 2003. 国外河流梯级开发的基本原则探讨[J]. 中国三峡建设, (1): 7-8, 39.

郭玉涛, 孟宪国, 单晓丽. 2008. "北引"涉及区域内水资源存在的问题及应对措施[J]. 黑龙江水利科技, (3): 138-138.

韩俊山. 2013. 松花江流域综合规划的批复实施 为振兴东北战略目标的实现提供水利保障[J]. 东北水利水电, 31 (7): 8-10, 73.

韩勤, 刘新宇, 邵伟庚, 等. 2013. 嫩江流域受损湿地成因与现状[J]. 防护林科技, (7): 71, 93.

韩嵩楠. 2017. 探析辽宁民族声乐艺术演艺新路径发展[J]. 艺术研究, (1): 206-208.

韩增林, 杨荫凯, 张文尝, 等. 2000. 交通经济带的基础理论及其生命周期模式研究[J]. 地理科学, (4): 295-300.

何大伟, 陈静生. 2000. 我国实施流域水资源与水环境一体化管理构想[J]. 中国人口·资源与环境, 10 (2): 32-35.

何祚庥. 2011. 太阳能、风能、水能互补发电，解决高峰用电短缺——北京、内蒙古和东北地区的未来[J]. 科学中国人, (20): 22-25.

洪菊花, 骆华松. 2015. 中国与东南亚地缘环境和跨境河流合作[J]. 世界地理研究, 24 (1): 29-37.

侯雁飞, 张兴家. 2001. 日本帝国主义对松花江水电资源的掠夺开发[J]. 北华大学学报（社会科学版）, 2 (1): 63-66.

后立胜, 许学工. 2001. 密西西比河流域治理的措施及启示[J]. 人民黄河, 23 (1): 39-41.

胡碧玉. 2004. 流域经济论[D]. 成都：四川大学.

胡春燕, 路彩霞, 侯卫国. 2022. 长江中下游干流河道治理回顾与展望[J]. 人民长江, 53 (2): 7-11, 20.

胡文俊, 陈霁巍, 张长春. 2010. 多瑙河流域国际合作实践与启示[J]. 长江流域资源与环境, 19 (7): 739-745.

黄昌硕, 耿雷华, 宋轩. 2014. 基于水量分配的河流分类研究[J]. 中国农村水利水电, (3): 100-102.

黄德春, 陈思萌. 2007. 国外流域可持续发展的实践与启示[J]. 水利经济, (6): 10-12.

黄军, 张玲. 2012. 我国水资源优化配置类型及存在问题[J]. 轻工科技, 28 (5): 91-93, 99.

黄坤, 程翠青. 2012. 影响我国粮食产量的宏观因素分析[J]. 国际经济合作, (8): 65-67.

黄馨. 2011. 哈大城市走廊演变机理与功能优化研究[D]. 长春：东北师范大学.

黄燕芬, 张志开, 杨宜勇. 2020. 协同治理视域下黄河流域生态保护和高质量发展——欧洲莱茵河流域治理的经验和启示[J]. 中州学刊, (2): 18-25.

黄志凌. 2018. 必须从国家战略层面认识蓄滞洪区湿地化[J]. 全球化, (2): 31-42, 132.

贾若祥. 2015-09-02. 东北地区：当好国家的"大粮仓"和"稳压器"[N]. 中国经济导报, 第 B2 版.

简菊芳. 2021-04-16. 东北冻土退化改变寒区环境[N]. 中国气象报, 第 3 版.

姜守明, 贾雯. 2011. 世界大河文明[M]. 济南：山东画报出版社.

蒋桂芹, 赵勇, 于福亮. 2013. 水资源与产业结构演进互动关系[J]. 水电能源科学, 31 (4): 139-142, 182.

蒋菁. 2017. 新形势下中俄经济合作关系的变化与趋势[J]. 东北亚学刊, (5): 61-64.

矫勇. 2013. 推进七大流域综合规划实施 开启江河开发治理新纪元[J]. 中国水利, (13): 1-3.

雷晓娜. 2017. 西咸新区海绵城市建设管理研究[D]. 西安：长安大学.

雷玉桃．2004．流域水资源管理制度研究［D］．武汉：华中农业大学．

李爱琴，曹玉昆．2016．依托生态环境优势振兴东北老工业基地的创新途径［J］．学术交流，（8）：130-133.

李丙智．2021．对"永久农田禁止从事林果业"政策的思考［J］．西北园艺，（1）：1-2.

李芳．2012．国外水资源约束下产业结构优化的经验借鉴［J］．经济视角，218-2（10）：49-51.

李峰平．2015．变化环境下松花江流域水文与水资源响应研究［D］．长春：中国科学院研究生院（东北地理与农业生态研究所）．

李佳，周祖昊，王浩，等．2017．松花江流域最大冻土深度的时空分布及对气温变化的响应［J］．资源科学，39（1）：147-156.

李平华．2005．三角洲的顶点城市研究［D］．南京：南京师范大学．

李涛．2013．弘扬北大荒精神 提升文化软实力［J］．农场经济管理，（7）：18-19.

李旺生．2008．管窥美国密西西比河流域航运发展后的浅见和启示［J］．水道港口，（2）：119-123.

李晓军，郭新梅．2021．以新发展理念引领黑龙江现代化建设［J］．奋斗，（10）：64-68.

李烨，余猛．2020．国外流域地区开发与治理经验借鉴［J］．中国土地，（4）：50-52.

李勇慧，倪月菊．2019．俄罗斯远东超前发展区和自由港研究［J］．欧亚经济，（5）：60-74，126，128.

李志海．2005．准确把握相持阶段基本特征力争生态体系建设取得新突破［J］．林业勘查设计，（3）：1-3.

梁国豪，王晓妮，李昱，等．2021．松花江流域骨干水库联合调度［M］．大连：大连理工大学出版社．

刘彬．2021．中国实现碳达峰和碳中和目标的基础、挑战和政策路径［J］．价格月刊，（11）：87-94.

刘常春．2010．松花江干流航道建设思路探讨［J］．水利科技与经济，16（10）：1100-1101.

刘翠杰，刘月英，马雪梅，等．2003．松花江凌汛［J］．冰川冻土，（S2）：262-265.

刘国斌，汤日鹏．2010．长吉图开发先导区下的吉林省县域经济城镇化问题研究［J］．全国商情（理论研究），（13）：3-7.

刘航，耿煜周，董琦．2021．国外流域开发保护经验及对我国的启示［J］．中国水利，（10）：57-59，61.

刘健．1998．莱茵河流域的开发建设及成功经验［J］．世界农业，（2）：3-5.

刘淼．2019．吉林省能源消费与经济增长的关系研究［D］．哈尔滨：哈尔滨工业大学．

刘楠楠．2012．水电项目建设对河流自然性和健康性影响评价［J］．东方企业文化，（11）：183.

刘强．2022-01-05．北移的种植带［N］．农民日报，第8版．

刘善建．1985．七大江河在国土开发整治中的地位与作用（一）——资源优势［J］．人民黄河，（5）：15-19.

刘世庆，许英明，巨栋，等．2019．中国流域经济与政区经济协同发展研究［M］．北京：人民出版社．

刘书源．2010．辽宁沿海经济带与东北内陆经济互动合作问题［J］．大连干部学刊，26（S1）：52-53.

刘伟，范迎春，闫睿，等．2022-04-11．大庆油田携"三把密钥"志向百年［N］．经济参考报，第A07版．

刘文斌，刘晓凤，肖迪芳．2006．1957年黑龙江及松花江区域性冰坝凌汛初步分析［J］．黑龙江水专学报，33（4）：21-24.

刘燕茹．2003．密西西比河流域治理［J］．河南水利，（5）：119，94.

刘跃生．1988．内河岸线资源评价方法初探——以闽江下游岸线为例［J］．自然资源，（4）：40-46.

刘在英，王海洲，王建威．2022．东北大国重器企业的嬗变之路［J］．东北之窗，（3）：44-47.

刘喆．2011．黑河流域水资源变化及其对土地利用变化的影响［D］．兰州：西北师范大学．

刘铸．2017．吉林省松花江流域泥石流风险评价研究［D］．长春：吉林建筑大学．

柳恒，马文喜，吴高庄，等．2010．半江垂线代表线法流量测验分析［J］．东北水利水电，28（12）：36-38，72．

楼东，刘亚军，朱兵见．2012．浙江海岸线的时空变动特征、功能分类及治理措施［J］．海洋开发与管理，29（3）：11-16，48．

卢玉文．2014．兵团农业可持续发展问题研究［J］．新疆农垦经济，(11)：29-35．

鲁尚斌．2018．我国新农村建设中生态环境保护对策研究［J］．环境与发展，30（10）：207，209．

陆玉麒．2002．区域双核结构模式的形成机理［J］．地理学报，57（1）：85-95．

陆玉麒，俞勇军．2003．区域双核结构模式的数学推导［J］．地理学报，(3)：406-414．

罗遵兰，赵志平，孙光，等．2015．松花江流域湿地生态系统健康评价［J］．水土保持研究，22（1）：105-109，114，2．

吕军，汪雪格，李昱，等．2017a．松花江流域河湖水系变化及优化调控［M］．北京：中国水利水电出版社．

吕军，汪雪格，刘伟，等．2017b．松花江流域主要干支流纵向连通性与鱼类生境［J］．水资源保护，33（6）：155-160，174．

吕军，汪雪格，王彦梅，等．2017c．松花江流域河湖连通性及其生态环境影响［J］．东北水利水电，35（11）：45-47，72．

吕彦莹，王晓婷，于新洋，等．2022．山东省自然生态空间系统化识别与差异化管控研究［J］．生态学报，42（7）：3010-3019．

吕洋．2017．吉林省秸秆发电项目的效益分析［D］．长春：吉林农业大学．

律丹．2013．北大荒米业集团发展战略调整研究［D］．哈尔滨：哈尔滨工程大学．

麻泽龙，程根伟．2006．河流梯级开发对生态环境影响的研究进展［J］．水科学进展，(5)：748-753．

马财林．2021．西部陆海新通道中广西内河水运发展分析［J］．中国水运，(7)：9-11．

马广仁．2012．湿地生态系统是保障人类发展的天然基础设施［J］．湿地科学，10（4）：385-388．

马静，邓宏兵．2016．国外典型流域开发模式与经验对长江经济带的启示［J］．区域经济评论，(2)：145-151．

马汝珩，成崇德．1998．清代边疆开发［M］．太原：山西出版社．

马汝珩，马大正．1990．清代边疆开发研究［M］．北京：中国社会科学出版社．

马晓明．2017．调整优化农牧业产业结构和布局 着力推进农牧业供给侧结构性改革［J］．北方经济，(2)：30-32．

马永来，王玲，乔永杰，等．2011．河湖普查若干问题的讨论［J］．人民黄河，33（5）：1-2，5，149．

毛广志．2009．建筑节能与可再生能源利用［J］．科技信息，(30)：390．

那济海，周秀杰，许秀红，等．2011．黑龙江、松花江和嫩江冰坝凌汛发生原因及预报方法［J］．自然灾害学报，20（2）：115-120．

宁方贵，雷德义，苗雪．2021．2020年松花江流域骨干水库防洪调度实践与思考［J］．水利信息化，(1)：10-13．

潘华盛，吴琼，廖厚初．2009．黑龙江、松花江、嫩江冰坝凌汛的气象成因分析［J］．黑龙江水专学报，36（2）：11-15．

彭连港．1986．东北水电史述略［J］．经济纵横，(2)：24-28．

彭羽．2017．内蒙古小城镇基础设施建设投融资管理体制研究［D］．北京：中央财经大学．

祁永新．2009．可持续小流域管理评价指标体系研究［D］．西安：西安理工大学．

钱乐祥，许叔明，秦奋．2000．流域空间经济分析与西部发展战略［J］．地理科学进展，(3)：266-272．

曲立超. 2012. 浅析环境意识视野下的近代中国社会 [J]. 剑南文学（经典教苑）,（12）: 271-272.

曲阳阳. 2018. 煤炭资源供求变化对黑龙江省经济发展的影响 [J]. 知与行,（5）: 125-130.

冉新庆. 2007. 渭干河流域水资源综合管理思考 [J]. 科技信息（科学教研）,（20）: 288-289.

热依莎·吉力力. 2019. 气候变化和人类活动对中亚阿姆河径流的影响研究 [D]. 乌鲁木齐: 新疆师范大学.

沈金阳. 2018. 南宁市人水关系和谐评价及调控对策 [D]. 南宁: 广西大学.

师清冶,刘凤志,许武浩. 2001. 松花江下游江段冰坝成因分析 [J]. 黑龙江水利科技, 29（2）: 120-121.

施海洋,罗格平,郑宏伟,等. 2020. 基于"水—能源—食物—生态"纽带因果关系和贝叶斯网络的锡尔河流域用水分析 [J]. 地理学报, 75（5）: 1036-1052.

宋栋. 2000. 论政府在大河流域综合治理开发中的作用 [J]. 中国软科学.（6）: 77-81.

宋鸽. 2015. 吉林省东部绿色转型发展区空间布局研究 [D]. 长春: 吉林大学.

宋小燕. 2010. 松花江流域水沙演变及其对人类活动的响应 [D]. 杨凌: 中国科学院研究生院（教育部水土保持与生态环境研究中心）.

孙超. 2014. 黑龙江垦区带动地方现代化大农业发展战略研究 [D]. 大庆市: 黑龙江八一农垦大学.

孙飞. 2012. 基于3S技术的森林景观格局及破碎化变动评价 [D]. 南京: 南京林业大学.

孙浩. 2012. 民国初年东北松花江航运业的振兴 [J]. 牡丹江教育学院学报,（2）: 165-166.

孙浩进,张斐然. 2021. 着力优化国土空间布局 推进黑龙江省区域协调发展 [J]. 奋斗,（2）: 23-26.

孙九林,李泽辉,赵秉栋,等. 1992. 国土资源信息分类体系与评估指标 [M]. 北京: 中国科学技术出版社.

孙立梅,荣鸿利. 2013. 月亮泡旅游文化发掘 [J]. 长白学刊,（6）: 105-106.

孙明. 2009. 论清末松花江流域的开发及其对生态环境的影响 [J]. 兰台世界,（4）: 1.

孙鼐,李旭旦,李海晨,等. 1983. 地理学辞典 [M]. 上海: 上海辞书出版社.

孙文. 2018. 气温与辐射对松花江流域融雪径流影响研究 [D]. 沈阳: 沈阳农业大学.

孙学文. 2021. 珲春市边境旅游驱动机制及发展模式研究 [D]. 延吉: 延边大学.

孙占文. 1983. 黑龙江省史探索 [M]. 哈尔滨: 黑龙江人民出版社.

孙长平,董蕴辉,尚志宏. 1994. 东北地区自然灾害组合类型分析及灾害区划 [J]. 东北水利水电,（7）: 38-40, 47.

孙忠,贾长青. 2007. 松花江流域蓄滞洪区建设有关问题探讨 [J]. 东北水利水电,（10）: 31-33.

汤尚颖,宋胜帮. 2009. 基于和谐发展的流域综合管理体制改革研究 [J]. 中国地质大学学报（社会科学版）, 9（4）: 35-39.

唐立新. 2013. 浅谈水文对水资源可持续利用的重要性 [J]. 神州,（13）: 275.

唐利文. 2010. 流域规划内容体系研究 [D]. 成都: 成都理工大学.

陶昌弟,占炜. 2021. 广西淡水生态系统服务价值评估 [J]. 广西水利水电,（2）: 30-33.

滕仁. 2007. 中俄在边界水体水资源安全方面的合作 [D]. 哈尔滨黑龙江大学.

滕翔,何秉顺. 2010. 黄河凌汛及防凌措施 [J]. 中国防汛抗旱, 20（6）: 72.

汪达. 1990. 国外跨流域调水工程及其利弊述评 [J]. 广西水利水电科技,（1）: 12-18.

汪国喜,吴丽珍. 2013. 基于当前港口航道通过能力的探讨 [J]. 中华民居,（5）: 350.

汪雪格,吕军,刘洪超,等. 2018. 松花江流域泡沼湿地变化特征分析 [J]. 干旱区资源与环境, 32（10）: 142-146.

汪洋. 2012-06-22. 中国治水战略 [N]. 经理日报, 第A01版.

王宝玉,陈金晟,刘朝建,等. 2019. 金属制品建设项目风险分析研究 [J]. 金属制品, 45（2）: 26-30.

王本明．1991．松花江流域旱涝趋势展望［J］．东北水利水电，（6）：33-37．

王兵．2022．天然林保护工程生态连清监测区划与布局研究［M］．北京：中国林业出版社．

王成金，程佳佳，马丽．2015．长江立体化综合交通运输走廊的空间组织模式［J］．地理科学进展，34（11）：1441-1448．

王大伟，徐勤贤．2021．加快推进城市内涝治理 构筑人民美好生活空间［J］．中国经贸导刊，（12）：59-62．

王芳．2017．关于松花江流域水污染防治策略探究［J］．环境与可持续发展，42（2）：178-179．

王福林，吴丹．2009．基于水资源优化配置的区域产业结构动态演化模型［J］．软科学，23（5）：92-96．

王光宇，李藩，孙建斌．2019．中俄在俄罗斯远东地区的合作发展规划［J］．商业文化，（10）：32-43．

王浩，王建华，胡鹏．2021．水资源保护的新内涵："量-质-域-流-生"协同保护和修复［J］．水资源保护，37（2）：1-9．

王宏巍，王树义．2011．《长江法》的构建与流域管理体制改革［J］．河海大学学报（哲学社会科学版），13（2）：62-64，92．

王菁华，谢振华，杨臣．2012．五大连池葛根矿泉水饮品的研制［J］．食品工业，33（8）：26-28．

王连龙．2012．环境保护在保障生态安全中的作用探讨［J］．轻工科技，28（4）：98，122．

王乃明．2011．科学发展观视角的农业发展方式转变［J］．攀登，30（5）：76-81．

王如松，马世骏．1985．边缘效应及其在经济生态学中的应用［J］．生态学杂志，（2）：38-42．

王如心．2016．三亚旅游生态环境承载力研究［C］//中国环境科学学会．中国环境科学学会学术年会论文集（第四卷）．中国环境科学学会2016年学术年会．

王瑞．2009．论我国水资源流域管理法律制度的完善［D］．兰州：西北民族大学．

王守聪．2022．用北大荒精神锻造"农业航母"——兼谈大型农业国企的使命和领导力［J］．中国领导科学，（2）：90-101．

王守东．2012．吉林省西部洪水利用的主要措施［J］．北京农业，（36）：1-2．

王淑军．2014．人类文明演进中的人水关系变迁［J］．山东水利，（4）：35-36．

王树年．2011．推进东北地区现代农业建设［J］．中国投资，（1）：20-23，9．

王树义．2000．流域管理体制研究［J］．长江流域资源与环境，9（4）：419-423．

王双旺，张金萍，倪伟．2013．《松花江流域综合规划》概要［J］．东北水利水电，31（7）：13-17，74．

王婷婷，杨昕，叶娟娟，等．2014．不同尺度DEM的河流裂点提取及其效应分析［J］．地球信息科学学报，16（6）：882-889．

王宛，李兴．2018．中俄关系视域下的黑龙江：从争议之边到合作之界［J］．俄罗斯东欧中亚研究，（1）：69-94，157．

王文君．2014．黑河市生态文明建设存在的问题与对策［J］．经济研究导刊，（13）：237-238．

王曦，胡苑．2004．流域立法三问［J］．中国人口·资源与环境，14（4）：137-139．

王小兵．2021．国内外"流域规划"对比及与国土空间规划结合的思考［J］．低碳世界，11（5）：164-165．

王晓昕，关雪，孙娟．2013．浅谈松花江和辽河流域水资源开发利用［J］．东北水利水电，31（7）：32-35．

王筱春，张娜．2013．德国国土空间规划及其对云南省主体功能区规划的启示［J］．云南地理环境研究，25（1）：44-52，58．

王心源，范湘涛，邵芸，等．2001．基于雷达卫星图像的黄淮海平原城镇体系空间结构研究［J］．地理科学，（1）：57-63．

王昕．2007．不同种类冰的厚度计算原理和修正［D］．大连：大连理工大学．

王亚飞，郭锐，樊杰．2020．国土空间结构演变解析与主体功能区格局优化思路［J］．中国科学院院刊，35（7）：855-866．

王亚华，毛恩慧，徐茂森．2020．论黄河治理战略的历史变迁［J］．环境保护，48（Z1）：28-32．

王延贵，史红玲．2007．河流功能及其萎缩成因［J］．水利水电技术，（6）：24-28．

王义民，李文田，尹航．2013．流域与中国城市群空间分布规律研究［J］．信阳师范学院学报（自然科学版），26（2）：250-253，291．

王益良．2004．一个世纪的松花江三姓浅滩航道整治与研究［J］．水道港口，（S1）：14-18．

王永嘉．1984．开发亚马孙的历史教训［J］．世界知识，（3）：30．

王于洋，赵万智．1992．东北地区大型灌区工程的现状与对策［J］．东北水利水电，（12）：27-30．

王禹浪．2003．黑龙江流域的历史与文化（一）［J］．大连大学学报，（1）：50-53．

王远洋．2019-08-06．我市加快完善现代综合交通运输体系［N］．通化日报，第1版．

王跃刚，边境．2011．吉林省中部城市引松供水分水枢纽工程启动［J］．吉林水利，（11）：3-3．

王志彬，王建威．2021．东北虎豹国家公园探秘［J］．东北之窗，（12）：52-55．

王志敏．2006．张掖市水安全的定量评价［D］．兰州：西北师范大学．

王忠静，王学凤．2004．南水北调工程重大意义及技术关键［J］．工程力学，（S1）：180-189．

魏春凤．2018．松花江干流河流健康评价研究［D］．长春：中国科学院大学（中国科学院东北地理与农业生态研究所）．

魏丽辉．2013．浅谈农田水利基本建设的现状及改进措施［J］．黑龙江科技信息，（2）：270．

魏朔南，陈振峰．2004．陕西秦巴山区漆树资源与可持续发展［J］．中国生漆，（2）：14-26．

魏心镇．1982．工业地理学［M］．北京：北京大学出版社．

文伏波．1993．水资源是长江产业带建设的命脉［J］．长江论坛，（3）：7-8．

文琦，丁金梅．2011．水资源胁迫下的区域产业结构优化路径与策略研究——以榆林市为例［J］．农业现代化研究，32（1）：91-96．

吴健．2013．垂直滑模技术在水库闸墩施工中的应用［J］．黑龙江科技信息，（12）：172-172．

吴杰，陈娟，倪伟．2013．《辽河流域综合规划》概要［J］．东北水利水电，31（7）：18-20，35，74．

伍新木，李雪松．2002．流域开发的外部性及其内部化［J］．长江流域资源与环境，11（1）：21-26．

席西民，刘静静，曾宪聚，等．2009．国外流域管理的成功经验对雅砻江流域管理的启示［J］．长江流域资源与环境，18（7）：635-640．

夏骥，肖永芹．2006．密西西比河开发经验及对长江流域发展的启示［J］．重庆社会科学，（5）：22-26．

夏六五．2012．浅谈农田水利灌溉［J］．水利天地，（12）：44-45．

肖殿奇，刘彦山，王长愉，等．1997．松花江流域洪水概况［J］．黑龙江大学工程学报，（4）：73-75．

肖辉忠．2021．中央—地方关系视角下的俄罗斯远东政策［J］．俄罗斯东欧中亚研究，（4）：116-142，165-166．

解飞．2019．嫩江（齐齐哈尔段）岸冰生消演变特性及热交换过程研究［D］．哈尔滨：东北农业大学．

谢刚．2006．小流域污染治理综合规划方法与模式研究［D］．济南：山东大学．

谢世清．2013．美国田纳西河流域开发与管理及其经验［J］．亚太经济，（2）：68-72．

徐微．2021-07-27．伊通河北段：生态新画卷 滨水新地标［N］．长春日报，第1版．

徐晓天．2010．中亚水资源的困局［J］．世界知识，（20）：40-41．

许卫，何静．2016．区域产业结构与水资源的互动演化机制：理论和实证［J］．忻州师范学院学报，32（2）：38-43．

许秀红,周秀杰,廖厚初,等. 2010. 黑龙江、松花江和嫩江冰坝凌汛发生原因及预报方法研究[C]//中国气象学会. 2010. 第27届中国气象学会年会重大天气气候事件与应急气象服务分会场论文集. 第27届中国气象学会年会.

薛梅. 2006. 河流中污染物质的通量与残量分析[D]. 哈尔滨:哈尔滨工业大学.

杨超. 2018. 辽宁省水资源可持续利用与经济协调发展关系评价及预测研究[D]. 沈阳:东北大学.

杨超,徐敏亮,杨鸿刚. 2010. 兴安湖水库在土基上建溢流坝的技术措施[J]. 黑龙江水利科技, 38(6): 78-79.

杨春育. 2011. 浅析延安市小型水库工程两特点[J]. 科技信息, (18): 342-343.

杨丽花. 2013. 流域(吉林省段)经济环境效应与产业空间组织研究[D]. 长春:中国科学院研究生院(东北地理与农业生态研究所).

杨莉. 2020. 习近平关于长江经济带发展战略重要论述的时代价值研究——以国内外典型内河经济带的对比为研究视角[J]. 武汉职业技术学院学报, 19(4): 82-86.

杨明海,罗承平,王艳红. 2009. 珠江流域水利规划回顾及展望[J]. 人民珠江, 30(S2): 10-12.

杨明华,洪卫,高燕梅. 2004. 论交通经济带的一些基本问题[J]. 重庆交通学院学报(社会科学版), (4): 15-18.

杨青山. 2020. 吉林省城镇化发展与城镇体系优化研究[M]. 长春:东北师范大学出版社.

杨宜勇. 2021. 大力促进民生福祉 扎实推进共同富裕[J]. 中国经贸导刊, (7): 52-55.

杨莹. 2019. 松花江流域生态补偿研究[D]. 哈尔滨:哈尔滨工业大学.

尹雄锐,王晓妮,孟楠. 2021. 松花江流域大洪水应对措施研究[J]. 中国防汛抗旱, 31(S1): 93-95.

于法稳,黄鑫,王广梁. 2021. 畜牧业高质量发展:理论阐释与实现路径[J]. 中国农村经济, (4): 85-99.

于宏兵,周启星,郑力燕. 2016. 松花江流域水生态功能分区研究[M]. 北京:科学出版社.

俞勇军. 2004. 赣江流域空间结构模式研究[D]. 南京:南京师范大学.

曾肇京,王俊英. 1996. 关于流域等级划分的探讨[J]. 水利规划与设计, (1): 1-5.

翟军. 2013. 例谈地理环境整体性原理在"流域的综合开发"教学中的应用[J]. 地理教学, (6): 42-43.

张翠娥. 2012. 洪涝灾害对农作物影响及防治对策[J]. 农民致富之友, (17): 103-103.

张迪. 2021. 陕北黄土沟壑区河谷平原型乡村聚落空间形态研究[D]. 西安:西安建筑科技大学.

张环宙,沈旭炜,高静. 2011. 城市滨水区带状休闲空间结构特征及其实证研究——以大运河杭州主城段为例[J]. 地理研究, 30(10): 1891-1900.

张雷,黄园淅,程晓凌,等. 2011. 流域开发的生态效应问题初探[J]. 资源科学, 33(8): 1422-1430.

张雷,鲁春霞,李江苏. 2015. 中国大河流域开发与国家文明发育[J]. 长江流域资源与环境, 24(10): 1639-1645.

张立忠,孙兴勃,徐菲,等. 2011. 松花江流域非常洪水防治措施[J]. 河南科技, (16): 20-20.

张莉. 2015. 欧美流域经济开发的经验及启示[J]. 群众, (9): 12-13.

张凌,翟剑峰,朱智敏. 2013. 内河航道岸线利用规划和管理思路[J]. 中国水运, (4): 2.

张攀春. 2019. 国外典型流域经济开发模式及对中国的借鉴[J]. 改革与战略, 35(7): 9-15.

张庆宁. 1993. 世界大河流域的开发与治理[M]. 北京:地质出版社.

张盛文. 2012. 关于人水关系的哲学思考[J]. 水利发展研究, 12(2): 89-93.

张思平. 1987. 流域经济学[M]. 武汉:湖北人民出版社.

张彤. 2006. 论流域经济发展[D]. 成都:四川大学.

张文合. 1991a. 流域开发综论:兼议我国七大江河流[J]. 地理学与国土研究, 7(1): 14-19.

张文合. 1991b. 田纳西河流域的综合开发与治理[J]. 人民长江, 22 (7): 48-51.

张文合. 1993. 流域开发治理在我国的战略地位[J]. 长江论坛, (2): 6-9.

张文合. 1994a. 建设流域工业走廊与产业密集带的探讨[J]. 求索, (6): 3.

张文合. 1994b. 流域开发论: 兼论黄河流域综合开发与治理战略[M]. 北京: 水利电力出版社.

张效廉. 2014. 抓住国家战略转型机遇 推进龙江林区发展方式转变——对"大小兴安岭林区生态保护与经济转型规划"的思考[J]. 中国林业经济, (5): 1-4.

张中美. 2009. 黑龙江省黑土耕地保护对策研究[D]. 乌鲁木齐: 新疆农业大学.

张中美, 文启凯. 2008. 黑龙江省黑土耕地资源保护对策[J]. 黑龙江科技信息, (21): 127-127.

张中美, 文启凯. 2009. 黑龙江省黑土耕地利用中存在的问题及原因[J]. 北方经贸, (9): 16-18.

张忠萍, 李辉. 2010. 黑龙江省嫩江段中小洪水糙率分析[J]. 黑龙江水利科技, 38 (5): 7-9.

赵华林. 2012. 科学谋划 全面部署 开创地下水污染防治新局面[J]. 环境保护, (4): 15-22.

赵银军, 丁爱中, 沈福新, 等. 2013. 河流功能理论初探[J]. 北京师范大学学报 (自然科学版), 49 (1): 68-74.

郑晓燕. 2019. 水系发达型滨海城市交通系统抗震防灾规划提升策略研究[J]. 福建建设科技, (6): 12-14, 40.

郑肇经. 1984. 中国水利史[M]. 上海: 上海书店.

郑重阳. 2011. 美国田纳西流域开发与治理的启示[J]. 青春岁月, (14): 348-348.

钟林生, 马向远. 2014. 基于地理环境的生物多样性分布探讨[J]. 风景园林, (1): 32-35.

钟玉秀, 刘洪先, 韩栋. 2009. 海河流域水资源与水环境综合管理机构改革战略研究[J]. 水利发展研究, 9 (11): 1-6, 49.

周二黑. 2007. 河流域经济空间分异规律研究[D]. 郑州: 河南大学.

周玲妮. 2020. 巴西参与亚马逊地区治理的进程与角色分析[D]. 北京: 外交学院.

周芹. 2010. 生态马克思主义的科学技术观[D]. 合肥: 合肥工业大学.

周晓宇, 赵春雨, 李娜, 等. 2021. 东北地区冬半年积雪与气温对冻土的影响[J]. 冰川冻土, 43 (4): 1027-1037.

朱逢立. 2010. 黑龙江内河航运发展分析[J]. 世界海运, 33 (10): 34-37.

朱红云. 2007. 长江岸线资源及其合理利用[J]. 地理教育, (3): 74-75.

朱其山. 2011. 自然地理环境整体性原理的内涵及其教学功能[J]. 地理教学, (13): 28-29, 23.

朱修芳. 2007. 松花江流域主要河湖污染的地域分异[D]. 长春: 东北师范大学.

祖强, 薛莉. 2003. 沿江沿河开发的国际经验及其对江苏的启示[J]. 现代经济探讨, (9): 49-53.

左海洋. 2009. 松花江流域防汛减灾体系建设[J]. 中国防汛抗旱, 19 (S1): 100-107.

左其亭. 2021. 人水关系学的学科体系及发展布局[J]. 水资源与水工程学报, 32 (3): 1-5.

左其亭. 2022. 人水关系学的基本原理及理论体系架构[J]. 水资源保护, 38 (1): 1-6, 25.

左其亭, 刘欢, 马军霞. 2016. 人水关系的和谐辨识方法及应用研究[J]. 水利学报, 47 (11): 1363-1370, 1379.

左其亭, 毛翠翠. 2012. 人水关系的和谐论研究[J]. 中国科学院院刊, 27 (4): 469-477.

左其亭, 赵春霞. 2009. 人水和谐的博弈论研究框架及关键问题讨论[J]. 自然资源学报, 24 (7): 1315-1324.

Choi S, Lee S O, Park J. 2017. A comprehensive index for stream depletion in coupled human-watersystems [J]. Journal of Hydro-environment Research, 16: 58-70.